I0365826

www.ingramcontent.com/pod-product-compliance
Lightning Source LLC
Chambersburg PA
CBHW042359070526
44586CB00027B/2818

* 9 7 8 1 9 2 7 8 7 4 5 5 4 *

ڈاکٹر سہیل: فن اور شخصیت

مرتبہ: امیر حسین جعفری

10	ڈاکٹر خالد سہیل: ایک متنازعہ شخصیت
10	امیر حسین جعفری
14	**حصہ اول: شاعری**
16	خالد سہیل: فن اور فن کار
16	شبانہ خاتون
41	جُراَتِ پرواز
41	خالد سہیل
42	سچ کی تلاش میں
42	خالد سہیل
44	ورڈ تھراپسٹ WORD THERAPIST
44	کلیم ظفر
49	اپنے ماحول سے آزاد فضائیں مانگیں
49	سلطانہ مہر
53	خالد سہیل اور ان میں پوشیدہ عورت
53	گوہر تاج
58	**حصہ دوئم: افسانے اور ناولٹ**
60	خوش قسمت اور پُر اُمید
62	ادب تخلیقی چشمے اور فردا کے خواب
66	روشن آنکھیں اور شہر مثال
66	اشفاق حسین
71	خالد سہیل کے افسانے
72	پیش لفظ: دو کشتیوں میں سوار
72	جوگندر پال
73	پیش لفظ: ٹوٹا ہوا آدمی
73	ڈاکٹر شارب ردولوی
76	ٹوٹا ہوا آدمی ۔۔۔ تبصرہ
76	ڈاکٹر محمد حسن
77	نئی طرز ہے اور نئی ہے زبان
77	ظہیر انور
82	خالد سہیل کے خوابوں کی پوٹلی

بلند اقبال	82
خالد سہیل کے افسانے "چند گز کے فاصلے" پر تبصرہ	86
دعا عظیمی	86
خالد سہیل کے افسانے اور ماں کا کردار	89
دعا عظیمی	89
صراحی سرنگوں ہو کر بھر اکرتی ہے پیمانہ... افسانوں پر تبصرہ	90
گل رحمان	90
پاپی...ناول	93
نعیم اشرف	93
نگر نگر کی کہانیاں	96
نعیم اشرف	96
دیوتاؤں کے وجود سے منکر دیوتا	98
فرحت پروین	98

حصہ سوئم: فلسفیانہ مضامین **100**

کھرے اور بیباک اسلوب کا مالک	101
نسیم سید	101
مشرق وسطیٰ-ایک تخلیقی اظہار اور تجزیاتی نظر	104
اشفاق حسین	104
سیاہ فام افریقی قوموں کا ادبی شعور	116
"انسانی شعور کا ارتقاء"... فلسفیانہ جائزہ	124
لطیف جاوید	124
انسانی شعور کا ارتقاء... تبصرہ	128
عبدالستار	128
دانائی کی تلاش میں۔۔ تبصرہ	135
عبدالستار	135
ڈاکٹر خالد سہیل کی کتاب: ادھورے خواب	137
عبدالستار	137
ادھورے خواب	142
گوہر تاج	142
تازہ نثری گلدستہ "ادھورے خواب"	150
گوہر تاج	150

ادھورے خواب	155
اشفاق حسین	155
عقیدوں کے شہر میں تجربوں کا آدمی	161
سعید انجم	161
پیغام اور پیغامبر	171
منیر پرویز سامی	171
Creative Minority ۔۔۔ تبصرہ	179
مقدس مجید	179
دانائی کا سفر۔۔۔ تبصرہ	182
نعیم اشرف	182
امن کی دو شمعیں (Two candles of peace)	186
عبد الستار	186
ارتقا کے راز	191
ڈاکٹر کامران احمد	191
انسانی شعور کے ارتقاء کے مختلف نظریات پر تبصرہ	192
نعیم اشرف (مترجم، ادیب، تجزیہ کار)	192

حصہ چہارم: خطوط 194

نئے خواب نیا نصاب۔۔۔ تبصرہ	195
عائشہ اسلام	195
نئے خواب نیا نصاب۔۔۔ تبصرہ	197
دعا عظیمی	197
نئے خواب، نیا نصاب۔ نئی نسل کے مسائل پر مکالمہ ضروری ہے	200
عبد الستار	200
کیا نئے خواب دیکھنے کی اجازت ہے؟	203
ڈاکٹر سارہ علی	203
Literary Love Letters ۔۔۔ تبصرہ	208
خالدہ نسیم	208
پرانے پاکستان میں نئے خواب، نیا نصاب	211
ابصار فاطمہ	211
نئے خواب، نیا نصاب۔ نئی نسل کے مسائل پر مکالمہ	213
درویشوں کے ڈیرے پر تبصرہ۔۔۔	220

نوشی بٹ	220
برگ سبز یست تحفہ ءدرویش۔۔۔	223
احمد رضوان	223
ادبی محبت نامے۔۔۔ تبصرہ	226
احمد رضوان	226
"درویشوں کا ڈیرا" پر تبصرہ	229
حبیب شیخ	229
تخلیقی اقلیت کے خواب اور مسائل پر تبصرہ	234
"دانائی کی تلاش میں" پر ایک غیر دانا تبصرہ	242
درویشوں کا ڈیرہ۔۔۔ تبصرہ	248
عبدالستار	248
درویشوں کے ڈیرے پر تبصرہ۔۔۔	252
خورشید اکرم	252
حصہ پنجم: سوانح عمری	**254**
ڈاکٹر خالد سہیل اپنے سچ کے آئینہ میں	256
گوہر تاج	256
سچ اپنا اپنا۔۔۔ تبصرہ	264
عبدالستار	264
ڈاکٹر سہیل کی سوانح حیات THE SEEKER	274
صادقہ نصیر	274
لاہور کا سقراط	277
صادقہ نصیر	277
لاہور کا سقراط	279
دعا عظیمی	279
دی سیکر پر تبصرہ	281
عشرت پوپل	281
خالد سہیل کی۔۔۔ دی سیکر۔۔۔ اور غنی خان کی کلیات پر تبصرہ	284
خالدہ نسیم	284
حصہ ششم: نفسیات	**288**
ریڈ زون	289

محمد سلطان ظفر	289
ڈاکٹر خالد سہیل اور گرین زون کا فلسفہ	292
ڈاکٹر سارہ علی کینیڈا	292
ڈاکٹر خالد سہیل کا گرین زون کا فلسفہ، محبت اور فنِ شادی	295
ڈاکٹر سارہ علی	295

حصہ ہفتم: شخصیت 298

ڈاکٹر خالد سہیل: فن اور شخصیت	299
شکیلہ رفیق	299
پانچواں درویش	302
انور زاہدی	302
دوستی کا دوست	311
عرفان احمد عرفی	311
خالد سہیل ۔۔ محبت اور انسانیت کا استعارہ	316
ڈاکٹر بلند اقبال	316
ماڈرن درویش یا معمہ؟	318
جاوید دانش	318
تذکرہ مرشد مستور	323
سید حیدر	323
سردیوں کی ایک رات آنسرنگ مشین پر	325

رشید ندیم 325

آؤ! ڈاکٹر خالد سہیل کو ڈھونڈیں ... خاکہ	327
مرزا یاسین بیگ	327
ڈاکٹر سہیل	329
حامد یزدانی	329
ڈاکٹر خالد سہیل ۔۔۔ طبیب کی لکھائی	330
فیصل عظیم	330
"خالد سہیل، فن، اور شخصیت"	333
شاہد اختر	333
ڈاکٹر خالد سہیل ۔۔۔ ایک کھوجی	337
روبینہ فیصل	337

ڈاکٹر خالد سہیل کی نثری تخلیقات۔۔۔لفظیات۔۔۔ترکیبات اور نظریات	341
دعا عظیمی	341
ڈاکٹر خالد سہیل: عجب مرد آزاد ہے وہ	347
دعا عظیمی	347

ڈاکٹر خالد سہیل: ایک متنازعہ شخصیت

امیر حسین جعفری

ایک مصروف دن کبیخ بستہ سہ پہر میں دروازے پہ دستک ہوتی ہی۔ پیشگی اطلاع کے یر آنے والے اس مہمان کو خوش آمدید کہنے کے وااچارہ نہ تھا۔ 'ارے آپ۔ آیئے۔ آیئے۔'

'میں ادھر سے گزر رہا تھا واچا آپ سے ملتا جاؤں'

'بہت اچھا کیا جو آپ آگئے۔ اور سنایئے آج کل کیا ہو رہا ہے؟'

'کچھ خاص نہیں۔ ایک ادبی اور سیاسی تقریب کے انعقاد کا اہتما کر رہے ہیں'

'مقررین کون کون ہیں؟'

'فلاں' فلاں' فلاں اور ڈاکٹر خالد سہیل۔' مہما نگویا ہوئے

'اولذ کر مہمانِ گرامی تو ٹھیک ہیں لیکن خالد سہیل۔

دیکھیے شاید آپ کے علم میں نہیں کہ وہ کس طرح کے نظریات رہتے ہیں۔ شہر کے علمی وادبی حلقے ان کے ارے میں کیا رائے رہتے ہیں۔ وہ جن موضوعات پر لکھتے ہیں عمومی ذوق اس سے قطعی مختلف ہے اور مذہبی لوگ تو ان کی دہریت سے اس قدر نالاں ہیں کہ ان کی محفل میں موصوف کی موجودگی اس محفل کی فضا کو مکدر کرنے کے لیے کافی ہی۔ ڈاکٹر صاحب سے ربط و تعلق کا مطلب شہر میں موجود حلقوں میں اپنی علمی ساھ کو مشکوک کرنے اور ان کی محفلوں میں اپنی جگہ کو سکیڑنے کے مترادف ہے۔

اگر آپ اس شہر میں علمی' ادبی اور سیاسی کام کرنا چاہتے ہیں تو ایسے لوگوں سے اجتناب کریں۔ ڈاکٹر سہیل متناز عہ شخصیت ہیں۔'

'ڈاکٹر سہیل متنازعہ شخصیت ہیں'۔ یہی نقطہ اور اس کے اطراف میں موجود گفتگو اور فکری مغالطے میری اس تحریر کا موضوع ہی۔ اگر عامتہ الناس' شعراء' نقاد' علما ءمفٔ احباب بنام ڈاکٹر خالد سہیل مقدمے کی پیروی کی جائے تو مدعا علیہان کی طرف سے عاد اکردہ جرائم کی تفصیل کچھ یوں ہے کہ خالد سہیل رسل کے تتبع میں جھینگا مچھلی کو مچھلی ماننے سے انکاری ہے۔

وہ سارتر کی طرح ہمسایے سے اچھا سلوک کرنے کے لیے کسی مذہبی کتاب کی طرف رجوع نہیں کرتا۔

وہ زمین کے مسائل آسمانی مداخلت سے حل نہیں کرنا چاہتا۔

وہ انسان کی مطلق آزادی کا قائل ہے خواہ اس کے لیے اسے کسی طے شدہ نصب العین سے متحارف صورت حال کا سامنا کرنا پڑی۔ وہ امن و آشتی کا غیر مشروط حمایتی ہے۔ وہ کسی رنگ' نسل اور زان سے کوئی عداوت نہیں رکھتا۔ وہ انسان کی عظمت کا قائل ہے۔

وہ "پانی کو گدلا ہونے سے بچانا چاہتا ہے کہ شاید کوئی چوزہ اس پانی میں پروں کو دھو رہا ہو یا کوئی درویش اس پانی میں اپنی روٹی بھگو رہا ہو"۔

تقلید کی روش' فکری عادتوں سے گریز' کہ رائج الوقت رجحانات سے انحراف کے بعد اگر ڈاکٹر خالد سہیل پر عاید کردہ فردِ جرم کا تجزیہ کیا جائے تو یہ حقیقت منکشف ہوتی ہے کہ ڈاکٹر خالد سہیل سے نزاع کی اصل ان کا مختلف ہونا ہے۔ یعنی وہ عمومی نظریات اور ذبات نہیں رہتے گویا وہ اپنے ہمفہ مفِ احباب' عزیز' رفقا' شعرا' نقاد حضرات کے ساتھ کوئی نظریاتی الکثلت یا قدرِ مشترک نہیں رکھتی۔ ان کا صاحب الرائے ہونا ان کے راندہِ درگاہ ہونے کا

سبب ہے۔ وارن کر کن یگ رڈ کہتا ہے کہ اس دنیا میں دو طرح کے لوگ ہیں۔ ایک وہ جو لکھتے ہیں اور ایک وہ جو پڑھتے ہیں۔ پڑھنے والے لکھنے والوں کو اور لکھنے والے پڑھنے والوں کو رد کرتے ہیں اور یوں رد کرنے اور Disapproval کا عمل جاری و ساری رہتا ہی۔ ڈاکٹر خالد سہیل بھی ان لوگوں میں سے ہیں جنہیں زندگی بھر کئی levels پر Disapproval کا سامنا رہا ہے۔ اس Disapproval کا سبب کہیں یہ پڑھنے والوں کی وہی روش تو نہیں جس کا اظہار کر کن یگ رڈ نے کیا ہے کیونکہ ں مس تک ڈاکٹر خالد سہیل کے تخلیقی جوہر اور سحر علمی کا تعلق ہے اس میں کوئی شبہ نہیں کہ ڈاکٹر خالد سہیل بے پناہ تخلیقی قوت کے حامل شاعر' ادیب' افسانہ نگار' نقاد اور مضمون نگار ہیں۔ ان کی شاعری کے موضوعات نہ صرف نئے اور اچھوتے ہیں بلکہ اپنے بطون میں ایک خاص طرح کی معصومیت رکھتے ہیں اور یہ معصومیت اپنی کلیت میں ایک دانائی کی صورت اختیار کر جاتی ہے اور یہی دانائی ان کے معاصرین اور معترضین کے لیے ناقابلِ فہم ہے۔

ڈاکٹر خالد سہیل روایت کے اغی ہیں۔ وہ محفوظ رواراں سے دور رہتے ہیں۔ شاعری ہو' افسانے کا میدان ہو' تنقید کی رگ ہ
ر رہو' نفسیات کا علاقہ ہو یا زندگی کے مسائل ہوں وہ مسافرت اور منزل کے صولل کے لیے اپنے نقوشِ پا پر انحصار کرتے ہیں اور کسی بھی آزمودہ روش کو مسترد کرتے ہیں۔ اس کا سبب یہ نہیں کہ وہ مجوزہ راوارں کو محض اپنے کسی ذبے کی تسکین کے لیے رد کرتے ہیں بلکہ اس کا محرک علمی' فکری و شعری مسائل کو ان کی حالتوں میں دیکھنا' سمجھنا اور معاصر زندگی کے مطابق ان کی نئی شرح و تعبیر کرنا ہے تاکہ اس کرہِ ارض پر زندگی آسان اور ممکن ہو سکے جبکہ معاصر ذوق کی تربیت مختلف طوطط پر ہوئی ہی۔ ان کے تخلیق کار سے مطالبات بھی مختلف ہیں۔ معاصر ذوق۔۔ گویا یہ بھیمیرے دل میں تھا۔۔ آج بھی اسی فکر اور طرزِ احساس کی پزیرائی کرتا ہے جبکہ ڈاکٹر خالد سہیل کی فکر اور طرزِ احساس دراصل انکے ان حاصل کردہ نتائج کی تمثیل ہے جو انہوں نے اپنی ذات سے نبرد آزما ہو کر حاصل کیے ہیں۔ انکی فکر کے سرے کسی روایت سے نہیں ملتی۔ ان کی نثری و شعری تخلیق کا اسلوب سراسر ان کا اپنا ہے جو اس کے عہد سے انتہائی مختلف ہے۔

زہرا نگاہ کی کتاب 'شام کا پہلا تارہ' کے دیباچے میں فیض صاحب فرماتے ہیں۔ شاعری کی معراج کی ایک صورت یہ بھی ہے کہ وہ ناخالص ہو۔ یعنی وہ التزامات جو روایت میں بروئے کار لائے گئے ہوں ان کا اس نوع کی شاعری سے کوئی تعلق نہ ہو۔ جو شاعری اپنے بیان' شعری اظہار اور موضوع کے اعتبار سے روایت سے الکثلت نہ رکھتی ہو۔ گویا قارئین تو قارئین اس فن پارے سے خود شاعر کو بھی مانوس ہونا پڑی۔ اگر تخلیق کار کو تخلیق کے لیے تیر کے ان کڑے مراحل سے گزرنا پڑے تو روایتی قارئینیا نقادوں کے فیصلوں کی کیا حیثیت رہ جاتی ہی۔ اکثر و پیشتر کسی بھی شاعر یا ادیب کی شہرت ہی اس کی شعریا تخلیقی عظمت ٹھہرتی ہی۔ اور یہ روش نہ صرف فیصلوں میں عدالت قائم کرنے اور ناانصافی کی مرتکب ٹھہرتی ہے بلکہ حق دار کو اس کے حق سے بھی محروم کر دیتی ہی۔ ناانصافی کا یہی کرب روایت کے اغی کو روایت سے زیید شدت سے حملہ آور ہونے پر اکساتا ہے اور اگر تخلیق کار بے پناہ تخلیقی قوتوں کا مالک ہو' وہ اپنی ذات کے انتشار کو ظاہری شکست پر ترجیع دیتا ہو تو اپنی فتح کا پرچم ای ب زمینوں پر لہراتا ہے جنہیں تنقید کی زان میں new dimensions یا نئی ابعاد کہا جاتا ہی۔ اور یقینا یقیناً ڈاکٹر خالد سہیل نے ان زمینوں پر اپنی فتح کا پرچم لہرایا ہے۔

اگر ہم متذکرہ الا دلائل و براہین کا تجزیہ ایک اور زاویے سے کریں تو بہت سے واال ہمارے سامنے آتے ہیں:

کسی بھی تخلیق کار کے علمی و فکری ماخذات کیا ہیں؟

اظہار کے لیے وہ کس تجربے کو اپنا نثر یا شعری تجربہ بناتا ہے؟ اس کی فکر اور فنی دپسی ک کے موضوعات کیا ہیں؟

جس معاشرے میں اس کی شخصی و فنی نشوونما ہوئی ہے اس کا ڈھانچہ کن فکری یا دیدوں پر قائم ہے ؟اس معاشرے کے عمومی رجحانات اور میلانات کیا ہیں ؟

اس معاشرے کی انسانی ترجیحات کیا ہیں ؟

ان ہی واالات کی کلید سے کسی بھی تخلیق کے قفل کو کھولنے کی سعی کی جاتی ہے۔ بدقسمتی سے ہماری تنقید کا المیہیہ رہاہے کہ وہ نصابی طور پر توان واالات سے آشنار ہی ہے مگر عملی طور پر اس جبر سے آگاہ کبھی نہیں رہی جس کا سامنا اپنے اسلاف کی طرح ڈاکٹر خالد سہیلکو بھی رہاہی۔یعنی ڈاکٹر خالد سہیل کے ناقدین و معترضین اس کرب کی حقیقت سے آشنا نہیں تھی۔ وہ اس امر سے آج بھی آگاہ نہیں ہیں کہ Truth Double Edged ہو سکتا ہے یعنی صداقت دو گونہ ہوسکتی ہے۔ مذہب کی صداقت اور فلسفے کی صداقت

فلسفہ ٗیعنی معقولات کا دائرہ کار کیا ہے ؟اس کا عام سی اردو میں سیدھا سایہی جواب ہی۔ تعقل سے محبت۔ فلسفہ کسی بھی نزع کا حل یا جواب مہیا نہیں کرتا بلکہ اس نزع کے حاشیے میں زبید واال درج کرتا ہے۔ اشیا کو ان کی اصل حالت میںدیکھتا ہے۔ علت و معلول سے بحث کرتا ہے۔ قیاسی منطق پر یقین کرنے کی بجائے بلیغ ترین مشاہدے کی آرزو کرتا ہے اور انتہائی معصومیت سے حقیقت کو چھو کر دیکھنے کا تمنی ہوتا ہے۔ جس معاشرے میں واالات سے زیادہ جواات دستیاب ہوں اس معاشرے میں عقل و دانش رواا ہوتی ہے اور عاقل اور دانشمند ڈاکٹر خالد سہیل کی طرح راندہ درگاہ ٹھہرتے ہیں اور متنازعہ شخصیت قرار پاتے ہیں۔

اشیا کا مقام دیلیل کرنا ظلم کہلاتا ہے۔ یہ ظلم نہیں تو اور کیا ہے کہ ایک مہ شسکک کو تشکیک کی بنا پر درخورِ اعتنا نہ سمجھا جائی۔ اس کے علم و فہم کی ناقدری کی جائی۔ تشکیک تو یقین کی منزل پر فائز ہونے کے لیے محض ایک پڑاؤ ہے۔ یقین کی منزل کا پہلا زینہ ہے۔ یوں بھی نہیں کہ ڈاکٹر خالد سہیلیقین کی منزل سے ناآشنا ہیں۔ انہیں یقین ہے آی فتح بہر حال آدمیت اور انسانیت کی ہوگی۔ انسان کبھی نہ

کبھی اپنے منفی یعصٹ ت سے آزادی حاصل کرے گا اور ایک ایسے معاشرے کا وجود عمل میں آئے گا جس کیبادیدیں روشن خیالی اور انسان دوستی پر اوارا رہوں گی۔ جو اپنے فیصلوں کے لیے میدانِ جنگ کا نہیں بلکہ مکالمے کا راستہ اختیار کرے گا۔

ڈاکٹر خالد سہیل کے فکر و فن کی عمارت انہی نظریات پر اوارار ہے اور ان کے یہ نظریات

ان کی کڑی ریاضت اور صبر آزما مراحل کے بعد معرضِ وجود میں آئے ہیں۔ کسے خبر ہے کہ اس منزل سے تک ہنچنے کے لیے انہیں کن صحرایں کی خاک چھاننی پڑی ہے۔ انہیں کس نظریاتی شکست و ریخت کا

سامنا کرنا پڑا ہے۔ ان کے کن خوابوں کو تعبیر ملی ہے۔ کتنی آرزوی ں کو اظہار کا پیرایہ میسر آیا ہے۔ کہی اور ان کہی کے درمیان لفظوں کے تنے پل میرو ہوئے ہیں اور کیا وضع وفرض کے بہانے ادھورارہ گیا ہے۔

ڈاکٹر خالد سہیل کی زیرِ طبع کتاب 'ادھورے خواب' ان کی زندگی کی اسی کیفیت کی تمثیل ہے جو ان کے عرصہِ حیات میں ان پر طاری رہی ہے ۔۔یعنی اپنے ساتھ نبرد آزما ہونے کی صورت میں اظہار نے جو بھی پیرایہ اختیار کیا ڈاکٹر خالد سہیل نے اسے سپردِ قلم کر دیا۔ مختلف اصناف پر مشتمل اس کتاب پر غالب کا یہ شعر صادق آتا ہے کہ

میں تھا کر رہا نسخہ ہائے وفا تالیف
تھا فرد فرد خیال ابھی مجموعہِ

'ادھورے خواب' ڈاکٹر خالد سہیل کی شخصیت کی طرح اپنی نوع کی انتہائی منفرد اور خوبصورت کتاب ہے اور یقیناً ادب کے ذہین قارئین کے لیے ایک ای ب کلید کی حیثیت رکھتی ہے جو ڈاکٹر خالد سہیل کے تخلیقی زیاج اور ان کے مجموعی میلانِ طبع کو سمجھنے میں معاون ثابت ہو گی۔ اپنے عنوان 'ادھورے خواب' کی طرح اس کی قرات و مطالعہ ایک تشنگی کا احساس پیدا ا کرتا ہے جو کہ ڈاکٹر خالد سہیل کی تمام عمر کے اضطراب کی عکاس ہے۔ یقیناً ادبیات کے قارئین اس کے مطالعے کے بعد جو فیصلے کریں گے تاریخ انہیں خوشدلی سے قبول کرے گی کیونکہ وہ فیصلے وقت کی عدالت میں ہوں گے اور وہ زمانہ نیا زمانہ ہو گا جس کی ڈاکٹر خالد سہیل کو آرزو ہی۔۔۔ یقیناً وہ فیصلے ہم نہیں کریں گی۔ ہم نے تو ڈاکٹر خالد سہیل کے فن، فکر، علمی سرمایے اور شخصیت کو متنازعہ قرار دیا ہے۔

حصہ اول: شاعری

خالد سُہیل: فن اور فن کار

شبانہ خاتون

خالد سہیل: عہد اور شخصیتعہد اور ماحول

خالد سہیل کے آباؤاجداد کا تعلق کشمیر سے تھا۔ وہ صدیوں سے اس وادی جنت نشان میں رہتے آئے تھے۔ پھر بہتر زندگی اور آب ودانے کی تلاش میں وہ لوگ کوہستانی اور برف پوش وادیوں سے نکل کر پنجاب کے میدانی علاقے میں آبسے۔ خالد سہیل کی مک

ٹلف تحریروں، خودنوشت وانخ عمریاور ان کے افسانوں کی اندرونی شہادتوں کی روشنی میں ان کے آباؤاجداد اور خاندان کی جو تصویر ابھر کر سامنے آتی ہے وہ کچھ یوں ہے کہ ان کے خاندان نے پہلی ہجرت کشمیر کی وادی سے پنجاب کے میدانی علاقے میں کی۔ حالات کی ستم ظریفی اور زمانے کی نیرنگیوں کا شکار ہوکر ان کے اسلاف نے کشمیر سے اپنے خیمے اٹھائے دھرتی ماں کو الوداع کہااور پنجاب کی سرزمین میں آکر بس گئے۔ کشمیر کے بعد ان کا اگلا پڑا وامرتسر کی زمین پر تھا۔ اپنے افسانے 'دھرتی ماں اداس ہے' میں خالد سہیل اپنے خاندان کی ہجرت کے واقعے کو اپنی نانی اماں کی زبانی یوں بیان کرتے ہیں:

ہمارا خاندان بھی ان دریاؤں سے مختلف نہیں ہم نے بھی کشمیر کے پہاڑوں سے اپنا سفر شروع کیا تھا ہمارے آباؤاجداد انھی پہاڑوں پر بستے تھے انھی وادیوں میں زندگی گزارتے تھے ....

.... چنانچہ ہمارے خاندان کا قافلہ کشمیر سے چلاتواس نے امرتسر کی سرزمین میں آکر ڈیرے ڈالے خیمے اور دل لگائے ا ور گھر بسائے جولوگ اپنی مادی زان کشمیری بولا کرتے تھے وہ پنجابی سیکھنے گے اور دونسلوں کے بعد بے تکلفی سے بولنے گے۔[1]

اس اقتباس سے یہ نتیجہ اخذ کیا جاسکتا ہے کہ خالد سہیل کے یہاںل ہ ل کے لوگ دون پ توں سے امرتسر میں رہتے لے آئے تھے۔ امرتسر میں ان کے نانا کشمیری شالوں کا کاروار کرتے تھے اور کاروباری غرض سے لکتے آیاجایا کرتے تھے۔ لوگ انھیں 'خواجہ صاحب' کے نام سے پکارتے تھے۔ جب 1947ء میں تاریخ نے دھرتی ماں کے دو ٹکڑے کر دیے تو خالد سہیل کے نانا اپنے ال بچوں سمیت آگ کے دریا کو عبور کرتے ہوئے مشرقی پنجاب (امرتسر) سے مغربی پنجاب (لاہور) کی جانب ہجرت کر گئے۔

خالد سہیل کے ددیہال کے لوگ بھی کشمیری النسل تھے۔ ان لوگوں نے بھی کشمیر سے پنجاب کے امرتسر اور پھر لاہور کی طرف ہجرتیں کیں اور اسی علاقے کو اپنا مستقر اور وطن بنالیا۔ خالد سہیل کا خاندان مذہب سے بھی لگاؤ رکھتا تھا اور سائنسی اور منطقی رویوں اور قدروں کا بھی احترام کرتا تھا۔ ان کے خاندان کے ایک بزرگ مولانا ثناء امرتسری اپنے عہد کے ایک مشہور عالمِ دین تھے۔ ان کی مایہء ناز تصنیف 'تفسیر ثنائی' تفسیر کے میدان اختصاص کا درجہ رکھتی ہے۔

ہمارے پاس اس اِت کا سراغ لگانے کی کوئی مستند دستاویز نہیں ہے کہ خالد سہیل کے اسلاف کتنی توں پہلے کشمیر چھوڑ آئے تھے۔ البتہ ان کے دادا اور دادی کی شخصیت اور عادات واطوار کے ارے میں ہمارے پاس کچھ شہادتیں ہیں۔ خالد سہیل نے اپنی تحریروں میں اپنے دادا اور دادی کا کہیں بھی ذکر نہیں کیا، اس کے برخلاف اپنی نانی اماں اور نانا جان کے ارے میں کچھ تفصیلات ضرور قلم بند کی ہیں۔ اس کی ایک صاف اور واضح وجہ تو یہ سمجھ میں آتی ہے کہ خالد

[1] دھرتی ماں اداس ہے؛ ص 56-54

سہیل، خاندان کے دیگر افراد کے بمقابل اپنی نانی اماں کی شخصیت، کردار اور انسانی قدروں کے تئیں ان کے رویے کا احترام کرتے تھے اور ان کی سحر آمیز شخصیت سے حد درجہ متاثر تھے۔

خالد سہیل کے دادا ایک لبرل انداز کے مفکر تھے۔ وہ مختلف معاملات میں اپنی رائے تو ضرور دیتے تھے لیکن اوروں سے اس رائے کو تسلیم کرانے پر کبھی اصرار نہیں کرتے تھے، وہ چاہتے تھے کہ انسان خود حقائق کا مشاہدہ کرے اور اپنے نظریات و خیالات کو پوری مضبوطی اور استدلال کے ساتھ پیش کرے۔ وہ ایک انسان دوست، خلص م سارر اور دھ درد اٹنے والے انسان تھے۔ ان کی دادی بھی ایکحق گو خاتون اور ایثار و قرانی جیتا جا گتا نمونہ تھیں۔

ایسا معلوم ہوتا ہے کہ خالد سہیل کے یہای ل ہ ل اور ددیہال کے لوگ اپنے اپنے کنبوں کے ساتھ کشمیر سے ہجرت کر کے پہلے امر تسر اور پھر تقسیم ہندوستان کے بعد امر تسر سے لاہور آ بسے۔ چوں کہ دونوں خاندانوں کی جڑیں کشمیر کی مٹی میں پیوست تھیں اس لئے ان کے درمیان تعلقات اور ذہنی ہم آہنگی کا ایک رشتہ قائم تھا۔ چنانچہ ان لوگوں نے خالد سہیل کے والد اور ان کی والدہ کی شادی روایتی انداز میں کر دی۔ یہ 1905ء کی ات ہے جب ان کے والدین شادی کے رشتے سے منسک ہوئے تھے۔ ان کے والد خواجہ عبدالباسط اور امی جان عائشہ قاسم شادی کے مقدس رشتے سے بندھے ہونے کے اوجود ذہنی طور سے ایک دوسرے سے ہم آہنگ نہ ہو سکے۔ دونوں الگ الگ دیناؤں میں رہتے تھے۔ دونوں ہی کشمیری خاندانوں سے تعلق رہتے تھے اور پنجابی زان بوتے تھے لیکن ان کے درمیان ذبات واحساسات اور نظریات وافکار کی سطح پر وہ رشتہ قائم نہ ہو سکا جس کا تصور ان کے اہل خاندان نے کیا تھا کہ دونوں ایک علاقے، ایک زان، ایک تہذیب اور ایک ہی معاشرت کی مضبوط ڈور سے بندھے ہوئے ہیں اس لئے خوش حال زندگی گزاریں گے۔ ان کے والدین بظاہر خوش حال زندگی بسر کرتے تھے لیکن ان کے ہاں ذہنی ہم آہنگی کا فقدان تھا، ساتھ ہی دونوں نفسیاتی مسائل کا شکار بھی تھے۔ اس ات کا ذکر خالد سہیل نے اپنے خونوشت 'سچ اپنا اپنا' میں بڑی صاف گوئی سے کیا ہے:

........وہ دونوں ایک ہی گھر میں رہ کر بھی مختلف دنیاؤں میں رہتے تھے

........وہ دونوں ایک ہی زان بولنے کے اوجود ایک دوسرے سے دل کی ات نہ کر سکتے تھے

........وہ ایک معاشرے میں پلے بڑھے تھے لیکن مختلف روایتوں کو پسند کرتے تھے

........میری امی اپنے خاندان کی سب سے بڑی بیٹی تھیں اور ابو اپنے خاندان کے سب سے چھوٹے بیٹے تھے اور

........میری امی کا تعلق ایک روایتی اور مذہبی خاندان سے تھا لیکن ابو کا تعلق ایک غیر روایتی اور لبرل خاندان سے تھا۔ وہ سائنس کے قریب اور خدا اور مذہب سے بہت دور تھے۔[2]

والدین کی شادی کے دو برس بعد خالد سہیل کی ولادت ہوئی۔ اھوں س نے اپنی تاریخ یدااش 9 جولائی 1950ء تحریر کی ہے۔

اپنی ولادت کا ذکر کرتے ہوئے خالد سہیل نے لکھا ہے:

میری یدااش کے وقت میرے والدین لاہور میں تھے لیکن میرے ی ہایل ہ ل کراچی لے گئے تھے۔ ہمارے خاندان کی کئی اور کشمیری اور پنجابی خاندانوں کی طرح یہ روایت تھی کہ پہلا بچہ نانی کے گھر یدا اہو۔ چنانچہ جب میری والدہ حاملہ تھیں تو وہ کراچی چلی گئیں۔ سنا ہے کہ وہ 9 جولائی 1950ء کی

2۔ سچ اپنا اپنا؛ ص:14

ایک سندر سہ پہر تھی جب مجھے اس حسین دنیا میں خوش آمدید کہا گیا۔ سارا خاندان مسرور تھا۔ میں خاندان کا پہلا نواسہ تھا اس لیے سب کی خوشیاں دوالا ہو گئی تھیں۔ [3]

خالد سہیل ابھی دو برس کے تھے کہ ان کے والد نے ریاضی میں ایم۔اے کر لیا اور فوراً ہی اھیں گورنمنٹ کالج، کوہاٹ میں لیکچر شپ کی ملازمت مل گئی۔ خالد سہیل اپنے والدین کے ساتھ کوہاٹ لے گئے۔ یہ شہر لاہور سے ن پ سے میل کی مسافت پر واقع تھا۔ یہاں کی تہذیب اور رسم و رواج لاہور سے مختلف تھے۔ زان اور ثقافت نئی تھی۔ یہ پختونوں کی تہذیب و ثقافت والا شہر تھا، یہاں کہ ہر چیز میں سرحدی رنگ نمایاں تھا۔ اس طرح خالد سہیل کے ایام ایک الکل نئی طرح کی معاشرت اور تہذیب میں بسر ہونے گے۔ خالد سہیل نے اپنی زندگی کی ابھی چار بہاریں ہی دیکھی تھیں کہ ان کے والدین نے اھیں اسکول بھیجنے کا فیصلہ کیا اور شہر کے سینٹ جوزف اسکول میں داخل کرا دیا۔ خالد سہیل پہلے دن اسکول گئے تو صاف ستھرے، خوب صورت ماحول اور اسٹاف کی شفقت آمیزیوں سے متاثر ہوئے بنا نہیں رہ سکے۔ ان کو اس ات کا احساس تھا کہ وہ ایک بدقسمت اور غریب قوم کے خوش نصیب بچے ہیں جن کو انگریزی اسکول میں داخل کرایا گیا ہے ورنہ اسی ملک کے اسی فیصدی بچے سرکاری اسکولوں سے بھی محروم تھے۔ اس ماحول اور شفقت آمیز برتاؤ کی حسین یادیں ان کے دل و دماغ پر گہرے نقوش بت کرنے میں کامیاب رہیں۔ یوں ان کا تعلیمی سلسلہ شروع ہوا۔ ایک طرف وہ اسکول میں انگریزی اور عصری تعلیم حاصل کرتے اور دوسری طرف ان کی والدہ گھر کے اندر اھیں دینیات اور اردو کی کتابیں پڑھاتی تھیں۔ یہ دونوں دھارے آگے چل کر خالد سہیل کی شخصیت کے اہم جزو بنے۔ خالد سہیل نے اراقاف کیا ہے کہ ان کی والدہ نے ای ب یادیں اوارار کیں جن کے یر اان کی ادبی زندگی کی عمارت ایستادہ نہیں ہو سکتی تھی۔

خالد سہیل کی عمر پانچ برس کی تھی کہ ان کے گھر میں ایک اور بچی کی ولادت ہوئی، یہ ان کی چھوٹی بہن تھیں، ان کا نام عنبریں کو ثر جویز کیا گیا۔ یسا کہ عام طور سے ہوتا ہے کہ نئی شخصیت کی آمد سے بچے وحشت کا شکار ہو جاتے ہیں، خالد سہیل کے ساتھ بھی ایسا ہی ہوا، پہلے پہل تو اھیں اپنی بہن سے وحشت کا احساس ہوا لیکن آہستہ آہستہ جب شعور کی منزل میں قدم رکھا تو وہی بہن ان کی دوست، م سارر، مراازاور مرردن گئیں اور وقت گزرنے کے ساتھ ساتھ اس رشتے میں زبید خنگی،، پاداری اور استحکام یدا اہوا۔

زندگی کی کشتی اطمینان بخش طریقے سے رواں دواں تھی کہ اچانک ایک طوفان سے ٹکرا گئی۔ یہ 1955ء کی ات تھی، خالد سہیل ابھی دس برس کے تھے کہ ان کے والد ایک نفسیاتی بیماری کا شکار ہو گئے، وہ اپنا ذہنی توازن کھو چکے تھے۔ بیماری کا یہ سلسلہ ایک سال تک چلا، مختلف طریقوں سے ان کا علاج کیا گیا، روایتی طریقہء علاج کے علاوہ غیر روایتی طریقوں سے بھی ان کی بیماری پر قابو پانے کی کوششیں ہوئیں۔ ڈاکٹروں نے جویز کیا کہ عبدالباسط کی بیماری مانینی، ، ذہنی اور نفسیاتی زیادہ ہے۔ آکار سال بھر کے ذہنی کرب اور اذیت سے دوچار رہنے کے بعد خالد سہیل کے والد کو اس بیماری سے اس شکل میں نجات ملی کہ اھوں ں نے کالج کی نوکری سے استعفیٰ دے دیا اور کالج کے بجائے ایک ہائی اسکول میں ریاضی کا مضمون پڑھانے گے۔ ان کے اندر ایک رت ت ایزت دیلی ی یہ واقع ہوئی کہ وہ ساری عمر خدا اور مذہب سے دور رہے تھے لیکن اس حادثے کے بعد اھوں ں نے درویشانہ طرز زندگی اختیار کر لیا، وہ مذہبی ہو گئے، دا ڑھی رکھ لی۔ سادہ لباس، سادہ کھانا اور سادہ طرز زندگی کو اپنا شعار بنا لیا اور پشاور کے ایک ہائی اسکول میں ٹیچر کی حیثیت سے ملازمت کر لی۔ اس طرح خالد سہیل کے والدین ایک مرتبہ پھر صوبہء سرحد میں رہنے گے۔

3۔ سچ اپنا اپنا؛ ص:15

بیماری سے شفایاب ہونے کے بعد خالد سہیل کے والد نے پھر اسکول کا رخ کیا اور نئے ماحول سے بڑی حد تک ہم آہنگی پیدا کرنے میں کامیاب بھی ہوئے۔ اب جوں جوں ان کی حالت میں بہتری کے آثار پیدا ہوتے گئے، ان کی والدہ مختلف قسم کی ذہنی بیماریوں کا شکار ہوتی گئیں۔ علاج کی ہر کوشش ناکام ہوتی، ان کا جسم ایک بیماری سے نجات حاصل کرتا تو دوسری بیماری اس میں اپنا آشیانہ بنالیتی۔ جس طرح ان کے والد ایک ذہنی اور نفسیاتی مرض میں مبتلا تھے، ان کی امی جان بھی اسی قسم کے مسائل سے زندگی بھر نبرد آزما رہیں۔ شاید یہ ایک بڑی وجہ تھی کہ ان نفسیاتی تشنج کے ماحول میں رہتے رہتے خالد سہیل پہلے ایک ڈاکٹر اور پھر نفسیاتی معالج بن گئے۔

خالد سہیل کی والدہ سخت طبیعت کی تھیں۔ وہ اپنے بچوں سے اسکول کا کام جلد از جلد مکمل کر لینے کا اصرار کرتیں۔ اس دوران اگر کوئی بات مزاج کے خلاف ہوتی تو زجر و توبیخ کے ساتھ ساتھ مار پیٹ اور سرزنش کرنے سے بھی دریغ نہ کرتیں۔ ان کو تعلیم سے خاص قسم کا لگاؤ تھا۔ وہ تعلیم کو زندگی اور اس کے تاریک راستوں کو روشن کرنے کا بہترین ذریعہ سمجھتی تھیں اور اس مقصد کے حصول کے لئے اصول و ضوابط اور ڈسپلن کی سختی سے پابندی کرتی تھیں لیکن ساتھ ہی ساتھ وہ ضعیف الاعتقادی اور توہمات میں بھی یقین رکھتیں، وہ اپنی مشرقی اقدار اور روایات کو مضبوطی سے تھامے رہیں۔ اس کے برخلاف ان کے والد نرم مزاج اور شفیق طبیعت کے مالک تھے۔ وہ ان کی بہن عنبر کو 'جنت کا پھول' کہتے اور عام طور پر اپنے بچوں کی طرف داری کرتے۔ اس کا نتیجہ یہ ہوا کہ خالد سہیل رفتہ رفتہ جذباتی طور سے اپنی ماں سے دور اور اپنے والد سے قریب تر ہوتے گئے۔ اس کے باوجود خالد سہیل اپنی امی جان کی شفقت و محبت اور مہربانیوں کے دل سے قائل تھے۔ وہ یہ جانتے تھے کہ ان کی والدہ یہ سب کچھ اپنے بچوں کی فلاح و بہبود اور ان کی بہترین تربیت کے لئے کر رہی تھیں۔ وہ اپنے بچوں کو زندگی کے کارزار میں بلند مقام پر فائز دیکھنا چاہتی تھیں۔ اس بات کا اعتراف کرتے ہوئے خالد سہیل ایک جگہ لکھتے ہیں:

...... اگر وہ مجھے اچھے اسکول نہ بھیجتیں اور میری اعلیٰ تعلیم کے بارے میں فکر مند نہ ہوتیں تو میں ایک ڈاکٹر یا ماہرِ نفسیات نہ بن سکتا اور ...... اگر وہ میرے ہاتھ میں کاغذ اور قلم نہ پکڑاتیں تو میں لکھاری نہ بن سکتا۔ انھوں نے کبھی نہ چاہا ہو گا کہ ان کا بیٹا بڑا ہو کر بیس سے زیادہ کتابوں کا مصنف بنے گا۔ وہ مجھے شاعر سے زیادہ ایک ڈاکٹر کے طور پر دیکھنا چاہتی تھیں کیوں کہ ان کا خیال تھا کہ شاعر ساری عمر بھوکے رہتے ہیں، کیوں کہ وہ خواب بیچتے ہیں اور اس دور میں سہانے خواب خریدنے والے، ہوتے جا رہے ہیں۔

اب جب کہ امی جان سے میرا نیا رشتہ استوار ہو رہا ہے مجھے اس کی بہت خوشی ہو رہی ہے۔ اب میں سوچتا ہوں کہ اگر میری اپنی امی جان کے ساتھ رشتے میں کرب نہ ہوتا تو شاید میں تسبیح کے دانے

اپنے دور کے یوسف کی ماں اور دھرتی ماں اداس ہے

جیسے افسانے تخلیق نہ کر پاتا۔ بس میں مجھے ان افسانوں کو تخلیق کرنے کی خوشی ہے وہیں مجھے اس بات کی بھی خوشی ہے کہ اب میرے دل میں ان کے لئے محبت اور چاہت کے جذبات ابھر رہے ہیں اور وہ بھی لاشعوری اور فطری طور پر ہو رہے ہیں۔ دیر آید درست آید۔[4]

خالد سہیل نے دسویں کا امتحان پشاور کے ہائی اسکول کنٹونمنٹ بورڈ سے پاس کیا، اس کے بعد وہ پشاور کے ہی ایڈورڈز کالج میں داخل ہو گئے۔ لفظوں سے ان کی دوستی تو اسی وقت سے ہو گئی تھی جب ابھی وہ پرائمری اور مڈل اسکول میں زیرِ تعلیم تھے۔ ایڈورڈز کالج کے دورانِ قیام انھوں نے پہلا افسانہ

---

[4] ۔ سچ اپنا اپنا؛ ص:50

'دست بوسی' تخلیق کیا تھا۔ یہ افسانہ کالج میگزین ایڈورڈین (Edwardian) میں شائع ہوا تھا۔ اس پہلی کہانی میں مذہبی قائدوں اور رہنماؤں کی منافقت کو بے نقاب کیا گیا تھا۔ اسی رسالے میں ان کا ایک اور مضمون سعادت حسن منٹو پر بھی شائع ہوا تھا۔

اس پہلے افسانے کی اٹھان سے یہ اندازہ لگانا کچھ مشکل نہ تھا کہ آنے والے وقتوں میں خالد سہیل کا ذہن کس قسم کے مسائل کو اپنی تخلیقات کا موضوع بنائے گا۔ وہ منٹو کی طرح سماج کے چہرے سے نقاب اتار کر اس کو اصلی روپ میں پیش کرنا چاہتے تھے۔ وہ ایک روایت شکن ادیب کی صورت میں اپنی شناخت تلاش کر رہے تھے۔ اس واقعے سے پہلے جب ابھی وہ آٹھویں کلاس کے طالبِ علم تھے تو ان کا پہلا مضمون 'رابع بصری' بچوں کے رسالے 'بچوں کی دُنیا' میں شائع ہو چکا تھا۔ اس مضمون کی اشاعت نے انھیں اعتماد، ہمت اور حوصلہ تو دیا ہی، قلم کو ہاتھ میں تھامنے کا شعور بھی بخشا اور اس طرح لفظوں سے ان کی دوستی ایک مضبوط رشتے میں بندھ گئی۔

ایڈورڈز کالج سے فراغت کے وقت خالد سہیل سترہ برس کے نوجوان تھے، انھوں نے خیبر میڈیکل کالج میں، پشاور میں داخلے کی درخواست دی جو بد قسمتی سے رد کر دی گئی۔ خالد سہیل کی ماں کا خواب تھا کہ ان کا بیٹا بڑا ہو کر ایک کامیاب ڈاکٹر بنے۔ ایک ماں کے اپنے بیٹے کو ڈاکٹر بنانے کی توجیہ کرتے ہوئے ایک جگہ خالد سہیل نے لکھا ہے کہ:

امی جان کو مجھے ڈاکٹر بنانے کا شوق اس وقت شروع ہوا جب انھوں نے میرے ائیں کان کا آپریشن کروایا کیوں کہ پیدائشی طور پر میرے ائیں کان کا نچلا حصہ غائب تھا اور میری امی جان میرے سر کو رومال سے ڈھاپے رکھتی تھیں تا کہ لوگوں کو میرا آدھا کان نظر نہ آئے۔ وہ سرجن سے اتنی متاثر ہوئی تھیں کہ انھوں نے ڈاکٹر سے کہا تھا کہ میں اپنے بیٹے کو آپ کی طرح ٹوپی والا ڈاکٹر بناؤں گی، اور میری امی جان کا مجھے ڈاکٹر بنانے کا خواب اس وقت تک قائم رہا جب تک کہ میں ڈاکٹر نہیں بن گیا۔[5]

خیبر میڈیکل کالج میں پہلی بار ان کی درخواست مسترد ہو گئی لیکن بالآخر اسی کالج سے انھوں نے 1974ء میں ایم بی بی ایس کی ڈگری حاصل کی۔ اس کالج نے خالد سہیل کو ڈاکٹر ہی نہیں بنایا بلکہ ان کی ادبی زندگی کو بھی ایک سمت عطا کرنے میں اہم کردار ادا کیا۔ یہ گھر آنگن کے ماحول کا اثر تھا کہ بچپن سے لے کر جوانی تک انھوں نے ادب، فلسفہ، مذہب اور نفسیات کی ڈھیر ساری کتابیں پڑھ ڈالی تھیں۔ ان کتابوں میں فیض احمد فیضؔ، ساحرؔ لدھیانوی، احمد فرازؔ، جوشؔ ملیح آبادی، ناصرؔ کاظمی کی شاعری شامل تھی؛ منٹو، عصمت چغتائی، راجندر سنگھ بیدی، کرشن چندر اور غلام عباس کے افسانے شامل تھے؛ آغا حشر کاشمیری اور امتیاز علی تاجؔ کے ڈرامے تھے؛ سگمنڈ فرائڈ، الفریڈ ایڈلر اور کارل مارکس کی سیاسی اور نفسیاتی تخلیقات شامل تھیں اور ابوالاعلیٰ مودودی، غلام احمد پرویز، علامہ اقبالؔ اور ابوالامام آزاد کے مذہبی مقالے اور تفسیریں شامل تھیں۔

کالج میں قیام کے دوران خالد سہیل اور چند احباب نے مل کر ایک ادبی گروپ تشکیل دیا، جس کا نام 'اخوان الشیاطین' تجویز کیا گیا۔ اس گروہ میں ن پ شاعر، ایک موسیقار، ایک کارٹونسٹ اور ایک کرکٹر شامل تھے۔ یہ گروہ شاعری بھی کرتا، لڑکیوں سے چھیڑ چھاڑ کا موقع بھی تلاش کرتا، ہنستا کھیلتا اور زندگی اور تعلیم کی لذتوں سے لطف اندوزی بھی کرتا۔

5۔ سچ اپنا اپنا؛ ص:11

خالد سہیل جب خیبر میڈیکل کالج میں ڈاکٹری کی نبض شناسی کر رہے تھے اور انسانی جسم کے اسرر ورموز سے واقفیت حاصل کر رہے تھے، اسی دوران ان کے ادبی اور فکری سرچشمے بھی پھوٹ رہے تھے، دونوں کام ساتھ ساتھ جاری تھے۔ کالج میں ادبی، فکری اور تخلیقی شخصیت کو پروان چڑھانے اور ال وپر عطا کرنے وافر مواقع میسر تھے۔ اس موقعے کا خالد سہیل نے بھرپور فادہ اٹھایا اور ادبی اور فکری کاوشوں کو تراشتے رہے، وہ ایک موقع پر لکھتے ہیں:

ہمارے کالج میں ہر سال ایک بڑا مشاعرہ ہوا کرتا تھا جس میں ملک کے مشہور شاعروں کو مدعو کیا جاتا تھا۔ مہمان شعرا سے پہلے کالج کے طلبا و طالبات کو اسٹیج پر آ کر اپنا کلام سنانے کا موقع دیا جاتا تھا اور اچھے شاعروں اور شاعرات کو انعام دیے جاتے تھے۔ اس شام تقریباً پانچ والوگوں کا مجمع تھا۔ ملک کے ن پ مشہور شاعر جج تھے۔ بہت سے طلبا اور طالبات نے اپنا کلام سنایا۔ میں نے اپنی ایک نظم سنائی جس کا عنوان تھا 'سرخ دائرہ'۔ وہ نظم ایک ای ب نوجوان عورت کے ارے میں تھی جسے زندگی میں پلی دفعہ حیض نہ آیا ہو اور وہ متفکر تھی کہ کہیں حاملہ تو نہیں۔ نظم اس انداز سے کہی گئی تھی کہ حمل اور حیض کا ذکر تو نہ تھا لیکن سمجھنے والے سمجھ جاتے تھے کہ میں کیا کہنا چاہتا ہوں۔

میں اسٹیج پر گیا۔ سارا ہال خاموش تھا۔ میں نے نظم سنائی۔ سارا ہال خاموش رہا۔ میں واپس لوٹ آیا۔ سارا ہال خاموش رہا۔ میں سمجھا کسی کو میری نظم سمجھ میں نہیں آئی۔ نظم اس طرح لکھی گئی تھی کہ ایک عورت اپنے ارے میں ات چیت کر رہی تھی۔ چنانچہ نظم کی 'میں' عورت تھی۔ مقابلے کے آمیں میری رت ت کی انتہا نہ رہی جب اول انعام، ایک وینس کا مجسمہ مجھے پیش کیا گیا۔ اس وقت سارا ہال تالیاں بجا رہا تھا۔ اگلے دن میری ایک جج شاعر سے ملاقات ہوئی تو وہ کہنے گے 'میں نے پورے اردو لٹریچر میں اس خیال پر کوئی نظم نہیں پڑھی۔ تمہارے کلام میں جدت تھی۔' ان کی اتیں سن کر میرے چہرے پر مسکراہٹ پھیل گئی۔[6]

وہ جج شاعر جس نے بڑی شفقت سے خالد سہیل کی نظم کی تعریف کی تھی، احمد فراز تھے۔ اس کے علاوہ ججوں میں احمد ندیم قاسمی، خاطر غزنوی اور محسن احسان تھے۔

اوپر کے اقتباس میں خالد سہیل نے ن پ مشہور شاعروں کا ذکر کیا ہے جنہوں نے ججی کے فرائض انجام دیے تھے لیکن ایک اور مقام پر انہوں نے احمد فراز کے علاوہ احمد ندیم قاسمی، خاطر غزنوی اور محسن احسان، کل چار شاعروں کا ذکر کیا ہے جو اس مشاعرے میں موجود تھے اور ججی کے فرائض انجام د ے رہے تھے۔ خالد سہیل کی دو مختلف تحریروں میں دو مختلف تعدادوں کی وجہ یہ ہو سکتی ہے کہ چونکہ اس مشاعرے میں ان چاروں شاعروں نے شرت کی تھی۔ اب یہ ہو سکتا ہے کہ خالد سہیل کے ذہن سے یہ ات نکل گئی ہو کہ ججی کے فرائض ن پ شاعروں نے انجام دیے تھے یا چاروں شاعروں نے اس میں حصہ لیا تھا۔ بہر حال یہ ات اتنی اہمیت نہیں رکھتی جتنا ان شاعروں کا یہ ارافاف کہ کالد سہیل نے الکل ایک نئے خیال کو اپنی نظم کا موضوع بنایا تھا اور ایک اچھوتے اور نادر تجربے کو نظم کے قالب میں ڈھالا تھا اور غالباً اسی لیے ان کو پلے انعام کا مستحق قرار دیا گیا۔

اسی سال کالج میگزین 'سینا' میں ان کا افسانہ 'بوسہ' کے عنوان سے شائع ہوا۔ یہ افسانہ نرواں کے ارے میں تھا۔ اس کہانی میں ایک نرس کا کردار ہے جو ینسر کے ایک مرض کی یمارداری پوری محنت، لگن، اخلاص اور تن دہی سے کرتی تھی۔ اس کے خلوص، ایثار اور شفقت آمیز رویے سے متاثر ہو کر مرض بھی رفتہ رفتہ ذباتی طور پر اس کے قریب آتا گیا۔ آکار ایک دن مرض نے نرس سے ایک بوسے کی فرمائش کر ڈالی۔ نرس کا چہرہ سرخ ہو گیا۔ اس کے دل و

6۔ انفرادی اور معاشرتی نفسیات؛ ص:54

دماغ کے بیچ 'ہاں' اور 'نہیں' کی ایک جنگ جاری ہوگئی، نرس ایک شدید کش مکش کا شکار تھی۔ اس کا دماغ اس کو اس کام سے از رہنے کی تلقین کر تا تھا اور 'نہیں نہیں' کہتا تھا جب کہ اس کا دل مرض کی خواہش پوری کر دنے پر آمادہ تھا۔ آکار اس نے مرض کو چوم لیا۔ اسعمل کے فوراًبعد ہی وہ مرض اس دنیا سے چل بسا۔

خالد سہیل ں مں اس افسانے کی وساطت سے نرس کے کردار کی عظمت کو اجاگر کرنا چاہتے تھے کہ وہ انسانیت کی خدمت کے لئے کس طرح اپنے ماحول اور پیشے سے بلند ہوگئی تھی، بدقسمتی سے اس کا ردعمل اس صورت میں سامنے آیا کہ نرواں نے خیال کیا کہ خالد سہیل نے ان کے پیشے کے تیئں اہنت آمیز رویہ اپنایا ہے، وہ اس پیشے کی اخلاقیات کو مشکوک نظروں سے دیکھتا ہے اور ان کی کردار کشی کر رہا ہے۔ نرسیں خالد سہیل سے بے حد ناراض اور فا ہوئیں۔

خیبر میڈیکل کالج سے ایم بی بی ایس کرنے کے بعد خالد سہیل نے پشاور کے مشہور لیڈی ریڈنگ اسپتال میں سال بھر کی انٹرپن مکمل کی۔ اس کالج کی 70 سال تاریخ میں یہ انوکھا واقعہ تھا کہ ایک مرد ڈاکٹر نے زچہ بچہ وارڈ میں اپنی انٹرپن مکمل کی۔ یہ تجربہ خالد سہیل کی زندگی کا بھی ایک اہم واقعہ ا ور تجربہ ثابت ہوا۔ یہاں ان کو عورتوں کے مسائل کو بے حد قریب سے دیکھنے، جاننے اور سمجھنے کا موقع ملا جو عام حالا تمیں ممکن نہیں ہوتا۔ یوں تو عورتوں کے ارے میں خالد سہیل کا رویہ پہلے سے ہی ؒ رمردانہ تھا لیکن اس تجربے کے بعد عورتیں اھیں زبید قابل رن نظر آنے یں۔۔ اس وارڈ میں م ماہ رہے اور پھر وہاں سے زنانہ وارڈ میں منتقل ہوگئے۔ یہاں بھی اھوں ں نے م ماۃ کا عرصہ گزارا۔ اس طرح ایک سال کے اندر ان کو عورتوں کے ہر قسم کے مسائل اور مصائب سے واسطہ پڑا، انہوں نے اس کو بڑی ؒ مردی اور محنت سے سرانجام دیا۔ ادبی اور بی طور سے یہ تجربہ آنے والے وقت میں ان کے لئے معاون و مددگار ثابت ہوا اور اس نے خالد سہیل کے رویوں کو تشکیل دنے اوار اس کو ایک مخصوص شکل عطا کرنے میں اہم کردار ادا کیا۔

1975ء میں خالد سہیل نے پاکستان کو خیراد کہہ دیا۔ میڈیکل کالج پشاور سے ڈاکٹری کی تعلیم مکمل کرنے کے بعد وہ ایران لے گئے۔ ایران کے شہر ؒ مران میں ں مں مشہور حکیم بو علی سینا کا زیار ہے، اس کے گردونواح میں بچوں کے ایک اسپتال میں انہوں نے ڈیڑھ سال تک بی خدمات انجام دیں۔ اس اسپتال میں بھی ان کا واسطہ تقل ط طور سے عورتوں سے ہی رہا، کیوں کہ بچوں کی نگہداشت اور علاج کے لیے ان کی مائیں، خالائیں، خالائیں اور نانیاں ان کے ساتھ آتیں۔ خالد سہیل کو قیامِ ایران کے دوران عورتوں کے ساتھ ساتھ بچوں کی زندگی، ان کے زیاج اوران کے مسائل کو قریب سے جاننے اور دیکھنے کا موقع ملا۔ ایران کے معاشرے میں پاکستانی معاشرے کی طرح حبس اور گھٹن تو نہیں تھی لیکن وہاں کی فضا میں ایک عجیب قسم کا خوف تھا اور سیاسی اور معاشرتی موضوعات پر وہاں کے لوگ زبان نہ کھولنے میں ہی عافیت سمجھتے تھے۔ یہ اس وقت کی ات ہے جب 77-1975ء میں شاہِ ایران رضا شاہ پہلوی کی حکومت تھی۔ شاہ نے بعض بڑے سخت قوانین بنا رکھے تھے۔ اسی لیے وہاں کے عوام ایک خاص طرح کے خوف اور دہشت کی نفسیات سے دوچار تھے۔ اس ملک میں کا قیام ڈیڑھ سال تک رہا۔ پھر جیسے ہی 1977ء میں میموریل یونیورسٹی، کناڈا میں نفسیات کی اعلیٰ تعلیم کے لیے انہیں داخلہ ملا تو فوراً ہی انہوں نے ایران کو سدا کے لیے خدا حافظ کہہ دیا اور ایک نئے ملک کی راہ لی۔ اس طرح خالد سہیل کے خاندان کی ہجرت کا جو سفر کشمیر کی وادیوں سے شروع ہوا تھا، اس نے خالد سہیل کے پاؤں میں بھی چکر ڈال دیے تھے۔ جب ہم ان کی زندگی کے شب وروز کو آئینہء ایام میں دکھتے ہیں تو آ ٓسانی اس نتیجے پر پہنچتے ہیں کہ لاہور کی گلیوں کا یہ معصوم بچہ کس طرح پختون تہذیب کے علاقے کوہاٹ میں اپنی زندگی کے ابتدائی ایام بسر کرتا ہے، وہاں سے پھر پشاور جا کر اپنا تعلیمی سفر جاری رکھتا ہے۔

پشاور کے بعد اس کا او ایران کا شہر ؒ مران ہوتا ہے اور پھر اخیر میں وہ مغرب کے ملک کناڈا میں اپنے ملک، اپنی تہذیب و ثقافت، اپنی مٹی اور اپنے خاندان کی

روایتوں سے بہت دور ایک نئے ماحول اور معاشرے میں زندہ ہے اور برگ وار لا رہا ہے۔ شاید اقبال نے خود اپنے اور خالد سہیل جیسے لوگوں کے لیے ہی یہ شعر تخلیق کیا ہو گا، اچاہے اقبال ہوں یا خالد سہیل؛ دونوں کا خاندان تو کشمیر کی وادیوں سے سر کتا ہوا پنجاب کے میدانوں میں آکر آباد ہوا تھا اور اقبال نے بھی سیال کوٹ اور لاہور میں قیام کے بعد، اعلیٰ تعلیمی غرض سے اور بعد ازاں سیر وسیاحت اور صوفیانہ تجربات کی خاطر مغربی الکلکا سفر کیا تھا:

درویش خدامست نہ شرقی ہے نہ غربی گھر مرا نہ دلی نہ صفاہاں نہ سمرقند

خالد سہیل نے اعلیٰ تعلیم حاصل کرنے کی غرض سے 1977ء میں کناڈا کا رخ کیا تھا، پاکستان میں تو وہ ایک مکمل ڈاکٹر بن ہی چکے تھے۔ کناڈا میں اھوں ں نے تخصص (specializaiton) کے لیے نفسیات کے موضوع کا انتخاب کیا۔ خالد سہیل کو شروع سے ہی ادب، فلسفہ اور سائنس سے بے حد لگاؤ تھا اور وہ بچپن سے ہی بہ ظاہر مختلف نظر آنے والے ان موضوعات کے درمیان نقطۂ اتحاد تلاش کرتے رہتے تھے۔ ان کو وراثت کے طور پر اپنے خاندان سے مذہب اور سائنس کی جو مشترکہ روایت ملی تھی ان سب نے ملک کر خالد سہیل کے اندر نفسیات کی پیچیدگیوں کو سمجھنے کی صلاحیت کو جنم دیا اور اھوں ں نے محسوس کیا کہ نفسیات ہی ایک موضوع ہے جس میں سائنس، ادب اور فلسفے کی برکتوں سے فائدہ اٹھا کر مریضوں کا علاج کیا جا سکتا ہے۔ اس طرح سے مرض اپنی بیماری سے شفایاب بھی ہو سکے گا اور خود ڈاکٹر کی ادبی تشنگی کی سیرابی کا سروسامان ہوتا رہے گا۔

جب خالد سہیل کو میموریل یونیورسٹی، نیوفاؤنڈ لینڈ میں نفسیات کی فیلوشپ کرنے کے لیے داخلہ مل گیا تو اس یونیورسٹی سے انہوں نے ایف آر سی پی (F.R.C.P.) کی ڈگری حاصل کی۔ نیوفاؤنڈ لینڈ، کناڈا کا مشرقی ترین صوبہ ہے جس کا دارالخلافہ سینٹ جانز ہے۔ اس شہر کی آبادی ایک لاکھ افراد پر مشتمل تھی۔ خالد سہیل، پاکستان اور ایران میں گھٹن اور حبس زدہ معاشرے میں رہتے آئے تھے خواہ وہ پاکستان کے مختلف شہر اور قصبات ہوں یا ایران میں ٥مران کی معاشرت اور تہذیب؛ ہر جگہ مشرقی رویات کی اونچی اونچی دیواریں کھڑی تھیں، جس کی فضا میں گھٹن تھی، دل اور زبان پر مذہب اور سماج کے تالے گے تھے، فرد کی انفرادیت بے معنی تھی، ذہنی اور فکری آزادی کا تصور ہی نہ تھا۔ فرد، معاشرے اور سماج سے علاحدہ اپنا وجود اتی نہیں رہ سکتا۔ اس قسم کے معاشرے میں خالد سہیل کی ادبی اور نفسیاتی ذوق کی پرورش ہوئی تھی، چنانچہ جب وہ مغرب کی کھلی فضا میں پہنچے تو ان کے فکر وخیال اور ذبہء آزادی کو پر لگ گئے، تخلیقیپر واز نے اڑان بھرنی شروع کی۔ ایک مقام پر اھوں ں نے لکھا ہے:

...... اس شہر میں چند ہفتوں میں ہی مجھے احساس ہونے لگا جیسے میں پاکستان اور ایران کی زندگی کی پچیس سالہ تنگ و تاریک سرنگ کے بعد ایک کھلی فضا میں آگیا ہوں۔ میں نے ماحول کو آزادی اور جمہوریت کی تازہ ہوا کے جھونکوں سے معطر پایا۔ اس شہر میں پاکستان کے صرف چند خاندانوں کی موجودگی کی وجہ سے مجھے مقامی لوگوں کے ساتھ کام کرنے، ملنے جلنے اور قریب آنے کا بھرپور موقع ملا۔[7]

خالد سہیل سینٹ جانز میں چار سال گزارے۔ اس شہر مین تعلیمی منزلوں کو سر کرنے کے ساتھ ساتھ حسن اور رومان کی بہت ساری وادیوں، پُرپیچ گلیوں اور رن سڑوں کوں سے واقفیت حاصل کی۔ یہ نئے نئے تجربے ان کی تخلیقی عمارت کو اونچا اٹھانے میں سنگ وخشت کا کام دیتے رہے۔ تعلیم مکمل کرنے کے بعد خالد سہیل کو نیو برنزوک (New Brunswick) میں بطور ماہر نفسیات ملازمت مل گئی۔ وہ اس شہر میں 1961ء سے 1966ء تک رہے۔ ان دو برواں میں خالد سہیل خود کو اس شہر کے زیاج وماحول سے اہم آہنگ نہ کر سکے۔ ان کا دل وہاں نہیں لگا اور ادبی اور رومانوں طور پر اس شہر کی فضا انہیں راس

7۔ سچ اپنا اپنا؛ ص:69

نہ آئی۔ اسی دوران سات سال کے طویل وقفے کے بعد وہ اپنے وطن پاکستان آئے، یہ سات سال ان کی زندگی کو ایک واضح اور روشن سمت دے چکے تھے، چنانچہ پاکستان میں عارضی قیام کے دوران انہوں نے فیصلہ کیا کہ اب وہ اپنے وطن پاکستان واپس نہیں آسکیں گے اور یہاں کی مٹی اور معاشرت سے خود کو ہم آہنگ نہ کرسکیں گے۔ انفرادی آزادی اور جمہوریت کی کھلی فضا میں سانس لینے کے بعد وہاس نتیجے پر پہنچے کہ اب اس حبس زدہ معاشرے میں خود کو ان فٹ محسوس کریں گے جس کی معاشرت اور روایت کے ارے میں خود اھوں س نے ہی کہا تھا:

اس درجہ روایات کی دیواریں اٹھائیں نسلوں سے کشی شخص نے اہر نہیں دیکھا پاکستان سے واپسی کے بعد خالد سہیل نے کناڈا کو ہی اپنا وطن بنالیا۔ نیوبرنزوک کی ملازمتسے استعفیٰ دے دیا اور ٹورنٹو سے کچھ میل کی دوری پر ایک شہر وھ لی

)Whitby(میں آبسے۔ اب1964ء سے خالد سہیل وھ لی میں قیام پذیر ہیں، وہاں ان کا ایک ذاتی کلینک (Creative Psychotherapy Clinic(ہے ں مس وہ نفسیاتی مریضوں کا علاج کرتے ہیں۔ ماہنام ُشاعر ٗممبئی نے اگست 5555ء کے شمارے میں خالد سہیل پر ایک گوشہ شائع کیا تھا جس میں ُشاعر ٗ کے ایڈیٹر کے چند واالوں کا جواب دیتے ہوئے خالد سہیل نے اپنی موجودہ زندگی کے ارے میں مندرجہ ذیل الفاظ رقم کیے تھے:

ان دنوں میں کناڈا میں ایک پرسکون زندگی گزاررہاہوں۔ دن کو مریضوں کا علاج کرتا ہوں اور شام کو رفیق سلطان، زہرانقوی، عسکری نقوی ،ڈینس آئزک اور رشید ندیم جیسے دوواراں کے ساتھ وقت گزارتا ہوں۔ ہراتوار کو رفیق سلطان کے ہاں ُدرویشوں کے ڈیرے ٗپر دوست جمع ہوتے ہیں اور ادب اور فلسفے پر گفتگو ہوتی ہے۔ میں اپنی اور دوواراں کی تخلیقات اپنے دوست صلاح الدین پرویز کو بھیج دیتا ہوں جو اھیں میری ویب سائٹ www.DrSohail.com پر لگادیتے ہیں اور ساری ُدنیا سے دوست مجھے اپنے تاثرات، میرے ای میل ایڈریس Welcome@DrSohail.com پر بھیجتے رہتے ہیں۔
ایک لکھاری ہونے کے ناطے میرا آدرش اپنے سچ کو تلاش کرنا اور اس سچ کا تخلیقی اظہار کرنا ہے اور ایک ماہر نفسیات ہونے کی وجہ سے میرا قصد خدمتِ خلق کرنا ہے تاکہ انسانوں کے نفسیاتی مسائل، ہوں اور وہ ایک صحتمند اور پرسکون زندگی گزار سکیں۔ میں ساری دنیا کے انسانوں کی انفرادی اور اجتماعی زندگی کے امنگے خواب دیکھتارہتاہوں۔[8]

خالد سہیل نے جس قسم کے سماج میں آنکھیں کھولیں اور شعور کے میدان میں قدم رکھا، وہ مشرقی رویات اور اقدار کے حصار میں قید تھا۔ سائنس، عقل پرستی اور روشن خیالی کی برکتوں سے ناآشنا تھا۔ فرد کی آزادی ایک بے معنی لفظ تھا، جمہوری اقدار، جمہوری نقطۂ نظر اور آزادانہ رائے کا تصور، گمراہی اور مذہب سے بے گانگی اور بغاوت کے مترادف الفاظ تھے۔ حالانکہ ان کے خاندان میں سائنس پرستی اور مذہبی روشن خیالی کی ایک روایت موجود

8۔ ماہنام اشاعر؛اگست؛5555؛ص:19

تھی۔ ان کے دادا ایک آزاد خیال اور لبرل آدمی تھے، چچا عارف عبدالمتین سائنس کے استاد، پاکستان کے مشہور شاعر اور انقلابی ذہن رکھتے تھے۔ ان کی کتابوں نے خالد سہیل کی ذہنی پرورش و پرداخت میں اہم کردار ادا کیا تھا۔ خالد سہیل کے ابو خالد عبدالباسط ایک بیدار مغز اور کھلے دل دماغ کے مالک تھے۔ ان سبھی نے خالد سہیل کے معصوم ذہن پر اپنے اپنے اثرات مرتب کیے تھے اور یہ ایک اہم وجہ تھی کہ ایک محصور معاشرے کا فرد ہونے کے اوجود اھوں س نے ہمیشہ سائنسی اور معروضی اندازِ نظر اپنایا۔ وہ روایتوں اور دقیانوسیت کے آسیب سے محفوظ تھے۔ روایت پرستی اور توہم پرستی کو کبھی بھی اھوں س نے اپنا شعار نہیں بنایا۔ روایت شکنی، ان کے دل ودماغ میں اس قدر سرایت کر گئی کہ رفتہ رفتہ بغاوت کا شکل اختیار کرنے لگی۔

روایت سے بغاوت کا ذبہ اس قدر شدید ہوا کہ خالد سہیل نے خود کو روایتی شادی کے بندھنوں سے بھی آزاد رکھا۔ اس وقت ان کی عمر پچپن برواں سے کچھ متجاوز ہوگی لیکن ابھی تک وہ خانگی اور روایتی طرز زندگی کے بکھیڑوں سے آزاد ہیں، آگے کی کس کو خبر؟ لیکن خالد سہیل تجرد کی زندگی بھی نہیں گزارتے، وہ مغربی طرزِ زندگی اور اس کے آزاد ماحول کی برکتوں سے مستفید ہوتے رہے ہیں۔ اپنی خودنوشت میں اھوں س نے رومانوی زندگی کے نشیب وفراز اور شب وروز کی کہانی بڑی صاف گوئی اور بے اکی سے سنائی ہے۔ اس ضمن میں ان کا مضمون بعنوان 'عورت سے رشتہ' ایک دل چسپ مضمون ہے۔ پروفیسر قمر رئیس اور ف۔ س۔ اعجاز کی درخواست پر یہ مضمون قلم بند کیا گیا تھا جب وہ 'انشا' رسالے کا 'ادیبوں کی حیاتِ معاشقہ' نمبر ترتیب دے رہے تھے۔ اس مضمون کا ماحصل یہ ہے کہ خالد سہیلصنفِ نازک سے رشتے اوارار کرنے میں بے حد آزاد خیال واقع ہوئے ہیں، وہ مذہب اور سماج کی بندشوں اور اس کے بندھے بندھائے اخلاقی معیار کی پرواہ نہیں کرتے، وہ ایک آزاد پنچھی ہیں جو ہر شاخ پر چہکتا ہے۔ وہ مصری کی ڈلی کی مکھی ہیں شہد کی نہیں۔ یہی وجہ ہے کہ ان کی رومانوی زندگی رنگارنگ اور بھرپور رہی ہے، متحرک اور جان دار رہی ہے، مضبوط اور توانا رہی ہے۔ فی الحال ایک کینیڈین خانون بے ٹی ڈیوس، زندگی کے نشیب وفراز میں ان کی ہم سفر ہیں، مشرق کے روایتی بندھنوں اور اور اخلاقی بندشوں سے یکسر آزاد؛ ان کا رشتہ پچیس برواں پرانا ہے۔ خالد سہیل لکھتے ہیں:

...... مجھے اس کی دوستی اور محبت سے اخلاص کی بو آتی ہے۔ ہمارا رشتہ غیر روایتی ہے، وہ میری بیوی اور منکوحہ ہونے کی بجائے دوست اور محبوبہ ہے۔ ہمارے نظریات مختلف ہیں لیکن ہم ایک دوسرے کے ذبات، خیالات اور نظریات کا احترام کرتے ہیں۔ میں خدا اور مذہب پر یقین نہیں رکھتا لیکن وہ خدا اور روحانیت پر یقین رکھتی ہے۔[9]

بے ٹی ڈیوس، صرف خالد سہیل کی شریکِ سفر ہی نہیں ہیں بلکہ ایک تخلیقی اور ادبی ذہن کی مالک بھی ہیں۔ خالد سہیل کی طرح وہ بھی نفسیات کی طالبِ علم رہی ہیں۔ خالد سہیل کہتے ہیں کہ وہ ایک ای ب دوست اور محبوبہ ہے جس سے میں زندگی کے تمام موضوعات پر کھل کر ات کر سکتا ہوں۔ ہم لوگ ادب، مذہب، سائنس، فلسفہ، جنس اور نفسیات غرضیکہ ہر موضوع پر اپنا اپنا نقطۂ نظر رکھتے ہیں۔ حال میں ہی دونوں نے مل کر طوطط کی شکل میں ایک کتاب مکمل کی ہے جس کا نام Love, Sex and The Art of Working in Your Green ہے، اس کے علاوہ ایککتاب Marriage Zone دونوں کی مشترکہ کوششوں کا ثمرہ ہے۔

ادبی اور تخلیقی ارتقا

9۔ سچ اپنا اپنا؛ ص:05

کسی بھی انسان کی زندگی اور اس کی شخصیت کو خط وخال اور واضح نقوش دنے میں ماحول اور معاشرے کا کردار اہم ہوتا ہے۔ انسان، معاشرے کی قدروں کو تسلیم کرے یا ان سے مغاوت کرے، وہ روام وقیود کا احترام کرے، ان سے بے پروائی برتے یا یکسر نظر انداز کر دے؛ کچھ حد تک یہ اس کا ذاتی عمل ہو سکتا ہے لیکن غیر ارادی اور غیر محسوس طریقے پر پورا معاشرہ اور سماج اس شخص کی میر وو تشکیل میں اپنا رول ادا کرتا ہے، یہ ات تسلیم شدہ ہے۔ یہ اصول ا ور ضابطے ایک عام شخص کی بہ نسبت ادیبوں، شاعروں، سائنس دانوں، مفکروں اور تخلیقی کام کرنے والوں پر زیادہ صادق آتے ہیں، چونکہ وہی سماج اور معاشرہ، جو ان کو بے اطمینانی اور بغاوت کی دنیا میں لے جاتا ہے اور ہر چیز اور روایت کو تنقیدی نگاہوں سے دیکھنے اور پرکھنے کا شعور دیتا ہے دراصل اس شعور کی دھار کو تیز کرنے کے لئے خام مواد بھی تو یہی معاشرہ عطا کرتا ہے۔ اس لیے سماج، گرد و پیش، گھر، خاندان، کنبہ، دوست احباب، شہر اور گاؤں یہ سب مل کر شخصیت کے عناصرِ ترکیبی کو ترتیب دیتے ہیں۔

خالد سہیل نے بھی اپنے بچپن کے ایام جس طرح کے معاشرے میں بسر کیے وہ مشرق کی روایتوں میں ڈوبا ہوا سماج تھا۔ اس سماج کے گرد اگر د مذہبی روایات، ضعیف الاعتقادی، توہمات اور بے جا روام ورواج کی اتنی دیواریں حائل تھیں کہ عقیدوں کے شہر میں رہنے والے انسانوں کو دیواروں کے پار کی دنیا نظر ہی نہ آتی تھی اور اگر کوئی سر پھرا ان پامال راہوں سے ہٹنے کو کوشش کرتا یا ان دیواروں میں نقب لگانے کی تدبیر نکالتا تا کہ اہر کی روشنی اور اجالا شہر کے لوگوں کو بھی میسر آسکے تو سماج اور مذہب کے ٹھیکیداروں کی پیشانی پر بل آجاتے اور اس شخص کو اغی، گمراہ، اور سماج دشمن بنا دیا جاتا۔ اس معاشرے میں تعلیم سے دل چسپی بے حد، تھی اور شاید یہی وجہ تھی کہ روایات اور توہمات نے سماج کی گہرائیوں تک اپنی جڑیں جمالی تھیں۔ مذہبی، نسلی اور علاقائی تعصب کے جراثیم، روایتوں کے آسیب، رسم ورواج کے شیطان اور ضعیف الاعتقادی اور توہمات کے عفریت اپنا آشیانہ وہیں بناتے ہیں ل مں تعلیم کی رسائی نہ ہو سکتی ہو۔

یہ ات خالد سہیل کے حق میں جاتی تھی کہ ان کے معاشرے پر مشرقی روایات واقدار اور پامال عقیدوں کی حکمرانی تھی لیکن خوش قسمتی سے ان کے گھر میں علمی ماحول تھا۔ ان کے دادا کی آزاد خیالی اور جمہوری قدریں، چچا عارف عبد المتین اور والد عبد الباسط کی رگوں میں خون ن کر دوڑتی تھیں۔ آزاد خیالی اور جمہوری قدروں کی یہی روایت ان کے شعور کا حصہ بنیں۔ اور جب خالد سہیل نے بھی شعور کی وادی میں قدم رکھا تو آزاد خیالی، کھلے دل و دماغ اور آزاد منشی کی خصوصیات سنبھالے ہوئے اپنی شخصیت کی تشکیل کرنے گے۔ ایک اور ات جس نے خالد سہیل کو سماج کی آلودگیوں سے محفوظ رکھا، یہ تھی کہ ان کے والد سرکاری ملازم ہو کر وطن سے دور، پاکستان کے سرحدی علاقے کوہاٹ میں جا آباد ہوئے تھے، وہاں خالد سہیل تھے ان کی چھوٹی بہن عٰن طریں کوثر تھیں، اور والدین تھے۔ گویا خالد سہیل کی فیملی ایک نیوکلیر فیملی تھی، اھیں مشترکہ خاندان میں رہنے کے مواقع بہت، حاصل ہوئے، ان کے والد کالج میں استاد تھے، اس لئے گھر میں علمی ماحول تھا، پڑھنے لکھنے اور یکھنے کے بہتر مواقع تھے۔ ان کی والدہ بہت پڑھی لکھی خانون تو نہ تھیں لیکن تعلیم سے بے حد لگا رکھتی تھیں اور اپنے بچوں میں علم کی آگ روشن کرنا چاہتی تھیں۔ ان سب حالات اور اتفاقات نے کچھ یوں گل کھلایا کہ بچپن سے کالد سہیل نے کتابوں کی دنیا سے اپنا تعلق اوارار کر لیا۔ لفظوں سے ان کی دوستی بچپن میں ہی ہو گئی تھی۔ وہ ابھی پرائمری درجات میں تھے کہ ان کے والد ان کی خاطر بچون کی کتابیں ا ور رسالے لایا کرتے۔ کتابوں کے مطالعے سے ان کے اندر کے تخلیق کار نے نئی نئی کہانیاں وانی شروع کر دی تھی۔ جب خالد سہیل مڈل اسکول میں داخل ہوئے تو والد صاحب نے 'تذکرۃ الاولیا' لاکر دی۔ اس میں درویشوں، صوفیوں اور فقیروں کی کہانیاں پڑھ پڑھ کر وہ محظوظ ہوتے رہے۔ ایک کہانی سے وہ اس درجہ متاثر ہوئے کہ ایک ش

مضمون لکھ ڈالا، یہ کہانی مشہور صوفیہ رابعہ بصری کے ارے میں تھی۔ خالد ہ ی س نے رابعہ بصری پر جو مضمون قلم بند کیا تھا وہ بچوں کے رسالے 'بچوں کی دنیا' میں شائع ہو۔ مضمون کی اشاعت نے خالد سہیل کو خوشی اور مسرت کے ساتھ ساتھ حوصلہ، ہمت اور اعتماد کے لطیف احساس سے ہم کنار کیا۔

تعلیم کے ساتھ ساتھ خالد سہیل نے کتابوں سے اپنا رشتہ اقی رکھا اور وہ تقل ط مطالعے یں منہمک ہو گئے۔ اس کی شروعات ان کے والد کی چھوٹی سے لائبریری سے ہوئی، لائبریری میں مختلف موضوعات پر بہت ساری کتابوں کے علاوہ شاعروں اور ادیبوں کی تخلیقات بھی مطالعے میں رہیں۔ اپنے چچا عارف عبد المتین سے خالد سہیل کا ذہنی رشتہ اسی لائبریری میں استوار ہوا اور وہ ان کی تخلیقات سے روحانی فیض حاصل کرنے گے۔ ان تخلیقات نے خالد سہیل کے ذہن پر دیرپا نقوش بت کیے۔ یہ ایک دل چسپ ات ہے کہ عارف عبد المتین سے خالد سہیل کا رشتہ کابوں کی وساطت سے ممکن ہوا۔ ہائی اسکول تک آتے آتے خالد سہیل نے پشاور کی چھوٹی بڑی لائبریریوں کی ممبر شپ لے لی تھی اور ان میں ادب، فلسفہ، مذہب اور نفسیات کی کتابوں کا مطالعہ پوری توجہ، انہماک اور دل چسپی سے کیا اور ان علوم کی روح کو اپنے اندر ذبب کرنے کی سعی کرتے رہے۔

ادیبوں کی نگاراس شات دوران سے وسیکڑہ م سوں ہ فٹ ی رڈھو کتابیں ان ئے اکی ن میں نگاہوں فیض ؔسے ساگزر حرؔ، اتھ

حمد فرازؔ، تھیں۔ جو جن شؔ، نا اہم صرکا ض م فین، ش، ی، منٹو، کر شاعروں اور شن

چندر، بیدی، غلام عباس، آغا حشر، امتیاز علی تاجؔ، کارل ینگ، لافریڈ ایڈلر، ابو الاعلیٰ مودودی، غلام احمد پرویز، االلؔ اور ابوالام م آزاد شامل تھے۔ خالد سہیل نہ صرف ان ادیبوں اور مفکرین کی تخلیقات کا مطالعہ کرتے تھے بلکہ اپنے والد صاحب اور دوست واحباب سے زندگی کے اہم مسائل اور کائنات کے

سربستہ رازوں کے ارے میں مکالمے اور بحثیں بھی کرتے رہتے تھے۔

خالد سہیل کے ادبی سفر کا اقاعدہ آغ 1975ء سے ہوا تھا۔ اھوں س نے پہلا افسانہ 'دستبوسی' تخلیق کیا تھا اس وقت وہ ایڈورڈز کالج میں تعلیم حاصل کر رہے تھے۔ افسانے کا یادیدی موضوع مولویوں کی منافقت تھا۔ مولوی، جو مذہبی معاشرے کی ایک اہم علامت ہے اس افسانے میں اس کی بد کرداری، سیاہ اطنی اور منافقت کو اجاگر کیا گیا تھا۔ اس پہلے افسانے نے مستقبل کے لیے ان کی راہیں تقریباً متعین کر دی تھیں۔ یہ اندازہ لگانا شکل نہیں تھا کہ وہ ایک نئے ڈگر کے رہی ہیں، وہ اپنا راستہ شاہراہوں کی بجائے پ رپنڈیوں پر تلاش کر رہے تھے۔ کالج کی میگزین میں ان کا ایک اور مضمون شائع ہوا تھا، یہ منٹو کے ارے میں تھا۔ ایک روایت شکن اور اغی افسانہ نگار کے فن پر ایک دوسرے اغی اور روایت شکن مضمون نگار کی تحریر یقیناً دل چسپی سے خالی نہ ہو گی۔

ایک طرف خالد سہیل اسکول اور کالج کی تعلیمی منزلوں سے گزرتے رہے اور دوسری طرف اپنی تخلیقی نشو و نما اور خلاقانہ صلاحیتوں کو دھار دیتے رہے۔ جب میڈیکل کالج میں ان کا داخلہ ہوا تو دو وارں کے ساتھ مل کر 'اخوان الشیاطین' نام کی ایک ادبی تنظیم بنائی جو کثرت استعمال سے 'اخوان' رہ گئی تھی۔ تنظیم میں م ممبر تھے ن پ چاعر، ایک موسیقار، ایک کارٹونسٹ اور ایک کرکٹر؛ اس دور میں خالد سہیل کی طبعی میلان افسانہ نگاری کی بہ نسبت شاعری کی طرف زیادہ تھا اور خوش گوار ماحول یں لڑکیوں سے شاعرانہ چشمک رہا کرتیں۔

خیبر کالج کے ہی ایک مشاعرے میں اھوں س نے اپنی مشہور نظم 'سرخ دائرہ' سنائی تھی۔ 'سرخ دائرہ' کا موضوع نیا تھا۔ اس موضوع پر احمد فراز جیسے شاعر نے اردو میں کوئی نظم نہیں پڑھی تھی۔ نظم سننے کے بعد، احمد فراز نے خالد سہیل کو مشفقانہ مشورہ دیا کہ لیبر روم کے تجرات و مشاہدات اور عورتوں کے مسائل کے ارے میں نظمیں تخلیق کرتے رہو، یہ اردو ادب میں ایک اضافہ ہوں گی۔ ماضی میں اسی طرح کے کچھ مشوروں سے عارف عبد المتین بھی نواز

چکے تھے۔ اسی سال میڈیکل کالج کے میگزین 'سینا' میں ان کا افسانہ 'بوسہ' اشاعت پذیر ہوا، یہ افسانہ نرواں کی زندگی اور ان کے پیشے کی کچھ ذہانتی پہلوؤں کا احاطہ کرتا تھا۔ امید کے برخلاف اس افسانے کا ردعمل بہت تلخ رہا۔

'دست بوسی'، 'سرخ دائرہ' اور 'بوسہ' جیسی تخلیقات کے اشاعت پذیر ہونے کے بعد خالد سہیل نے روایت شکنی کی ایک اور مثال قائم کی۔ اس سال وہ کالج میگزین 'سینا' کے اردو سیکشن کے مدیر تھے۔ اردو کے لیے مخصوص واصفحات کے لئے نظمیں، غزلیں اور افسانے تو خاصی تعداد میں موصول ہوئے لیکن کسی سنجیدہ موضوع پر کوئی مضمون یا مقالہ دستیاب نہیں ہوا۔ اس کے لیے خالد سہیل نے اپنے ایک احمدی دوست عبد الوحید کی مدد لی اور مرزا غلام احمد کے ارے میں ایک مضمون قلم بند کرایا۔ خالد سہیل نے میگزین کی روایت میں ایک اور دیلی ی یہ کہ کہ ابھی تک میگزین کی خالی گھوں س پر قرآنی آیات اور احادیث کے ٹکڑے نقل کیے جانے کی روایت تھی۔ اھوں س نے آیاتِ قرآنی اور احادیث کی جگہ بڑے بڑے فلسفیوں، ادیبوں، شاعروں، دانشوروں ا ور سیکولر شخصیات کے اقوال چھاپے جن میں سقراط، افلاطون، برٹنڈرسل، سگمنڈ فرائڈ جیسے مفکر اور ادیب نمایاں طور سے شامل تھے۔ خالد سہیلنے اس اقدام کے ردعمل کا ذکر ایک جگہ اس انداز سے کیا ہے:

'سینا' چھپ کر آیا تو مس غیر روایتی طلبا بہت خوش ہوئے وہیں شدت پسند روایتی طلبا اتنے برہم ہوئے کہ غصے میں آکر بہت سے 'سینا' کے رسا لے احتجاجاً جلا دیے۔ اس واقعہ سے مجھے آزادیِ افکار و گفتار کی اہمیت کا اندازہ ہوا۔ مجھے آہستہ آہستہ اندازہ ہو گیا کہ میرے غیر روایتی خیالات اور نظریات میرے روایتی ماحول کے ساتھ ایک اہم تضاد کا شکار ہیں جس کا انجام پاگل خانہ یا جیل ہو سکتا ہے۔[10]

1977ء میں خالد سہیل پاکستان سے ایران لے گئے، وہاں ان کا قیام ڈیڑھ دو برس رہا، اسکے بعد کینڈا کے مختلف شہروں اور صوبوں میں نفسیات کی اعلیٰ تعلیم حاصل کرنے میں کچھ وقت گزارا

اور آکار 1964ء میں موجودہ پڑاو وھ ای میں منتقل ہو گئے۔ 1977ء سے 1964ء تک کا دور، ادبی اور تخلیقی لحاظ سے خشک سالی کا دور تھا۔ اس دوران ان کا مطالعہ تو برابر جاری رہا اور کچھ تخلیقات بھی عملمیں آئیں۔ تھ کی مشقت کے ساتھ مشقِ سخن بھی جاری رہی لیکن اس کے اظہار کے مواقع میسر نہیں تھے۔ خالد سہیل کے تخلیقی زیاج کو پرواز اس وقت ملی جب وہ اپنے ایک دوست کے مشورے سے

ٹورنٹو سے کچھ دور وھ ای میں آبسے۔ ٹورنٹو میں ایشیائی مہاجروں کی اچھی خاصی آبادی ہے۔ اس شہر نے نہ صرف ان کو لکھنے پڑھنے اور تخلیقی صلاحیتوں کو بروئے کار لانے کے لیے مہمیز کیا بلکہ ایشیائی مہاجروں، افریقی نسل کے لوگوں، عورتوں اور بچوں کے مسائل کو نزدیک سے جاننے اور سمجھنے کا موقع بھی فراہم کیا۔ اس طرح ٹورنٹو نے اھیں خام مواد بھی دیا اور تخلیقات کو شائع کرنے کرانے کا انتظام بھی کیا۔ یہیں سے خالد سہیل کا تعارف ادبی دنیا سے ایک شاعر اور افسانہ نگار کے طور پر ہوا۔ ٹورنٹو منتقل ہو جانے کے بعد خالد سہیل کی ملاقات دو ایسے لوگوں سے ہوئی جنھوں نے ادبی خضرِ راہ کا کام کیا۔

10۔ سچ اپنا اپنا؛ ص:04

ایک تھے پاکستان سے ہجرت کر ٹورنٹو میں مقیم ہونے والے ادیب اور مدیر اشفاق حسین، اور دوسرے ہندوستان کے شہر لکتے سے تعلق رکھنے والے جاوید دانش، جو اس وقت کنیڈا میں مقیم ہیں اور ڈرا انگاری کرتے ہیں۔ تخلیقی اور ادبی سطح پر یہ رشتہ اتنا مضبوط ثابت ہوا کہ خالد سہیل نے اشفاق کے ساتھ مل کر ان کے رسالے 'اردو انٹر نیشنل' میں کام کیا اور اشفاق حسین نے خالد سہیل کی شاعری کے مجموئے 'تلاش' اور افسانوی مجموعہ 'زندگی میں خلا' کو نہ صرف زیورِ طبع سے آراستہ کیا بلکہ اپنے رسالے کی معرفت ساری اردو دُنیا میں ان کو متعارف کرانے کا فرض بھی ادا کیا۔ اس طرح اشفاق حسین نے خالد سہیل کی شناخت قائم کرنے میں مدد کی۔ خالد سہیل نے جاوید دانش کے ساتھ مل کر کئی کتابیں مرتب کیں۔ ان میں کچھ تو عالمی ادب کے تراجم تھے اور کچھ تخلیقی رنگ لیے ہوئے تھے۔ جاوید کی مرااہی میں خالد سہیل نے اپنے افسانوں کا آڈیو کیسٹ 'چنگاریاں' اور دوسرا پروجیکٹ اردو نظموں کا کیسٹ 'تازہ ہوا کا جھونکا' مکمل کیا۔ عالمی ادب کے تراجم میں 'ایک اپ کی اولاد'، 'کالے جسموں کی ریاضت' اور 'ورثہ' جیسی تخلیقات وجود میں آئیں۔ ان کتابوں نے ایک ادیب، ایک افسانہ نگار اور ایک شاعر کی حیثیت سے خالد سہیل کی شناخت قائم کرنے میں اہم کردار ادا کیا۔

ہر ادیب، شاعر اور قلم کار کے ذہن میں ایک خواب، ایک سپنا پرورش پاتا رہتا ہے کہ اس کی تخلیقات نصابِ تعلیم کے ذرعہ طلبہ کے دل و دماغ تک رسائی حاصل کر سکیں۔ اس ات کی صداقت کو سبھی جانتے اور تسلیم کرتے ہیں کہ طلبہ کی شخصیت کی میر و تشکیل میں نصابِ تعلیم سب سے کار گر اور موثر حربے کے طور پر استعمال کیا جاسکتا ہے۔ چونکہ طلبہ ہی کسی قوم اور ملک کے مستقبل کے ضامن اور امین ہوتے ہیں اگر ان کی میر و میں مصنف کے خیالات و نظریات کچھ کردار ادا کر سکیں تو یہ مصنف کے ادبی اور تخلیقی نظریات کی فتح ہوتی ہے اور مصنف کو اپنی تخلیق کا قصد بڑی حد تک حاصل ہو جاتا ہے۔ خالد سہیل نے بھی یقیناً یہ سپنا، یہ خواب دیکھا ہوگا۔ خوش قسمتی سے ان کا یہ خواب شرمندۂ تعبیر بھی ہوا اور خالد سہیل نے اس خوش گوار تجربے کو محسوس بھی کیا ہوگا۔ یہ ان کے لئے اعزاز اور فخر کی ات ہے کہ ان کی تخلیقات کو نصابِ تعلیم کا حصہ بننے کا شرف حاصل ہوا۔ وہ اس خوبصورت اور خوش گوار احساس سے دو دو مرتبہ چار ہوئے۔ اپنی خود نوشت میں وہ لکھتے ہیں:

جب میں نے اپنی تخلیقات کا انگریزی میں ترمہ کروا کر چھپوایا تو مجھے شمالی امرکہ کے مختلف اداروں سے خط آئے جن میں سے دو قابلِ ذکر ہیں۔ مجھے ایک خط نیلسن کنیڈا (Nelson Canada) کے دفتر سے آیا جو کنیڈا کے ہائی اسکولوں کے لیے کتابیں چھاپتے ہیں۔ اھوں س نے عالمی فکشن کی کتاب 'گلوبل سفارئی' (Global Safari) میں میرا افسانہ 'جزیرہ' شامل کرنے کا فیصلہ کیا تھا۔ وہ کتاب چھپ کر آئی تو میری خوشی کی انتہا نہ رہی جب میں نے اپنا نام چیکوف، ہنرک بول اور نادین گورڈیمر کی فہرست میں دیکھا۔ پھر مجھے شکاگو سے خط آیا کہ جینیرک انسٹی چیوٹ (Generic Institute) ایک کتاب چھاپ رہا ہے جس میں سات شاعر شامل ہوں گے اور وہ میری پانچ نظمیں چھاپنا چاہتے ہیں۔ کتاب کا نام 'سات فرشتے' (Seven Angels) رکھا گیا تھا۔ میں اس حقیقت پر بہت ہنسا کہ ایک دہریے کی نظمیں فرشتوں کے نام سے چھپ رہی ہیں۔[11]

تصنیف و تالیفات

خالد سہیل ایک مصروف ڈاکٹر، معالج اور ماہر نفسیات تو ہیں ہی ایک ہمہ جہت فن کار اور ادیب بھی ہیں۔ وہ شاعری بھی کرتے ہیں، افسانہ نگاری کے اسرار و رموز سے بھی اچھی طرح واقف ہیں اور ناولٹ کے بھی خالق ہیں۔ مضامین بھی لکھتے ہیں، ترجے کا کام بھی کرتے رہتے ہیں، ڈائری بھی رقم کرتے ہیں اور شاعروں، ادیبوں اور قلم کاروں سے انٹرویوز لینا تو ان کا خاص شغل ہے۔ غرض یہ کہ نثر کا میدان ہو یا شاعری کا، اپنے تخلیقی اظہار کے لئے اھوں س

---

[11] ۔ سچ اپنا اپنا؛ ص:06

نے ہر میدان میں طبع آزمائی کی ہے اور ایک حد تک کامیاب بھی رہے ہیں۔ نثر و نظم کی مختلف اصنا ف میں اپنے تخلیقی جوہر دکھانے کا یقہ ا اھیں آتا ہے۔

تعجب ہوتا ہے کہ ایک ڈاکٹر اور ماہر نفسیات کی مصروف زندگی سے وہ پڑھنے لکھنے کے لئے وقت کیسے نکال لیتے ہیں۔ شاید وہ لمحات کو روک لینے کے فن سے واقف ہیں یا اھیں اپنی مٹھی میں قید کر لینے کا گر جانتے ہوں۔ بہر حال ان کے تخلیقی سرمائے نثر میں بھی موجود ہیں اور شاعری میں بھی، اردو میں بھی انگریزی میں بھی، یہاں تک کہ پنجابی میں بھی۔ خالد سہیل نے اردوزان میں تو بیس سے زیادہ کتابیں لکھی ہیں جن میں کچھ تو طبع زاد ہیں اور کچھ ترجے کی دین ہیں۔ اسی طرح انگریزی زان میں بھی ان کی اتنی ہی کتابیں شائع ہو کر منظرِ عام پر آتھ ہیں۔

خالد سہیل ایک بسیار نویس اور زود نویس ادیب ہیں۔ 1960ء میں ان کی پہلی تخلیق 'تلاش' زیورِ طبع سے آراستہ ہوئی تھی۔ ماناما 'شاعر' ممبئی نے اگست 5555ء کے شمارے میں ان پر ایک گوشہ شائع کیا تھا جس میں خالد سہیل کی تصانیف کی فہرست بھی شامل کی گئی ہے جن کی مجموعی تعداد چونتیس تک پہنچتی ہے اور خالد سہیل ان ساھٹ یکٹ بوں کے یا تو مصنف ہیں یا ان کا قلم شریکِ غالب کی حیثیت رکھتا ہے۔ اسی سے اندازہ لگایا جاسکتا ہے کہ تقریباً اکیس بر واں میں چونتیس کتابیں! مقامِ رت ت افزا ہے۔ بقول شخصے "جتنی کتابیں سہیل نے تخلیق کی ہیں، اتنے طوطط ہم نے نہیں لکھے۔" اور تادمِ تحریر ان میں اضافہ جاری ہے۔

یہاں خالد سہیل کی تصنیفات و تالیفات کی فہرست دی جاری ہے اور ساتھ ہی ساتھ ان کے ارے میں ایک عمومی تبصرہ بھی شامل کیا گیا ہے تاکہ ایک عام قاری کو ان کی ہمہ جہت شخصیت کو جاننے اور سمجھنے میں آسانی ہو اور وہ خالد سہیل کی ادبی اور فنی حیثیت کا تعین ایمان داری اور غیر جانب داری سے کر سکے۔

اردو

1۔ تلاش)شعری مجموعہ(

خالد سہیل کا مجموعہ شاعری 'تلاش' کے عنوان سے 1960ء میں طبع ہوا ہے۔ ایک وا بہتر 175 صفحات پر مشتمل اس مجموعے میں غزلیات، قطعات ا ور منظومات کو سات الگ الگ عنوانات کے تحت منقسم کیا گیا ہے۔ ہجرت کی وادیوں سے گزرتے ہوئے خالد سہیل اور کائنات کے درمیان جو نیا رشتہ اوارار ہوا ہے۔ 'تلاش' اسی کا استعارہ ہے۔ اس مجموعے میں آپ کو زندگی، انسان، عورت اور اپنے گرد وپیش کی زندگی چلتی پھرتی نظر آئے گی۔ بعض نظموں میں تحلیل نفسی کے عناصر موجود ہیں۔ نظم کے اب میں کہا جاسکتا ہے کہ 'عورت سے رشتہ'، 'دو آوازیں'، 'الفاظ اور ہم' اور 'پیشین گوئی' بہت نفیس نظمیں ہیں اور غزلوں میں خیالات کی تازگی تو ہے مگر لفظیات اور تراکیب کی بندش ڈھیلی ڈھیلی محسوس ہوتی ہے البتہ ان کے اشعار حقیقت پسندی کی خوبیوں سے مالا مال ہیں۔

5۔ زندگی میں خلا)افسانوی مجموعہ(

خالد سہیل کو بطور ایک افسانہ نگار متعارف کرانے کا سہرا اس کتاب کے سر اندھنا چاہیے۔ یہ پہلا افسانوی مجموعہ ہے جو 1967ء میں اشاعت کی منزلوں سے گزر کر منظرِ عام پر آیا اس کے ناشر یو۔ آئی پبلشر، ٹورنٹو کناڈا ہیں۔ اس کتاب کو منظرِ عام پر لانے کے لیے خالد سہیل کے ادبی خضرراہ اشفاق حسین کی کوششوں کا ارافاف ضروری ہے۔ اشفاق حسین کا ایک مضمون بھی شامل کتاب ہے۔ اس مجموعے میں کل سترہ[17] افسانے ہیں جو تارکینِ وطن کی زندگی کے مختلف پہلوؤں کی ترجمانی کرتے ہیں، کچھ افسانوں میں مقامی اشندوں کے طرزِ حیات کا ذکر ملتا ہے۔ اس کتاب میں ایک طرف مغربی معاشرے کے اسرار ورموز کو سمجھنے کی کوشش نظر آتی ہے تو دوسری طرف افریقہ کے نسل پرست سماج کے پس منظر میں لکھے گئے چار افسانے پڑھ کر ہم افریقی زندگی کے مسائل سے واقفیت حاصل کرتے ہیں۔ خالد سہیل کے بیشتر افسانوں اور تحریروں میں سال تحریر درج ہوتا ہے جس سے ان کے ذہنی سفر کے ارتقا کو سمجھنے میں آسانی ہوتی ہے۔

6۔ بھگوان، ایمان، انسان)ترجمہ(

یہ کتاب مختلف ادیبوں کے مضامین کا ترمہ ہے، کتاب میں ایک مضمون خود مترجم کے زورِ قلم کا نتیجہ ہے۔ اس کے علاوہ برٹرینڈ رسل کے دو مضامین، ابراہیم میسلو، سارتر اور ایرک فرام کے ایکایک مضمون کا ترمہ شامل کیا گیا ہے۔ خدا، کائنات اور انسان کے ارے میں ان مختلف ادیبوں اور مفکرین کے نظریات کیا تھے، یہ کتاب ان نظریات کو سمجھانے میں ہماری رہنمائی کرتی ہے۔ کتاب کے ناشر زاہد لودھی ہیں اور Creative Links, Canada سے 1966ء میں شائع ہو کر منظر عام پر آئی تھی، کتاب کی ضخامت اٹھہتر[76] صفحات پر مشتمل ہے۔

)4(مغربی عورت: ادب اور زندگی)ترمہ(

یہ کتاب مغربی خوان پ ادیبوں کے افسانوں اور مضامین کے اردو ترمہ پر مشتمل ہے۔ یادیدی طور سے یہ کتاب تانیثی ادب (فیمی نسٹ ادب) کے زمرے میں آتی ہے۔ Creative Links, Canada نے اس کتاب کو اپنے بینر تلے 1966ء میں شائع کیا ہے۔ کتاب کے صفحات کی مجموعی تعداد ایک واا ڑتیس[166] ہے۔ اس کتاب میں گذشتہ ایک صدی میں متحرک رہنے والی عورتوں کے مضامین، انٹرویوز اور افسانوں کا انتخاب اردو ترمہ ہے جو عورتوں کے مساوی حقوق کے لیے چلائی جانے والی تحریک کی یادیدبنے۔ اس کتاب کے دو حصے ہیں پہلے حصے کا عنوان 'عورتیں اور ادب' ہے جب کہ دوسرے حصے کا نام 'عورتیں اور زندگی' رکھا گیا ہے۔ اس حصے کے عنوانات سے بعض موضوعات کا اندازہ ہوتا ہے مثلاً عورتیں اور محبت، عورتیں اور زنا الجبر، عورتیں اور حیض، عورتیں اور اارشن وغیرہ۔ اس کتاب کے انتساب میں خالد سہیل نے لکھا "مغربی عورت کا پیغام مشرقی عورت کے نام۔"

(0) ٹوٹا ہوا آدمی (دوناولٹ)

یہ درحقیقت دوناولٹ کا مجموعہ ہے جس میں پہلا 'ٹوٹا ہوا آدمی' اور دوسرا 'مقدس جیل' ہے۔ 'ٹوٹا ہوا آدمی' ایک ایسے فرد کی کہانی بیان کرتا ہے جو مشرقی اقدار اور روایات کے بیچ پرورش پا کر جوان ہوتا ہے اور بہتر مستقبل کی تلاش میں اپنے خاندان کے ساتھ مغرب میں جاستا ہے۔ ایک ماحول سے نکل کر دوسرے نئے ماحول کی ہجرت کرنے اور اس سماج سے خود کو ذہنی اور ذباتی سطح پر ہم آہنگ کرنے کی کوشش میں کس طرح کے مسائل سے دوچار ہونا پڑتا

ہے، ایک مہاجر کے دل و دماغ میں کس طرح کے تضادات اپنا آشیانہ بنالیتے ہیں اور اس کی شخصیت شکست وریخت کی کن کن منزلوں سے گزرتی ہے کہ وہ اپنا ذہنی توازن کھو دیتا ہے۔ یہ ناولٹ مشرق و مغرب کی انھی تہذیبی قدروں کے تصادم اور کشاکش کو اجاگر کرتا ہے۔

اس کے برعکس 'مقدس جیل' مغربی معاشرت میں پلی بڑھی ایک ای ب لڑکی کے ان تجربات کی کہانی ہے جب وہ مشرقِ وسطیٰ کی دولت کی ظاہری چمک دمک سے چندھیا کر سعودی عرب میں نرس کی ملازمت کرلیتی ہے۔ مغربی ماحول کی پروردہ جب کسی مشرقی ماحول کی روایات سے متصادم ہوتی ہے تو اس کی شخصیت اور کردار میں کس طرح کی دیلیلیاں واقع ہوتی ہیں، یہ کہانی اسی ذہبے کی عکاسی کرتی ہے۔ گویا 'ٹوٹا ہوا آدمی' میں ایک مشرقی انسان کی آنکھوں سے مغربی معاشرت کی جھلکیوں کو پیشکرنے کی کوشش نظر آتی ہے اور 'مقدس جیل' میں ایک مغربی فرد (وہ بھی عورت) کے دل و دماغ اور نظروں سے مشرقی ماحول اور روایات و اقدار کا احتساب کیا گیا ہے۔

'مقدس جیل' 1967ء میں تخلیق ہوئی تھی اور 'ٹوٹا ہو آدمی' 1969ء میں۔ یہ دونوں ناولٹ شارب ردولوی کے پیش لفظ سے آراستہ ہو کر 1995ء میں منظر عام پر آئے۔ کتاب کے پبلشر خود خالد سہیل ہیں جِ اھوں س نے Creative Links, Canada سے شائع کیا ہے۔ دونوں ناولٹ کے صفحات کی مجموعی تعداد دو وا چالیس[545] ہے۔

(5) کالے جسموں کی ریاضیت (ترمہ)

سیاہ فام ادب پر مشتمل یہ کتاب 1995ء میں شائع ہوئی تھی۔ کتاب کے پبلشر Creative

Canada Links, ہیں۔ اس کتاب کو پایہ تکمیل تک پہنچانے میں خالد سہیل اور جاوید دانش نے ملکر کام کیا جس کا قصد سیاہ فام ادب کو اردو میں

من

قل کر اردو قارئین کو سیاہ فاموں کے مسائل و آلام سے روبرو کرانا ہے۔ کتاب میں افریقہ، آسٹریلیا، یورپ اور امرکہ کے سیاہ فام لٹریچر کو منتخب کر کے ان کا ترمہ پیش کیا گیا ہے۔ اس میں کہانیاں، افسانے، ڈرامے، خود نوشت اور طوطط غرضیکہ بیشتر اصنافِ ادب کو سمیٹا گیا ہے۔ اس کتاب کے مطالعے سے اردو قاری، مختلف عالمی عصری مسائل سے روبرہ ہو تا ہے۔ کتاب کی ضخامت دو وا انیس[519] صفحات پر مشتمل ہے۔

(7) انفرادی اور معاشرتی نفسیات (نفسیات)

ایک وانواسی (169) صفحات پر مشتمل یہ کتاب نفسیات کے موضوع پر خالد سہیل کے افکار و خیالات کا اشاریہ ہے۔ یہ 1991ء میں 'سنگِ میل پبلی کیشنز، لاہور' سے شائع ہوئی ہے۔ اس کتاب میں خالد سہیل نے اپنی زندگی کے شب و روز اور گردوپیش کو موضوع بنا کر اپنے نظریات وخیالات کو تحریری شکل میں ڈھالا ہے۔ کسی شہر، ملک یا سماج سے جب کوئی آدمی نقل مکانی کرتی ہے تو اھیں کن مسائل کا سامنا کرنا پڑتا ہے، ذہنی، ذباتی اور نفسیاتی طور سے وہ کس قسم کے امتحانات سے گزرتی ہے یہ کتاب اھیں آزمائشوں، تجربوں، بنتی بگڑتی خاندانی تصویروں اور ایک کلچر سے دوسرے کلچر کی طرف ہجرت کرنے ا ورنئے کلچر میں مدغم ہو جانے کی کہانی نفسیات کے نقطۂ نظر سے بیان کرتی ہے۔

(6) امن کی دیوی (خلیجی جنگ کے پس منظر میں لکھی گئی تحریر)

اسی نام سے خالد سہیل نے ایک افسانہ بھی تخلیق کیا تھا۔ یہ کتاب مشرقِ وسطیٰ اور خلیجی جنگ 91-1995ء کے پس منظر میں لکھی گئی ہے اور عالمی سطح پر رونما ہونے والی سیاست اور اس کی پیچیدگیوں کا احاطہ کرتی ہے۔ دوواچھیانوے [595] صفحات پر مشتمل یہ کتاب گوراپبلشرز، پاکستان نے شائع کی ہے۔ سنہ اشاعت 1995ء درج ہے۔

(9)　آزاد فضائیں (شاعری)

خالد سہیل کی شاعری کا یہ دوسرا مجموعہ 1996ء میں طبع ہو کر منظر عام پر آیا۔ اس کے صفحات کی تعداد ایک واچوراسی [164] ہے اور گوراپبلشرز، پاکستان نے اسے شائع کیا ہے۔

(15)　ورثہ (لوک کہانیاں)

یہ کتاب بھی خالد سہیل اور جاوید دانش کی مشترکہ کوشش کا نتیجہ ہے۔ عالمی لوک کہانیوں کے اردو تراجم پر مشتمل یہ کتاب گوراپبلشرز، پاکستان نے 1996ء میں شائع کی تھی جس کے صفحات کی مجموعی تعداد ایک وابتیس [165] تھی۔

(11)　دو کشتیوں میں وار (افسانوی مجموعہ)

کتاب کا نام مجموعے میں شامل ایک افسانے کے نام پر رکھا گیا۔ یہ مجموعہ 1994ء میں اشاعت پذیر ہوا جس کے پبلشر Creative Links, Canada ہیں۔ غالباً یہ خالد سہیل کا اپنا پبلشنگ بینر ہے۔ اس مجموعے میں شامل ایک افسانے کے نام پر رکھا گیا ہے۔ یہ مجموعہ 1994ء میں اشاعت پذیر ہوا جس کے پبلشر Creative Links, Canada ہیں۔ غالباً یہ خالد سہیل کا اپنا پبلشنگ بینر ہے۔ اس مجموعے میں کل ندررہ [10] افسانے شامل ہیں۔ تقریباً تمام افسانوں کے اخیر میں تاریخ تخلیق درج ہے۔ یہ مجموعہ بھی خالد سہیل کے ذہنی اور فکری نظریات کا ترجمان ہے جس میں ان افراد کی ذہنی کش مکش کی عمدہ عکاسی کی گئی ہے جو اپنا وطن چھوڑ کر مغربی الکلک میں جا آباد ہوئے ہیں۔ اس کتاب کا پیش لفظ مشہور فکشن رائٹر جوگندر پال نے لکھا ہے۔

(15)　ایک اپ کی اولاد (عرب اور یہودی ادب)

مشہور ڈرامانگار جاوید دانش کے ساتھ مل کر خالد سہیل نے کئی تخلیقی کام سرانجام دیے ہیں۔ یہ کتاب بھی دونوں قلم کاروں کی مشترکہ کوششوں کا ثمرہ ہے۔ یہ کتاب عرب اور اسرائیلی ادیبوں کی تخلیقات کا اردو ترمہ ہے۔ کتاب کا نام تلمیحی انداز میں رکھا گیا ہے۔ Creative Links, Canada نے یہ کتاب اپنے پبلشنگ ہاؤس سے شائع کی ہے۔ سنہ اشاعت معلوم نہ ہو سکا۔

(16)　ہر دور میں مصلوب (ہم جنس پرستی کے ادب پر مشتمل)

یہ کتاب ہم جنس پرستی کے موضوع پر تحریر کی گئی ہے۔ یہ کتاب گے اور لہ　　ی　　س　　ٹہ　　ی　　ن　　ا

دب کے تراجم پر مشتمل ہے۔ اور ہندوستان کے شہر کولکاتہ سے شائع ہوئی ہے۔ سنہ اشاعت معلوم نہ ہو سکا۔

(14) پگڈنڈیوں پر چلنے والے مسافر (مضامین اور انٹرویوز)

انٹرویوز کرنا خالد سہیل کا خاص شوق ہے وہ اسے ادبی مشغلے کے طور پر برتتے ہیں۔ زیرن کتاب میں اھوں س نے ان قلم کاروں اور تخلیق کاروں کے انٹرویوز لیے ہیں جو مشرقی ماحول اور گردوپیش میں رہتے ہوئے بھی عام روش سے ہٹ کر اپنی گزر گاہ تلاش کرتے ہیں۔ جو شاہراہوں سے نہیں، چھوٹی چھوٹی اور ناہموار پگڈنڈیوں سے اپنی منزل تک پہنچتے ہیں۔ یہ روایت شکن اور اغی ذہن کے تخلیق کار، طباعی اور خلاقی میں انفرادیت کے مقام پر فائز نظر آتے ہیں۔

کتابِ مذکور کو خالد سہیل نے ن پ صولں میں تقسیم کیا ہے۔ پہلا حصہ مضامین پر مشتمل ہے جو خود انھی کے زور قلم کا نتیجہ ہے۔ اس حصے میں خالد سہیل نے شاعروں اور ادیبوں کا تنقیدی نقطۂ نگاہ سے جائزہ لیا ہے۔ ایسے شاعروں میں غالبؔ، احمد ندیم قاسمی، فیضؔ، احمد فرازؔ، حبیب جالب، فہمیدہ ریاض اور جوش شامل کیے گئے ہیں۔

کتاب کے دوسرے حصے میں جن تخلیق کاروں کو جگہ دی گئی ہے ان میں شاعر بھی ہیں، نقاد بھی اور افسانہ نگار بھی۔ شاعروں میں احمد فرازؔ، عارفؔ عبدالمتین اور کشور ناہید کے انٹرویوز ہیں۔ افسانہنگار اور شاعر کی حیثیت سے احمد ندیم قاسمی کا اور نقادوں کی حیثیت سے قمر رئیس، گوپی چند نارنگ اور شارب ردولوی کے انٹرویوز شامل کیے گئے ہیں۔ تیسر ااور آی حصہ تراجم پر مشتمل ہے جس میں کنفیوشس، افلاطون، شوپنہار، کرکن یگ ر اور سارتر کے مضامین کو ترجے کے قالب میں ڈھالا گیا ہے۔ یہ تمام مضامین ادب اور ادیب، شاعری اور سماج جیسے موضوعات سے بحث کرتے ہیں۔ کتاب تقریباً دو وا ساٹھ 555صفحات کی ضخامت لیے ہوئے ہے۔ مصنف ہی اس کتاب کے ناشر بھی ہیں، سالِ اشاعت 1995ء درج ہے۔

(10) دریا کے اس پار (ناولٹ)

خالد سہیل کا تخلیق کردہ یہ ناولٹ 1997ء میں Creative Links, Canada سے شائع ہوا تھا۔ ایک واستانوے 197 صفحات پر مشتمل یہ ناولٹ پختون تہذیب کی عمدہ عکاسی کرتا ہے۔ اس ناولٹ کا یادیدی موضوع عورتوں کی آزادی اور خود مختاری ہے۔ سنبل خان اس کا سب سے اہم اور مضبوط کردار ہے جو پختون نسل کی پڑھی لکھی اور مہذب لڑکی ہے۔ وہ مشرقی طرزِ زندگی سے بغاوت کر مغرب میں جابستی ہے۔ وہ ایک خوددار اور غیرت مند لڑکی ہے لیکن آزادی کی قیمت پر کسی سے کوئی مصالحت نہیں کرتی۔ پورا ناولٹ پختون کلچر اور اس کے کھوکھلے ایمان واعتماد کو پیش کرتا ہے اور ساتھ ہی نئے ں منوں کی سیر بھی کراتا ہے۔ کتاب ظہیر انور کے پیش لفظ سے آراستہ ہے۔

(15) دھرتی ماں اداس ہے (افسانوی مجموعہ) خالد سہیل کی کہانیوں کا ایک اور مجموعہ 'دھرتی ماں اداس ہے' کے نام سے 1997ء میں چھپ کر آیا۔ اس کے پبلشر بھی Creative Links, Canada ہی ہیں۔ اس میں کل والہ 15 افسانے شامل کیے گئے ہیں۔ کتاب کے اخیر میں سعید انجم کا ایک مضمون 'عقیدوں کے شہر میں تجربوں کا آدمی' اور جاوید دانش کا تحریر کردہ خاکہ 'ماڈرن درویش یا معمہ' ضمیمے کی حیثیت سے شامل کتاب ہیں جو خالد سہیل کی تحریروں اور ان کے ذہنی سفر کی مختلف منزلوں سے ہمیں روشناس کراتے ہیں۔ کتاب کے صفحات کی تعداد تقریباًن پ وا 655 ہے۔ مجموعے کا نام

کتاب میں شامل ایک افسانے کے نام پر رکھا گیا ہے اقی دوسرے مجموعوں کی طرح اس کتاب میں بھی سنہ تحریر درج ہے جس سے اندازہ ہوتا ہے کہ 1995ء سے 1990ء تک کے افسانے شامل کتاب ہیں۔

(17)　　شائزوفیرینیا(نفسیات)

نفسیات، خالد سہیل کا خاص میدان ہے۔ شائزوفیرینیا پر غالباً ان کا یہ کام نقشِ اول کی حیثیت رکھتا ہے۔ مصنف نے اس کتاب کو آٹھ ابواب میں تقسیم کیا ہے جس میں اس پراسرار بیماری کے خط و خال اور علامات کو واضح کرنے کی کوشش کی گئی ہے، تشخیص اور طریقۂ علاج کا بھی ذکر کیا گیا ہے۔ شائزہ فیرینیا ایک ای ب پراسرار بیماری ہے جس کا مرض ذہنی کرب اور اضمحلال سے دوچار ہوتا ہے۔ اس مرض میں ذہن کے کام کرنے کا ڈھنگ بے ترتیبی کا شکار ہو جاتا ہے جس سے مرض کا ذہنی توازن بگڑ جاتا ہے۔

یہ کتاب 1996ء میں چھپ کر منظر عام پر آئی، ناشر ماڈرن پبلشنگ ہاؤس، دریاگنج، نئی دہلی ہیں۔ کتاب ایک واچھیالیس 145 صفحات پر پھیلی ہوئی ہے۔

(16)　　میرے قبیلے کے لوگ (مضامین اور انٹرویوز)

ادیبوں اور شاعروں کا انٹرویو لینا خالد سہیل کا شوق اور زیاج ہے۔ انگریزی اور اردو میں اھوں س نے متعدد شاعروں اور ادیبوں کا انٹرویو لیا ہے۔ یہ کتاب بھی ان قلم کاروں کے انٹرویوز پر مشتمل ہے جو مشرق سے ہجرت کر کے مغرب میں آاد ہو گئے ہیں۔ خالد سہیل نے ایسے لوگوں کو 'اپنے قبیلے کے لوگ' کہا ہے کیوں کہ اھوں س نے یہ ات متعدد مقامات پر تحریر کی ہے کہ مغرب میں بسنے والے یہی مہاجر اور وہاں کے ہم خیال مقامی اشندے اب ان کے قبیلے کے افراد ہیں۔

اس کتاب کو دو صولں میں تقسیم کیا گیا ہے۔ پہلا حصہ انٹرویوز کا ہے اور دوسرے حصے میں مہاجر ادیبوں اور تخلیق کاروں کے مضامین کو اکٹھا کیا ہے۔ خالد سہیل نے یہ کتاب 'مہاجر پرندوں کے نام' منسوب کی ہے، اس طرح ہمارے دعوے کی توثیق بھی ہوتی ہے کہ اس کتاب میں خالد سہیل نے ان قلم کاروں کو قبیلے کے افراد تسلیم کیا ہے جو ہجرت کے مرحلے سے گزر کر مغرب میں سکونت پذیر ہیں۔

پہلے حصے میں کل پانچ انٹرویوز شامل ہیں۔ یہ انٹرویوز افتخار عارف، اشفاق حسین، حمیرا رحمان، نسیم سید اور جاوید دانش کے ہیں۔ دوسرا حصہ مضامین پر مشتمل ہے۔ ایسے کل دس لوگ ہیں جن کے مضامین اس مجموعے میں شامل ہو پائے ہیں، ان کے نام یہ ہیں: اشفاق حسین، افتخار نسیم، ظفر زیدی، فاروق حسن، عابد جعفری، نسیم سید، جاوید دانش، رضاء الجبار، منیرالدین احمد اور سعید نجم۔ کتاب کی اشاعت 1996ء میں عمل میں آئی جس کے ناشر ماڈرن پبلشنگ ہاؤس، دریاگنج، نئی دہلی ہیں اور صفحات کی مجموعی تعداد چاروانو 459 ہے۔

(19)　　مذہب، سائنس، نفسیات (مضامین)

یہ کتاب مختلف مضامین کا مجموعہ ہے۔ جسے Creative Links, Canada نے1996ء میں شائع کیا ہے۔ صفحات کی مجموعی تعداد ایک واسنتالیس[147] ہے۔

(55) اپنا قاتل(نفسیات)

نفسیات خالد سہیل کا خاص میدان ہے۔ یہ کتاب اسی موضوع کا احاطہ کرتی ہے۔ کتاب دووان پ[556]صفحات ضخامت لیے ہوئے ہے اور مشعل بکس پبلشرز، کناڈااس کے ناشر ہیں۔ یہ کتاب5556ء میں منظر عام پر آئی۔

(51) خدا، مذہب اور ہیو من ازم(فلسفہ)

یہ کتاب فلسفے کے موضوع پر تصنیف کی گئی ہے۔ نفسیات اور ادب کے ساتھ ساتھ فلسفہ خالد سہیل کی دپسی ک کا خاص میدان ہے۔5550ء میں دوواچونتیس[564]صفحات پر مشتمل یہ کتاب 'درویشوں کا ڈیرا'کناڈا سے شائع ہوئی ہے۔

(55) سمندر اور جزیرے(شاعری)

خلاسہیل کی شاعری کا تیسرا مجموعہ 'درویشوں کے ڈیرے' سے5555ء میں شائع ہوا۔ کتاب

کی ضخامت ایک پ پچ پ ہلت [170]

ر صفحات پر مشتمل ہے۔

(56) سماجی دیلی ی:ارتقایاانقلاب؟

یہ کتاب سیاست کے موضوع پر لکھی گئی ہے اور اسے سٹی بک پبلشرز؛ کراچی، نے گذشتہ سال شائع کیا ہے۔ ضخامت دوواترسٹھ[556]صفحات کی ہے۔ اس کتاب میں خالد سہیل کے کچھ طبع زاد مضامین ہیں جس کا ترمہ ان کے شریک کار ادیبوں نے کیاہے اور بعض مضامین مغربی ادیبوں، مفکروں اور سیاست دانوں کے ہیں جن کا ترمہ خالد سہیل کے قلم کا مرہونِ منت ہے۔ مغربی ادیبوں اور مفکروں میں سارتر اور فیڈل کاسٹر وخاص طور سے قابل ذکر ہیں۔

(54) سچ اپنا اپنا(خود نوشت)

یہ کتاب خالد سہیل کی خود نوشت ہے۔ اس کتاب میں خالد سہیل نے اپنے آدواجداد کی جڑوں کو تلاش کرتے ہوئے لکھاہے کہ کس طرح ان کا خاندان کشمیر سے ہجرت کرتاہو اپنجاب میں آباد ہوااور تقسیم کے کرب سے دوچار ہوا۔ کتاب میں زندگی کے مختلف تجرات کا بیان خالد سہیل نے بڑی صفائی، وضاحت اور حقیقت نگاری کے ساتھ کیاہے۔ یہی اس کی خوبی ہے۔ کتاب دارالشعور پبلشرز، پاکستان سے5559ء میں شائع ہوئی ہے اس کے صفحات کی مجموعی تعداد ن پ واچھتیس[665] ہے۔

(50) نفسیاتی مسائل اور ان کا علاج

یہ کتاب خالد سہیل نے گوہر تاج کے تعاون سے تصنیف کی ہے۔ کتاب کا موضوع نفسیاتی مرض اور مرض ہیں، جو زندگی کی مختلف مسائل کے درمیان توازن قائم کرنے کی جدوجہد میں اپنا ذہنی توازن کھو بیٹھتے ہیں۔ یہ کتاب خالد سہیل کی دیگر نفسیاتی کتابوں کی طرز میں لکھی گئی ہیں۔

(55) انسانی شعور کا ارتقا

اس کتاب میں خالد سہیل نے آسمانی آقاؤں اور دیوتاؤں کی اطاعت کو بے کار اور ایک فضول رسم کا استعارہ ثابت کیا ہے۔ کس طرح سے ایک مخصوص طبقہ اپنے مفادات کے تحفظ کی خاطر مذہب کی آڑ میں استحصالی ن گیا ہے، اور مذہب کی روایات سے فادہ اٹھا کر اپنی خواہشات کی تکمیل کرتا ہے، اسی رویے کو تنقید کی میزان میں پر کھا گیا ہے۔ اور اپنے معروجات کو پیش کرنے کے لئے معروف عقل پسندوں کے افکار و خیالات سے روشنی حاصل کی گئی ہے۔ گویا اس کتاب کے مضامین خالد سہیل کے عالمی انسانی تصوارت اور ہیومنزم کے فلسفے کی عکاسی کرتے ہیں، اور ایک ای ب دنیا کا خواب دکھتے ہیں ں مس نسل، رنگ، ذات، مذہب اور جنس کی یا دید پر انسانوں کے درمیان کوئی امتیاز نہ ہو۔ کتاب سٹی پوائنٹ، کراچی نے خاص اہتمام سے شائع کی ہے۔

(57) سراب کا مستقبل

ل(ترمہ)

مشہور فلسفی اور ماہرِ نفسیات سگمنڈ فرائڈ کی فکر ایزت کتاب (The future of An Allusion) کو اردو کے قالب میں ڈھالنے کا سہرا خالد سہیل کے سر جاتا ہے، اھوں س نے اس کتاب کی تلخیص بھی پیش کی ہے اور ترمہ بھی کیا ہے۔ اس کتاب کا نام "سراب کا مستقبل" رکھا گیا ہے۔

(56) القاعدہ، امرکہ اور پاکستان

یہ کتاب عالمی سیاست کے حوالے سے ایک الکل نئے تجزیے پر مبنی ہے، ایسا خود کتاب کے مصنف کا خیال ہے۔ درحقیقت اس کتاب میں القاعدہ، امرکہ اور پاکستان کے تعلق سے پوری عالمی سیاست کو ایک خاص زاویے سے سمجھنے کی کوشش کی گئی ہے۔

(59) چند گز کا فاصلہ

افسانوں کا یہ مجموعہ سٹی بک پبلشرز، کراچی نے گذشتہ سال (5515ء) میں شائع کیا ہے۔ اس کتاب میں بھی فکشن کے تعلق سے ایسے افسانے شامل کیے گئے ہیں، جو خالد سہیل کے افکار و خیالات کی عکاسی کرتے ہیں۔ اس کے بیش تر افسانے انسانیت، انسانی رواداری، امن کی تلاش اور عدمِ مساوات کے خلاف احتجاج کے طور پر تحریر کیے گئے ہیں۔

کتابوں کی اس فہرست کے علاوہ افسانے اور شاعری کا آڈیو کیسٹ 'چنگاریاں' اور 'تازہ ہوا کا جھونکا' کے نام سے منظر عام پر آچکا ہے۔ اس میں خالد سہیل کے دوست جاوید دانش کی کوششوں کا ذکر خاص طور سے ضروری ہے۔

انگریزی

اردو میں تحریر کی گئی ان کتابوں کے علاوہ انگریزی زان میں بھی خالد سل ٹ یل نے متعدد کتابیں تصنیف یا تالیف کی ہیں۔ یہاں صرف ان کی فہرست دی جارہی ہے کیوں کہ سر دست وہ ہمارے
موضوع سے براہ راست تعلق نہیں رکھتیں۔

- *BREAKING THE CHAINS)STORIES(1989*
- *FROM ONE CULTURE TO ANOTHER)ESSAYS(1990*
- *SCHIZOPHRENIA)PSYCHOLOGY(1991*
- *A BROKEN MAN)NOVELLA(1992*
- *LITERARY ENCOUNTERS)INTERVIEWS WITH IMMIGRANT WRITERS(1993*
- *STRANGERS CARE)GROUP PSYCHOTHERAPY(*
- *1994*
- *THERAPEUTIC ENCOUNTERS)PSYCHOTHERAPY(*
- *1995*
- *PAGES OF MY HEART)POEMS(1997*
- *GROWING ALONE...GROWING TOGETHER.*
- *)PSYCHOTHERAPY(1998*
- *FROM ISLAM TO SECULAR HUMANISM*
- *)BIOGRAPHY(2001*
- *THE ART OF LIVING IN YOUR GREEN ZONE)PSYCHOTHERAPY(2002*
- *THE MYTH OF THE CHOSEN ONE)PSYCHOLOGY OF SERIAL KILLERS(2002*
- *THE ART OF LIVING IN YOUR GREEN ZONE)PSYCHOTHERAPY(2003*
- *THE ART OF WORKING IN YOUR GREEN ZONE ..CO-AUTHOR...BETTE DAVIS)PSYCHOTHERAPY(*

- 2004
- LOVE, SEX AND MARRIAGE)LETTERS BETWEEN SOHAIL AND BETTE DAVIS(2005
- PROPHETS OF VIOLENCE...PROPHETS OF PEACE)POLITICS(2005
- FREEDOM OF RELIGION...FREEDOM FROM RELIGION
- GREEN ZONE LIVING...7 STEPS TO A HEALTHY, HAPPY AND PEACEFUL LIFESTYLE, 2008
- CREATING GREEN ZONE SCHOOLS...THE ART OF LEARNING IN YOUR GREEN ZONE, 2010
- THE NEXT STAGE OF HUMAN
- EVOLUTION...ESSAYS ON SCIENCE, PSYCHOLOGY
- AND HUMANISM, 2010
- MIXED MARRIAGE
- MOTHER EARTH IS SAD
- FROM HOLY WAR TO GLOVAL PEACE
- INTIMATE ENCOUNTERS)DOCUMENTARY ON MIXED MARRIAGES(1995
- ENCOUNTERS WITH DEPRESSION
-)DOCUMENTARY ON DEPRESSION(1997
- GROWING ALONE, GROWING TOGETHER
-)DOCUMENTARY ON RELATIONSHIPS(1999
- BREAKING THE CYCLE)DOCUMENTARY ON DOMESTIC VIOLENCE(2003
- INTERVIEWED FOR CBC CANADIAN BROADCAST)DOCUMENTARY ON ATHEISM AND HUMANISM(
- 2009
- INTERVIEWED FOR 13 EPISODES VISION TV CANADA)DOCUMENTARY SERIES 'SACRED

- *EXPLORATIONS' ON RELIGION AND SEX...EPISODE ON SEXUAL FANTASIES(2010 ANTHOLOGY*
- *STORY 'ISLAND' INCLUDED IN CANADIAN ANTHOLOGY...GLOBAL SAFARI...WORLD FICTION*
- *FOR CANADIAN HIGH SCHOLL STUDENTS*

جُرأتِ پرَواز

خالد سہیل

ایک پرندے کی خوابِ غفلت سے آنکھ کھلی تو اس نے دیکھا کہ اس کا آشیانہ فرسودہ روایات کی تیلیوں اور بوسیدہ اقدار کی گھاس پھونس کا مرہونِ منت ایک قفس تھا جسے آشیانے کا نام دے دیا گیا تھا۔ اس کے شام و سحر ایک ایسے درخت پر گزرتے جس پر خاندان کے آسیب سایہ فگن رہتے۔ وہ درخت بذاتِ خود ایک ایسے چمن کا حصہ تھا جس میں کسی زنداں کی طرح کلیوں کو کھلنے کی بادِصبا کو گزرنے کی چاند کو نکلنے کی اور موسمِ بہار کو داخل ہونے کی اجازت نہیں تھی۔

چاروں طرف گھٹن، تاریکی اور خزاں کے سائے لہراتے رہتے۔ اس پرندے کا شعور ذرا اور بیدار ہوا تو اسے احساس ہوا کہ اسے اپنی آنکھوں سے دیکھنے اپنے کانوں سے سننے اپنے ذہن سے واچنے اپنی زان سے گیت گانے اپنے ماحول کو تسخیر کرنے اور اپنے پروں سے اڑنے کی اجازت نہیں تھی۔

اسے یہ جان کر دھ ہوا کہ اس سے پہلے چند پرندوں نے اڑ جانے کی کوشش کی تو یا توان کے پر کاٹ دیئے گئے یا وہ شکاریوں کے تیروں کی زد میں آکر گر پڑے۔ جن پرندوں میں جراَتِ پرواز نہیں تھی ان میں سے چند قفس کی تیلیوں سے سر ٹکرا کر مر گئے۔

وہ پرندہ عجب کشمکش کا شکار تھا وہ نہ تو ماحول کی دیواروں سے سر ٹکرا کر خودکشی کرنا چاہتا تھا اور نہ ہی شکاریوں کی زد میں آنے کا خواش مدن تھا۔ وہ ایک ای ب فضا میں اڑ جانا چاہتا تھاں مں وہ ہواؤں کی تازگی پھولوں کی خوشبو بہتی ندی کی موسیقی چاند کی روشنی اور موسمِ بہار سے محفوظ ہو سکے

اسے چند بزرگ پرندوں نے بتایا کہ وہ پرندے جو صیاد کی زد میں آگئے ان کے ذہنوں میں ماضی کی زنجیروں سے چھٹکارا حاصل کرنے کی خواش تو تھی لیکن فرار کا کوئی واضح تصور نہ تھا۔ ان کے دل تاریکی سے نالاں تو تھے لیکن روشنی تک پہنچنے کا حوصلہ نہ رہتے تھے۔ پرواز کی بلندیوں تک پہنچنے کے لئے ذات کی گہرائیوں میں اترنا ضروری تھا جو ان کے بس کی ات نہ تھی۔

وہ پرندہ ایک طویل عرصے تک اپنی پرواز کی تیاریاں کرتا رہا اور جب وہ اڑا تو خوش قسمتی سے ایک ہی اڑان میں اپنے ماحول سے دور بہت دور چلا آیا۔ وہ مختلف پہاڑوں، دریاؤں، جنگلوں اور وادیوں کے اوپر سے گزرا تو اسے بہت سے شہر نظر آئے اور ہر شہر میں اپنے شہر کی طرح آہ وزاری کرنے والے بھی ملے اور آزادی کے گیت گانے والے بھی۔

اس پرندے کو اس ات کی خوشی ہے کہ جن منزلوں کی طرف پرواز کر رہا ہے ان فضاؤں میں اور بھی پرندے شامل ہو رہے ہیں اور آہستہ آہستہ ایک غول بنتا جا رہا ہے۔ اس کی دلی تمنا ہے کہ وہ اپنی پرواز کو بلند سے بلند تر کرنے کی سعی کرتا رہے اور ان پرندوں کو دعوتِ پرواز دیتا رہے جو اپنی اڑان کے لئے پر تول رہے ہیں۔

سچ کی تلاش میں

خالد سہیل

میرے پہلے شعری مجموعے کا نام 'تلاش' تھا اور وہ تلاش کا سفر آج بھی جاری ہے۔ میں جب اپنے ماضی کی طرف نگاہ اٹھاتا ہوں تو مجھے یوں محسوس ہوتا ہے جیسے میں پچھلی چند دہائیوں سے اپنے سچ کی تلاش اور پھر اس سچ کے تخلیقی اظہار کی کوشش میں مصروف ہیں۔ میرے لئے یہ سفر عرفانِ ذات سے عرفانِ کائنات کا سفر رہا ہے۔ مجھے کئی دفعہ اس حقیقت کا احساس ہوا کہ

اپنی ذات سے غافل ہوں آنکھیں ہیں اور اندھا ہوں

لیکن جب میں اس سفر میں آگے بڑھتا چلا گیا تو پھر مجھے اس کیفیت کا عرفان ہوا کہ

میں اپنی ذات کی گہرائیوں میں جب اترتا ہوں اندھیروں کے سفر میں روشنی محسوس کرتا ہوں

اس طویل اور پیچیدہ تخلیقی سفر میں میرے لئے اپنے مشاہدے اور تجربے کی ترسیل زیادہ اہم اور صنف کا چناؤ ثانوی رہا ہے۔ میں نے غزلیں بھی لکھی ہیں نظمیں بھی، مقالے بھی تخلیق کئے ہیں ش

افسانے بھی، انٹرویو بھی لئے ہیں اور عالمی ادب کے شل ہہ پاروں کے تراجم بھی کئے ہیں۔ میرے لیے میرے فن پارے میرے اور قاری کے درمیان محبت کے پل میر و کرتے ہیں۔ ان پلوں سے گزر کر الفاظ میرے ذبات، احساسات، خیالات اور نظریات قاری کے ذہن اور قلب تک پہنچاتے ہیں۔ ایک لکھاری ہونے کے ناطے چونکہ میں ابلاغ کو بہت اہمیت دیتا ہوں اسل نے میں فلسفیانہ بھول بھلیوں میں کھونے کی بجائے اپنے سچ کو عام فہم زان میں بیان کرنے کی کوشش کرتا ہوں۔ میری نگاہ میں سہلِ ممتنع فن کا کمال ہے۔

ں مس تک موضوعات کا تعلق ہے اردو شاعری میں محبت ایک اہم موضوع رہا ہے لیکن مشرقی روایات کی وجہ سے اردو کے شاعر کی محبوبہ اس کی شریکِ سفر نہیں ن پاتی اور شریکِ حیات اس کی محبوبہ نہیں ہوتی اس لئے اردو شاعری میں ہجر کا ذکر زیادہ ہے اور وصل کا تذکرہ نہ ہونے کے برابر۔ مشرق کا شاعر اور عاشق ایک داخلی تضاد کا شکار ہے۔ بقول منیر نیازی

'مجھے تجھ سے محبت ہے' بس اتنی ات کہنے کو
گے ارہ برس مجھ کو

میں اس حوالے سے خوش قسمت رہا ہوں کہ مغرب میں زندگی گزارنے کی وجہ سے مجھے ہجر کی نسبت وصالزیادہ ملاہے اسی لئے میں لکھا ہے

ہجر کے برواں پر بھاری وصل کا میں اک لمحہ ہوں

اردو کے وہ شاعر جو مشرق سے مغربمیں آبسے ہیں ان میں سے اکثر کا سفر ہجر کے کرب سے ہجرت

کے کرب تک کا سفر رہا ہے۔ ان کی شاعری میں نوس ٹل ج

ٹ ی زیادہ ملتا ہے، زندگی سے لطف اندوز ہونے کا تجربہ ۔۔ میں نے جب اپنی زندگی کی حسیں شامیں اپنی محبوبہ کے ساتھ گزاریں تو لکھا

ےنئے مقام پہ محبوب بھی نئے پائے جزائیں ملتی رہیں ہیں ہمیں یہ ہجرت کی

اردو کے مہاجر شاعر سزاؤں کا ذکر تو کرتے ہیں جزاؤں کا نہیں۔ لیکن اس وصل میں ں مں رومانس اہم تھا وہیں محبوبہ سے دوستی بھی اہم تھی۔

ےوصل کی لذتوں کا زیا چھوڑ کر آؤ کچھ دیر کو ہم بھی اتیں کریں اردو شاعری اور ادب میں عورت اور مرد کا رشتہ روایتی رشتہ ہی رہتا ہے جس میں جس اور شادی تو در آتے ہیں لیکن دوستی نہیں ہو پاتی۔ مغرب میں جب میرے عورت سے رشتے میں محبت، رومانس اور دوستی گھل مل گئے تو میں کہہ سکا

ے تو مری دوست بھی مراراز بھی محبوبہ بھی

اپنے سچ کی تلاش میں جب میں نے اپنے معاشرے کے مذہبی اعتقادات اور ماحول کی فرسودہ روایات کو پیچھے چھوڑا تو پھر آگے بڑھ کر انسان دوستی کی روایت کو گلے لگا سکا۔ اس روایت نے نہ صرف مجھے احترامِ آدمیت کا درس دیا بلکہ یہ بھی بتایا کہ ہم سب انسان چاہے کسی بھی رنگ، نسل، زبان اور مذہب سے تعلق رکھتے ہوں، دھرتی ماں کے بچے ہیں۔ ہم ہزاروں سالوں کے سفر کے بعد اکیسویں صدی میں اس دوراہے پر کھڑے ہیں ں مں یا تو ہم پوری انسانیت کو ا رتقا کی اگلی منزل تک لے جائیں گے اور اسی زمین پر جنت الفردوس بنائیں گے اور یا اجتماعی قتل کے ذادار ہوں گے۔

میری نگاہ میں ہر قوم کے ارتقا کے لئے ضروری ہے کہ وہ فنونِ لطیفہ کو فروغ دے۔ چاہے وہ شاعری ہو یا افسانہ، فلم ہو یا ڈراا، رقص ہو یا موسیقی، وہ سب انسانوں کی حسِ جمالیات کو فروغ دیتے ہیں۔ فنونِ لطیفہ ہمیں خوب سے خوب تر کی تلاش میں مدد کرتے ہیں تاکہ ہمارے دلوں کی کھڑکیاں اور دماغوں کے دروازے کھلے رہیں اور ہم گناہ و ثواب سے اوپر اٹھ کر زندگی سے محظوظ ہوں۔ جس قوم میں فنونِ لطیفہ فروغ نہیں پاتے وہاں سیاسی شدت پسندی اور مذہبی تشدد پسندی پروان چڑھتے ہیں اور وہاں کے عوام اخوت اور محبت کی بجائے تعصب اور نفرت کا شکار ہو جاتے ہیں۔ وہاں کے رہنما شاعروں، ادیبوں، فلسفیوں اور فنکاروں پر فتوے لگانے شروع کر دیتے ہیں اور انہیں یا تو جیل بھیج دیتے ہیں اور یا دار پر چڑھا دیتے ہیں۔

مری نگاہ میں ہر دور کا شاعر اور ادیب، فلسفی اور فنکار سچ کی تلاش میں نکلا ہوا مسافر ہوتا ہے جو ظلم، جبر اور جھوٹ کے خلاف احتجاج کرتا ہے، جنگ کی آگ کو بجھاتا ہے اور محبت، امن اور آشتی کے خواب دکھاتا ہے۔ فنکاروں کا یہ قافلہ ازل سے چل رہا ہے اور ابد تک چلتا رہے گا۔ میری یہ خوش قسمتی ہے کہ میں بھی اسی قافلے کا ایک مسافر ہوں۔ مجھے امید ہے کہ میری پسندیدہ غزلیں اور نظمیں آپ کو نہ صرف میرے سفر کی کہانی سنائیں گی بلکہ اپنے سچ کی تلاش کے سفر پر آمادہ بھی کریں گی۔

خالد سہیل جولائی 5555ء

Word Therapistورڈ تھراپسٹ

کلیم ظفر

عسکری صاحب نے اپنے کسی مضمون میں کہا تھا کہ مغرب کا شعور یا دیدی طور پر تجزیاتی ہے اور مغربی ذہن چیزوں کو الگ الگ کر کے دیکھنے کا عادی ہے۔ جبکہ مشرقی ذہن امتزاجی ہے اور چیزوں کو ملا کر دیکھتا ہے۔

میرے خیال میں ڈاکٹر خالد سہیل انُ لوگوں میں سے ہیں جو مشرق میں مغرب کا تجزیاتی ذہن لے کر پیدا ہوئے۔ انکی تمام شاعری دراصل انُ کے ماتزاجی فکر کے ماحول سے تجزیاتی فکر تک، انُ کی ہجرت کی روداد ہے۔

انُ کی نظم 'جزیرہ' مختصراً اسِ ہجرت کے اسباب اور منزل کے خواب پر روشنی ڈالتی ہے۔ نظم 'تلاش' اسُ تگ ودو کا بیان ہے جو انہیں انُ کے اس جزیرے کی طرف بڑھتے ہوئے کرنی پڑ رہی ہے۔ خاصی مشکلات کے اوجود وہ پر امُید ہیں۔ یوں بھی طبیب کے لئے پُر امید ہونا لازم ہے۔ ایک طبیب ہونے کے ناطے وہ اپنے مرض خاص، اپنے معاشرے کی نبض پر ہاتھ رہتے ہی جان گئے تھے کہ وہ کس مرض میں مبتلا ہے۔ تعصّبات، فروادہ روایات اور نام نہاد جمہوریت کے نام پر

جس موذی نے اسے حکمت

ررکھاہے اسُکا نام لینا بھی ناحق جان دنے کے متر ادف ہے۔

لیکن اسِ صورتِ حال سے گھبر اکر وہ اپنے مرض کو کسی جھوٹے بہلاوے میں نہیں رہتے بلکہ ورڈ تھراپی (word therapy)کی کوششوں میں مگن ہو جاتے ہیں۔

میرے خیال میں انکی تمام شاعری، محاکے، مخاطنے اور دیگر تخلیقات دراصل انُ کی 'ورڈ تھراپی' کی کوششوں ہیں۔ جس کا رشتہ ان کے پروفیشن سے الخصوص ان کے طریقہ علاج "Creative Psychotherapy" سے خاصا گہرا نظر آتا ہے۔

وہ شعوری یا لاشعوری طور پر اپنے قاری کا خیال الکل اسُی طرح رہتے ہیں جیسے اپنے مرض کا۔ شاداید ہی وجہ ہے کہ خالد سہیل کی زان عام فہم ا ور موضوعات الکل سامنے کے ہیں۔

وہ معاشرے کی بوسیدہ عمارت کو دکھتے ہیں تو اس کو زمانی و مکانی زاویۂ نظر سے ملحقہ کسی آفاقیت میں گم نہیں ہونے دیتے۔ لمحاتی مشکلات کے حل کو صدیوں کے پھیروں میں تلاش نہیں کرتے۔ بلکہ جیسے جیسے زندگی اُن کا ان کاؤنٹر (Encounter)کرتی ہے وہ اس کو قلم بند کرتے لے جاتے ہیں۔

ان کے ہاں غیب کے مضامین کا انتظار نہیں ہے۔ یوں ان کی شاعری میں ان دیکھی دُنیاؤں کے مضامین شاذ ہیں۔ وہ اپنے تجربے اور مشاہدے سے اہر کی دُنیا پر خیال آرائی نہیں کرتے۔ ماہر نفسیات ہونے کے ناطے کسی داخلی یا نفسیاتی کشمکش کو اتنی اچھی طرح سمجھتے ہیں کہ جب ان موضوعات کو اپنے تخلیقی تجربے میں شامل کرتے ہیں تو کسی الجھن یا پریشانی کا تاثر نہیں ملتا بلکہ سادہ اور سہل انداز میں ان مسائل کی تفہیم سامنے اتی ہے۔

مثال کے طور پر ان کی نظم "روح کے زخم" ڈیپریشن (Depression)کی کچھ حالتوں کا بیان لگتی ہے۔ مگر زور ڈیپریشن کی کیفیت پر نہیں بلکہ اسُکی تفہیم پر ہے۔

"روح کے زخم" سے چند اشعار:

مرے خوابوں میں پت جھڑ کا یہ منظر مرے اطن کا تازہ سانحہ ہے ہے کتنی بزدلی ذہنوں میں میرے مرا ہر زخم حد سے بڑھ چکا ہے مری انسانیت سے ناامیدی مرا سب سے بھیانک المیہ ہے

خالد سہیل اپنے منصب اور اپنے قصد کے ساتھ ساتھ اپنی فلّی صلاحیتوں سے بھی اخبر ہیں۔ شادا یہ ہی وجہ ہے کہ وہ اظہارِ فن کے لئے کِ سِ اعلیٰ معیار کے صولل کی کوششوں میں اپنا توازن کھو کر اپنے فکری نظام سے الجھے نظر نہیں آتے۔ جبکہ اکثر اکثر الجہات لکھنے والوں کے ہاں انکے فکری نظام اور تخلیقی اظہار کے مابین ایک تضاد بھی دیکھنے میں آجاتا ہے۔

خالد سہیل کا تجزیاتی دماغ شادا اسی خدشے کے پیش نظر واضح طور پر استناجی یا "deduction" مائل ہے۔

لیکن "deduction" کے منطقی طریقوں میں اکثر سہل فہمی کا اندیشہ رہتا ہے۔ خالد سہیل استقرائی طریقوں کی تہہ داری کے بوجھ سے اپنے قاری کو بچاتے ہوئے اسناجی طریقے کی سہل فہمی کا خطرہ مول لیتے ہیں۔

اِن کی شاعری میں (Spontaneous Expression) یا فوری اظہار کی مثالیں بکثرت ملیں گے۔ جو بظاہر سہل فہمی یا عجلت پسندی کا تاثر دیتی ہیں۔ لیکن بباطن یہ اُس مابعد الطہ ن ی ع تی یا اساطیری یقہ اظہار کا رد ہیں، جو خالد سہیل کے خیال میں نئی دُنا کے لئے موزوں نہیں۔ ان کی نظم "الفاظ اور ہم" اُن کے شعری نظریے پر کچھ روشنی ڈالتی ہے۔

میرے خیال میں اس مختلف تخلیقی تجربے کا تخلیقی رزی اسی عجلت پسندی یا سہل فہمی میں پنہاں ہے جو جدید دُنیا کی تیز رفتاری کے نتیجے میں سامنے آیا ہے۔ جس کا قدم نئے تصورات اور نئے خیالات کی

طرف ہے۔ کیونکہ اُردو ادب کا قاری بیشتر اسقرائی منطق کے ت امتزاجی زاویے نظر سے کام تاہ ہے، یوں اسے اس تخلیقی رزی تک، ہنچنے میں دقت پیش آتی ہے۔ الخصوص جب وہ اِس سے لطف اندوز بھی ہونا چاہتا ہو۔

یہاں مندرجہ الاخیال کی تصدیق کے لئے میں خالد سہیل کی ایک نظم "سنومین" اور منیب الرحمٰن صاحب کی نظم بعنوان "برف کا آدمی" کو ایک ساتھ پیش کرنا چاہوں گا۔

برف کا آدمی (منیب الرحمٰن)

برف گرتی ہے اور بچوں نے
برف کا آدمی بنایا ہے
ہو گیا ہے سفید ہر منظر
ہر طرف ایک سکوت چھایا ہے
وہ اکیلا کھڑا ہے میداں میں
غیر مانوس، اجنبی، گمنام
اس کی آنکھیں فضا میں تکی ہیں بے نوائی ہے اس کا طرزِ کلام
ایک جنسِ فضول اس کا وجود
زندگی اس کی ازیِ طفلاں
بے تکا سا لباس پہنے ہوئے
سب کی خاطر مذا   ق کا ساماں
سردیِ روزگار خُواسِ کی
آئی ادِ شمال راس اسُے
شل ہوئی روح اس کی جاڑے سے
جیسے جاتی رہی ہو آس اسے
پھر بھی اس کو خیال آتا ہے
کاش اب یہ سماں بدل جائے
اس پہ خورشید کی نگاہ پڑے
اور اس کا بدن پگھل جائے

سنو مین (خالد سہیل)

شہر کے کھیلتے کودتے ننھے منے سے بچوں نے مل کر مجھے
برف کی کی ایک پہاڑی سے کاٹا
تراشا
میرے ہاتھ پاؤں سجائے
مجھے برف کے چھوٹے چھوٹے سے گولوں سے مضبوط کر کے
بڑے پیار سے
ایک چوراہے پہ لا کر کھڑا کر دیا مجھ سے کچھ دیر ابھ کٹ یلٹ ی ں
دل لگی کا بہانہ بنیں
اور پھر جانے کیوں
شور غوغا ہوا
میرے سر، میرے پاؤں، میرے جسم کے
چند گولے بنے

اور گولوں کو بچوں نے معصوم ہاتھوں سے خود
ایک اک کر کے اُڑتی ہوا کے حوالے کیا

منیب الرحمٰن صاحب کی نظم کے آی بند میں، جو اِس نظم کا خوبصورت کلامکس بھی ہے، شاعر اور سنو مین کے ایک ہو جانے کا احساس ہوتا ہے۔ نظم بیرونِ ذات ایک مشاہدے سے شروع ہو کر، اطن ذات کو اپنے ساتھ لیتے ہوئے، درامکاں پر قاری سے رخصت لیتی ہے۔ یوں نظم کا سفر بہت معنی خیز اور پر اثر ہے۔ گویا بیرونی ذات سے ایک شعلہ لپکا اور اطناطنِ ذات کو اجاگر کرتے ہوئے قاری کو ایک تجؔبخش احساسِ فکر دے گیا۔

اس کے برعکس خالد سہیل 'سنو مین' "Snowman" کی پیتا سن رہے ہیں۔ یہاں سنو مین کا سامع اوجود احساسِ ؐمر ردی کے ایک خاص فاصلے کو قائم رکھتا ہے۔ یہاں نظم، بیرون ذات برپا کسی ہنگامے کی اطلاع سے صرف ایک خاص توجہ یا))Brain Storming کی خواہاں ہے۔ یہاں 'سنو مین' اور اس کے سامع کے تعلق میں جدید دُنیا کا وہی تصور نمایاں ہے جس کے تحت کسی کو اپنے رنگ میں رنگ لینا یا کسی کے رنگ میں رنگ جانا مقصود نہیں۔ جدید دُنیا اپنے رومانوی تصورات میں کسی فرق کو ختم کرنا نہیں چاہتی بلکہ وہ تمام امتیازات کے ساتھ جینا چاہتی ہے۔

یوں خالد سہیل کے سنو مین اور اس کے سامع کے درمیان جو فاصلہ نظر آتا ہے وہ کسی لاتعلقی کا مظہر نہیں، بلکہ جدید تصور حیات کے مطابق سنومین کی "space" کا خیال رکھنا ہے۔ االفاظد یگر خیال رکھنا ہے کہ اظہار رمردی یا) Sense of Concern تشخص یا)Sense of Identity(پر حاوی نہ ہو جائے۔ آمد بَر سرِ مطلب اگر ہم اِس نئے فکری نظام کو نظر میں رکھیں تو خالد سہیل کی نظم سے بھی اسُی طرح لطف اندوز ہو سکتے ہیں جیسے اور کسی مانوس یقہ ااظہار یامانوس جے ک کی نظم سے ہوتے ہیں۔

یہ نیا تصور زندگی جس جدید دُنیا کے خواب سے منسلک ہے وہ مارشل میک لوہان McLohan کی دُنیا ہے۔ جو زندگی کی گاڑی کے عقبی شیشے یا) back view mirror(میں دیکھتے ہوئے نہیں چلانا چاہتی۔ اس کی آنکھیں سامنے کی طرف ہیں۔

خالد سہیل کا دماغ بھی اس جدید تصور زندگی سے پُر ہے اور بہتر آئندگاں کو ماضی پر ہر طرح کی فوقیت دیتا ہے۔ وہ ماضی کے گرفتاروں پر چوٹ کرتے ہیں۔

اپنے ماضی کے گرفتاروں کو ہر عمل خون بہا لگتا ہے

یہ جدید فکری نظام اپنے یقہ اَظہار مین نسبتاً کلامکس سے کلامکس کی طرف چلتا ہے۔ یہ "pathos" یا "anticlimax" سے گھبراتا ہے۔

"Sublime" کی تلاش میں یوں غوطہ زن نہیں ہونا چاہتا کہ پھر نکل نہ سکے یا "ادھر ڈوبے اُدھر نکلے" اس میں ذبب و کیف کو اتنا دخل نہیں۔ یہ کسی "کامک")Comic(یا طنز آمیزی)Satiric effect(کی تلاش میں بھی نہیں۔

حد تو یہ ہے کہ کلامکس سے کلامکس کی طرف بڑھتے ہوئے کوئی انقلاب بھی برپا نہیں کرتا چاہتا۔ شاداجو انقلابی تاریخ اس کے ذہن میں ہے یہ اسے بھی اپنا زیاں سمجھتا ہے۔

خالد سہیل کی شاعری الخصوص ان کی نظمیں اُردو کے ایک "کاؤنٹر کلچر" ردِ تہذیب)Counter Cluture(یا ذی ی تہذیب) Sub culture(کی طرف اشارہ کرتی ہیں۔ ں مس مسئلہ

صرف بے خوف تفہیم ذات یا اظہار ذات کا ہے۔)unfettered self realization or expression(یوں خالد سہیل کی شاعری میں 'بیٹ رائٹرز')Beat writers(کی جھلک نظر آتی ہے۔ جو 1905 کے نصف سے 1955 کے اوائل تک امریکی ادب کی تاریخ میں متحرک رہے۔ اور 1975 تک کے کئی امریکی ناول نگاروں اور شعراء کو متاثر کیا۔

یہ لوگ استعمار اور سیاست کے ساتھ ساتھ دانشورانہ طرزِ اظہار کے بھی مخالف تھے اور سیاسی، سماجی، تہذیبی اور ادبی قدروں کے جبر سے آزادی چاہتے تھے۔ اپنے اظہار اور اپنی تفہیم کے لئے کسی بھی مروّجہ طریقہ کار سے گریزاں تھے۔ 'بیٹ' کا ادب بیشتر "Beaten downs" یا پسے ہوئے لوگوں سے متعلق تھا۔

سیاسی، سماجی، مذہبی اور جنسی داؤ اکثر لوگوں کو ذہنی امراض میں مبتلا کر دیتا ہے۔ اور خالد سہیل ایسے لوگوں سے دن رات وابستہ رہتے ہیں۔ شادا یہی وجہ ہے کہ ان کے ہاں 'بیٹ رائٹرز' کی طرح "Beaten downs" سے متعلق موضوعات خاصے نظر آتے ہیں اور یہ موضاعات اپنے برتاؤ میں خالد سہیل اور بیٹ رائٹرز کے درمیان قدر مشترک ہیں۔

خالد سہیل کا تخلیقی تجربہ اپنے فکری نظام اور یقہ ٔ اظہار میں خاصہ مختلف نوعیت کا ہے۔ یوں اس کے نتائج کی، فوری تکمیل کی خواش مناسب نہیں ا ور کیونکہ یہ کسی بھی منظّم روایت، عقیدے، نظریے اور تحریک سے ہٹ کی اپنی تفہیم چاہتا ہے اس لئے ہمیں اسی کے وضع کردہ اصولوں کو اپناتے ہوئے اس سے رشتہ اوارار کرنا ہوگا۔ لیکن ایسا اسُی وقت ممکن ہے جب ہم تنقید میں قدری فیصلے کرنے کے عادی نہ ہوں۔

آش اس ات پر اس مضمون کو ختم کرتا ہوں کہ خالد سہیل کا مختلف تخلیقی اظہار سنجیدہ مطالعہ کا متقاضی ہے۔

کلیم ظفر

6اگست 5555ء

۔ اپنے ماحول سے آزاد فضائیں مانگیں

سلطانہ مہر

۔تمام شہر سے ملتی ہوں جس کی دیواریں ہم اپنے شہر میں ایسا مکاں تلاش کریں

خالد سہیل

میں آنند نرائن ملا کی 'میری حدیثحدیثِ عمر رائگاں' پڑھ رہی تھی۔ آنند جی کا کہنا ہے کہ 'جس ادب میں انسانی درد کی آواز نہیں وہ زیادہ سے زیادہ ذہنی عیاشی کے لئے سامان فراہم کر سکتا ہے لیکن دل و دماغ کی تربیت نہیں کر سکتا۔ کلام میں تاثیر خلوص سے پدااہوتی ہے اور عظمت انسانی درد کی آواز شامل کرنے سے، پھر جب میں نے خالد سہیل کو پڑھا تو ان کی نثر و نظم دونوں ہی مجھے اس قول پر پوری اترتی محسوس ہوئیں۔ 9 جولائی 1905ء کو پاکستان میں پدا ا ہونے والے اس ادیب اور شاعر نے ہجر تکے دھ بھی جھیلے ہیں اور تنہائیوں کو کرب بھی سمیٹا ہے۔ 1974ء میں خیبر میڈیکل کالج سے ایم بی بی ایس کیا۔ 1965ء میں کینیڈا کی میموریل یونیورسٹی سے ایف آر سی پی FRCP نفسیات میں کیا۔ کہتے ہیں 'میں نے جب سے کھنا شروع کیا میری یہی خواش رہی کہ میں اپنے مشاہدات، تجرات اور خوابوں کو تخلیقی سطح پر پیش کر سکوں۔' صنف کا چناؤ ان کے لئے ثانوی رہا۔ شاعری ہو یا افسانہ، مضمون ہو یا ناولٹ، انٹرویو ہو یا عالمی ادب کا ترمہ۔ ان کے لئے یہ سب ایک ہی منزل تک ہنچنے کے مختلف راتے ہیں۔ یادیدی توجہ اس ات پر رہی کہ اپنے مخصوص نقطۂ نظر کو تخلیقی طور پر عوام وخواص کے سامنے پیش کر سکیں۔

اس واال کے جواب میں کہ انہوں نے کھنا کب شروع کیا لکھتے ہی:

'میں نے جب زندگی کی آغوش میں آنکھ کھولی تو اپنی چھوٹی سی دُنیا کو روایات کی اونچی دیواروں میں محصور پایا۔ خاموشی، تاریکی، اور گھٹن نے میرا استقبال کیا۔ لاکھوں انسان لکیر کے فقیر بنے آاؤاجداد کے نقشِ قدم پر چل رہے تھے، فروادہ طرزِ حیات کو سینوں سے لگائے بیٹھے تھے۔ اس ماحول میں اندھا ایمان قابلِ قدر تھا، شک کرنا گناہ اور واال پوچھنا جرم۔ میرے سراپا میں خوف کی لہریں دوڑنے یں۔۔ روایت سے انحراف نہ صرف ناپسندیدہ بلکہ قابلِ سزا جرم تھا۔ میں اپنے چاروں طرف دیکھتا تو احساس ہوتا:

۔اس درجہ روایات کی دیواریں اٹھائیں نسلوں نے کسی شخص نے اہر نہیں دیکھا

میرا جی چاہتا تھا کہ اس ماحول سے دور، بہت دور بھاگ جاؤں۔

میرے شعور نے جب بلوغت کی طرف قدم بڑھائے تو مجھے پڑھنے اور لکھنے کا جنون ہو گیا۔ میں ساری دُنیا سے کٹ کر اپنی ذات میں ایک دُنیا بسانے لگا۔ میرا قلم میرا ساتھی بھی تھا اور رقیب بھی۔ مجھے ڈھارس بھی دیتا، میری اس اقدار پر چرکے بھی لگاتا اور میرے ایمان کو کرید تا بھی رہتا۔ میں نے اپنے قلم کو کدال بنایا تو میرے لئے دیواروں میں کھڑکیاں کھلنے یں۔۔ میں اپنے ماحول سے ایک عجیب رشتے میں منسلک تھا۔ میں ان ادیبوں اور دانشوروں سے زیادہ

قریب تھا جو مدتوں پہلے اس دارِ فانی سے کوچ کر چکے تھے۔ لیکن میرے آس پاس بسنے والے لاکھوں زندہ انسان ایک ای ب دھند میں ملفوف تھے کہ میرے لئے ان کی پہچان اور اپنی ذات کی شناخت شکل ہو گئی تھی۔ مجھے اس ہجوم میں کھو جانے کا ڈر تھا۔ میں نے قدم قدم پر

اپنی پرواز کا اندازہ لگانے کے لئے اپنے ماحول سے آزاد فضائیں مانگیں

میں جب اپنی تلاش میں چند قدم آگے بڑھا تو میری ملاقات چند ایسے رشتہ داروں، اساتذہ اور دوواروں سے ہوئی جو میری طرح سے اپنے گھروں سے نئی دُنیا کی تلاش میں نکلے تھے۔ چنانچہ ہم نے ایک دوسرے کا ہاتھ تھام کر آگے بڑھنا شروع کیا۔ ہمارے سامنے شاہراہیں نہ تھیں، پگڈنڈیاں تھیں لیکن ان پگڈنڈیوں پر چند نقشِ قدم ہی حوصلہ افزائی کے لئے کافی تھے۔ ہم زندگی کی کان میں مختلف نظریوں اور ضابطۂ حیات کے مقناطیس لئے کھوٹے کو کھرے سے جدا کرنے کی کوشش کرتے رہے اور اپنے اپنے تجرات کی کسوٹی پر پرکھتے رہے۔ جب میرے ذہن اور میرے قلب کے کینوس پر کچھ نقوش ابھرنے گے تو میں نے اپنے افسانوں اور شعروں میں ان کے رنگ بھرنے چاہے۔ میں پرندوں کی طرح اڑنا چاہتا تھا، اونچا، بہت اونچا، ان دیواروں سے بلند، ان لگوں کی رسائی سے بہت الاجو ہاتھوں میں تیر، کمان اور بندوقیں لئے کھڑے تھے۔ اپنی ذات کی کھوج میں، حقیقت کی تجوم میں، نئی حوں ں کی تلاش میں، میں مشرق و مغرب کی شاہراہوں، صحراؤں، وادیوں، جنگلوں اور شہروں میں گھومتا رہا اور جگہ جگہ اپنی روح کی پیاس بجھاتا رہا۔'

خالد سہیل اس حقیقت سے اتفاق کرتے ہیں کہ شاعری شاعری خار اور اور دا کو ایک ساتھ سمونے کا ریاض ہے۔ ایک بڑا فنکار بلاشبہ دنیا کے واقعات اور حادثات سے تاثر قبول کرتا ہے، اسکی اپنے ذہن و دل میں پرورش کرتا ہے، اسے اپنا تا ہے اور پھر اسے اپنے تخلیقی شعور کی رفعت دیکر تحریر کرتا ہے۔

ان کا بیشتر کلام اس کیفیت کا عکاس ہے۔ خالد ہجرت کے دھ سے آشنا ہیں۔ انہوں نے اپنیتحریروں میں اس دھ کو سمویا ہے۔ وہ کہتے ہیں 'زندگی کا ہر دور اپنی صلیب اپنے کاندھوں پر لے کر چلتا ہے اور ہر دور کے انسان اپنی جنتِ گم گشتہ میں مصروف رہتے ہیں۔'

'ہمارا عہد جدید آسائشوں کے ساتھ ساتھ نئے تقاضے بھی لے کر آیا ہے۔ ہم اس حقیقت کو زیادہ دیر تک نظر انداز نہیں کرسکتے کہ دُنیا کے ہر گوشے میں بسے ہوئے انسان چاہے وہ کسی بھی رنگ، نسل، زان اور مذہب سے تعلق رکھتے ہوں ایک ہی خاندان کے افراد ہیں۔ جس طرح جسم کا ایک حصہ اقی صولں سے کٹ کر نشوونما نہیں پاسکتا اسی طرح ایک انسان یا انسانوں کا ایک گروہ اقی انسانوں سے جدا رہ کر زیادہ دیر تک کامیاب و کامران نہیں ہو سکتا۔

ہمیں انفرادی اور اجتماعی طور پر انسانی معاشرے میں انسانیت کی قدرِ مشترک کو جلد یا بدیر قبول کرنا ہوگا۔ یا تو ہم سب مل کر بہتر زندگی کی تجوم کریں گے یا مل خودکشی کرلیں گے۔ (پوری انسانیت کا ایٹمی توانائی سے مجموعی طور پر کودکشی کرنا بھی بیسویں صدی میں ہی ممکن ہوا ہے۔)

جب ہم اپنے چاروں طرف نگاہ ڈالتے ہیں تو ہمیں احساس ہوتا ہے کہ چاہے وہ جنوبی ایشیا کی معاشی ناہمواریاں ہوں یا مشرقِ وسطیٰ کی سیاسی اور مذہبی رنجشیں، چاہے وہ شمالی امریکہ کا احساسِ تنہائی ہو

یا جنوبی افریقہ کا احساسِ غلامی اور چاہے وہ اقلیتں یوں کے مسائل ہوں یا عورتوں کے حقوق کی جدوجہد۔ یہ سب ایک ہی تسبیح کے دانے ا ور ایک ہی سلسلے کی کڑیاں ہیں۔'

میرا اگلا وال سن کر کہ کیا آج کے ادیب نے اپنے قلم کا رشتہ اپنی دھرتی سے جوڑر کھا ہے؟ خالد کہنے گے کہ 'ایک ایسے معاشرے کے خدوخال واضح کرنے میں جس کی یادیدیں تعصب، ں ملت اور ناانصافی کے آہنی وارنوں پر قائم ہوں ادب نے ہمیشہ ایک اہم کردار کیا ہے۔ ادب نے ہمیشہ اپنے عہد کی دکھتی رگ پر ہاتھ رکھنے کی کوشش کی ہے۔

بیسویں صدی میں افراد اور قوموں کے رشتوں میں رت ت ایزت دیلیلیاں آئی ہیں۔ چونکہ ساری دُنیا میں میڈیا اور سفر کی سہولتوں نے ایک عالمی گاؤں کی سی صورت یدا اکر دی ہے اس لئے ایک انسان یا قوم کا تجربہ پلک جھپکتے ہی پوری انسانیت کا تجربہ ن جاتا ہے۔ اس دیلی ی نے ہمیں انسانی زندگیکے سفر کی اگلی منزل پر لا کھڑا کیا ہے اور ہمیں جبورر کیا ہے کہ ہمارے ادیب تجرات کو پورے خلوصسے تخلیقی سطح پر پیش کرنے کی ہمارے سائنسدان (چاہے وہ ماہرینِ نفسیات ہوں یا مہرینِ بشریات) ان تجرات کی منظم طریقے سے تفہیم کرنے کی اور ہمارے فلاسفر اور دانشور وجدانی طور پر انسانیت کے مستقبل کی پیشین گوئی کرنے کی کوشش کریں۔

انسانی تاریخ کے اس موڑ پر ایک مہاجر ادیب قیادت کے حوالے سے ایک اہم کردار ادا کرتا ہے۔ اس تیزی سے بدلتی ہوئی زندگی میں اس کا ایک سے زیادہ تہذیبوں، ثقافتوں، زانوں اور معاشروں میں زندگی گزارنے کا تجربہ اور اس کا تخلیقی اظہار کاروانِ حیات کا رختِ سفر ن گیا ہے۔ اس تجربے نے اس کی تیسری آنکھ کھول دی ہے۔ ای ب آنکھ جو اسے انسانی روح کے نہاں خانوں میں جھانکنے میں مدد دیتی ہے۔'

تخلیقی میدان میں خالد نے شجرِ سایہ دار تلے دم لئے یرا مسلسل سفر جاری رکھا ہے۔ ان کی نظموں اور غزلوں کے مجموعے 'تلاش'، 'آزاد فضائیں' اور 'تازہ ہوا کا جھونکا' شائع ہو چکے ہیں۔ اس کے علاوہ ان کی چند دیگر کتابوں کے نام مندرجہ ذیل ہیں جن میں افسانے، ترجمے اور انٹرویو شامل ہیں۔ 'زندگی میں خلا'... 'چنگاریاں'... 'ٹوٹا ہو آدمی'... 'امن کی دیوی'... 'مغربی عورت'...

'ادب اور زندگی'... کالے جسموں کی ریاضت'... 'انفرادی اور معاشرتی نفسیات'۔　　　انگریزی اور پنجابی زان میں ان کی تخلیقات کے تراجم اس کے علاوہ ہیں۔

سلطانہ مہر... پاکستان

خالد سہیل اور ان میں پوشیدہ عورت

گوہر تاج

اردو ادب کے قارئین ڈاکٹر خالد سہیل کے نام سے بخوبی واقف ہیں وہ جو پاکستان سے دور پردیس کے ممالک میں جا بسے ہیں اور وہ بھی جو پاکستان میں رہتے ہیں اور اردو ادب کا مطالعہ کرتے ہیں۔ البتہ خود خالد سہیل کینیڈا میں گزشتہ چالیس برسوں سے سکونت پذیر ہیں۔ ان کی عمر پینسٹھ برس ہے اور لگ بھگ اتنی ہی تعداد میں وہ ادب (جس میں شاعری، افسانہ نگاری اور ناول نگاری شامل ہے) کے علاوہ نفسیات، عالمی سیاست اور فلسفہ جیسے دقیق موضوعات پر کتابیں رقم کر چکے ہیں۔

خالد سہیل کی شخصیت کی کئی پرتیں ہیں جنہیں آپ اتارتے جائیں اور انسان کے روپ میں قدرت کے معجزات دیکھتے چلے جائیں۔ ان کی سب سے اوپر والی پرت نفسیاتی معالج کی ہے۔ یہ وہ پرت ہے جس سے ہر خاص و عام آشنا ہے۔ اگلی کئی پرتوں سے بھی حسبِ توفیق کبھی بطورِ شاعر کبھی افسانہ نگار، کبھی محقق آپ گاہے بگاہے روشناس ہوتے ہی رہتے ہیں۔ تاہم ان کی بالکل اندرونی اور پوشیدہ پرت وہ ہے کہ جس سے کم لوگ ہی واقف ہوں گے اور وہ ہے مرد خالد سہیل کے جسم کے پاتال میں چھپی عورت۔ یہ ان کا وہ زنانہ روپ ہے جو سالہا سال سے ان کے وجود کے تہہ خانہ میں بڑے ٹھسے سے براجمان ہے۔

اکثر مرد جب بڑی حسرت، رشک اور کبھی حسد سے ان کے عورتوں کے ساتھ با آسانی جڑ جانے والے رشتے کا ذکر کر کے اپنی قسمت پر کفِ افسوس ملتے ہیں تو وہ بھول جاتے ہیں کہ با آسانی عورتوں کو دوست بنانے والے خالد سہیل کی اندرونی پرت میں بیٹھی عورت کے وجود کا مہر ہے کہ یہ رشتہ ممکن بناتا ہے اور

اس کے لیے انسانیت کے درد سے آشنا ہونا کتنا ضروری ہے۔ جو اسی وقت ممکن ہے کہ جب انسانی رشتے مرد عورت کے علیحدہ کمپارٹمنٹ سے نکل کر کھلی فضا میں سانس لیتے ہیں۔ اس کے لیے آپ کو نسوانی اعضا کے سحر میں ٹھہر کر منجمد ہونے اور مردانہ جنسی برتری کے خمار سے علیحدہ ہونا پڑتا ہے۔

خالد سہیل نے اپنے اندر کی پوشیدہ عورت کو بڑے چاؤ سے زندہ رکھا ہوا ہے تاکہ اس کے توسط سے ملنے آنے والی عورت سے با آسانی گفتگو کر کے وہ رشتہ قائم کر سکیں جو انسانیت کی کوکھ کی آنول نال سے جڑتا ہے۔ ہیشگی اور پیار کا رشتہ۔ یہ انسان دوستی کا وہ روپ ہے کہ جس کے باعث وہ عورتوں کے دکھ سے جڑ کر انہیں سمجھنے کی کوشش کرتے ہیں، بطورِ انسان اور بطورِ معالج۔

میں نے گلے میں خاص انداز کی زنجیر ڈالے، اپنے گھنگھریالے عورتوں کی طرح لانبے بالوں، کبھی کھلے اور کبھی ربر بینڈ کے پھندے میں قید پونی ٹیل بنائے، داڑھی اور مسکراہٹ سجائے چہرے والے مرد خالد سہیل کے جسم کے اندر زنانہ روح کو ان کی بہت سی نظموں کے توسط سے پہچانا۔ یہ وہ عورتیں ہیں جن سے میرے اندر کی سوشل ورکر بخوبی آشنا ہے۔ جو کبھی وہ نوجوان حاملہ ہے کہ جسے اس کے ہونے والے بچے کا باپ چھوڑ کے جا چکا ہے، کبھی وہ عورت ہے کہ جو شوہر کی بے مہریوں اور بے اعتنائیوں سے شاکی ہے اور پھر وہ بھی کہ جو شوہر کے جوتوں کی ٹھوکروں پہ پل رہی ہے اور اس کے بچوں کو پال رہی ہے اور وہ عورت بھی ہے کہ جو اپنے شکم میں پلنے والے بچے کی موت پہ نوحہ کناں ہے کہ جس کے شوہر کی ٹھوکروں نے پیٹ کے اندھیرے گھور کمرے سے نکلنے اور روشنی کی جانب ہمکنے سے پہلے نامکمل زیست کی قبر میں دفن کر دیا ہے۔ کبھی یہ عورت سوکن سے شکوہ لب ہے تو کبھی اپنی سہاگن بننے کے خوابوں سے

سرشار ہے۔ غرض اس کے کئی روپ ہیں اس طرح خالد سہیل کے وجود کے پاتال میں ایک عورت نہیں بستی بلکہ اس کے وجود سے کئی رشتوں کی ضیا پھوٹتی ہے تبھی وہ اپنی نظم 'عورت سے رشتہ، میں کہتے ہیں

ایک رشتہ ہو تو میں اس سے تجھے یاد کروں
تجھ سے ہر گام پہ ہر موڑ پہ رشتے لاکھوں
تو مرا عکس بھی عکاس بھی آئینہ بھی
تو مری دوست بھی، ہمراز بھی محبوبہ بھی۔

سوال یہ پیدا ہوتا ہے کہ عورتوں کے یہ روپ ان کے وجود میں کب سے براجمان ہیں؟ ان کی سوانح عمری پڑھی جائے تو اندازہ ہوتا ہے کہ ان کا پہلا قریبی رشتہ شفقت بھری نانی سے جڑا، کم عمری میں پہلے بہن (جو پانچ سال چھوٹی تھی) سے اور پھر پڑوس میں رہنے والی لڑکی سوداسے معصوم عشق کا ناطہ۔ پہلا مضمون رابعہ بصری پہ لکھا اور جب میڈیکل سکول ختم کرنے کے بعد پشاور کے لیڈی ریڈنگ ہسپتال کے زنانہ وارڈ میں کام کیا جو اس ہسپتال کی پچھتر سالہ تاریخ کا انوکھا واقعہ تھا کہ ایک مرد ڈاکٹر زچہ وبچہ وارڈ میں تربیت میں اپنا سال مکمل کرے جہاں کی روایتی عورتیں جب ان سے شرماتیں تو نرس پشتو میں کہتی 'ڈاکٹر دے سڑے نہ دے، (مرد نہیں ڈاکٹر ہے)۔ یہ اسی دور کا اثر ہے غالباً کہ ڈاکٹر خالد سہیل صرف معالج بن گئے۔ ان کے مرد کا عورت کے دکھ سے دھیما اور نسوانی مزاج بن گیا۔ درد آشنائی کا یہ سبق دنیا کی بڑی اور اعلیٰ ترین یونیورسٹی بھی نہیں دے سکی جو غیر روایتی خالد سہیل کو روایتی مزاج معاشرہ کی عورتوں نے دیا۔ لہٰذا خالد سہیل کو سمجھ آیا کہ 'دکھ درد اور آزار کی کوئی جنس نہیں ہوتی وہ مادر پدر آزاد ہوتا ہے اور اگر کسی کے کرب سے رشتہ جوڑنا ہو تو جنسی آعضا میں ہی مت الجھ کر رہ جاؤ اس کی روح کے پاتال میں داخل ہو کر دوستی اور مسیحائی کا ساز الاپو۔،

'سرخ دائرہ، ایک ایسی نظم ہے کہ جب غیر روایتی شاعر نے ایک انتہائی حساس موضوع کو بالکل منفرد انداز میں بیان کرتے ہوئے ایک لڑکی کی حاملہ ہونے کی خبر دی ہے جو کلنڈر پہ ایک تاریخ کے گرد دائرے کے گذر جانے پہ منکشف ہوتی ہے۔ اس نظم کی آخری کچھ سطریں ہیں

گزشتہ مہینے کی تیرہ ہی تاریخ کو
سرخ اک دائرہ تھا احاطہ کیے
لیکن اس مرتبہ
جانے کیا ہو گیا
ایک عجب سی خلش
اور اک کپکپی خوف کی
میرے سارے بدن میں سرایت ہوئی

اور پھر میں تو سوچا ہی کی
آج سترہ ہوئی

خالد سہیل نے یہ نظم زمانہ طالب علمی میں خیبر میڈیکل کالج کے شاعری کے مقابلے میں پڑھی جس میں احمد ندیم قاسمی، احمد فراز اور محسن احسان جیسے شاعر جج تھے اور پہلا انعام حاصل کیا۔

ان کی ایک نظم 'یہ مرا جسم ہے یہ مری زندگی، ایک ایسی عورت کی کہانی ہے کہ جو حاملہ ہونے کے بعد جسم میں حمل رکھنے کے فیصلہ کو برقرار رکھنا چاہتی ہے۔۔۔باوجود اس کے کہ کوئی اسقاط اور کوئی بے

باپ بچوں کے قصے سناتا ہے۔ یہاں شخصی آرادیِ رائے جو عورت کو بھی حاصل ہے مگر معاشرہ اسے نہیں دیتا۔۔۔کے رویہ کے خلاف احتجاج ہے

میں یہ سب کچھ خموشی سے سنتی رہی
چاہتی تھی مگر میں نہیں کہہ سکی
ساری خلقِ خدا کیا نہیں جانتی
یہ مرا جسم ہے یہ مری زندگی

نظم 'سوال، میں عورت کا شکوہ اس مردانہ رویے سے ہے کہ جو عورت کی زندگی کے شبستاں میں محبوب، مجازی خدا اور رفیقِ سفر بن کر داخل ہوتا ہے مگر وقت کے ساتھ ساتھ حقیقت سمندر کی بجائے سراب ثابت ہوتی ہے۔ اس کے شوہر کے رویے کی تبدیلی اس کا المیہ اور احتجاج بن جاتی ہے اس نظم کے چند اشعار ہیں

مری بے عزتی کر کے تو کتنا فخر کرتا ہے
مجھے بے عقل ناقص اور کیا کیا تو سمجھتا ہے
جو تیرے قلب کی گہرائیوں میں ہے سنا مجھ کو
اگر تو مرد ہے تو سچ سچ یہ بتا مجھ کو
تری بیوی ہوں محبوبہ ہوں یا میں نوکرانی ہوں
ترے بچوں کی آیا ہوں کہ تیرے دل کی رانی ہوں

ترے کل کا سہارا ہوں یا ماضی کی سزا ہوں میں
شریکِ زندگی ہوں یا کہ تیری داشتہ ہوں میں

نظم 'دو قتل، گھریلو جسمانی تشدد کی بہترین عکاس نظم ہے کہ جس میں مردانہ تسلط اور برتری کا شکار مرد اپنی بیوی کے ساتھ انسانیت سوز سلوک کرتا ہے اور اس بہیمانہ عمل میں ایک نہیں دو قتل کرتا ہے

اپنی کوکھ میں اپنے بچے

کی چھوٹی سی لاش اٹھائے
زندہ ہوں پر قبر بنی ہوں
اس نے ٹھوکر مار کے کل شب
میرے خواب اور میرے بچے
دونوں کو ہی قتل کیا ہے

اپنی نظم 'HOUSE ARREST'، میں انہوں نے صدیوں سے عاید عورتوں کی روایتی اور سماجی قید اور اس کے سبب ان کے رویوں کی ہچکچاہٹ اور خوف کو چیلنج کیا ہے اور خواہش ظاہر کی ہے کہ

ان کی ہر اک رات سے پھوٹے
رفتہ رفتہ صبح بغاوت

تا کہ وہ تازہ ہوا میں اڑنے کے خوف اور اندیشوں سے آزاد ہو جائیں۔ انہوں نے 'ماں بننے سے پہلے اور بعد میں، عورت کا وہ روپ پیش کیا ہے کہ جو ایک بے وفا محبوب کی فرقت اور اپنی اس تنہائی پہ غمزدہ اور زمانے کی رسوائیوں کے خوف سے ہراسان ہے مگر وہی عورت جب ماں بنتی ہے تو اولاد کی محبت اسے محبت کی سرشاری اور طاقت سے آشنا کراتی ہے اور وہ اپنے محبوب کو قاتل سمجھنے کے باوجود محسن گردانتی ہے کہ اس نے بطن کی دھرتی کو زرخیزی دی

تو میرا محسن تو میرا قاتل
ترے ہی دم سے ہوا یہ حاصل
جو تو نہ ہوتا تو ایک بنجر زمین رہتی
جو غم نہ سہتی تو کس طرح میں مسرتوں کا یہ پھول چنتی

خالد سہیل نے اپنی پوری شاعری میں مرد اور عورت کے رشتہ میں فوقیت دوستی کو دی ہے خواہ وہ مرد بن کے لکھا ہو یا عورت کی آواز بن کر۔

خالد سہیل اپنے والدین کی شادی سے متاثر ہوئے۔ وہ اپنے والدین کی طرح ہزاروں لاکھوں روایتی شادیوں کے بارے میں اپنی نظم 'والدین کی شادی کی تیسویں سالگرہ پر، میں لکھتے ہیں

اور ہم سوچتے ہی رہے
تیس برسوں کی یہ دوستی کیسے ممکن ہوئی
کیسے ماں باپ کی یہ رفاقت سلامت رہی
پہلے حیران تھے

اب بھی حیران ہیں
اپنے پیاروں سے کتنے ہم انجان ہیں
آرزو ہی رہی
کاش رشتوں کا سرِ نہاں جان لیں
کاش ماں باپ کو اپنے پہچان لیں

ان کی سوانح عمری پڑھ کر اندازہ یہ ہوتا ہے کہ ان کے والدین کے درمیان روایتی شادی کا بندھن وہ منفی تجربہ ہے کہ جس نے انہیں روایت شکن بنایا کہ جب ان کی روایتی ماں کا غیر روایتی باپ سے بے جوڑ رشتہ بندھتا ہے اور وہ اس ازدواجی رشتہ کے خشک بے رنگ اور ارمانوں کی باڑھ تلے چرمرایا دیکھتے ہیں۔یہی وجہ ہے کہ عرصہ تک وہ اس عورت سے بظاہر وہ رشتہ نہیں باندھ پاتے کہ جس سے ان کا ناطہ آنول نال کا تھا۔ مگر ممکن ہے کہ انہوں نے ایسی بے جوڑ ناطوں کے نتیجہ میں خواہشوں اور ارمانوں کے اسقاط کو وقوع پذیر ہوتے دیکھا تو اس کے ردِ عمل میں نظم 'اسٹل برتھز' کو رقم کیا۔ وہ چاہے عورت کے ارمانوں کا اسقاط ہو یا مرد کے وہ اس روایتی اور قدامت پسند معاشرہ کی بوسیدگی سے نالاں ہیں

کتنے خواب
اور کتنے جذبے
دل کی کوکھ میں ڈر جاتے ہیں
کتنے بچے پیدا ہونے سے پہلے ہی مر جاتے ہیں

(STILL BIRTHS)

خالد سہیل کی کتابوں میں چھپنے والی یہ چند نظمیں جو ان کے اندر کی عورت کے درد کی صورت چشمہ کی مانند پھوٹیں اور شعروں میں ڈھلیں محض تفریحاً رقم نہیں ہوئیں ان کا مقصد عورتوں پہ قدغن لگانے والے معاشرہ کی کہنہ سال روایتوں کو چیلنج کرنا ہے اور ان کے حقوق کی برابری اور امن و محبت کے رشتوں کی ہریالی کی نمو ہے۔

حصہ دوئم: افسانے اور ناولٹ

خوش قسمت اور پُر امُید

ایک گھر کو چھوڑ کر دوسرا گھر بنانے والوں کے دِلوں پر جو بیتتی ہے وہ ان کے دل ہی جانتے ہیں۔

جب ا نَ ایک ماحول میں پلا بڑھا ہو اور دوسرے معاشرے میں جابسے تو اکثر اوقات اپنی

ذات کو دو کشتیوں مہ ین وار محسوس کرتا ہے۔ جب بچپن کی واچ، اندازِ فِاور روایات میز ان تہذیب کی طرز زندگی اور اس کی اقدار سے ٹکراتے ہیں تو تنے لوگ اپنے آپ کو دوراہوں پر کھڑا پاتے ہیں۔

ہر شخص اور خاندان ان بدتے ہوئے حالات سے اپنے مخصوص اور جداگانہ انداز میں سمجھوتہ کرتا ہے۔

بعض ماضی کا اتنا بھاری بوجھ اپنے کندھوں پر اٹھائے پھرتے ہیں کہ حال اور مستقبل سے آنکھیں دوچار نہیں کرسکتے۔

بعض نئے ماحول سے اتنی تیزی سے بڑھ کر بغل گیر ہوتے ہیں کہ ماجی بہت پیچھے چھوڑ آتے ہیں۔

بعض ساری عُمر دھوبی کے کتےّ کی طرح کاٹ دیتے ہیں ---- نہ گھر کے نہ گھاٹ کے۔ اور بعض مختلف روایات کے ساتوں رنگ اپنے اندر اس خوبصورتی سے ذبب کرتے ہیں کہ ایک نئی روشنی، نئی صبح اور نئی منزل کی نشاندہی کرتے ہیں۔

زندگی کے اسٹیشنوں پرا نئی گاڑیوں کے پ پ یاں بدلنے کے اس عمل میں ان لوگوں پر ---

-- جو گھروں میں پیچھے رہ جاتے ہیں اور ان لوگوں پر ---- جو ان مہمانوں کو اپنے ی سِ سے لگا کر نیا گھر ننے میں مدد دیتے ہیں ----- کیا بیتتی ہے وہ بھی ان کے دل ہی جانتے ہیں۔

مجھے ایک ہندوستانی رفیق کار نے یہ واقعہ سنایا تھا کہ جب ایران پر عربوں نے حملہ کیا اور اپنی طرزِ زندگی کو ان پر م سلطّ کرنا چاہا تو کچھ پارسی ایک کشتی میں وار ہو کر ملک چھوڑ کر لے گئے ------ وہ ہندوستان کے ساحل پر پہنچے تو اھوں س نے وہاں خیمے لگائے جب اس ریاست کے اشاہ کو اس کارواں کی خبر پہنچی تو اس نے اپنے ایک پیامبر کو حکم دیا کہ وہ اس گروہ کے امیر کو ادشاہکی طرف سے سَ دہ پانی سے بھرا ہوا گلاس پیش کرے۔ جب وہ وہاں پہنچا تو کارواں کے لوگ خیموں سے اہر زمین پر بیٹھے کھانا کھارہے تھے۔ ادشاہ کے پیامبر نے آگے بڑھ کر پانی سے بھرا گلاس پیش کیا تو امیر کارواں نے مُسکراتے ہوئے اس کا استقبال کیا، چند لمحے خاموشی سے اسے دیکھا، چینی کے ایک پیالے میں سے کچھ چینی گلاس میں ڈالی اور درخواست کی "اے پیامبر! تم اس گلاس کو جا کر دوارہ

ادشاہ سلامت کی خدمت میں ہماری طرف سے پیش کرنا اور ان سے عرض کرنا کہ وہ اسے چکھیں۔" حاضرین کو امیر کی ات سمجھ نہ آئی اور اھوں س نے وضاحت کی درخواست کی۔

امیر کارواں نے کہا... "ادشاہ نے پیغام بھیجا تھا کہ ہماری ریاست اس گلاس کی طرح بھری ہوئی ہے جس میں زیید ایک قطرے اور ایک ائن کی بھی گنجاش نہیں اور ی م َنے چینی ڈال کر کہا کہ ہم اس ریاست میں اس طرح ذبب ہو جائیں گے جس طرح چینی پانی میں ذبب ہو جائے گی بلکہ اسے میٹھی بھی کر دیں گے۔" اس وضاحت کو سن کر حاضرین بھی مسکرا دیے۔

ی م َجب اپنے ارے میں واچتا ہوں تو اپنے آپ کو اس وجہ سے خوش قسمت محسوس کرتا ہوں کہ مجھے مشرق اور مغرب کے دونوں معاشروں مہ ین زندگی گزارنے اور ان کی اقدار کو ذب بکرنے کا موقع ملا اور پُرامید بھی کہ مجھے ذاتی اور اجتماعی طور پر مختلف روایات اور طرزِ زندگی کے خوش گوار امتزاج کے امکانات روشن نظر آتے ہیں۔

ی م َاپنی ذات کو اس درخت کی طرح محسوس کرتا ہوں جس کی جڑیں مشرق کی مٹی میں پیوست، توانائی حاصل کر رہی ہوں اور جس کی شاخیں مغرب کی فضا میں جھولتی ہوئی تازہ ہوا میں سرشار ہوں۔

اس درخت پر جو پھل اور پھول لگے ہیں ان کے خوشبو اور ذائقہ آپ کو میرے افسانوں میں ملے گا۔

ی م َاپنی زندگی کے تجربات کا عکس اور اپنے تخلیقی سفر کی جھلکیاں بڑے فخر سے آپ کی خدمت میں پیش کر رہا ہوں۔

خالد سہیل

ادب تخلیقی چشمے اور فردا کے خواب

چند سال پیشتر پاکستان کے سفر کے دوران جب میں چند دنوں کے لئے کراچی رکا تو وہاں کے ادب نواز دوواروں نے مجھے اپنی ایک ادبی محفل میں شرکت کی دعوت دی۔ ان کی خواہش تھی کہ میں ان کی خدمت میں ایک افسانہ پیش کروں۔ جب میں محفل میں پہنچا تو ایک نوجوان ادبی صحافی کہنے یں۔ کہ افسانہ سنانے سے پہلے وہ میرا انٹرویو لینا چاہتی ہیں اور انہوں نے اپنے بریف کیس میں سے ایک واال ناا نکالا۔ شہر کے معتبر اور اپنے بزرگ ادیبوں کے سامنے انٹرویو دنے کا میرا یہ پہلا موقع تھا لیکن میں نے یراکسی تامل کے کہا:

"آپ پوچھیں جو واال پوچھنا چاہتی ہیں"

وہ محترا کہنے یں۔" خالد سہیل صاحب! آپ نے شاعری بھی کی ہے، افسانے بھی لکھے ہیں، مضامین اور سفر نامے بھی تحریر کیے ہیں اور عالمی ادب کے تراجم بھی چھپواائے ہیں۔ آپ یادیدی طور پر اپنے آپ کو کیا سمجھتے ہیں؟ آپ کی ادبی شناخت کیا ہے؟"

"کچھ بھی نہیں" میں نے بے ساختہ کہا۔

میرے اس مختصر سے جواب سے وہ محترا کچھ گھبرا سی گئیں کیونکہ ان کے اقی واالوں کا دارومدار اس پہلے واال کے جواب پر تھا۔ اس محفل کے ادیب بھی کچھ پریشان نظر آنے گے۔ پہلے تو میں چند لمحے خاموش رہا لیکن پھر ان محترا کی آنکھوں سے جھلکتی رت انی نے مجھے جبورر کیا کہ میں اپنے موقف کی وضاحت کروں۔

میں نے کہا" محترا! ایک ادیب کی حیثیت سے میں اپنی ذات، اپنے معاشرے اور اپنے اردگرد پھیلی ہوئی کائنات کے ارے میں ایک خاص نقطۂ نظر رکھتا ہوں۔ میں زندگی کو ایک خاص زاویے سے دیکھتا ہوں، لوگوں سے ایک خاص انداز سے ملتا ہوں اور انسانیت کے مستقبل کے ارے میں ایک خاص قسم کے خواب دیکھتا ہوں۔ میری خواہش ہے کہ میں اپنی زندگی میں اپنے ان مشاہدات، تجرات اور خوابوں کا تخلیقی اظہار الفاظ کی صورت میں کر سکوں تاکہ میرے مرنے کے بعد اگر کوئی شخص میری ساری تخلیقات کو پڑھے تو اس پر وہ نقشہ واضح ہو سکے، جسے میں ساری عمر بنانے کی کوشش کرتا رہا ہوں۔ میری نگاہ میں اس نقشے کی تکمیل مرکزی حیثیت رکھتی ہے اور غزل، نظم، افسانہ، مضمون، سفر ناا یا کسی عالمی ادبی شہ پارے کا ترمہ ثانوی حیثیت رہتے ہیں۔ وہ مختلف اصناف، مختلف قسم کے نکتے، طوطط اور قوسین ہیں جو اس نقشے کی تکمیل کے لئے ضروری ہیں۔ وہ سب نگارشات اس گلدتے کے مختلف پھول ہیں جو میں اپنے قارئین کی خدمت میں پیش کرنا چاہتا ہوں۔

میں نے اس انٹرویو میں اس خیال کا بھی اظہار کیا کہ میری نگاہ میں کامیاب ادیب اپنی تخلیقات میں نہ صرف اپنی ذات کا تخلیقی اظہار بھرپور طریقے سے کرتا ہے بلکہ اپنے اور قارئین کے درمیان ابلاغ کا پل میر وکرنے میں بھی کامیاب ہوتا ہے۔ میں ذاتی طور پر محسوس کرتا ہوں کہ اگر میری تخلیقات میرے صاب صاحب ذوق قارئین کی سمجھ میں آئیں تو اس میں نقصان میرا ہے کہ قارئین کا۔ اس لئے میں اپنی تخلیقات پر زید محنت کرنے کے لئے تیار رہتا ہوں۔ میں ادیب کے طور پر قارئین کے

ساتھ اپنے ادبی اور انسانی رشتے کا احترام کرتا ہوں، میرا مقصد اپنے قرائین کو اپنے تجرات مین شریکرنا) To Share(ہے نہ کہ ان پر رعب جمانا) To Impress(میرے نزدیک فنکار کی عظمت اس کی عاجزی اور منکسر المزاجی میں ہے نہ کہ غرور اور تکبر میں۔ پھلدار ڈالی اکثر اوقات جھکی ہوئی ہوتی ہے۔

میری نگاہ میں ادیب سائنس دانوں، فلسفیوں اور فنکاروں کے اس قافلے کا ایک مسافر ہے جو انسانیت کے لئے ایک خوب سے خوب تر زندگی کی تلاش میں سرگرداں رہتا ہے اور اس منزل کے صول کے لئے عمر بھی ریاض کرتا ہے۔ فرق صرف یہ ہے کہ:

سائنس داں- عقل اور منطق کا

فلاسفر وجدان کا

- اور

فنکار جمالیات

-

کا راستہ اختیار کرتے ہیں۔

ان کے راتے چاہے جدا ہوں لیکن ان کی منزل ایک ہی ہوتی ہے وہ سب انسانیت کے لئے ایک بہتر زندگی کے خواب دکھتے رہتے ہیں اور انسان کی انفرادی اور اجتماعی زندگی کے مسائل کی ھیاں سلجھانے کی کوشش کرتے ہیں۔

میں نوجوانی کے زمانے سے ہی سائنس، فلسفے اور ادب کا طالب علم رہا ہوں اور میری کوشش رہی ہے کہ میں اپنی تخلیقی شخصیت میں ان علوم کی روشنی کو ذبب کر کے ان کے رنگ، قوس قزح کے رنگوں کی طرح، اپنی تخلیقات میں پیش کر سکوں۔

میری نگاہ میں ادب انسان کی انفرادی اور معاشرتی زندگی کے درمیان ایک پل میرو کرتا ہے۔ اس کے ڈانڈے ایک طرف زندگی کے مسائل سے ا ور دوسری طرف جمالیات کی اعلیٰ اقدار سے جڑے ہوتے ہیں۔ اس کا رشتہ ایک طرف ادیب کی ذاتی زندگی سے اور دوسری طرف تاریخ سے جڑا ہوتا ہے۔ ا دیب ہر موڑ پر ان مختلف قوتوں اور عوامل کے درمیان ایک توازن قائم کرنے کی کوشش کرتا ہے اور یہی توازن اس کی تخلیقات میں ایک ایسا حسن یدا اکرتا ہے جس کا تاثر قارئین کے ذہن، دل اور روح کی گہرائیوں میں اترتا چلا جاتا ہے اور وہ بھی ادیب کے خواب کو اپنا خواب سمجھ کر اس کی تعبیر تلاش کرنے نکل کھڑے ہوتے ہیں۔

ایک مہاجر ادیب کی حیثیت سے میں مہاجروں کے اس قافلے کا مسافر بھی ہوں جنہیں اس ات کا شدت سے احساس ہے کہ:

مشرق سے مغرب

تیسری دُنیا سے پہلی دُنیا

اور پرانے گھر سے نئے گھر کی طرف ہجرت کا سفر پل صراط پر چلنے سے کسی طرح، نہیں جس کے ایک طرف ان دیکھے عذابوں کا جہنم تو دوسری طرف انجانی بصیرتوں کی بہشت آباد ہیں۔ وہ مہاجر اور وہ ادیب جو ان دو معاشروں کی زانوں، تہذیبوں اور ثقافتوں کے پل صراط کو عبور کرنے کے تجربے میں کامیاب ہوئے، اُن کے دامن کی تیسری آنکھ کھل گئی ہے۔ ای ب آنکھ جو انسان کی روح اور فردا کے خوابوں میں جھانکنے میں مدد کرتی ہے۔ اسی لئے میرے خیال میں مہاجر ادیب بیسویں صدی کی زندگی کی جدجہد کا استعارن گیا ہے۔

جس طرح میں اپنے تخلیقی اظہار میں غزل، نظم، افسانے یا مضمون کی صنف کے انتخاب کو ثانوی حیثیت دیتا ہوں، اسی طرح میرا خیال ہے کہ ادب میں بیانیہ، علامتی یا تجریدی انداز کا چناؤ بھی ثانوی ہے۔ اگر ادیب کا فن پارہ اس کے تخلیقی اظہار کے ساتھ ساتھ قارئین کے دل کی دھڑکنوں کو چھونے میں کامیاب ہوا ہے تو وہ فن پارہ کامیاب ہے ورنہ ناکام۔ میری نگاہ میں اس سلسلے میں ادیب کا خلوص، اپنی ذات کی سچائیوں سے کمٹمنٹ اور اپنے فن پر مہارت رکھنا نہایت اہم ہیں۔ اور یہ عشق

ادیب سے عمر بھر کے ریاض کا متقاضی ہے۔

میں نے ذاتی طور پر پچھلے پچیس برس میں اپنے اس تخلیقی سفر اور فنّی ریاض میں بہت سی منزلیں طے کی ہیں۔ ایک وہ دور تھا جب میرے من میں کبھی بھار ارش ہوتی تھی، میں ایک دو غزلیں یا افسانے تخلیق کرتا تھا اور پھر خشک سالی کا موسم آجاتا تھا لیکن اب پچھلے چند سالوں سے یوں محسوس ہوتا ہے جیسے میرے اندر دن رات ٹھنڈے اور گرم پانی کے چشمے ابلتے رہتے ہیں اور رویتوں کی چٹانوں سے گزرتے ہوئے اپنا راستہ خود بناتے لے جاتے ہیں۔ میں نے بھی ان چشموں کو زندہ رکھنے کے لئے ایک مخصوص طرز زندگی اپنالیا ہے۔

میرے ہر روز شام کو پڑھنے اور صبح دم تنہائی کے لمحات میں لکھنے اور طبع زاد تخلیقی کام میں مصروفیت نہ ہونے کے دوران ذاتی ڈائری اور ادبی دوواروں کو طوطط تحریر کرنے، عالمی ادب کے تراجم کرنے اور ہر چند ہفتوں کے بعد انجانی منزلوں کے سفر پر نکل کھڑے ہونے سے نہ صرف میری تخلیقی زندگی میں استقامت) (Stability پیدا اہو گئی ہے۔ بلکہ ارتقاء) (Evolution کا عمل بھی جاری

ہے۔ جس سے فنّی سفر نہایت صبر آزما اور دشوار گزار رہا ہے۔ لیکن میرے بے پایاں شوق، دوواروں کی پر خلوص رفاقت اور میری وی تنقید نے اسے پر لطف اور پر معنی بنا دیا ہے۔ اسی لیے میں اپنے آپ کو ایک خوش قسمت انسان اور ادیب سمجھتا ہوں۔

مارچ 1995ء

رُوشن آنکھیں اور شہرِ مثال

اشفاق حسین

یہ پہلا موقعہ تھا کہ میں پاکستان سے اہر کینڈا کی سرزمین پر، ایک ادبی محفل میں شریک تھا۔ سب کچھ وہی تھا یسا کہ پاک وہند کے کسی مشاعرے میں متوقع ہوسکتا ہے۔ بس فرق صرف یہ تھا کہ یہ آل پاپاکستان یا آل انڈیا مشاعرہ نہ تھا بلکہ آل کینیڈا و امرکہ مشاعرہ تھا۔ شعراء جن شہروں سے شرت کے لئے آئے تھے انُ میں دلی، لکھنؤ، کراچی یالاہور کے بجائے نیویارک، لاس اینجلس، ٹورانٹو اور مانٹریال وغیرہ کے نام تھے۔ یہ محفلِ مشاعرہ صبح تک جاری رہی لیکن مشاعرے کے بعد، گھر لٹتے ہوئے کافی دیر تک میں یہ واچتارہا کہ اس تمام ادبی شب بیداری کے نقشے میں شمالی امرکہ کہاں تھا---؟ واائے اس کے کہ بعض شعراء کے یہاں ہلکے سے ایک آدھ ایسے اشارے ضرور ملے، جن میں، پردیش میں دل پر گزرنے والی واردات کا بیان، یاغریب الوطنی کادھ تھا، یاہجرت کے وہی چبے چبائے نوالے تھے جس کی طرز کے ڈانڈے خوش رہو اہلِ چمن ہم تو چمن چھوڑ لے، والی کیفیات کی صدائے ازگشت معلوم ہوتے تھے۔ اس پورے وجود میں کہیں کہیں دل کی دھڑکنیں محسوس کی جاسکتی تھیں لیکن ایسا تھا کہ آنکھیں نہیں تھیں۔

بے آنکھوں کے اس چہرے کی تحریروں کو پڑھنااور پھر ان تحریروں سے معانی کی ای ب لکیروں کو جنم دیناجو کسی واضح پیکر کے خدوخال کو نمایاں کرسکیں، اگر ناممکن نہیں تو شکل ضرور ہے۔ شمالی امریکی اردوادب کے منظر نامے میں دلوں کی دھڑکنیں تو ہیں (شاعری کی حدتک) مگر آنکھیں اور وہ بھی روشن آنکھیں خال خال ہی نظر آتی ہیں۔ اس میں اردوشاعری کی کچھ اپنی لغت کی جبورریاں اور خصوصاً غزل کے زیاج کی پابندیاں بھی مانع ہیں۔ البتہ نثر کے میدان میں، امکانات کا ایک شہرِ مثال ضرور بسایا جاسکتا ہے۔ لیکن اس شہرِ مثال کی میروکے لئے جس گارے اور مٹی کی ضرورت ہے، وہ ابھی تک صحیح معنوں میں تیار نہیں ہے۔

ای ب گھُپ اندھیروں والی راتوں میں جب کہیں کوئی شمع جلتی ہوئی نظر آتی ہے تو ایک لمحے کے لئے آنکھیں چکاچوند ہوجاتی ہیں۔ خالد سہیل کے افسانوں کو پڑھ کر پہلا تاثر کچھ ایسا ہی ہوتا ہے۔ یہ امید اور اس کے اردگرد گھومتے ہوئے امکانات کی ایک شمع ہے جسے خالد نے "زندگی میں خلا" کے نام سے مووام کیا ہے۔

افسانوں کے اس مجموعے میں "کچھ" ہے اور "بہت کچھ" نہیں بھی ہے۔ بہت کچھ اس لئے نہیں کہ شاع تحریریں، وقت، ذبے، مشاہدے اور اظہار کے صبر آزما لمحوں کے گزرنے کے بعد ہی وجود میں آتی ہیں۔ مجھے ایسا محسوس ہوتا ہے کہ خالد ابھی ان کٹھن اور جان لیوا لمحوں سے نہیں گزرا ہے لیکن اسُ کے قدموں کے اوّلین نشانات پر جب نظر جاتی ہے تو امکانات کی ایک کہکشاں سی جگمگاتی ہوئی ضرور نظر آتی ہے۔ اسُ کے ادبی سفر کی اس منزل پر، اسُے عاش افسانہ نگار کہہ کر گمراہ نہ کرنا، خالد اور اسُ کے قاری دونوں کے حق میں شاید بہت ہو۔

ل مس تک اس "کچھ" کا تعلق ہے تو یہ بھی بڑا بھاری پتھر ہے اور خالد کے ہاتھ اسی بھاری پتھر کے نیچے دبنے کے بعد، پیمانِ وفا اندھتے ہوئے نظر آتے ہیں۔ یہ پیمانِ وفا کیا ہے؟ یہیں سے خالد کے زہن کو سمجھنے کی کلید ہاتھ لگتی ہے۔

اسُ کے صرف چند افسانے پڑھنے کے بعد ہی اُن افسانوں میں نظر آنے والی شخصیت سے تعارف زیادہ شکل نہیں ہوتا اور پھر جو تصویر بنتی ہے اسُ کے خدوخال بتاتے ہیں کہ یہ شخصیت، ایک ذہین نوجوان کی ہے، جس کے چہرے پر دونوں آنکھیں سلامت ہیں اور وہ ان آنکھوں سے چیزوں کو اس طرح

دیکھنے کے لئے تیار نہیں یاسا کہ عمواًد کھانے کی کوشش کی جاتی ہے۔ بلکہ وہ ان کو اس طرح دیکھتا ہے یا،از، اس طرح دیکھنے کی کوشش کرتا ہے یاسا کہ وہ ہیں۔ اور یہاں سے اس کے جے ک میں کڑوے پن، بغاوت اور غصّے کے آثاریدااہوتے ہیں۔ اس کا سب سے اچھا اور بھرپور اظہار اُس کے افسانے ”جڑیں، شاخیں، پھل“ میں ہوا ہے۔ تارکین وطن کی نئی نسل کیا محسوس کرتی ہے؟ اس کا اظہار ایک کردار کے ذریعے اسی افسانے میں یوں کیا ہے۔

”میں ابو سے تنگ آگئی ہوں۔ اسلام اور پاکستان کے نام پر ناٹک زیادہ عرصہ نہیں چل سکتا۔ میرے لئے یہ دونوں الفاظ گالی ن چکے ہیں۔ میر ابس لے تو آج ہی گھر سے بھاگ جاؤں۔“

یہ تو اُس نسل کا ذکر ہے جو کینیڈا کے ماحول میں پلی بڑھی۔ اب ذرا اس نسل کی طرف آیئے جو ہوش سنبھالنے کے بعد، اپنے وطن سے یہاں آکر بس گئی۔ یہ نوجوان نسل، اپنے غصّے، کڑوے پن اور بغاوت کا اظہار یوں کرتی ہے۔

”س مس جنسی تعلقات کو گناہ سمجھا جائے۔ مشت زنی پاپ ہو، عورت کی قربت کا خیال تک واصلو اصلِ جہنم ہونے کا خطرہ لیے ہوئے ہو، شادی کے بعد بیوی مہینوں اپنے ماں اپ کے پاس رہے، ڈھیروں لوگوں کی وجہ سے تخلیہ میسّر نہ ہو، تخلیہ میسّر ہو بھی تو چارپائی کی چوں چوں کے ڈر سے انسان کچھ نہ کر سکے اور سینکڑوں مرد برسہابرس کی شادی کے بعد بھی نہ بتا سکیں کہ ننگی عورت کیسی نظر آتی ہے۔“

ایسے سماج کو یہ نسل ایک منافق معاشرہ مجھتی ہے اور اسی منافق معاشرتی ماحول میں پلنے بڑھنے کی وجہ ہی سے

”بہت سے پاکستانی مرد، عورتوں کا دل کی گہرائیوں سے احترام نہیں کرتے۔ وہ Virgin سے شادی کرنا چاہتے ہیں مگر جس عورت سے ملتے ہیں اس کے ساتھ

بھی جاتے ہیں۔“

ی بکرداروں کا سیکولر رویّہ ہے۔ ایسے مقامات پر خود اسُ کی ٗمرردیاں، سیکولر رویے کی ترجمان ہوتی ہیں۔ ”نوح کے رشتہ دار“ میں بہت ہی سادگی کے ساتھ یہ واال اٹھایا ہے کہ

خالد　　کے　　افسانوں　میں　　ایک　　اور　　خاص　　ات　　اسُ　　کے

ش

”میں نے کسی غیر مذہبی شخص کو لوگوں کے دروازوں پر دستک دیتے نہیں دیکھا اور التجا کرتے نہیں نہیں سُنا کہ تم مسجد، گرجا یا مندر منت جاؤ لیکن مذہب کے

پیروکار اسے اپنا فرض سمجھتے ہیں کہ وہ ہر کس وناکس کے دروازے پر دستک دے

کر ہدایت کی تلقین کریں اور اگر لوگ ان کے مُال　　　ہہ پر دروازہ بند کریں تو مایوس ہو جائیں۔“

یہاں پر خالد کا سیکولر اندازِ فکر غیر محسوس طریقے سے، کرداروں کا ہمنوا بنتا ہوا نظر آتا ہے اور ایسے مقامات، اسُ کے کئی افسانوں میں نظر آتے ہیں۔

خالدؔ کے افسانوں میں بہت زیادہ نمایاں نظر آنے والی شخصیت کا تعلق تارکینِ وطن کی اس نسل سے ہے جس کا سامنا، مقامی آادی سے ہر ہر قدم پر ہوتا ہے۔ اس طرح، کچھ شکوک، کچھ رت ت، کچھ واالات اوراُن کے جواات پر چونک جانے کے عمومی رویّے جنم لیتے ہیں۔ ایسے واال جواب کے تانوں انوں سے، خالدؔ کے افسانے اپنا یادیدی مواد حاصل کرتے ہیں۔ یہ بھی ایک عجیب اتفاق ہے کہ اسُ کے زیادہ تر افسانے مکالماتی ہیں۔ عموماً دو کردار ایک دوسرے سے واال جواب کرتے ہیں اور بین السطور میں افسانہ نگار اپنے نظریے اور پیغام کی ترسیل کا سامان فراہم کرتا جاتا ہے۔ اس مجموعے کے سترہ میں سے ، از ، نوافسانے اسی مکالماتی تکنیک پر لکھے گئے ہیں۔ یہ انداز ہمارے جدید اردو افسانے کے مجموعی خود کلامی یا سرگوشی والے واضح رویّوں سے ذراہٹ کر ہے، ہر چند کہ منفرد نہیں ہے۔۔۔ اس کی ایک وجہ خالدؔ کا ذرعہ روزگار بھی ہو سکتا ہے کیونکہ ماہر نفسیات کی حیثیت سے، اس کا سامنا صبح سے شام تک، اپنے مریضوں سے انٹرویو کی شکل میں رہتا ہے، ممکن ہے ایسادرست نہ ہو مگر وجہ خواہ کچھ بھی ہو اس صورتِ حال سے جو نتیجہ بر آمد ہوتا ہے وہ بہر حال فکر ایزت ا ور غور طلب ہوتا ہے۔ "تاریخ کی چکّی کے دوپاٹ"، "الجبرایا جومیٹری"، "دواپ"، "جزیرہ" اور دیگر بہت سے افسانے اسی مکالماتی تکنیک پر لکھے گئے ہیں۔ جنوبی افریقہ کے پسِ منظر میں لکھے گئے ایک افسانے "ریت کے محل" میں واال وجواب کا یہی انداز اپنے تاثّر اور قصد کی وضاحت کے لئے بڑی چابکدستی سے استعمال کیا گیا ہے۔۔۔ صورت یوں ہے کہ ایک گورا اور ایک کالا بچّہ، ساحل پر ساتھ کھیل رہے ہیں۔ اتنے میں پولس کا ایک سپاہی انُ کی طرف آیا اور کالے بچّے کو ازوسے پکڑ کرلے جانے لگا۔

"اسے کیوں لے کر جا رہے ہو۔۔۔؟" شون نے پوچھا

"یہ کالا ہے اسے یہاں کھیلنے کی اجازت نہیں۔ یہ Beach صرف گوروں کے لیے ہے۔"

"گرینڈ پا! وہ میرے دوست کو لے گیا"

"کون بیٹا۔۔۔؟"

"وہ گندا آدمی"

"کون سا؟"

"پولس آفیسر"۔ "کہتا ہے میرا دوست کالا ہے۔"

"ہاں بیٹا! شاہین کے بچّے کوؤں کے ساتھ نہیں کھیلا کرتے۔"

"او انڈین۔۔۔!

تم اس میں نہیں نہا سکتے۔" "وہ کیوں۔۔۔؟"

"تم انڈین ہو۔"

"اور یہ بھی تو انڈین اوشن ہے"

"ممی! یہ کالا لڑکا یہاں کیا کرتا ہے؟"

"نوکری کرتا ہے۔"

"اسے پولس آفیسر پکڑ کر نہیں لے جاتا؟"

"نہیں بیٹا"۔۔"اسے صرف کھیلنے اور تیرنے کی اجازت نہیں۔"

واا　　　ل وجواب کی اسی تکنیک کے دوران، سہیل کے افسانوں کا ایک اور خاص پہلو، اسُ کا گہرا طنزیہ انداز جو زبید ابُھر کر سامنے آتا ہے۔

"کیا تم شادی شدہ ہو؟"

"نہیں"

"گرل فرینڈ ہے؟"

"نہیں"

"تو تم کیسے زندگی گزارتے ہو؟"

"جڑیں، شاخیں، پھل"

"تمھیں کس قسم کے کتے پسند ہیں؟"

"مجھے کتے پسند نہیں۔"

"وہ کیوں۔۔۔؟"

"وہ نجس اور غلیظ ہوتے ہیں"

"غلیظ" وانڈا اچُھل پڑی۔"مگر ہم تو اُنھیں صاف ستھرا رھتے ہیں۔"

"مائینی طور پر نہیں، مذہبی طور پر۔"

"وہ کیسے۔۔۔۔؟ میں سمجھی نہیں۔"

"پاکستانمیں کتوں کو ناپاک سمجھا جاتا ہے۔ میرے والدینکہا کر　　　تے تھے کہ اگر گھر میں کتا ہو تو رحمت کے فرشتے　　　نہیں آتے۔"

"　　　کتے تو خود انسان کے لئے رحمت کا فرشتہ ہوتے ہیں اور بہترین ساتھی۔"

"ہم　ھ رے پاکستان میں کس قسم　کے کتے ہوتے ہیں؟"

"گلیوں کے آوارہ کتے اور پاگل کتے۔"

"ایک پاؤں میں زنجیر

خالد کا یہی وہ طنزیہ انداز ہے جس کے سبب اُس کے افسانوں میں کڑوے پن، غصّے اور جھنجلاہٹ کے آثار یداا ہوتے ہیں۔

"زندگی میں خلا" کے زیادہ تر کردار مغربی معاشرے کے رموز کو سمجھنے کے عمل میں مصروف نظر آنے کے ساتھ ساتھ اس کے معائب و محاسن کو سمجھانے کا بھی فرض ادا کرتے ہیں۔ انہوں نے "پاکی"، "زندگی میں خلا"، "تھکی ہوئی زندگی"، "دواپ"، "الجبرا یا جیومیٹری" اور "رن سڑ لیبل کھوکھلے ڈبے" جیسے افسانوں میں، یہاں کی واسائٹی کے بعض چھوٹے چھوٹے مسائل پر فنکارانہ انداز میں روشنی ڈالی ہے اور اس کے اچھے یا بُرے ہونے کا فیصلہ، پڑھنے والے پر چھوڑ دیا ہے یعنی لکھنے والے کی شخصیت الکل غیر جانبدار رہے۔ اس کے افسانوں میں ایک غیر متعصب نقطۂ نظر ملتا ہے۔ مثلاً "زندگی میں خلا" کی ڈونا کے ارے میں اس کا رویہ شروع سے آتک ؐ رمردانہ رہا ہے۔ یہ نہیں کہ یہاں کے

ی یس سٹیزن کی زندگی کی برائیوں کو گنوا کر تصویر کا صرف ایک ہی رُخ دکھایا ہو بلکہ یہ کہ پورے فریمورک میں ڈونا کی ریٹائرڈ زندگی کے مسائل کو موضوع بنایا ہے۔ اسی طرح "پاکی" میں بھی یہی غیر متعصب رویّہ نمایاں ہے۔

"چند مقامی نوجوان شراب کے نشے میں ٹورانٹو کی مشہوروں ک ینگ اسٹریٹ کے کونے پر کھڑے بے تکی اتیں کر رہے تھے۔ اسی دوران ایک پاکستانی نوجوان کا جو چرس کے زیرِ اثر تھا، لڑکھڑاتے ہوئے گزر ہوا۔ وہ جب مقامی نوجوانوں کے قریب سے گزرا تو اسے ٹھوکر لگی اور زمین پر گر پڑا۔ وہ سب زور زور سے ہنسنے گے۔ اس پاکستانی نوجوان کو یہ ادا زیادہ پسند نہ آئی۔ اتنے میں اسے آواز سُنائی دی۔ اُو پاکی! بے وقوف دیکھ کر چل۔"

یہاں پر ممکن ہے کہ ایک پاکستانی کینیڈین ہونے کے ناطے، وہ اس پاکستانی نوجوان کو چرس کے زیرِ اثر نہ بتاتا۔ اور اس سارے واقعہ کی ذا داری صرف ان کینیڈین لڑکوں پر ڈال دیتا جو کہ شراب کے نشے میں مست تھے۔ مگر ایسا نہیں ہوا۔ یہ غیر متعصب رویّہ، خالد کی تحریروں کو زیادہ اعتبار بناتا ہے۔

یہاں تک تو ات اس کے غیر جانبدارانہ رویّے کی تھی لیکن اگر غیر جانبداری کی یہ فضا ہر موسم میں یکساں رہے تو معاملہ ذرا مشکوک ہو جاتا ہے۔ اس لیے کہ زندگی کے شب وروز میں ں مس ہر لحہ خیر اور شر کے درمیان تقل ط معرکہ آرائی ہو رہی ہو وہاں، واچنے والے ذہن کا نہ واچنا، دیکھنے والی آنکھوں کا نہ دیکھنا اور بولنے والے ہونٹوں کا نہ بولنا، ی یق

ٹ اًنسانیت کا سب سے بڑا جرم قرار پائے گا۔ یہیں سے کمٹ منٹ کا راستہ شروع ہوتا ہے۔ زندگی کے ارے میں ایک مثبت رویہ اور اس کے مسائل کو اپنی تحریروں کا حصّہ بنا کر خالد نے اپنے لیے حقیقت پسندی اور کمٹ منٹ کی راہ اپنائی ہے۔

اس مجموعے میں چار افسانے، "ریت کے محل"، "تاریخ کی تاریخ کی چکّی کے دوپاٹ"، "آواز کی موت" اور "سفید کانٹوں کی دیوار" وہ افسانے ہیں جو جنوبی افریقہ کے نسل پرست سماج کے پس منظر میں لکھے گئے ہیں۔ یہ افسانے اپنی ایک واضح نظریاتی اساس رکھتے ہیں۔ ان افسانوں میں خالد لدؔ

ایک مکمل کم

ہٹ یڈر ادیب کی حیثیت سے ہمارے سامنے آیا ہے جس میں اس کی پسند اور ناپسند کی ترجیحات پوری طرح نمایاں ہیں۔

خالد کے افسانوں کے اس مجموعے میں، جنوبی افریقہ سے متعلق چار افسانوں کے علاوہ زیادہ تر افسانے اسی واسائٹی کے مسائل کے گرد گھومتے ہیں جس میں خود افسانہ نگار سانس لے رہا ہے۔ اور مجھے یقین ہے کہ اس مجموعے کی ورق گردانی کے بعد، میری طرح آپ کو بھی یہ فیصلہ کرنے میں دشواری نہیں ہوگی کہ ان ساری تحریروں کے نقشے پر شمالی امر کہ کہاں ہے۔۔۔

ٹورانٹو 50 مئی 1965ء

خالد سہیل کے افسانے

پیش لفظ: دو کشتیوں میں سوار

جوگندر پال

قدیم زمانے میں کسی کو اسُ کے جرم کی سزا میں شہر بدر کیا جاتا تھا تو ایک واویلا بپا ہو جاتا، مگر آج یہ ہے کہ لوگ بہ رضاو ترجیح، بر تر ٹھکانوں کی تلاش میں ملکوں خاک چھانتے پھرتے ہیں۔ مجھے یقین ہے کہ اردو میں اس قبیل کے لکھنے والوں کی مہم جوئی کا یہ اب موضوع اور محاورہ۔۔۔ ہر دو اعتبار سے ہمارے ادب پر خوشگوار اثرات مرتب کرے گا۔

خالد سہیل کے افسانے بھی برِّ صغیر کی مہاجر زندگی سے وابستہ ہیں اور ان کا مصنف بڑی مردانہ حسیت سے وہ سارے تناؤ ملحوظ رکھتا ہے جو پردیس میں بسے ایشیائیوں کو اپنی از آادکاری کے عمل میں درپیش ہیں۔

خالد سہیل پیشے کے اعتبار سے ماہرِ نفسیات ہے اور بڑی چوکس ذہانت اور فہم سے انسانی الجھنوں پر نشانہ اندھتا ہے، تاہم اپنی پیشہ وارانہ تربیت کے اعث۔۔۔ خالد سہیل یقیناً بے خبرہ ہو گا۔۔۔ اسُے یہ خطرہ لاحق ہے کہ خارجی منطق کے داؤ سے کہانی اپنی اُگن میں مجروح نہ ہو۔ سہیل اور اس کے مانند دوسرے ''ایمی گریئ'' لکھاریوں کی اہمیت سے اسِ لیے بھی انکار ممکن نہیں کہ زندگی عین اپنے مقام پر غیر مقامی ہوتی جارہی ہے اور لوگ اگ اپنی خاندانی حویلیوں میں پڑے پڑے خود کو بے گھر محسوس کرنے گے ہیں۔ اسِ تناظر میں خالد سہیل کے یہاں فطری اور وارداتی اظہار کے امکانات کے پیش نظر مجھے ترغیب رہے گی میں آئندہ بھی اسُ کے فن کے ارتقائی مناظر کو آنکھوں سے اوجھل نہ ہونے دوں۔

جوگندر پال　　　14 جنوری 1996ء

554 مندا کنی، نئی دہلی 115519

پیش لفظ: ٹوٹا ہوا آدمی

ڈاکٹر شارب ردولوی

علم، تجربہ اور حالات انسان کو الوں کے سفید ہونے سے پہلے بوڑھا بنا دیتے ہیں اور اس کی معصومیت چھین لیتے ہیں۔ خالد سہیل کے ساتھ بھی یہی ہوا۔ وہ لوگ جو ذاتی طور پر ان سے واقف نہیں ہیں اگر ان کی کتابیں پڑھیں تو محسوس ہو گا کہ وہ کوئی سن رسیدہ مصنف، تجربہ کار افسانہ نگار اور نہ م مشق شاعر ہیں۔ اس کا یادیدی سبب ان کا علم اور تجربہ ہے جس نے اہیں زندگی اور اس کے مسائل پر اتنی گہرائی سے غور کرنے کا یقہ ا اور شعور دیا ہے۔ ان کی ادبی زندگی کی عمر ابھی ہرگز اتنی نہیں ہے کہ اہیں ایک نہ م مشق مصنف سمجھا جائے لیکن ان کی تحریر کی سنجیدگی فکر کی گہرائی اور جے ک کی متانت نے اہیں ایک بزرگ اور تجربہ کار ادیب بنا دیا ہے۔ فراق کا ایک شعر ہے

آئے تھے ہنستے کھیلتے میخانے میں فراقؔ جب پی چکے شراب تو سنجیدہ ہو گئے

یہی کیفیت خالد سہیل کی ہے کہ وہ ادبی دُنیا میں اپنے پیشے کی بے کیفی دور کرنے کے لئے آئے تھے کہ شعر و شاعری، کہانی اور قصّہ گوئی سے ذہن کا تھوڑا بوجھ، ہو جائے گا لیکن یہاں زندگی کے ایسے سخت مراحل اور محسوسات کی ای ب سطحوں سے سابقہ پڑا کہ ہونٹوں پر رہی سہی مسکراہٹ بھی طنز ن گئی۔ ایک عام انسان کی زندگی کا آج سب سے بڑا مسئلہ دو وقت کی روٹی ہے۔ اس کی دن بھر کی تمام تر جدوجہد کا قصد اس کا اس دن کا رزق ہے۔ اس کے حاصل کر لینے کے بعد وہ چین کی نیند واجاتا ہے لیکن بعض لوگوں کے لئے اس یادیدی قصد کا صولل بے شمار ایسے واالات یدا اکر جاتا ہے اور ای ب بے چینی کو جنم دیے جاتا ہے جو راتوں کی نیند اُڑا دیتی ہے۔ خالد سہیل بھی اہیں بے چین انسانوں میں سے ایک ہیں۔

خالد سہیل ایک ماہر نفسیات ہیں، یوں تو عام انسان کی زندگی میں لسانیات سے ناواقفیت کے اجود 'لفظ' کی بڑی اہمیت ہے اس لیے کہ ترسیل کا سارادا رومدار لفظ پر ہے اگر وہی نہ رہے تو سب نگ ہو کر رہ جائیں، عام زندگی میں یہ اہمیت صرف اظہار اور ترسیل کے لیے ہے لیکن ماہرِ نفسیات لفظ کو کسی اور طرح دیکھتا ہے اس کے لیے لفظ صرف اظہار یا ترسیل کا ذرعہ نہیں ہے بلکہ ایک ں منِ معنی ہے جس کی تہوں میں شعور و لاشعور کی نہ جانے کتنی گرہیں پوشیدہ ہیں۔ اس کے لیے لفظ لغت میں ملنے والا حروف

کا وہ مجموعہ نہیں جس کے کچھ متعین معنی ہیں بلکہ محرومی، تشنگی، کامرانی و ناکامی، شکستگی، احساسِ کمتری و برتری، توہین و توقیر۔ ذہنی و تہذیبی کشمکش، خوابِ بیداری، آرکی ٹائپ اور نسلی لاشعور کا پرتو ہے، ماہر نفسیات کے لیے اس کی وہ اہمیت ہے جو انسان کے جسم میں نبض کی ہے کہ طبیب نبض دیکھ کر مرض کی کیفیت بتا دیتا ہے اور ماہرِ نفسیات زان سے نکلے ہوئے لفظ سنکر مرض کی تشخیص کر دیتا ہے۔ اس کے لیے لفظ شخصیت کا پرتو ہے جس میں نہ جانے کتنی طرح کے رنگ لہریں لیتے نظر آتے ہیں۔

خالد سہیل اپنے اردگرد کے ماحول، اپنے موضوعات اور اپنے کرداروں کو ایک ماہرِ نفسیات کی طرح دکھتے اور منتخب کرتے ہیں۔ یہی وجہ ہے کہ ان کی شاعری ہو یا افسانہ نگاری ان کے یہاں ایکیے چین زندگی کا پرتو ہر جگہ نظر آتا ہے اور یہی نہیں ان کے ہم عصروں سے ممتاز کرتا ہے۔ نفسیاتیوں تو ذباتِ

انسانی کا مطالعہ کرتی ہے لیکن کسی شخص یا موضوع کے رویّے کے مطالعے کے سلسلے میں اسے سماجیات سے الگ نہیں کیا جاسکتا اس لیے کہ کسی عہد کی سماجی صورتِ حال یا کسی شخص کا مخصوص صماحول اور حالات اس کے ذہنی رویّے پر اثرانداز ہوتے ہیں۔ ایک عام انسان کن حالات میں Abnormel رویّے کا شکار ہو جاتا ہے اس میں اس کی ذہنی کشمکش کے ساتھ سماجی حالات کا دخل بھی ہو سکتا ہے اس لیے خالد سہیل کے افسانے صرف نفسیاتی ہی نہیں اپنے عہد کے سماجی رویّں کے مطالعے کا بھی ک شموضوع ہیں۔ اور آج کے زمانے میں جب دن بہ دن ہماری واسائٹی Complex ہی نہیں طرح طرح کی شمکس شوں کا شکار ہوتی جارہی ہے ان روی یّں کا مطالعہ زیادہ ضروری زیادہ دلچسپ اور زیادہ اہم ہوتا جارہا ہے۔

خالد سہیل کا ایک افسانوں کا مجموعہ 'زندگی میں خلا' اس سے قبل شائع ہو چکا ہے اس کے علاوہ ان کے افسانوں کے مجموعے انگریزی اور پنجابی میں شائع ہو چکے ہیں۔ 'ٹوٹا ہوا آدمی' ان کے دوناولٹ کا مجموعہ ہے جس میں پہلا ک شناولٹ 'ٹوٹا ہوا آدمی' اور دوسرا ناولٹ 'مقدس جیل' ہے۔ یہ دونوں ناولٹ دو الگ الگ ذہنی اور سماجی شمکس ش وں یا دو مختلف تجربوں کی تصویر ہیں۔ ان کی دلچسپ ات یہ ہے کہ پہلا ناولٹ ایک مشرقی شخص کے مغرب کے تجرات اور وہاں کی واسائٹی کے روییّں اور طرزِ زندگی سے متعلق ہے اور دوسرا ناولٹ ایک مغربی خاتون کے الکل مشرقی اور سخت مذہبی ماحول اور تصورات سے تصادم پر مبنی ہے۔

آج کی زندگی کی ستم ظریفی یہ ہے کہ مشرق کا ہر شخص مغرب، خاص طور پر امرکہ، کنیڈا پہنچ جانے کو اپنی زندگی کی معراج سمجھتا ہے اور وہاں رہنے والوں کو رشک کی نظروں سے دیکھتا ہے دوسری طرف مغرب کے رہنے والوں کے لیے عرب الکلک ان کی خوش حالی اور دولت مندی کا ذرعہ ہیں۔ اس لیے ان کو کوشش رہتی ہے کہ وہ کسی طرح اس دولت کے شریک ن سکیں۔ یہ دونوں ناولٹ اسیکشمکش اور اس سے یدا اہونے والے حالات کا نتیجہ ہیں۔ 'ٹوٹا ہوا آدمی' کا یادیدی کردار شہزاد ان پڑھے لکھے نوجوانوں کا نمائندہ ہے جو کسی نہ کسی طرح جبورر اًیابہ خوشی امرکہ یا کینڈا آتو جاتے ہیں لیکن اپنے اندر اور اہر کے تضاد سے رفتہ رفتہ اس طرح ٹوٹے جاتے ہیں کہ ذہنی توازن کھو دیتے ہیں۔ شہزاد کے کردار کے ذریعے خالد سہیل نے جس طرح شمالی امرکہ کی واسائٹی کی تصویر کشی کی ہے اسے پڑھ کر عبرت ہوتی ہے۔ ایک ای ب واسائٹی جو اوپر سے بے حد دلکش اور خوبصورت نظر آتی ہے وہ کس قدر اذیت ناک اور انسانی ہمدردی کے ذبہے سے خالی ہو سکتی ہے اس کا اندازہ اہر سے نہیں کیا جاسکتا۔ ایک ایسا ملک ں مس قانون کا احترام سب سے زیادہ کیا جاتا ہے اور جو حقوق انسانی کے تحفظ کا دم بھرتا ہو وہ انسانی ذبہے سے اس قدر عاری ہو سکتا ہے کہ غریب جولی کی موت کا سبب ن جائے یا شہزاد کی ذہنی صحت اور یک لنی کے اوجود اسے سخت نگرانی والے دماغی اسپتال میں بھیج دے۔ 'ٹوٹا ہوا آدمی' پڑھتے وقت محسوس ہوتا ہے کہ اس معاشرے کے غیر متوازن ہونے کے دہ ہی اسباب ہو سکتے ہیں۔ ایک طرف تمام اخلاقی پابندیوں سے بری واسائٹی اور دوسری طرف سخت اور بے لوچ ضابطے ان دو میں جس کا بھی کوئی شکار ہو جائے پھر اس کے لیے خودکشی کے علاوہ کوئی راستہ نہیں ہے۔ حالانکہ خود خالد سہیل کے بیان کے مطابق وہاں کی واسائٹی میں 95 فیصد حقوق انسان کو حاصل ہیں۔

خالد سہیل نے اس ناولٹ میں بڑی خوبصورتی اور جرأت کے ساتھ اس معاشرے کی تصویر کشی کی ہے۔ آج شمالی امرکہ میں مہاجرین کا مسئلہ ایک بہت بڑا مسئلہ ہے۔ وہاں کی واسائٹی میں مہاجرین کا کیا رویّہ ہونا چاہئے؟ وہ کس طرح اور کس حد تک بدلی ہوئی اخلاقی اور تہذیبی قدروں سے سمجھوتہ کر سکتا ہے؟ یہ کشمکش اولاد خاص طور پر لڑکی کے بڑے ہونے کے ساتھ ساتھ بڑھتی جاتی ہے۔ خالد سہیل نے اس واسائٹی کے بہت سے پہلوؤں کو دکھانے کی کوشش کی ہے جن میں بعض مشرق کے قاری کے لیے ہوش رُبا ہو سکے ہیں۔

وہ ڈاکٹر اور ماہر نفسیات ہیں اس لیے اسپتال اور مریضوں کی کیفیتوں سے بہت اچھی طرح واقفیت ہیں۔ انُ تمام چیزوں کو اھوں س نے بڑی فنکاری ا ور یقین کے ساتھ پیش کیا ہے۔ 'ٹوٹا ہوا آدمی' کی کردار نگاری خاص طور پر اپنی طرف متوجہ کرتی ہے۔ اس کے بعض کردار عرصے تک یاد رہنے والے ہیں۔

دوسرا ناولٹ 'مقدس جیل' ایک طویل افسانہ ہے۔ جس میں 'ٹوٹا ہوا آدمی' کے مقابلے میں پیچ وخم، ہیں۔ اس کا سبب ممکن ہے یہ ہو کہ یہ کہانی ایک ایسے منظر نامے پر ابھرتی ہے ں مس ریت، تیل اور کھجور کے علاوہ ہر چیز اہر سے آتی ہے، ں مس اسُ طرح کا بے اک اور کھلا ہوا سماج نہیں ہے جس کی مثالیں مغرب میں ملتی ہیں۔ لیکن ضابطے اور قانون پر اس کی پابندی اور اس پر عمل درآمد پوری سختی سے کی جاتی ہے۔ ں مس کی زندگی میں روپے کی فراوانی کے علاوہ کوئی دلکشی نہیں ہے اور، از، وہ تمام چیزیں عنقا ہیں جن کا ایک مغرب میں رہنے والا عادی ہو سکتا ہے۔

مقدس جیل ایک ای ب لڑکی کی کہانی ہے جو پلی اور بڑھی تو شمالی امرکہ میں لیکن دولت حاصل کرنے کی خواش میں ایک ایسے ملک میں چلی آئی ں مس کی زمین میں کہانیاں بھی نہیں اگُتی ہیں اس کہانی کا یادیدی کردار توورانیکا۔۔۔ ہے لیکن اس کے ساتھ بہت سے چھوٹے چھوٹے کردار سامنے آتے ہیں جن کے ذریعے مشرق و مغرب کے تضاد کو ظاہر کرنے کی کوشش کی گئی ہے۔

ان دونوں کہانیوں میں اہم چیز انسانی نفسیات اور اس کی پیچیدگی ہے جس کو خالد سہیل نے

بڑی کامیابی سے پیش کیا ہے۔ ان کہانیوں کی خوبی مصنف کا خلوص اور غیر منعصت نہ رویہّ ہے جس کے یرا کوئی اچھی کہانی جنم نہیں لے سکتی۔

خالد سہیل نے شمالی امرکہ کے سماج اور وہاں کی تہذیبی شکست وریخت کا بڑی گہرائی سے مطالعہ کیا ہے اور اسے بڑی خوبصورتی کے ساتھ ان ناولٹ میں پیش کیا ہے۔ اردو افسانے سے دپسی ک رکھنے والوں کو ان ناولٹ میں یقیناً موضوع کے نئے پن کے ساتھ بیان کی تازگی کا احساس ہو گا۔

دہلی، 17 جنوری 1995ء

ٹوٹا ہوا آدمی۔۔۔ تبصرہ

ڈاکٹر محمد حسن

خالد سہیل دورِ حاضر میں معقولیت پسندی کی میزان پر انسانی رشتوں کی پہچان کے فن کار ہیں۔ ہمارے کندھوں پر صدیوں کی روایت کا جو بوجھ خوش عقیدگی اور وقیانوسیت نے مسلط کرر کھاہے اس سے خالد سہیل سماجی ضرورتوں کے عرفان اور معروضیت کے ذریعے نجات پاناچاہتے ہیں وہ مشرق کے ماضی پرست معاشرے سے ہجرت کر کے مغرب کے دورافتادہ اور نسبتاً مرفہہ الحال معاشرے میں جابسے ہیں لیکن اس دیلی ی نے ان کی شخصیت کو پارہ پارہ نہیں کیاہے اور وہ انسانی وجود کی یادیدی اور غیر منقسم حسیت کے علمبر دار ہیں۔

ان کی کہانیاں اس روشن خیال فرد کے افکار واقدار کی داستانیں ہیں جو قوم اور نسل، مذہب اور عقیدے، جنس اور ذباتیت، رنگ اور روایت کی جکڑ بندیوں کو توڑ کر فطری زندگی جیناچاہتاہے مرد اور عورت کا رشتہ بھی اسی حیاتیاتی اور صالح صحت مندانہ یادیدوں پر طے کرنا چاہتا ہے۔اس اعتبار سے ان کی کہا نیاں انسانی زندگی کے نئے اام م اور معروضی تفہیم کی طرف رری ی کرتی ہیں اور اردو ادب کو ایک نئی فکری اور فنی جہت بخشتی ہیں۔

محمد حسن

پروفیسر جواہرلال نہرویونیورسٹی   نئی دہلی

56جولائی1995ء

نئی طرز ہے اور نئی ہے زباں

ظہیر انور

ناول کو خورشید الاسلام نے عہد جدید کا رزمیہ قرار دیا ہے۔ اس صنف کی ایک خصوصیت یہ ہے کہ اس کا سارا زور ماجرا یا واقعہ کے منفرد بیان پر ہوتا ہے۔ یہ بیانیہ کردار، واقعات اور تکنیک کے تانے بانے سے زندگی کا وسیع منظر نامہ پیش کرتا ہے۔ واقعات میں ربط و تسلسل، کردار کا انتخاب، نفس مضمون سے اس کا گہرا انسلاک، کردار اور واقعات کے حوالے سے ایک پوری زندگی کا ڈھلا ڈھلایا تصور نیز بیانیہ کا وہ جوہر جو آ آتک قاری کو اپنی مضبوط گرفت میں رکھے، ناول کے اہم محاسن ہیں۔ یہ صنف اس قدر لچکدار ہے کہ اصناف ادب میں اس کی مقبولیت اور محبوبیت بے مثال ہے۔ یہ ناول کا مطالعہ بقول ہنری جیمس ہمارے لئے ہزاروں کھڑکیاں کھول دیتا ہے۔ ان کھڑکیوں سے ہمیں زندگی اور انسانی رشتوں کے رت ت ایزت مناظر دکھائی دیتے ہیں۔

زمانے کی رفتار کے ساتھ ساتھ اصناف ادب میں بھی دیلیلیاں رونما ہوتی ہیں۔ مغرب میں ہنری جیمس سے یکر جیمس جواس تک اور جیمس جواس سے لے کر جدید تر ناول نگاروں تک ناول کے فن نے ترقی کے بے شمار منازل طے کئے ہیں۔ اب ناول کا قصد وقت گزاری یا یاک تصوراتی دُنیا میں پہنچانا ہی نہیں بلکہ فکری غذا بھی مہیا کرنا ہے۔ ناول نگار اپنی اختراعی صلاحیت نیز اجتہادی رویے سے ناول کو انتہائی بلند مقام پر پہنچانے میں کامیاب ہو ہے۔ بیسویں صدی میں تو اس نے اور بھی ال و پر نکالے اور

زبید ثمر دار ہوا۔ ورجینیا ولف، جیمس جواس، ڈی ایچ لارنس، ہم

ٹگوئے، فاک وغیرہ کے ناولوں میں ہیت اور تکنیک کے اعتبار سے ہی دیلیلیاں رقم نہیں ہوئیں بلکہ موضوع اور مواد میں بھی نوع یدا ا ہوا۔ ان ناول نگاروں نے کرداروں، کی داخلی اور خارجی نفسیات کے پہلو بہ پہلو ہم عصر دُنیا کی ای ب تصویر کشی کی ہے جو اب بھی لوگوں کے لئے فرحت اور سامان فکر مہیا کرتی ہے۔ ناول اپنی وسعت کے لحاظ سے اس قدر ہمہ گیر اور ہمہ جہت ہے کہ ہم اپنی تنہائیوں کو بیشتر، بہ مقالہ دوسری اصناف کے ناول سے ہی نور کرتے ہیں۔ چونکہ ناول نگار اپنے سماج کا ایک فرد ہوتا ہے اور حساس فنکار بھی، لہٰذا وہ ہماری سماجی برائیوں اور کوتاہیوں سے ہمیں روشناس کراتا ہے اور ایک نئے صحت مند اور برتر سماج کی تشکیل وتریب میں شریک بھی رہتا ہے۔ بلکہ یہ کہنا چاہئے کہ اپنی منفرد دُنیا خود یدا ا کرتا ہے۔

ں مس تک اردو ناولوں کا تعلق ہے تو بلاشبہ یہ کہا جاسکتا ہے کہ اب اس کا دامن اس قدر خالی نہیں ہے۔ داستان سے ناول تک ایک طویل عرصہ گزر چکا ہے۔ اگرچہ ناول کے ابتدائی نقوش فرواد گی کی ردا اوڑھے بک شیلف کی زینت ن گئے ہیں اور واقعتاً ان میں فنی اعتبار سے کوتاہیاں موجود ہیں تاہم ناول کو سماج اور عصر سے قریب لانے کی شروعات انہیں نقوش سے ہوئی تھی۔ نذیر احمد اور ان کے معاصرین کے علاوہ بعد میں آنے والے ناول نگاروں نے حقیقت پسند ادب کی ترجمانی کی۔ ان نمونوں نے روا اسے لے کر پریم چند تک راہیں ہموار کیں۔ پریم چند سے ناول کا دورِ جدید شروع ہوا اور بڑے ناولوں کی کونپلیں پھوٹنے یں۔۔ داستان کی اساطیری اور طلسمی فضاء اس کے تہذیبی اور تمدنی نقطۂ نظر، اس کی عبارات آرائی اور مبالغہ آرائی سے ناول کو آزادی ملی اور اس کا سفر اہر کے ساتھ اندر کی طرف شروع ہوا۔ کردار کی نفسیات، بیانیہ کا منفرد انداز، سماج کے اطنی اور ظاہری عوامل، مربوط اور غیر مربوط پلاٹ، تاریخی ا ور تہذیبی پس منظر فطری اور تصوراتی کیفیات کے انضمام نے ناول کے رنگ و رو کو نکھارا۔ گریز، آگ کا دریا، خدا کی بستی، اداس نسلیں، ٹیڑھی لکیر، بستی، چاند گہن، آنگن اور چاندنی بیگم سے لے کر فائر ایریا تک ناول کے فن نے ارتقاء کے بہت سے مراحل طے کر لئے ہیں۔

اس طویل ارتقا کی منزل سے گزرتے ہوئے ہمیں خالد سہیل کے ناولوں سے بھی سابقہ پڑتا ہے۔ ان کی کہانیوں اور ناولوں کی انفرادی خصوصیات ہمیں اپنی طرف متوجہ کرتی ہیں اور واپنے کے لئے جبورر بھی۔ اس کی یادیدی وجہ یہ ہے کہ خالد سہیل اپنی زود نوی ب کے اوجود گہری بصیرت سے ہم آمیز ایک جنیوئن فنکار ہیں۔ پیہم تجسّس اور بے پنافنی ورک سے متصف۔ اس کا ثبوعت یہ ہے کہ ان کی تخلیق میں ان کا ذاتی اور منفرد رویہ ابھرتا ہے۔ ہنری جیمس نے کہا تھا کہ فن کی ایک اہم خصوصیت یہ ہے کہ وہ اپنے خالق کے ذہن پر توہوا کرتا ہے، یعنی تخلیق کے سائے میں تخلیق کار کی یادیدی حیثیتمسلم ہے کہ یہی وہ زمین ہے ں مس سے معنی اور مواد کے سارے دھارے پھوٹے ہیں۔ خالد سہیل کے افسانے، شاعری، تراجم کے انتخاب اور ناولوں کے برتاؤ میں ان کا مخصوص رجحان / رویہ ابھرتا، اور فی زمانہ منفرد رویے کا فقدان خالد سہیل کی اہمیت کو ہمارے سامنے واضح کرتا ہے۔ اپنی بیشتر تخلیقات میں خالد سہیل نے سنجیدہ اور غیر معمولی تخلیقی فنکاروں کی طرح اپنے موضوع کو اپنے طرزِ فکر کی بنا پر وسعت دی ہے۔ تجربے کی سچائی اور اس کا خلاقانہ اظہار خالد سہیل کے فن میں بدرجۂ اتم موجود ہے جو اسے اپنے ہم عصروں میں ممتاز بھی کرتا ہے۔ دراصل خالد سہیل مجھے تحریر کا ایسا پرندہ لگا جس کو نغمہ ریزی اور فنی اظہار کے لئے فضائے بسیط کی ضرورت ہے کیونکہ وہ روحانی سرخوشی کا نقیب ہے۔ شاعری میں بھی ہجرت کے حوالے سے نئی سرخوشی کا تصور خالد سہیل کی ادبی تحریکات کا نہ صرف منبع ہے بلکہ اس کا مسرت آمیز منفرد لہجہ بھی ہے۔ افسانے میں ذات کے تشخص اور کردار کی نفسیات پر دسترس اور نئے موضوعات کا ہنرمندی سے انتخاب اس کے تازہ دم، مہم جو اور اخبر ادیب ہونے کی گواہی دیتے ہیں۔ انہوں نے ناول کو بھی ذریعۂ اظہار بنایا ہے اور یہاں بھی اس کا گہرا نقش موجود ہے۔

خالد سہیل نے "دریا کے اس پار" کو ایک نئے طرز میں لکھنے کی کوشش کی ہے، یعنی اپنے موضوع اور مواد کو ہیئت کے منفرد طرز سے گزار کر قاری تک پہنچایا ہے۔ اس سے پہلے ہمیں سہیل کے دو ناولٹ پڑھنے کا موقع ملا تھا۔ "ٹوٹا ہوا آدمی" اور مقدس جیل" ایسے ناولٹ ہیں جو روائتی اور ایک ذرا غیر روائتی انداز میں ناول کی صورت میں ان کی اولین کوششیں ہیں۔ لیکن یہاں بھی مواد اور موضوع میں ایک طرح کا نیاپن، کردار تراشنے میں ایک نوع کی مہارت، اور مربوط نیز منظّم طرز کا نقطۂ نظر شامل ہے۔ "ٹوٹا ہوا آدمی" کا مرکزی کردار شہزاد اور "مقدس جیل" کی وارنیکا ایسے کردار ہیں جو نہ صرف مربوط، مکمل اور نفسیاتی کشمکش کے آئینہ دار ہیں بلکہ مصنف کے نقطۂ نظر اور مشرق و مغرب کے اقداری کشمکش کے پہلو بہ پہلو نئے سماج اور نئے زمانے کی بشارت بھی دیتے ہیں اور "ظلم کے اندھیروں میں زندگی گزارنے" پر جبورر انسانوں کی نمائندگی کرتے ہوئے رجائی انداز میں اپنا دیرپا تاثر قائم کرتے ہیں۔ انکے سارے کردار ان کی اپنی ذات کی دردمندی اور فکری رویے سے متصف ہو کر مثبت پہلوؤں کے ترجمان ن جاتے ہیں۔ ان دونوں ناولٹ میں موضوعات اچھوتے ہیں اور فارم تقریباً روائتی ہے لیکن کہانی پر گرفت بنی رہتی ہے۔ اس کی ایک یادیدی وجہ بیانیہ کا منفرد انداز ہے۔ "مقدس جیل" تونسائی ادبی تخلیق میں ایک نئی فکری سمت کا اعلان بھی ہے۔ آج تان ی ٹہ شن یپ کا غلغلہ سنائی دے رہا ہے۔ نذیر احمد نے بھی ان پہلوؤں پر قلم کو حرت دی تھی جس کی گونج حالیہ تانیثی مکتبہمکتبۂ فکر کے فنکاروں کے یہاں بھی سنائی دیتی ہے۔ خالد سہیل نے بھی عورتوں کے مسائل کو موجودہ حالات کے تناظر میں رہ کر دیکھا ہے اور بڑی جرأت مدنی کا ثبوت دیا ہے۔ علاوہ ازیں مصنف کی بے چین روح بھی اس کی تحریروں میں جھلملاتی نظر آتی ہے جو انسان پر ظلم کی میعاد کے بڑھتے ہوئے سائے سے تذبذب میں مبتلا ہو جاتی ہے۔

اسی جرأت مندی اور روحانی تذبذب کا اظہار خالد سہیل کے نئے ناولٹ "دریا کے اس پار" میں بخوبی ہوا ہے جسے مصنف نے ایک نئے طرز سے لکھنے کی کوشش کی ہے۔ "دریا کے اس پار" کا یادیدی مسئلہ انسانی آزادی اور اس کے انتخاب کی ذاداری ہے۔ یہاں موضوع کا برتاؤ دلچسپ اور نرالا ہے۔ سب سے اہم اات تو یہ ہے کہ خالد سہیل نے اس ار پچھلے ناولٹ کے مقابلے میں زیادہ وسیع اور جامعکر دار سے متعارف کرایا ہے۔ یہ کردار ناولٹ کا مرکزی کردار

سنبل خان ہے۔ سنبل خان ایک زند ہمتحرک اور فعال کردار ہے، پختونی غیرت اور خانہ بدوشوں کی زندگی کے تجربے کی حقیقی وارث یعنی جلال و جمال کی امین.....! دو مختلف روایتوں اور تہذیبوں کے تجربے کی حقیقی وارثت اس کی ذات کا لازمی حصہ ہے اور یہی وراثت اس کی کارکردگی کا تعین کرتی ہے۔ نازونعم میں پلی بڑھی اس نسوانی کردار سے ہمارا Encounter ٹورانٹو کی صدیوں پر بھاری ایک رات میں ہوتا ہے۔ اپنے حال اور مستقبل سے بے نیاز، اپنی بے پناہ تنہائی اور زخمی انا سے نبرد آزماوہ دیوانہ واروں کوں پر ڈرائیو کرتی ہے۔ اپنے انتخاب پر کھوکھلے پن پر نادم، اپنے ہونے پر ماں، ایک پوری شام اپنے محبوب فیصل کے انتظار میں گزار لینے کے بعد اس کی بے وفائی پر آنسو بہاتی رہی ہے۔ دیارِ غیر کی سنسان وں کوں پر ڈرائیو کرتے ہوئے اس کی یاد کی سرحدیں اس کے ماضی سے جاملتی ہیں۔ اس کا سارا بچپن، اس کو وہ تہذیب جس کی قربت کی آنچ میں تپ کر وہ جوان ہوئی تھی، وہ روایتیں جنہیں منہدم کرنا گناہ تھا اور جن کو اس نے منہدم کیا تھا، اس کا خاندان اس کے حالات اور روائت سے انحراف کا لمحہ، ہجرت کا فیصلہ، سب کچھ اس کی نظروں کے سامنے زندہ اور متحرک ہو اٹھتے ہیں۔ جواں سال سنبل خان اپنے فیصل کے لئے دریا کے اس پار اتر تو ھت ہے مگر اس طویل گھنی رات میں اس کا سارا ماضی اس کے سامنے آکھڑا ہوا ہے۔

پختون نسل کے ایک مخصوص خاندان کی یہ پہلی خاتون ہے جس نے تعلیم مکمل کی ہے خلافِ معمول نوکری بھی کی اور روایتی بیوی بننے سے انکار بھی کیا ہے کہ اس کا شریک سفر کور چشم ہے "نہ صاحبِ علم ہے نہ صاحب کردار"۔ سکندر خان کی یہ حسین بیٹی جلال میں آتی ہے۔ اپنا انتخاب اور ارادہ مضبوط کرتی ہے۔ اپنے خوش شکل اور خوش آواز محبوب کے لئے رختِ سفر اند ھتی ہے کہ بقول ناول نگار "دونوں کے دل کی دھڑکنوں کو ستارے راس آئے تھے، وارج کی تمازت نہیں"۔ پختون نسل کے رواجوں میں زبردستی رشتہ ازدواج میں منسلک کرنا جائز ہے لیکن محبت گناہ عاش.....! ہر دشوار گزار موڑ پر یہاں تک کہ فیصلہ سازی کے موڑ پر بھی سنبل کی نانی، اس کی مورے اس کے لئے جائے پناہ بنتی ہے۔ ناولٹ میں خانہ بدوش زندگی کا مثبت اثر ہے کہ مورے اپنی ذاتی آزادی کو کسی قیمت پر فنا ہونے نہیں دیتی۔ ناولٹ میں اس کا یہ انتہائی متاثر کن اور او قار کردار اپنی داخلی قوت کے بل پر ائلی نظام حیات سے کبھی مصالحت نہیں کرتا۔ درمیانی وقفے میں ابھرنے والی یہ ں مس دیدہ، بزرگ اور ذ بہ ذبہٗ آزادی سے سرشار یہ عورت سنبل کے ذہنی نشوونما میں، اس کی تربیت اور تنظیم میں نمایاں رول ادا کرتی ہے یعنی سنبل کی Friend, Philosopher & Guide ہے۔..... اور ں مس کہیں بھی موقع میسر آیا ہے اپنی جبلت کے تحت اس کا دفاع بھی کرتی ہے۔ مختصر یہ کہ اس کردار کے حوالے سے ہی سنبل کو فیصلہ سازی کی ساری قوت حاصل ہے، اور وہ ایک پوری نسل کی بوسیدہ روائتوں سے منحرف ہوتی ہے۔ جب رشتے جہنم بنتے ہیں اور سنبل کا کردار بچپن کی معصومیت اور جوانی کی بغاوت کو تیاگ کر آنسوؤں میں بکھرنے لگتا ہے تو فیق لیز ا اور عاشق ہنری کا کردار ابھرتا ہے لیکن جن ہواؤں میں وہ تناور درخت بننے کی تمنا لے کر آئی تھی وہاں کے موسموں نے اس کی روح پر خزاں کا رنگ بکھیر دیا ہے۔

اگرچہ سنبل کی نانی اور مورے نے اس کا ذہن تیار کیا تھا لیکن نئے ں مس کے نئے رشتوں نے اسے اس کی نظر عطا کی ہے۔ یونیورسٹی، ہسپتال، طالبات سے اختلاط، لیز ا اور ہنری سے اس کی ملاقات نے اس کے مشاہدے کو الیدگی عطا کی ہے۔ شاعری سے دپسی ک اور شعر لکھنے کی تحریک اس کردار کے رنگارنگ پہلو کی ایک مثال ہے۔ آزاد فضاؤں اور تازہ ہوا کے جھونکوں نے سنبل کی صلاحیتوں کو تیز تر کر دیا ہے۔ آہستہ آہستہ زخم مندمل ہوتے ہیں، ہنری سے دوستی گہری رفاقت میں بدل جاتی ہے اور وہ اسے شریکِ سفر بنانا چاہتا ہے۔ ہنری پہلی دُنیا کا اسی، نس تیسری دُنیا کی نمائندہ، درمیان میں میلوں لمبی گہری خلیج، کئی شہروں میں ساتھ گھومتے ہوئے، نظموں کی تحریک سے بنتے سنورتے، سنبل نے بھی ہنری کو قریب جانا لیکن شریک سفر بننے کا فیصلہ کرنا پڑا تو وہ تذبذب کے گھنے ادلوں میں کھوگئی......

نسلی وراثت اور روائت سنبل کے کردار کے شایانِ شان نہیں لیکن اسی کے چھپے ہوئے اثرات اس کی انسانی کمزوری کو ہمارے سامنے واشگاف انداز میں پیش کرتے ہیں۔ مختصر یہ کہ وہ بھی اپنے سفر میں دیکھے ہوئے جل پری کے مجسمے کی طرح پتھرن گئی جو صدیوں سے ساحل پر ہجر کے لمحوں میں قطرہ قطرہ آنسو چن رہی ہے لیکن قربتوں کا موسم آتا ہی نہیں..... یہ سنبل کے کردار کا وہ المیہ ہے یا پھر بھرپور تنہائی جو اس کے انتخاب اور ذاداری کی پروردہ ہے۔

ناولٹ کے اس کردار کا قدرے تفصیلی بیان اس لئے بھی ضروری ہے کہ کردار کی جملہ نفسیات پر گہری نظر رکھی جائے۔ Emile Bronte نے خاندان کی خصوصیات کا اظہار اور کرداروں پر اس کے گہرے سائے کو دیگر وکٹورین ناول نگاروں سے بہتر طور پر پیش کیا ہے۔ برونٹے کا ناول اپنی دیگر خصوصیات کے علاوہ خاندانی وراثت کے Transmission کا کامیاب تجزیہ بھی ہے۔ کردار مخصوص خاندان کے افراد ہوتے ہیں مگر اپنے نسلی زیاج کے زیر اثر تغیر و دلیل سے متاثر ہوتے رہتے ہیں۔ مخصوص کردار کے حرکات و سکنات سے اس کے خاندان کے نسلی امتیازات کا حساب لگایا جاسکتا ہے۔ سنبل خاں بھی ایسا ہی ایک وقیع کردار ہے جس کی تہہ میں پختون نسل کا جلال اور خانہ بدوش کی زندگی کی روانی اور جمال نظر آتا ہے۔ ان نسلی نفسیات کی چھاؤں میں اس کا کردار مختلف رنگوں میں ایک نوع کی ارضیت بھی عطا کرتا ہے۔ ناول نگار تصور اور مشاہدے کا ایک ایسا آمیزہ تیار کرتا ہے۔ جس سے زندہ کردار ممکن ہو سکا ہے۔ اس کردار کے ساتھ ساتھ ایک چھوٹی سی دُنیا بھی خلق ہوئی ہے جو سکندر خاں، لیزا، جنت، ہنری، صائمہ، ساحرہ، جین اور سب سے بڑھ کر مورے / نانی کی دنیا ہے۔

سکندر خان اور مورے کے حوالے سے ہمیں دو مختلف ں مس کی کھڑکیاں کھلی نظر آتی ہیں۔ ایک کھڑکی سے انقلاب آفریں، مضبوط اور انا پرست مذہبی مردوں کی وہ دُنیا نظر آتی ہے ں مس پیغمبر کی سنت ادا کرنے سے لے کر مردوں کی بیٹھک نیز سینکڑوں ایکڑ زمین اور بیسیوں بوسیدہ روایتیں نظر آتی ہیں ا ور دوسری کھڑکی سے اس داخلی تموج کا اشارہ ملتا ہے ں مس آزادئ فکر اور انتخاب کی ذاداری جھانکتی ہے۔ مورے / نانی کا کردار مختصر مگر ڈھلے ڈھلائے سانچے میں ہمارے احساس پر چھانے لگتا ہے اور محسوس ہوتا ہے کہ یہ مثالی کردار جو آزادی اور انحراف کی لے پر تیار ہوا ہے جاول نگار کے لاشعور کا ایک حصہ ہے۔ اس کردار کے افعال مشینی نہیں بلکہ داخلی محرکات پر مبنی ہیں اور یہی اتیں اسے اہم ترین کردار کی صف میں ممتاز مقامعطا کرتیہیں۔

زیدبر آں خالد سہیل نے پختون تہذیب کی کامیاب جھلکیاں پیش کی ہیں۔ پختون سماج میں زندگی جس طرح مذہب، معاشیات اور مردانہ جلال کے تابع ہوا کرتی ہے اور جس آن ان سے عبارت ہے وہ پوری تہہ داری کے ساتھ ہمارے سامنے پیش ہوئی ہے۔ آداب زندگی اپنی تمام ترجزیات کے ساتھ ہمارے سامنے ہمکنے لگتے ہیں۔ ہم ایک قدیم اور منفرد کلچر سے متعارف بھی ہوتے ہیں اور محفوظبھی۔ پورا ناولٹ لفظوں کی حرمت برقرار رہتے ہوئے پختون کلچر اور اس کے کھوکھلے اعتماد و ایمان کو پیش کرتا ہے اور ساتھ ہی نیئے ں من کی سیر بھی کراتا ہے۔ ٹورانٹو کے ہوٹل، 451، ینگ اسٹریٹ، C.N. Tower وغیرہ کا پس منظر بھی ناولٹ کی رنگارنگی کا اہم جواز ہے۔ یہ آج کے ناول کا setting ہے جو گٹھے ہوئے چند اہم کردار کے حوالے سے سرعت کے ساتھ منظر بدلتا ہے۔

"دریا کے اس پار" اپنے اسلوب کے اعتبار سے بھی منفرد ہے ناول نگار نے کردار اور واقعات کو رواں دواں نثر میں تحریر کیا ہے۔ کہیں کہیں واقعتاً شعریت اور ڈرامائیت یدا ا ہو گئی ہے۔ رواں نثر اور شعریت سے بھرپور اسلوب میں انگریزی ناولیں، یہاں تک کہ Indo Anglican ناول نگاروں کی تحریریں منصوبہ بند طرز پر سامنے آتھ ہیں۔ خالد سہیل زان اور اسلوب پر زیید کچھ توجہ صرف کرتے تو یہ ناولٹ اپنے اجتہادی رویے اور منفرد بیانیہ لحاظ سے ا ور بھی پر کشش اور پر تجسّس ہوتا۔ یوں بھی جملوں کو مختلف سطروں اور بحروں میں لکھ کر ناول نگار نے نہ صرف زان کے ساتھ آزادی روا رکھی ہے بلکہ ناولٹ کو صوری حسن سے بھی ہمکنار کیا ہے۔ اور یہ آزادی ناولٹ کے مرکزی کردار کی نفسیات سے حد درجہ مطابقت رکھتی ہے۔ کہیں کہیں سطریں اپنے آپ میں

غیر مکمل اور نسبتاً، پیوستہ نظر آتی ہیں۔ تاہم ناولٹ کے اسلوب اور اس کے مجموعی تاثر پر کوئی اثر نہیں پڑتا، بلکہ اس کے نوکدار استعارے، اس کی شعریت، اسکا جداطرز بیان اور اختصار کا حسن خالد سہیل کے اجتہادی رویے اور ذاتی اسلوب کا سراغ فراہم کرتے ہیں۔

اولین مطالعے سے ہی ناولٹ کا زیاج اور اس کی فضا سے قاری کا رشتہ قائم ہو جاتا ہے۔ معاصر زندگی کے ارے میں خالد سہیل کا تجربہ محدود نہیں اور اس کا مشاہدہ اس کے اسلوب تحریر سے اہم مربوط نظر آتا ہے۔ ناولٹ میں الگلی طرز حیات میں عورتوں کی حیثیت اور ان کی صورت حال کی بے اکانہ تصویر کشی کی گئی ہے، خصوصاً تیسری دنیا کی اقداری کشمکش کو اس کی مکمل جزیاتت کے ساتھ پیش کیا گیا ہے۔ سنبل خان کے علاوہ مورے کا کردار عورتوں کی آزادی کی ایک انتہائی معنی خیز علامت ن گیا ہے۔ خالد سہیل نے اریک بنی اور گہری بصیرت کے ساتھ کرداروں کو خلق کیا ہے، یہاں تک کہ ناول نگار کا ذہن اپنے مخصوص فاصلے کے اوجود اپنے تفکر اور تجسّس کے ساتھ موجود نظر آتا ہے۔ یہ سارے کردار خود ترحمی اور بے چارگی کا شکار نہیں ہیں بلکہ سارا معاملہ جدید یا مابعد جدید حسیت سے معمور ہے اور اسی بنا پر ناولٹ کی اہمیت اور اس کی معنویت مسلم ہے۔.....!

ظہیر انور کلکتہ

55 مئی 1997ء

خالد سہیل کے ثوابوں کی پوٹلی

بلند اقبال

رات کا پچھلا پہر تھا اور میں نیم غنودگی کے عالم میں تھا کہ اچانک مجھے یوں لگا جیسے میں زمین سے دور نیلگوں آسمان تک تنے ہوئے کسی پُل پر کھڑا ہوا ہوں اور رت ت واستعجاب سے ادلوں میں کھوئے راستے کو ڈھونڈ رہا ہوں۔ پیچھے دیکھتا ہوں تو ایک گھنا ڈراونا سا جنگل ہے جس میں گونجتی ہوئی آوازوں میں کہیں کہیں میری خوف زدہ گھٹی ہوئی چیخیں بھی بلک رہی ہیں، آگے دیکھتا ہوں تو گھُپ اندھیرا، گہرے ادلوں میں ایک تاریک سا راستہ ہے جس میں سرسراتے ہوئے سائے کسی کھوئی ہوئی منزل کی جانب سرگرداں تھے۔ تند ہوائیں جھوتے ہوئے پُل سے گہری کھائیوں کا وہ منظر دکھارہی تھیں کہ دل دہل جاتا تھا۔ میں کبھی ڈوبتے ہوئے دل کو تھامتا تو کبھی پُل کے کناروں کو پکڑتا تاکہ اچانک میری نظر ایک اریش شخص پر پڑی جس کی آنکھوں میں نوجوانی کی چمک اور چال میں ہر نجیبی لپک تھی۔ وہ اپنے سر پر ایک گٹھڑی سمیٹے کسی کچھوے کے مانند ماں اماں اعتماد کے ساتھ چل رہا تھا۔ ل مس ہوائیں تھپیڑے لگاتیں یا آسمان سے بجلی گرج کر گرتی تو وہ اپنی گٹھڑی سے خود کو چھپاتاہ اور پھر کچھ دیر میں اپنا سفر شروع کر دیتا۔ میں نے رت ان نگاہوں سے اسُے دیکھا اور پھر بنا کسی خیال کے اسُ کی طرف قدم بڑھادیا۔ اسُ نے مجھے ایک دلفریب مسکراہٹ سے دیکھا اور شرارتی انداز سے ایک آنکھ دا کر کہ 'کیسا لگتا ہے یہ پُل صراط کا سفر؟ راستہ ہے کٹھن اور منزل شکل، میں نے جب اسُ کے لفظوں میں اپنایت کی خوشبو پائی تو بے تکلف ہو کر کہا۔ 'کہا کروں پیچھے ہے راہ، راستے میں ہیں یہ تیز و تند ہوائیں اور گہری کھایاں اور آگے کا راستہ بھی سنسان نہ آدم نہ آدم زاد، تم یہ کیا چھتری لے کر نکلے ہو؟' میں نے گٹھڑی کی طرف اشارہ کیا۔ وہ مسکرایا اور پھر میرے برابر ستانے کیلئے بیٹھ گیا۔ پوٹلی کھولی تو میرے سامنے بہت ساری کتابیں بکھر گئیں۔ میرے منہ سے اچانک نکلا تو یہ ہے ہم ھ رے ثوابوں کی پوٹلی ---میں ہاتھ بڑھایا تو ایک کتاب میرے ہاتھوں میں نمایاں ہوتی چلی گئی، آنکھیں جھپکائیں، اریش نوجوان کی طرف دیکھا، پُل صراط پر نظر کی اور کتاب کے ٹائٹل پر نظر ڈالی لکھا تھا 'چند گز کا فاصلہ' --- میں نے چند صفحے ے او اور لمحے بھر میں چند صدیوں پیچھے چلا گیا اور پھر تاریخ، ادب، تہذیب، مذہب، فلسفہ اور نفسیات سے بھری اس پوٹلی میں اسُ اریش نوجوان کے ثوابون کو یکے بعد دیگرے ٹٹولنے لگا۔

'چند گز کا فاصلہ' اسُ کی پوٹلی کا ابتدائی اور استعار تاً مجموعی ثواب تھا جس میں وہ کچھوے کی سست علامت میں اتُر کر اٹھارویں صدی کے چارلس ڈارون کے حیاتیاتی نیچرل سلیکشن natural selection سے اکیسویں صدی کی مصنوعی سماجی بریڈنگ تک کا دو صدیوں کا ارتقائی سفر محض دو صفحوں میں طے کر کے شعور سے لاشعور تک ہنچنے والی گم گشتہ جنت تک ہنچنے کا پہلا قدم اٹُھارہا تھا اور میں واچ رہا تھا حیاتیاتی سفر کے مثبت اور سماجی دیلی ی کی منفی دیلی ی کے درمیان کچھوے کی سس رفتاری عالمی اردو ادب میں علامت نگاری کی ایک منفرد شکل ہے جو سائنسی تہذیبی ارتقاء اور سماجی تہذیبی تنزل کے درمیان پھنسی ہوئی منجمد فکر کے لئے ایک اشارہ بھی ہے۔ پوٹلی کا دوسرا ثواب 'دو پیروں والی ماں' تہذیبوں کے تکلیف دہ کربناک سفر کے دوران انسانوں اور جانوروں کے درمیان محبت کی علامت ن کر ایک امید کی صورت نظر آرہا تھا۔ ابھی میں محبت کے اس منفرد تصور میں کچھ ہی دیر کے لئے الجھا تھا کہ دو پیروں والی ماں کا محبت بھرا تصور اچانک چار پیروں والے بچے کے بدن سے نکل کر دھرتی ماں کے سینے میں اتُر گیا اور اداسی سے دھڑکنے لگا اور میں پوٹلی کے تیسرے ثواب میں شامل ہو گیا جس میں بیک وقت ایک عورت، ماں، خاندان اور دھرتی کی صورت اپنے عہد کا تاریخی و تہذیبی مرثیہ ن گئی تھی۔ کشمیر میں گرنے والے محبت بھر جھرنوں کی طرح زندگی کی رعنائیوں کو خود کو سمولینے کی بجائے آگ و خون کی ہولی میں ہجرتوں کے عذاب سمیٹتی ہوئی دھرتی ماں کی اداسی محض ایک خاندان

کا نہیں بلکہ ایک تاریخ کا قصہ تھا جس کے تانے بانے پاکستان کی سماجی اور سیاسی ٹوٹ پھوٹ کے پیچھے چھپے ہوئے مذہبی، لسانی اور نسلی تعصّبات کو مخدوش عالمی معاشرے سے جوڑ کر انسانی رویوں کے ارتقائی عمل پر واالیہ نشان چھوڑ رہے تھے۔ 'میٹھا زہر' مذہبی ذیابیطس کے شکار پاکستان کی دھرتی ماں کے انجام کی صورت ایک ایسے ثواب کی شکل میں پوٹلی میں شامل تھا جس کی کڑوی مٹھاس نہ صرف ہندوستانی ثقافت میں عربی تہذیب کی مصنوعی آمیزش کے نتیجے میں پیدا ہوئی تھی بلکہ تہذیبوں کے اس مصنوعی ملاپ میں آسمانی مذاہب کے کردار و اثرات پر تنقیدانہ رویہ کا سبب بھی بن گئی تھی۔ جوں جوں میں پوٹلی کھول کر ثوابوں کو ٹٹول رہا تھا مجھے اس اریش نوجوان کے چہرے پر بدلتے ہوئے رنگوں میں کبھی 'برابر لیکن مختلف' اور 'یوسف کی ماں' کے یوسف تو کبھی 'الجبرا یا جیومیٹری' اور 'آئی سگریٹ' کے سہیل کی صورت میں وہ عکس نظر آرہا تھا جو تیسری اور پہلی دُنیا کے تصادم سے پیدا ہونے والے اس نئے شخص کی شکل تھی جو خود آگہی کے ایک مسلسل عمل سے گزر رہا تھا۔ خود شناسی کا یہ عمل خود احتسابی سے مختلف تھا کہ خود احتسابی میں لاشعور میں کہیں کوئی انجانے گُناہ کا احساس بھی دا ہوا ہوتا ہے جبکہ خود آگہی کے قدرتی دھاگے اخلاقیات کے مصنوعی ریشمی واتوں کے بجائے لاشعور کے لامحدود تناور درخت کی گہری جڑوں سے کہیں بندھے ہوتے ہیں۔ 'چند قدم آگے' کے ان ثوابوں کو پاکر میرا دل پھر سے لمحے بھر میں واسال پیچھے جاکر دھڑکنے لگا اور فرائڈ کے Oedipus complex میں الجھ کر اُس اریش نوجوان کا اُس کی دھرتی ماں اور آسمانی اپ سے رشتہ ڈھونڈنے لگا۔ مجھے یوں لگا جیسے آسمانی اپ سے اس jealousy کی (جٹ یلش) کی وجہ کہیں اس اریش نوجوان کا اپنی دھرتی ماں سے غیر مشروط اندھا پیار تو نہیں جو اسے اریش نوجوان کا اپنی دھرتی ماں سے غیر مشروط اندھا پیار تو نہیں جو اسے خود سے بے نیاز کر کے خوابوں کی اس دنیا میں لے گیا ہے ں مس وہ لاشعوری طور پر اپنی ماں کا محبوب بھی بننا چاہتا ہے اور اس کے سارے دھ درد سارے کرب خود میں اُتار لینا چاہتا ہے۔ اس خیال کے آتے ہی میری زان یکا یک میٹھے زہر سے ترش ہوگئی:

"مجھے ایک غیر ایک عرب سے شادی نہیں کرنی چاہیے تھی جس کی نہ میں زان سمجھتی تھی نہ ثقافت اور مجھے الکل پتہ نہ تھا کہ اس کے اعصاب پر ایسا آسمانی مذہب وار ہے جو میرے بچوں کے خون میں زہر ن کر پھیل جائے گا۔ وہ اس میٹھے زہر کے نشے سے اہر نہ نکل سکیں گے اور خدا کے نام پر ایک دوسرے کی جان کے دشمن ن جائیں گے۔ اب میں اپنے بچوں کی بیماری پر دن رات آنسو بہاتی ہوں اور انکی موت پر بین کرتیہوں لیکن میری پتا سننے والا کوئینہیں۔"

مگر ساتھ ہی خود آگہی کا عمل اسے اپنے خلاف دلائل پر بھی آمادہ کرتا ہے اور 'برابر لیکن مختلف' میں خود اپنے ہی مخالف عکس کو مدمقابل لا کھڑا کرتا ہے:

'میں بچوں کو مذہبی تعلیم دنے کے خلاف ہوں اس سے ہم مذہبی تعصب اور نفرت پھیلاتے ہیں' یوسف بولا۔ 'میں اپنے بچوں کو مذہب کی تعلیم ایسے ہی دونگا جیسے تاریخ اور سائنس کی تعلیم' عفیفہ مسکرائی، 'دیکھو یوسف مذہب میں توہمات اور rituals کی اورات ہے لیکن اس کا اہم پہلو تہذیب، ثقافت اور کلچر ہے۔ یہی کلچر بچوں کی تربیت اور ہماری شناخت کا سبب بنتا ہے۔" میں مذہبی طور پر مسلمان نہیں لیکن میری شلوار قمیض اور دوپٹہ میری تہذیبی وراثت ہیں جن پر مجھے فخر ہے۔'

'لیکن فخر کس ات کا۔۔۔ میں نے پچھلے کئی سالوں سے شلوار قمیص نہیں پہنے۔ پاکستان میں پہنا کرتا تھا اب پتلون پہنتا ہوں۔ اگر میں پاکستان میں پیدا ہوا تو یہ ایک حادثہ تھا۔ میں چین میں، سعودی عرب یا افریقہ میں بھی پیدا ہو سکتا تھا اس میں فخر کیسا۔ مجھے ان خصوصیات پر فخر ہونا چاہیے جو میں نے خود اپنی شخصیت میں پیدا کی ہیں۔"

ثوابوں کی اس پوٹلی میں مجھے اب تک اس کی ذات کے انفرادی شعور سے اجتمائی لاشعور تک کا سفر تثلیث کے تینوں سروں پر ذات، دھرتی ماں اور آسمانی اپ کے گرد پرکار کی صورت گھومتا ہوا نظر آرہا تھا اور میں پل صراط پر کھڑے اس اریش نوجوان کی منزل کے جانب سفر میں وجد کی اس کیفیت کو

ڈھونڈ رہا تھا جو تثلیث سے آگے کا سفر تھا کہ اچانک میری انگلیاں 'درویش چاند اور وارج' کو چھونے یں۔۔ درویش جو انسانیت کا وہ استعارہ ہے ں مس ذات لفظوں سے الاتر ہو کر محض محبت ن جاتی ہے ایسے میں وارج اور چاند چاہے دو مختلف انسانوں کے متضاد رویوں کی علامتیں ہوں یا کائناتی حقیقتیں، محبت جیسے شاع ذبے میں شامل ہو کر صرف محبت کا جزون جاتی ہیں۔ چاند اور وارج کے ملاپ میں درویش کی مجنونانہ محبت بھی جب ہار جاتی ہیں تو وہ واپس اپنی کٹیا میں لوٹ آتا ہے اور کافی دیر تک اندھیرے میں بیٹھا خلاؤں کو گھورتا رہتا ہے ی ک کہ اسے ایک شعر یاد آتا ہے:

میں اپنی ذات کی گہرائیوں میں جب اتُرتا ہوں اندھروں کے سفر میں روشنی محسوس کرتا ہوں احساس کا یہ سفر اسے وجد کی اسُ روحانی کیفیت میں لے جاتا ہے ں مس وہ آسمانی دیوتاؤں کی تلاش میں نکلتا ہے کہ یہی وہ منزل ہوتی ہے جب محبت کا وسیع و بلیغ تصور اسے درویشانہ صفتیں نواز کر زندگی اور موت کی حقیقتوں سے ہمکنار کرتا ہے اور 'دیوتا' کے اصل معنوں کا شعور بھی دے دیتا ہے:

''لوگ واپس آئے تو ان کے من کی راہ میں دبی چنگاریاں دوارہ شعلوں میں بدلنے یں۔ اور ہر شخص اپنے دل میں ایک خواش ایک خواب ایک آرزو یا ایک اضطراب لے کر لوٹا۔ اس طرح لوگوں کے چہروں کی حرارت لوٹ آئی۔ اس شہر کے انسانوں کی زندگی میں خوشیوں کے دن طویل اور غموں کی راتیں چھوٹی ہونے یں۔۔ اسُ کے بعد جب بھی لوگوں کے من میں آگ کی لو میں کمی ہونے لگتی وہ دوارہ اس پہاڑ کے سائے میں اس دیوتا سے ملنے لے جاتے۔ اور پھر ایک دن خبر آئی۔۔۔ 'دیوتا مر گیا' سب لوگ جوق در جوق اس پہاڑ کی طرف لپکے جس کی آغوش میں وہ دیوتا اپنا وقت گزارا کرتا تھا۔ انُ کی ملاقات دیوتا سے تو نہ ہوئی اسکی لاش سے ہوئی جس نے مرنے سے پہلے زمین پر الی س سے لکھ رکھا تھا:

'تم میں سے ہر انسان ایک دیوتا ہے'''

یہ شعور صرف انسان کو نہیں بلکہ دیوتا کو بھی ایک منزلت عطا کر دیتا ہے کہ دیوتا جو لامحدود میں اتُرنے سے قبل محض 'نہیں' تھا مگر انسان کے بدولت 'ہاں' کی صورت اتُرا۔ انسان جو کبھی محض خدا کا عکس تھا اور اسُ کے وائے ہوئے خوابوں میں کسی جاتے ہوئے احساس کی صورت میں تھا جو اسُ کا تابعدار تو تھا مگر بے وفا جبین کی شکل میں تھا جو خواہشوں اور اضطراب سے الجھی ہوئی ننگی تلواروں کی طرح اپنے آپ سے نبرد آزماء تو تھا مگر دیوتا کی طرح زماں و مکاں کی لامحدود انتہاؤں کے درمیان کسی انجانے خواب یا آرزو کی صورت اسُی کے روپ میں سمٹا ہوا بھی تھا۔ دیوتا جب انسانیت کی معراج کو چھوتا ہے تو محبت کا استعارہ ن کر لفظوں اور معنوں سے ماوراء ہو جاتا ہے اور تثلیث سے آگے وجد کا عنوان ن جاتا ہے مگر وجد کی اس منزل کا سفر صرف مذہب سے نہیں بلکہ تاریخ، ادب، تہذیب، فلسفہ، اور نفسیات کے شعور میں طے ہوتا ہے۔

اچانک تیز و تند ہوائیں چلیں تو میں نے دیکھا وہ اریش نوجوان اپنے ثوابوں کو پوٹلی میں جلدی جلدی بھر کر اسے پھر سے اپنی کمر پر لادنے لگا اور پھر ایک مسکراہٹ مجھ پر ڈال کر کہنے لگا 'تو پھر پڑاؤ کا خیال ہے یا اگلی منزل کا ارادہ ہے ؟' میں نے ماں ہو کر کہا 'ابھی تو میرا وجدان اسُ منزل پر نہیں شادا ابھی کچھ وقت اور چاہیے۔' یہ سُن کر اسُ نے اس ار سنجیدگی سے کہا 'منزلیں ٹھہرنے سے نہیں سفر سے ملتی ہیں چاہے سفر محدود سے لامحدود کا ہو مگر ہے تو 'چند گز کا فاصلہ۔۔' کچھ ہی دیر میں پُل صراط پر ادلوں کی گھٹائیں امُڈ آئیں اور پھر وہ مینہ برسا کہ میں سر سے پاؤں تک تر ہو گیا۔۔ آنکھ کھلی تو کیا دیکھتا ش

ہوں کہ میری بیوی ش ج عٹ یہ پانی کا گلاس ہاتھ میں لیے میرے سامنے کھڑی ہے اور چھینٹے میرے منہ پر مار کر مجھے اٹُھا رہی ہیں۔ ''بلند اٹُھیں بھئی کمرے میں جا کر وائیں'' میں ہڑبڑا کر اٹُھا تو وہ کہنے یں۔ ''کل رات پڑھتے ہوئے آپ کی لائبریری میں ہی آنکھ لگ گئی اور جناب کتابوں پر ہی سر رکھ کر ہی وا گئے۔'' میں

نے سر اُٹھا کر دیکھا تو ریڈنگ ٹیبل پر ڈاکٹر خالد سہیل کی کتاب 'چند گز کا فاصلہ' رکھی تھی جو شادادو دن ش

قبل ہی انہوں نے مجھے تحفے میں دی تھی۔ میں نے جواب میں ش　　ج　　عٹ　　یہ کی طرف دیکھا اور زیر لب بڑبڑایا:

"منزلیں　ٹھہرنے　سے　نہیں　سفر　سے　ملتی　ہیں　چاہے　سفر　محدود　سے

لامحدود　کا　ہو　مگر　ہے　تو 'چند　گز　کاش

فاصلہ'۔۔"" ش　ج　عٹ　یہ نے چونک کر کہا کیا کوئی خواب دیکھا ہے؟"میں نے آہستہ سے کہا "نہیں۔۔۔ نیند سے جاگا ہوں!"

(61مارچ　5516ء رائٹرز فورم کینیڈا کے زیر اہتمام ڈاکٹر خالد سہیل کے افسانوی مجموعہ '　چند گز کا فاصلہ' کے اجراء کے موقع پر پڑھا گیا)

خالد سہیل کے افسانے "چند گز کے فاصلے" پر تبصرہ

دعا عظیمی

کہانی کار اور قاری کے بیچ ایک عجیب سا نادیدہ رشتہ ہوتا ہے جو بے شک طالب اور مطلوب سا نہیں ہوتا مگر چند ثانیوں کے لیے دو انسانوں کو ایک نکتے پہ لا کھڑا کرتا ہے اشتراک کا گہرا احساس پیدا کرتا ہے بلکہ یہ عامل اور معمول کی طرح ہوتا ہے۔

اچھی کہانی ہمیشہ قاری کو اپنے تاثر میں لے لیتی ہے۔ قاری کا ذہن پڑھنے سے پہلے لمحاتی طور پر ایک کورے کاغذ کی طرح سادہ ہوتا ہے۔ لیکن کہانی اپنے لفظوں اور خیالوں میں اس پر نیا نقشہ بناتی ہے، نیا منظر تخلیق کرتی ہے نیا جہان روشناس کراتی ہے احساس کی منازل طے کراتی ہے اور اسے اپنے ساتھ بہا کر یا اڑا کر وہاں لے جاتی ہے جہاں لکھاری کہانی لکھنے سے پہلے کھڑا ہوتا ہے۔

ڈاکٹر خالد سہیل صاحب کا یہ افسانہ ادب کا عالیشان شاہکار تو ہے ہی مگر میرے لیے اہم یوں بھی ہے کہ جب میں نے اسے پڑھا تو میرے دل پہ اس نے ایسے اثر کیا کہ اشک آنکھوں سے رواں ہو گئے۔ اگلی صبح میں نے سوچا اس میں ایسا کیا تھا تو میرے پاس واضح جواب نہیں تھا سوائے اس کہ اس نے میرے دل پہ اثر کیا اور اتنا یاد رہا کہ اس کا انداز عام کہانی سے ہٹا ہوا تھا اور اپنے اندر بہت رموز سمیٹے ہوئے تھا۔ مگر میں اس وقت اس کے اصل مفہوم کو بیان کرنے کے قابل نہ تھی۔۔۔۔ سو اسے دوبارہ پڑھنے کی ٹھانی میں جاننا چاہتی تھی کہ کچھوے کی اس کہانی کے زیر خیال کیا ایسا تھا جس نے مجھے گہرے درد کے سمندر میں اتار دیا۔ دوبارہ پڑھنے کے بعد میں جان گئی کہ اس میں ڈاکٹر خالد سہیل نے بیک وقت کچھوے، انسان اور ہر زندہ مخلوق کے پیدا ہونے کے امکان سے جینے تک کے سفر کی دلچسپ اور جدوجہد سے عبارت مکمل داستان قلمبند کر دی ہے۔

جب میں نے اسے سمجھنے کے لیے دوسری بار پڑھا تو کہانی کی دوسری سطر نے مجھے روک لیا۔ ایک عجیب سوال تھا۔ ایک ایسا سوال جو شاید ہر زندہ شخص اپنی زندگی میں بارہا خود سے کرتا ہے۔

"کیا ہم خوش قسمت ہیں کہ ابھی زندہ ہیں یا بد قسمت کہ مرنے والوں کا سوگ منا رہے ہیں؟ ہم اپنے آپ سے پوچھتے ہیں۔"

کیا عمدہ سوال ہے۔ اور وبا کے دنوں کے پس منظر میں جب موت کو ہر کوئی پہلے سے زیادہ قریب محسوس کر رہا ہے اور بھی با معنی۔ مگر عام حالات میں بھی یہ سوال شعور پہ بہت بار دستک دیتا ہے کہ کیا ہم خوش قسمت ہیں کہ ابھی زندہ ہیں یا بد قسمت کہ مرنے والوں کا سوگ منا رہے ہیں۔ کہانی میں اس سوال کا ایک سرا معدوم سے جڑا ہے اور دوسرا موجود سے غیب سے حاضر اور حاضر سے ناضر ہونا ہی سب سے بڑا واقعہ ہے۔ ایسے میں ہمیشہ اسد اللہ خان غالب کے شعر کا وہ مصرع یاد آ جاتا ہے جو کسی ایسے ہی سوال کا جواب دیتا ہے۔

ڈبویا مجھ کو ہونے نے نہ ہوتا میں تو کیا ہوتا

اور اس کے ساتھ ہی زندگی کے دونوں رخ واضح ہو جاتے ہیں کہ زندہ ہونے کے امکان کو پا لینا جہاں ایک طرف خوش نصیبی ہے کہ جب ماں جنم دیتی ہے یا انڈوں کا اخراج ہوتا ہے تو اس میں زندگی کی امید اور نوید چھپی ہوتی ہے۔ وہ جبلت کے ہاتھوں مجبور اسے سینچتی ہے، ایک ان دیکھی قوت اس کے کان میں سرگوشی کرتی ہے اس تسلسل حیات کو برقرار رکھنے کی سرگوشی۔ اگر وہ کچھوے کی ماں ہوتی ہے تو پانی سے چند گز کے فاصلے پر اسے ریت میں دبا دیتی ہے اور زمانے سے محفوظ رہنے کی دعا کے ساتھ چھپا دیتی ہے بالکل اسی جذبے کے ساتھ جو ہر ماں کے دل کی آواز ہے چاہے کائنات کی کوئی ماں ہو۔

ماں خوش قسمتی اور بد قسمتی کے فلسفے کو سمجھنے کے باوجود جدوجہد کی مشکل کہانی کو جان لینے کے باوجود زندگی اور اپنی نوع اور وجود کے تسلسل اور جاری ساری رہنے پر یقین رکھتی ہے۔ حیران ہوں کہ کوئی آفاقی آواز اسے ایسا کرنے پر مجبور کرتی ہے۔

کبھی کبھار میرے دل میں ایک عجیب خواہش ابھرتی ہے پوری شدت کے ساتھ کہ کاش ساری دنیا کی مائیں مر جانے کے ڈر سے، ناامیدی کے فلسفے پر یقین کر کے بد قسمتی کے داغ سے روشنی پا کر انڈے دینے اور بچے پیدا کرنے سے گریز کر لیں اور پرہیز کر لیں۔۔۔ وہ ابھی تک ایسا کیوں نہیں کر سکیں میرے لیے یہ حیرت انگیز ہے۔

جب زندگی کو عدم سے وجود کا درجہ حاصل کر لینے میں اتنی دشواری ہے اور زندہ ہونے کے بعد مر جانے کے اتنے امکانات ہیں قدم قدم پر خطرات ہیں۔ زندگی کی ہر سانس کی بھاری قیمت چکانی پڑتی ہے تو مائیں بچے کیوں جنم دیتی ہیں؟

جب انسان جیسی عاقل اور باشعور مخلوق اپنی نسل کو موت اور بیماری سے محفوظ نہیں رکھ سکتی تو وہ اپنے جیسا وجود تخلیق کرنے پر راضی کیوں ہے۔۔۔؟ کچھوے کی ماں اور انسانی ماں کے شعور کا معیار ایک سا کیونکر ہے۔۔؟۔ وہ بچے جنم دینے پر قادر ہیں یا مجبور۔۔۔؟۔

پھر انسان تو وہ جانور ہے جو اپنی نوع اور دیگر انواع کو مارنے کا دن رات بندوبست کر رہا ہے۔ لیبارٹریوں میں جہاں زندگیوں کو بچانے پر دن رات کام ہو رہا ہے ایسے ہی اس کی موت کے آلے ایجاد کرنے پر زور ہے۔

کیمیائی ہتھیار، میزائلز، اور نت نئے بم بنانے کی دوڑ جاری ہے۔ دنیا کو کس طرح زیادہ سے زیادہ اور کم سے کم وقت میں نیست و نابود کیا جا سکتا ہے اس پہ ہر ملک کتنے وسائل خرچ کر رہا ہے اگر ان وسائل کو زندگی کے لیے استعمال کیا جائے تو پوری دنیا میں ایک بچہ بھی بیماری اور غذا کی قلت سے نہ مرے۔

ہر ماں کی طرح ایک ماں ہونے کے ناتے دنیا کا یہ رویہ دیکھ کر میرا دل خون کے آنسو روتا ہے مگر سب ہمدرد انسانوں کی طرح مجھے بھی بہت سے دکھوں کی زنبیل میں ایک یہ دکھ بھی اپنے دکھوں کے تھیلے میں ڈال کر موت کی طرف سفر کرنا ہے۔

کبھی کبھار کوئی ایک مصرع، ایک جملہ، ایک سوال کسی بھی انسان کی سوچ کو کس طرح ہلا جلا دیتا ہے جیسے ٹھہرے ہوئے پانی میں کنکر پھینکنے سے ارتعاش۔۔۔ کبھی تو یہ ارتعاش کنول کے پھول کے تھرکنے سے پیدا ہونے والے ارتعاش کی طرح لطیف ہوتا ہے اور کبھی کسی سرجن کے اوزار کی نوک کی طرح کہ زیرِ جلد جمع شدہ دکھ کی کثافت بہہ نکلے، کبھی یہ بھونچال بن کے زیرِ زمین تمام خزانوں کی تہوں کو تہہ و بالا کر دیتا ہے۔ کبھی یہ آتش فشاں کے لاوے کی طرح ارد گرد کی ساری جگہوں کو آتشیں اور شعلہ زار بنا دینے کی صلاحیت سے مالا مال۔

پھول کی پتی سے کٹ سکتا ہے ہیرے کا جگر

افسانے کا ایک اور جملہ بھی ایسا ہی آتشیں ہے۔

"اگر وہ مڑ کے دیکھتے تو انہیں ہماری ماؤں کی آنکھوں میں آنسو نظر آتے"

اس ایک جملے میں ساری دنیا کی ماؤں کی آنکھوں کا ذکر ہے جو اپنی اپنی اولاد کے لیے ہمیشہ دعا بھری آنسوؤں سے بھری رہتی ہیں۔ اور فطرت کی کشمکش سے بے نیاز ہمیشہ بہتی رہتی ہیں، ان میں درد اور دعا دونوں چھلکتے ہیں۔۔۔ وہ پوچھتی ہیں کہ حفاظت کرنے والا کہاں ہے۔۔۔ میں آکھاں وارث شاہ نو۔۔۔۔۔۔

وہ کشمیر کی ماں ہو یا افریقہ کے قحط زدہ علاقے کی ماں وہ پہاڑ میں بسنے والی ہو یا تھر میں پانی کی کمی کا شکار اس کی آنکھ کا جھرنا کبھی نہیں سوکھتا۔

اسی دوران ایک اور جملے نے مجھے مسکرانے پر مجبور کر دیا

"بہت سی انسانی مائیں بچوں کو وہ انڈے کھلائیں گی تا کہ بچے صحت مند ہوں، لیکن بعض مرد انہیں یہ سوچ کر کچا پی جائیں گے کہ اس سے ان کی شہوانی طاقت میں اضافہ ہو گا"۔۔۔ آگے گرہ لگاتے ہیں کہ۔۔۔۔۔

"شہوانی طاقت میں اضافہ ہے یا خوش خیالی ہمیں کیا معلوم۔۔"!

مردوں کے رویے اور نفسیات پر ایک مرد ادیب کی طرف سے لکھا ہوا یہ لطیف طنزیہ جملہ ہر ایک کو مسکرانے پہ مجبور کر دے گا۔ دکھ بھری بات کے بعد مسکرانا یا مسکرانے کا موقع تلاش کرنا تو انسانی فطرت ہے۔

"وہ چند گز کا فاصلہ طے کرنا چاہتے تھے"

اگر غور کیا جائے تو یہ اجتماعی کائناتی ارتقاء اور حیاتیاتی دائرے کی کہانی ہے۔ ہر زرے کی کہانی جو یم بہ یم موج در موج سفر میں ہے۔

ڈاکٹر خالد سہیل سہل زبان میں بڑا پیغام آسانی سے قاری تک پہنچا دیتے ہیں۔ وہ اپنی قاری کو پیچ در پیچ تہہ در تہہ نفسیات یا فلسفے کے صحرا میں اکیلا نہیں چھوڑتے۔ کچھ جملوں میں بڑی سہولت سے لوک کہانیوں میں خرگوش کاز کر کرتے ہوئے وہ اس راز سے پردہ ہٹا دیتے ہیں کہ مشاہدے میں کچھوے کاز کر ہے۔ یہ داستان حیات بظاہر ایک کچھوے کی ہے۔ کیونکہ میرا جیسا سادہ لوح قاری کئی بار پہلیلیاں نہیں بوجھ سکتا اور پریشان رہتا ہے کہ آیا اس کا مطلب یہ ہی ہے یا کچھ اور۔۔ جیسا کہ کچھ معزز ادیبوں کی کہانیوں کو پڑھنے کے بعد معلوم ہوتا ہے کہ اس کا مفہوم جانلینا قاری کی صوابدید پر ہے۔

کہانی کا نکتہ عروج "لیکن تیسری دنیا کی مائیں تو درجنوں بچے جنتی ہیں تا کہ ان میں سے چند ایک زندہ رہیں اور وہ چند گز کا فاصلہ طے کر سکیں جو ان کے گھروں، سکولوں، کارخانوں اور دفتروں کے درمیان حائل ہے، وہ چند گز کا فاصلہ جو بعض دفعہ کئی نسلوں میں طے ہوتا ہے۔ "اس جملے میں درپردہ درد کی گہری داستان ہے۔ شعور حاصل کر لینے کے بعد ڈاکٹر خالد سہیل تیسری دنیا کی ماؤں اور بچوں کے لیے خوشحالی کا خواب امید اور دعا کا دیا جلاتے ہیں۔ اور کچھوے کی ماں اور دیگر ماؤں اور بچوں کا ذکر کرتے ہوئے ڈاکٹر خالد سہیل کرب کا ذکر کرتے ہیں جو ایک دردمند انسان ان تمام انسانوں کے لیے محسوس کرتا ہے جو خصوصا "تیسری دنیا میں طب اور تعلیمی سہولتوں کے فقدان کا شکار ہیں۔

ڈاکٹر خالد سہیل نے اس افسانے کا سہارا لے کر ہر ایسی زندگی کی داستان کہہ ڈالی ہے جو کرہ ارض پر بس رہی ہے۔

افسانہ مارچ انیس سو بانوے میں منظر عام پر آیا جبکہ میں خود پہلی اولاد کی ماں جولائی انیس سو بانوے میں بنی گویا افسانے کی عمر میرے بیٹے کی عمر جتنی ہے۔ حیرت انگیز مماثلت نے مجھے افسانے سے اور بھی قریب کر دیا اگر تخلیق کے اس سفر میں ماں نہ بنتی تو شاید کسی ماں کے دکھ کو اس طرح نہ سمجھ پاتی لیکن ڈاکٹر خالد سہیل ماں نہ ہوتے ہوئے بھی تخلیق کے کرب سے گزرتے دکھائی دیتے ہیں۔ اور درد کے سمندر سے تخلیق کے موتی سمیٹ کر قاری کے دامن کو احساس سے مالا مال کر دیتے ہیں۔

خالد سہیل کے افسانے اور ماں کا کردار

دعا عظیمی

اس دنیا میں جس کردار کو سب سے زیادہ سراہا گیا ہے وہ کردار ماں کا ہے..

نیل کے کنارے طوفانی موجوں کے حوالے کرنے والی ماں..... محل کی دیواروں سے ٹکرانے والی لہروں کا نظارہ کرنے والی اور ماں نہ ہو کے بھی ماں بن جانے والی ماں.....بی بی آسیہ... بے قرار ماں بی بی حاجرہ مروہ وصفا کی بیابان پہاڑیوں میں پانی کے لیے بے تاب آب زم زم کے معجزے سے ہم کنار ہونے والی ہستی... کھجور کے تنے سے لپٹ کر درد زہ سہہ کر آسمانی باپ کا بیٹا جننے والی بی بی مریمیا چڑیا کی طرح اپنے بچوں کی کھلی چونچ میں زندگی کی حرارت بھرنے والی ماں

اس لافانی کردار کو ڈاکٹر خالد سہیل کے افسانوں میں بار بار ابھرتے ہوئے دیکھنے والی ماں میں بھی تو ایک ماں ہوں..... کچھوے کی ماں, دو پیروں والی ماں, یوسف کی ماں, دھرتی ماں, نانی ماں مجھے ایسے محسوس ہوتا ہے ہجرت کا درد سہنے والی کہنے والی ماں نے اپنا درد ڈاکٹر صاحب کو دان کر دیا ہے.

مجھے سمجھ نہیں آتی کہ ڈاکٹر خالد سہیل کے افسانوں میں ماں کا تزکرہ مجھے محسوس ہوتا ہے یا واقعی وہ اس کرداد سے کسی ان دیکھے آنول سے بندھے ہوئے ہیں. ناف کا یہ رشتہ اٹوٹ ہے.

میں ان کی انگلیوں کے پوروں کو دیکھتی ہوں تو وہ حیرت انگیز دکھائی دیتی ہیں جیسے نانی ماں کی انگلیوں کی پوروں کو جلتی بلتی روٹی کی حدت اور گرمی محسوس نہیں ہوتی تھی جب وہ اپنے بچوں کے لیے چوری بناتی تھیں.... ڈاکٹر خالد سہیل بھی اپنے علمی اور ادبی دوستوں کے لیے اسی ایثار اور پیار سے علم و آگہی کی چوری بناتے رہتے ہیں. مجھے لگتا ہے ان کا دل ماں کے دل میں ڈھل گیا ہے **مسلسل محنت** اور **مسلسل محبت** میں بھیگا ہوا....

وہ دن رات علم کا چوگا بانٹتے رہتے ہیں. اور اپنا خزانہ اپنے ادبی شاگردوں میں بانٹ کر مزید کی تلاش میں نئی اڑان بھرتے رہتے ہیں.

صراحی سرنگوں ہو کر بھرا کرتی ہے پیمانہ... افسانوں پر تبصرہ

گل رحمان

ڈاکٹر خالد سہیل......ایک نام کئی تعارف اور تعارف بھی ایسے جو کسی تعریف کے محتاج نہیں۔ اُن سے پہلی مُلاقات نے ہی مجھ پر اُن کا ایک بہت گہرا اثر چھوڑ دیا تھا۔ مُلاقات کیا تھی میری خوش قسمتی تھی۔ اپنا قیمتی وقت مُجھ پر وقف کر کے انھوں نے ایک اور ادبی رشتے کی بنیاد رکھ دی تھی۔ کسی شاعر نے کیا خوب کہا ہے

جو اعلیٰ ظرف ہوتے ہیں ہمیشہ جھک کے ملتے ہیں
صراحی سرنگوں ہو کر بھرا کرتی ہے پیمانہ

کینیڈا اور امریکہ، ہمسایہ ملک کے فاصلے، لیکن ڈاکٹر صاحب نے یہ ثابت کر دیا کہ تعلق کا دارومدار نیتوں پر ہوتا ہے۔ ربط بڑھا، اور وقت نے اُن کے کئی پرت کھولے۔ اُن کی شخصیت جس میں ایک مفکر، ادیب، شاعر، ماہر نفسیات اور جانے کیا کیا چھپا ہے جاننے کا انکشاف ہوا۔ میں اُردو ادب کے وسیع سمندر میں ابھی ایک قطرے کی مانند ہوں۔ اور قبل از وقت خود کو اُن کے کام پر رائے دینے کی پابند نہیں سمجھتی۔ پھر بھی ڈاکٹر سہیل کا مجھ پہ یقین دیکھتے ہوئے اُن کے چند افسانوں پہ اپنی رائے دینے کی جسارت کر رہی ہوں۔

ڈاکٹر سہیل کے افسانوں کے مجموعے "دیوتا" کو پڑھنے کے سفر پر گامزن ہو چکی ہوں۔

پڑھتے پڑھتے ایسا محسوس ہو رہا ہے جیسے میں ایک دانائی کے ریگستان میں چل پڑی ہوں۔ دور سے دیکھوں تو سفر بہت کٹھن معلوم ہوتا ہے۔ شائد ریت پہ پاؤں چل نہ پائیں۔ کبھی کوئی منزل ملے نہ ملے؟ لیکن جب ایک دفعہ قدم چل پڑے تو دل کیا کہ اب بھاگ پڑوں۔ ذرا دیکھوں تو کہ راستہ کس منزل کی اور جاتا ہے۔ تبھی، چلتے چلتے ایک ایسا مقام آ گیا جہاں میں کسی حد تک محظوظ ہونا شروع ہو گئی۔ وہ مقام ایک بہت گہرے سمندر کا کنارہ تھا۔ سمندر وہ بھی عقل و فہم کا، جس کی گہرائی کا اندازہ ابھی نہیں لگا سکتی لیکن وسعت بہت دیکھ رہی ہوں۔ پاؤں کنارے پر آ کے رُک سے گئے ہیں۔ لگتا ہے اصل سفر اب شروع ہونے والا ہے۔ جو انتہائی مشکل ہے۔ لیکن جو ٹھنڈا پانی پاؤں کو ابھی تک لگا ہے اُسنے کم از کم یہ احساس دلایا ہے کہ سمندر کی گہرائی میں بیش بہا نگینے ہیں۔ وہ خوش قسمت ہو گا جو اس علم کے ٹھاٹیں مارتے سمندر میں اُتر جائے اور کوئی بد قسمت ہی ہو گا جو اتنا قریب آ کر واپس لوٹ جائے۔ جانتی ہوں شائید یہ میری منزل نہیں مگر پھر بھی بہت حوصلہ اور وقت درکار ہے۔ جانتی ہوں۔

یقیناً "ڈاکٹر سہیل کا جواب ہو گا

پھر تیر نا سیکھ لو۔۔۔۔۔۔ اور سمیٹ لاؤ ادب کے موتی۔

اب وقت ہی بتائے گا واپس بھاگ پڑتی ہوں یا سمندر میں اُتر جاتی ہوں۔

"جزیرہ" ایک انتہائی مختصر مگر جامع افسانہ جس کو پڑھ کر میں ایک پل کو حیرت زدہ رہ گئی۔ تحریر نے بہت نفاست سے اپنا موقف اور پیغام قارئین تک پہنچا دیا۔ خاص طور پر تحریر میں لکھا گیا مندرجہ ذیل جملہ، میری نظر کا بھرپور مرکز بنا۔ جب پولیس والے گمنام شخص کی تفتیش میں مصروف ہوتے ہیں اور ڈاکٹر صاحب اپنی تشخیص میں........

"میرے نزدیک مسئلہ اُس کا نہیں تھا پولیس کا تھا جو شہر میں ایک ایسے شخص کو برداشت نہ کر سکتے تھے جو روائتی انداز سے زندگی گزارنا نہ چاہتا تھا"۔

اس جملے میں انسانی ذہن، جو ایک عضو ہے، کی عکاسی کی گئی ہے جو کبھی تو قائدہ اور قانون جیسے اصولوں کو پڑھ اور مان کو پروان چڑھتا ہے اور کبھی بالکل غیر مشروط طریقے سے بے ہنگم اور بے ضابطہ ہو جاتا ہے۔ من مانی کرنا سیکھتا ہے، بے پرواہ ہو جاتا ہے۔ سوچ اور سمجھ سے بالاتر، انجام سے غافل۔ حالت جنون میں۔ کبھی الزام معاشرے اور کبھی قسمت کو دے کر، بیچارہ اپنا دشمن خود بن بیٹھتا ہے۔ بیمار ہو کے بھی بیماری قبول نہیں کرتا پھر چاہے جتنی بھی مدد آئے گمراہی کے اندھیروں میں ڈوبنا اُس کا مقدر بن جاتا ہے۔ ڈاکٹر سہیل عمدہ لکھاری ہونے کے ساتھ ساتھ اچھے ماہر نفسیات بھی ہیں اس لیے انہوں نے قصداً" اس کہانی میں ذہنی کیفیت کو بیماری سے نسبت نہیں دی جبکہ حالات اور واقعات واضع طور پر اس بات کی عکاسی کر رہے ہیں کہ کہانی کا کردار زندگی کا بیشتر حصہ بے یارو مددگار رشتوں، ذاتیات، خواہشوں اور اُمیدوں کے بغیر گزار چکا تھا۔ اور اب مدد کا حقدار تھا لیکن خود کو ہر رشتے سے کاٹ کر گوشہ نشینی کی زندگی گُزارنا چاہتا تھا۔ پولیس، ڈاکٹر اور کوئی بھی حمایتی کچھ نہیں کر سکتا جب تک انسان اپنی مدد آپ بھی نہ کرے۔ وہ عنوان "جزیرہ" کی مانند تن تنہا تھا جس کے چاروں طرف فقط تنہائی کے ریلے تھے اور کچھ نہیں۔ اور وہ اپنوں سے دور اُس میں ڈوب رہا تھا۔ ماہر نفسیات اور لکھاری ہونے کے اعتبار سے ڈاکٹر صاحب نے معاشرے کے سب سے گھناونے مرض کا المیہ بیان کیا ہے۔ ایسا دیمک جو انسانی جان کو باہر سے نہیں اندر سے توڑ رہا ہوتا ہے!

"میٹھازہر"

ڈاکٹر سہیل کی تحریریں ان کی تخلیقی اور تخیلاتی سفر کا ایک بیش بہا خزانہ ہیں۔ زندگی کے تجربات سبھی کو کچھ نا کچھ سکھا دیتے ہیں لیکن ان کو قلم بند کر کے دوسروں کے دل تک اُتارنا جوئے شیر لانے سے کم نہیں۔ لکھتی روانی لکھاری کے زور قلم کی ترجمانی اُس وقت کرتی ہے جب قاری پڑھتے پڑھتے ایک ندی کی طرح بہتا چلا جاتا ہے۔ ہر لمحے اس انتظار میں کہ مفہوم کی جوڑ توڑ کہاں جا کے رُکے گی۔ اول سے آخر تک خود کو ایک گرفت میں پاتا ہے اور پھر انجام اُس کی سوچ چونکا کے رکھ دیتا ہے۔ ڈاکٹر سہیل کے سبھی افسانے قلیل ہوں یا طویل، خود میں ایک نفسیاتی، سیاسی یا سائنسی پیغام سے بھرپور ہیں۔

میٹھا زہر..... ذیابیطس.... یا ایک روگ!

ہر جملہ چیخ چیخ کر بیماری سے پیدا ہونے والے مضر اثرات کی ترجمانی کر رہا ہے۔ جس میں موصوف کا دوست ان اثرات سے مکمل طور پہ متاثر ہو کر اپنے جسم کے چار خاص حصوں سے ہاتھ دھو بیٹھا ہے۔

جملہ کا بیانیہ کچھ یوں ہے۔

"پھر میں نے کیا دیکھا کہ چار جوان کسی بزرگ آدمی جو ایک اسٹریچر پر میری طرف لا رہے ہیں ۔ دور سے یوں لگا جیسے کسی کی لاش ہو............ اُس کے نہ بازو تھے نہ ٹانگیں۔ صرف سر اور دھڑ تھا"

اذیت کی ایسی انتہا؟..... عجیب سی کیفیت پیدا ہو گئی کہ کیا بیماری اتنی بے حس ہو سکتی ہے؟

لیکن جلد ہی مجھے میرے سوال کا جواب مل گیا۔ وہ دوست کوئی اور نہیں ہمارا پیارا ملک "پاکستان" تھا۔ جس کے نام پہ مینار پاکستان، اُس کی ماں جس سے وہ ۲۳ مارچ ۱۹۴۰ کو جنا تھا، بین کر رہی تھی۔ وقت اور حالات کی بے رحمی، مذہبی اور سیاسی روایات اور شدت پسند عناصر، میٹھے زہر کی طرح اُس کی ساخت

کو کھوکھلا کر رہے تھے، اُس کے بازو اور ٹانگیں جو چاروں صوبے تھے وہ تکلیف سے اُس سے جدا ہو رہے تھے۔ پاکستان "ایک بچہ"۔۔۔۔ کیا خوب کہانی اُس کی ماں کی زُبانی۔۔۔۔ پیدائش سے اُدھیڑ عمری کا سفر اور بنیادوں میں رستا دوڑ تا روایات کا میٹھا زہر جو خراماں خراماں اس کی جڑیں کھوکھلی کر رہا تھا۔

ڈاکٹر سہیل "دھرتی ماں" یعنی وطن عزیز سے محبت کا اظہار کئی بار کرتے ہیں۔ حساس دل حساس ذہن اور وطن عزیز سے دوری تحریر میں بیشک محب الوطنی کا بھرپور پیغام دیتی ہے۔ اور آخر میں جب وہ "اندھیری رات میں ان دیکھی سحر کی تلاش" میں نکلتے ہیں تو سوالوں کی ایک لمبی فہرست قارئین کے غور و خوص لیے پیچھے چھوڑ جاتے ہیں!

"جڑیں، شاخیں، پھل"

ڈاکٹر سہیل نے اس افسانے میں مشرق اور مغرب کا کیا خوب نقشہ کھینچا ہے۔ وطن سے دور ہم سب روز مرہ ایسی ہی کسی کسوٹی پر اُترتے ہیں۔ ہماری جڑیں مشرق اور پھل مغرب! بیچ کا یہ تناؤ ہمارے تنے کو کھوکھلا اور بے جان کر رہا ہے۔ محمد کی بات "بچیو! مغرب کی نماز کا وقت ہو گیا ہے جاؤ وضو پھر اکٹھے نماز پڑھتے ہیں" جو اُس نے بیٹیوں کو تنبیہ کرتے ہوئے کہی مجھے اپنے ہی ایک نثر پارے کی یاد دلا گئی۔

"کالج سے چھٹی ہوتے ہی تُم سیدھی گھر آنا"۔ صبح صبح ناشتے کی ٹیبل پہ وہی امی کا فکر آلود جملہ جو مہرو کی سماعتوں کو کبھی بھلا نہ لگتا تھا۔ "اچھا...... امی آجاؤں گی" جھلاتے ہوتے مگر محتاط طریقے سے مہرو کا ہمیشہ ایک ہی جواب ہوتا. دو لقمے ادھر دو لقمے اُدھر نگل کر، حواس باختہ، بیگ میں میک آپ کی ہر شہ ٹٹولتے ہوئے سرپٹ بس دروازے کی جانب لپکنا روز کا معمول بن چکا تھا۔ تعلیم اپنا مقصد پورا کرے یا نا کرے

لیکن تربیت کا خیال مہرو کو چھُو تک نہیں رہا تھا. کپڑوں میں ہر انگ صحیح لگنا ضروری تھا مگر ماں کا انگ انگ گھن کھائی ہوئی لکڑی کی مانند بُھر رہا ہو وہ آج کی پوت کہاں دیکھ رہی تھی. مہرو اکیلی ہی جوانی کی سیڑھیاں نہیں چڑھ رہی تھی. اُس سی بہت سی تھیں جو اپنی باہر کی دُنیا کو اپنے اندر کی دُنیا پہ فوقیت دے چکی تھیں. دنیاوی چمک دمک سے مرعوب ہونے والی، لڑکپن سے سیدھا بھاگنے کو تیار اپنی تیز رفتاری میں ماں سے بازار کے ٹھگ، جنگل کے بھیڑیے اور دنیا کے لٹیروں کی کہانیاں سنی بھول جاتی ہیں. کچھ حاصل کرنے کے شوق میں بہت کچھ کھو کر ہی گھر لوٹتی ہیں.

کالج میں سبھی تو سکھایا جاتا ہے.... ہاں کیوں نہیں آخر شعبہ تعلیم و تدریس جو ٹھہرا لیکن آج کل وہاں محنت کے حسین و دلپذیر رنگ چلتے پھرتے زیادہ نظر آتے ہیں اور کتابی چہرے کم. زمانے کی بات ہے جب خوب سے خوب تر کی تلاش ہوتی تھی اب بد سے بد کو قابل رشک سمجھا جاتا ہے. اب یہ فیصلہ کون کرے گا کہ اس نفسا نفسی میں ہم خود کیا سمیٹیں گے اور اپنی نسلوں کو کیا دیں گے ؟'

ڈاکٹر سہیل ایک مبصر صفت انسان ہیں۔ اپنے ارد گرد کی دنیا سے محظوظ ہونا اور ان مشاہدات کی روشنی میں قارئین کی سوچ کو سیراب کرنا ہی اُن کا معاشرے کے لیے ایک تحفہ ہے۔

پاپی... ناول

نعیم اشرف

کون جانتا تھا کہ ای میل کے توسط سے مکتوبی ادب کا جو سلسلہ، دو سال قبل "درویشوں کا ڈیرہ" سے شروع ہوا تھا۔ ایک دن سات کتابوں کی شکل میں انگریزی و اردو ادب کے افق پر ایک درخشاں قوس قزح بن کر نمودار ہوگا اور عالمی ادب میں خطوط نویسی کو بطور ادبی صنف کہ دوبارہ زندہ و تابندہ کر دے گا۔ اس اہم صنف کے احیاء کا خواب خالد سہیل نے 2018ء میں دیکھا تھا۔ ادبی، علمی اور تخلیقی خطوط پر مشتمل جو کتب لمحہ موجود تک منظر عام پر آچکی ہیں، ان میں: درویشوں کا ڈیرہ، ادبی محبت نامے، Dervishes Inn، Literary Love Letters، In Search of Peace، شامل ہیں۔

زیر نظر کتاب "پاپی" مرزا یاسین بیگ اور خالد سہیل کے مابین لکھے گئے اڑتالیس خطوط کے تبادلے کا مجموعہ ہے۔ چونکہ خطوط کے تبادلے کے دوران دو مرکزی کرداروں کے بیچ ایک رومان آمیز دوستی پروان چڑھتی ہے۔ اس حوالے سے یہ کتاب ایک مستند Epistolary ناول بھی ہے۔ کہانی کا خاکہ کچھ اس طرح سے ہے::

کراچی میں رہائش پذیر رضوانہ حسین (مرزا یاسین بیگ) ایک شادی شدہ عورت ہے جو اپنے دو بچوں اور شوہر کے ساتھ ایک تکلیف دہ زندگی گزار رہی ہے۔ اس کرب انگیز زندگی کی وجہ اس کا اپنا شوہر ہے جو مہاجر نظریے کی سیاسی جماعت کا عہدے دار ہے۔ یہ وہ دور ہے جب کراچی پر بھتہ خوروں، منشیات فروشوں اور اغوابرائے تاوان ایسے افراد کا قبضہ تھا۔ اس جماعت کا لیڈر ملک سے فرار ہو کر بیرون ملک جا بسا تھا۔ رضوانہ کا شوہر کاشف آئے دن ڈاکے، قتل و اغواء برائے تاوان ایسی مختلف وارداتوں میں ملوث ہے۔

اس کا ذاتی کردار اتنا کمزور اور گھناؤنا ہے کہ وہ رضوانہ کو مجبور کرتا ہے کہ وہ باقی عہدے داروں کی بیویوں کی طرح پارٹی لیڈر کا دل لبھانے کے لئے اس کے ساتھ بیرون ملک کا سفر کرے تاکہ اعلیٰ قیادت خوش ہو کر اس کو بڑا عہدہ عطا کرے۔ رضوانہ کے انکار پر وہ اس کو شدید زدوکوب کرتا ہے۔ کاشف اپنی بیوی کو ذہنی اذیت دینے کے لئے اپنی پارٹی کارکن خواتین کو اپنے گھر میں بلا کر رنگ رلیاں منانے سے بھی باز نہیں آتا۔ رضوانہ کے پاس اس قید تنہائی کی واحد کھڑکی انٹرنیٹ ہے۔ اس گھٹن شدہ ماحول میں فیس بک کے ذریعے رضوانہ کا رابطہ اپنے ایک پرانے یونیورسٹی میٹ سے ہوتا ہے۔

عرفان قمر (خالد سہیل) کینیڈا میں گزشتہ تین چار دہائیوں سے رہائش پذیر ہے۔ وہ ایک انسان دوست، شاعر و ادیب ہے۔ دونوں یونیورسٹی کے زمانے میں قلمی دوست تھے، مگر پھر اچانک ان کا رابطہ منقطع ہو گیا تھا۔ جو اب فیس بک کی بدولت بحال ہو چکا ہے۔ عرفان اور رضوانہ کا بھائی شارق انسان دوست افراد ہونے کے ناتے ہم خیال دوست بن جاتے ہیں۔ وہ دونوں رضوانہ کو اس کی عائلی زندگی کے جہنم سے نکال کر کینیڈا پہنچانے میں کامیاب ہو جاتے ہیں۔ رضوانہ کینیڈا میں اپنے بھائی شارق اور اس کی سابقہ بیوی کے ساتھ رہتی ہے۔ کینیڈا میں قیام کے دوران رضوانہ اور عرفان کی دوستی مزید پروان چڑھتی ہے۔ رضوانہ اور عرفان کی دوستی کا انجام کیا ہوا؟ یہ بات آپ پر کتاب پڑھ کر کھلے تو بہتر ہے۔ قارئین کی دلچسپی کے لئے ان خطوط کی چند جھلکیاں ملاحظہ ہوں :

"ڈیئر عرفان!،

۔ دنیا میں سیکس ہی کیا سب سے بڑا سکہ ہے؟ کیا طاقت، مشہوری اور دولتمندی کا پہلا کام خوبصورت عورت کے ساتھ زبردستی سونا ہے؟ ایک تم ہو سب میں محبت اور پیار بانٹتے پھر رہے ہو اور ادھر یہ دو مرد ہیں ایک وہ جو اپنی بیوی کو سیڑھی بنا کر دولت اور طاقت سمیٹنا چاہتا ہے اور دوسرا وہ جو جس کو اپنے ورکروں کی بیویوں کے ساتھ سو کر طمانیت ملتی ہے۔ یہ کیسی دنیا ہے اور کیسے مرد ہیں؟(خط نمبر 14 سے اقتباس)

"ڈیئر رضوانہ!

تمہارا خط پہلی بار پڑھا تو میں بہت دکھی ہوا۔ اگر تم قریب ہوتیں تو ایک دوست کی حیثیت سے تمہیں گلے لگالیتا۔ تاکہ تمہارا دل ہلکا ہو اور تمہارے جسم اور ذہن کے زخم مندمل ہوں۔ تمہارا خط دوسری بار پڑھا تو مجھے مرد ہونے پر ندامت ہوئی۔ مجھے احساس ہوا کہ مرد نجانے کب سے عورت پر ظلم کرتے آئے ہیں۔ جبر کرتے آئے ہیں۔ ناانصافیاں کرتے آئے ہیں۔ وہ عورتوں کو اپنی ملکیت سمجھتے ہیں۔ ان کا جب چاہیں جسمانی، ذہنی اور جنسی استحصال کرتے ہیں۔ اور پوچھنے والا کوئی نہیں۔ مجھے تمہارا شوہر ایک مجرم اور ایک ذہنی مریض لگتا ہے۔ اور اس سے بڑا مجرم اور ذہنی مریض اس کی پارٹی کا لیڈر ہے۔ جو طاقت کے نشے میں اتنا مدہوش ہے کہ اپنے ممبروں کی بیویوں کا استحصال اور اپنی طاقت کا ناجائز استعمال کرتا ہے۔(خط نمبر 15)

مغرب و مشرق کے بے شمار تضادات کے باوجود ایک چیز جو دنیا بھر میں مشترک ہے وہ محبت کا جذبہ ہے۔ فرق صرف یہ ہے کہ مغرب میں اس جذبے کو عورت کے استحصال کے طور پر استعمال نہیں کیا جاتا۔ اور مشرق کی طرح جذباتی بلیک میلنگ نہیں کی جاتی اور نہ ہراساں کیا جاتا ہے۔ مشرق میں عورت پر اندرون خانہ تشدد بھی کیا جاتا ہے جس کا مہذب دنیا میں کوئی تصور نہیں۔ وہاں عورت کی مرضی کے بغیر اس کی طرف زیادہ دیر دیکھنا بھی ہراساں کرنے کے زمرے میں آتا ہے۔ مغرب میں عورت مختصر لباس میں بھی محفوظ ہے جب کہ ہمارے ہاں اونچی اونچی دیواروں اور سات حجابوں میں لپٹی عورت بھی غیر محفوظ ہے۔

جب رضوانہ اور عرفان کے مابین بے تکلفی ہو جاتی ہے۔ تو ایک خط میں عرفان، رضوانہ کو مرد عورت کی دوستی کے اپنے نظریے اور امیگرینٹس کے نفسیاتی مسائل کے بارے میں یوں بتاتا ہے:

"پیاری رضوانہ!

اب میں تمہیں ایک دل کی بات بتاتا ہوں۔ میری نگاہ میں مرد اور عورت کی دوستی کی تین منزلیں ہیں: پہلی منزل عزت، دوسری منزل محبت اور تیسری منزل فخر جسے انگریزی میں pride کہتے ہیں۔ میں تم سے محبت ہی نہیں کرتا۔ مجھے تمہاری دوستی پر فخر ہے۔ اور میں تمہارا تعارف اپنے دوستوں سے بڑے فخر سے کرواؤں گا۔ میں تم سے متفق ہوں کہ بعض مسلمان عورتیں اور مرد کینیڈا آکر کچھ زیادہ ہی شدت پسند اور فنڈامنٹلسٹ ہو جاتے ہیں۔ میرے خیال میں وہ مذہب کو ڈھال کے طور پر استعمال کرتے ہیں۔ جس کے پیچھے وہ اپنے نفسیاتی مسائل 'اپنی غیر یقینیاں اور اپنی insecurities چھپاتے ہیں۔ بدقسمتی سے ایسی بنیاد پرستی کی کوکھ سے منافقت جنم لیتی ہے۔"

مشرق و مغرب میں رومانی تعلقات کی تفاوت بارے رضوانہ کے ایک خط میں پوچھے گئے سوال کا جواب عرفان یوں دیتا ہے:

"ڈیئر رضوانہ!

تم نے مجھ سے مشرق و مغرب میں رومانی تعلقات کے بارے میں پوچھا ہے۔ میری نگاہ میں مشرق میں ایک مولوی دو اجنبیوں کے سامنے دو بول پڑھتا اور ان کا نکاح کر دیتا ہے۔ اور وہ ایک دوسرے کے لئے حلال ہو جاتے ہیں۔ میں ایسے کئی حلال جوڑوں سے مل چکا ہوں۔ جو برسوں سے loveless and sexless شادیاں نبھا رہے ہیں۔ وہ جوڑے سب کے سامنے ہنستے ہیں اور تنہائی میں روتے ہیں۔ وہ سب ایک منافقت کی زندگی گزارتے ہیں۔

اس کے مقابلے میں مغرب میں مرد اور عورتیں ایک دوسرے کو ڈیٹ کرتے ہیں۔ ایک دوسرے کی محبت میں گرفتار ہوتے ہیں۔ اور محبت کی شادیاں کرتے ہیں۔ اور اگر محبت مر جائے تو خوش اسلوبی سے جدا ہو جاتے ہیں۔ اور کسی اور کی محبت میں گرفتار ہو جاتے ہیں۔ وہ مشرقی لوگوں کی طرح ایک ہی شادی پر ایمان نہیں رکھتے۔

میری نگاہ میں مشرق میں لڑکیوں اور لڑکوں کی سکول اور کالج میں اور مردوں اور عورتوں کی معاشرے میں کے ہر ادارے میں جو صنفی امتیاز ہے وہ غیر فطری ہے۔ ہم نے اس غیر فطری طرز زندگی کو محترم، معتبر اور مقدس بنا دیا ہے۔

جنوں کا نام خرد رکھ دیا خرد کا جنوں

جو چاہے آپ کا حسن کرشمہ ساز کرے" (خط نمبر 13)

ان خطوط میں عرفان اور رضوانہ کی ذاتی زندگیوں کے تضادات کے ساتھ ساتھ خاندانی، سماجی اور سیاسی زندگیوں کے نشیب و فراز منکشف ہوتے ہیں۔ ان کی دوستی اور محبت کبھی سلجھ جاتی ہے کبھی الجھ جاتی ہے۔ روایت اور بغاوت کبھی آپس میں جھگڑتے ہیں کبھی آپس میں بغل گیر ہو جاتے ہیں۔ ان کا رشتہ زندگی کی طرح پیچیدہ بھی ہے، گنجلک بھی اور پر اسرار بھی۔ ان خطوط میں وہ دونوں محبت سے لے کر سیاست تک اور مذہب سے لے کر دہریت تک کے موضوعات پر ایک دوسرے سے اتفاق بھی کرتے ہیں اور اختلاف بھی۔ ان کی زندگی کی جدوجہد ان کے سماج اور ان کے عہد کے مسائل کی آئینہ دار ہے۔ وہ اپنے تمام تر اختلافات کے باوجود اپنی دوستی کے رشتے کو کیسے قائم رکھتے ہیں یہ ان دونوں کے لئے بھی حیران کن ہے۔" (صفحہ نمبر 4)

قرات (readibilty) کے اعتبار سے "پاپی" ایک محویت آمیز (engaging) کتاب ہے۔ ایک ناول کی جملہ خصوصیات: روانی، دلچسپی، پر اسراریت، موڑ اور منطقی انجام جیسی تمام صفات "پاپی" گونا گوں اپنے اندر رکھتی ہے۔ یوں "پاپی" اپی سٹولری (epistolary) ناول کی ایک عمدہ مثال ہے۔ جس نے خطوط نویسی جیسی معدوم ہوتی صنف کو نئی زندگی عطا کی ہے۔ یہ کام دونوں مصنفین کی جانفشانی اور عرق ریزی کے بغیر ممکن نہ تھا۔ خاص کر عورت بن کر خط لکھنا خاصا مشکل کام ہے۔ ایسی کتاب اردو ادب کو عطا کرنے پر مصنفین مبارک باد کے مستحق ہیں۔

نگر نگر کی کہانیاں

نعیم اشرف

کہانی کی تاریخ اتنی ہی قدیم ہے، جتنی حضرت انسان کی اپنی تاریخ۔ قرین از قیاس ہے کہ اولین انسانوں نے جب زبان کے ذریعے ابلاغ شروع کیا ہو گا تو سب سے پہلے ایک دوسرے کو، کوئی کہانی، کوئی واقعہ، کوئی قصہ ضرور سنایا ہو گا۔ آج سے آٹھ دس ہزار سال قبل جب انسان نے باقاعدہ لکھنا سیکھا تو سب سے پہلے اپنے گزشتہ احوال لکھے، واقعات لکھے اور ایسی داستانیں لکھیں جو اس وقت کے مطابق دلچسپ قصے تھے۔ یہ اساطیر آثار قدیمہ میں آج بھی ملتے ہیں اور ان کے تراجم ہو چکے ہیں۔ مختلف ادوار میں کہانی نے مختلف اشکال اختیار کیں۔ ڈرامہ، کہاوت، داستان، ناول، افسانہ، اور افسانچہ کہانی کی ہی مختلف جہتیں ہیں۔

دنیا کے ادبی منظر نامے پر عمیق نظر ڈالنے سے معلوم ہوتا ہے کہ جن بین الاقوامی زبانوں نے سب سے زیادہ ادب تخلیق کیا ان میں، انگریزی، روسی، ہسپانوی، لاطینی اور فرانسیسی شامل ہیں۔ اس کے علاوہ مقامی زبانوں میں، عربی، ہندی، اردو، فارسی، پشتو، براہوی، بلوچی اور پنجابی نے ادب کے میدان بالخصوص داستان گوئی میں کارہائے نمایاں سرانجام دیے ہیں۔ مگر اوپر بیان کی گئی تمام زبانیں اس وقت تک بین الاقوامی ادبی کینوس پر نمایاں مقام حاصل نہ کر سکیں جب تک ان کے تراجم بین الاقوامی زبانوں میں نہیں ہو گئے۔

ہر زبان اپنے اندر جغرافیائی، ثقافتی اور معاشرتی مزاج رکھتی ہے۔ ترجمہ ابلاغ کی وہ کارآمد 'تار' ہے جو مختلف زبانوں میں لکھی گئی کہانیوں کو قاری کی زبان سے جوڑ کر اس تک پہنچا دیتا ہے۔ ترجمے کی اتنی زیادہ اہمیت ہے کہ اگر الہامی کتابوں کے ترجمے نہ ہوتے تو مذاہب سکڑ کر مقامی ہی رہ جاتے وہ بین الاقوامی شہرت کبھی حاصل نہ کر پاتے۔ اساطیر الاولین کے تراجم نہ کیے جاتے تو آج ہم، بدھا، مہاویرہ، کنفیوشس، افلاطون، سقراط، بقراط، ارسطو اور زرتشت جیسے فلاسفروں اور سماجی سائنسدانوں کے ناموں سے شاید واقف بھی نہ ہوتے۔

الغرض، اگر بین الاقوامی زبانیں بہتے دریا ہیں تو ان کے تراجم وہ نہریں ہیں جو ان دریاؤں کو نہ صرف آپس میں ملاتی ہیں بلکہ ان کے درمیان موجود تشنہ ادبی زمینوں کو سیراب بھی کرتی ہیں۔ ہمیں نگر نگر کے باسیوں کی بود و باش، خوشیاں، غم، نظریات حتیٰ کہ رومان انگیزی تک سے واقفیت حاصل ہوتی ہے۔

زیر نظر کتاب: "نگر نگر کی کہانیاں" مشہور عالمی ادب کے تراجم پر مشتمل ہے۔ اس کتاب میں روسی، انگریزی، جرمنی، فارسی، عربی اور افریقی ادب سے کل تیس کہانیاں ترجمہ کی گئی ہیں۔ یہ کہانیں اپنے وقت کی دلچسپ اور اثر انگیز داستانیں ہیں۔ جو نہایت مہارت سے اردو افسانے کے قالب میں ڈھال دی گئی ہیں۔

پڑھتے ہوئے یوں محسوس ہوتا ہے جیسے یہ کہانیاں اردو ہی میں تحریر کی گئی تھیں۔ یہ مترجموں کی جانفشانی اور انگریزی و اردو زبان پر دسترس کا ثبوت ہے۔ افسانوں میں کہانی کی اصل روح برقرار ہے حالاں کہ اس سے قبل ان کہانیوں کو اپنی خلقی زبان سے انگریزی کے قالب میں بھی ڈھالا گیا ہو گا۔

تمام کہانیوں کے بارے یہاں لکھنا ممکن نہیں ہے۔ مگر جن کہانیوں نے ہماری ادبی حس کو خوشگوار کیا م ان میں: دو گز زمین (لیو ٹالسٹائی)، قبرستان کا رشتہ (گائی ڈی موپاساں)، شرط (انتون چیخوف)، ایک فلسفی کی بات (شیخ سعدی)، معزز طوائف (ڈرامائی کہانی: ژاں پال سارتر)، اور کیا تم مجھ سے محبت کرتے ہو؟ (منظوم کہانی: آر ڈی لینگ) قابل ذکر ہیں۔

دو گز زمین، لیو ٹالسٹائی کی ایک نا قابل فراموش کہانی ہے۔ اس کا مرکزی خیال یہ ہے کہ انسانی زندگی کے اکثر مسائل اس کی سوچ کے پیدا کردہ ہیں۔ اپنی سوچ کو لالچ، حسد اور بغض سے محفوظ رکھنا چاہیے۔ نفرت، منفی سوچ اور لالچ انسان کی پر سکون زندگی کو اسی دنیا میں جہنم بنا دیتے ہیں۔

اسی طرح انتون چیخوف کی کہانی ڈاکیہ، ایک ہی ڈھنگ یا یک رنگی ترتیب monotonous routine سے گزرنے والی زندگی کے پس منظر میں پیدا ہونے والے مسائل کا احاطہ کرتی ہے۔ انسانوں کو نفسیاتی مسائل سے بچنے کے لئے اپنے معمول، جگہ، کام کی ترکیب و ترتیب کو تبدیل کرتے رہنا چاہیے۔ ایسا نہ کرنے سے نفسیاتی الجھنیں جنم لیتی ہیں۔ جس میں غصہ، اداسی۔ پژمردگی اور چڑچڑاپن اہم مسائل ہیں۔

گائی ڈی موپاساں کی کہانی ہیروں کی مالا بہت دلچسپ کہانی ہے۔ یہ دو سہیلیوں کی ادھوری ابلاغ سے پیدا ہونے والی غلط فہمی کی ایک مختصر اور دلچسپ داستان ہے۔ خلاصہ یہ ہے کہ ہر رشتے بالخصوص دوستی کے رشتے میں آپ کو کچھ تنگ کرے تو رواداری، محبت اور رکھ رکھاؤ کو ایک طرف رکھ کر اپنا مسئلہ دوست، یا محبوب، کے سامنے رکھیں۔ اس کو خاموشی سے برداشت مت کریں۔ کسی اذیت میں مبتلا نہ رہیں۔ بقول ڈاکٹر خالد سہیل: "ھارٹ ٹو ہارٹ ٹاک" کریں۔ رابطے منقطع کرنے کے سے مسائل بڑھتے ہیں اور پھر بڑھتے ہی جاتے ہیں۔ بلاشبہ نگر نگر کی کہانیاں عالمی ادب کے تراجم کے حوالے سے عالمی ادب میں ایک گراں قدر اضافہ ہے۔

شاہد اختر نے قانون کی تعلیم حاصل کرنے کے بعد ایک عرصہ انٹرنیشنل کارپوریٹ لا کی پریکٹس کی۔ اس کے علاوہ جن شعبوں میں انھوں نے کام کیا، ان میں ٹیلی وژن، صحافت، کینیڈا کی سول سروس اور انسانی حقوق کے شعبے شامل ہیں۔ شاہد اختر آج کل مقامی اور بین الاقوامی ADR (alternate dispute resolution پر کام کر رہے ہیں۔ اس موضوع پر ان کی کتاب Compass for conflict resolution 7 Cs ایمازون پر چھپ کر منظر عام پر آچکی ہے۔ اختر اردو و فارسی شاعری اور بین الاقوامی نثر میں بھی گہری دلچسپی رکھتے ہیں۔ اور کثیر الجہت زبانوں بالخصوص روسی مصنفین کو ترجمہ کر کے اردو قارئین کو عطا کرتے رہتے ہیں۔ یہ کتاب بھی اسی سلسلے کی ایک کڑی ہے۔

ڈاکٹر خالد سہیل ایک معتبر ادیب، طبیب اور دانشور کے طور شمالی امریکہ میں اہم مقام کے حامل ہیں ہی۔ مگر ڈاکٹر صاحب ترجمے کے میدان میں بھی اتنی ادب کی اتنی خدمت کر چکے ہیں، یہ ہمیں 'نگر نگر کی کہانیاں" پڑھ کر معلوم ہوا۔ ڈاکٹر صاحب واقعتاً اب کسی تعارف کے محتاج نہیں رہے۔ بقول شاعر:

میں اس کا نام نہ لوں پھر بھی لوگ پہچانیں
کہ آپ اپنا تعارف ہوا بہار کی ہے

دیوتاؤں کے وجود سے مُنکر دیوتا

فرحت پروین

ڈاکٹر خالد سُہیل کا غائبانہ تعارف تو چند برس پہلے امیر حسین جعفری کے توسط سے ہوا جب میں اُسے ملنے ٹورنٹو گئی اور پھر صورت آشنا بھی اُسی کے توسط سے ہوئی جب اُس نے لاہور کا سموپولیٹن کلب میں اُنکے اعزاز میں ایک تقریبِ ملاقات رکھی جس میں امیر نے مجھے صدارت کا اعزاز بخشا مگر میں بوجوہ تقریب کے اختتام سے پہلے نکل آئی اور اُن سے بالمشافہ بات چیت نہ ہو سکی۔ پھر اِس بار امریکہ میں میرے خاصے طویل قیام کے دوران اُنہیں جاننے کا موقع ملا۔ اگرچہ یہ کثیر الجہات شخص ایک کھُلی کتاب ہے اِسکے باوجود ایک لکھنے والے کو سب سے زیادہ عیاں اُسکی تحریروں کے آئینے میں دیکھا جاسکتا ہے کہ وہاں وہ اپنی سطر سطر بلکہ لفظ لفظ میں اپنے قلب وروح کی پوری توانائی کے ساتھ موجود ہوتا ہے۔ اپنی تخلیقات میں مصنف اپنے تجربات ومشاہدات کی روشنی میں اپنی ذات کو آئینہ کر دیتا ہے۔ اگر میں اُنکے افسانوی مجموعے 'دیوتا' کے ہر افسانے پر بات کرنا چاہوں تو یہ پُوری ایک کتاب بن جائے گی اسلئے میں مختصر جائزے پر اکتفا کرونگی۔

اُن کے افسانے "دو پیروں والی ماں' میں ڈاکٹر خالد سُہیل کا مشاہدہ حیران کُن حد تک مکمل ہے یُوں لگتا ہے جیسے خود اُنہوں نے ہاتھی کے بچے کی جُون بدل لی ہو۔ دو پیروں والی ماں کا تلازمہ انتہائی دلچسپ ہے۔ اور یہ کہ اُنس ومحبت ایسا جذبہ ہے جسے جانور بھی محسوس کر لیتے ہیں اور یہ دوطرفہ ہوتا ہے۔

'دھرتی ماں اُداس ہے' بہت خوبصورت دِل کو چھونے والا افسانہ ہے اس میں ہجرتوں کے دُکھ ہیں جن میں سے کچھ اختیاری ہیں اور کچھ جبری۔ اس میں خالد سہیل کہتے ہیں

"جب لوگ ایک بار اپنے گھر کو چھوڑ دیں تو پھر اُنہیں کہیں سکون نہیں ملتا۔ جب دھرتی ماں سے ایک بار رشتہ کٹ جائے تو کسی رشتے میں چین نہیں ملتا۔"

ہجرتیں جبری ہوں یا اختیاری دُکھ تو دیتی ہیں مگر ہر ایک کا اپنے حالات کے مطابق سچ الگ ہے۔

یہ افسانہ اُنہوں نے بہت وسیع تناظر میں لکھا ہے۔ اپنی جہاں گردی کی وجہ سے مختلف ممالک کے تارکین وطن کی طبقاتی تفریق کی وجہ سے یہ افسانہ انفرادی مشکلات کے ساتھ ساتھ وسیع تناظر میں سماجی اور سیاسی زوال کی مختصر کہانی بھی ہے۔

"میٹھا زہر" علامتی انداز میں لکھا ہوا متاثر کُن افسانہ ہے جس میں اُنکی اپنے قلم پر گرفت عروج پر ہے۔ اس افسانے میں اُنہوں نے چند سطروں میں پاک وہند کی تقسیم سے لے کر لمحہءِ موجود تک کی پُوری تاریخ سمو دی ہے۔ تعصب، تنگ نظری' معاشی ناہمواری اور منافقت کی دیمک جو دھرتی ماں کو کھوکھلا کئے دے رہے ہیں۔ ہم کہیں بھی جا بسیں اور کتنا ہی خود کو ان مسائل سے آزاد کر لیں مگر کچھ دھاگے کی وہ ڈور جو کہیں بہت اندر سے آپکو باندھے ہوئے ہے اُسکا کیا کریں گے چاہیں تو اُسے ایک جھٹکے سے توڑ دیں۔۔۔ مگر۔۔۔ وہ جو آپکے اندر خون کی طرح گردش کر رہی ہے اُسکا کیا ہو۔۔۔

ڈاکٹر خالد سہیل نے زندگی سے متعلق تقریباً ہر موضوع کو چُھوا ہے۔ مشاہدے کی گہرائی بھی کسی ادبی تحریر میں اضافے کا باعث بنتی ہے جو خالد سہیل کی تحریروں میں بدرجہ اتم موجود ہے اور اس اضافی خُوبی کا سبب اُنکا ماہرِ نفسیات ہونا ہے۔ اور ہر بات کی تہہ تک پہنچنا اِس ماہرِ نفسیات کی فطرت ہے۔ سو وہ ہر صورتِ حال کو انسانی نفسیات سے منطبق کر کے اُسے قابلِ قبول بنا دیتے ہیں۔ اور ایسا اُنکے اکثر افسانوں میں ہوتا ہے۔

اُنکا افسانہ 'دیوتا' میرا پسندیدہ افسانہ ہے اس میں اُنکا فن عروج پر ہے۔ اتنے اختصار پر بھی بہت مکمل ہے اور اختتام پر تو دم بھر کو میں سانس لینا بھول گئی۔ اِسی طرح کئی اور جگہوں پر بھی انہوں نے اپنی تحریروں میں رنگ بھرا ہے۔

وہ کسی ماہر غواص کی طرح بحرِ معانی میں غوطہ زن ہوتے ہیں اور لفظوں کے سچے موتی نکال لاتے ہیں اور پھر اُنہیں ایک مرصع کار کی طرح بڑی سہولت سے اپنی تحریر کے سانچے میں جڑ دیتے ہیں۔ اور پھر اس میں سے از خود دانشوری کسی پہاڑی جھرنے کی طرح پھوٹ نکلتی ہے

کچھ جُملے ملاحظہ فرمایئے

" آپ کبھی کبھار سوچتی ہیں کہ میں اپنا غم بیان کرتے کرتے شاعرانہ انداز اختیار کر لیتا ہوں افسانویت پیدا کر دیتا ہوں لیکن یہ خوشی سے نہیں مجبوری سے ہوتے ہیں چونکہ الفاظ انسانی غم کا بوجھ برداشت نہیں کر سکتے تو ہم تشبیہوں او استعاروں کی بیساکھیاں ڈھونڈ کے لاتے ہیں کہ انکے سہارے چند قدم اور چل سکیں۔۔۔'

'انسانی صلاحیتں بھی سورج کی شعاعوں کی طرح ہوتی ہیں اگر ایک نقطے پر مرکوز نہ ہوں تو آگ پیدا نہیں کر سکتیں۔ میرا خیال تھا کہ آپ کی ذات میرے لیے محدب عدسے کا کام دے گی مگر افسوس ایسا نہ ہو سکا۔ آج میں اپنے رشتے کا ماتم کرنے آیا ہوں'

میرا ماننا ہے کہ ہر کہانی اپنا اسلوب اور زبان اپنے ساتھ لاتی ہے۔ خالد سہیل کے ہاں بھی یہی انداز بھرپُور انداز میں کار فرما ہے۔

حصہ سوئم: فلسفیانہ مضامین

کھرے اور بیباک اسلوب کا مالک

نسیم سید

کسی بھی دور کی معاشی، سیاسی، ذہنی اور تہذیبی جدوجہد کو سمجھنے کیلئے اس دور کے ادب کا مطالعہ ضروری ہے۔ خصوصاً ان ادیبوں اور دانشوروں کی تحریروں کا مطالعہ ضروری ہے جو کشتِ ادب میں واالات کے بیج چھڑکتے ہیں کیونکہ واالات لے ان ہی جوں ں سے امکانات کی تازہ ل ت تیار ہوتی ہے۔ او ریہی وہ دانشور ہیں جو اپنے دور کی تاریخ مرتب کرتے ہیں۔

شمالی امریکہ میں بھی اردو ادب سے وابستہ دانشوروں کا ایک چھوٹا سا گروہ اپنے دور کی تاریخ مرتب کرنے میں مگن ہے۔ جس کے قلم میں جتنی ہمت ہے، اتنی ہی دی سی سے وہ اپنے اردگرد لے واالات اور ناانصافیوں کو مجسم کر کے دُنیا سے متعارف کرا رہا ہے۔ اس گروہ میں سے کچھ اردو ادب کی کلاسیکی روایات کو اپنے منجھے ہوئے انداز سے نئی چمک دمک بخش رہے ہیں، کچھ ہجرت سے یدا اہونے والے نئے نئے مسائل اور احساسِ بے زمینی کی بے رن کیفیات کو ادب کے کینوس پر انوکھے رنگوں سے اُجاگر کر رہے ہیں۔ کہیں حقیقت کل کی فلفتی نہ بحث ہے۔ اور کہیں جبر اور نفرت کی آگ میں گھرے انسانوں کے جلتے ہوئے جسموں کی بُو۔ لیکن ایسے قلم صرف چند ہیں جن کی گرفت میں تمام کے تمام موضوعات ہیں۔ اور ان چند میں ایک نام خالد سہیل کا ہے۔

خالد کی گذشتہ تخلیقات "تلاش"، "Breaking The Chains" اور "زندگی میں خلاء" ان کے ذہنی سفر کے وہ سنگِ میل ہیں جن سے نہ صرف ان کے اس سفر کے فن سے واقفیت یا ناواقفیت کا پتہ چلتا ہے۔ بلکہ یہ احساس بھی ہوتا ہے کہ وہ زندگی کے صحرا میں دور تک لے ہوئے درد کے فاصلوں کو کس طرح مٹا دینا چاہتے ہیں۔ وہ فاصلے جو انسانوں کے درمیان رنگ، نسل اور روایت کی صورت میں حائل ہو گئے ہیں۔ وہ ایشیائی قوموں کا احساس پس ماندگی ہو یا افریقی عوام سے لپٹی ہوئی تعصب کی داستان، نقل مکانی سے یدا اہونے والی الجھنیں ہوں یا نئی نسل پر اس الجھن کے اثرات خالد کا رابطہ سب سے ہے۔ محبّت انکا بھی موضوع ہے لیکن وسیع تر معنوں میں انکی محبت اپنی ذات سے بھی ہے۔ اس کائنات سے بھی جس میں وہ سانس لے رہے ہیں۔ اور اس کائنات سے بھی جو ابھی دریافت نہیں ہوئی۔ جس میں بسنے والی مخلوق تاریخ کا جبر سہہ کے بھی حوصلے سے زندگی گزار رہی ہے۔ اس حوصلے نے اس کیقوتِ مدافعت کو مضبوط کر دیا ہے اور اس قوت مدافعت کے سہارے وہ ان دیواروں پر جو روایات کے گارے سے لیپ پوت کے مضبوط تر کر دی گئی ہیں، ٹھوس دلائل کے ہتھوڑے سے مسلسل ضرب

لگا رہی ہے۔ اسے اپنی اس حیثیت سے انکار ہے کہ ایک پ ی

ی کی طرح ماحول میں رنگ بھرنے کی خاطر جس دیوار پر چاہیں ایک کیل سے لٹکا دیں۔ خالد کو اس کا احساس ہے۔ وہ آزادی کے صحیح تصوّر سے واقف ہیں اسی لئے طبقاتی سماج پر انکا یقین نہیں۔ یہی سبب ہے کہ نظم ہو یا نثر وہ ذاتی دکھوں کی ہیر س سے گریز کرتے ہوئے اپنے الفاظ کی تسبیح میں دوسروں کا دھ پروتے لے جاتے ہیں۔ خالد نہ صرف خود اس جدوجہد میں مصروف ہیں کہ طاقت کے سماج میں انسانیت رواج پا جائے تا کہ اس جدوجہد میں وہ تمام نامشامل کرنے کے خواش مند نظر آتے ہیں جو سماج میں کو شگوار دیلی ی کے خواش مند ہیں زیر نظر تراجم بھی اسی کی ایک مثال ہیں۔ یہ نہ صرف مغرب کی دانشور خوان پ کی ایک فہرست ہے بلکہ یہ وہ آوازیں ہیں جو اپنی تحریروں سے نکل کے سامنے کھڑی آنکھوں میں آنکھیں ڈالے یوم رہی ہیں۔ "عورت کی حقیقت کیا ہے؟ اس کی ذات کی حقیقت کیا ہے؟" یہ آوازیں ان واالات کے جواب جانتی ہیں۔

"میں نہیں جانتی، مجھے یقین ہے کہ آپ بھی نہیں جانتے۔ میر اایمان ہے کہ اس وقت تک نہیں جان سکتے جب تک اس کے سب رنگوں کو ان تمام فنوں اور پیشوں میں نہ بکھیر دیا جائے جو انسانوں نے آج تک سیکھے ہیں۔"

(ورجینیا وولف، عورتوں کے پیشے)

اپنے والوں کا جواب معلوم ہونے کے اوجود اسے اپنے ماحول کا اندازہ ہے۔ اور وہ پھر خاموشی کی پناہ میں چلی جاتی ہے۔

"اسے اس ات کا شعور ہو جاتا ہے کہ مرد اس کے ذبات کے کھرے اور سچے اظہار سے ناخوش ہیں۔ یہ خیال اس کے قلم کی زنجیرن جاتا ہے۔ اور وہ قلم رکھ دیتی ہے۔"

(ورجینیا وولف، عورتوں کے پیشے)

خالد خالدؔ نے جن مضامین کا ترجمے کیلئے انتخاب کیا ہے اس سے اندازہ ہوتا ہے کہ انہیں اس ات کا بخوبی احساس ہے کہ عورتوں کی خود کو نورانے کی جدوجہد کا قصد یہ نہیں کہ انہوں نے مردوں کے خلاف کوئی علم بغاوت بلند کیا ہے، عورت کے مرد سے بہت سے خوبصورت اور سچے رشتے ہیں۔ اور اس کا ذہن ان رشتوں سے گندھا ہوا ہے۔ اسے یہ شکایت اور یہ بغاوت اس نظام سے ہے جو عورت کو یا تو کائی حیثیت ہی دیتا۔ اور اگر دیتاے تو تیسرے درجہ کے شہری کی جس کے ثبوت کے طور پر خالدؔ نے

"عورتیں اور تنخواہ" کا ترمہ پیش کیا ہے۔

1. "فرانس میں 1695ء میں عورتوں کو مردوں کی بہ نسبت آدھی تنخواہ ملتی تھی۔"

"جبکہ امرکہ میں 1916ء میں بھی عورتوں کو مردوں کی بہ نسبت آدھی تنخواہ ملتی تھی۔"

"انہی دنوں جرمنی میں عورتوں کو مردوں کی تنخواہ کا صرف 50 فیصد ملتا ہے۔"

(عورتیں اور تنخواہ)

اس قسم کے اور بہت سے حقائق ان تراجم میں جواب طلب نظروں سے پوم رہے ہیں۔

کیا اس نظام کو دیلیل نہیں ہونا چاہیئے؟ وہ نظام جو اپنی الادستی کی تہ میں ہر کمزور کو پیس دے اسے جلد یا بدیر ختم ہونا ہے۔ کتنی عجیب ات ہے کہ انسان اس جُرم کی سزا بھگتے جو سرے سے اس کا جُرم ہی نہ ہو۔ سیاہ فام نسل نے جس نفرت اور حقارت کے احساس کے ساتھ زندگی گزاری وہ اس کا جرم کب تھا۔ ماما اینگلو کی تحریر "ڈی نٹ ہ سں پ اور ماما" خالد کے اس کرب کی آئینہ دار ہے۔ بچّی چار دن سے دانت کے درد سے بدحواس ہے۔ کالوں کے حلے کو دانت کا ڈاکٹر میسّر نہیں۔ جب دانت کا درد نا قابلِ برداشت ہو جاتا ہے تو بچی کی نانی جبوررا گوروں کے حلے کے گورے ڈاکٹر کے پاس بچی کو لے جاتی ہے۔ اور پچھلے دروازے سے مجرم کی طرح کلینک میں داخل ہوتی ہے۔ نرس نہایت ترشی سے کہتی ہے۔

"کیا تمہیں معلوم نہیں کہ یہ ڈاکٹر سیسیاہ فام کو نہیں دیکھتا۔" اور پھر ڈاکٹر کا یہ کہنا

"میر ااصول ہے کہ میں کسی کتے کے منہ میں ہاتھ ڈال لونگا لیکن کسی نیگرو کے نہیں۔" اور پھر بچی کا اندرونی کرب

"یہ کیا المیہ تھا کہ دانت کے درد کے ساتھ کالی جلد کے بھاری بوجھ کا درد بھی برداشت کرنا پڑا رہا تھا۔"

(ڈ ی نٹ ہ س پ اور ماما)

خالد کے ان تراجم میں کئی مضامین ایسے ہیں کہ پڑھنے والا ان تباہ حال اور دردناک آوازوں میں کھو جاتا ہے جو الا دوارں کے جبر کا ماتم کرتی سنائی دیتی ہیں۔ اس کو یہ تمام م، ساری نفرتیں اپنے آپ سے لپٹی محسوس ہوتی ہیں۔ اور جب ہوش آتا ہے تو بے اختیار خالد کے انتخاب کی داد دینی پڑتی ہے۔

خالد سہیل نے اپنے احساسات ان تراجم کے ذریعے لوگوں تک پہنچانے کی ایک کامیاب کوشش کی ہے۔ وہ جانتے ہیں کہ

"ادب نے ہمیشہ اپنے عہد کی دکھتی رگ پر ہاتھ رکھا ہے۔" اس لیے مسلسل وہ اپنے طور پر یہ احساس دلانا چاہ رہے ہیں کہ

ہمیں انفرادی اور اجتماعی طور پر انسانی معاشرے میں انسانیت کی قدر مشترک جلد یا بدیر قبول کرنی ہو گی یا تو ہم سب مل کر بہتر زندگی کی جدوجہد کریں گے یا مل کے خودکشی کر لیں گے۔

(خا لد سہیل۔ عصری ادب)

مشرقِ وسطیٰ-ایک تخلیقی اظہار اور تجزیاتی نظر

اشفاق حسین

خالد سہیل اور ہم سب نے اپنی آنکھوں کے سامنے مشرقِ وسطیٰ میں "امن کی دیوی" کو ایک نہیں کئی مرتبہ قتل ہوتے ہوئے دیکھا ہے۔ لیکن ہم سب کی نگاہوں میں قتل گاہ کے منظر نامے جُدا جُدا ہیں۔ اس کے نتیجے میں ہمارے احساسات کی سطحیں بھی مختلف ہیں۔ جو کچھ ہم دیکھ سکے، جو کچھ ہم سمجھ سکے یا جو کچھ ہمیں سمجھایا گیا اس کا دائرہ بہت زیادہ وسیع نہیں ہے۔ ضرورت اس ات کی ہے کہ اس سلسلے میں غور و فکر کے دائروں کو وسیع سے وسیع تر کیا جائے۔

زندگی کے معمولی معمولی تجرات ہوں یا بڑے بڑے عالمی واقعات، انُ سب کے ارے میں، اپنی کوئی رائے قائم کرنے سے پہلے یہ بہت ضروری ہے کہ ہم ان کی جزیاتت کو انُ کے صحیح تناظر میں دیکھنے کی کوشش کریں۔ مشرقِ وسطیٰ کے بحران کی اتنی ساری تہیں ہیں، اتنے سارے پیچ ہیں اور اتنے بہت سے زاویے ہیں کہ کسی ایک کلید سے اس دروازے کا تالا کھلتا ہوا نظر نہیں آتا۔ سیاسی، مذہبی اور معاشی صرف ان تینوں حوالوں سے ہی اگر دیکھا جائے تو غور و فکر کے سینکڑوں پہلو اپنی طرف متوجہ کرتے ہیں۔

خالد سہیل کی یہ کتاب بھی جسے اسُ نے "امن کی دیوی" کے نام سے مرتب کیا ہے۔ اپنے اندر غور و فکر کے بہت سے پہلو لیے ہوئے ہے۔ اس کتاب کو ن پ ّوں ں میں تقسیم کیا گیا ہے۔ جس کا پہلا اور دوسرا حصّہ تخلیقی نوعیت کا ہے جب کہ تیسرا حصّہ مضامین کے تراجم پر مشتمل ہے۔ اس کتاب کو مرتب کرتے ہوئے خود اس نے یہ کہا ہے کہ میں نے اس میں شاعری، نثر، سفر نامے اور خلیج کی جنگ کے ارے میں مضامین، انٹرویوز، تاریخی دستاویزات اور طوطط کے تراجم سے ایک کولاژ تیار کرنے کی کوشش کی ہے۔

اس کولاژ کو پہلی ہی نظر میں دکھتے ہوئے ہم سفر نامے کی دنیا میں داخل ہوتے ہیں۔ ایک ایسا سفر نا جو اسرائیل اور بنی اسرائیل سے متعلق ہے۔ اس موضوع کے ساتھ بہت سے مذہبی، سیاسی، سماجی اور معاشی عوامل وابستہ ہیں۔ ان سب عوامل نے مل کر دوسری جنگِ شاع کے بعد انسانی تاریخ کے تمام پہلوؤں کو متاثر کیا ہے۔ ہم جس دور میں زندہ ہیں اس کے مسائل کی بہت سی یا دیدی ابیاں اس خطۂ عالم کے امن سے وابستہ ہیں۔ اس لحا ظسے دیکھا جائے تو اس موضوع میں دپسی ک کے ہزار پہلو ہیں۔

اسرائیلی مہمان نوازی:

اردو سفر نامے کی روایتی تکنیک پر پوری طرح نہ اتُرنے کے اوجود بھی "امن کی دیوی" کا پہلا حصّہ بہت سے بے قصد سفر ناموں سے کئی گنا انادی ا ور امعنی نظر آتا ہے کہ اس کو لکھتے ہوئے صرف آنکھیں ہی نہیں بلکہ دل کے نرم گوشوں کو بھی کھلا رکھا گیا ہے۔

یہ سفر نا جو یروشلم میں ہونے والی کانفرنس کے ایک دعوت نامے شروع ہوا ہے۔ اسرائیل کی نئی نسل کی نمائندہ میراو، کے بہت ہی چونکا دنے والے خیالات کے ساتھ ختم ہوتا ہے۔ میراو جو ایک نوجوان اسرائیلی خاتون ہے اس نے اپنے خیالات کا نہایت جرات مندانہ اظہار کرتے ہوئے کہا:

"اسرائیل ایک بحران کا شکار ہے، ہم دوراہے پر کھڑے ہیں ایک طرف وہ پرانی نسل ہے جس پر ہولوکاسٹ میں ظلم ہوئے، انہوں نے قرانیاں دیں اور خون بہا کی ندیاں بہا کر یہ ملک حاصل کیا اور جب ملک ن گیا اور انُ کے پاس سیاسی طاقت آگئی تو انُ کی آنکھیں چندھیا گئیں۔ مظلوم خود ظالم ن گئے ا ور ایسا تاریخ میں کئی دفعہ ہوا ہے۔ انہوں نے فل س ط ینیوں کے ساتھ وہی سلوک کیا جو بروں سے خود انُ کے ساتھ ہوتا آرہا تھا۔

حصہ سوئم: فلسفیانہ مضامین　　　　　مشرقِ وسطیٰ - ایک تخلیقی اظہار اور تجزیاتی نظر

دوسری طرف وہ نوجوان اسرائیلی ہیں جو یہاں پیدا ہوئے اور یہیں پلے بڑھے، میں بھی ان میں سے ایک ہوں، ہم حکومت کی پالیسوں کے خلاف ہیں۔ ہم مذہبی جنون اور سیاسی تشدّد کے خلاف ہیں۔ ہمارا خیال ہے کہ ظلم صرف مظلوم کے لئے ہی نہیں بلکہ ظالم کے لئے بھی نقصان دہ ہے۔ ہم امن چاہتے ہیں ہم فلسطینیوں کو ان کا حق دنے کے حق میں ہیں۔"

"امن کی دیوی" میں میرا وکے یہ خیالات بلکہ تقریر پڑھ کر یقین کرنے کو جی نہیں چاہتا۔ ایک خیال سا آیا کہ کہیں یہ سب کچھ بھی کسی بڑے کھیل کا حصہ نہ ہو۔ لیکن اسرائیل کے اندر مذہبی یادید پرواں اور روشن خیال ذہن رکھنے والوں کے درمیان مسلسل تضادات کے پیشِ نظر، دل نے اس کو قبول کر لیا۔

اس سفرنامے میں ں مس میراو جیسی خاتون کے روشن فکر کے چراغ جھلمل جھلمل کرتے ہیں وہیں خود خالد کے لبرل ویوز کی بھی پوری نشاندہی ہوتی ہے۔ اس نے اس سفرنامے کی ابتداء ہی اس جملوں سے کی ہے کہ:

"دُنیا کے نقشے پر پاکستان اور اسرائیل ہی دو ایسے الکلک ہیں جنھوں نے مذہب کی کوھ سے جنم لیا۔ لیکن دلچسپ ات یہ ہے کہ پاکستان ہی نے اسرائیل کے وجود کو کبھی تسلیم نہیں کیا۔"

یہیں پر میں خالد کے اس نقطۂ نظر سے اتفاق نہیں کرتا کہ اسرائیل اور پاکستان کی تخلیق کے اسباب ایک ہی ہیں۔ دراصل دونوں کی تخلیق میں مذہب یادیدی حوالے کا کام کرتا ہے۔ لیکن پاکستان کی تخلیق ان معنوں میں جمہوری اور عوامی ہے کہ اس کے قیام کا مطالبہ برصغیر کی مسلم اقلیت نے قومی م ں کے حقِ خود اختیاری کے اصول پر کیا تھا، اور وہ بھی صرف ان علاقوں کے لئے کیا تھاں مس پر ان کی بہت واضح اکثریت تھی۔

کہنے کا قصد یہ ہے کہ خالد نے اپنے سفرنامے کا آغاز، ایک ای ب کھلی فضا میں کیا ہے جس میں اس کی شخصیت، غیر تعصب اور غیر جانبدار نظر آتی ہے۔ یہ اسی فکر کا نتیجہ ہے کہ:

1. وہ اسرائیلی مہمان نوازی سے متاثر ہوا۔

ہولوکاسٹ میوزیم دیکھ کر اُسے سراہا۔

یہودیوں پر دُنیا بھر میں ہونے والے مظالم کی تاریخ کے ارے میں بنائے جانے والے آرٹکے میورل کو دیکھ اپنے ذبۂ تحسین کا برملا اظہار کیا۔

4. کبوتز کے وزٹ کے دوران اس کے ماحول کو پسندیدگی کی نظر سے دیکھا۔

0. کٹر یہودی یادید پرواں کے مذہبی روی یّ ں کے ارے میں اپنی بے اطمینانی کا اظہار اس حسرت کے ساتھ کیا کہ "میرا خیال تھا کہ صرف مسلمان ہی توہم پرست ہوتے ہیں لیکن اب انداز ہو رہا تھا کہ اقی مذاہب کے پیروکار بھی اس میں برابر شریک ہیں۔"

5. دیوارِ گریہ کے سائے میں فوجی وردی اور بندوق کے ساتھ عبادت کے تصوّر سے اسے رت ت ہوئی۔

7. دیوارِ گریہ، صلیب کا راستہ، مسجد اقصیٰ، ان تینوں مقامات سے واپس آنے کے بعد تنہائی میں اس کی روح کی بے کلی ظاہر ہوتی ہے۔ وہ رت ان ہوتا ہے کہ یہودیت، اسلام اور عیسائیت کی روحانی قدروں کے مراکز اس قدر قریب ہونے کے اوجود ان کے پیروکار جنگ، نفرت اور تعصّب کی آگ میں کیوں جل رہے ہیں؟

خالد کا یہ ہمدردانہ اور انسان دوستی کا رویّہ اُس کے پورے سفر نامے میں جاری و ساری ہے۔ اُس نے سفر نامے کے اختتام پر اپنی کیفیت اور اپنے دل کا حال بیان کرتے ہوئے نہایت سادہ اور صاف الفاظ میں بتایا کہ:

''جب میں واپس لوٹ رہا تھا تو واچ رہا تھا کہ اسرائیل وہ نہیں تھا جو میں نے کتابوں میں پڑھا تھا یا ٹی وی پر دیکھا تھا۔''

خالد نے اپنے اس سفر کے فرسٹ ہینڈ تجربے کی بناء پر جو ات محسوس کی اور جس کا اظہار مندرجہ الا اقتباس سے ہوا ہے، کیا اس سفر نامے کو پڑھنے والے کی واچ بھی ای ب ہی ہو گئی؟ اس سفر نامے کے سلسلے میں یہ ایک واال یا دیدی واال ہے اور میرے خیال میں اسی واال کے جواب میں ہی اس سفر نامے کی اہمیت اور افادیت پوشیدہ ہے۔

اسرائیل کے اس سفر نامے میں مقبوضہ عرب علاقوں میں فلسطینیوں کی حالتِ زار کے ارے میں زیادہ معلومات نہیں تیں۔ پورے سفر کے دوران خالد کی ملاقات صرف ایک مسلمان فلسطینی سے مسجدِ اقصیٰ میں ہوئی اور اسُ نے بھی کوئی زیادہ اچھا تاثر نہیں چھوڑا۔ فلسطینیوں پر کیا گزر رہی ہے؟ انُ کے ذبات و احساسات کیا ہیں؟ اس ضمن میں یہ سفر ناارت تناک حد تک خاموش ہے۔ لیکن اس کتاب کے دوسرے اور خصوصاً تیسرے حصّے میں اس کمی کو بڑی حد تک پورا کر دیا ہے۔

مگر امن تو کہیں بھی نہیں ہے:

''امن کی دیوی'' کے عنوان سے اس کتاب میں ایک قدرے طویل نثری نظم شامل ہے جو اپنے اندر انشائیے کی خصوصیات رکھتی ہے۔ دراصل ''امن کی دیوی'' کو استعارہ بنا کر عالمی سیاست اور اسُ میں پائی جانے والی بے چینی کو طنز کا ہدف بنایا ہے۔

اس نظم میں کرانیکل آرڈر میں کیے جانے والے ذبات کا اظہار مشرقِ وسطیٰ میں عراق اور امرکہ کی جنگ کا شاعرانہ محاکمہ بھی ہے اور اس جنگ کے اسباب و عوامل کی تخلیقی تاریخ بھی ہے۔ یہ جولائی 95ء کا مہینہ ہے

اس کے ہونٹوں، رخساروں اور آنکھوں کی چمک اور خود سپردگی کا انداز اسُے ایک اچھا شگون نظر آرہا ہے۔ لیکن وہ جو امن کی دیوی ہے، اس کی معصومیت اور سادگی پر اسُے رت انگی بھی ہے۔ وہ کہتا ہے ''تم کتنی سادہ و معصوم ہو؟''

اور یہ اگست 95ء کا مہینہ ہے۔

اسُ کی آنکھوں، اس کے چہرے اور اسُ کے سراپا کا بوجھل پن اسُے ایک بُرا شگون نظر آرہا ہے۔ آسمان پر چاند ان دنوں بھی نکلا ہوا ہے لیکن دل ڈوب چکا ہے۔ اور یہ نئے سال کا پہلا مہینہ ہے۔

وہ جو امن کی دیوی ہے وہ ان دنوں بستر مرگ پر زندگی اور موت کی کشمکش میں مبتلا ہے وہ اب

ڈراؤنے خواب دیکھتی اور خون ٹ کتی ہے۔ اور یہ فروری 91ء کا مہینہ ہے۔

وہ جو ابھی تک بستر مرگ پر ہے اسُے اب دوسروں کا خون مل چکا ہے، مگر کیا وہ زندہ رہنے کے ساتھ ساتھ صحت مند بھی رہ سکے گی؟

ایسے میں وہ جو امن کی دیوی کا پ پُری ہے، ایک شمع جلاتا ہے۔ امُید کی، امن کی اور آنے والے سنہرے دنوں کی۔

خالد نے ں مس یہ نظم ختم کی ہے وہیں کہیں آس پاس فیض کی نظم ''دُعا'' کی مدھم لے بھی سنائی پڑتی ہے:

آیئے ہاتھ اٹھائیں ہم بھیہم جنھیں رسمِ وفا یاد نہیں ہم جنھیں وازِ محبت کے واا کوئی بُت، کوئی خدا یاد نہیں آیئے عرض گزاریں کہ نگارِ ہستی زہرِ امروز میں شیرینی فردا بھر دے وہ جنھیں تابِ گراں اریٔ ایام نہیں اُن کی پلکوں پہ شب و روز کو ہلکا کر دے جن کی آنکھوں کو رخِ صبح کا یارا بھی نہیں

اُن کی راتوں میں کوئی شمع مُر کر دے جن کے قدموں کو کسی وہ کا سہارا بھی نہیں اُن کی نظروں پہ کوئی راہ اجاگر کر دے جن کا دیں پیروئی کذب و ریا ہے انُ کو ہمتِ کفر ملے، جرأت تحقیق ملے جن کے سر منتظر تیغ جفا ہیں اُن کو دستِ قاتل کو جھٹک دنے کی توفیق ملے عشق کا سّ نہاں جانِ تپاں ہے جس سے آج اقرار کریں اور تپش مٹ جائے حرفِ حق دل میں کھٹکتا ہے جو کانٹے کی طرح

آج اظہار کریں اور خلش مٹ جائے

16 میل فی گیلن

بوسٹن گلوب کے ایک کارٹونسٹ نے دورانِ جنگ بش کو یہ کہتے ہوئے دکھایا کہ

اے امریکیو!
ہم نے اپنی فوجیں مشرقِ وسطیٰ میں بھیجی ہیں۔ ہم حفاظت کرنا چاہتے ہیں، اُس اصول کی جو ہمیں عزیز ہے۔16 میل فی گیلن۔

کویت پر عراقی قبضے سے لے کر، عراقیوں کی ذلت آمیز شکست تک، امریکیوں یا انُ کے اتحادیوں نے یہ ات کبھی تسلیم نہیں کی، کہ یہ جنگ جسے وہ اصولوں کی خاطر لڑ رہے ہیں، دراصل تیل کی جنگ ہے۔ اخبارات میں کبھی کبھی کسی کارٹون، کسی صحافی کے سیاسی کالم یا ریڈیو اور ٹی وی کے بصرین نے اپنے کسی تبصرے کے دوران، اس کی طرف محض ایک ہلکا سا اشارہ کر دیا اور بس۔ یہ اعتبار مجموعی یہاں کے آزاد پریس نے اس واضح حقیقت کو چھپانے کے بھرپور کوشش کی اور ہمیشہ کی طرح وہ اس میں کامیاب بھی رہا۔

آج جب کہ امریکی نقطۂ نظر سے اس انتہائی اقصد جنگ کو لڑے ہوئے ایک سال کا عرصہ گزر چکا ہے تو آج ہی نیو ہمپشائر میں ریپبلکن پارٹی کے اُمیدوار شبُ کی انتخابی مہم کے پہلے مرحلے کا آغاز بھی ہوتا ہے۔ عراق پر امریکی حملے کی پہلی سالگرہ کے جشن اور اپنی انتخابی ہمُ کی پہلی تقریر کرتے ہوئے انتہائیو فورِ ذبات میں شبُ نے امریکیو وٹروں سے کہا۔

”اگر میں نے سینٹ اور کانگریس کے کچھ اراکین کی ات مان لی ہوتی، کویت پر عراق کے قبضے کو تسلیم کر لیا ہوتا، تو آج تیل کی قیمت وہ نہیں ہوتی، جو کہ ہے۔“

کسی پبلک میٹنگ میں، بش کی جانب سے غالباً پہلی دفعہ یہ ات تسلیم کی گئی ہے۔ پُر زور تالیوں کی گونج میں حاضرین فتح مندی کے اس اعلان کا استقبال کرتے ہیں اور اسُ سیاسی حکمتِ عملی کی شعوری یا غیر شعوری طور پر داد دیتے ہیں جو اسُ نیو کلو نٹیل رکا ایک حصّہ ہے جو دوسری جنگِ عاش کے بعد ہر امریکی حکمران کی تدبیر ہی نہیں تقدیر بھی ہے۔

سیاسی تاریخ کے آئینے میں دیکھا جائے تو مشرقِ وسطیٰ میں، برطانوی طاقت واختیار میں کمی کے ساتھ ہی ساتھ، امریکی اثر ورواخ میں اضافہ، دراصل ایک بہت ہی واچے سمجھے منصوبے کے تحت ہوا۔ یہ اُسی منصوبے کا ایک حصّہ ہے جس کی ایک جھلک اس کتاب کے اُس مضمون میں نظر آتی ہے جسے واشنگٹن پوسٹ کے اسٹ رائیٹر گلہ ین فر ری ین نے تحریر کیا ہے۔

یہ منظرنا ریگستانِ عرب کے ایک خیمے کا ہے۔ نومبر 1955ء کی ایک سرد ریگستانی رات ہے۔ برطانیہُ عظمٰی کا ایک کارندہ، پری ب کو کس جس جے ''سر'' کے خطاب سے نوازا جاچکا ہے وہ اپنے ایک یکطرفہ فیصلے کا اعلان کرتا ہے صحرا کی ریت پر اپنی انگلیوں سے لکیر کھینچنے کا یہ وہ فیصلہ تھا جس نے کویت کی یادیدرکھی۔ اس فیصلے کا دوسرا فریق شیخ عبدالعزیزان سعود تھا جو بعد میں سعودی عرب کا

حکمران بننے والا تھا۔ برطانیہ کا ایک فوجی اتاشی، لن یفٹ ی ہن

پ ہیرلڈ ڈکس جو اس واقعے کا عینی گواہ تھا اپنی یادداشتوں میں لکھتاہے کہ

''یہ رت انگی کی ات تھی کہ ہائی کمشنر سرپرسی کوکس نے ابنِ سعود کو ایک شریر بچے کی طرح تنبیہ کی تھی اور اسُے بتایا تھا کہ وہ خود اس علاقے کی تقسیم کا فیصلہ کریں گے۔ اور ہائی کمشنر کا یہ فیصلہ سن کر ابنِ سعود نے روتے ہوئے اسُے اپنامائی اپ ماناتھا اور گڑ گڑاتے ہوئے اقرار کیا تھا کہ اس ناچیز کو اس اعلیٰ مقام پر فائز ہونے کا موقعہ دیا گیاہے اور پرسی نے حکم دیا تووہ آدھی کیا اپنی پوری ادشاہت سے دستبردار ہو جائے گا۔''

ممکن ہے اسی وعدے کا پاس کرتے ہوئے امریکی اور اسُ کی اتحادی فوجوں کو ریگستانِ عرب میں بلوایا گیا ہو۔ بظاہر یہ ایک یک قصد تھا جسے امرکہ نے سعودی عرب کے دفاع سے تعبیر کیا تھا۔ اس قصد کا دوسرا مرحلہ کویت کی آزادی اور تیسرا مرحلہ عراق اور اسُ کے عوام کو پوری طرحا قتصادی طور پر تباہ وبرباد کر دینا تھا۔ اس قصد کے صولل کے لیے سیاسی چالبازیوں اور جدید ڈپلویسی کے بے مثال کارنامے انجام دیے گئے۔ ملکوں اور انُ کے مطلق العنان حکمرانوں کو دولت کے تراوز میں تول دیا گیا۔ کسی کا تمام قرضہ معاف کر دیا گیا کسی کو قرضوں کی ادائیگی میں چھوٹ دے دی گئی اور کسی سے لاکھوں کروڑوں میں ڈالر کی امداد کا وعدہ کیا گیا۔ بین الاقوامی اداروں کو جانبدارانہ فیصلوں کا پابند بنایا گیا۔ اقوامِ متحدہ کی وہ تمام قراردادیں جو جنگ روکنے کے لئے منظور کی گئی تھیں، انُھیں قراردادوں کے ذریعے جنگ کے شعلے بھڑکائے گئے۔ اس پیغام کی کھلے بندوں اشاعت کی گئی کہ جھوٹ ہی سچ ہے اور لیے سچ کی فتح یقینی ہے۔ بقول حبیب جالب:

دھاندلی، دھونس، دھن سے اور گیا ظلم پھر مکر وفن سے اور گیا

عرا ق پر امریکی حملے کی سالگرہ کے موقع پر یہاں کے ٹیلی ویژن سے ایک ڈاکوم ی دکھلائی گئی کہ کویت کی جنگ میں ایک مشہور امریکی ایڈورٹائزنگ ایجنسی نے کیا کردار کیا۔ صرف اس ایک کہانی

سے دھاندلی، دھونس اور دھن کے اس چہرے سے نقاب اٹھائی جاسکتی ہے۔ اس ڈاکومی میں بتایا گیا کہ جنگ کے لئے امریکی عوام اور ساری دُنیا کی ہمدردی حاصل کرنے کے لئے پبلسٹی کا ایک کنٹریکٹ، پیپسی کولا کا اشتہار بنانے والی ایک فرم کو بھی دیا گیا۔ اشتہار والی اس ایجنسی نے ایک فلم تیار کی جس میں ایک نوعمر کویتی لڑکی کو پریشان حال اور زارو قطار روتے ہوئے دکھایا گیا تھا۔ وہ لڑکی بلک بلک کر فریاد کرتے ہوئے کہتی کہ کویت پر عراق کے قبضے کے بعد، اسُ کی آنکھوں کے سامنے وہاں کے اسپتال سے، شیر خوار بچّوں کے منہ سے سانس کی نلکیاں تک نوچ کر پھینک دی گئیں۔ اس ظلم وزیادتی کو دیکھ کر رونگٹے کھڑے ہو جاتے ہیں۔

یہ فلم جنگ کے زمانے میں ٹی وی کے تمام چینلز سے دکھلائی گئی۔ ریڈیو کے خصوصی فیچرز بنے، اخبارات نے مضامین اور اداریے لکھے اور یہی فلم امریکی سینٹ کے انُ سات اراکین کو بھی دکھائی گئی جو اسُ وقت تک، کویت کی حمایت میں، کسی امریکی فوجی اقدام کے حق میں نہیں تھے۔ اب تقریباً ایک سال کا عرصہ گزر جانے کے بعد، انُ سات میں سے پانچ سینٹروں نے بتایا کہ انہوں نے اس فلم میں ہونے والے عراق فوجیوں کے مظالم کو دیکھ کر ہی اپنے فیصلے میں دیلی ی کی تھی۔

امریکی فتح کا جشنِ سالگرہ منانے کے موقعے پر اسُی ایڈورٹائیزنگ ایجنسی نے بڑے فخر کے ساتھ اس ات کا اقرار کیا کہ ایک سال قبل دکھلائی جانے والی اس فلم کی کہانی محض ایک فرضی کہانیتھی۔ یہی نہیں بلکہ اس کہانی کا یادیدی کردار ادا کرنے والی لڑکی، امرکہ میں اسُ وقت کے سفیر کی چہیتی بیٹی تھی۔ جو اس دوران کویت میں تھی ہی نہیں۔

ہیں کواکب کچھ نظر آتے ہیں کچھ

یہ تو صرف ایک واقعے کا ذکر ہے، ایسے نہ جانے تنے فرضی واقعات اور کہانیاں اُس دوران لوگوں کو سنائی گئی ہوں گی۔

عراق پر امریکی فتح کے بعد اب تک مختلف اخبارات ریڈیو اور ٹیلی ویژن کے پروگراموں میں اس ات کی طرف اشارہ کیا گیا ہے کہ جب امریکی صدر نے، صدام حسین کو 10 جنوری تک، کویت سے نکل جانے کا الٹی میٹم دیا تھا تو اسُ وقت کی امریکی انتظامیہ کو اصل پریشانی یہ نہیں تھی کہ عراقی فوجیوں کے کویت کو خالی نہ کرنے کی وجہ سے ہونے والی ناگزیر جنگ کے کیا تباہ کن نتائج بر آمد ہوں گے؟ بلکہ اصل پریشانی یہ تھی کہ کہیں واقعی، عراق اپنے فوجیوں کی واپسی کا اعلان ہی نہ کرے۔ اور اسی طرح

امریکی مفادات کا خیال رکھنے والے کے تمام سنہری خواب چکنا چور نہ ہو جائیں۔ یہ واال م سقٹ ل کے مورخ کا نہیں بلکہ اسی دور کے سیاسی تجزیہ نگاروں نے اٹھایا ہے جو بذاتِ خود امریکیشہری بھیہیں۔

اب اس واال کی روشنی میں بش کے اسُ خط کے متن کو دوارہ غور سے پڑھیے جس کا ترجمہ خالد نے اس کتاب میں شامل کیا ہے اور جسے جم ت یر بیکر نے بذاتِ خود جنیوا کانفرنس میں، عراق کے وزیرِ خارجہ طارق عزیز کو دیا تھا۔ اور جسے اسُ نے صدام حسین تک پہنچانے سے انکار کر دیا تھا۔ یہ خط دراصل اسی قصد کے تحت ہی لکھا گیا تھا کہ ات چیت کے ذریعے مسائل کو حل کرنے کا کوئی دروازہ کھلا نہ رہ جائے۔ اسی لیے اس میں جو زان استعمال کی

گئی تھی وہ طارق عزیز کے بقول کسی سربراہِ حکومت کے شایانِ شان ہرگز نہیں تھی۔ اگر حالات کا بغور مطالعہ کیا جائے تو اس نتیجے پر پہنچنے میں دشواری نہیں ہوگی کہ عراقی ڈپلویسی کو یہیں پر شکستِ فاش ہوگئی تھی۔

لیکن مذاکرات کی میز پر شکست فاش ہو یا میدانِ جنگ میں فوجی شکست ہو، مسئلہ یادیدی طور پر آج بھی حل طلب ہے۔ کیونکہ ریت پر کھینچیں ہوئی لکیریں، جس کے نتیجے میں، عراق، کویت اور سعودی عرب کی سرحدوں کا تعین ہوا تھااس میں اور صرف انگلستان کی ہوئی تھی اور اقی سب ہار گئے تھے۔ اس ناانصافی کا احساس، عراقی ضمیر پر ہمیشہ سے رہا ہے یہی وجہ ہے کہ صدام حسین نے اپنی 10 اگست کی تقریر میں کہا تھا کہ

”مغربی حکومتوں نے ہمیں بہت سی زیور ریاوارں میں تقسیم کر دیا اور ان کی اگ دوڑ انُ خاندانوں کے ہاتھ میں دیدی جنھوں نے مغربی مفادات کا خیال رکھنے کا وعدہ کیا تھا۔ مغربی الکلک ان ریاوارں سے بے انتہا دولت حاصل کرتے رہے ہیں لیکن ان ریاوارں کے عوام اس دولت سے محروم رہے ہیں۔“

مشرقِ وسطیٰ کے حوالے سے جس دولت کا ذکر ارار کیا جاتا ہے وہ یقیناً تیل ہی کی دولت ہے۔ نیویارک ٹامز کے نا انگار تھاس فریڈمین نے اپنے مضمون میں جس کا ترمہ اس کتاب میں شامل ہے الکل صحیح لکھا ہے کہ

”امرکہ نے سعودی عرب اس لیے فوجیں نہیں بجھیں کہ جمہوری اصولوں اور طرزِ زندگی کا دفاع کیا جاسکے، کیونکہ سعودی عرب کی زندگی میں ادشاہیت یا فیوڈل نظام اس انتہا تک نافذ ہے کہ عورتوں کو گاڑی چلانے تک کی اجازت نہیں ہے۔ مجھے یقین ہے کہ امریکی پالیسی ہرگز یہ نہیں ہے کہ دُنیا میں فیوڈل نظام کو ہر حالت میں قائم رکھا جائے۔ دراصل یہ جنگ دولت کی جنگھے۔“

دولت کی اس جنگ کے اصل پس منظر کے سمجھنے کے لئے اس کتاب میں ترمہ شدہ، وہ گفتگو بے حد اہم ہے جو کویت پر عراقی قبضے سے صرف ایک ہفتے قبل بغداد میں متعین امریکی سفیر گلسپ لی اور صدام حسین کے درمیان ہوئی۔ یہ بھی واضح رہے کہ اس ات چیت کی تردید آج تک وہائٹ ہاؤس سے نہیں کی گئی۔ اس گفتگو سے یہ ات بھی ظاہر ہو جاتی ہے کہ دراصل صدام حسین کویت پر قبضے سے ایک سال قبل تک اسُ علاقے میں کسی نہ کسی طرح امریکی مفادات کی دیکھ بھال بھی کر تارہا ہے۔ اور یہ خدمت ایران پر حملے کے ذریعے بڑے احسن طریقے سے انجام دی گئی۔ گلسپ لی کے سامنے اپنا بیان پڑھتے ہوئے صدام حسین نے کہا کہ عراق اور امرکہ کے درمیان 1964ء تک کوئی رشتہ نہ تھا اور ”امرکہ سے تعلقات بحال کرنے کا فیصلہ ایران اور عراق کی جنگ سے دوماہ پہلے ہوا تھا۔ لیکن جبجنگ شروع ہوگئی تو ہم نے ان تعلقات کی بحالی کو ملتوی کر دیا تا کہ غلط فہمیاں نہیدااہوں۔“ ان جملوں کو دوارہ غور سے پڑھیے۔ یہاں بین السطور ہی میں نہیں بلکہ اس کے علاوہ بھی بہت کچھ کہا گیا ہے۔ دراصل امرکہ اور عراق کے سفارتی تعلقات، عراق اور ایران کی جنگ کے پس منظر میں ہی بحال ہوئے تھے۔ آپس میں لڑاؤ اور حکومت کرو کا یہ زریں اصول یہاں بھی کارفرما نظر آتا ہے۔ اس ات چیت کے چند یادیدی نکات یقیناً غور طلب ہیں۔

صدام: جب تیل کی قیمتوں میں جان بوجھ کر کمی کی گئی تو ہمیں اندازہ ہوگیا کہ عراق کے خلاف امرکہ کی جنگ شروع ہوتھ ہے۔

گلسپ لی: آپ ٹھیک کہتے ہیں کہ ہم تیل کی قیمت، رکھنا چاہتے ہیں۔ لیکن میری آپ سے یہ بھی درخواست ہے کہ آپ بھی غور کریں کہ تیلکی قیمت زیادہ نہ بڑھنے پائے۔

صدام: ہمتیل کی قیمتبہت زیادہ نہیں چاہتے ہیں۔

طارق عزیز: اور اہم اوپیک کی جا نبسے بھی اچانک تیل کی قیمت بڑھانے کے حق میں نہیں ہیں۔ صدام: پچیس ڈالر فی بیرل بہت زیادہ تو نہیں ہے۔

گلس
پ ِ ائی: لیکن بعض کی خواش ہے کہ تیل کی قیمت پچیس ڈالر فی بیرل سے بھی زیادہ ہو جائے۔

صدام: اور آپ کو یہ بھی یاد ہو گا کہ ایک وقت تیل کی قیمت صرف ارہ ڈالر تک ہو گئی تھی اور عراق کو م سات بلین ڈالر کا نقصان ہوا تھا۔

گلس
پ ِ ائی: میں جانتی ہوں کہ آپ کیا کہہ رہے ہیں۔ میں یہاں کئی سالوں سے رہ رہی ہوں۔ میں آپ کے، اپنے ملک کو از سر نو میر و کرنے کے ذبے کی بھی مداح ہوں۔ میں جانتی ہوں کہ آپ کو اس کے لئے رقم چاہیے۔

اب اسی گفتگو اور دیگر حالات کی روشنی میں یہ واال یدا اہوتا ہے کہ آ تیل کی قیمت کیسے متعین کی جائے اور یہ اختیار کسے حاصل ہونا چاہیے؟

کویت پر عراقی قبضے سے پہلے تیل کی قیمتوں کے سلسلے میں مختلف مفادات رکھنے والی حکومتوں کی پوزیشنیں کچھ یوں تھیں:۔

1. عراق چاہتا تھا کہ تیل کی موجودہ قیمت 10 ڈالر فی بیرل سے بڑھا کر 50 ڈالر فی بیرل کر دی جائے۔

سعودی عرب اور اس کے زیر اثر الکلک 51 ڈالر فی بیرل سے زیادہ ق من یپ نہیں چاہتے تھے۔

امر کہ اور دوسرے تیل درآمد کرنے والے الکلک کسی بھی حالت میں 16 ڈالر فی بیرل سے زیادہ قیمت نہیں چاہتے تھے۔

ایک امریکی بصری کے مطابق، سعودی عرب اور عراق میں تیل کی قیمتوں میں جو فرق تھا اُس کے نتیجے میں امر کہ میں صرف پانچ سینٹ فی گیلن اضافہ ہوتا۔ "صرف پانچ سینٹ" .... اور اس پانچ سینٹ فی گیلن کی خاطر امریکی مفادات کو خطرہ لاحق ہو گیا تھا۔ ویسے یہ ات بھی دپسی ک سے خالی نہیں کہ گذشتہ ایک سال کے دوران امر کہ اور کینیڈا میں صرف کوکا کولا کی قیمتوں میں دس سے ندرہ سینٹ تک کا اضافہ کیا ہے۔

اب اس پس منظر میں "بوسٹن گلوب" کے کارٹونس کا مفہوم سمجھنے میں تھوڑی بہت تو آسانی ہو گی۔

جنگ میں امریکی میڈیا کا کردار:

بش نے صدام حسین کو جو خط لکھا اسمیں یہ ات بھی بڑے واضحالفاظ میں کہی تھی کہ "آپ کا اگر یہ خیال ہے کہ امریکی جمہوریت کا اختلاف الرائے، آپ کے حق میں جائے گا تو یہ آپ کی خوش فہمی ہے۔"

ات الکل درست ہے اس لیے کہ جمہوریت کا اختلاف الرائے یادیدی طور پر میڈیا کے ہاتھوں میں ہے۔ امریکی میڈیا کا کمال یہ ہے کہ یہ دُنیا کا سب سے زیادہ آزاد، خود مختار اور ااختیار ادارہ ہے مگر اس کی آزادی کسی پنجرے میں قید پرندے کی آزادی کی طرح ہے۔ جسے پنجرے میں پھڑ پھڑانے کی تو مکمل آزادی میسر ہے مگر اس پنجرے سے نکلنے کا راستہ مسدود ہے۔

چنانچہ اس جنگ کے دوران بھی یہی سب کچھ ہوا۔ اس میں کوئی شک نہیں کہ یہاں کے پریس میں آزادانہ رائے کا اظہار ہوا مگر اُس کی حیثیت آٹے میں نمک کے برابر ہے۔

میں نے خود اس جنگ کے دوران ٹورنٹو میں اپنی آنکھوں کے سامنے امریکن کوی کسلن یپ کے سامنے سخت سردی اور برف کے عالم میں ہزاروں لوگوں کو جو کہ وافیصدی وہائٹ کینڈین تھے، مظاہرہ کرتے ہوئے دیکھا۔ ایک دو دن نہیں بلکہ پوری جنگ کے دوران ایسا ہی ہوتے ہوئے دیکھا مگر یہاں کے اخبارات میں ریڈیو اور ٹی وی میں کبھی بھارر اس کی صرف ایک آدھ جھلک دیکھی اور بس۔ اس کے

برخلاف جب عراق نے تل ابیب پر اسکڈر میزائل پھینکے تو کینیڈین یہودیوں کی جانب سے سیناگاگ میں خصوصی دعائیں مانگنے کا سلسلہ شروع ہوا۔ صرف ٹورنٹو کے ایک سیناگاگ میں عبادت کے لئے جمع ہونے والوں کے ارے میں یہاں کے ٹی وی سے کئی گھنٹے لائیو کورتج کی گئی۔ سیکورٹی کے انتظامات دکھائے گئے، کارپاکنگ کا ایریا دکھلایا گیا، فضا میں اڑتے ہوئے ہیلی کاپٹر کو دکھایا گیا جو بطورِ خاص اس سیناگاگ کی حفاظت کے لئے بلوایا گیا تھا۔ وبیش اتنے ہی پولیس والوں کو بھی دکھلایا گیا جتنے کہ خود وہاں عبادت کرنے والے موجود تھے الکل اسی طرح جنگ کے دنوں میں بش کو گرجاگھر میں دعائیں مانگتے ہوئے دکھایا گیا اور کچھ اس انداز سے دکھایا گیا کہ صلیب اور چاند تارے کی جنگ یاد آگئی۔ ویسے یہ ات بھی دپی ک سے خالی نہیں کہ جس چرچ میں بش عبادت کے لئے روایتاً جایا کرتا تھا، اس چرچ کے پادری

نے بش کو ی له یس

ٹگ دنے اور آشیر وار دنے سے یہ کہتے ہوئے انکار کر دیا کہ بقول اس کے عیسائیت میں

جنگ کی کوئی گنجائش نہیں اور یہ کسی مسئلے کا حل نہیں ہے۔ بہر حال بلی گراہم نے ی له یس

ٹگ دی اور ٹی وی کے کیمروں نے اس ات کا خاص خیال رکھا کہ کون سا پادری دُعا پڑھوائے گا، کون سا گرجاگھر ہے، اس کی تاریخ کیا ہے، کون کون سے لوگ صدر کے ساتھ عبادت کی رسم میں شامل ہوں گے، نائب صدر اور اُن کی بیگم کہاں کھڑی ہوں گی، وغیرہ وغیرہ۔ غرض یہ کہ چھوٹی چھوٹی تفصیلات پر اخبارات، ریڈیو اور ٹی وی بے قصد وقت صرف نہیں کیا۔ ان سب اتوں کا ایک قصد تھا۔ مکمل برین واشنگ۔ یہ سارا عمل امریکی اور مغربی عوام کی سائیکی میں چھپے ہوئے اُس دیرینہ ذہبے کو بیدار کرنے کے لئے تھا جس کا ایک ہلکا سا اشارہ صلیبی جنگوں کی تاریخ میں دکھائی دیتا ہے۔

مجھے اچھی طرح یاد ہے کہ جس دن عراق کو شکست ہوئی، میرے دفتر میں ایک نامعلوم فون کال آئی کہ "مسٹر حسین! آئی ہوپ، یو آر ناٹ ری یل

یہ

ٹڈر ٹو صدام حسین۔" اور ایک فتح آمیز قہقہے کے بعد فون بند ہو گیا۔ اور اسی دن کے ٹورنٹو اسٹار کی سرخی بھی میری آنکھوں میں اب تک اقی ہے۔ "مدر آف آل سرینڈرز" اس اخبار یا میڈیا کے دوسرے اداروں کے لئے یہ ات اُس دن قطعی غیر اہم تھی کہ آمین جنگ کے آی دنوں میں امریکیوں نے "ائیر ویکیوم بم" کا استعمال کیوں کیا تھا؟ وہ بم جو ایٹمی بم کے بعد استعمال ہونے والا غالباً سب سے زیادہ طاقتور بم تھا۔

واقعہ یہ ہے کہ امریکی میڈیا (جس میں کینیڈین میڈیا بھی شامل ہے) نے کویت پر عراقی قبضے کے بعد، صدام حسین کو بدی کی مکمل علامت قرار دے دیا تھا جس پر آج بھی یہاں کی غالب اکثریت کا ایمان نظر آتا ہے۔ اس جنگ میں امریکی میڈیا نے تمام تر جدید نفسیاتی گی ح حربے استعمال کیے۔ مثلاً یہ کہ

جنگ شروع بھی ہوئی اور ختم بھی ہوگئی مگر یہاں کے میڈیا نے عراق پر گی ح بمبار طیاروں کے حملے کو حملہ ہی نہیں کہا۔ Air Attack یا Bombbardment کی جگہ صرف Mission یا Sorties جیسے الفاظ کا استعمال کیا گیا کچھ ای ب گی ح لغت تیار کی گئی کہ انسانی لاشیں صرف Human Remains ن کررہ گئیں۔ رپورٹنگ کچھ اس طرح کی گئی کہ گویا امریکی بمبار طیارے بم نہیں بلکہ پھول گرا رہے ہیں۔ ں مں بم گرتے ہیں وہاں انسان نہیں ہوتے صرف گی ح ہتھیار بنانے والی فیکٹریاں ہی ہوتی ہیں۔ انسان وہاں سے دس ندررہ قدم دور کھڑے صرف اطمینان کا سانس لیتے نظر آتے ہیں۔ اس کے اوجود زمینی حملے کے دوران عارضی سنسر بھی لگا دیا گیا۔

یہاں کے میڈیا کی آزادی بھی عجیب آزادی ہے۔ ایک ات جو وہائٹ ہاؤس میں کہہ دی گئی وہی حرفِ آ ہے۔ (داخلی نہیں بلکہ صرف خارجی معاملات میں، وہ بھی ں مں غریب ملکوں کی حکومتیں شامل ہوں) تمام اخبارات، ٹی وی کے سارے چینلز، تمام ریڈیو پروگرام اسُی کا ڈھنڈورا پیٹ رہے ہیں۔ ایک ہی ات کو سب اپنے اپنے لفظوں میں دہرا رہے ہیں۔ ایک ہی سانس میں تمام ذرائع ابلاغِ عاا کے ذریعے جمہوری اور عوامی حقوق کی ترجمانی کے فرائض ادا کیے جارہے ہیں اور دوسری ہی سانس میں عملاً اس کی نفی کی جارہی ہے اور اسُی کو حق بھی بتایا جارہا ہے۔ ایک ہی وقت میں کہا جارہا ہے کہ عراق کو اقوام متحدہ کی تمام قراردادوں پر عمل کرنا چاہیے اور دوسرے ہی لمحے اسرائیل کو اقوامِ متحدہ کی قراردادوں پر عمل نہ کرنے کے سلسلے میں شااشی بھی دی جارہی ہے۔ ستر سال سے زیادہ کے عرصے تک روس میں قائم کیمونسٹ نظام کو جمہوریت کا سب سے بڑا دشمن بتاتے رہے اور اسُ نظام کے خاتمے پر شادیانے بجاتے ہیں مگر کویت کو مکمل آزادی دلانے کے بعد، وہاں کے سفید اور سیاہ کے مالک ن جانے کے بعد بھی اپنے پسندیدہ نظام کو وہاں کے عوام کے ذریعے نافذ کرنے کے بجائے صباح خاندان کے وارث کو بلا کر نظامِ سلطنت اسُے وانپ دیا جاتا ہے، اور جمہوریت پسند میڈیا اسے آئیڈیل ثابت کرتے ہوئے تھکتا

نہیں۔ عراق کے خلا فجنگ سے پہلے سیکرٹری آف اسٹیٹس جم ت

ی ر بیکر نے کہا تھا کہ

”اگر ہم نے طاقت کی حاکمیت کا اصول مان لیا تو ہم دوبارہ تاریک دور میں لے جائیں گے۔“ لیکن سیکرٹری آف اسٹیٹس جم ت

ی ر بیکر یا امریکی میڈیا سے یہ کون پوچھے کہ طاقت کی حاکمیت کا یہی اصول تو امریکہ کی خارجہ پالیسی کا یادیدی جُز ہے۔ ویت نام تو بہت دور کی ات ہے پاناما اور گرانیڈا میں کس اصول کو پیش نظر رکھا گیا؟

ترمہ شدہ مضامین اور طوطط:

”امن کی دیوی“ میں خالد سہیل نے جن مضامین، تصاویر یا طوطط کو تراجم کے لئے منتخب کیا ہے اسُ سے ان کے گہرے سیاسی اور سماجی شعور کا پتہ چلتا ہے۔ مختلف انوعع مضامین کے اوجود ان کی حیثیت ایک مکمل کتاب کی سی ہے۔ مختلف انوعع مضامین کے اوجود ان کی حیثیت ایک مکمل کتاب کی سی ہے۔ ایک ای ب کتاب جس میں امریکی سیاسی معاشرے کا چہرہ صاف نظر آتا ہے۔ اس کے بہت سے مضامین آزاد فکر اور انسانی ذبات وخیالات کا بے حد عمدہ نمونہ پیش کرتے ہیں۔ لیکن ان مضامین کے پڑھنے والوں کو یہ ات ضرور پیشِ نظر رکھنی چاہیے کہ امریکی میڈیا میں شائع ہونے والے یہ مضامین جن میں امریکی سیاسی حکمتِ عملی کو بے نقاب کیا گیا ہے، دراصل نہ ہونے کے برابر ہیں۔ یہی وجہ ہے کہ ان

ڈھامیں نچے اٹھائے میں کو گئے ئی اہم دیلی ی نہ لاواالات، سکے، وایہاں قعیہ کے یہ عوام ہے کی کہ ان بھاری کی مار صرا کثریت ف کو ان ٹلک ج

پمتاثر ونہ ل جن فکر سکے، جھنجوڑنہ سکے، سیاسی ے تک ہی محدود تھی۔ ان مضامین میں جن خیالات اور آرا کا اظہار کیا گیا وہ وہاں کی اکثریت کی ترجمانی نہیں کرتا لیکن ان کے ذریعے امریکی معاشرے کی اُس آزاد اور روشن فضا کا ضرور پتہ چلتا ہے جو فرد کی آزادیِ ِ اظہار کی فضا ہے۔ کسی بھی انسانی معاشرے کے لئے بلاشبہ یہ ایک بہت بڑی نعمت ہے۔

اس کتاب میں ترمہ کئے گئے ایڈورڈ سعید کے مضمون میں عرب الکلک میں اسی نعمت کی کمی کا رونا رویا گیا ہے۔ اُن کے مضمون کو پڑھنے کے بعد، یہ واال ذہن میں ضرور آتا ہے کہ اس وقت مقبوضہ فلسطینی علاقوں کی آزادی اس خطے کے رہنے والوں کا سب سے بڑا مسئلہ ہے یا شیخ ڈم، امیر ڈم، کنگ ڈم اور مطلق العنان حکومتوں سے نجات زیادہ ضروری ہے۔

اسرائیل کی مخالفت کرنے والوں کو اس ات پر بہر حال غور کرنا چاہیے کہ وہاں پر تمام ترابیوں، حالتِ جنگ ہو یا امن، جمہوریت کے پودے کو پھلنے پھولنے کا موقعہ کسی نہ کسی شکل میں دیا

جاتا　رہے　ہے۔　یہ　کا شم　یہ

ٹک ڈیموکری ب ہی سہی مگر ہے ضرور کیا اس ملک کی مخالفت کرنے والوں کے یہاں اس سے، تر درجے کی بھی جمہوری فضا موجود ہے؟ ایڈورڈ سعید کے مضمون میں عرب الکلک میں آزادی فکر نہ ہونے اور اس کے سبب اُس معاشرے میں یداا ہونے والی برائیوں کی دکھتی آگ پر ہاتھ رکھا گیا ہے۔

اسی طرح ہنری کسنجر کے مضمون میں طاقت کے توازن کی ات اٹھائی گئی ہے۔۔۔ اور اسی روشنی میں صدام حسین کی عراق میں موجودگی کا جواز معلوم کیا جاسکتا ہے۔ نسبتاً کمزور عراق، نسبتاً کمزور ایران، نسبتاً کمزور شام، وغیرہ وغیرہ

غرض یہ کہ خالد سہیل کی مرتب کردہ یہ کتاب "امن کی دیوی" واچنے، سمجھنے اور محسوس کرنے والے ذہن کے لیے اپنے اندر بہت سا مواد اور بہت سے پہلو لیے ہوئے ہے۔

اشفاق حسین　　　ٹورنٹو

15 جنوری 1995ء

سیاہ فام افریقی قوموں کا ادبی شعور

تہذیبی تاریخ کا مطالعہ اور اس کے عروج وزوال کی کہانی دلچسپی سے خالی نہیں ہوتی۔ قوموں کے زوال میں جو عوامل مشترکہ طور پر کارفرما رہتے ہیں ان میں فاتح حکمرانوں کے اندر طاقت کا بے پناہ نشہ لامحدود آسائش سے کردارکشی کی طرف تیز گامی، نسل اور رنگ ہر دو اعتبار سے امتیاز اور مراتب کے اعتبار سے نادار اور بے کس لوگوں پر فاتح قوموں کا گھناؤنا ظلم اور بے جا خود پرستانہ اظہار خاص طور سے شامل ہوتے ہیں۔ یہ دفاع اور مختلف سمتوں میں ان کے ذہنی ردِ عمل صدیوں میں جا کر ثمر دار ہوتے ہیں۔ تاریخ شاہد ہے کہ جب قومیں اپنے دفاع کی تیاریاں شروع کرتی ہیں تو فاتح قوموں کی تاریخ کے لیے مورخ کے ذہنوں، گپھاؤں اور پتھروں پر کندہ تحریروں میں جگہ متعین ہونا شروع ہو جاتی ہے لیکن ایک طرف فاتح قوم معاشی اور سیاہانہ جوش میں اپنا توازن برقرار رکھتی ہے تو دوسری طرف مفتوح، امتیاز کی ماری ہوئی اور کچلی ہوئی قومیں اپنا شعور اپنی قومی یکجہتی اور واجھ بوجھ' ادب اور ثقافت کی طرف موڑ دیتی ہیں۔ ھٹی دہائی کے '\Mass Action\' کے بعد سیاہ فام افریقی نژاد قوم خواہ وہ افریقہ کے قدرتی جنگلوں میں اپنی زندگی بسر کرتی ہو یا امرکہ کے کانکریٹ جنگل نیویارک میں کچھ ای ب ہی نہج پر پروان چڑھی ہے۔ 1955ء کے بعد سے اب تک سیاہ فام لوگوں کا ادبی اور سیاسی شعور نکھر سنور کر اس سطح پر پہنچ چکا ہے ل مں یہ بذاتِ خود اور بہ صفات خود ایک زبردست اہمیت کا حامل ہی نہیں بلکہ دنیا کی دوسری انوں کی ادبیات اور بین الاقوامی سیاست کو بھی اس نے اپنے دائرۂ اثر میں لے لیا ہے۔ 1995ء کا ہنگا خیز لمحہ نیلسن منڈیلا کی سلاخوں کے پیچھے سے 55/ سال بعد کی آزادی کا لمحہ ہے۔ اس سے پہلے کا

روح فرسالمحہ وہ تھا جب افریقی شاعر بنجامن مولٹی ی

س کی شہادت ہوئی تھی۔ وہ قوم جو جوانی کے خواب ناک دنوں کو سلاخوں کے پیچھے اپنی آزادی کی صول لیابی کے لیے خوشی خوشی تج سکتی ہے۔ اس قوم کے مافی الضمیر م یین ان یق یہ

ٹ روشنی کا نار ر موجود ہے۔ آج جب خالد سہیل اور جاوید دانش اپنی بروااں کی محنت اور کوششوں کے بعد سیاہ فام لوگوں کی ذہنی ریاضت کو جسموں کی ریاضت کا نام دے کر اردو والوں سے متعارف کرانے آئے ہیں تو لازم ہے کہ ان لوگوں کا جو خصوصی طور پر امرکہ میں جو کہ "افروامریکن ادب" کہلانا زیادہ پسند کرتے ہیں ایک مختصر خاکہ پیش کیا جائے تاکہ لوگ "کالے جسموں کی ریاضت" کے سلسلے میں ادیب وشاعر خالد سہیل اور شاعر ڈرا انگار جاوید دانشدانش کی حقیقی ریاضت کا بھی اندازہ کر سکیں۔

موجودہ صدی اپنے اختتام کو پہنچ رہی ہے ل مں تک نئے شواہد کا تعلق ہے مارٹن لوتھر کنگ کی تھیس کی حقیقت کا سراغ حاصل کرنے کی راہ میں تشکیک کے گھنے ادل بھی لہرائے ہیں لیکن یہ ات بھی اپنی جگہ اہم ہے کہ افریقہ میں نیلسن منڈیلا اور امرکہ میں مارٹن لوتھر کنگ نے سیاہ فام لوگوں کے اندر پرورش پانے والے ذبات واحساسات کو واضح خواب کی صورت عطا کی ہے۔ واشنگٹن تک مارچ کرنے کے لیے لنکن میموریل میں لوتھر کنگ کے یادگار خطبے کا یہ جملہ "I have a dream" ادبی سطح پر اپنی خصوصی معنویت رکھتا ہے۔ سیاہ فام قوم کا سارا ادب تو ایسا ہی خواب ہے، کچلا ہوا، نکھرنے سنورنے کی تمنا میں اپنی

حصہ سوئم: فلسفیانہ مضامین　　　　سیاہ فام افریقی قوموں کا ادبی شعور

ذ ا داری کو اپنا ایمان بناتا ہوا جو صفحۂ قرطاس پر ز ان اور اظہار کی انجانی ترنگ سے نکھر گیا۔ ادب ہو کہ سیاست، معاشیات جو کہ سماجیات، تشخص کا بحران)Identity Crisis(اور شناخت کی تجوم))The search for Identity ای ب قوموں کا انتہائی اہم سنگ میل اور ان کے اجتماعی شعور کا زبردست حصہ ہیں۔ ذات کے نہاں خانوں کی تلاش و تحقیق کے ساتھ ساتھ اقلیتی جماعت کا اجتماعی شعور ہمیشہ اس کی لوک کہانیوں اور اس کو نسل کے قدیم ترین اشندوں تک پہنچ جاتا ہے اور اس کے خواب اور خواہشات کو اپنے اندر جاوداں کرنے کے ارمان سجاتا ہے۔ ہم مختصر یہ کہہ سکتے ہیں کہ ای ب قومیں روایت کی جڑوں سے ابلنے والی دھارا سے اپنی تلاش کی پیاس بجھاتی رہتی ہیں۔ اپنی ذات کی شناخت میں مسلسل کرب سے گزرنا، حالات کی اثباتی اور انقلابی لہروں کو ادب اور کلچر میں نمایاں جگہ دینا اور تہذیب و تمدن کی شہ رگوں میں دوڑانا، اپنے سماج اور اس کی ضروریات کو دردمندی سے سمجھنا اور اپنی شرح میں اکثر بے اک اور چوکنا رنام سیاہ فام لوگوں کے اجتماعی شعور کی فتح کا لمحہ ہے، لہٰذا یہ اہمنظر آتا ہے کہ ہم افریقہ اور امرکہ کے نمائندہ ادب پاروں کے واسطے سے ان کے ان عوامل کی تلاش کریں جو ان کے شعور کو الیدہ کرنے میں کارفرما رہے ہیں۔

1995ء کے درتک پہنچتے پہنچتے سیاہ فاموں کے ادب میں جو سب سے نمایاں دیلی ی آئی ہے وہ ہے ان کی انفرادیت))Individualism اور بے پناہ ذا داری))Responsibility کا احساس____ اس کا یہ مطلب ہرگز نہیں کہ نسل و رنگ کے امتیاز کی لای یعہ ن یپ اور کرب سے آج کے ڈرامے ،ناول، افسانے یا شاعری یکسر خالی ہیں۔ کالے ذہنوں کی ریاضت میں آج بھی اس کی اپنی اہمیت ہے کہ اسی

پڑاؤ پر رک کر انہوں نے اپنی شناخت اور پھر اپنی ذا داری کی طرف پہلا قدم بڑھایا۔ یہ موضوع ے

پسندیدہ ہونے کے بعد بھی رجحان اور سمت میں واضح دیلی ی نمودار ہوئی ہے۔ اگر آپ بنجامن، وائی ،اگسٹ ولسن ٹونی موریسن اور برٹین بیچ کی نگارشات کا مطالعہ کریں تو یہ احساس ہو گا کہ ان کا وژن اور دائرۂ فکر محدود سے لامحدود کی طرف سفر کرتا ہے اور اسی مقام پر ان کی تحریریں ساری قوموں کی امانت ن سکی ہیں۔ دوسری طرف 1995ء میں سماجی حقوق کے سلسلے میں جو بھی کوششیں ہوئیں وہ اس کچلی ہوئی قوم کے غلامانہ ذہن کو آزاد کرنے اور اپنی محنت اور قرانی پر بھروسہ اور کامل یقین رکھنے کے سلسلے میں سنگ میل کی حیثیت رکھتی ہیں۔ افریقہ کے اسی ہوں کہ امرکہ کے مکیں، سیاہ سیاہ ہیں اور ان کی شناخت مظلومی اور بربریت زدگی ہے۔ سیاہ فام لوگ اور تذلیل و تمسخر کے داغ ہم معنی الفاظ تھے لیکن 1955ء کے بعد سیاسی، سماجی اور ادبی غرض ہر سطح پر ان کی خود اعتمادی بحال ہوئی ہے اور ان کا اجتماعی شعور تغیر اور دیلی ی کی بنا پر Transform ہوا ہے۔ 1955ء ہی کے آس پاس سیاہ فام لوگوں کے پاس نسلی امتیاز کے زیر اثر پرورش پانے والی دو واضح صورتیں تھیں۔ ایک تو ان کا انفرادی ذبہ رد عمل کے

طور پر ابُھرا کہ دوسری قوموں کی ہم سری کر سکتا ہے۔ دوسری صورت وہی ظلم و ستم کے شکار ہونے کی ش

وجہ سے ان کے اندر کا ڈپریشن۔ یہ ش یت کی عجیب مثال ہے جو ہر مفتوح اور ظلم رسیدہ قوم کے حصے میں آتی ہے۔ لیکن نسل و رنگ کے امتیاز کا سب سے مثبت پہلو یہ تھا کہ وہ مکمل اکائی اور اتحاد کی راہ پر گام زن ہوئے۔ ۱۹۶۰ء کے Mass Action کے زیر اثر انکی شناخت کے مرحلے تیزی سے طے ہونے گے۔ اس ات کے شعور و ادراک کے ساتھ ظلم و بربریت کا سنگین کھیل ان کے اجتماعی شعور کا اہم ترین حصہ ہے، تمام افریقی اور امریکی سیاہ فام ادیب وقت کے تیور اور ذبوں کی ترتیب و تہذیب کو پہچان کر ایک وسیع تناظر میں اپنا ادب پیش کرنے گے۔ اپنے مسائل کے شکنجوں سے نکل کر آفاقی موضوعات کی طرف یہ ان کی پیش قدمی کا لمحہ تھا۔ اب وہ انسانی برادری سے قریب سے قریب تر آ گئے۔ ان کا ادب اس خوشی سے سرشار ہوا تھا جس کے لیے ہم سب ادب پڑھتے ہیں۔

اب ان کا شعور نہایت پختہ اور الغ ہو کر وقت کا ہم رکاب تھا اور اسی لیے ہمیں ان سے کچھ ادبی شہ پارے مل سکے ہیں۔ ان کے شعور میں نمایاں دیلی ی اور ان کے وژن میں گہرائی وگیرائی کی ایک وجہ یہ بھی ہے کہ وہ جمہوریت کے ابھرتے ہوئے رجحانات سے خود کو ہم آہنگ کر سکے۔ ذہنی اور سماجی بے داری کی لہریں پوری دنیا میں اپنا جلوۂ صد رنگ بکھیر رہی تھیں۔ لہٰذا سیاہ فاموں کے ادب سے وہ لمحہ بھی رخصت ہوا جب غلامانہ لب ولہجہ اور بیانیہ پورے شباب پر تھا۔ ان کے شعور آگہی کو منزل بہ منزل آگے بڑھانے میں کرب کی یہی گھڑیاں زیادہ ثمر دار ٹھہری ہیں۔ اب انفرادی شعور (Individual Vision) کا لمحہ ان کے دروازے پر دستک دے رہا تھا۔ نسلی امتیاز مظلومی اور بربریت زدگی کی تاریخ سے اہم دریافتِ ذات اور تہذیبِ دل قرار پائیں۔ سیاہ فام ادیب جب یہ کہتا ہے کہ:

"The individual human heart is more revolutionary than any

political party or Plateform" تو ہمیں یہ سمجھنے میں دشواری نہیں ہوتی کہ مسائل سے آفاقی موضوعات کی طرف ان کی چھلانگ مکمل ہوئی ہے۔ اس طرح ہم دیکھتے ہیں کہ سیاہ فاموں کا ادب پہلے سے زیادہ شدید، زیادہ نوع اور رت ت ایزت ہے۔ یہ بلا وجہ نہیں کہ ہمارے عہد کے کچھ اہم ادبی شہ پارے کالے لوگوں کی ریاضت ہی کا نتیجہ ہیں پچھلی ن پ دہائیوں سے سیاہ فام ادیب مسلسل آزادی کے تصورات، خود اختیاری کی لے اور انفرادی وژن کی ازیابی کے لیے نبرد آزما رہے ہیں۔ لہٰذا ان کے ادب سے ابھرنے والا پیکر اور استعارہ انتہائی مسحور کن اور نامانوس جے ک سے تیار ہوا ہے۔ مسلسل ا رتقا قوموں کی ادبی سطح کو نامعلوم بلندیوں کیطرف لے جاتا ہے۔ علاحدگی (Alienation) کے مہیب سائے اور خون آشام تصورات کی چھاؤں سے زیادہ وسیع سیاسی اور ثقافتی نقطۂ نظر اور دردمندی سے مملو جدید ترکیفیات نے ان کے ادب کو مالا مال کیا ہے۔ 1955ء کے بعد ان کا ادب واضح طور پر زیادہ اثر ایزت لہجوں اور ذائقوں کے ساتھ ہم تک پہنچا ہے۔ اس کے ثبوت میں 1955ء اور 1965ء کے افریقی لٹریچر کو آپ اٹھا کر دیکھیں۔ ان کے ناول، افسانے، ڈرامے ا ور شاعری کا مطالعہ کریں تو آپ کو یقین ہو جائے گا کہ اب وہ وسیع تر ادبی پیکروں اور ادب پاروں کا حصہ ہیں جو اپنے اندر کے انتشار "Chaos" کے حوالے سے انہیں نصیب ہوئے ہیں۔ ای ب بہت ساری ادبی شخصیتیں ابھر کر سامنے آئیں جو افریقن لٹریچر کو آفاقی سطح پر پہنچانے میں مدومعاون ثابت ہوئی ہیں ا ور جن کا مفصل بیان اس مضمون کا موضوع نہیں لیکن اس ات میں شک کی گنجائش نہیں کہ پچھلی دہائیوں کی تحریریں صاف کسم پرسی کی تحریریں نہیں بلکہ اس وسیع تر تناظر میں یہ

تحریریں سامنے آئیں جن کی آفاقیت اور کشادگی سے وہ ہا م

ن اور کافکا، کامیو اور سارتر کی تحریریں عبارت ہیں۔ یہ دیلیلیاں نئی ہیں، کرب کے خاک داں سے ابھری ہوئی اور ذات کے نہاں خانوں تک پہنچتی ہوئی یہ اپنے عہد کی اہم ترین آوازیں ہیں۔ یہ آوازیں در حقیقت نئے Male Negro اور نئی Female Negro کی بشارتیں ہیں جن کی تحریریں وقت کی دھند سے نکل کر تنقید کے منصب کو نہ صرف نیا چیلنج دے رہی ہیں بلکہ اپنے تصورات اور امیجری کے وسیلے سے بے حد متنازعہ فیہ بھی ہیں۔ اس سے پہلے کہ ہم "کالے جسموں کی ریاضت" کے مطالعہ سے فاداہ اٹھائیں سیاہ فام لوگوں کے ادیبوں کو اپنی مبارک اد پیش کرنا چاہتے ہیں کہ ان کی تحریریں اب ان کی نہیں۔ وقت آ گیا ہے کہ ان کی تحریروں سے استفادہ کیا جائے، ان کے ذہنوں اور احساواں سے اپنے ذہبے اور احساس کا رابطہ اور انسلاک اوار ار کیا جائے۔ مغرب کے رہنے والے، خاص طور پر امرکہ اور کینیڈا کے مکیں، جن کا ادبی سرمایہ ہجرت کے اندیشے اور دھ سے لبریز ہیں اچھی طرح جانتے ہیں کہ افریقی ادب نہ صرف اپنی حیثیت نورا چکا ہے بلکہ امرکہ اور دوسرے مغربی ادب پر بھی اثر انداز ہو رہا ہے۔ مختصر یہ کہ ان کی نگارشات کی طرف جب ہم سنجیدگی سے متوجہ

ہوتے ہیں تو اصل میں خوابوں کے نئے در تک پہنچتے ہیں۔ لہٰذا آپ پر اکسی دستک کے داخل ہو جائیں، یقین جانیں کہ قوسِ قزح کے رنگ آپ کا خیر مقدم کریں گے۔

اب دو اتیں افریقی ادب میں پننپے والی زان کے استعمال اور ترجے کی صحت پر بھی ہو جائیں تو بہتر ہے۔ بیش تر نثرنگر و ادیب انگریزی میں لکھ رہے ہیں۔ افریقی زانوں میں ان کی چیزیں ہم تک، پہنچتی ہیں لیکن دونوں صورتوں میں ایک مشترک ہے۔ جبر و استبداد غیر جمہوری اقدار اور سنسر شپ کی ریاکاری کے سبب ان کی زان اور اظہار میں نمایاں دیلی ی ہوئی اور براہ راست اظہار کے بجائے علامتی اور شاعرانہ سطح کو بروئے کار لایا گیا جس سے ایک نیا اسلوب Diction تیار ہو سکا۔

Alex lx Guma کے الفاظ میں :

"To evade Censorship they used literary nuances which could only be understood by those who know African language." ساتھ ہی ساتھ ان کے سامنے زان کے سلسلے میں یہ واال بھی تھا کہ وہ کن لوگوں کے لیے لکھ رہے ہیں اور اس واال کے ساتھ زیادہ اہم مسئلہ ان کے رجحان کا تھا لہٰذا انگریزی زان کے اظہار کو، جسے تمام افریقی بھی سمجھ سکتے ہیں ترجیح دی گئی۔ علامت نگاری سے لے کر وجودی مکتبۂ فکر اور واشلزم کے اثرات بھی اس افریقی زان کے استعمال میں ڈھونڈے جاسکتے ہیں۔ کئی صدیوں سے لوگ انگریزی زان سے مانوس ہیں لیکن تذلیل و تمسخر کی جو روایت ان سے جڑی ہے' ان کی زان پر بھی اس کا ذائقہ ہے۔ نسل در نسل دوسرے درجے کے شہری ہونے اور غلاموں کی زندگی گزارنے کے بعد ان کے ذہنوں میں جو الیدگی آئی ہے وہ ان کی اپنی شناخت لیے ہوئے ہے اور اس طرح ان کا اپنا انفرادی اسلوب بھی ن پایا ہے۔ سیاہ فام ادیب اب اپنی زندگی اور اس سے جڑے ہوئے تصورات کے تابع ہو کر لفظوں کی تراش و اش کرتے ہیں اور ان کی نشست و برخاست میں ان کا اپنا لہجہ اور رنگ بھی شامل ہے جو امریکی یا دوسرے مغربی ادیبوں کی طرز نگارش سے ایک حد تک جدا ہے۔ اب وہاں جو ادیب جنم لیتے ہیں، غلام نہیں۔ روایت پرستی اور زانی کلچر (Oral Culture) میں ان کا برابر کا شریک ہونا ان کے لیے تجربوں کا دروازہ کھول چکا ہے۔ سلاخوں کے پیچھے سے بھی لکھنے پر Breyton Bach کی زان اپنی ے

ذاتی ضرورتوں کے تحت آزاد اور خلاقانہ ہے۔ یہی حال وائی کا بھی ہے۔ ادیب خواہ انڈر گراؤنڈ ہو کر لکھیں یا قومی دھارے میں شامل ہو کر، اپنے ادب کی تخلیق کرتے ہیں۔ لفظوں کے سحر کو اپنے انداز سے ڈھاتے ہیں اور ای ب دنیا میر و کرنے میں گے ہیں جو نہ صرف ماضی کے غلامانہ بیانیہ سے انحراف ہے بلکہ سحر ایزت حقیقت پرستی (Magical Realism) سے قریب تر ہے۔ لفظوں کے استعمال میں ان کا اپنا رنگ اور آہنگ اور ان کی اپنی شخصیت صاف جھلکتی ہے۔ افریقی تال اور ردم، لوک کہانیوں اور اساطیر کی طرف ان کا رجحان نئے اور نا آشنا پیکروں کی تخلیق بڑی اہمیت کے حامل ہیں۔ زان کی نئی ترنگ میں نا آشنا آوازیں بھی اپنی تصویر دے جاتی ہیں ___ صرف یہی نہیں قاری کی زان پر بھی اس ذائقے کا کسیلا احساس موجود رہتا ہے۔ وہ جب سنجیدہ موضوعات کو بھی چھوتے ہیں تو اپنی چھاپ بھی چھوڑ جاتے ہیں۔ اپنے بیان کی صداقت کے لیے میں ایک اقتباس پیش کر رہا ہوں جو میں نے شمالی افریقہ کے ادیب

Breyten Bach کی کتاب The true confession of an albino terrorist سے لیا ہے :

"What else must I describe? Do you really want to know what

its like to be free?

Freedom is not knowing where to stop. It is a gargauntuan appetite. It is a need to be born clean, with whatever is spicy and hot, the taste of dullness which has encrusted your memory and your appetite: It is the Uniquechable thirst, it is the need to absorb, to grasp, to experience, to renew and to drink and become it is simultaneously the necessity to deaden the nerve ends. I have not the slightest measure of what ought and ought not to be do ne and when and

"......how یہ ہے ان کا اپنا انداز اور ڈھنگ جو بروااں کی ریاضت اور داخلی کیفیات کا نتیجہ ہیں اور جو ان کے اجتماعی شعور کا حصہ ن رہے ہیں۔ ان کی تحریروں کا اردو میں ترمہ نہ صرف اہم کام ہے بلکہ انتہائی دشوار گزار بھی کہ ان کی تحریروں سے ان کے ذہنوں کے ردم اور تال بھی جڑے ہیں جن کا ہم تک پہنچانا ترمہ نگار کا اہم کارنا ہو سکتا ہے۔ ترمہ بقول گوئٹے یسا بھی ہو اس کی اہمیت سے انکار نہیں کیا جاسکتا لیکن ترمہ نگار کا منصب، سنگین نہیں۔ ترمہ نگار کئی سطحوں پر کام کرتا ہے دو زانوں کا معاملہ، زانوں کی پے چیدگیوں اور الفاظ کی شخصیت کا مسئلہ، یہاں تک کہ دو کلچرز کی اریکیوں کی ات ____ یہ ایسے مسائل ہیں جن سے ترمہ نگار دوچار ہوتا ہے اور جب وہ بڑی حد تک ان خلیجوں کو عبور کرتا ہے تو وہ کامیاب ترمہ نگار کہلاتا ہے۔

"کالے جسموں کی ریاضت" خالد سہیل اور جاوید دانش کا ایسا ہی کارنا ہے جس میں سیاہ فاموں کے ادب کو اردو میں منتقل کرنے کی کوشش کی گئی ہے۔ نائیجریا، افریقہ، ایتھوپیا، یوگانڈا، امرکہ اور آسٹریلیا میں جو ادیب شاعر لکھ رہے ہیں ان کی تحریروں کے ترجے اس کتاب میں شامل ہیں۔ یہ کوشش اہم اس لیے بھی ہے کہ مختلف الکلک کے سیاہ فام ادیبوں کی تحریروں کا احاطہ کیا گیا ہے۔ے

جاوید دانش کلکتہ کی گلیوں میں آوارہ امی کرتے ہوئے کینیڈا جابسا اور اس نے وولے وائ کے دو ڈراموں کا ترمہ کیا ہے۔ "دَل دَل کے اسی" اور "سخت جاں نسل"۔ تیسر اڈرا، جاوید دانش کا طبع زاد ڈرا ہے۔ ان ڈراموں کی اہمیت اس ات میں ہے کہ موضوعاتی اعتبار سے وقت سے پوری طرح ہم آہنگ ہے۔ کسی چیز کا ترمہ کرنا اورا سات پر بھی نظر رکھنا کہ موجودہ صورت حال میں اس کی کیا اہمیت ے ہے، مستحسن ات ہے۔ بہ حیثیت ترمہ نگار جاوید دانش نے زان پر گرفت مضبوط رکھی ہے اور وائ ے کے ڈرامے اور اس کے ظاہر واطن میں مضمر مسائل کو سمجھ کر پیش کیا ہے۔ وائ خود اب ایک Legendن چکا ہے۔ اس کے ڈراموں کے ڈھانچے نہ صرف رواماتی حسن کا احاطہ کرتے ہیں بلکہ انتہائی ے عملی طرز کے ہیں۔ وائ کی تخلیقات حقیقی زندگی سے عبارت ہیں۔ وہ اداکار کی حیثیت سے بھی ممتاز تھے اور تحریر میں عملی زندگی کے خواب، رقص، موسیقی کا امتزاج ان کی فکر کی یادیدی اجزا ہیں۔ ان کے ڈراموں میں زندگی کے مسائل اساطیری حسن اور مادی تقاضوں کی اہمیت ایک زبردست تناؤ یدا اکرتے ہیں جو جدید ادب میں خال خال ہی نظر آتا ہے۔ جدید تھیٹریکل تکنیک سے آراستہ ان ڈراموں کے ترجے جو جاوید دانش نے کیے ہیں وہ درحقیقت بہت ساری طبع زاد تخلیقات پر بھی سبقت لے گئے ہیں۔ برجستہ ڈائیلاگ کے ساتھ ساتھ ڈرامے کے وسیلے سے بلیک کلچر اور اس کے مسائل کو

کامیابی سے برتا گیا ہے۔ ان ڈراموں کو پڑھ کر یا دیکھ کر قاری یا سامع اجنبی کلچر کے تیکھے پن کو درد مندی سے سمجھنے پر خود کو مجبور پاتا ہے۔ سیاہ فاموں کے ادب کا ردم اور نامانوس موسیقی صاف صاف سنائی دیتی ہے۔ ''دَل دَل کے اسی'' کا اقتباس ملاحظہ کیجیے:

ماکوری: (ناگواری سے) بے کار۔۔۔۔۔۔ کس نے کہا! تم ناگ دیوتا کا بسیرا ان سے چھین لینا چاہتے ہو۔ پھر سانپ بسیرا کیا کریں گے۔

فقیر: (رت ت سے) ناگ دیوتا۔۔۔۔۔ کیا مطلب؟

ماکوری: یہ زمین جس پر ہم لوگ رہتے ہیں کاشت کاری کرتے ہیں، ہمارے پرکھوں کی زمین ہے۔ جب سے دنیا شروع ہوئی ہے ہمارے بزرگ اس پر رہتے آئے ہیں مگر ہمارا علاقہ اس بوڑھے پیپل کے درخت تک ہے اس کے آگے دَل دَلی علاقہ ہے۔ یہ ہمیشہ سانپوں کا مسکن رہا ہے۔ ناگ دیوتا اور اس کے سانپ ہمیشہ سے وہاں تھے اور آ دنیا تک وہاں رہیں گے۔ نہ انہوں نے ہماری زمین ہڑپ کرنے کی کوشش کی نہ ہم لوگوں کو ان کا علاقہ حاصل کرنے کا خیال آیا۔ ایسا واچنا بھی بدشگونی اور گناہ ہے۔'' یہ اور ای ب بہت ساری مثالیں آپ کو ان ڈراموں میں مل جائیں گی جس کے وسیلے سے ایک اجنبی کلچر کے مسائل کے ساتھ اس کے ظاہر و اطن کی پے چیدگیوں سے بھی ہم آشنا ہوتے ہیں اور دور

سے ہی ڈھول اور افر　　　سیق　　　ے

ن ناچ کا سحر متوجہ کرتا ہے۔ مجھے کہنا صرف یہ ہے کہ جاوید دانش نے وا　　　ئ کے ے

آسان ڈراموں کا ترمہ کیا ہے۔ وہ شاعر بھی ہے اور تھیٹر سے ان کی واستگی بھی ہے، لہٰذا وائی کے ایسے ڈراموں کو چھونا چاہیے جن میں جلنے کا خطرہ بھی ہو۔ دوسری ات یہ ہے کہ ڈرامے کی زان انتہائی شستہ اور خوب صورت ہے جس سے ڈرامے حسین نثر پارے کا زیہ تو دے جاتے ہیں لیکن پیرانڈیلو کے "Spoken Word" کے نظریے سے دور ہو جاتے ہیں۔ ل مس تک ان کے طبع زاد ڈرامے ''بھوپا'' کا تعلق ہے، فنی طور پر یہ ڈراما آسانی سے اسٹیج ہو سکتا ہے جو یقیناً ناظرین کے لیے ایک اچھو تا تجربہ ہو گا۔ خالد سہیل کینیڈا میں ہجرت کے دن کاٹ کر نئی جڑوں میں مکمل طور پر پیوست نظر آتے ہیں۔ وہ شاعر ادیب، ترمہ نگار اور پیشے کے اعتبار سے ماہر نفسیات ہیں۔ ان کے ادب میں نہ صرف ہجرت، عورت کی آزادی اور نئے زمانے کے تیکھے پن کا نوحہ ہے بلکہ نئی جڑوں سے اگنے والی خوب صورت کیفیات بھی شامل ہیں۔ علاوہ ازیں ان کے ادب میں کینیڈا کی معاشرت، سیاست اور معیشت کا مرقع جھانکتا ہوا ملتا ہے۔ ان کی تحریروں میں ایک ایسے فن کار کے محسوسات اور تاثرات ہیں جو زندگی کے ارے میں وسیع تناظر میں واچتا ہے اور پھر فن کی ساری جزیات اریکیوں اور تفصیلات کے ساتھ پیش کرتا ہے۔ جدید تر زندگی کے بحران، ٹوٹتی بکھرتی اقدار ا ور تہذیب کے گناہوں کا بوجھ اور اس کا بے جھجک اظہار خالد سہیل کی شاعری ا ور ادب کو ہمارے سامنے محترم اور معتبر بناتے ہیں۔ ''کالے جسموں کی ریاضت'' میں ان کے ترجمے کا حصہ زیادہ ہے۔ انھوں نے سارتر کے مقالے سے لے کر نیلسن منڈیلا اور وفی منڈیلا کے طوطط تک کا صاف ستھرا ترمہ پیش کیا ہے اور ان ترجموں سے کالے لوگوں کی زندگی، ادب اور سیاست کا ایک

اجتماعی شعور ابھرتا ہے۔ ایک سیاہ تصویر ابھرتی ہے، نئے امید، نئے لب ولہجہ اور نئے ذائقے سے زیین جو بڑی بھرپور، حقیقی اور متاثر کن ہے ان ترجموں کے وسیلے سے افریقی ادیب کی زندگی، ان کے معاشرتی اور تہذیبی ابعاد کا زبردست مرقع ہمارے ہاتھ آتا ہے اور یہی اس ترجمے کی کامیابی کی ضمانت ہے۔

میں نے اوپر لکھا ہے کہ سیاہ فاموں کا ادب تو ایسا خواب ہے جو نکھرنے سنورنے کی تمنا میں اپنی ذاداری کو اپنا ایمان بناتا ہوا صفحۂ قرطاس پر بکھر گیا ہے اور اس طرح ان کی انفرادیت اور ذاداری کے احساس نے زندگی کرنے کا ایک مخصوص یقہ ا اور انداز دیا ہے جس سے ان کا اجتماعی شعور ہمارے سامنے ایک چیلنج ن کر آیا ہے۔ دیکھیے خالد سہیل نے تقریباً اسی ات کو سارتر کے مضمون کے خوب صورت ترجمے میں یوں ادا کیا ہے:

سـ ٹ یگر نے ایک جگہ لکھا تھا کہ کالے کی شاعری کا امتیاز اس کا خیال نہیں، انداز ہے۔ وہ اندازِ حسن میں ایک مخصوص ذہاتی حدت ہے جو الفاظ میں ایک خاص توانائی یدا ا کر دیتی ہے اور سیاہ فاملوگوں کے مخصوص رجحان کی نمائندگی کرتی ہے۔ سیاہ پن Negritudeلوگوں کی اس دنیا میں زندہ رہنے کی داستان ہے۔

"دنیا کی یادیدیں ہل جائیں" ترمہ: خا لد سہیل

دوسرا اقتباس بھی ملاحظہ ہوں:

"غلامی کی زندگی کا دور طویل دور تھا ان صدیوں میں سیاہ فام لوگ تلخیوں کا زہر آب پیتے رہے وہ چاہے دنیا کے کسی بھی کونے میں، کسی خطے میں ہوں، کوئی زان بوتے ہوں، کسی بھی سیاسی اور معاشرتی نظام میں زندہ ہوں، وہ ظلم سہتے رہے۔ اس طرح ان کی کچھ اجتماعی یادیں ہیں جو آنسو بہاتی رہی ہیں اس طرح ایک تاریخ وجود میں آئی جو ہم سب کو آئینہ دکھاتی ہے۔"

"دنیا کی یادیدیں ہل جائیں" ترمہ: خا لد سہیل

اس طرح ان ترجموں سے ہمیں ان تاریخی عوامل کا سراغ مل جاتا ہے جن کے پیش نظر لوگوں کا ادبی شعور پروان چڑھا اور اب اس قدر قد آور ہو گیا ہے کہ ہمیں آئینہ دکھاتا ہے۔ شعری حصے میں بھی خالد سہیل نے ای ب نظموں کو چنا ہے جو سیاہ لوگوں کے دھ درد کو تاریخی پس منظر میں پیش کرتی ہے۔ "دلہن کا الوداعی گانا"، "عورت"، "آزادی میری منزل ہے"، "اختتام" ای ب نظمیں ہیں جن میں سیاہ فام شاعروں کی روح کی موسیقی صاف سنائی دیتی ہے اور ہم چونک اٹھتے ہیں جب ایوا جانس کا ترمہ پڑھتے ہیں:

تم مجھے اپنی توقعات کے شکنجے میں مت کسو میں ایک عورت ہوں، کالی ہوں اور آزاد ہونا چاہتی ہوں تم اپنی اقدار واپس لے لو تا کہ مجھے میری اَنا، ثقافت اور شناخت واپس مل جائے میں فردا کی مسافر ہوں

میں اپنے ماضی کو پیچھے چھوڑ آئی ہوں۔۔۔۔۔

اس طرح "کالے جسموں کی ریاضت" سے ہمیں فردا کے مسافر کی روح کے اندر جھانکنے کا موقع ملا ہے۔ خالد سہیل اور جاوید دانش نے بڑا کام کیا ہے اور اس کی اہمیت اور اولیت سے انکار نہیں کیا جاسکتا۔ اردو مف مفصل طور پر جان سکتا ہے کہ سیاہ فام ہونا زندگی میں یا ادب میں کوئی المیہ نہیں اور نہ ہی ایسا

دھ ہے جو ان کی روح میں رچ بس گیا ہو۔ ہم خالد سہیل کی طبع زاد غزل کے پہلے شعر کو کھری اور سچی حقیقت کا اظہار تسلیم کرتے ہوئے اس مقالے کو ختم کرتے ہیں:

کالے جسموں کی ریاضت کا مآل اچھا ہے حکمراں اب نظر آتے ہیں نڈھال، اچھا ہے

''انسانی شعور کا ارتقاء''... فلسفیانہ جائزہ

لطیف جاوید

ڈاکٹر خالد سہیل صاحب کی کتاب ''انسانی شعور کا ارتقاء'' نظر سے گذری اور ذہن کے کئی خوابیدہ دریچے کھول گئی۔ ڈاکٹر صاحب ایک معروف محقق، مفکر اور ماہرِ نفسیات ہیں۔ وہ ٹورنٹو (کینیڈا) میں ''گرین زون تھیراپی'' کے نام سے نفسیاتی کلینک چلارہے ہیں، جس کی سب سے بڑی صفت یہ ہے کہ صرف 10٪ ادویات پر انحصار کیا جات اہے، مریضوں کا 90٪ علاج اہم مشورہ)counsling(سے ہی کیا جاتا ہے۔ ڈاکٹر سہیل صاحب کئی اردو اور انگلش زانوں میں لکھی جانے والی کتابوں کے مصنف بھی ہیں۔ کتاب کی جلد پر ان کا تعارف اور تفصیل، ڈاکٹر صاحب کی واچوں میں آلودہ تصویر، کے ساتھ شائع ہے۔

تاریخ سے ثابت ہوتا ہے کہ مشہور فلاسفر اسپنوز اور معروف سائنسدان راجر بیکن نے کٹر مذہبی ماحول میں آنکھ کھولی تھی، یہی صورتِ حال ڈاکٹر سہیل صاحب کی ہے۔ وہ اپنی زندگی کے ابتدائی دور میں جنت کے میوہ جات اور حور و طہور کو پانے کے لئے لمبی لمبی عبادتیں کیا کرتے تھے۔ پھر نہ جانے کب اسپنوز اور بیکن کی طرح آسمانی آقاؤں اور دیوتاؤں کے انکار کی ٹھانی اور پکے لبرل، سیکولر اور انسان دوست)humanist(ن گئے۔ فیض احمد فیضؔ نے کئی سال پہلے کہا تھا۔

اب صدیوں کے اقرارِ اطاعت کو بدلنے لازم ہے کہ انکار کا فرمان کوئی اترے

میں سمجھتا ہوں کہ فیضؔ نے جس خواش کا اظہار کیا تھا کہ ''انکار کا پیغام کوئی اترے''، ڈاکٹر سہیل صاحب کی کتاب ''انسانی شعور کا ارتقاء'' نسلِ انسانی کے لئے انکار کا پیغام بکر اتر آئی ہے۔ جس میں ڈاکٹر صاحب نے بخوبی ثابت کر دیا ہے کہ آسمانی آقاؤں اور دیوتاؤں کی اطاعت بیکار اور فضول روایات اور رسمیں ہیں۔ گویا وہ کہتے ہیں اے حضرتِ انسان بس کر، بہت ہو گئی۔ تو نے، ان آسمانی دیوتاؤں کو خوش کرنے کے لئے کیا کیا نہیں کیا۔ نیل دیوتا میں ہر سال ایک خوبروں نوجوان لڑکی کو بناسنگار کر پھنکا، دیوتا کو راضی کرنے کے لئے کہ وہ فصلیں اچھی پیدا اکرے، اپنی عورتوں کو بھیجا کہعبادت گاہوں کو زنا کے فعل سے بھر دیں، گاؤ ماتا کی پوجا کی، پیشاب پیا اور گوبر کھایا اور آسمانی آقا کو خوش کرنے لئے کہ وہ ہماری غلطیاں معاف کر دے، ہزاروں معصوم جانوروں کی گردنوں پر چھری چلادی، یہ نہ واچا کہ کچھ لے کر سزا نہ دینا اور غلطی معاف کر دینا رشوت ستانی ہے۔...... گویا یہ سب فضول، بیکار اور فرضی رسمیں اور روایات ہیں۔ انسان کی عملی زندگی سے ان کا کوئی تعلق نہیں ہے۔ دراصل ان رسموں سے ایک طبقہ فادا اٹھا رہا ہے اور وہی ان کو پروان چڑھا رہا ہے۔ بہر حال رت ت سے اس حضرتِ انسان پر جو زمین پر رینگنے والا ایک بیکار سا کیڑا نہیں بنا سکتا، اُس نے ساری قدرتوں کے مالک کئی دیوتا اور آسمانی آقا بناڈالے اور پھر ان کی پوجا شروع کر دی۔ عجب است!

عقل پسندی ایک شاع جو ہر ہے لیکن اسے اپنانے میں بڑے شکل حالات کا سامنا کرنا پڑتا ہے۔ جیسے معروف اردو شاعر میر تقی میرؔ کہتا ہے۔

اولے سے جب تلک بکتے تھے، سب کرتے تھے پیار

عقل　　　کی　　　اتیں　　　کیں،

کیا　　　ہم　　　سے　　　نادانی

ہوئی؟

مجھے کچھ معلوم نہیں کہ عقل کی اتیں کرنے پر ڈاکٹر سہیل صاحب کو کن شکل مراحل سے گذرنا پڑا، لیکن بتادوں کہ ایسا کچھ ہوا ضرور ہوگا۔ میں تو صرف یہ بتانا چاہتا ہوں کہ ڈاکٹر صاحب نے معروف عقل پسندوں کے افکار و خیالات سے اس کتاب میں اپنے قاری کو متعارف کرایا ہے۔ چار حضرات کے مقالے اردو میں ڈھال کر پیش کئے ہیں، ان میں ڈاکٹر البرٹ آنسٹائین، سگمنڈ فرائڈ، کارل ینگ اور ایرک فراک شامل ہیں۔ یہ اردو دان حلقے کے لئے ایک نعمت سے، نہیں ہیں۔ ان چار کے

علاوہ چارلس ڈارون، کنفیوشش، بدھا، بقراط، سقراط، وکٹر فری ین)Victor Frankl(اور ابراہیماسلو کے افکار اور نظریات کو اردو میں پیش کیا ہے، جو پڑھنے سے تعلق رہتے ہیں۔ انہیں پڑھ کر انسان اپنے اندر ایک نمایاں دیلی ی محسوس کرتا ہے۔ ڈاکٹر آنسٹائن کا مذہب اور سائنس کو اہم بغلگیر کرنے کا نظریہ اور سگمنڈ فرائڈ کا مذہب کی حمایت میں واال اٹھانے اور پھر دلائل سے اسے رد کرنے کا انداز پڑھنے اور سمجھنے کے قابل ہے۔ سگمنڈ فرائڈ کی فکر ایزت کتاب)The Future of An Illusiion(کا اردو زان میں 'سراب کا مستقبل' کے نام سے تلخیص اور ترمہ ڈاکٹر سہیل صاحب کا شاع کارناہے جو صدیوں یاد رکھا جائے گا۔ ڈاکٹر صاحب کے دوست ڈاکٹر بلند اقبال، امیر حسین جعفری، ڈاکٹر منصور حسین، عبد الغفور چوہدری، عظمیٰ محمود، رفیق سلطان اور گوہر تاج بھی اِج تحسین کے مستحق ہیں، جنہوں نے ڈاکٹر سہیل صاحب کے مقالہ جات کو اردو میں ڈھالا۔

ڈاکٹر سہیل صاحب نے اپنی کتاب کے آٹھویں اب میں روحانیت کے ارے میں معروف سکالرز یعنی مسیلو، پیٹر بلو کلاوڈ) Peter Blue Cloud(اور زونی))Zuni کے نظریات پیش کئے ہیں اور پھر ڈاکٹر بک مین کے تجرات بیان کئے ہیں۔ جس میں ثابت کیا گیا ہے کہ انسان کے دماغ پور لرل لوب کو الیکٹرک کے جھٹکے دنے سے انسان وحی والہام میں مبتلا ہوجات اہے۔ بعد میں ڈاکٹر ہیوگ جیکسن)Dr. Hughlings Jackson(، ڈاکٹر ولڈر ی پ ی ن ف ٹ یلرڈ)Dr. Wilder Penfield(اور ایم اے پرسنگر)MA Persinger(نے بھی تجرات سے مذکورہ الانتائج کی تصدیق کی ہے۔ مذہب پرست طبقے کے لئے یہ بڑی واچ اور فکر کا پیغام ہے۔ آسمانی آقا کا تو کوئی ثبوت نہیں ملتا لیکن ثابت ہوگیا کہ وحی والہام کا نفوذ ہونا انسانی ذہن کی ایک کیفیت اور صلاحیت ہے۔ یہاں پر یہ بتانا ضروری خیال کرتا ہوں کہ سگمنڈ فرائڈ کہتا ہے کہ وحی والہام کی دو یادیدی صفات ہوتی ہیں اوّل یہ کہ اس کی اتیں عقل و منطق سے عاری ہوتی ہیں اور دوئم یہ کہ یہ تضادِ اہمی کا شکار ہوتی ہیں لیکن عجیب ات ہے کہ ملہم اور اسُ کے پیروکاروں کو اس کی کوئی پرواہ نہیں ہوتی۔

ڈاکٹر سہیل صاحب کتاب کے گیاریں اب میں ایک کامیاب انسان دوست)Humanist(ن کر سامنے آتے ہیں، جب وہ اپنے بھانجے کو لکھے گئے ایک خط کا ذکر کرتے ہیں۔ وہ بتاتے ہیں کہ وہ آسمانی بدبلاؤں سے جان چھڑا کر پکے انسان دوست ن گئے ہیں۔ لہذا وہ لکھتے ہیں۔

"... اب میں تمام انسانوں اور ان کے عقیدوں اور روایتوں کو عزت اور احترام کی نگاہ سے دیکھتا ہوں۔......... اب میں نہ صرف مذہب کی آزادی بلکہ مذہب سے آزادی پر بھی یقین رکھتا ہوں۔ ابمیں محسوس کرتا ہوں کہ مذہب اور عقیدہ ہر انسان کا ذاتی معاملہ ہے۔ ل مس تک سماجی زندگی کا تعلق ہے

تمام معاشروں اور حکومتوں کو عقیدوں سے الاتر ہوکر انسان دوستی کی روشنی

میں شہریوں کے لئے

قوانین اور روایات وضع کرنی چاہ ہ۔ ہمیں اس ات کا خیال رکھنا چاہیے کہ عورتوں، بچوں اور اقلیتوں کو مردوں کے مساوی حقوق ملیں۔...... انسان

دوستی کے فلسفے کو اختیار کرنے بعد میں ایک ایسا انسان بننے کی سعی کرتا ہوں جس کا.... دماغ ایک سائنسدان کی طرح ماج س ہو......... دل ایک شاعر کی طرح جمالیات کا شیدائی ہو........ اور شخصیت ایک درویش کی طرح امن پسند اور خدمتِ خلق کیلئے بے تاب ہو۔"......... یقیناً آج عالمی امن یدا ا کرنے کے لئے ای ب ہی واچ کی ضرورت ہے۔

ڈاکٹر سہیل صاحب کی کتاب کے چند ابواب کے نام ملاحظہ ہوں۔ ان ناموں سے ہی واضع ہو جاتا ہے کہ ان ابواب میں کیا لکھا گیا ہو گا۔ مثلاً... سیکولر اخلاقیات اور اور سات انسان دوست مفکرین.... مذہب اور روحانیت.... نوعِ انسانی کے مصائب کے سات اسباب... انسانی نفس، روح یا ذہن... امن کے معمار.... انسانی ارتقاء میں صوفیوں، فنکاروں اور سائنسدانوں کا کردار... انسانی ارتقاء کا اگلا قدم... اور... روایتی اکثریت اور تخلیقی اقلیت... ان عناوین سے ظاہر ہو جاتا ہے کہ ان مضامین میں کیا فکر ایزت اتیں درج ہو نگی۔ ایک جگہ بدھا کا قول درج کیا ہے اسے بتانا ضروری سمجھتا ہوں۔ بدھا انسان کو مخاطب کر کے فرماتے ہیں۔

"اعتقاد مت کرو اس ات پر کہ ات کسی نام نہاد سیانے نے کہی ہے... کہ اس کا ذکر ازمنہ قدیم کی کتابوں میں ملتا ہے... کہ اس کا تعلق ابتدائے آفرینش سے ہے... کہ کوئی اور اس پر اعتقاد رکھتا ہے... اعتقاد رکھو اس پر جسے تم ذاتی طور پر جانچا اور پرکھا ہے اور سچائی اور حقیقت پر مبنی پایا ہے۔" عجیب ات ہے کہ سقراط بھی یہی کہتا ہے۔ سقراط کا قول ہے۔ "جس زندگی کو پرکھا نہ ہو وہ گذارنے کے قابل نہیں ہوتی۔"

یاد رہے کہ ڈاکٹر سہیل صاحب محقق، مفکر اور ماہرِ نفسیات کے علاوہ شاعر اور ادیب بھی ہیں۔ انُ کی ادیبانہ صلاحیت اس وقت عروج پر پہنچ جاتی ہے جب وہ اس کتاب کا آی اب یعنی "تاریخی ملاقات" لکھتے ہیں۔ وہ قلمی جوہر اس طرح دکھاتے ہیں کہ... انُ کا عرفان نامی ایک دوستاُنہیں ایک کانفرنس میں شرت کی دعوت دیتا ہے۔ وہ وہاں جاکر دکھتے ہیں کہ کانفرنس کے ساتھ والے میدان میں بہت سے خیمے گے ہوئے ہیں۔ ہر خیمے میں کسی ایک صدی میں رہنے والے لوگ رہ رہے ہیں اور ہر خیمے کی پیشانی پر اسُ صدی کا بورڈ آویزاں ہے جس صدی کے لوگ اسُ خیمے میں موجود ہیں۔ ڈاکٹر سہیل صاحب ان لوگوں کو ملنے کا پروگرام بناتے ہیں۔ وہ قبل از یح ک کی صدی سے یکر ئیسوی ں میں صدی عیسوی تک کے مختلف صدیوں کے لوگوں کو ملتے ہیں اور انُ کے نظریات بیان کرتے ہیں۔ یہ ملاقاتیں بڑی دلکش، معلومات افروز اور دلچسپ ہیں۔ پڑھنے سے تعلق رکھتی ہیں۔ اور اس سے انسان کی ان طویل نظریاتی اور ارتقائی منازل کا پتہ چلتا ہے جو اسُ نے ئیسوی ں میں صدی عیسوی تک طے کیں۔ اس مضمون اور اس کتاب کے دیگر مضامین میں نظریات ideas ہی زیرِ بحث لائے گئے ہیں جو ڈاکٹر سہیل صاحب کی عظمت کا ثبوت ہے۔ اس پر مجھے Gibson کا ایک قول یاد آگیا، اسے درج کر کے اس مضمون کو ختم کرتا ہوں۔

Great people talk about ideas. But small people talk about other people.

یہ کتاب 'انسانی شعور کا ارتقاء' سٹی بک پوائنٹ کراچی نے خوبصورت انداز میں پائیدار اور خوشنما جلد کے ساتھ شائع کی ہے۔۔ جلد پر DNA کی پی لیوں سے اُٹھتا ہوا انسانی ہیولہ اور اسی طرح انسان کے ہاتھوں پاؤں سے چوپاؤں کی طرح چلنے کے دور سے کھڑے ہو کر چلنے کے ادوار تک کے خاکے سٹی بک پوائنٹ کے کارپرداز آصف حسن کی مدبرانہ واچ اور الغ نظری کا ثبوت دے گئے۔ بہر حال سٹی بک پوائنٹ کراچی کا اس کتاب کو شائع کرنا اور پاکستانی معاشرے کا اسے برداشت کر لینا، مستقبل میں اُٹھنے والی ایک خوشکن نئی لہر کی نشاندہی کرتا ہے۔

انسانی شعور کا ارتقاء... تبصرہ

عبد الستار

بیکن نے کیا خوبصورت بات کہی تھی "کچھ کتابیں چکھنے کے ہوتی ہیں، کچھ نگلنے کے لیے اور ان میں کچھ کتابیں چبا کر ہضم کر لینے کے قابل ہوتی ہیں" آج جس کتاب کا تعارف کرواؤں گا وہ چبا کر ہضم کر لینے کی کیٹیگری میں آتی ہے۔ یہ کتاب نفسیاتی اور فلسفیانہ مضامین کا مجموعہ ہے۔ ان مضامین کا ترجمہ ڈاکٹر خالد سہیل کے علاوہ ڈاکٹر بلند اقبال، امیر حسین جعفری، ڈاکٹر منصور حسین، عبد الغفور چوہدری، عظمیٰ محمود، رفیق سلطان اور گوہر تاج نے بھی کیا ہے۔ یہ انسانی شعور کے ارتقاء کی ایسی دستاویز ہے جو انسانی ذہن کے ارتقاء کی کہانی بڑے ہی واضح اور مقدس پر اسراریت کی ڈھال کے بغیر سائنٹیفک تناظر میں لکھی گئی ہے۔ اس کتاب کا آغاز ڈاکٹر خالد سہیل کے خوبصورت ابتدائیہ جملوں سے ہوتا ہے جس میں وہ ایک تمناء کا اظہار کرتے ہیں کہ دنیا کے اکثر انسان زندگی میں غلط فیصلے اپنی کم علمی، جہالت اور تعصب کی بنیاد پر کرتے ہیں۔ ان کا ماننا ہے کہ جوں جوں ہم جدید علوم سے آگاہ ہوں گے تو ہم اپنے لیے اور اگلی نسلوں کے لیے دانش مندانہ فیصلے کر سکیں گے اور اس کرہ ارض کو امن و آشتی کی آماجگاہ بنا سکیں گے۔ پہلا باب بعنوان **"چارلز ڈارون اور انسانی ذہن کا ارتقاء"** میں ڈاکٹر خالد سہیل نے ڈارون کی خدمات کو بہت ہی الگ ڈھنگ میں پیش کیا ہے اور ڈارون کی انسانی ارتقاء کی تھیوری پر تعصب کی وجہ سے جو من گھڑت کہانیاں بُنی گئی ہیں ان پر ڈاکٹر سہیل نے ایک سیر حاصل گفتگو کی ہے اور عام سطح کے قاری کے لیے دانائی پہنچانے میں سہولت کار بننے کا کردار بڑی ہی خوبصورتی سے نبھایا ہے۔ اس باب میں ڈاکٹر صاحب نے یہ واضح کرنے کی کوشش کی ہے کہ آج کا جدید ٹیکنالوجی سے لیس انسان ارتقاء کے عمل کا نتیجہ ہے۔ اگلا باب بعنوان **"مذہب اور سائنس"** یہ البرٹ آئن سٹائن کی کتاب کے چند اقتباسات کا ترجمہ اور تلخیص ہے۔ اس باب میں انسانی تاریخ میں تصور مذہب، تصور خدا، آسمانی کتابیں، بدھا کی تعلیمات اور سائنٹیفک اثرات کو بڑے واضح انداز میں پیش کیا گیا ہے۔ اس باب میں سائنس اور مذہب کے مختلف پہلوؤں کو سامنے لا گیا اور یہ بات واضح کرنے کی کوشش کی گئی ہے کہ کائنات کے رازوں کو جاننے کی جستجو انسان کا بنیادی خواب رہا ہے۔ ان کائناتی رازوں کو ڈی کوڈ کرنے میں مذہب میں بھی کچھ غیر روایتی لوگ پائے جاتے ہیں جنہیں ہم صوفی، درویش، سنت اور سادھو کہتے ہیں یہ لوگ کائناتی سچائی کو پانے کے لیے خود کو الگ تھلگ کر کے اپنے من کی لیبارٹری میں گھس جاتے ہیں اور اپنے سچ کو ننگی آنکھ سے دیکھنے کی خواہش میں مگن رہتے ہیں۔ اس باب میں یہ واضح کرنے کی کوشش کی گئی ہے کہ جستجو کا عمل ایک روحانی عمل ہوتا اور اس عمل کو صرف غیر روایتی لوگ ہی زندہ رکھتے ہیں۔ اسی باب کے اگلے حصہ میں ڈاکٹر سہیل مذہب کے حوالہ سے اپنے خیالات کا اظہار کچھ اس طرح سے کرتے ہیں "ایک روایتی مسلمان ہونے کے ناطے میں ایک خدا، مذہب، پیغمبروں، آسمانی کتابوں موت بعد الحیات پر ایمان رکھتا تھا۔ سائنس نے مجھے منطقی انداز میں سوچنے کی دعوت دی اور مجھے اندازہ ہوا کہ سائنس کی تحقیقات مشاہدات اور تجربات پر مبنی ہیں آسمانی کتابوں پر نہیں۔ سائنسدان خوردبین اور دوربین سے کائنات کا مشاہدہ اور تجزیہ کرتے ہیں۔ کائنات اور زندگی کے اسرار و رموز کو جاننے کی کوشش کرتے ہیں" اس باب میں ڈاکٹر سہیل اپنے روایتی سے غیر روایتی بننے کے سفر کو اور سچ کی تلاش میں پیش آنے والی رکاوٹوں کو بڑے ہی منطقی انداز میں پیش کرتے ہیں وہ یہ بتانے کی کوشش کرتے ہیں کہ سچ کے سفر کے کچھ متلاشی روایات کے گھسے پٹے راستوں کا انتخاب کرتے ہیں اور سکھی ہو جاتے ہیں جب کہ کچھ متلاشی اپنے من کی پگڈنڈی پر چل کر اور جدید سائنسی نقطہ نظر کے ساتھ اپنی جستجو کے اس بے چینی والے سفر کو جاری و ساری رکھتے ہیں۔ انہوں نے اپنے روایتی سفر میں بہت سارے علماء کو پڑھا جن میں سرِ فہرست مودودی، پرویز، اقبال اور ابو الکلام آزاد ہیں۔ ان کا ماننا ہے کہ ان لوگوں کو پڑھنے کے بعد مجھے فائدہ بھی ہوا اور نقصان بھی۔ فائدہ یہ ہوا کہ مجھے احساس ہو گیا کہ ہم قرآن کا استعاراتی مطالعہ بھی کر سکتے ہیں تاکہ اس میں اور سائنس میں کوئی تضاد نہ

رہے۔ نقصان یہ ہوا کہ مجھے اندازہ ہو گیا کہ قران کا ہر مفسر اس کی جداگانہ تفسیر کرتا ہے اور کوئی دو عالم اور مفسر ایک بات پر متفق نہیں ہوتے۔ ان باتوں سے مجھے پتہ چل گیا کہ قران کا اصل مطلب اور تفسیر جاننا مشکل ہی نہیں ناممکن ہے اور میں نے قرآن کو حکیمانہ ادب سمجھنا شروع کر دیا اور اس سے زندگی کے قوانین نکالنا چھوڑ دیے۔ اس باب میں ڈاکٹر سہیل نے اپنی ذات کے ساتھ جڑے ہوئے سچ کو بغیر کوئی غلاف چڑھائے انتہائی دیانت داری سے پیش کیا ہے۔ ہمارے معاشرے کا یہ بہت بڑا المیہ ہے کہ ہم انسانی سچائیوں کو گناہ اور ثواب کے تناظر میں دیکھنے کے عادی ہو چکے ہیں اور ہمیں اور کوئی پیمانہ سوجھتا ہی نہیں ہے۔ سچائی کو پانے اور جاننے والا شخص ان سب روایتی پیمانوں سے آزاد ہو جاتا ہے۔ ڈاکٹر سہیل نے اس باب میں سگمنڈ فرائیڈ، برٹینڈ رسل، ابن سینا، غزالی، ہو دبھائی اور دیگر مغربی مفکرین کے خیالات کو بھی بڑے واضح انداز میں پیش کیا ہے۔ پانچواں باب بعنوان **"سراب کا مستقبل"** یہ تحریر سگمنڈ فرائیڈ کی ہے اور اس کا ترجمہ ڈاکٹر سہیل نے کیا ہے۔ اس باب میں انسانی جبلتوں کو بیان کیا گیا ہے اور یہ واضح کرنے کی کوشش کی گئی ہے کہ انسانی بچے اپنی جبلتوں کے ساتھ پیدا ہوئے ہیں اور اپنی خواہشات کی فوری تسکین چاہتے ہیں۔ انسانی معاشرہ ان پر کچھ پابندیاں عائد کرتا ہے تاکہ انسانی زندگی اور معاشرے میں ایک ہمدردی اور توازن قائم ہو سکے۔ بعض انسانوں کے لیے ان پابندیوں کو قبول کرنا آسان ہوتا ہے اور بعض کے لیے بہت مشکل اور بعض انسان ان پابندیوں اور قربانیوں کی وجہ سے نفسیاتی مسائل کا شکار ہو جاتے ہیں۔ فرائیڈ نے نفسیاتی حوالوں سے انسانی دماغ پر پڑنے والے جبری اور مسلط شدہ اقدار کا تجزیہ کیا ہے کہ کیسے کوئی معاشرہ اپنے آدرشوں کو اتنا عزیز رکھتا ہے کہ وہ ایک مقام پر پہنچ کر یہ ثابت کرنے لگتا ہے کہ اس کے آدرش باقی معاشروں کے آدرشوں سے بہتر ہیں۔ اس طرح ان میں ایک طرح کا احساس برتری پیدا ہو جاتا ہے اور یہ احساس مختلف معاشروں، قوموں اور ثقافتوں میں رشک، حسد اور دشمنی کے بیج بوتا رہتا ہے۔ اس باب میں یہ وضاحت کی گئی ہے بقول فرائڈ

"میری نگاہ میں مذہبی خیالات وہ حقائق اور نظریات ہیں جن تک انسان منطق کے ذریعے نہیں بلکہ ایمان کے راستہ پہنچتا ہے۔ اس لیے اسے بہت عزیز رکھتا ہے۔ مذہبی انسان ان لوگوں کو جو ایمان نہیں رکھتے کم فہم سمجھتا ہے۔ مذہبی علوم اور دیگر علوم میں واضح فرق یہ ہے کہ انسانی فہم کے تجرباتی علوم کو ہم پرکھ بھی سکتے ہیں اور سوال بھی اٹھا سکتے ہیں جب کہ اگر ہم مذہبی نظریات کی حقیقت کے بارے میں اساتذہ سے سوال پوچھتے ہیں تو ہمیں کچھ اس قسم کے جوابات ملتے ہی ہمیں ان نظریات پر ایمان لانا چاہیے کیونکہ ہمارے آباؤاجداد ان پر ایمان لائے تھے، ہمیں ان نظریات کو شک کی نگاہ سے نہیں دیکھنا چاہیے اور ان کے بارے میں سوال نہیں پوچھنے چاہئیں"

یہ باب دعوت فکر دیتا ہے کہ اگر وہ نظریات سچے ہیں تو پھر ان پر سوالات اور اعتراضات کی ممانعت کیوں؟ سوال تو وہ نظریہ برداشت نہیں کر سکتا جو عدم اعتماد کا شکار ہو۔ فرائڈ کا کہنا ہے کہ ہمیں ان لاشعوری عوامل کی بجائے اپنے شعور اور عقل پر زیادہ انحصار کرنا چاہیئے۔ مذہبی عقائد اور نظریات صدیوں کے سفر کے بعد اتنا گرد و غبار سے اٹ گئے ہیں کہ ان میں سے حق اور سچ تلاش کرنا مشکل ہو گا۔ وہ یہ بتانے کی کوشش کرتا ہے کہ ہم چھوٹے بچوں سے تشبیہوں اور استعاروں کی زبان میں بات کرتے ہیں جب وہی بچے بڑے ہوتے تو وہ خود ان استعاروں کو ڈی کوڈ کر کے حقیقت کو تراش لیتے ہیں۔ فرائڈ کا ماننا ہے کہ ہمیں اپنی محنتوں کا پھل قیامت کی بجائے اگلی نسلوں میں پانے کا متمنی ہونا چاہیے۔ چھٹا باب بعنوان **"مذہب اور روحانیات"** یہ باب ان چند ابتدائی سوالات کا احاطہ کرتا ہے۔

ا۔ کیا ہر ثقافت کا کوئی مذہب ہوتا ہے؟

۲۔ کیا ہر معاشرے میں خدا کا تصور پایا جاتا ہے؟

۳۔ کیا ساری دنیا کے روحانی لوگ مشترک اقدار رکھتے ہیں؟

۴۔ کیا تصوف ایک فلسفہ ہے، روحانی تجربہ ہے یا طرز زندگی؟

۵۔ کیا کوئی شخص خدا اور مذہب کو مانے بغیر بھی درویش بن سکتا ہے؟

یہ ایک ایسے طالب علمانہ سوالات ہیں جن کی بنیاد پر ڈاکٹر سہیل اس باب کا آغاز کرتے ہیں، ڈاکٹر صاحب یہ بتانے کی کوشش کرتے ہیں کہ یہ بنیادی سوال میرے ذہن میں بار بار ابھرتے رہے اور میں ان کے جواب تلاش کرنے کی کوشش کرتا رہا۔ ڈاکٹر صاحب ہمیں روحانیت کی روایات سے متعارف کرواتے ہیں **"ہمہ از اوست کی رویت"** اس روایت کی پیروی کرنے والے لوگ ایک ایسے خالق کا تصور رکھتے ہیں جو اس کائنات سے جدا ہے اور اس سے براہ راست تعلق قائم کیا جاسکتا ہے۔ یہودیت، عیسائیت اور اسلام کو ماننے والے کئی صوفی اس روایت کو ماننے والے ہیں۔ **"ہمہ اوست کی روایت"** اس روایت کو ماننے والے کائنات سے جدا کسی خدا کو نہیں مانتے بلکہ کہتے ہیں کہ ہر وہ چیز جو موجود ہے وہ خدا ہے۔ اس لیے ان کا خدا آسمان پر نہیں انسانوں کے دلوں میں بستا ہے۔ ہندوازم کے کئی سنت اور سادھو اس روایت سے تعلق رکھتے ہیں۔ **"سیکولر روایت"** اس روایت کو ماننے والے والے یہ سمجھتے ہیں کہ ہر انسان کی شخصیت کا ایک پہلو درویشانہ ہوتا ہے اور اس کو پروان چڑھانے کے لیے کسی خدا یا مذہب کو ماننے کی ضرورت نہیں ہوتی۔ اس روایت کو ماننے والے فطرت سے اپنا گہرا رشتہ استوار کرتے ہیں اور اپنی ذات کی گہرائیوں میں اتر جاتے ہیں۔ سیکولر درویش کی نگاہ میں روحانیت انسانیت کا حصہ ہے خدائی کا نہیں۔ کرشنا مورتی کا نظریہ تھا کہ سچائی کی دنیا میں نہ کوئی راستہ ہے نہ کوئی رہبر۔ ہر شخص کو اپنے انداز سے سچائی کو پانے کی سعی کرنی چاہیے۔ بدھا نے بھی اپنے ذاتی سچ کو پانے کے لیے جنگلات کا سفر کیا تھا اور نروان حاصل کرنے کے بعد دوبارہ دنیا میں لوٹ کر دوسروں کو بھی روحانیت اور سچ کی تلاش کا درس دینا شروع کر دیا تھا۔ اس باب میں ڈاکٹر سہیل ایک درویشانہ شخصیت کی صفات کا تذکرہ کرتے ہیں۔ وہ کہتے ہیں کہ درویش قناعت پسند انسان ہوتے ہیں کیونکہ وہ جان چکے ہوتے ہیں کہ بہت سے لوگ اس مادی دنیا میں اپنی حرص کی وجہ سے دکھی رہتے ہیں درویش منکسر المزاج ہوتے ہیں اور احترام انسانیت کے قائل ہوتے ہیں۔ درویش عذاب و ثواب سے بالاتر ہوتے ہیں جو لوگ معرفت کی منزلیں طے کر چکے ہوتے ہیں وہ بڑے مقاصد کے لیے چھوٹے مقاصد قربان کر دیتے ہیں۔ اسی طرح سے آگے بڑھتے ہوئے ڈاکٹر سہیل درویش کی مختلف خوبیوں کا تذکرہ کرتے ہوئے بدھا کے ایک قول کا تذکرہ کرتے ہیں بدھا نے کہا تھا **"ہر انسان کا اپنا تجربہ اس کا سب سے بڑا رہنما ہوتا ہے"** یہ باب انسان کو اپنی ذات سے جڑ کر اپنے حقیقی سچ کو کو پانے کی ترغیب دیتا ہے۔ ساتواں باب بعنوان **"انسانی نفس (سائیکی)۔۔۔روح یا ذہن"**؟ یہ تخلیق ڈاکٹر سہیل کی ہے اور اس کا ترجمہ ڈاکٹر بلند اقبال نے کیا ہے۔ اس باب میں ڈاکٹر سہیل انسانی تاریخ کے حوالہ سے روح کا تصور بتانے کی کوشش کرتے ہیں۔ وہ کہتے ہیں کہ انسان کا تصور تھا اور مذاہب عالم میں ابھی بھی ہے کہ بچے کی پیدائش کے دوران کسی خاص مرحلے پر روح بدن میں داخل ہو جاتی ہے اور یہ اس وقت تک بدن میں بسیرا کرتی ہے جب تک موت اس جسم کو ختم کرنے کا سبب نہ بن جائے انسان کے مرنے کے بعد روح عالم ارواح میں چلی جاتی ہے۔ دوسرا روحانی عقیدہ اواگون کا ہے جس میں روح اعمال کے لحاظ سے جنم در جنم اپنے جسم کا چوغہ بدلتی رہتی ہے اور آخر کار وہ نروانہ حاصل کر کے مکتی حاصل کر لیتی ہے۔ جہاں ہزاروں سال سے ان مخصوص نظریات کی حکمرانی رہی اور پھر کچھ ہی صدیوں پہلے ایک نئی سائنسی فکر نے بھی انسانی ذہن کو متاثر کیا۔ اس فکر نے روح کی جگہ انسانی ذہن کے تصور کو اجاگر کر دیا اور واضح کر دیا کہ انسانی نفس انسانی ذہن ہی کا دوسرا نام ہے۔ اس نفسیاتی سیکولر آگہی کی بنیاد ماہر حیاتیات چارلز ڈارون، بابائے علم نفسیات سگمنڈ فرائیڈ، عالم معاشیات کارل مارکس اور وجودیت کے فلسفی ژاں پال سارتر جیسے عظیم مفکروں کی اعلیٰ ترین غور و فکر کا عملی نتیجہ ہے۔ ان عظیم لوگوں کی کی کاوشوں کا مرکز انسانوں کو ایک پر معنی زندگی کی طرف راغب کرنا تھا۔ یہ وہ نابغہ روزگار لوگ تھے جنھوں نے صدیوں سے روایات کی گرد و غبار میں اٹے ہوئے گھسے پٹے نظریات کو سائنٹیفک بنیادوں پر رد کر دیا اور نئے آنے والے لوگوں کو ایک نئی سوچ سے ہمکنار کیا۔ سیکولر روایات کو ماننے والے دوسری روایات کا بھی احترام کرتے ہیں کیونکہ ان کی نظر میں جاننے کا عمل مسلسل جاری و ساری رہتا ہے۔ وہ پرانی روایات

اور پرانے راستوں کو ترک کر کے نئے راستوں کے راہی بن جاتے ہیں۔نئے راستوں اور نئی منزلوں کے متلاشی زندگی کو کھوجنے کا اپنا ذاتی لائحہ عمل بناتے ہیں۔ڈاکٹر سہیل اس باب میں نفسیات کے حوالوں سے یہ بتانے کی کوشش کرتے ہیں کہ پہلے دماغی مسائل کا کوئی جامع علاج نہیں تھا لیکن اب سائنسی تحقیقات کی بدولت تمام پیچیدگیوں پر کافی حد تک غلبہ پایا جا چکا ہے۔ آٹھواں باب بعنوان **"روحانی تجربات۔۔۔سائنس اور نفسیات کے آئینوں میں"** اس باب میں ڈاکٹر سہیل روحانی تجربات کے حوالوں سے بطور ماہر نفسیات اور سائنس کا طالب علم ہونے کے ناطہ سے اپنے موقف کا اظہار کرتے ہیں۔پہلے وقتوں میں یہ سمجھا جاتا تھا کہ روحانی تجربات صرف اور صرف دینی شخصیات کا خاصہ ہوتے ہیں مگر جدید سائنسی تحقیق نے یہ ثابت کر دیا ہے کہ روحانی تجربات کسی انسان کو بھی ہو سکتے ہیں۔چونکہ روحانیت انسانیت کا حصہ ہے اس کا خدا اور مذہب سے کوئی تعلق نہیں ہے۔یہ تجربات کسی شاعر، ادیب، موسیقار، سائنسدان اور عام انسان کو ہو سکتے ہیں ان کو معراجی تجربے کہا جاتا ہے۔جب ہم روحانی تجربات کا سائنس اور نفسیات کے آئینے میں مطالعہ کرتے ہیں تو ہمیں پتہ چلتا ہے کہ انسانی دماغ کے دو حصے ہیں۔**"دایاں اور بایاں"** بائیں حصے کا تعلق زبان سے ہے جبکہ دائیں حصے کا تعلق فنون لطیفہ اور روحانیت سے ہے۔ تخلیقی اور روحانی تجربات دائیں دماغ میں وقوع پذیر ہوتے ہیں اور پھر وہ بائیں دماغ تک پہنچتے ہیں اور پھر بایاں دماغ ان کو الفاظ میں ڈھالتا ہے۔ماہرین کا خیال ہے کہ جب دائیں دماغ کے تجربات بائیں دماغ تک پہنچتے ہیں تو اسے یوں لگتا ہے کہ وہ باہر سے آئے ہیں وہ انہیں اپنانے سے انکار کر دیتا ہے۔اگر وہ شخص ایک مذہبی معاشرے اور خاندان کا فرد ہے تو وہ سمجھتا ہے کہ وہ تجربات خدا اور فرشتوں سے آئے ہیں۔یہ باب انسانی دماغ کی پر اسراریت کو سمجھنے میں مدد دیتا ہے کیونکہ انسانی تحقیق اب اس سطح تک پہنچ چکی ہے کہ شاید اب پر اسراریت کے قصوں کہانیوں کی کوئی گنجائش باقی نہ بچے گی۔ آج کا انسان مذہبی پر اسراریت سے نکل کر سائنس کی بدولت شعور کی اونچی مچان پر بسیرا کر چکا ہے۔نواں باب بعنوان **"جدید انسان کا روحانی مسئلہ"** یہ تحریر کارل ینگ کی ہے اور اس کا ترجمہ ڈاکٹر خالد سہیل نے کیا ہے۔ کارل ینگ اس اہم موضوع کے حوالے سے اپنا ایک مشاہدہ شئیر کرتا ہے کہ آج کے جدید انسان کی حیثیت کچھ اس طرح سے ہے کہ جیسے وہ ایک ایسی پہاڑی پر کھڑا ہو جہاں اس کے آگے انسانیت کا مستقبل اور اس کے نیچے انسانیت کا ماضی دھند میں لپٹا ہوا ہو۔ینگ کی نظر میں جدید انسان کو جو چیز عام انسان سے ممتاز کرتی ہے وہ اس کی اپنے حال سے مکمل واقفیت ہے۔جدید انسان کے شعور میں اتنی گہرائی اور وسعت پیدا ہو چکی ہے کہ وہ انسانی ارتقاء کی آخری سیڑھی پر کھڑا نظر آتا ہے۔ینگ کا کہنا ہے کہ ہمارے دور میں کسی انسان کا جدید ہونا جوئے شیر لانے سے کم نہیں اس کے لیے نجانے کتنی قربانیاں دینی پڑتی ہیں۔اعلیٰ درجے کا شعور انسان کو ایک خاص قسم کے احساس گناہ میں مبتلا کر دیتا ہے۔اس لیے صرف وہی شخص اس شعور کا بار اٹھا سکتا ہے جو ماضی کے بھاری بوجھ کو پیچھے چھوڑ آیا ہو۔انسانی شعور کی اگلی منزل کو صرف وہی شخص گلے لگا سکتا ہے جو پچھلی تمام منازل کو عبور کر آیا ہو۔یہ باب انسانی ترقی کے پہلو کے ساتھ ساتھ انسانی تنزلی کے پہلو کو بھی اجاگر کرتا ہے۔ اس میں کوئی شک نہیں آج کا انسان ٹیکنالوجیکلی بہت آگے نکل چکا ہے مگر اس ٹیکنالوجی نے ورلڈ وار فرسٹ اور سیکنڈ کی صورت میں بڑی بے رحمی سے انسانیت کو پامال بھی کیا ہے جس میں کروڑوں معصوم انسانوں کو موت کے گھاٹ اتار دیا گیا تھا۔اس باب میں ینگ یہ بتانے کی کوشش کرتا ہے کہ جدید انسانوں کو جن سوالوں کے جواب مذہب نے نہیں دیے اب وہ انہیں نفسیات میں تلاش کر رہا ہے اسے احساس ہو رہا ہے کہ مذہب کے جوابات انسان کی ذات کی گہرائیوں سے ابھرنے کی بجائے آسمان کی بلندیوں سے اترتے ہیں جن سے اب وہ مطمئن نہیں ہے۔یہ باب انسان کے مسائل کو انسان کے ساتھ جوڑتا ہے اور تمام مسائل کا حل انسانی شعور کی بنیاد پر حل کرنے کی دعوتِ فکر دیتا ہے۔ یہ باب واضح کرنے کی کوشش کرتا ہے کہ انسان کو اپنی ذات کی گہرائیوں سے واقفیت اور اپنی خوبیوں اور خامیوں کا شعور ہونا چاہیے۔یہ سفر بہت ہی تکلیف دہ ہوتا ہے مگر یہ سفر ہمیں اپنی ذات سے ملاتا ہے۔اس حوالہ سے یورپ کے بہت سے دانشور سمجھتے ہیں کہ مذہب سادہ لوح انسانوں اور عورتوں کو خوش رکھنے کے لیے تو اچھی چیز ہے لیکن حقیقی زندگی میں معاشی اور سیاسی مسائل کو کو حل کرنے کے لیے کافی نہیں ہے۔دسواں باب بعنوان **"ایمان شخصیت ایک رخ"** یہ تحریر ایرک فرام کی ہے اور اس کا ترجمہ ڈاکٹر سہیل

نے کیا ہے۔ اس باب میں یہ واضح کرنے کی کوشش کی گئی ہے کہ موجودہ دور عقل کی حکمرانی کا دور ہے اور ایمان کا تصور اب اپنی بنیادیں کھو رہا ہے۔ یہ بات واضح ہو چکی ہے کہ حقائق کا رشتہ سائنس سے ہے جب کہ ایمان مابعد الطبیعات اور روحانیات سے متعلق ہے۔ سائنس کی تاریخ میں ایسی بہت سی مثالیں ملتی ہیں۔ کوپرنیکس، کیپلر، گیلیلیو اور نیوٹن ان سب کا مدلل سوچ پر ایمان تھا۔ یہ علیحدہ بات ہے کہ انہیں اس راہ میں بہت سی قربانیاں دینی پڑیں۔ آخر میں یہ باب ایک سوالیہ نشان چھوڑ جاتا ہے کہ آج کا انسان کس قسم کے ایمان کو ترجیح دیتا ہے۔۔۔ کیا وہ آمروں، حاکموں اور مذہبی راہنماؤں کے آگے بغیر سوچے سمجھے سرِ تسلیم خم کرنے کو پسند کرتا ہے اور ایک مشین کی طرح زندگی گزارنا چاہتا ہے یا اپنے مشاہدات اور تجربات پر اعتماد کرتے ہوئے زندگی کا ایک مثبت نظریہ قائم کرنا چاہتا ہے؟؟ گیارواں باب بعنوان **"سیکولر ہیومن ازم"** یہ تخلیق ڈاکٹر خالد سہیل کی ہے اور اس کا ترجمہ رفیق سلطان نے کیا ہے۔ اس شاہکار باب کا آغاز ڈاکٹر سہیل اپنے ایک شعر سے کرتے ہیں

"اپنی پرواز کا اندازہ لگانے کے لیے
اپنے ماحول سے آزاد فضائیں مانگیں"

ڈاکٹر سہیل ایک کہانی سناتے ہیں کہ ایک نوے سالہ بزرگ آم کا درخت لگا رہے تھے۔ انہیں کسی شخص نے کہا آپ عمر کے جس حصے میں ہیں آپ کو اس درخت کا پھل بھی کھانا نصیب نہیں ہو گا کیونکہ آم کا درخت سات سال بعد پھل دیتا ہے۔ بزرگ نے ایک شفیق سی مسکراہٹ کے بعد جواب دیا کہ یہ درخت **"میرے پوتے پوتیوں، نواسے نواسیوں کے لیے ہے"** کہانی کے اس دلچسپ موڑ پر ڈاکٹر سہیل اپنے حصے کی حاصل شدہ بصیرت اور دانائی کو اگلی نسل کے نمائندہ اپنے پیارے بھانجے ذیشان کے نام کر رہے ہیں کیونکہ ان کی نظر میں آم کے درخت ہوں یا علم و آگہی کے، ان کے پھل وہ محبت بھرے تحفے ہیں جو ایک نسل سے دوسری نسل تک منتقل ہوتے رہتے ہیں۔ اس باب میں ڈاکٹر سہیل اپنے شاعر چچا عارف عبد المتین سے ایک ملاقات کی صورت میں ڈائیلاگ کا تذکرہ کرتے ہیں۔ جس ملاقات میں ڈاکٹر سہیل روایتی سکول آف تھاٹ پر سوال اٹھاتے ہوئے اس سے باغی ہونے کا اعلان کرتے ہیں اور جواب میں دانائی اور بصیرت والے چچا کچھ یوں مخاطب ہوتے ہیں کہ سہیل "تم اپنی میڈیکل کالج کی تعلیم مکمل کر لو۔ ڈاکٹر بننے کے بعد تمہیں معاشی آزادی حاصل ہو جائیگی اور تم اپنی مرضی سے اپنا فلسفہ حیات اور طرز زندگی اپنا سکو گے اس طرح سے پھر تم روایت کی شاہراہ چھوڑ کر پوری آزادی سے اپنے من کی پگڈنڈی پر چل سکو گے" ان لفظوں کے اعتماد نے ڈاکٹر سہیل کی بقیہ زندگی کو بہت ہی آسان کر دیا اور پھر اپنی خواہشات کی معراج پر پہنچ کر ہی دم لیا اور انسانوں کے لیے اپنی کتابوں کی صورتوں میں درجنوں محبت نامے لکھ ڈالے۔ ماضی کا بوجھ اپنے کندھے سے اتار کر اپنی مشاہداتی اور ریاضتی سمجھ اور آنکھ سے تمام مذہبی فلسفے کو کھنگال کر ہیومن ازم کے فلسفے کو گلے لگا لیا۔ اور یہ کہنے پر مجبور ہو گئے کہ

"عجب سکون ہے میں جس فضاء میں رہتا ہوں
میں اپنی ذات کے غارِ حرا میں رہتا ہوں"

بارواں باب بعنوان **"نوع انسانی کے مصائب کے سات اسباب"** یہ تخلیق خالد سہیل کی ہے اور اس کا ترجمہ امیر حسین جعفری نے کیا ہے۔ اس میں ڈاکٹر سہیل یہ بتانے کی کوشش کرتے ہیں کہ اکیسویں صدی میں نوع انسانی ایک دوراہے پر ہے۔ ایٹم بم کی ایجاد کی وجہ سے تاریخ انسانی پہلی بار اجتماعی خودکشی کے دہانے پر کھڑی ہے۔ اس باب میں وہ انسانی مصائب کے سات اسباب کو بیان کرتے ہیں اور پھر ان اسباب کو زمینی حقائق کے ساتھ جوڑ کر واضح کرنے کی کوشش کرتے ہیں کہ ان کا حل کیا ہے۔ تیرواں باب بعنوان "سیکولر اخلاقیات اور سات انسان دوست مفکرین" یہ تخلیق بھی خالد سہیل کی ہے اور اس کا ترجمہ منصور حسین نے کیا ہے۔ اس باب کا آغاز ڈاکٹر سہیل ایک بنیادی سوال سے کرتے ہیں جو کہ ان سے ایک مذہبی خاتون نے پوچھا تھا سوال یہ تھا کہ

"اگر آپ خدا پر، نبیوں پر، وحی پر، گناہ ثواب کے تصور اور قیامت کے دن پر یقین نہیں رکھتے تو آپ اور دیگر آزاد خیال منکرین خدا و مذہب راہنمائی کہاں سے حاصل کرتے ہیں"

اس سوال کے جواب میں سہیل کہتے ہیں کہ صدیوں کے سفر کے بعد انسانی ارتقاء اس منزل پر پہنچ گیا ہے جہاں نفس انسانی میں ایک ذاتی ضمیر اور سماجی شعور پیدا ہو چکا ہے۔ یہ باب یہ واضح کرنے کی کوشش کرتا ہے کہ اکیسویں صدی کا انسان آزاد اور خود مختار ہو چکا ہے۔ اس سچائی اور حقیقت پسندی کو ڈاکٹر سہیل سات ہیومنسٹ مفکروں کے ساتھ جوڑتے ہیں جن کی تعلیمات میں کوئی خدا، جنت اور دوزخ کا تصور نہیں ہے بلکہ یہ مفکرین نروانہ یا دانائی کل کے لیے اپنے من کا طواف کرنے کو کہتے ہیں۔

ان مفکرین میں سرِ فہرست کنفیوشس، بدھا، ہیپو کریٹیس، سقراط، سگمنڈ فرائیڈ، وکٹر فرینکل اور ابراہم ماسلو ہیں۔ چودھواں باب بعنوان **"امن کے معمار"** خالد سہیل اپنی اس تخلیق میں کچھ ایسے امن کے معماروں کی بات کرتے ہیں جن کی بصیرتوں سے ایک دنیا سیراب ہوئی اور جن کے انقلابی اقدامات کی وجہ سے یہ دنیا رہنے کے قابل بن پائی۔ ان میں سرفہرست کریڈٹ ڈاکٹر سہیل اقتصادی امن کے سفیر اور امن کا نوبل انعام حاصل کرنے والے بنگلہ دیش کے ڈاکٹر محمد یونس کو دیتے ہیں جنہوں نے دیہاتی سطح پر گرامین بنک بنانے شروع کیے اور چھوٹے چھوٹے قرضوں کا اجراء کر کے غربت کے خلاف اعلان جہاد کیا۔ ڈاکٹر یونس نے یہ واضح کرنے کی کوشش کی کہ غربت امن کے لیے خطرہ ہے اور افلاس کے خلاف جہاد پر امن زندگی اور پر امن معاشروں کا پیش خیمہ ثابت ہو گا۔ سماجی امن کے سفیر مارٹن لوتھر کنگ جونئیر جنہیں امن کے نوبل انعام سے نوازا گیا۔ انہوں نے واضح کیا تھا کہ پر امن فضاء پیدا کرنے کے لیے مختلف نسلی، مذہبی اور کلچرل پس منظر کے لوگوں کو مل جل کر رہنے اور پر امن طریقوں سے اپنے جھگڑے حل کرنے کا طریقہ کار اپنانا ہو گا اسی طرح سے انسانی حقوق و امن کی سفیر ایران کی شیریں عبادی ہیں۔ پندرھواں باب بعنوان **"انسانی ارتقاء میں صوفیوں، فنکاروں اور سائنسدانوں کا کردار"** یہ تخلیق ڈاکٹر سہیل کی ہے اور اس کا ترجمہ عظمیٰ محمود نے کیا ہے۔ اس باب میں یہ واضح کرنے کی کوشش کی گئی ہے کہ انسانی ارتقاء کا عمل صدیوں پر محیط ہے اور اس عمل کے تسلسل کو برقرار رکھنے میں اہم کردار ان شخصیات کا ہوتا ہے جو غیر روایتی راستوں کے سفیر ہوتے ہیں۔ ایسے لوگ تاریخ میں کبھی تو صوفی کہلائے تو کبھی سادھو، کبھی سنت اور کبھی درویش۔ یہ وہ غیر روایتی لوگ تھے جنہوں نے اپنے من کو اپنا مندر، گرجا، اور مسجد بنایا اور لگی بندھی روایات کو اپنانے سے انکار کر دیا۔ ان میں بھگت کبیر، بابا بلھے شاہ، شیخ سعدی، مولانا رومی، ولیم بلیک اور والٹ وائٹمن تھے۔ یہ سب وہ لوگ تھے جنہوں نے مذہبی اور معاشرتی سزاؤں کو نہ صرف بھگتا بلکہ بھاری قیمت بھی ادا کی۔ سولہواں باب بعنوان **"انسانی ارتقاء کا اگلا قدم"** یہ باب واضح کرنے کی کوشش کرتا ہے کہ انسانی لاشعور وسیع الجہات اور کثیر الاشکال ہے اور ڈاکٹر سہیل کی نظر میں اونچے درجے پر فائز بالغ نظر انسانوں میں تین عناصر مشترک ہوتے ہیں **"تنقیدی سوچ بچار، تخلیقی ذہن، اور ہمدردانہ رویہ"**۔ سترواں باب بعنوان **"روایتی اکثریت اور تخلیقی اقلیت"** اس باب میں ڈاکٹر سہیل بطور ماہر نفسیات ایک انسان کی فطری ذات کے حوالہ سے بتانے کی کوشش کرتے ہیں۔ وہ کہتے ہیں کہ ولادت کے وقت تمام بچے ایک منفرد فطری رجحان اور مزاج لیے پیدا ہوتے ہیں۔ جیسے بیج کو ایک تناور درخت بننے کے لیے زرخیز زمین، مناسب روشنی اور تازہ ہوا کی ضرورت ہوتی ہے تاکہ وہ پھل پھول دے سکے بالکل اسی طرح بچوں کو بھی ایک محبت بھرے ہمدرد گھر، سکول اور سماج کی ضرورت ہوتی ہے تاکہ وہ ایک صحت مند، کامیاب اور صلح جو انسان بن سکیں۔ ایسے بچے جو حقارت گالی گلوچ اور پر تشدد ماحول میں پرورش پاتے ہیں ان کے لئے امکان غالب ہے کہ بالغ ہونے پر تلخی، نفرت اور تشدد ان کی ذات کا حصہ بن جائے اور وہ نہ صرف اپنے لئے بلکہ اپنے ماحول اور سماج کے لئے بھی ایک خطرہ بن جائیں۔ آخری باب بعنوان **"تاریخی ملاقات"** اس باب میں ڈاکٹر سہیل اپنی ایک ایسی یادگار ملاقات کا ذکر کرتے ہیں

جس میں وہ مختلف صدیوں میں زندگی گزارنے والے لوگوں کے خیالات میں جھانکتے ہیں۔ وہ ایک تقریب کا احوال لکھتے ہیں جس میں ایک بڑے سے میدان میں شامیانے لگے ہوئے ہیں اور ہر شامیانے کے خیمے پر ایک بینر بھی آویزاں ہے۔ وہ ایک شامیانے میں داخل ہوتے ہیں جس کے بینر پر لکھا تھا اکیسویں کی صدی کے لوگ۔ دلچسپ بات یہ ہے کہ اس خیمے میں مختلف لوگ چل پھر رہے تھے، کچھ کتابیں پڑھ رہے تھے اور کچھ دلجمعی کے ساتھ تبادلہ خیال کر رہے تھے۔ اس سارے پس منظر میں یہ بات واضح کرنے کی کوشش کی گئی تھی کہ کچھ لوگ اکیسویں صدی میں رہتے ہوئے بھی گزشتہ صدیوں میں کھوئے رہتے ہیں اور موجودہ حالات سے نظریں چرا کر ماضی میں پناہ حاصل کرنے کی کوشش کرتے ہیں۔ اسی طرح سے یکے بعد دیگرے انیسویں صدی، اٹھارویں صدی، حتیٰ کہ ساتویں صدی تک کے خیمے بنے ہوئے تھے۔ یہ باب بہت ہی دلچسپ ہے اور سچائی کے متلاشیوں کے لیے ایک ایسا انسائیکلوپیڈیا ہے کہ جس میں شعور کا ہر رنگ موجود ہے مگر شرط یہ ہے ڈھونڈنے والے کو **"کلر بلائنڈ"** نہیں ہونا چاہئیے۔ یہ کتاب بصیرت و آگہی کی ایک ایسی دستاویز ہے کہ جس میں ہر ممکنہ حل موجود ہے۔

دانائی کی تلاش میں۔۔۔ تبصرہ

عبدالستار

ڈاکٹر خالد سہیل کی کتاب "دانائی کی تلاش میں" مختصر تعارف اور تاثرات

عبدالستار

اس خزینہ معرفت اور دانائی سے معطّر کتاب کا آغاز چند بنیادی فلسفیانہ سوالات سے ہوتا ہے۔

ا۔ سچ کیا ہے؟

۲۔ دانائی کس کو کہتے ہیں؟

۳۔ ساری دنیا کے انسان اتنے دکھی کیوں ہیں؟

۴۔ انسان اپنے دکھوں کو سکھوں میں کیسے بدل سکتے ہیں؟

۵۔ انسان اس کرّہ ارض کو ایک پُرامن معاشرے میں کیسے تبدیل کر سکتے ہیں؟

یہ وہ بنیادی سوالات ہیں جن کا یہ کتاب احاطہ کرتی ہے۔ یہ وہ سوال ہیں جن کے بارے میں ہر دور کے بڑے بڑے اذہان چاہے ان کا تعلق فلسفے سے ہو، مذہب سے ہو، نفسیات سے ہو یا سائنس سے ہو، یہ سب نابغہ روزگار شخصیات اپنی اپنی بصیرتوں کی صورت میں ان کا حل پیش کرتے رہے ہیں۔ دانائی کے اس ارتقائی سفر کو مزید آگے بڑھانے میں ڈاکٹر خالد سہیل نے بھی اپنی اس کتاب کی صورت میں انسانی ذہنی ورثہ میں حصہ ڈالا ہے۔ انہی سوالوں کی بنیاد پر ڈاکٹر خالد سہیل اور ڈاکٹر بلند اقبال دونوں نے مل کر کینیڈا وَن ٹی وی پر "اِن سَرچ آف وِزڈَم" کے نام سے پینتیس (35) پروگرام کی ایک سیریز بھی کی تھی جو کہ اب یوٹیوب پر موجود ہے۔ ان سوالوں کو ڈھونڈنے کے متلاشی یوٹیوب پر سرچ کر کے دیکھ سکتے ہیں۔ ان پروگرامز کو سننے اور دیکھنے کے بعد اس کتاب کو پڑھنے کا مزہ دوبالا ہو جاتا ہے۔ یہ کتاب تقریباً ایک سو چھ (106) صفحات اور بیالیس (42) ابواب پر مشتمل ہے۔ یہ کتاب ہمیں علم و ادب اور آگہی کے ان بنیادی ستونوں سے متعارف کرواتی ہے جنہوں نے اس کائنات کے رنگوں کو اپنی بصیرت اور دانائی کے ساتھ مزید سے مزید منوّر کیا اور انسانی کاوشوں میں روشن امکانات کے لیے راہ ہموار کر کے انسانی دکھوں کو سکھوں میں بدلنے کے لیے دن رات کوشش کی۔ یہ کتاب ہمیں دانائی کے ایک روحانی سفر پر لے جاتی ہے۔ اس روحانی سفر میں ایک قاری تقریباً اڑتیس (38) علم و دانائی سے منور بزرگوں کی صحبت سے فیض یاب ہو کر دانائی کا گیان حاصل کرتا ہے ان بزرگوں میں کنفیوشس، لاوزو، بدھا، مہاویرا، زرتشت، سقراط، افلاطون، ارسطو، بقراط اور اس کے علاوہ الکندی سے لیکر ابنِ خلدون تک اور پھر اس کے بعد رینے ڈیکارٹ سے لیکر چارلز ڈارون تک اور اس کے بعد سٹیون ہاکنگ سے لیکر نیلسن منڈیلا تک، یہ سبھی لوگ شامل ہیں۔ یہ نایاب کتاب دانائی کے ان نابغہ روزگار شخصیات کی بصیرتوں سے بھری پڑی ہے۔ یہ کتاب ہمیں دعوتِ فکر دیتی ہے کہ انسان جب سے خود آگہی کے مرتبہ پر فائز ہوا ہے تو اس نے اپنے اردگرد پھیلی ہوئی وسیع کائنات کو سمجھنے کی حتی الامکان کوشش کی ہے۔ یہ سفر تھا تو بہت ہی کٹھن اور دشوار گزار مگر اس سفر کے ہر موڑ پر اسے شعور ذات اور شعور کائنات کے پراسرار بھیدوں سے آشنائی بھی ہوئی ہے۔ ان ہی رازوں اور بھیدوں نے کبھی دیومالائی کہانیوں کا روپ دھارا، کبھی سائنس اور فلسفے کی شکل

اختیار کی تو کبھی فنون لطیفہ کو جنم دیا مگر اسی تسلسل نے ہی انسانی امکانات اور سوچ کو جلا بخشی ہے۔ اس کتاب کے آخری باب میں ڈاکٹر سہیل ہمیں تین کائناتی سچائیوں کے روبرو کرتے ہیں۔ وہ سچ کو تین حصوں میں تقسیم کرتے ہیں۔

ا۔ مذہبی سچ ۲۔ روحانی سچ ۳۔ سائنسی سچ

مذہبی سچ ہمیں اپنے گھر سے ملتا ہے یہ سچ موروثی سچ کہلاتا ہے۔ دنیا کی ایک کثیر تعداد مذہبی سچ کو مانتی ہے اس سچ کے دائرہ کار میں خدا پر ایمان، پیغمبروں، آسمانی کتابوں پر ایمان اور جنت دوزخ پر ایمان شامل ہیں۔ دوسرا سچ روحانی کہلاتا ہے یہ سچ مذہب کے مقابلہ میں ذاتی سوچ اور تجربات کو زیادہ اہمیت دیتا ہے۔ اس سچ کے پیروکار شریعت سے دور اور طریقت کے قریب آجاتے ہیں۔ ایسے لوگ آہستہ آہستہ سنت، سادھو اور صوفی بن جاتے ہیں۔ تیسرا سچ سائنسی سچ کہلاتا ہے۔ ایسے لوگ کسی ایسے سچ کو ماننے کے لیے تیار نہیں جس کی بنیاد روایت یا ذاتی تجربہ پر ہو وہ روایتی مذہبی سچ اور ذاتی روحانی سچ کی بجائے سائنسی سچ کو مانتے ہیں۔ اس باب میں ڈاکٹر سہیل یہ بتانے کی کوشش کرتے ہیں کہ روحانی سچ کے ساتھ ساتھ سائنسی سچ ماننے والوں کی تعداد میں بھی اضافہ ہوا ہے۔ 1900ء میں ساری دنیا میں صرف ایک فیصد لوگ ایسے تھے جو کسی مذہبی یا روحانی سچ کو نہیں مانتے تھے۔ اس گروہ کی تعداد 2000ء میں ایک فیصد سے بڑھ کر پندرہ فیصد ہو گئی ہے۔ کینیڈا میں ایسے لوگوں کی تعداد میں بیس فیصد اور سکینڈ نیوین ممالک میں انکی تعداد پچاس فیصد سے زیادہ ہو گئی ہے۔ اگر ہم اکیسویں صدی کے سات بلین انسانوں کا تجزیہ کریں تو ہمیں اندازہ ہو گا کہ ان سات بلین انسانوں میں سے چار بلین مذہبی سچ کو، دو بلین روحانی سچ کو اور ایک بلین سائنسی سچ کو مانتے ہیں۔ یہ کتاب ہمیں بتاتی ہے کہ آگہی کا سفر یونہی رواں دواں رہتا ہے اور یہ ایک مسلسل عمل ہے۔ یہ کتاب پڑھنے سے تعلق رکھتی ہے اسے کراچی سٹی بک پوائنٹ والوں نے شائع کیا تھا۔

ڈاکٹر خالد سہیل کی کتاب: ادھورے خواب

عبد الستار

کہتے ہیں کہ زندگی قدرت کا حسین تحفہ ہے اور اس حسین تحفے کی گہرائیوں میں بے شمار راز پنہاں ہیں۔ لاتعداد پر اسرار پرتوں میں لپٹی یہ زندگی سب کے لئے حسین ہوتی ہے یا صرف چند لوگوں کے لئے مخصوص؟ کیا زندگی کے حسین راز سب ذہنوں پر ایک جیسے ہی کھلتے ہین یا مختلف؟ کیا ہر دیکھنے والی آنکھ وہ سب کچھ دیکھ لیتی ہے جو زندگی کے گہوارے میں ہر رنگ کھلا دے؟ ان سب سوالوں کا جواب ہم ایک امریکن مصنفہ سے جاننے کی کوشش کریں گے جو اپنی ابتدائی عمر میں ہی اندھی اور بہری ہو گئی تھی۔

اس عظیم عورت کا نام ہیلن کیلر ہے۔ اپنے ایک مضمون میں ان سوالوں کا جواب دینے کی کوشش کرتی ہے۔ وہ کہتی ہے کہ (دیکھنے والے بہت تھوڑا دیکھتے ہیں)۔ کیلر کہتی ہے کہ وہ ایک لمبے عرصے کے بعد اپنی ایک ایسی سہیلی سے ملنے گئی جو کہ کافی عرصہ سے جنگلات کی سیر کر کے واپس لوٹی تھی۔ میں نے بڑے تجسس کے ساتھ اپنی سہیلی سے پوچھا کہ تم نے جنگلات کی سیر کے دوران کوئی خاص چیز دیکھی یا کوئی خاص مشاہدہ کیا؟ تو میری سہیلی نے جواب دیا کہ (کچھ خاص نہیں دیکھا)۔

کیلر کو یہ جواب سن کر دھچکا لگا کہ ایسے کیسے ہو سکتا ہے کہ گھنٹوں جنگلات کی سیر کے بعد کچھ بھی قابل توجہ نہ تھا۔ اس کے بعد ہیلن کیلر کہتی ہے کہ اب وہ اس بات کی قائل ہو چکی ہے کہ (دیکھنے والی آنکھیں بہت تھوڑا دیکھتی ہیں)۔ میں آج آپ کو ایک ایسی ہی نایاب کتاب سے متعارف کرواؤں گا جس کے اندر زندگی کے بے شمار حسین خوابوں کو ایک ایسے خوبصورت ادبی شاہکار کی صورت میں ترتیب دیا گیا ہے جو کہ اپنی مثال آپ ہے۔

یہ کتاب پانچ بہترین ذائقوں پر مشتمل ہے۔ پہلا ابتدائی ذائقہ افسانے پر مشتمل ہے، دوسرا نثر پارے پر، تیسرا ادبی مضامین اور چوتھا تراجم پر، جبکہ آخری حصہ ادیب دوستوں کی آراء پر مبنی ہے۔ یہ ایک ایسا ادبی پیکج ہے جو پڑھنے والوں پر بصیرتوں کے در کھولتا چلا جاتا ہے۔ اس ادبی شاہکار کا نام (ادھورے خواب) ہے اور اس شاہکار کو زندگی کے مختلف رنگوں سے اور اپنی زندگی کے ذاتی تجربات کی کسوٹی پر پرکھ کر پیش کرنے والے کا نام ڈاکٹر خالد سہیل ہے۔

آپ ایک سائیکاٹرسٹ ہیں اور زندگی کے مدوجزر پر بڑی گہری نظر رکھتے ہیں۔ کتاب کا عنوان ہی اپنے اندر ایک گہری معنویت کا جہاں لیے ہوئے ہے۔ زندگی میں بہت کچھ ایسا ہوتا ہے جس کا ہم ادراک نہیں رکھتے یا ان کا اظہار کرنے کے لئے مناسب اور ہم آہنگ الفاظ نہیں ملتے۔ یہ ایک بڑی بے بسی کی کیفیت ہوتی ہے کہ زندگی کے تجربات کو الفاظ کا ساتھ نہ ملے اور یہی کیفیت ایک تخلیقی آدمی کو بے چین کر دیتی ہے۔ یہ کتاب انہی لمحوں کی نمائندہ ہے اور ان لمحوں کو امید کے وسیع استعاروں کے ساتھ جوڑ کر تخلیقیت کے راستے کو ہموار کرتے ہوئے ایک ایسے موڑ پہ لے آتی ہے کہ جہاں تخلیقیت کے قمقمے جگمگانے لگتے ہیں اور شعوری در کھلنا شروع ہو جاتے ہیں۔

ڈاکٹر سہیل نے اپنی زندگی کے شعوری سچ کو نفسیات، سائنس، فلسفہ اور دیگر علوم کے ساتھ جوڑ کر خیالات کی ایسی مالا بن دی ہے، جس میں زندگی کا ہر رنگ پوری آب و تاب سے چمک رہا ہے۔ کتاب کے ابتدائی حصہ میں ان کی ایک پیاری محبوبہ خط کی صورت میں گلوں اور شکایات کا ایک ایسا راگ چھیڑ دیتی ہے کہ پڑھنے والا حیران رہ جاتا ہے کہ یہ پیار میں نفرت کا اظہار ہے یا نفرت میں پیار کا اظہار۔ اس پیاری محبوبہ کا نام اردو ہے۔

ایک ایسی محبوبہ جو کہ مصنف کی ابتدائی شعوری زبان ہے جس کی گھنی چھاؤں میں مصنف نے اپنے تخلیقی سفر کا آغاز کیا تھا اور اپنے خیالات سے نبرد آزماء ہونا سیکھا تھا۔ اب چونکہ مصنف کینیڈا میں آباد ہے اور اس کی سنگت ایک ایسی زبان سے قائم ہوگئی ہے جو اس کی محبوبہ اردو کے لئے اجنبی ہے۔ اب اس کے محبوب نے اپنے خیالات کا اظہار انگریزی میں کرنا شروع کر دیا ہے۔ اس پر مصنف کی محبوبہ تھوڑی بے چین ہوگئی کہ کہیں اس کا محبوب اسے ہمیشہ کے لیے نہ چھوڑ جائے رفاقت انسیت اور اپنائیت کے لبادے میں لپٹا ہوا یہ خط ایک ادبی فن پارہ ہے جو قلبی تعلق کی پرتوں کو گہری معنویت عطا کرتا ہے۔

پہلا حصہ افسانوں پر مشتمل ہے اور پہلے افسانے کا نام ادھورا خواب ہے یہ افسانہ ایسے لوگوں کی نمائیدگی کرتا ہے جو اس کائنات کو حسین بنانے کے سپنے اپنی آنکھوں میں سجا کر رکھتے ہیں اور جب بھی اور کہیں بھی امید کی روشنی نمودار ہوتی ہے تو یہ لوگ جگمگا اٹھتے ہیں اور اپنے حسین خوابوں کے نغمے گنگنانے لگتے ہیں یہ لوگ اس بات سے بے نیاز ہو جاتے ہیں ہمیں ان حسین خوابوں اور نغموں کی کیا کیا قیمت چکانا پڑے گی یہ افسانہ اک کامریڈ دوست کے گرد گھومتا ہے جو کہ چاہتا ہے کہ دنیا سے آمریت ختم ہو جائے اور جمہوریت کا بول بالا ہو جہاں امیر غریب کا فرق مٹ جائے۔

اک اور افسانہ جس کا عنوان میٹھا زہر ہے یہ ایسا شاہکار افسانہ ہے جو اپنے اندر ایک گہری معنویت کا جہاں لیے ہوئے ہے یہ زہر ایک ایسا خطرناک زہر ہے کہ جس کی بنیاد پر انسانیت تقسیم در تقسیم ہوتی چلی گئی مختلف قبائل اور گروہوں میں بٹ گئی ایک ہی دھرتی ماں کے بچوں نے اس دھرتی ماں کو مذہب کے نام پر خون میں نہلا دیا جس کی واضح مثال برصغیر کی تقسیم ہے کہ جس کے نتیجے میں پوری کی پوری تہذیب ملیامیٹ ہوگئی اور مذہب کے نام پر بننے والے ملک کی حالت ہمارے سامنے ہے اس افسانہ میں ڈاکٹر سہیل مذہب کی آڑ میں ہونے والی تباہی کو انتہائی فکر انگیز انداز میں پیش کرنے کی کوشش کرتے ہیں۔

ایک اور خوبصورت افسانہ جس کا عنوان "مقدس" ہے یہ افسانہ بھی شعور کی بے شمار پرتیں لیے ہوئے ہے۔

اس افسانہ میں مصنف یہ بات بتانے کی کوشش کرتا ہے کہ سماجی جڑت کے حقیقی پیمانے کون سے ہوتے ہیں کہ جن کے وجہ سے معاشرے آگے بڑھتے ہیں اور ترقی کی منازل طے کرتے ہیں۔ کچھ سچ زندگی کے ساتھ ساتھ چلتے ہیں اور کچھ سچ معاشروں میں طے شدہ درجہ حاصل کر لیتے ہیں جنہیں معاشرہ مقدس جان کر بغیر کوئی سوال اٹھائے ساتھ ساتھ لے کر چلتا ہے اور آگے چل کر انہی طے شدہ سچائیوں کے مختلف مفاہیم سامنے آنا شروع ہو جاتے ہیں، جس کی بنیاد پر وہی طے شدہ مقدس سچ معاشروں میں مختلف فرقوں کے نام پر تقسیم کا سبب بن جاتے ہیں اور ان مقدس سچائیوں کے نام پر لڑائیاں شروع ہو جاتی ہیں۔

تاریخ انسانیت اس بات کا واضح ثبوت ہے۔ اس افسانے میں ڈاکٹر خالد سہیل بطور ماہر نفسیات یہ بتانے کی کوشش کرتے ہیں کہ دنیا یک رنگی نہیں ہے بلکہ رنگارنگی ہے اور اس بحران سے نکلنے کا ایک ہی راستہ ہے کہ دنیا کے انسان سمجھ جائیں کہ وہ سب ایک دوسرے کے رشتہ دار ہیں کیونکہ وہ ایک ہی دھرتی ماں کے بچے ہیں۔

اس کتاب کے حصہ دوم میں ایک ساہکار نثری پارہ بعنوان (قصہ پانچویں درویش کا) بہت ہی لاجواب نثر پارہ ہے کہ جس میں آگہی کا ایک سیلاب ہے جو ہماری خوابیدہ صلاحیتوں کو بیدار کر کے گزر جاتا ہے۔ اس میں چار درویش گفتگو کر رہے ہوتے ہیں اپنے پانچویں درویش دوست کے بارے میں کہ جس نے کافی عرصہ سے لکھنا ترک کر دیا ہے

یہ چاروں درویشوں کو تشویش ہوتی ہے اور پھر مل کر پانچوں درویش کی کٹیا میں چلے جاتے ہیں یہ چاروں درویش مل کر پانچویں درویش سے سوال کرتے ہیں کہ آپ کی تحریریں تو زندگی کی آئینہ دار ہوتی ہیں اور ہم سب آپ کی تحریروں سے بہت کچھ سیکھتے اور حاصل کرتے ہیں مگر یا درویش آپ نے لکھنا کیوں چھوڑ دیا ہے۔ پانچواں درویش نہ لکھنے کی وجہ بیان کرتے ہوئے کہتا ہے

1۔ سچی بات یہ ہے کہ میرا لفظوں سے اعتماد اور تحریروں سے اعتبار اٹھتا جا رہا ہے

2۔ بات صرف میری تحریروں کی نہیں مجھے احساس ہو رہا ہے کہ الفاظ سراب ہیں چاہیے وہ سب میر کی شاعری ہو یا غالب کی چاہے وہ منٹو کے افسانے ہوں یا عصمت چغتائی کے سب کا ایک ہی حشر ہوا ہے۔ سب کے الفاظ اپنی معنویت کھو چکے ہیں تاریخ گواہ ہے کہ جب کسی انسان نے سچ کہنا چاہا تو اسے یا تو سولی چڑھا دیا گیا یا قید میں ڈال دیا گیا میرا خیال ہے کہ یہ سب کچھ ازل سے ہو رہا ہے اور ابد تک ہوتا رہے گا انسانوں نے تو آسمانی کتابوں کو بھی نہیں چھوڑا اور ان سے اپنی شدت کا تشدد پسندی کا جواز نکالا ہے

اس پیراگراف سے اندازہ لگایا جا سکتا ہے کہ یہ کتنا دلچسپ نثر پارہ ہے یہ تحریر مقدس ہیولوں کی گرد ہٹا کر حقیقت کے روبرو کرتی ہے۔ اس میں ڈاکٹر سہیل یہ بتانے کی کوشش کرتے ہیں کہ انسانی رشتہ سب سے مقدس ہوتا ہے اور کوئی بھی سچ اتنا مقدس نہیں ہوتا کہ جس کے نام پر انسانیت کو تقسیم کر دیا جائے بدھا اور سقراط نے ہمیں یہ بتایا کہ سچ آسمانوں سے نہیں اترا کرتے وہ انسانوں کے دلوں میں پرورش پاتے ہیں۔

اس کتاب کا حصہ سوم بہت دلچسپ ہے جو کہ ادبی مضامین پر مشتمل ہے اس حصہ میں ڈاکٹر سہیل نفسیات کی روشنی میں مختلف ادبی شخصیات کا جائزہ لیتے ہیں ان مضامین میں وہ ہماری ملاقات میر تقی میر، فیض احمد فیض، محمد اقبال، جون ایلیا، حبیب جالب اور محمد مظاہر سے کرواتے ہیں۔ ان مضامین میں وہ بتانے کی کوشش کرتے ہیں کہ بڑے لوگ انسان ہوتے ہیں اور انسانیت کا ہی اثاثہ ہوتے ہیں مگر ہمارے معاشرے کا یہ المیہ ہے کہ ہم ان بڑے لوگوں کو رحمتہ اللہ علیہ کا لقب عطا کر کے ان کے گرد تقدس کا ایک ایسا جال بن دیتے ہیں

ایسا محسوس ہونے لگتا ہے کہ جیسے وہ اوتار یا دیوی دیوتا ہوں۔ ایسے تقدس زدہ ماحول میں تنقید کیسے پروان چڑھ سکتی ہے۔ تنقید کی راہ ہموار کرنے کے لیے تقدس کی آہنی دیوار کو گرانا پڑتا ہے تاکہ حقیقی صورتحال پر دیکھنے والی آنکھ پر واضح ہو سکے۔ آنکھوں کے گرد بنے ہوئے تقدس کے جالے تصویر کی اصل خوبصورتی کو دھندلا کر دیتے ہیں۔ ان تحریروں میں ڈاکٹر سہیل یہ بتانے کی کوشش کرتے ہیں کہ اعلیٰ تخلیقی صلاحیتیں رکھنے والے لوگ مختلف ذہنی امراض کا شکار ہوتے ہیں مثلاً وہ میر کے بارے میں بتاتے ہیں کہ میر کو نوجوانی ہی میں اتنی آزمائشوں کا سامنا کرنا پڑا کہ وہ اپنی زندگی کا توازن برقرار رکھنے کی کوشش میں ذہنی توازن کھو بیٹھے۔

انہیں عنفوان شباب میں ہی پاگل پن کے شدید دورے کا سامنا کرنا پڑا۔ اس کے بعد فیض احمد فیض کا تذکرہ ملتا ہے فیض کے حوالہ سے ڈاکٹر سہیل بتاتے ہیں کہ فیض کی زندگی میں ایک ایسی عورت داخل ہوتی ہے جو اس کی زندگی کو چار چاند لگا دیتی ہے جس کا نام ایلس فیض ہے۔ یہ ان کو زندگی کے کسی بھی موڑ پر تنہا نہیں چھوڑتی۔ آگے چل کر ڈاکٹر سہیل فیض کی زندگی کے دو بحرانوں کے بارے میں بتاتے ہیں کہ نوجوانی کے دو بحرانوں میں سے ایک ان کے والد کی

موت اور دوسرا عشق کی ناکامی تھا۔ اس بات کا اندازہ یوں لگایا جا سکتا ہے کہ جب ان کے والد کا انتقال ہوا تو انہوں نے ایک فقرہ لکھا تھا ”تمہارا فیض یتیم ہو گیا“۔

ان حشر سامانیوں کو کون سمجھے جو اس ایک فقرہ کی تہہ میں موجود ہیں۔ ڈاکٹر صاحب بتاتے ہیں کہ زندگی کے حادثوں کے دوران فیض کو دو شخصیات ایسی ملیں کہ جنہوں نے ان کی زندگی کی کایا ہی پلٹ دی۔ پہلی شخصیت ڈاکٹر رشید جہاں تھیں جنہوں نے مارکسی نظریات اور ترقی پسند تحریک سے تعارف کروا کے ان کی سوچ کو نئی ڈگر پر ڈال دیا اور دوسری شخصیت ایلس ہے۔ اقبال کی شخصیت کا نفسیاتی جائزہ لیتے ہوئے ڈاکٹر سہیل یوں رقمطراز ہیں "وہ حساس دل، ذہین دماغ اور پرکشش شخصیت رکھنے کے باوجود بہت سے رومانوی تضادات کا شکار رہے۔ ایسے تضادات جو ان کی خوشیوں کی راہ میں کانٹے بوتے رہے اور وہ عمر بھر ایک داخلی کرب اور اذیت کو برداشت کرتے رہے۔"

ڈاکٹر سہیل اس تحریر میں مشرقی گھٹن کا تذکرہ کرتے ہیں کہ جس سے اقبال جیسا ذہین انسان بھی فرار حاصل نہ کر سکا۔ بلکہ یہ گھٹن اتنی بڑھی کہ 1908ء میں جب اقبال تعلیم ختم کر کے ہندوستان لوٹے تو انہیں ایک نفسیاتی بحران کا سامنا کرنا پڑا۔ ڈاکٹر سہیل ان کے ایک خط کا حوالہ دیتے ہیں جو کئی حوالوں سے بعد میں اقبال کا مشہور ترین اور بدنام ترین خط ثابت ہوا۔

"اس خط میں اقبال نے اپنی زندگی سے بیزاری اور غصے کا اظہار کیا ہے۔ اس خط میں انہوں نے کہا کہ کبھی کبھار وہ سوچتے ہیں کہ اپنے تمام دکھوں کو شراب میں گھول کر پی جائیں کیونکہ شراب خودکشی کو آسان بنا دیتی ہے۔"

یہ خط اقبال نے عطیہ فیضی کو لکھا مگر وہ اقبال کی مداح تو تھیں مگر سادہ لوح نہیں تھیں۔ جون ایلیا کے بارے میں ڈاکٹر سہیل یوں رقمطراز ہیں۔

"کہ جو لوگ جون ایلیا سے تنہائی میں ملاقات کر چکے ہیں وہ جانتے ہیں کہ اس نیم ڈرامائی، نیم دیوانی شخصیت کے پس پردہ ایک قد آور فلسفی بھی چھپا ہوا تھا جو زندگی ادب، محبت، معاشیات، روحانیات اور سماجیات کے بارے میں سنجیدہ رائے رکھتا تھا۔"

ڈاکٹر صاحب بتاتے ہیں کہ المیہ یہ ہے کہ بہت سے لوگ جون ایلیا شاعر سے تو محظوظ ہوتے رہے لیکن ان کی جون ایلیا دانش ور تک رسائی نہ ہو سکی۔ ڈاکٹر سہیل نے ان ادبی شخصیات کے بارے میں تقریباً ہر گوشہ زندگی کو آشکار کرنے کی کوشش کی ہے اور یہ بتانے کی کوشش کی ہے کہ انسان اچھائی برائی کا مجموعہ ہوتے ہیں اور ان بڑے لوگوں کی شخصیات کو پرکھنے کا ہر ایک کو حق حاصل ہے۔

اس خوبصورت کتاب کا حصہ چہارم مختلف تراجم پر مشتمل ہے۔

حصہ پنجم ادیب دوستوں کی رائے پر مشتمل ہے۔ اس حصہ میں ڈاکٹر بلند اقبال نے اپنے خوبصورت الفاظ میں ڈاکٹر خالد سہیل کی شخصیت اور ان کے فلسفہ حیات پر بڑے ہی عمیق اور خوبصورت نپے تلے الفاظ میں اظہار کیا ہے اور انہی کے ایک خوبصورت جملے پر اختتام کیا ہے۔ یہ جملہ اپنے اندر معنویت در معنویت کا جہاں لیے ہوئے ہے۔

"دنیا میں اتنی ہی سچائیاں ہیں جتنے خود انسان اور اتنی ہی حقیقتیں ہیں جتنی ان انسانوں کی دانشمندانہ نگاہیں۔"

اس کے بعد گوہر تاج نے ڈاکٹر خالد سہیل کی پوری زندگی کے بہت سارے گوشوں کو بڑی تفصیل اور جامع انداز میں بیان کیا ہے۔ اس کتاب کی سب سے بڑی خوبصورتی یہ ہے کہ یہ آسان اور عام فہم انداز میں لکھی گئی ہے۔ بصیرت پر مبنی لاجواب جملوں نے اس کتاب کو چار چاند لگا دیے ہیں۔ میں ڈاکٹر سہیل کی ایک نثری نظم کا حوالہ دینا چاہوں گا جس میں سوچنے والے لوگوں کے لئے بہت کچھ ہے، جس کا عنوان ہے (خالی صراحیاں)

ہماری زندگیاں

بے رنگ

خالی صراحیاں ہیں

جنہیں ہم
عمر بھر
اپنی خواہشوں،
اپنی آرزوؤں،
اپنی تمناؤں،
اپنی عداوتوں
اور اپنی محبتوں سے
بھرتے رہتے ہیں
لیکن اکثر اوقات
بھول جاتے ہیں کہ
در حقیقت
ہماری زندگیاں
بے رنگ صراحیاں ہیں

اس نظم میں زندگی کا ہر رنگ موجود ہے۔ پوری زندگی کا نچوڑ چند جملوں میں سمو دیا گیا ہے۔ طلباء کے لئے یہ کتاب ایک سند کا درجہ رکھتی ہے۔ ادبی شخصیات کے حوالے سے جو کچھ بھی لکھا گیا ہے بحوالہ لکھا گیا ہے۔ آخر میں ڈاکٹر سہیل کی ایک خوبصورت نظم جو انہوں نے نوجوانوں کے لئے لکھی ہے، جو اپنے خوابوں اور اپنے آدرشوں کے مطابق زندگی گزارنا چاہتے ہیں ان کے لئے یہ نظم بہت ہی معنی خیز ہے۔

نئی کتاب، مدلل جواب چاہیں گے
ہمارے بچے نیا اب نصاب چاہیں گے
روایتوں کے کھلونوں سے دل نہ بہلے گا
بغاوتوں سے منور شباب چاہیں گے
دیارِ ہجر کی اس بے حسی کے موسم میں
رفاقتوں کے معطر گلاب چاہیں گے
سب سیاہ سے سورج تراشنے والے
ہر ایک صبح نیا انقلاب چاہیں گے
حساب مانگیں گے اک دن وہ لمحے لمحے کا
ہمارے عہد کا وہ احتساب چاہیں گے
(یہ کتاب سنگِ میل پبلشرز لاہور نے شائع کی)

ادھورے خواب

گوہر تاج

اردو ادب زوال پذیر نہیں ہے۔ ہر گز نہیں۔ ہندوستان اور پاکستان کے علاوہ دُنیا بھر کے مختلف الکلک میں بسنے والے بے شمار شاعروں اور نثر نگاروں کی تازہ تخلیقات اس ات کی گواہ ہیں کہ اردو ادب کی دُنیا میں آج بھی ہر دن کلاسیکی رچاؤ سے بھرپور اور عصری آگہی سے ہم آہنگ اعلیٰ تخلیقات ادبی کینوس کی رنگارنگی میں اضافے کا سبب ہیں۔

نہیں اردو ادب زوال پذیر نہیں ہے۔ اردو ادب قریب المرگ ہے! ارے؟ یہ بھلا کیا بات ہوئی؟ ابھی چند لمحے قبل تو میں نے کہا کہ اردو ادب زوال پذیر نہیں ہے۔ اب یکایک اردو ادب کے قریب المرگ ہونے کا اعلان کیوں کر بیٹھا؟ یہ کیا نفسیاتی پیچ ہے؟ Multiple Personality Disorder? یا کچھ اور؟

چلیے میں اس کی وضاحت کر دیتا ہوں۔ اردو ادب آج مجموعی معاشرتی دھارے سے کٹ کر

س یٹہ ٹیتایک ے ر، ہم cluture عصر ا-ور جو Sub ے ی نمیں شعرا۔ زندہ واہ ہے۔ کینٹ میں عرفان رستا ہنے وا اچھی لی ار غزل ہو کہتا یں جما ہے۔ اور عت یہ کی طات لبہ عا کون کہتا صمہ ملک ہے؟ کو اس معلوم کے

بھی نہیں کہ اس نام کا کوئی شاعر بھی ہے۔ اسے چاعری سے بے حد لگاؤ ہے مگر اس کے اوجود عرفان ستار اس کے شعری شعور یا لاشعور تک نہیں پہنچا۔ آج جب بچہ اپنی ابتدائی تربیت کے مراحل سے گزر رہا ہوتا ہے تو شاعری یا ادب کی کوئی چھینٹ اس پر نہیں پڑتی۔ جب وہ لازمی اردو کی درسی کتب پڑھنے کے قابل ہوتا ہے تو اسے یوں لگتا ہے جیسے مولانا الطاف حسین حالی اردو کے آی شاعر تھے۔ اس شاعری کا زیاج اس کے اپنے نمو پذیر زیاج سے اتنا مختلف ہوتا ہے کہ وہ اس میں کوئی دپسی ک لینے کی بجائے محض امتحان پاس کرنے کے لئے رٹا لگاتا ہے اور پھر حالی کے ساتھ ساتھ شاعری کو بھی خدا حافظ کہہ دیتا ہے۔ یہی حال نثر کا بھی ہے۔ رجب علی بیگ سرور، میر امن اور شاہد احمد دہلوی کو آج کے طالبِ علم کے لئے اردو ادب کا ابتدائی تعارف بنا دینا ایسا ہی ہے جیسے G1 کے تحریری ڈرائیونگ ٹیسٹ کے لئے آنے والے 15 سالہ بچے کو 401 پر ڈرائیونگ سیٹ پر بٹھا دیا جائے۔ بوکھلا ہی تو جائے گا بے چارہ۔

اب اس منظر نامے کو وسیع کر لیجئے۔ ادب کی زندگی کے دو ہی جواز ہو سکتے ہیں۔ ایک وہ لطف و کیف جو ایک اچھی تخلیق کسی کے احساس کو فراہم کرتی ہے، اور دوسرا وہ مواد جو پڑھنے والی کی ذہنی آبیاری کرتا ہے۔ لطف خاصتاً ذوقی معاملہ ہے اور جب ذوق کی تربیت ہی نہ ہو تو لطف کون اٹھائے گا؟ رہ گئے واچ کی آبیاری کرنے والے افکار و خیالات تو جناب۔ اگر تخلیق کار ج ش دوسرے تخلیق کاروں کے لئے لکھتا ہو، ادبی سبکلچر میں ایک دوسرے کو داد دی جاتی ہو، مقامات اور ش یٹ یہٹہ ین متعین ہوتی ہوں، اوارڈ

انٹے جاتے ہوں، اور معاشرے کے عام فرد سے اس کا کوئی تعلق نہ ہو تو کیا واچ کر آبیاری اور کیا ذہنی ے ے

نشونما واقف میں ہے۔ ادب کا انگریزی کردر؟ ادب میری شوق 16
سے سا لہ بیٹی پڑھتی کینیڈ ہے۔ ین، امرکیونکہ یکی اور اسکول یورمیں اپین راسے ا ن
ز بتداکے ہی نام ایں‌و ر ش سٹ یکس کا م ٹ پت ے ر یاسے
دوواروسکی پڑھانے کی بجائے اپنی پسند کی کسی کتاب کو پڑھنے، ریویو لکھنے، اور کلاس کے سامنے پیش کرنے میں مشغول رکھا جاتا ہے۔ پوئیٹری

واس ے ٹہ یالی، فکشن واساے ی ی ئ اور نجانے کونکون سے کلت ر ان کی ادب سے دپسی ک بڑھانے میں معاون ثابت ہوتے ہیں۔ واپنے والی اور اپنے مستقبل کے ارے میں فکر رکھنے والی قومیں ای ب ہی ہوتی ہے۔ ہم توبقول یوسفی صاحب ”اردو ہمارے گھر کی لونڈی ہے اور ہم سے سلوک بھی ویسا ہی کرتے ہیں۔“

اس طویل تمہید کی ضرورت یوں پیش آئی کہ میرے ممدوح ڈاکٹر خالد سہیل پر دو الزامات ہیں۔ پہلا تو یہ ہے کہ ڈاکٹر صاحب کے موضوعات صرف نفسیات اور فلسفے کے گرد گھومتے ہیں۔ اور دوسرا یہ کہ ڈاکٹر خالد سہیل کی تحریر بہت بچگانہ ہوتی ہے۔

پہلا الزام تو وہ لوگ لگاتے ہیں جنھوں نے ڈاکٹر خالد سہیل کے نوع موضوعات پر تحریر کیے جانے والے مضامین اور افسانوں کو ایک نفسیاتی اور فلسفیانہ under-current کی یادید پر لیبل کر دیا ہے۔ خواہ کوئی تخلیق کار ہو، اس کا ایک خاص perspective ہوتا ہے اور ایک خاص ہی basic stance بھی ہوتا ہے۔ دُنیا کیا ہے؟ مختلف الاقوام لوگوں کی آماجگاہ۔ دُنیا اچھی یا بری کیسے ہوتی ہے؟ لوگوں کے ایک دوسرے سے برتاؤ کی یادید پر۔ برتاؤ اچھا یا برا کیونکر ہوتا ہے؟ لوگوں کے زندگی، کائنات، اور انسانیت سے متعلق نظریات کی یادید پر۔ گویا سب چیزوں کی یادید کیا ہے؟ انسانی نفسیات اور انسان کے فلسفیانہ نظریات۔ ڈاکٹر خالد سہیل ان دو domians کے inter-relation سے انسان کو، انسانیت کو، اور انسان اور کائنات کے اہمی ربط کو سمجھنے اور اپنے قارئین کو سمجھانے کی کاوش کرتے ہیں۔ ڈاکٹر خالد سہیل کی تحریر بچگانہ ہوتی ہے۔ بچگانہ کسے کہتے ہیں آپ؟ اگر اس سے آپ کی مراد ٹوٹی پھوٹی، کمزور اور بے ربط نثر ہے جیسی کہ بچے لکھا کرتے ہیں تو ایسا ہرگز نہیں۔ مگر آپ کا مطلب صاف، عام فہم، اور سلیس زان میں کھنا ہے تو بے شک ڈاکٹر خالد سہیل کی تحریر ای ب ہی ہوتی ہے اور اس کی وجہ زان سے لاعلمی یا بیان پر قدرت حاصل نہ ہونا ہرگز نہیں۔ بلکہ یہ ان کا ارادی فعل ہے۔ اردو ادب کی موت سے متعلق جو ات میں نے پہلے کی، ڈاکٹر صاحب اس المیے سے بخوبی واقف ہیں۔ وہ ان معدودے چند لکھاریوں میں سے ایک ہیں جو داد پانے اور اپنے ہم عصروں کو متاثر یا مرعوب کرنے کے لئے نہیں لکھتے۔ ان کا قصد اپنی واچ، فکر، معروضات، اور نظریات کو ایک عام قاری تک پہنچانا ہوتا ہے۔ وہ مسودوں کے ڈھیر لگا کر ان کی جھائیئ کرتے رہنے پر یقین نہیں رہتے۔ جو لکھتے ہیں اسے اپنے پڑھنے والے کے حوالے کرکے زی ید لکھتے جاتے ہیں۔ ڈاکٹر خالد سہیل سے مل کر مجھے اکثر مارک فراسٹ کی کتاب دی میچ کا ایک فقرہ یاد آتا ہے:

Life is nota journey to the grave wit h intention of arriving safely in a pretty and well -preserved body. But rather, to skid in broadside, thoroughly used up, totally worn out, and loudly proclaiming… WOW what a ride.

ڈاکٹر صاحب مکمل زندہ ہونے میں یقین رہتے ہیں اور دوسروں کو بھی یہی تلقین کرتے ہیں۔ اردو ادب کی مجموعی تاریخ میں ان کا مقام جو بھی طے پائے اس سے قطع نظر، اگر کبھی اردو ادب عوامی اور معاشرتی دھارے سے جڑ کر ایک عام انسان کی زندگی میں دوبارہ شامل ہو سکا تو اس کا سہرا ڈاکٹر خالد سہیل

جیسے لکھنے والوں کے سر ہو گا۔ اس موضوع پر میں بہت کچھ لکھ سکتا ہوں اور کہہ سکتا ہوں، مگر ات ڈاکٹر خالد سہیل کی کتاب ''ادھورے خواب'' پر بھی کرنی ہے اس لئے یہاں سے گریز کر کے میں اس کتاب کی طرف آتا ہوں۔

ادھورے خواب میں افسانے، مضامین، نثر پارے، تراجم اور انٹر و یو شامل ہیں۔

کتاب کا ابتدائیہ بے حد دلچسپ ہے۔ یہ ایک تخلیق کار کا ارافاف ہے کہ اس نے اپنی پہلی محبوبہ سے بے وفائی کی ہے۔ گو یہ ارافاف اس لحاظ سے واضح نیں ہے کہ یہ ایک مونولاگ ہے جس میں ان کی محبوبہ شکایت کر رہی ہے مگر جس سے شکایت کی جا رہی ہے اس کا جواب ہمیں نہیں معلوم۔ یہ محبوبہ ا ردوزان ہے اور ایک اردو کی کتاب میں اس کا ابتدائی صفحات میں شامل ہونا تخلیق کار کی ترجیحات میں دیلی ی کا اعلان بھی ہو سکتا۔ ممکن ہے آنے والے دنوں میں ڈاکٹر خالد سہیل کی زیادہ تر تخلیقات انگریزی زان میں ہم تک پہنچیں۔

کتاب کا پہلا حصہ افسانوں پر مشتمل ہے اور اس حصے کا پہلا افسانہ ''ادھوراخواب'' اس ات پر دلالت کرتا ہے کہ ڈاکٹر خالد سہیل لاھ کینیڈین ہوں، مگر اپنی جنم بھومی سے نہ صرف جڑے ہوئے ہیں بلکہ وہاں کے حالات اور سیاسی منظر نامے پر گہری نظر بھی رہتے ہیں۔ ایک ایسا موضوع جس میں objective ہونا خاصا شکل کام ہے، اور فرسٹ پرسن میں لکھے جانے کے اوجود آپ کو مصنف judgmental ہوتا نظر نہیں آتا جو ایک بہت میچور تخلیق کار کی نشانی ہے۔ ایک ایسا افسانہ جس کا مرکزی کردار ایک غیر واضح مگر غیر خوش کن انجام سے دوچار ہوتا ہے، جب اپنے اختتام کو پہنچتا ہے تو پڑھنے والے کو یہ اشعار دے جاتا ہے:

رات
تاریک ہوئی جاتی ہے
ایک سلامت
مہتاب رکھنا
راتے ہوئے
تنگ جاتے ہیں
دل
میں اب سلامت رکھنا
اک

وہ تمہیں دار پہ لے جائیں گے آنکھ میں خواب سلامت رکھنا ان ن پ اشعار میں ڈاکٹر خالد سہیل کی حالات سے مایوس نہ ہونے، اور امید کا پیغام دنے کی لگن صاف سنائی دیتی ہے۔ یہ ایک ایسے تخلیق کار کی آواز ہے جو تلخ حقائق پر قلم اٹھاتے ہوئے بھی اپنی پر امید طرزِ احساس اور مثبت واچ کر قائم رکھتا ہے۔

آی جنگ اس کتاب کا دوسرا افسانہ ہے اور مذہبی شدت پسندی پر ایک بے لاگ تبصرہ ہے۔ یہاں بھی مسلمانوں کی عام بیماری یعنی apologistic رویے کا کوئی نشان نہیں ملتا اور نہ ہی اس کے برخلاف واچ سامنے آتی ہے۔ ایک بہت بیلنس انداز میں تمام مذاہب سے تعلق رکھنے والے لوگوں کے مذہب کو

انسانیت پر ترجیح دنے کو عالمی بدامنی اور مفلوک الحالی کی یاد دید بتایا گیا ہے۔ اس کا عنوان آی جنگ بھی بہت معنی خیز ہے کہ شاید انسانیت کی آی جنگ مذہبی شدت پسندی پر فتح کے ساتھ اختتام پذیر ہو سکتی ہے۔

میٹھازہر ایک بڑے کینوس کا مختصر افسانہ ہے۔ تعارف کے طور پر ابتدا میں ایک کردار ایسا آتا ہے جس کے ہاتھ اور پاؤں ذیابیطس کی وجہ سے ہونے والے گ ی ھنگرین کے سبب کاٹ دیے گئے ہیں۔ یہاں سے مصنف گریز کر کے مذہب کے میٹھے زہر کے سبب پاکستانیوں کے ایک دوسرے سے کٹ جانے کی پیتا سناتا ہے۔ کتاب کے پہلے دو افسانوں کی نسبت یہ افسانہ تکنیکی اعتبار سے کچھ جھول کا شکار نظر آتا ہے کہ ایک بہت مضبوط کردار متعارف کروانے کے فوراً بعد افسانہ نگار کسی اور طرف نکل جاتا ہے مگر اس افسانے کا یادیدی پیغام بہر کیف پڑھنے والے تک مضبوطی کے ساتھ پہنچتا ہے۔

خالہ جان ڈاکٹر خالد سہیل کی ایک انگریزی شارٹ اسٹوری کا ترمہ ہے۔ اس کا موضوع ہر اس خاندان کا مسئلہ ہے جو بہتر مستقبل کے خواب لے کر کینیڈا آتا ہے۔ ان کے بچے اسی ماحول میں تے بڑھتے ہیں اور یہیں کے طور طریقے سیکھتے ہیں۔ مگر جب ان کے والدین میں سے کوئی کینیڈا آتا ہے تو اپنی آئندہ نسل کو اپنے تئیں بے راہ رو پاکر شدید رنج اک شکار ہو جاتا ہے۔ یہ ایک بہت نازک موضوع ہے کہ زیادہ تر لوگ یہی چاہتے ہیں کہ ان کے والدین ان کے ساتھ رہیں مگر وہ بھول جاتے ہیں کہ شاید اس عمر میں ان کو رنج سے دوچار کرنے کی بجائے اھیں وہیں رہنے دیا جائے ں مس سے ان کا رشتہ ہے اور ں مس کی مٹی میں ان کی جڑیں مضبوطی سے جمی ہوئی ہیں تو ان کے لئے بہتر ہے۔ ڈاکٹر خالد سہیل کے یہاں اس طرزِ احساس کا سراغ جابجا ملتا ہے ں مس وہ یہ پیغام دیتے ہیں کہ انسان کی خوشی محض رشتوں میں گھرے رہنے سے عبارت نہیں نہ ہی ساتھ رہنے سے کسی کا خوش رنام ایک یقینی امر ہوتا ہے۔ خالد سہیل صد یسق ن سے جاری اس فرواده واچ کے خاتمے پر یقین رکھتے ہیں کہ ایک generally accepted structured life کے یراخوش رنام محال ہے۔ وہ سمجھتے ہیں کہ ہر انسان کو خوش رہنے کا حق ہے مگر اسے خوشی صرف اپنی مرضی سے زندگی بسر کرتے ہوئے ملتی ہے نہ کہ اس نظام کی پاسداری میں جو شاید آج اتنا موثر نہیں جو بروااں پہلے تھے، اور کینیڈا جیسے معاشرے میں تو اس کا اطلاق اور بھی، ہو جاتا ہے۔

دوہری زواور بھی ایک انگریزی شارٹ اسٹوری کا ترمہ ہے۔ مجھے یہ کہانی متاثر نہ کر سکی۔ اس میں دو معاشروں کا تضاد ایک بیانیہ انداز میں رقم کیا گیا ہے مگر ان کے متصادم ہونے کے موضوع سے جتنی طاقتور کہانی بنی چاہئے تھی وہ نہیں بنی۔ بہت ممکن ہے کہ انگریزی میں لکھی گئی اس کہانی کا قصد ہی مغربی قارئین کو یہ سمجھانا ہو کہ پولی گ یامی جو ان کے لیے ایک بہت قہ ٹ یہ فعل ہے، وہ پاکستانی معاشرے میں معیوب نہیں، بلکہ اس کی وجہ سے بہت سی بے سہارا عورتوں اور ان کے بچوں کے لئے زندگی گزارنے کا سامان فراہم ہو جاتا ہے۔ فنی اعتبار سے مجھے اس میں لطف نہ آسکا جس کی وجہ شاید ترجے کی کمزوری ہو کہ اس کا زیادہ حصہ مکالموں پر مشتمل ہے جنھیں ترمہ کرنا آسان نہیں ہوتا۔

نئی زندگی کے آثار ایک بہت خوبصورت کہانی ہے اور ڈاکٹر صاحب کے پیشہ ورانہ شعبے سے متعلق ہے۔ کینیڈا میں ایسے بہت سے بزرگ ہیں جو اولڈ ایج ہوم میں اپنی زندگی کے آی دن گزار رہے ہوتے ہیں۔ تنہائی کا جو کرب ان میں سے بہت سے لوگوں کو سہنا پڑتا ہے اس کی بہت پر تاثیر عکاسی اس کہانی میں موجود ہے مگر اس کی خوبصوری اس حل میں پنہاں ہے جو کہانی کا مرکزی کردار ڈاکٹر عرفان جوی یز کرتا ہے جس کے تحت ایک اسکول کے تعاون سے Adopt a grandparent پروگرام کا آغاز کیا جاتا ہے جو اولڈ ایج ہوم میں مقیم بزرگوں کے لئے نئی زندگی کے آثار یدا ا کرتا ہے۔ اس سے ڈاکٹر خالد

سہیل کے انسان دوستی اور ٥مر ر د طر زِ فکر کا بھر پور اظہار ہو تا ہے۔ مجھے بڑی حد تک یقین ہے کہ ڈاکٹر عرفان ڈاکٹر خالد سہیل کا ہمزاد ہے اور یہ کہانی ان کی زندگی کے کسی سچے تجربے سے ماخوذ ہے۔

مقدس ایک religion-free دنیا کا خواب ہے۔ ایک دن تمام مذہبی صحیفے دُنیا سے غائب
ہو جاتے ہیں اور تمام عبادت گاہیں ڈھے جاتی ہیں، گویا ایک ای ب دنیا کی بنا ڈالی جاتی ہے جس کا یادیدی ے
اثاث انسانیت ہے۔ میری ذاتی رائے میں ڈاکٹر صاحب کو اس کہانی کو تھوڑا ساز یادہ ڈیویلپ کرنا چاہہ نے تھا۔ مجھے ادھورے خواب پڑھتے ہوئے کئی ار ایسا لگا کہ ڈاکٹر صاحب کو اپنا پیغام پہنچانا مقصود ہو تا ہے اور اھیں ں مس ایسا لگتا ہے کہ وہ اپنی ات کر چکے ہیں، وہ تخلیق کو بہت abruptly windup کر دیتے ہیں۔ اس کمزوری پر قابو پانے سے ان کے افسانے فنی طور پر زیید مضبوط ہو سکتے ہیں۔

یہاں سے کتاب کا دوسرا حصہ شروع ہو تا ہے جو نثر پاروں پر مشتمل ہے۔ قصہ پانچویں درویش کا ہم میں سے ہر لکھنے والے کی اس کیفیت کا بیان ہے جس سے کسی نہ کسی وقت ہم گزرتے ہی ہیں۔ جب اپنے لفظ بے معنی اور اپنی تخلیقات بے کار لگنے لگتی ہیں۔ ذہن واال کرتا ہے کہ کیا فاداہ ہے یہ سب کرنے کا؟ جی چاہتا ہے سب کچھ تیاگ دیں۔ اس نثر پارے میں پانچ درویشوں کا مکالمہ ہے جس کا اختتام اس ات پر ہوتا ہے کہ پانچواں درویش جو اپنی لکھے سے ہی نہیں، مجموعی طور پر ادب ہی سے دلبر داشتہ ہے، وہ اپنے احباب کی اس ات پر ان سے متفق ہو جاتا ہے کہ چونکہ ان کی تحریریں انسان دوستی کا پیغام دیتی ہیں اور ایک بہتر دنیا کی نوید پہنچاتی ہیں اس لیے اھیں یہ کام جاری رکھنا چاہئے۔

درویش کی شام کی سیر میں پانچواں درویش اپنی یادیدی نظریہ دیگر چار درویشوں کے ساتھ مکالمے کی صورت میں پیش کرتا ہے کہ مذہب، رنگ، نسل اور زان کی بجائے انسانیت ہی دُنیا کے لوگوں میں قدرِ مشترک ہونی چاہئے۔ یہ ڈاکٹر خالد سہیل کی تمام تخلیقات کا basic stance ہے۔ انکے موضوعات نوع ہوتے ہوئے بھی اس کلیدی نظریے کے گرد نمو پاتے ہیں۔ درویش کا ڈیرہ وااءِ ن پ تازہ واردان درویشوں کے تعارف سے زیادہ کچھ نہیں۔ شاید یہ ڈاکٹر صاحب کا اپنے دوواروں کو acknowledge کرنے کا انداز ہے۔

اگلے دو نثر پارے ار جہ ٹ یہٹ کے عاش مصنف بور خیز سے ڈاکٹر خالد سہیل کی محبت اور عقیدت کا اظہار یہ ہیں۔ کسی بھی لکھنے والی کی تخلیقی شخصیت کے حوالے سے بور خیز کے واضح نظریات غالباً ڈاکٹر صاحب کے ان سے لگاؤ کی وجہ ہیں۔ مگر ان دونوں نثر پاروں کو پڑھ کر ان قارئین کو شدید تشنگی محسوس ہو گی جو بور خیز کے کام سے ناواقف ہیں کیونکہ یہ نثر پارے پڑھ کر اھیں بور خیز سے متعلق زیید جاننے کا اشتیاق ہو گا۔ شاید یہ تعارف ان تحریروں کا قصد بھی ہے کہ پڑھنے والوں کو ایک بڑے ادیب سے متعارف کروا کر اسے پڑھنے کی ترغیب دی جائے۔

اس حصے کے بقیہ مضامین ڈاکٹر خالد سہیل کے نظریہ حیات کو سمجھنے میں بے حد معاون ہیں۔ سمندر سے گفتگو کرتے ہوئے وہ یہ نتیجہ اخذ کرتے ہیں کہ کامیابی انفرادیت میں نہیں بلکہ اجتماعیت میں ہے۔ چاند اور وارج کی لڑائی میں صلح کرواتے ہوئے ان پر یہ راز کھلتا ہے چاند پر وارج کی روشنی چرانے کا الزام غلط ہے کیونکہ وہ تو وارج کی روشنی محفوظ کر کے اس وقت دنیا پر نچھاور کرتا ہے جب وارج منہ چھپاتا ہے۔ یہ parallel perspective یا جدید سائکولوجی کے حوالے سے lateral thinking کی ایک بہت عمدہ مثال ہے۔ اس حصے کے آی مضمون کہاں سے آیا کدھر گیا وہ میں انسانوں ہی سے نہیں، تمام مخلوقات

حصہ سوئم: فلسفیانہ مضامین ادھورے خواب

اور نباتات سے محبت کا درس دیا گیا ہے گویا ڈاکٹر خالد سہیل کا peaceful coexistence کا نظریہ صرف انسانوں تک محدود نہیں بلکہ زندگی کی تمام شکلوں تک محیط ہے۔

کتاب کا تیسرا حصہ ادبی مضامین پر مشتمل ہے اور اس کا پہلا مضمون میر تقی میر فن اور پاگل پن ایک بہت ہی دلچسپ مضمون ہے اور نہ صرف میر کی شاعری میں اس رنج و م کی تہہ پر رواں نفسیاتی پیچ ہم پر کھولتا ہے، بلکہ ڈاکٹر خالد سہیل کی ے دو اہم ترین صلاحیتوں کا پتہ دیتا ہے۔ اول ان کی تحقیقی صلاحیت اور دوم خاصتاً ادبی مواد کو جدید سائنٹیفک اصولوں کے مطابق پرکھنے کی صلاحیت۔ ایک شاعر کے کلام اور حالاتِ زندگی سے symptoms ڈھونڈ کر جدید بی اصولوں کے مطابق اس کی بیماری کا ے

ڈایگنوسس کوئی آسان کام نہیں جو ڈاکٹر صاحب نے مہارت سے کر دکھایا ہے۔ وحشت اسکینر و فرینیا کیطرح کیسے ظہور کرتی ہے اور تخیل اور ہیلوی شس میں کیا ربط ہے، یہ ایک بہت فکر ایزت اور دلچسپ انداز ہے میں سمجھتا ہوں کہ ایسے معروضی طریقوں سے تخلیقی شخصیتوں کو سمجھنا کا عمل، از، اردو ادب میں تو نیا ہے اور ڈاکٹر خالد سہیل اس کے لئے مبارک اد کے مستحق ہیں۔

فیض احمد فیض کی شخصیت، ایک نفسیاتی مطالعہ اس اعتبار سے ایک وقیع مضمون ہے کہ اگرچہ فیض کے ارے میں واانحی خاکے تو بہت ملتے ہیں اور خود فیض کے تحریر کردہ طوطط سے بھی کچھ جاننے کو ملتا ہے مگر شاید پہلی ار کسی نے فیض کی زندگی کے ابتدائی دنوں سے لے کر ان کی تخلیقی شخصیت کے پروان چڑھنے تک ان عوامل کا جائزہ لیا ہے جن کا فیض کی شاعری پر بہت گہرا اثر ہے۔ ان کی ذاتیشخصیت کا دھیما پن، اور ان کی شاعری کا تیکھا پن کس طرح ان کی تخلیقی شخصیت میں parallel existence رکھتا تھا اور ان کی زندگی پر کن رویوں اور نظریات کا غلبہ رہا، یہ سب اتیں پڑھنے سے تعلق رکھتی ہیں۔ ایک شخصیت پر لکھتے ہوئے جو میریا ااآل کی طرح ہم سے کئی دہائیوں یا صدیوں پہلے نہ گزری ہو، اور جس کے ارے میں لوگوں کے ذہن میں ایک واضح خاکہ موجود ہو، مضمون نگار کا اپنے آپ کو bias ہونے سے بچا جانا شکل کام ہے جو ڈاکٹر خالد سہیل نے کر دکھایا ہے۔

ااآل کا نفسیاتی تجزیہ یقیناً اس کتاب کا سب سے متنازع مضمون ثابت ہو گا۔ پڑھنے والوں پر کیا گزرے گی جب وہ یہ جانیں گے کہ شاعر مشرق، حکیم الامت اور نباض فطرت ااآل اپنی ذاتی زندگی میں ایک ناقابل اعتبار، غیر متوازن اور حماقت کی حد تک غلطیوں پر آمادہ انسان تھے تو ان پر کیا گزرے گی؟

یہ مضمون ڈاکٹر خالد سہیل کی ادبی دیانت، اور objectivity کا ثبوت ہے اور ہماری منافقنوں سے بھری ادب میں ایک تازہ ہوا کا جھونکا ہے۔ ہمیں الغ نظری کا یہ پہلو بھی سیکھنا چاہیئے کہ ایک شاعر کی تخلیقی اور ذاتی زندگی میں فرق ہو سکتا ہے بلکہ اکثر ہوتا ہے اور اھیں ایک دوسرے سے الگ کر کے دیکھا جانا چاہئے۔

جون ایلیا ایک خواب دیکھنے والا دانشور شاعر میرے لیے خاص اہمیت کا حامل اس لیے ہے کہ جون صاحب سے بے حد قربت کے طفیل میں ان کی شخصیت کے اس رخ سے پوری طرح واقف ہوں جو ڈاکٹر خالد سہیل کے لیے دپسی ک کا اعث ہے، یعنی جون ایلیا کی غیر روایتی فکر، انسان دوستی، اور حرفِ عام میں اغیانہ نظریات۔ مجھے البتہیہ ات کھلی کہ ڈاکٹر صاحبکی جون ایلیا سے ملاقاتوں اور گفتگو کے اوجود اس مضمون کے لیے زیادہ تر مواد جون صاحب کے مجموعۂ کلام شاید کے دیباچے سے لیا گیا ہے جس کے سبب ان کی شخصیت کا احاطہ ممکن نہ ہو سکا۔ جون ایک بڑے آدمی تھے۔ ان کی فکر سے آگاہی کے لئے ان کی

شاعری کی کتابوں کے علاوہ ان کی نثری کتاب فرمودہ کا مطالعہ اور تجزیہ ضروری ہے۔ یہ مضمون فرمود کی اشاعت سے پہلے کا ہے، اس لیے میری خواش ہے کہ ڈاکٹر خالد سہیل جون ایلیا پر از سرِ نو کام کریں۔ جون مضمون کا نہیں، کتاب کا موضوع ہیں اور ای ب کتاب ڈاکٹر خالد سہیل لکھ سکتے ہیں۔

حبیب جالب ایک عوامی شاعر میری نظر میں ایک کمزور مضمون ہے جس میں جالب کی شاعری کا سطحی سا جائزہ تو ہے مگر ان کی تخلیقی شخصیت پر کوئی روشنی نہیں پڑتی، جو ڈاکٹر خالد سہیل کا موضوع ہے۔ یہ ایک فرمائشی یا تقریباتی سا مضمون ہے اس لیے اس پر کوئی خاص رائے قائم کرنا ممکن نہیں۔

محمد مظاہر اور جارج آرویل، دو دانشور کے عنوان سے جو مضمون ہے اس میں زیڈ اے بخاری کا تحریر کردہ جارج آرویل کا تعارف خاصے کی چیز ہے۔ اس کے علاوہ محمد مظاہر صاحب کے ارے میں ڈاکٹر خالد سہیل کے خیالات ہیں جن کے ارے میں کوئی رائے اس لیے نہیں دے سکتا کہ میں محمد مظاہر صاحب کی تحریروں سے اپنی کوتاہ علمی کے سبب ناواقف ہوں۔

شکیلہ رفیق کے افسانوی کردار اور حبس زدہ ماحول اس کتاب کا ایک بہت عمدہ مضمون ہے جس میں ڈاکٹر خالد سہیل نے محض رائے دنے پر اکتفا کرنے کے بجائے شکیلہ رفیق کی کہانیوں سے اقتباسات پیش کرتے ہوئے ان کے تجزیے کے ذریعے اپنے موقف کی وضاحت کی ہے اور اس بنا پر شکیلہ رفیق کا ایک بہت معتبر تعارف ہے۔ مجھے خود اس مضمون کو پڑھ کر شکیلہ رفیق کی تخلیقی شخصیت کا پہلے سے بہت بہتر ادارک ہوا ہے۔

شاخِ دانائی پر کھلے ہوئے پھول منظر حسین جعفری کی کتاب سطر نو کے حوالے سے لکھا گیا ہے۔ محترم اختر حسین جعفری کا بیٹا ہونا اس منظر اور ان کے بھائی اور ہمارے عزیز دوست امیر حسین جعفری کے لیے ذاتی حوالے سے بلاشبہ فخر کی ات ہے، وہیں راہِ سخن ان کے لئے ہم سے زیادہ دشوار ہے کہ اھیں اپنے والد کی اس نظم سے ہٹ کر کہنا ہے جو ہمارے عہد کی بڑی نظم ہے۔ اس پر زبید شکل ان دونوں بھائیوں نے نظم کو بطور ترجیجی صنف منتخب کر کے یدا اکرلی ہے۔ اس حوالے سے ڈاکٹر خالد سہیل کا یہ مضمون منظر حسین جعفری کی نظم کی اہم علامتوں، استعاروں اور موضوعات کا ایک عمدہ تعارف اور یادیدی تجزیہ ہے۔

رشید ندیم کی دوستی جنگل کی پگڈنڈی ایک دوست کے لئے محبت سے لکھا گیا مضمون ہے مگر بہت مختصر ہے۔ ڈاکٹر صاحب کی تخلیقات مکمل کرنے میں عجلت کا رجحان ان کے کئی اچھے مضامین کو بہت اچھا ہونے سے پہلے ختم کر دیتا ہے۔

مغرب کی اردو شاعری اور مہاجروں کی نفسیات اگرچہ ایک دلچسپ مضمون ہے اور اس کا موضوع بھی بہت اہم ہے مگر مجھے یوں لگا جیسے ڈاکٹر خالد سہیل نے اشعار پہلے جمع کیا اور پھر اھیں سامنے رھ کر مضمون لکھا جس کی وجہ سے نفسِ مضمون اشعار کے زیر اثر زیادہ اور مصنف کی فکر سے جڑا ہوا، رہا۔ اور کے اوجود ہجرت کر کے آنے والے تخلیق کاروں کی نفسیاتی الجھنوں اور اھیں پیش آنے والے مسائل کا جو تجزیہ ڈاکٹر صاحب نے پیش کیا ہے وہ خاصا مربوط اور پُر مغز ہے۔

ادھورے خواب کا چوتھا حصہ تراجم پر مبنی ہے۔ ایرانی نژاد کینیڈین مصنف رضا براہینی کی کہانی کا ترمہ ایک چھوٹی سی غلطی کے عنوان سے ڈاکٹر سہیل نے اتنا عمدہ کیا ہے کہ طبع زاد کا گمان ہوتا ہے۔ انسانی ارتقا کا اگلا قدم ڈاکٹر خالد سہیل کے مضمون کا ترمہ ہے جو رفیق سلطان نے کیا ہے، مضمون کا متن بہت عمدہ ہے اور مختصر کی تحریر میں ایک بڑے موضوع کا احاطہ کرنے کی ایک عمدہ کوشش ہے۔ اس کے ساتھ ساتھ ترمہ بھی اعلیٰ معیار کا ہے جو پڑھنے میں بے حد لطف دیتا ہے۔

کتاب کا آ ئی حصہ دوواراں کی آراء پر مبنی ہے۔ ڈاکٹر بلند اقبال کا مضمون ڈاکٹر خالد سہیل کے نظریات اور آدرش کا بخوبی احاطہ کرتا ہے۔ گوہر تاج کا مضمون ایک نفسیات دان کا نفسیاتی تجزیہ ہے جو ایک دلچسپ تحریر ہے۔ اور امیر حسین جعفری کی تحریر حسبِ توقع تیکھی اور کاٹ دار ہے۔ وہ نہ صرف ان کئی غلط فہمیوں کی وضاحت کرتے ہیں جو ڈاکٹر خالد سہیل کی شخصیت کو بر واں سے متنازعہ بنائے ہوئے ہیں، بلکہ مضمون کا ایک اہم پہلو اس تنقیدی رویے کی نشان دہی بھی ہے جو ڈاکٹر سہیل جیسے غیر روایتی لکھاری کے کام کو سمجھنے اور پرکھنے کے لئے اختیار کرنا ضروری ہے۔

ادھورے خواب ایک ایسے شخص کی تصنیف ہے جس دماغ ہر وقت کی کنسٹرکشن، ڈی کنسٹرکشن اور ڈسٹرکشن میں مشغول رہتا ہے۔ جس کے موضوعات نوع، اور نقطۂ نظر واضح مگر عام روش سے ہٹا ہوا ہے۔ ان کے یہاں کنٹینٹ کی اہمیت فارمیٹ سے زیادہ ہے اور فارمیٹ کی اہمیت اسسے زیادہ کچھ نہیں کہ وہ کنٹینٹ کے لیے ایک میڈیم کا کردار ادا کرے۔ اس لیے خالد سہیل بلاجھجک افسانوں، انٹرویوز، ادبی مضامین، نثرپاروں اور تراجم کو ایک ہی کتاب میں شامل کر لیتے ہیں کہ لکیر کا فقیر بننا اھیں پسند نہیں۔ میرے نزدیک ادھورے خواب ایک دنیا کے مٹنے، اور ایک نئی دنیا کی تخلیق کے درمیان کی مسافت ہے۔ خالد سہیل کے یہاں کوئی ات حتمی اور کوئی نتیجہ حکم کی حیثیت نہیں رکھتا۔ وہ constructive dialogue کے قائل ہیں اور دوسروں کے نقطہ نظر کو اپنے خیالات جتنی ہی اہمیت

دیتے ہیں۔ ڈاکٹر خالد سہیل سے مل کر مجھے اسکاٹ ف جیرالڈ کے مضمون The Crack Up کا ایک فقرہ یاد آتا ہے:

The test of a first rate intelligence i s the ability to hold two opposed ideas in the mind at the same time, and still retain the ability to function.

ڈاکٹر خالد سہیل ایک ایسے ہی ذہن کے مالک ہیں اور یقین جانیے، ہمارے معاشرے کو ایسے لوگوں کی بہت ضرورت ہے جو میچورٹی کا رول ماڈل ہوں اور جن کی پیروی کر کے ہماری آئندہ نسلیں مہذب انداز میں تبادلۂ خیال اور اہمی حفظِ مراتب کے ساتھ اختلاف کرنا سیکھ سکیں۔

تازہ نثری گلدستہ ''ادھورے خواب''

گوہر تاج

حال ہی میں شائع ہونے والی کتاب ''ادھورے خواب'' ڈاکٹر خالد سہیل کی تخلیقی کاوشوں کا خوش رنگ گلدستہ ہے جو کہ انکی نثری اصناف پر مشتمل ہے۔ ڈاکٹر خالد سہیل کا شمار ان دھنک رنگ شخصیتوں میں ہوتا ہے کہ جو، وبیش ن پ دہائیوں سے متواتر اردو اور انگریزی زانوں میں لکھ رہے ہیں۔ انکا کمال انکے تخلیقی چشمہ کی روانی ہی نہیں بلکہ اسکا مختلف سمتوں میں پھواب بھی ہے۔ وہ بیک وقت شاعر، افسانہ نگار، ناول نگار، مضمون نگار، مترجم ہونے کے ساتھ ساتھ بہت عمدہ انٹرویور بھی ہیں۔ پیشے کے اعتبار سے نفسیاتی معالج ہیں اور معدودے چندان خوش نصیب لوگوں میں سے ہیں جنکا ذرعہ معاش اور شوق ایکدوسرے سے جڑے ہوئے ہیں۔ لیکن جو صلاحیت انہیں ممتاز کرتی ہے وہ سماج کی فرسودہ روایات کو چیلنج کرنا اور واال اٹھانا۔ وہ اچھوتے پن کے قائل ہی نہیں اسے برتنا بھی جانتے ہیں اور برملا اپنی تحریروں میں اسکا اظہار بھی کرتے ہیں۔ آزادی رائے کو مقدم گردانتے ہوئے وہ ہر مذہب اور فرقہ والوں کا احترام کرتے ہیں۔ انکی آنکھوں میں کوابوں کی کہکشاں سی جی ہوئی ہے، امن و آشتی کی، سماجی شعور کے ارتقاء کی، اور انسانیت کو اعلی درجہ پر فائز دیکھنے کی۔ مگر یہ حقیقت ہے کہ ان کے خواب ابھی ادھورے ہیں۔ میں نے ادھورے خواب کو جستہ جستہ اور مکمل پڑھا اور احساس ہوا کہ ذات سے شروع ہونے والا دائرہ وسیع ہو کر انسانیت کو اپنے آغوش میں سمیٹ رہا ہے۔ سمندر میں قطرہ کا ذبب ہو ناشاخت کرنا نہیں بلکہ شاع تر قصد کو فناپہ ترجیح دینا ہے جو دراصل فنا نہیں دوام ہے۔

کتاب کی ابتدا ایک دلچسپ خط سے ہوتی ہے جو کہ خالد سہیل کی پہلی محبوبہ نے امید و یاس کی گومگو کیفیت میں اپنے محبوب خالد سہیل کو لکھا ہے جو او جو د دلی محبت کے اپنی محبوبہ کی جانب ملتفت نہیں ہو رہے۔ یہ محبوبہ گوشت پوست کے جسم کی بجائے اظہار کی اعلی ترین شکل ہے یعنی اردو زان کہ جسکی اپنی تاریخ اور ثقافت ہے اور جس نے خالد سہیل میں اظہار اور فکری وجدان کی معیں روشن کیں۔ مگر جب ہجرت میں مسافت میں تھکے ماندے اور تنہا خالد سہیل کا ہاتھ دوسری محبوبہ انگریزی زان نے پکڑا تو جیسے وہ اسی کے ہو گئے۔ آہستہ آہستہ یہی زان محبوبہ کا روپ اختیار کر گئی اور جسم و جان کے اظہار کا ذرعہ۔ یہ خط پرانے عہد و پیمان یاد دلانے کی کوشش ہے ج شمہ ین محبت ہے، دھ ہے اور ایک امید و بیم کی کیفیت ہے کہ ہماری محبت اور ہمارا عشق ایک دفعہ پھر پروان چڑھ سکے۔ ابتدائیہ کے علاوہ کتاب کے پانچ حصے ہیں۔ پہلا حصہ افسانوں پر مشتمل ہے جس میں ساتھ افسانے شامل ہیں۔ حصہ دو نثر پارے جبکہ حصہ وام میں انکے ادبی شخصیات پہ مضامین اور انٹرویوز شامل ہیں۔ حصہ چہارم اور پنجم الترتیب خالد سہیل کے تراجم اور ان کی شخصیت کے حوالے سے وہ مضامین اور ذاتی تاثرات ہیں جو ان کے ادیب دوواروں نے رقم کئے ہیں۔

افسانوی حصہ کی کہانیاں پڑھ کر اندازہ ہوتا ہے کہ یہ ایسے ادیب کی صریر قلم کا ثمر ہیں سکا دماغ مسلسل عالمی جنگ، شعلہ وارود پہ متفکر اور امن کا متلاشی ہے۔ کبھی جنگ کے اٹھنے والے شعلے عراق امرکہ کے حملہ کی صورت ہیں تو کبھی وطن میں ہیں۔ اواقت پوری دُنیا ارود کے دھویں کی بو میں غلطان اور خاکستر لاشوں کے انبار سے اٹی ہوئی ہے۔ ''ایک بھائی دوسرے بھائی کو قتل کر رہا ہے۔ ایک انسان دوسرے انسان کو قتل کر رہا ہے۔ سعید انجم کافی دیر تک اس مسئلے پر غور کرتا رہا لیکن اس گتھی کو نہیں سلجھا سکا کہ انسانیت خودکشی کر رہی تھی کہ قتل'' (صفحہ 51) آی جنگ۔ افسانہ ''میٹھا زہر'' میں ذیابیطس کی بیماری ایک علامت کے طور پہ ہے جو دراصل ہندوستانی تہذیب میں عربی ثقافت کے ملاپ کے نتیجہ میں زہر اد کا اثر ہے۔

"یہ میری خطا تھی کہ میں نے ایک ہندوستانی ہونے کے اوجود ایک عرب سے شادی کرلی۔ مجھے الکل اندازہ نہ تھا کہ اسکے اعصاب پر ایک آسمانی مذہب وار تھا جس نے بڑھتے بڑھتے جنون کی صورت اختیار کرلی اور اس جنون نے میری زندگی میں ایک خون کی ہولی کھیلی۔"

"جب مجھے ہوش آیا تو بہت دیر ہو تھ تھی۔ وہ یہی جگہ تھی اسی نارر کے سامنے میں نے 56 مارچ 1945ء کو اپنے حمل کا اعلان کیا تھا۔ اسی جگہ میں نے 14 اگست 1947ء کو اپنے بیٹے پاکستان کو جنم دیا تھا۔ اس دن کوئی جشن منارہا تھا تو کوئی ماتمکر رہا تھا اور پھر وہ زہر مذہب کا میٹھا زہر میرے بیٹے کی رگ رگ میں پھیلتا چلا گیا۔"

(صفحہ 150 افسانہ میٹھا زہر)

اس حصہ میں شامل زیادہ تر افسانوں کے کرداروں میں خالد سہیل کا اپنا سراپا جھانکتا ہے۔ کہانیوں کے موضوعات ان کی ذاتی زندگی کے ہجرت کے تجرات سے قریب تر ہیں۔ ہجرت کی مسافت سے تھکے ماندے لوگ اور نئی زمین کی ثقافت سے خوفزدہ تو کبھی صف آراء افراد۔ بحیثیت نفسیاتی معالج خالد سہیل نہ صرف مسائل سنتے ہیں بلکہ حل بھی بتاتے ہیں۔ مثلاً افسانہ "خالہ جان" کا عارف اور "نئی زندگی کے آثار" کا ڈاکٹر عرفان کوئی اور نہیں بلکہ ان میں خالد سہیل کا سراپا جھانک رہا ہے۔ جو امرکہ میں آنے والے عمر رسیدہ مہاجر افراد کے مسائل کو قریب سے دیکھ کر انہیں سلجھانے کی کوشش کررہا ہے۔ افسانہ "مقدس" جو گیارہ ستمبر 5515ء کو لکھا گیا خالد سہیل کی دیرینہ خواش کا اظہار کرتا ہے کہ انسانوں کو یاد دُنیا کے مختلف مذاہب کے افراد کو آسمانی خداؤں کے بجائے اپنے اندر کے خدا کو ازیاب کرنا ہے اور یہ ذات کے عرفان اور سماجی شعور کے ارتقاء پہ منحصر ہے۔ ڈاکٹر خالد سہیل کے افسانوں سے نظریاتی اختلاف ممکن ہے جو صحتمندی کی علامت ہے لیکن ان کے امن اور آشتی کے خواب پہ شک نہیں کیا جاسکتا کہ جو کہتے ہیں "اگر خواب سچا ہو تو وہ ضرور شرمندہ تعبیر ہوتا ہے۔"

کتاب کا دوسرا حصہ "نثر پاروں" پہ مشتمل ہے۔ ایو گرافن یکل ان نثرپاروں کے سارے کردار حقیقی اور انکے دل کے قریب ساتھی افراد ہیں۔ غالباً یہ ادب پارے اواقت رقم کئے گئے تھے کہجب بوجہ ڈاکٹر سہیل نے مصنوعی چہروں اور منافقت سے بھرپور دُنیا سے کنارہ کشی کا فیصلہ کیا اور درویشی اختیار کی۔ اس زمانہ میں ان کے تجرات شیئر کرنے کے لئے محض چند دوست تھے۔ اسی زمانہ کا شعر ہے، عجب

سکون ہے میں جس فضا میں رہتا ہوں میں اپنی ذات
کے غارِ حرا میں رہتا ہوں

تاہم اس درویشی کے تجربہ نے انہیں قادانہ صلاحیتوں سے نوازا۔ جو ہمیں انکی قائم کردہ "فیملی آف دی ہارٹ" میں نظر آتی ہیں کہ اس کے ممبران ایکدوسرے سے دلوں کے رشتوں سے جڑے ہوئے ہیں۔ دل جو محبت کا نگر ہے۔ یہ ان کی درویشی کا کمال ہے کہ اس گروپ میں گفتگو اور مکالمہ کی صحتمندانہ فضا قائم ہے مگر اس کا مطلب سچ سے گریز، منافقت یا مفاہمت کا رستہ نہ سمجھا جائے۔ نثرپارے میں لکھتے ہیں:

"تاریخ گواہ ہے کہ جب کسی انسان نے سچ کہنا چاہا تو اسے یا تو والی پر چڑھا دیا گیا یا قید میں ڈال دیا گیا اور یا اسے شہر بدر کر دیا گیا۔ میرے خیال میں یہ سب کچھ ازل سے ہو رہا ہے اور ابد تک ہو تا رہے گا۔" وہ اپنی سچائی کا ادرات ان الفاظ میں بیان کرتے ہیں۔

"مجھے احساس ہو رہا ہے کہ دُنیا میں اتنی ہی سچایاتں ہیں جتنے انسان اور اتنی ہی حقیقتیں ہیں جتنی آنکھیں، میری نگاہ میں سب سے بڑی سچائی انسانیت کی خدمت۔"

(صفحہ 55)

اسی حصہ میں انہوں نے ارج پیہ ٹ یہٹ کے درویش عاش ادیب بور خیز کی زندگی بھی بیان کی ہے جن کے نزدیک "جنت کا تصور اغ نہیں لائبریری ہے۔"

نثر پارے فلسفیانہ گفتگو یا دوواراں کے درمیان مکالموں پہ مبنی ہیں۔ جن میں واال اور جو اات زندگی کی قصدیت اور ادب کے کردار پر علامتی انداز میں روشنی ڈالی گئی ہے۔

کتاب کا تیسرا حصہ "ادبی مضامین" ادبی قامت رکھنے والی شخصیات کی زندگیوں کا احاطہ کرتا ہے جٹکو ڈاکٹر خالد سہیل نے نفسیات دان کی عینک پہن کر دیکھا ہے۔ ان کے مضامین مثلاً میر تقی میر فن اور پاگل پن میں میر کا نفسیاتی تجزیہ کرتے ہوئے ان کی ذہنی بیماری کی تشخیص کی جس کے لئے انہوں نے تفصیلی تاریخی مطالعہ کیا۔ میر کا شعر ان کے ڈیپریشنکی عکس کشی کرتا ہے۔

ساز پیچ آمادہ ہے سب قافلے کی تیاری کا مجنوں ہم سے پہلے گیا ہے اب ہماری اری ہے

میر کے علاوہ فیض احمد فیض کی شخصیت کا نفسیاتی جائزہ طویل مضمون ہے۔ االّٰل کی شخصیت کا نفسیاتی جائزہ اور جون ایلیا جیسے دانشور شاعر پہ مضامین شامل ہیں۔ حبیب جالب کو اج عقیدت پیش کرتے ہوئے ان کی مشہور نظموں کو شامل کیا گیا ہے۔ یہ سب وہ شخصیات ہیں جنہوں نے اپنے قلم سے حق سچ اور عوام کا دفاع کیا ہے۔

یہ جو دس کروڑ ہیں۔۔۔ جہل کا نچوڑ ہیں بوتے جو چند ہیں۔۔۔ سب یہ شر پسند ہیں ان کی کھینچ لے زان۔۔۔ انکا گھونٹ دے گلا

ایک مضمون "شکیلہ رفیق کے افسانوی کردار اور حبس زدہ ماحول" پہ ہے۔ شکیلہ کا نام کینیڈا بلکہ نارتھ امریکہ میں حقیقت پسندانہ افسانہ لکھنے والوں میں نمایاں ہے جو مشرقی معاشرہ کے حبس زدہ ماحول میں رہنے والے کرداروں کو اجاگر کرتی ہیں۔ وہ مضامین دو دانشور۔ محمد مظاہر اور جارج اور ول اور شاخِ دانائی پر کھلے ہوئے پھول۔ منظر حسین کی نظموں کے ارے میں ذاتی تاثر بھی شامل ہے۔ ایک مضمون اپنے قریبی دوست رشید ندیم پہ ہے جن کے ساتھ انہوں نے مشترکہ غزل لکھنے کا تجربہ بھی کیا ہے۔ اس حصہ کا اہم مضمون مغرب کی اردو شاعری اور مہاجروں کی نفسیات کے عنوان سے ہے۔ اسمیں انہوں نے دو کشتیوں میں واار مہاجر ادیبوں کی ذہنی اور نفسیاتی کیفیت کا تفصیلی جائزہ اور ادب پہ اسکا اثر بحثیت ایک نفسیاتی معالج اور محقق بیان کیا ہے۔ وطن سے دربدری کے محرکات، نئی زمین میں نمو پانے کی مشکلات، اطنی اور داخلی پقلش اور ذہن پہ اس کے اثرات۔ تحقیق ثابت کرتی ہے کہ ہجرت کا المیہ انسانی تاریخ

کا اہم تجربہ ہے اور اس ات کی حقیقت کو ایک مہاجر سے بہتر کون سمجھ سکتا ہے۔ خالد سہیل نے حقیقتاً اس کو رقم کرنے میں موضوع کا حق ادا کیا ہے۔ جسکے لئے وہ مبارکباد کے مستحق ہیں۔

حصہ چہارم تراجم پر مبنی ہے جس میں ایک افسانہ اور ایک مضمون ہے۔ افسانہ "ایک چھوٹی سی غلطی" ایرانی افسانہ نگار رضا ابراہیمی کی تخلیق ہے جس میں ایک حق گو ادیب نے انیس واسی کی ابتدائی دہائی میں پابند سلاسل ہونے کے کڑے تجرات کو افسانوی انداز میں لکھاہے۔ شاہ کے بعدنی کا کا دور، دوہ دونوں ادوار میں حق گوئی کے "جرم" کے مرتکب ہوئے۔ مرکزی کردار جس کو موت کی سزا ملی ہے پر امید ہے۔ "ہم سب قیدیوں کی کمریں مصائب اور دکھوں کے بوجھ سے جھک گئی تھیں لیکن ہماری آنکھوں میں اس دن کی امید زندہ تھی جب ہم سیدھا کڑھا ہوسکیں گے اور سر اٹھا کر فخر سے آسمان کی طرف دیکھ سکیں گے۔" (صفحہ 516)

دوسرا مضمون "انسانی ارتقاء کا اگلا قدم" خالد سہیل کی تخلیق اور رفیق سلطان کا ترمہ ہے اور میری نظر میں ان کے لکھے ہوئے بہت سے مضامین میں خاصا اہم کیونکہ یہ اپنانقطہ نظر واضح کرتا ہے کہ انسانی ارتقاء کے اہم اجزائے ترکیبی تنقیدی واچ وبچار، تخلیقی ذہن اور ° مر ردانہ رویہ ہیں۔ پس اگر کسی سماج کو ترقی اور نشو نما کے عمل سے گذرنا ہے تو انہیں ان یادیدی اجزا کو اپنانا ہوگا۔ بہ صورت دیگر ہم جانوروں سے جبلی اعتبار سے بہتر نہیں ہوسکتے۔ ارتقاء انسانی اور شعوری ادراک کے نتیجہ میں ہی زان، ثقافت، سائنس ٹیکنالوجی، فنون لطیفہ اور دوسرے علوم پہ دسترس ممکن ہے۔ ج شمہ ین آرٹسٹ فلاسفر، انقلابی رہنما کی جدوجہد قابل تحسین ہے جو سماج میں انسانی مساوی حقوق، مراعات اور امن و آتشی کے لئے کوشاں ہیں۔ کتاب کے آی حصے میں خالد سہیل کے ادبی دووارں ڈاکٹر بلند االلّ، امیر حسین جعفری اور گوہر تاج کے وہ مضامین ہیں جو ان کے ادبی کام اور شخصیت کے حوالے سے رقم کئے۔ یہ مضامین اس لحاظ سے دلچسپ ہیں کہ اس میں ان کی ذاتی زندگی کے پہلوؤں پہ گفتگو کی گئی ہے۔ کیوں وہ متنازعہ شخصیت ہیں اور خود ان کی شخصیت کی تشکیل میں کن قریبی وں نے ں نے معاونت کی۔ کل دوواپ پ لیس صفحات پہ مشتمل اس کتاب کو سنگِ میل ن پٹ لیٹکہ یس شن نے لاہور سے شائع کیاہے۔ جو "انسانیت کے بہتر مستقبل کے نام" کی گئی ہے۔ انتساب سے اندازہ ہوتا ہے کہ ڈاکٹر خالد سہیل انسانیت کی الی صبح کے ارے میں کوشاں اور تمنی ہیں گو یہ خواب ابھی ادھورے ہیں۔ اس سلسلے میں ان کا کہنا ہے۔

رات تاریک ہوئی جاتی
ہے
ایک مہتاب سلامت
رکھنا
راتے تنگ ہوئے جاتے
ہیں
دل میں ایک اب سلامت
رکھنا

وہ تمہیں دار پہ لے جائینگے آنکھ میں خواب سلامت رکھنا

ادھورے خواب

اشفاق حسین

خالد سہیل کی نئی کتاب "ادھورے خواب" میرے ہاتھوں میں ہے اور ندا فاضلی کا شعر میرے ذہن کے کسی گوشے میں گونج رہا ہے کہ:

یہاں کسی کو مکمل ں مس نہیں ملتا کبھی زمیں تو کبھی آسماں نہیں ملتا

اب جب کہ دسمبر 5516ء نصف مہینہ گزر چکا ہے میں خالد سے اپنی پہلی ملاقات اور اس کے ابتدائی خوابوں کی تلاش کی خاطر مڑ کر دیکھتا ہوں تو میرے بدن کے نیاگرا فالز سے گرتا ہوا پانی بتیس برواں کے دائروں پر پھیلتا ہوا نظر آتا ہے۔ دائروں میں اس لیے کہ ہمارے تعلقات خط مستقیم کی طرح کبھی نہیں رہے۔ ہمارے دریا الگ الگ 'ہمارے بہاؤ کا رخ الگ الگ' ہمارے پاٹ الگ الگ مگر ہم جس بڑھی جھیل سے اپنے حصے کا پانی لیتے تھے اس جھیل کی انہوں میں بڑی وسعت اور گہرائی تھی۔ اور اسی وسعت اور گہرائی نے ذہنی طور پر ہمیں آج تک ایک دوسرے سے جوڑے رکھا ہے۔ اگر ایسا نہ ہوتا تو بتیس سالہ ذہنی اور ادبی رفاقت کا یہ سفر کب کا ختم ہو چکا ہوتا۔ ہاں کچھ یوں بھی ہے کہ ہم نے اپنے تعلقات اور ذہنی رشتوں کے ڈرائنگ روم کی کھڑکیوں پر اتنے دبیز پردے ڈالے ہوئے ہیں کہ اہر کے زیادہ تر آدمی ان کھڑکیوں میں جھانکے بنا ہی سرسری سے گزر جاتے ہیں۔

ہم دریشوں کے کسی ڈیرے پر نہیں بلکہ کھلی فضاؤں میں عام دووارں کی طرح ملتے رہے۔ کبھی، تو کبھی زیادہ۔ مگر اس ڈگر سے کبھی ہٹے نہیں۔ وقت گزرتا رہتا اور ہم اپنے دھ سکھ ایک دوسرے کو سناتے رہتے، اپنی ذہنی کیفیتوں سے ایک دوسرے کو آگاہ کرتے رہتے۔ اپنے کچے پکے خیالات کا تبادلہ ایک دوسرے سے کرتے رہتے، ایک دوسرے کی حوصلہ افزائی کے ساتھ ساتھ اپنیاپنی شکایتوں کے دفتر بھی کھوتے رہتے اور جب رات سناٹوں کی چادر اوڑھ لیتی تو ہم بھی خاموشی کے ساتھ اپنی اپنی پگڈنڈیوں پر روانہ ہو جاتے۔ ہاں ایک ہی شہر میں رہتے ہوئے کبھی بھار روں لک کے کسی کنارے کسی چورا ہے پر کچھ لوگ ہمیں ہاتھ ملاتے ہوئے دکھتے تو سرگوشی اور طنز کے انداز میں ضرور کہتے

"اچھا تو یہ سلسلے بھی ہیں" اور ایسے موقعوں پر ہم چپ رہے ہم ہنس دیے

منظور تھا پر داترا.... کہتے ہوئے انشاجی کی طرف اتوں کا رخ پھیر دیتے۔ مگر انشاجی بھی کس کس موقعے پر ساتھ دیتے۔ ہر ار تو ایسا نہیں ہو سکتا تھانا۔ وا آج بیچ چوراہے پر امیر جعفری نے ہم دونوں کو روک لیا۔ پتا نہیں امیر کا درویشوں کی صف میں کون سا نمبر ہے میں نے تو سات آٹھ درویشوں کی گنتی کے بعد آگے گننا ہی چھوڑ دیا کہ یہ قطار خاصی طویل ہوتی جا رہی تھی۔ اب جب امیر نے زان کھلوا ہی دی ہے تو کچھ اتیں ان دنوں کی بھی ہو جائیں جن میں ہماری دوستی کے پودے کا پہلا اکھوا پھوٹا تھا۔

وہ 1961ء کا سال تھا اور آج کل کی طرح غالباً موسم بھی سردیوں ہی کا تھا۔ ویسے بھی کینیڈا میں تو دو ہی موسم ہوا کرتے ہیں Winter کے یا Construction کے مگر ں مس تک میری یادداشتکام کرتی ہے وہ گرمیوں کا موسم ہرگز نہیں ہو سکتا تھا۔ اس لیے کہ گرمی تو میں نے اس وقت محسوس کی

جب میں نے اپنے نام آئے ہوئے ایک خط کو کھولا جو کسی انجان شخص ڈاکٹر خالد سہیل نے نیو فاؤنڈ لینڈ سے مجھے لکھا تھا۔ ابھی خود مجھے کینیڈا میں بسے ہوئے زیادہ عرصہ نہیں ہوا تھا۔ میں نے پہلے تو کینیڈا کے نقشے پر نیو فاؤنڈ لینڈ کے شہر St. Johns کو ڈھونڈا اور پھر اس فرق کو سمجھنے کی کوشش کی جو نیو برنزوک کے شہر St. John اور نیو فاؤنڈ لینڈ کے شہر St. Johns میں تھا۔ یہ بھی ایک اتفاق ہے کہ ان ہی دونوں شہروں سے مجھے خالد سہیل اور زاہد لودھی جیسے دو دوست ملے جن میں سے ایک کا تعلق ادب جب کہ دوسرے کا رشتہ بزنس کی دنیا سے بڑا گہرا تھا۔ دونوں نے اپنے اپنے شہروں کو چھوڑ کر ٹورنٹو میں تقل ط قیام کا فیصلہ کیا اور یوں ہماری دوستی کا ایک نیا مثلث ترتیب پایا۔ خالد نے اپنے پہلے خط کے ساتھ ایک نظم اور ایک افسانہ بھی ارسال کیا تھا اور وہ اس پر میری رائے جاننے کا منتظر تھا۔ وہ زمانہ انٹرنٹ، فیکس یا سستی ٹیلی فون کالوں کا نہیں تھا۔ ساری خوشیاں طوط ہی میں چھپی ہوئی ہوتی تھیں۔ واخط کیجنوشی تو تھی ہی مگر ایک اپنے عم عصر نوجوان لکھنے والے کی تخلیقات نے اس خوشی کو اور دوالا کر دیا تھا۔ ان تخلیقات کے ارے میں جو کچھ بھی میں نے اپنی رائے قائم کی تھی وہ پوری ایمانداری کے ساتھ لکھ کر اسے خط ہی کے ذریعے بھجوادی۔ میری اور خالد سہیل کی یہ پہلی اور آی خط و کتابت تھی۔ کچھ دنوں کے بعد خط کے جواب میں وہ خود ہی مجھ سے ملنے کے لئے ٹورنٹو چلا آیا۔ اور پھر اس شہر کی ثقافتی اور ادبی زندگی کی زلفیں اس کے پاؤں کی زنجیرن گئیں۔ اور اب اس کے ذکر کے یرا اس شہر کا کوئی بھی ادبی خاکہ مکمل ہی نہیں ہو سکتا۔

ہماری پہلی ملاقات Eaton Centre کے چھوٹے سے رٹورنرنٹ میں چ پ پر ہوئی۔ پہلی ملاقات میں اس کے چہرے پر گھنی کالی داڑھی دیکھ کر میرے دل میں کچھ وواسے سے آئے۔ یہ تو بعد میں معلوم ہوا کہ میری ابتدائی گفتگو جو ایران کے حوالے سے تھی اسے سن کر اس کے دل میں بھی پنکھے لگ گئے تھے۔ خالد ایران میں ن پ سال کام کرنے کے بعد کینیڈا آیا تھا اور میرے بہت قریبی دوست افسانہ نگار ڈاکٹر قمر عباس ندیم بھی انھی زمانوں میں ایران میں تھے اور اب عدم کے راستے کے مسافر ہو چکے تھے۔ نہ جانے کیوں غیر اختیاری طور پر ہماری ات چیت شروع ہی قمر عباس ندیم اور ایران کے حوالوں سے ہوئی۔

بے یقینی اور بد گمانی کے اس ماحول میں ابھی چند جملوں ہی کا تبادلہ ہوا تھا کہ ایک خوب صورت ویٹرس نے آکر آڈر لیا۔ میں نے ایک ای ب شے کا آڈر دیا جس نے خالد کے اعصاب کو فوراً پر سکون کر دیا اور مجھے تو بعد میں ری لیکس ہونا ہی تھا۔ نی کا اور ضیاء الحق کے نظریات دوستی کی اس جھیل میں ایک لمحے کے لئے حباب کی طرح ابھرے اور پھر ڈوب گئے۔ جس طرح:

جھیل میں چپکے سے تیرا کسی پتے کا حباب ایک پل تیرا، چلا، پھوٹ گیا آہستہ بہت آہستہ، بہت ہلکا، خنگ رنگِ شراب

میرے شیشے میں ڈھلا آہستہ

ہماری دوستی میں یہ آہستگی، پہاڑی علاقوں میں چیختے اور چنگھاڑتے ہوئے دریا کی طرح نہیں بلکہ میدانی علاقوں میں بہتے ہوئے دریا کی روانی کی طرح ہمیشہ سے ہی رہی ہے۔ پیچھے پلٹ کر دیکھتا ہوں تو اس دریا سے کتنا پانی گزر چکا ہے یہ واچ کر بھی اب رت ت ہوتی ہے۔ خوان پ و حضرات میں یادوں کی اس رنگ ہ

رار پر آپ سے ہم قدمی کا سلسلہ شروع تو کر چکا ہوں مگر اب واچتا ہوں کہ یہ سیل رواں جو بتیس برواں پر محیط ہے کہیں مجھے بہت دور تک نہ بہالے جائے۔ اتنا کہ آپ سے مکالمے کی صورت ہی ختم ہو جائے۔ واا سے یہیں پہ ختم کیے دیتا ہوں کہ اس کے بیان کے لئے تو ایکدفتر چاہیے اور یقیناً آج کی یہ مختصر محفل اس کی متحمل نہیں ہو سکتی۔

ہمارا حال سرِ راہ پوچھنے والے ہمارا قصہ ٔم اتنا مختصر بھی نہیں

خیر یہ تو ہماری پہلی ملاقات اور ہماری دوستی کی کتاب کا دیباچہ تھا لیکن مجھے تو آج خالد کی نئی کتاب ''ادھورے خواب'' کے ارے میں کچھ گفتگو کرنی ہے۔ میرے خیال میں اس کتاب کو مرتب

کرنے میں خالد نے ذرا جلدی دکھائی ہے۔ چھوٹی چھوٹی آب ے

جس کو ملا کر ایک دریا بنانے کی کوشش کی

ہے یا اسے آپ پانچ دریاؤں کی کتابی سرزمین بھی کہہ سکتے ہیں۔

یہ ات میں اس لیے کہہ رہا ہوں کہ

کتاب کا بظاہر کوئی ایک موضوع نہیں ہے بلکہ پانچ موضوعات کے ت اس کو الگ الگ صولں میں تقسیم کیا گیا ہے۔ ایک حصہ افسانوں کا ہے تو دوسرا حصہ نثر پاروں کے عنوان سے علمی مضامین کا ہے۔ تیسرا ادبی مضامین، چوتھا تراجم اور پانچواں حصہ ان کے دوواراں کے لکھے ہوئے ن پ مضامین پر مشتمل ہے۔ ان کی تخلیقات کے یہ سب حصے اپنی اپنی جگہ ایک علاحدہ کتاب کا موضوع ہیں۔ اس کے اوجود میں کہوں گا کہ یہ ایک منفرد اور خوب صورت کوشش ہے جسے پڑھنے والا ضرور سراہے گا۔

میری نظر تھوڑی دیر کے لئے جس مقام پر آ کر رکی وہ اس کتاب کے ابتدائی پونے دوصفحات ہیں وامیں اسی پر گفتگو کرنا چاہوں گا۔ یہ سطریں خالد نے اگست 5550ء میں لکھی تھیں اور اب اس کتاب میں ابتدائیہ کے طور پر 5516ء شائع ہوئی ہیں۔ یہ ایک مختصر ساخط ہے جسے ان کی پہلی محبوبہ نے ان کے نام لکھا تھا۔ اس ابتدائیہ کا عنوان بھی انہوں نے ''پہلی محبوبہ کا خط'' رکھا ہے۔ بظاہر تو مجھے ان کی کسی محبوبہ کے خط میں ای ب کوئی دیچی ک نہیں ہونی چاہیے تھی کہ خود میں بھی اب عمر کی اس منزل میں ہوں ں مں بقول فیض: خود سے مل آتے ہیں بس رسم نبھانے کے لئے، مگر نہ جانے کیوں: کشیدہ دامندل می دہد کہ جاایںجاست کی سی صورت یدا اہو گئی۔

ایک زمانے میں جب آتش ذرا زیادہ نوجوان تھا تو خالد اپنی محبواؤں کو اس طرح دیلیل کیا کرتا تھا کہ جتنی دیر میں پیرس کے شو میں فیشن ماڈلز اپنے لباس دیلیل کیا کرتی تھیں۔ ہاں مجھے یاد آیا ان دنوں میر ابیٹا چھوٹا تھا اور اپنی سالگرہ کا دن آنے سے پہلے ہی مجھ سے پوچھنا شروع کر دیتا تھا کہ ڈیڈی اس ار آپ مجھے کون سا تحفہ دیں گے اور کیا خالد انکل اپنی پچھلے سال والی گرل فرینڈ کے ساتھ ہی پارٹی میں آئیں گے ؟

پیارے درویش امیر جعفری،

یہ پرانی اتیں ہیں اب تو گائے ایک کھونٹے سے ہی مضبوطی کے ساتھ بندھی ہوئی ہے۔ مجھے پتا نہیں یہ مضبوطی گائے کی مرہونِ منت ہے یا کھونٹے کی۔ تمہیں کچھ معلوم ہو تو یہاں نہیں البتہ کبھی اکیلے میں چپکے سے مجھے بھی بتا دینا۔ محترم سامعین

یقیناً آپ تمام حضرات کی دلچسپی کی محبوبہ کے اس خط میں ہی ہو گی لیکن یقین مانیے اس خط میں وہ سب کچھ نہیں ہے جو آپ سمجھ رہے ہیں۔ یہ تو ایک نہایت سنجیدگی سے لکھا ہوا حلف نامہ ہے۔ اس حلف نامے کے دستخط کنندگان میں ایک شخصیت خالد سہیل کی ہے اور دوسری شخصیت جسے محبوبہ کہا گیا ہے وہ اردو زبان کی ہے۔ جی ہاں اردو زبان۔

اردو کی ادبی دُنیا سے خالد کا پہلا تعارف ایک اردو شاعر اور افسانہ نگار کی حیثیت سے ہوا لیکن جیسے جیسے ان کے پر مضبوط ہوتے لے گئے ویسے ویسے وہ نئی فضاؤں میں اور بھی اونچا اڑتے لے گئے۔ دوران پرواز ان کے موضوعات بھی بدلے اور زبان بھی۔ اس خط میں ان کی پہلی محبوبہ اردو نے لکھا ہے کہ:

اے میرے دیرینہ محبوب

میرے شاعر، میرے افسانہ نگار

تم شاید مجھے بھول گئے ہو لیکن مجھے تمہارے ساتھ گزرا ہوا ایک ایک لمحہ یاد ہے..... ہماری دوستی، ہماری چاہت، ہماری محبت اور ہمارا عشق اس مقام پر پہنچ گیا تھا کہ میں نے تمہارے دل میں گھر کر لیا تھا اور تم میرے بارے میں غزلیں، نظمیں اور افسانے لکھا کرتے تھے جو مختلف رسالوں میں چھپتے تھے اور میں خوشی سے نہال رہتی تھی۔ مجھے پتہ تھا کہ اردو کے قارئین اور ناقدین تمہاری تخلیقات کے بارے میں تبادلہ خیال کیا کرتے تھے کیوں کہ تمہاری تحریریں غیر روایتی ہوتی تھی۔ اب تو تمہیں میں یاد آ گئی ہوں گی۔ میرا نام اردو ہے..... لیکن پھر تم نے آہستہ آہستہ انگریزی زبان سے راہ و رسم بڑھائے اور مقالے لکھنے شروع کیے۔ ابتدا میں، میں یہ سمجھی کہ انگریزی تمہاری پیشہ وارانہ ضرورت ہے.......

لیکن پھر مجھے احساس ہوا کہ میں مشرقی محبواؤں کی طرح سادہ لوح ہوں، انگریزی تو اب تمہاری رفیق کار ہی نہیں تمہاری دوست اور محبوبہ بھی بن گئی ہے..... تم بھی ان مشرقی مہاجروں کی طرح نہ بن جانا جو مغرب میں جا کر مغرب ہی کے ہو جاتے ہیں اور اپنی تہذیب، اپنے ادب، اپنی دھرتی ماں اور اپنی مشرقی محبوبہ کو بالکل بھول جاتے ہیں۔ تم ایک حساس شاعر و ادیب ہو تمہیں میرے جذبات کو احترام کرنا چاہیے۔ میں تمہاری کسی تازہ غزل، نظم یا افسانے کا شدت سے انتظار کروں گی۔

تمہاری محبوبہ اردو

اگست 5550ء

اس خط کو پڑھنے کے بعد پہلے تو ہمیں اس بات پر شکر ادا کرنا چاہیے کہ انہوں نے اپنی محبوبہ کے دل سے نکلی ہوئی آواز کو محبت اور ہمدردی سے سنا اور اس پر ایک سچے عاشق کی طرح عمل بھی کیا۔ ظاہر ہے کہ یہ تحریر خالد ہی کی ہے مگر اس کی اشاعت میں آٹھ سال کا عرصہ بے وجہ نہیں ہے۔ کیا ہی اچھا ہوتا اگر وہ اپنی طرف سے اس خط کا جواب بھی شائع کر دیتے تو معاملہ بالکل صاف ہو جاتا۔ مگر اس خط کا جواب نہ دینا سامنے کی نہیں بلکہ تہ داری کی بات ہے۔ اس تہ داری کی تلاش کے لئے ہمیں تھوڑا سا خالد کی دوسری تحریروں کو بھی کھنگالنا ہو گا۔

آدمی اسُی زبان میں لکھنا چاہتا ہے جس میں وہ اپنے خیالات زیادہ آسانی کے ساتھ اور زیادہ بہتر طریقے سے لکھ سکے۔ ظاہر ہے کہ وہ زبان اس کی مادری زبان یا وہ زبان ہی ہو سکتی ہے جس میں اس

کی تعلیم وتربیت ہوئی ہے۔ اس کے بعد کی منزل وہ ہوتی ہے
ں مس وہ کسی اور دوسری زان پر مکمل

دسترس حاصل کرلینے کے بعد اپنے خیالات کا خّ اقانہ اظہار کرتا ہے۔ یہ ایک فطری اور ارتقائی عملہوتا ہے۔ لیکن اگر اس کے پیچھے کسی قسم کا معاشرتی جبر شامل ہو تو پھر ہمیں اس مسئلے کو نہایت سنجیدگی سے لینا چاہیے۔

اردو کے پس منظر میں علاااآل کی مثال ہمارے سامنے ہے۔ انہوں نے پہلے زیادہ تر اردو میں لکھا پھر فارسی میں بھی لکھا اور اس لیے بھی لکھا کہ انہیں فارسی زان پر قدرت حاصل تھی۔ وہ اردو ہی میں نہیں بلکہ فارسی زان میں بھی اپنے خیالات کو بہت خوبصورتی سے ادا کرسکتے تھے۔ پھر انہوں نے اپنے خیالات کا اظہار انگریزی زان میں بھی کیا ہے۔ خطبات مدراس سامنے کی مثال ہے۔ ان خطبات کی اشاعت پر یا انہیں پیش کرنے کے دوران مولانا عبدالماجد دریا آادی نے جن کے مذہبی بحر علمی کے خود ااآل بھی معتقد تھے' انہوں نے علاا سے دوستانہ شکایت کی کہ کاش آپ نے اس علمی کام کو اردو زان میں پیش کیا ہوتا تو زیادہ سے زیادہ لوگ استفادہ کرسکتے تھے۔ ااآل نے جو جواب دیا وہ اپنے اندر ایک بہت دردناک پہلو رکھتا ہے۔ علاا نے کہا کہ مولانا میری قوم ابھی ذہنی طور پر اتنی الغ نہیں ہوئی ہے کہ میرے خیالات کو پوری طرح سمجھ سکے اور اسے برداشت بھی کرسکے۔ میں چاہتا ہوں کہ میرے بہت سے افکار ابھی عام لوگوں کی دسترس سے اہر ہی رہیں تو بہتر ہے۔ کچھ ایسا ہی جواب انہوں نے اردو کے مقابلے میں اپنی فارسی شاعری کے ارے میں بھی دیا تھا۔ اس قطع نظر کہ یہ رویہ صحیح تھا یا غلط تھا ہمیں یہ ضرور واچنا چاہیے کہ وہ کون سے عوامل ہوتے ہیں جو اس معاشرتی جبر کو جنم دیتے ہیں جس میں ایک تخلیق کار کو اپنے خیالات پردے میں رکھنے پر جبور رہنا پڑتا ہے۔

میرے خیال میں خالد نے اپنی تخلیقات اردو کے علاوہ انگریزی میں بھی پیش کرتے ہوئے ایک نہیں بلکہ ان دونوں ہی اتوں کو پیش نظر رکھا ہوگا۔ پہلی ات تو یہ ہوگی اور جو سامنے کی ات ہے کہ اپنے خیالات کو ان لوگوں تک بھی پہونچایا جائے جو اردو نہیں جانتے۔ خصوصاً کینیڈا میں رہتے ہوئے اس کی اور بھی ضرورت محسوس ہوتی ہوگی۔ یہ ات تو یقیناً سمجھ میں بھی آتی ہے اور خوشی کا اعث بھی ہے لیکن دوسری وجہ بھی نظر انداز نہیں کی جاسکتی اور وہ معاشرتی جبر کی وجہ ہوسکتی ہے۔ خالد کی بیشتر نظم اور نثر کی تخلیقات پر کئی اطراف سے انگلیاں اٹھتی رہی ہیں۔ کبھی ان کے مذہبی خیالات وافکار کے حوالے سے تو کبھی غیر روایتی پیرایۂ بیان کی وجہ سے اور کبھی کبھی تو ان پر ادب میں فحاشی پھیلانے کا الزام بھی لگتا رہا ہے۔ یہ ات صرف ٹورنٹو یا شمالی امرکہ تک ہی محدود نہیں بلکہ اس سے اہر بھی ان کی تخلیقات پر ایسے ہی یا اس سے ملتے جلتے واالیہ نشانات لگتے رہے ہیں۔

ایسے ارافاضات اردو میں تحریر کی جانے والی تخلیقات پر زیادہ ہوئے شاید اس لیے بھی خالد نے بہت سے برننگ ایشو پر قلم اٹھاتے ہوئے انگریزی زان کا سہارا لیا۔ ''ادھورے خواب'' میں کہیں کہیں خالد نے خود اس معاشرتی کرب کا اظہار کیا ہے۔ اپنے درویش دوواروں کے ساتھ گفتگو کرتے ہوئے ہوئے ایک جگہ ٹورنٹو میں منعقد کیے جانے والے ایک ادبی اجتماع کے ارے میں لکھا ہے کہ:

''چندماہ پیشتر میں نے ایک ادبی محفل میں علاااآل کی رومانوی زندگی کے ارے میں ایک مضمون پڑھا تھا۔ جس کا عنوان تھا ''علاااآل۔ ایک محبوبہ، ن پ بیویاں، چار شادیاں''..... میری رت انگی کی انتہا نہ رہی جب علاا کے پرستاروں نے اس مضمون کو سراہنے کے بجائے اس پر سخت تنقید کی۔ ان کا خیال تھا کہ میں علاااآل کی تضحیک کررہا ہوں جب کہ میرا خیال ہے کہ علاا کے چاہنے والے ان کے نام کے ساتھ رحمت اللہ علیہ لگاکر ان کے ساتھ ناانصافی کررہے

ہیں۔ کسی بھی شاعر کو علی یا نبی بنانا اس کے ساتھ ناانصافی ہے۔ میں نے جو مضمون علاا کی چاہت میں لکھا تھا اسے لوگوں نے غلط سمجھا۔ اس واقعے کے بعد مجھے احساس ہوا کہ ہماری قوم کتنی شدت پسند اور تشدد پسند ہے۔"

اتفاق سے میں ٹورنٹو میں ہونے والی اس محفل میں شریک نہیں تھا جس میں خالد نے یہ مضمون پڑھا تھا۔ بعد میں ایک صاحب نے مجھے فون کر کے بتایا کہ ان کے اس مضمون کے ردِ عمل میں شہر میں ایک انجمن تحفظ عظمت وناموسِ اآلل قائم کی جارہی ہے تا کہ ان کی شان میں گستاخی کرنے والوں کی زبانیں گدی سے کھینچ لی جائیں۔ مجھ سے بھی اس تنظیم کا رکن بننے کی درخواست کی گئی مگر ایسے میں مجھے غالب کا ایک شعر یاد آگیا

میں نے مجنوں پہ لڑکپن میں اسد سنگ اٹھایا تھا کہ سر یاد آیا

وامیں نے اس نوزائیدہ تنظیم کا رکن بننے سے معذرت کرلی۔ وہ تنظیم اقاعدہ رجسٹرڈ تو نہیں ہوئی مگر اس قبیلۂ فکر کے لوگ آج بھی اس شہر میں سرگرمِ عمل ہیں۔ گنبدِ نیلوفری رنگ دکھاتا ہے کیا؟ اس کتاب کے پہلے حصے میں اپنے ساتھی درویشوں کے ساتھ مکالمہ کرتے ہوئے خالد نے ایک درویش سے کہا کہ علااااآل ل پر لکھا جانے والا یہ میرا آئی مضمون تھا۔ اس نے ایسا کیوں کہا؟ اس کتاب میں لکھا ہوا یہ جملہ میرے لیے آج بھی ایک نہ حل ہونے والا تکلیف دہ واال ن کر رہ گیا ہے۔ خالد کو میں نے بہت، دل برداشتہ دیکھا ہے مگر ایسے موقعوں پر تو کبھی کبھی دریا بھی سارے بند توڑ دیا کرتے ہیں۔

ادھورے خواب کے یہ ابتدائی صفحات لکھتے ہوئے یقیناً اس کی آنکھیں بھی ڈبڈبا گئی ہوں گی جنہیں شاید کسی نے کیا خود اس نے بھی نہ دیکھا ہو گا۔ آیئے نظر نہ آنے والی ان بھیگی آنکھوں کو اپنے محبت بھرے رومالوں سے صاف کریں۔ آج کی شام کیا ہم اپنے ہی شہر میں بسنے والے اپنے ایک ساتھی قلم کار کے لیے اتنا بھی نہیں کر سکتے؟

ٹورانٹو10 دسمبر5516ء

عقیدوں کے شہر میں تجربوں کا آدمی

سعید انجم

خالد سہیل کا تخلیقی سفر تلاش[1] سے شروع ہوا۔ گھر کی اجنبیت نے اسے ہجرت کی وادیوں میں اتارا۔ نئی منزلوں کے لئے وہ نکلا تھا اور نئے رشتے اس کا مدعا تھے۔ کس نئی منزل تک وہ پہنچا؟ کون سے نئے رشتے اس نے دریافت کئے؟

واالات کے بجائے یہ توقعات ہیں جن کا بیج خالد سہیل نے خود بویا ہے۔ اس سے پہلے کہ ہم اس کے تخلیقی سفر کا پھل چکھیں، آیئے ہم وہ اسباب جان لیں، جن کی وجہ سے شاعر کو اپنے گھر میں اجنبیت محسوس ہونے لگی۔

"ایک پرندے کی خوابِ غ لف

پ سے آنکھ کھلی تو اس نے دیکھا کہ اس کا آشیانہ فرسودہ روایات کی تتلیوں اور بوسیدہ اقدار کی گھاس پھونس کا مرہونِ منت ایک قفس تھا جسے آشیانہ کا نام دیا گیا تھا۔ اس کے شام و سحر ایک ایسے درخت پر گزرتے ں مس خاندان کے آسیب سایہ فگن رہتے۔"[5] خاندان کا ادارہ اور آسیب؟ قاری چونکتا ہے۔

ایک نیم تاریک روشن مکان اپنے دروازے، اسی مصنف کے لئے کھولتا ہے جو اسے خود روشن کردے۔ چراغ، دیا اور بتی تو ہر گھر میں موجود ہوتے ہیں۔ اچھا لکھنے والا تو بس لو اونچی کرتا چلا جاتا ہے اور قاری؟ نہیں مکان! مصنف کیمہارت، طہارت اور ذہانت کے مطابق روشن ہوتا چلا جاتا ہے۔ خالد سہیل کی تحریروں سے معلوم ہوتا ہے کہ وہ گرتی دیواروں اور دیمک زدہ شہتیروں پر کھڑے مکانوں میں روشنی کے لئے جگنو تلاش کرنے نکلا ہے۔ اس کے ذہبوں کی تازگی اسے نئی پگڈنڈیوں کی طرف لے جاتی ہے۔[6]

پگڈنڈیوں پر چلنے والے مسافر میں راوی ہمیں بتاتا ہے کہ پگڈنڈی بس ابتداء میں غیر محفوظ ہوتی ہے۔ بعد میں وہ ایک شاہراہ ان جاتی ہے۔ اس ات سے مصنف یہ نتیجہ نکالتا ہے کہ نئی نسل کو تجربے کرتے رنام چاہیے۔[4]

شاعری کے مجموعہ تلاش کے بعد خالد سہیل کے تخلیقی سفر کا تجربہ ایک افسانوی مجموعہ "زندگی میں خلاء" کی صورت میں ہمارے سامنے آیا۔ اس میں ہمیں ایک تقابل ملتا ہے، وطنِ عزیز میں لوگ زندہ رہنے کے لیے متحرک تھے، نئے ملک میں لوگوں کو یہ طے کرنا تھا کہ ان کی زندگی کا خاتمہ کیسے ہو؟ Dignified Death Clinic کی رجسٹرڈ نرس بتاتی ہے کہ:

"اس Clinic میں مرنے کے ن پ طریقے ہیں۔ ن پ منٹ کا، ن پ گھنٹوں اور ن پ دنوں کا"۔... اور ڈاکٹر سمتھ کہا ہے۔ "موت کو پرسکون بنانے کے لئے ہم دو طرح کی گیس استعمال کرتے ہیں۔ ایک سے انسان مسکرا دیتا ہے اور دوسری سے رو دیتا ہے۔ تم کون سیگیس پسند کرو گے؟"[0]

ڈونا کی زندگی کے آی سالوں کا ماجرا خالد سہیل نے Flashes کی صورت میں بیان کیا ہے۔ افسانے کی آی لائنیں غور طلب ہیں:

"ڈونا اپنے بستر پر لیٹی موت کی آغوش میں وا رہی تھی اور اس کی آنکھیں کھلی تھیں جیسے کسی کا انتظار کر رہی ہوں۔ ٹی وی پر فلم چل رہی تھی۔ اس کے گھر میں پودے، پرندے اور جانور تو تھے، لیکن انسان نہیں تھے۔"[5]

پڑھنے والوں کے لئے "زندگی میں خلاء" کے افسانے کینیڈا کی زندگی کے مختلف رخ نمایاں کرتے لے جاتے ہیں۔ ایک خاتون کہتی ہے۔

''میں مدتوں شادی کے کچے دھاگے سے لٹکتی رہی۔ اس شادی کو محفوظ کرنا الکل ایسا ہی تھا جیسے بچہ برف کے ٹکڑے کو محفوظ کرنے کے لئے اپنی ہتھیلی میں داتا ہے۔''[7]

ایک افسانے میں خالد سہیل کا ایک کردار کسی کے ساتھ ناچنے کو رومانی ورزش قرار دیتا ہے۔ ایک دوسری جگہ مصنف نے لکھا ہے۔:

''جنسی تعلق بھی کھانے پینے کی طرح ایک فطری خواہش ہے۔ فرق صرف اتنا ہے کہ اس کی تسکین اختیاری ہے۔ یادیدی طور پر دو انسانوں کا ذاتی تعلق ہے جس میں مذہب یا قانون کو بہت، دخل ہے۔''[6]

جس معاشرے میں روزمرہ زندگی مندرجہ الارویوں سے عبارت ہو، وہاں پر پاکستانی والدین اپنے بچوں کا تحفظ وطن اور مذہب کی ڈھال سے کرنا چاہتے ہیں۔ اس کا جو اثر اولاد پر ہوتا ہے اس کی تصویر کشی دیکھئے:

''میں ابو سے تنگ آ گئی ہوں۔ اسلام اور پاکستان کے نام پر ناٹک زیادہ عرصہ نہیں چلا سکتا۔ میرے لئے یہ دونوں الفاظ گالی ن چکے ہیں۔ میر ابس لے تو آج ہی گھر سے بھاگ جاؤں..... میں اپنی اٹھارہویں سالگرہ کا انتظار کر رہی ہوں۔''[9]

بچوں کا ردِ عمل ایسا شدید کیوں ہوتا ہے؟ خلاد سہیل ہمیں بتاتا ہے:

''مہاجروں کے بچے غیر معمولی ہوتے ہیں۔ یا تو فنکار بنتے ہیں یا ذہنی خلل کا شکار ہو جاتے ہیں۔..... انہیں ایک طرف تو ماضی کی روایات اور اقدار کا بوجھ اٹھانا پڑتا ہے اور دوسری طرف نئے تقاضوں اور مسائل کو گلے لگانا پڑتا ہے جو کامیاب ہو جائیں، وہ فن کار اور جو ناکام ہو جائیں وہ دیوانے ن جاتے ہیں۔''[15]

خالد سہیل کے یہی خیالات بعد میں ''ٹوٹا ہوا آدمی'' نام کے ناولٹ میں ہمارے سامنے آتے ہیں۔ یہ ایک بگڑے ہوئے پاکستانی بیٹے کی کہانی ہے، جو کینیڈا پہنچ کر وہاں کی انفرادی آزادیوں کے زیے لوٹنے کے لئے خاندان کی اجتماعی ذ داریوں سے روگردانی ضروری سمجھتا ہے۔ (شاید وہ یہ سمجھتا ہے کہ اس کے شام و سحر ایک ایسے درخت پر گزر رہے ہیں ل مس خاندان کے آسیب سایہ فگن رہتے ہیں؟) اس کردار کے غیر متوازن رویے، اسے قانون شکنی کی بدترین سرحدوں تک لے جاتے ہیں۔ لیکن وہ جیل جانے کی بجائے ذہنی شفاخانے میں پہنچ جاتا ہے۔ وہاں پر وہ خود اپ ن جانے کے بعد ہی ذ داری کا ثبوت دیتا ہے۔ ناولٹ کے آ میں یہ مرکزی کردار شہزاد اپنے اپ کے ہم عمر ایکینیڈین کردار کے مشورے پر معاشرتی اداروں کی سماجی پابندیاں قبول کرنے کے لئے تیار ہوتا ہے۔ اس طویل کہان نے ادب کو جو دیا ہے، وادیا لیکن قاری اور مصنف کو اس تحریک نے ایک

مختصر بیان اور واضح نتیجہ تک ہنچنے میں بہت مدد کی: ''ہم میں سے ہر ایک کے دو خاندان ہوتے ہیں.....

ایک خاندان جس میں ہم یداا ہوتے ہیں اور دوسرا خاندان جسے ہم خود بناتے ہیں۔'' اور نتیجہ یہ کہ:

''ہم اجتماعی طور پر آہستہ آہستہ پہلے خاندان سے دوسرے خاندان کی طرف سفر کر رہے ہیں۔''

''ٹوٹا ہوا آدمی'' میں پہلے خاندان سے دوسرے خاندان کی سمت جانے والی نئی پگڈنڈیوں پر افزائش نسل کی منزل تو موجود ہے لیکن عقل و دانش کا وہ ورثہ جو اپ سے بیٹے تک پہنچا ہے وہ اس ناولٹ میں شہزاد کے اپ کی عمر کے ایک کینیڈین کردار سے اس تک منتقل ہوتا ہے۔ پڑھنے والا یہ واچتارہ جاتا ہے کہ کہیں کہ کہانی نئی صورت حال میں خونی رشتوں پر واالیہ نشان لگانے کیلئے تو نہیں لکھی گئی؟

"زندگی میں خلاء" کے متعلق خالد سہیل نے لکھا تھا: "عورتیں ادلوں کی طرح ہوتی ہیں۔ وہ ادل جو کبھی تو ہفتوں تک نہیں برتے اور برتے ہیں تو برتے ہی لے جاتے ہیں۔ صحراؤں میں نہیں برتے اور دریاؤں پر برس پڑتے ہیں۔"..... یہ اس زمانے ی کت ہے جب مصنف عورتوں اور ادلوں کو خود مختار سمجھتا تھا چند ہی سالوں کے تخلیقی سفر نے مصنف کیلئے عورتوں کی خود مختاری پر وا الیہ نشان لگا دیا۔ نئی کتاب میں نیا بیان ان الفاظ کے ساتھ درج ہوا: "خاند ان ادلوں کی طرح ہوتے ہیں جو پانی کے قطروں کی جسامت یا ہواؤں کے رخ بدلنے سے اپنی صورت بدل لیتے ہیں۔"[11]

اس نئی منزل پر نئے واال، خالد سہیل کی راہ تک رہے تھے۔ ہواؤں کے رخ کا تعین کون کرتا ہے؟ اور۔ جسامت پر اثر انداز ہونے والے عناصر کون سے ہیں؟

ایک الف لیلوی کردار کی طرح خالد سہیل متحرک ہو گیا۔ یہ معلوم کرنے کے لئے کہ ہواؤں کے رخ کا تعین کون کرتا ہے۔ وہ ایسے قصوں تک جا پہنچا۔ جنہیں کچھ لوگ مقدس مانتے تھے۔ جن کے مطابق ہوائیں دیوتاؤں ک تسلط میں تھیں۔ لوگ انہیں بھگوان کی طرح پوجتے تھے۔ اس مہمیں اس نے دریافت کیا کہ انسان کو بھگوان کی نہیں ایمان کی ضرورت ہے۔ یہی سرگزشت "بھگوان، ایمان، انسان" کے نام سے ایک کتاب کی صورت مرتب ہو گئی۔

بھگوان کو غیر ضروری ثابت کرنے کے لئے خالد سہیل نے برٹرینڈ رسل کی ایک پرانی تقریر کا انتخاب کیا۔ 1957ء کی اس تقریر کا موضوع تھا میں عیسائی کیوں نہیں ہوں؟

برٹرینڈ رسل کا خدا اور حیات بعد الموت پر ایمان نہیں تھا۔ تقریر کے مطابق انہوں نے کہا:

"خدا پر ایمان لانے کی سب سے بڑی وجہ ہماری وہ ضرورت ہے جسے ہم تحفظ کے احساس سے مووام کر سکتے ہیں۔ لوگوں کے لئے یہ خیال کہ ان کا کوئی نگہبان ہے جو ان کا خیال رکھا رہا ہے بہت جروری ہے۔ اس خواش یا احتیاج سے خدا پر ایمان کا ذبہ یدا ا ہوتا ہے۔" اس تقریر سے وہ دو اتیں واضح کرتے ہیں:

1. ہمیں اپنے پاؤں پر خود کھڑا ہونا چاہئے، زندگی اور کائنات کی آنکھوں میں آنکھوں ڈال کر دیکھنا چاہیئے۔

5. ہمیں مردہ ماضی کے مقابلے میں زندہ اور پر امید مستقبل کی ضرورت ہے برٹرینڈ رسل کے بعد خالد سہیل نے ابراہیم میسلو کا انتخاب کیا ہے۔ وہ مذہب کے علاوہ سائنس کی کارکردگی پر بھی وا الیہ نشان لگاتے ہیں۔ ان کے خیال میں مذہب ایسے عقادا کا آمیزہ ن گیا ہے۔ جنہیں عاقل و الغ لوگوں کیلئے سمجھنا اور ان پر عمل کرنا شکل ہو گیا ہے۔ جب سائنس نے غیر جانبداری کا لبادہ اوڑھا تو زندگی کے مقاصد، معافی اور اقدار سے اس کا رشتہ ٹوٹ گیا۔ ان کا کہنا ہے کہ وہ سائنس جو زندگی کی اقدار سے آنکھیں چرائے کامل سائنس نہیں ہو سکتی اور وہ مذہب جو انسان کی ذباتی اور عقلی ضروریات کا خیال نہ رکھے، کامل مذہب نہیں

ہو سکتا۔ اس صورت حال میں ان کا نتیجہ یہ ہے کہ ہمیں سائنس اور مذہب دونوں کی حدود کو دوارہ متعین کرنے کی ضرورت ہے۔ یہ کیسے ہو گا؟

ایرک فرام کے تعاون سے خالد سہیل ہمیں بتاتے ہیں کہ اگر ایمان، عقل اور سائنس کے ساتھ ساتھ نہیں چل سکتا تو ہمیں اسے ماضی کے فرسودہ نظام کا بچا کھچا حصہ سمجھ کر نظر انداز کرنا پڑے گا۔ ایرک فرام کے خیال میں ایمان دو طرح کا ہوتا ہے۔ ایک ایمان کسی بڑی طاقت کے فرمودات کو کلیۃً قبول کرنے کا نام ہے جو ایک غیر صحت مندانہ اور غیر منطقی رویہ ہے۔ کیونکہ اس طرح اپنیصلاحیتوں کو بروئے کار نہیں لایا جاتا۔ دوسرا ایمان ایک مثبت قدر ہے۔

ایسا ایمان انسان کے ذاتی تجربات اور مشاہدات پر مبنی ہوتا ہے اور واچ سمجھ کر قبول کیا ہوتا ہے۔ اس لئے ایسا ایمان معقول اور صحت مند کہلایا جاسکتا ہے۔ ان کے خیال میں یادیدی وااِل یہ ہے کہ آج کا انسان کس قسم کے ایمان کو ترجیح دیتا ہے۔

اقی رہے وہ عناصر جو جسامت پر اثر انداز ہوتے ہیں۔ تو اس سلسلے میں افزائش نسل کو کلیدی اہمیت حاصل ہے۔ اس خصوصیت کی وجہ سے کبھی کنبے کی سربراہی ماں کے پاس تھی۔ عورت کی اس حیثیت میں دیلی ی کیوں آگئی؟ پچھلی صدی میں مغرب کی عورتوں نے اس وااِل کا جواب تلاش کرنے کی کوشش کی۔ عقیدوں کی وادی میں خاک چھاننے کے بعد خالد سہیل کے سفر کی منزل عورتوں کی یہ جھد ہی ٹھہری۔ چنانچہ صحرا نوردی کی یہ روداد ''مغربی عورت، ادب اور زندگی'' کے نام سے مرتب ہوگئی۔

اس کتاب میں پچھلی ایک صدی میں متحرک رہنے والی عورتوں کے ان مضامین، انٹرویوز اور افسانوں کا انتخاب اور ترمہ ہے، جو عورتوں کے مساوی حقوق کیلئے چلائی جانے والی تحریک کی یادید بنے۔ اس کتاب کے دو حصے ہیں۔ پہلے حصے کا عنوان ''عورتیں اور ادب'' ہے جب کہ دوسرے حصے کا نام ''عورتیں ا ور زندگی'' رکھا گیا ہے۔ اس حصے کے عنوانات سے بعض موضوعات کا اندازہ ہوتا ہے۔ مثلاً عورتیں اور محبت، عورتیں اور زنا الجبر، عورتیں اور حیض، عورتیں ا ور اارشن وغیرہ۔ اس کتاب کے انتساب میں خالد سہیل نے لکھا: ''مغربی عورت کا پیغام مشرقی عورت کے نام''

عورتوں کے معاملات میں خالد سہیل کی دیپی ک کینیڈا پہنچ کر شروع نہیں ہوئی۔ پشاور کے لیڈی ریڈنگ ہسپتال کی پ پچ ھت رسالہ تاریخ میں یہ پہلا مرد ڈاکٹر تھا جس نے زچہ بچہ وارڈ میں انٹر شپ مکمل کی۔ لیبر روم میں بچے یدا اکرنے کا تجربہ اتنا اچھا رہا کہ اس نے لکھا۔ ''اگر میرے بس میں ہوتا تو آدھی زندگی میں بطور مرد اور آدھی زندگی بطور عورت گزارتا'' شاید اسی لئے اس نے اپنی پہلی کتاب کے دیباچے میں لکھا۔ ''میری ذات اور شخصیت کے ا رتقاء میں عورت کی رفاقتوں نے اہم کردار ادا کیا ہے۔''[15]

زمانہ طالبِ علمی کا ایک واقعہ پڑھنے کے بعد خالد سہیل کے اس بیان پر یقین سا ہونے لگتا ہے۔ اس نے ''انفرادی اور معاشرتی نفسیات'' میں اسے لکھا ہے۔ ''تقریباً پانچ والوگوں کا مجمع تھا۔ ملک کے ن پ مشہور شاعر جج تھے۔ بہت سے طلباء اور طالبات نے اپنا کلام سنایا۔ میں نے اپنی ایک نظم سنائی جس کا عنوان تھا ''سرخ دائرہ'' وہ نظم ایک ای ب نوجوان عورت کے ارے میں تھی جسے زندگی میں پہلی مرتبہ حیض نہ آیا تھا اور وہ متفکر تھی کہ کہیں حاملہ تو نہیں۔ نظم اس اندازے سے لکھی تھی کہ حمل اور حیض کا ذکر تو نہتھا لیکن سمجھنے والے سمجھ جاتے تھے کہ میں کیا کہنا چاہتا ہوں۔

میں اسٹیج پر گیا، سارا ہال خاموش تھا، میں نے نظم سنائی، سارا ہال خاموش رہا۔ میں واپس لوٹ آیا۔ سارا ہال خاموش رہا۔ میں سمجھا، کسی کو میری نظم سمجھ نہیں آئی۔ نظم اس طرح لکھی گئی تھی کہ ایک عورت اپنے ارے میں ات چیت کر رہی تھی۔ چنانچہ نظم کی ''میں'' عورت تھی۔ مقابلے کے آ میں میری رت ت کی انتہا نہ رہی جب اول انعام، ایک وینس کا مجسمہ مجھے پیش کیا گیا۔ اس وقت سارا ہال تالیاں بجا رہا تھا۔ اگلے دن، میری ایک جج شاعر سے ملاقات ہوئی تو وہ کہنے گے۔ ''میں نے پورے اردو لٹریچر میں اس خیال پر کوئی نظمنہیں پڑھی۔ تمہارے کلام میں جدت تھی۔''[16] خالد سہیل کی مسافرت کا ایک پڑاؤ یروشلم بھی تھا۔ عقیدوں کا شہر۔

''امن کی دیوی'' کی ابتداً اسرائیل کے سفرنامے سے ہوتی ہے۔ ''ایک دیرینہ خواش'' کے ذیل میں اس نے لکھا ہے۔

"ابھی مجھے کینیڈین پاسپورٹ حاصل کئے زیادہ عرصہ نہیں گزرا تھا کہ مجھے معلوم ہوا یروشلم میں نفسیات اور خاندان کے مسائل پر ایک کانفرنس منعقد ہو رہی تھی۔ میں نے رجسٹریشن فیس بھیج دی اور ہسپتال سے ایک ہفتے کی چھٹی کی درخواست دے دی۔ چھٹی ملی تو میں نے بوریا بستر تیار کیا اور ابن بطوطہ کی طرح سفر پر نکل کھڑا ہوا۔"

پشاور کا ڈاکٹر کینیڈین ڈگری کے بعد اب ماہر نفسیات تھا۔

یروشلم کی سیر کے بعد خالد سہیل نے اپنے ذبات اور خیالات کو "ن پ سپاہی" کے عنوان سے قلمبند کیا ہے۔ شہر کے ن پ کونوں میں بیک وقت ن پ سپاہی بندوقوں سمیت عبادت میں مصروف ہیں۔ یہودی سپاہی موسیٰ کے خدا کا شکر گزار ہے اور کہتا ہے۔ "اے خدا تو مجھے اتنی ہمت دے کہ میں عیسائی اور مسلمان سپاہیوں کا ڈٹ کر مقالہ کروں اور ان کے سر قلم کر دوں۔" عیسائی سپاہی خدا کا ممنون ہے کہ اس نے اپنا بیٹا دے کر انہیں نوازا۔ وہ کہتا ہے: "اے خدا مجھے اتنا حوصلہ دے کہ میں یہودی اور مسلمان سپاہیوں کو موت کے گھاٹ اتار دوں۔"

مسلمان سپاہی امت محمدیہ میں پیدا ہونے کو اپنی خوش قسمتی سمجھتے ہوئے کہتا ہے۔ اے خدا مجھے اتنی طاقت دے کہ میں یہودی اور عیسائی سپاہیوں کو صفحہ ہستی سے نیست و نابود کر دوں۔"

عقیدوں کے شہر میں خالد سہیل کا یہ تجربہ قاری کو انسانی اقدار کے ارے میں غور کرنے پر اکساتا ہے۔

ایک نارویجن دوست نے مجھے بتایا تھا کہ کیتھولک معاشرے میں سماجی زندگی کی پیچیدگیاں جب گناہ و ثواب کے پیمانوں میں ڈھلتی ہیں تو لوگ پادری کے سامنے اپنے اعمال کو قبول کرنے کے بعد ضمیر کے بوجھ سے آزاد ہو جاتے ہیں۔ میرے خیال میں پروٹسٹنٹ معاشرے میں پادری کا رول ماہر نفسیات ادا کرتا ہے۔ سماجی زندگی کے غبار سے بھرے موکل آتے ہیں اور مسیحا کے سامنے اپنی پیچیدگیاں اگلتے لے جاتے ہیں۔ ان کے مسائل کے حل کیلئے ڈاکٹر کے پاس پادری کی طرح روحانی اقدار کے کوئی فارمولے موجود نہیں ہوتے۔ اسے تو انسانی اقدار کی چھٹیوں سے مرد، عورت کے تعلقات اور محبت نفرت کے ذبات کو الٹنا پلٹنا ہوتا ہے تاکہ دودھ اور پانی کا فرق واضح ہو سکے۔

ماہر نفسیات کی حیثیت سے خالد سہیل کو بھی اپنے کان کھلے رکھنا پڑتے ہیں۔ پادری کی طرح وہ کیبن کی اوٹ میں نہیں بیٹھتا۔ معاشرتی پیچیدگیوں اور ان کے نتائج کو وہ کھلی آنکھوں سے دیکھتا ہے۔ یہی وجہ ہے کہ بعض اوقات اس کے موکل ہی اس کے کردار ن جاتے ہیں۔ "ڈبی" نام کے افسانے میں سارا کہتی ہے میری ماں نے ایک حبشی سے شادی کر کے مجھے پیدا ہونے سے پہلے ہی قبر میں اتار دیا تھا۔ میں زندگی کی واتیلی بیٹی ہوں۔

(زندگی میں خلاء)

زہرا ہرسٹن ایک سیاہ فام امریکن تھی۔ وہ سرخ بتی پار کرتے ہوئے پکڑی گئی تو اس نے جج کے سامنے کہا۔ "میں نے سفید فام لوگوں کو سبز بتی پر ولک پار کرتے ہوئے دیکھا تو سمجھی کہ سرخ بتی کالوں کیلئے ہے۔"

نسلی تعصب کے حوالے سے مندرجہ الا اقتباس "کالے جسموں کی ریاضت" نامی کتاب سے لیا گیا ہے جس پر مترجمین کی حیثیت سے خالد سہیل اور جاوید دانش کے نام درج ہیں۔ قاری واچتا ہے:

یہ جاوید دانش کون ہے؟

خالد سہیل کے بقول "...... کہانیاں لکھنے، سننے اور سنانے کے شوق نے مجھے جن راواروں اور پگڈنڈیوں تک پہنچایا، وہاں میری ملاقات جاوید دانش سے ہوئی۔"[14]

اس جوڑی نے پھر تعاون جاری رکھا۔ عالمی لوک کہانیوں کا ترمہ کیا اور ایک مجموعہ "ورثہ" مرتب ہو گیا۔ فلسطینیوں اور اسرائیلیوں کے مسائل کا تجزیہ، یہودی اور فلسطینی ادیبوں کی تخلیقات کا ترمہ کر کے "ایک اپ کیا ولاد" نامی کتاب مرتب کر دی۔

خالد سہیل تجربے کیوں کرتا ہے؟ اس کے تجرات کے محرکات کیا ہیں؟ ایسے واالات کے حتمی جوات تو شاید موجود نہیں ہیں لیکن اس کی تحریروں کی یادید پر اندازے لگائے جاسکتے ہیں۔ مثلاً مندرجہ ذیل دو بیانات قابل غور ہیں:

شمالی امریکہ میں اردو بولنے اور لکھنے والوں کا ادبی ورثہ قابل قدر ہے۔

مجھے امید ہے کہ ایک دن اردو ادب کا کوئی سنجیدہ طالب علم اس موضوع پر تحقیق کر کے، م پی ایچ ڈی کا Thesis تیار کر لے گا۔ [10]

ہر فنکار کی طرح خالد سہیل کی نظر بھی مستقبل پر ہے۔ اسی واچ کا نتیجہ انفرادی اور معاشرتی نفسیات اور ادبی مجادلے، (بزان انگریزی) کی صورت میں ہمارے سامنے آتا ہے۔ پہلی کتاب میں وہ اپنی بکھری واچوں اور روح کی جھلکیوں کو طوطط اور انٹرویوز کی شکل میں یکجا کرنے کی کوشش کرتا ہے۔ جب کہ دوسری کتاب میں وہ مغرب میں آباد دوسرے اردو ادیبوں کے خیالات کو انٹرویز کی شکل میں پیش کرتا ہے۔ دوسروں سے کچھ پوچھنے سے پہلے وہ اپنے ارے میں بتاتا ہے۔

میں نے جب زندگی کی آغوش میں آنکھ کھولی تو اپنی چھوٹی سی دنیا کو روایات کی اونچی دیواروں میں محصور پایا۔

اس ماحول میں اندھا ایمان قابل قدر تھا۔ شک کرنا گناہ اور واال پوچھنا جرم۔ میں نے اپنے قلم کو کدال بنایا تو میرے لئے دیواروں میں کھڑکیاں کھلنے یں۔۔ میں پر امید ہوں کہ روایات کے حصار سے نکلنے کی جدوجہد اور کھڑکیاں "تراشنے" کی کوشش میں ہمیں کسی موڑ پر نئے دروزاے بھی خیر مقدم کرتے ملیں گے۔ [15]

"ادبی مجادلے" کو تھامتے ہی ایک واال ہمیں گرفت میں لے تاہے: اردو ادیبوں کے انٹرویوز پر مشتمل یہ کتاب انگریزی میں کیوں ہے؟

کتاب کے تعارف کے مطابق اس کا ایک محرک خالد سہیل کی یہ خواہش تھی کہ تارک وطن ادیبوں کے تجرات اور نظریات کی مدد سے یہ معلوم کیا جائے کہ ہجرت کے عمل نے ان کی تخلیقی زندگی پر کیسے اثرات مرتب کئے ہیں۔ جو تجرات خود خالد سہیل کو کینیڈا میں ہوئے، ان کا ذکر اردو زان میں کرنا اسے دشوار معلوم ہوتا ہے۔ [17] اکثر انٹرویوز کو انگریزی میں کرنے کا قصد دوسروں کو اس شکل سے بچانا بھی ہو سکتا ہے۔

مختلف لوگوں سے اتیں کرتے ہوئے، خالد سہیل کو ادب تخلیق کرنا، زندگی کیلئے پانی مہیا کرنے کے مترادف معلوم ہوا۔ اس کے خیال میں شاعر لوگ ایسے فن کار ہوتے ہیں جو ارش کا انتظار کرتے ہیں۔ جب ادل آتے ہیں، تب ہی رم جھم ہوتی ہے۔ افسانہ نگار کو اپنی سیر ابی کیلئے دریا سے پانی بھر کر لانا ہوتا ہے اور ناول نگار وہ محنتی لوگ ہوتے ہیں جو گھر پچھلے صحن میں کنواں کھودتے رہتے ہیں۔ اسی مشقت سے انہیں پانی دستیاب ہوتا ہے اور وہی انہیں سرشار کرتا ہے۔ [16]

ارہ ادیبوں سے گفتگو کے بعد جو خصوصیات فن کاروں میں مشترک تھیں، ان کی تعداد خالد سہیل نے دس بتائی ہے۔ شرمیلا پن، انکساری، خود اعتمادی، ذہنی کشادگی، غیر رسمی انداز فکر، غیر روایتی طرزِ زندگی، تحریک کا ہوتے رنام، ذہانت، دانش اور انسانی اقدار کے فلسفہ پر اعتماد۔ [19]

تعارف میں تارکِ وطن ادیبوں کے مستقبل پر ات کرتے ہوئے خالد سہیل نے لکھا ہے کہ نئے ملک میں بعض لوگ خود کو مرکزی دھارے کا حصہ محسوس نہیں کرتے چونکہ وہ میزان ملک کی زان میں ادب تخلیق نہیں کرتے جبکہ بعض دوسرے ادیبوں کیلئے ایک کلچر میں پرورش پانا اور دوسرے کلچر میں زندگی بسر کرنا دو دُنیاؤں کے بہترین صولں سے مستفید ہونے کے مترادف ہے۔

ایسا معلوم ہوتا ہے کہ شمالی امریکہ کے اردو ادیبوں سے متعلق ممکنہ تحقیق کیلئے خالد سہیل نے ابتدائی کام کر دیا ہے۔

ہمارے اعمال ہماری شخصیت کا نقش بناتے رہتے ہیں۔ جن لوگوں کے ساتھ ہمارا میل ملاپ، لین دین اور کام کاج کا سلسلہ چلتا رہتا ہے ان سب کی رائیں جمع کرنے سے وہ ہیولا دستیاب ہو جاتا ہے جو اصل شخصیت کے اچھا خاصا قریب ہوتا ہے۔

فنکاروں کی تخلیقات ان کے اعمال ہی ہوتے ہیں۔ مصور کا برش، مصنف کا قلم اور موسیقار کا ساز، وہ اوزار ہوتے ہیں جن کی کارکردگی سے فنکار اپنی تخلیقات تراشتے ہیں۔ ان کا مطالعہ، مشاہدہ اور

تجربہ ان کا مواد ہوتا ہے اور جس ترتیب سے ان کی تخلیق وجود پاتی ہے وہ ہہ ینٗ

پ کی صورت میں ناظر کے سامنے آجاتی ہے۔ ان سب اشیاء، اعمال اور افکار میں جتنی زیادہ وحدت ہوگی، تخلیق کا نقش اسی قدر واضح ہوگا۔

بعض اوقات فنکار کے پیچیدہ تجرات کے اعث خام مواد کے ساتھ اوزاروں کی چھیڑ چھاڑ سے جو ہیولا ابھرتا ہے وہ غیر واضح نظر آتا ہے۔ تاثر میں وحدت کی بجائے انتشار نمایاں ہوتا ہے۔ ای ب صورتحال میں اساتذہ ریاض کرنے کی ہدایت کرتے ہیں۔ ریاضت سُر اور ساز میں ہم آہنگی یداا کرتیہے۔ برش، رنگ اور کاغذ کے ملاپ سے مطلوبہ ارتعاش کو گرفت میں لینے کا گر سکھاتی ہے اور لفظ کو اعتبار ہہ ینٗ

پ میں ڈھلنے کا یقہ امہیا کرتی ہے۔

خالد سہیل کی کتابیں اس کے فکری ریاض کا ثبوت ہیں۔ ان کا مواد خالد سہیل کے ذہنی ارتقاء کی خبر دیتا ہے۔ اقی رہ گئی فنی نشوونما، تو اس کی چھان پھٹک کر لیتے ہیں۔

اپنے تخلیقی سفر میں خالد سہیل نے حکایت کا دامن کہیں نہیں چھوڑا۔ "آزاد فضائیں" اگرچہ ان کی شاعری کا مجموعہ تھا لیکن پیش لفظ میں، شاعر ہمیں تمثیلی انداز میں ایک پرندے کی کہانی سناتا ہے۔ "امن کی دیوی" میں شامل اسرائیل کے سفر نامے میں مصنف اس فرنچ پروفیسر سے متاثر ہوتا ہے جو اپنا مافی لضمیر کہانیوں کی مدد سے بیان کرتا ہے۔ منتخب عالمی کہانیوں کا ترمہ "واغات" اور عالمی لوک کہانیوں کا مجموعہ "ورثہ" بھی خالد سہیل کی اس محبت کا اظہار ہیں جو انہیں کہانی سے ہے۔

تو کیا اس کا مطلب یہ ہے کہ جو بھی حکایت کا دامن پکڑ لے اور کہانی سے اسے محبت ہو وہ فنی اعتبار سے ایک اچھا افسانہ نگار ہے؟

اگر ای ب ات ہوتی تو ترقی پسندی کے نام پر لکھے گئے ناکام افسانوں کے جھول کوئی بیان نہ کرتا۔ مثالی معاشرے کیلئے ان افسانوں کے کردار بہت واضح خواب دکھتے تھے۔ خامی ان کی یہ تھی کہ وہ کردار افسانے کی صورت حال کے مطابق واچنے اور متحرک ہونے کی بجائے افسانہ نگار کے ہاتھکی پتلی کیطرح ناچتے تھے۔

فکشن کا خالق زندگی کے کینوس پر جزیات کی مدد سے صورت حال کو سمجھنے اور سمجھانے کی کوشش کرتا ہے ں مس اس کے کردار اپنی سطح کے مطابق ذباتی عمل اور رد عمل کا پیمانہ ہوتے ہیں۔ اس پورے منظر میں کوئی نشوونمایر اوجہ کے نہیں ہوتی وہ صورت حال نتیجہ ہوتی ہے اور صورت حال پر اثر اندا ز ہوتی ہے۔

خالد سہیل نے اپنی نشوونما کی داستان "بھگوان، ایمان، انسان" کے دیباچے میں ایک خط کی صورت میں سنائی ہے۔ اس نے بتایا ہے کہ اسلامی اقدا رسے پہلے تو وہ روحانی اقدار تک پہنچا اور پھر انسانی اقدار تک۔ آی حصہ میں مصنف نے لکھا ہے۔ "میرا یہ ایمان ہے کہ کائنات چند اصولوں اور قوانین کی یاد ید پر چل رہی ہے۔ ہم جس قدر ان قوانین اور اصولوں سے واقف ہوں گے اسی قدر ہم زندگی کو بہتر بنانے میں کامیاب ہوں۔"

خالد سہیل کے مثالی معاشرے کی یا دید نئی صورت حال کو ویسے ہی قبول کرنا ہے ی ک کہ وہ نظر آ رہی ہے۔ اپنے اسی رویے سے اس کے کردار اپنی اور دوسروں کی زندگی کو بہتر بنانے کی کوششکرتے ہیں۔ مثلاً ''کچے دھاگے ''کا شعیب اپنی بیوی شمسہ کو اپنے ایک دوست جورج کے ارے میں بتاتا ہے کہ وہ Gay ہے:

''کیا وہ اکیلا رہتا ہے؟'' شمسہ پوچھتی ہے

''نہیں۔ وہ اپنے Lover بل کے ساتھ رہتا ہے۔''

''تو جورج کو اکیلے کیوں بلاتے ہو؟ بل کو بھی بلا لو۔'' شمسہ کہتی ہے۔[55]

اس افسانے میں شمسہ کے ہاں معصومیت اور وسعت نظر ایک ہی وقت میں ملتی ہے۔ یہ کہاں سے آئی اور کیسے آئی؟ اس ات کا سراغ ہمیں افسانے میں نہیں ملتا۔

خالد سہیل کی تحریروں میں جن حقیقتوں کا ذکر کثرت سے ملتا ہے وہ مغرب کی زندگی کا روزمرہ ہیں۔ مثلاً جنسی تعلق، افزائشِ نسل سے مشروط نہیں رہا۔ شادی کے ادارے پر وا الیہ نشان کا موجود رنام۔ اکرہ دلہن کے تقاضے کو زمانہ ٔ ملت کا نشان سمجھنا۔ ماں کے روایتی رول کا خاتمہ۔ جنسی اقلیتوں کیلئے مساوی حقوق کی تحریک۔ مذہبی رویے پر نظر ثانی کی ضرورت، اور نسلی تعصب سے چھٹکارا یہی سب خالد سہیل کے موضوعات ہیں۔ ان کو بیان کرنے کیلئے وہ خط، ڈائری اور کہانی وغیرہ کا سہارا تاہ ہے۔ بعض اوقات تو وہ راوی کی زان سے ایک کیس ہسٹری سنا دیتا ہے۔ مثلاً ''دو خبریں'' نامی افسانے میں سلمان کی کہانی۔ شروع ہی میں ہمیں معلوم ہو جاتا ہے کہ سلمان نے ایک وقت، ایک عورت سے تعلقات کو قبول نہیں کیا تھا چنانچہ وہ ڈیبی کی خواش کے مطابق اس سے شادی نہیں کرتا۔ ہاں پارٹ ٹائم محبوبہ کی جگہ اسے ضرور مل جاتی ہے۔ سلمان جب ڈیبی سے شادی کرنے پر تیار ہوتا ہے تو ڈیبی اسے چھوڑ جاتی ہے۔ جبوررا ً سلمان اپنی ماں کے کہنے پر ایک پاکستانی دوشیزہ ساحرہ سے شادی کرتاہ ہے۔ افسانے کے آ میں ہمیں معلوم ہوتا ہے کہ شادی سے پہلے ساحرہ سلمان سے الگ ہو جاتی ہے اور اپنے محبوب کے لئے امیگریشن اپلائی کرتی ہے۔ اس خبر کے بعد سلمان راوی کو دوسری خبر سناتا ہے: ڈیبی اس سے ملنا چاہتی ہے۔

''دو کشتیوں میں وا ار'' نامی افسانے کے ارے میں خالد سہیل کا دعویٰ ہے۔ ''میں نے عورت کو توانا، آزاد اور خود مختار پیش کیا ہے۔ اس لئے اس افسانے کا قصد قارئین کے جنسی ذبات کو بھڑ کانا ہرگز نہیں بلکہ عورتوں کی Libration کے پروسیس کو ہائی لائٹ کرنا ہے۔''[51]

مذکورہ کہانی کینیڈا میں رہنے والی ایک پاکستانی عورت کے ارے میں ہے جو اپنے خاوند سے الگ ہو کر اپنی بچی کے ساتھ رہتی ہے۔ کہانی اس شام شروع ہوتی ہے جب ماں کو اپنے نئے محبوب رابرٹ کے ساتھ اہر جانا ہے۔ بیٹی شبانہ کو یہ پسند نہیں۔ بے بی سٹر اربرا کا مشورہ ہے کہ ڈیٹ کینسل نہ کی جائے ورنہ اقی زندگی پھر بچی ہی فیصلے کیا کرے گی۔ رابرٹ کی یاد آنے والی سرگوشیوں کی مدد سے شبانہ کی ماں اربرا کا کہنا مان لیتی ہے۔

کبھی بھارر خالد سہیل...... جنگل کا بوٹا معلوم ہوتا ہے۔ لگتا ہے زمین سے سراہر نکالنے کے بعد مناسب دیکھ بھال نہیں ہوئی۔ اقاعدگی سے پانی نہیں ملا۔ شاخوں کی کانٹ چھانٹ بھی نہیں ہوئی۔ زمین کی گود میں فطرت کے رن و کرم پر پلنے والا یہ پوداا غ کا بوٹا نہیں لگتا س مالی ہوتا ہے۔ جو پانی سینچتا ہے۔ وہاں پر درختوں کو سائے اور پھل کیلئے پالا پوسا جاتا ہے لیکن جنگل کے بوٹے کا اکھوا خود ہی پھوٹتا ہے۔ اس کا حسن بے ترتیبی میں نمایاں ہوتا ہے۔ اس کا پھل کسی منصوبے کا نتیجہ نہیں ہوتا۔

جس زمانہ میں خالد سہیل پاکستان میں تھا وہاں پر ان دنوں بہتر زندگی کے صول کیلئے کئی تحریکیں موجود تھیں اور طلباء ان کے لئے متحرک بھی تھے۔ انکے اثرات خالد سہیل پر نہ ہونے کے برابر ہیں۔ ان کی دانش سے سیلف میڈ لہروں کا تاثر ملتا ہے۔

خالد سہیل کے تازہ ترین افسانوی مجموعہ میں شامل افسانوں کے عنوان چونکاتے بہت ہیں۔ مثلاً چنگاریاں، تسبیح کے دانے، کٹی ہوئی پتنگیں، شہوت بھری آنکھیں، شانتی ایک فاحشہ وغیرہ۔ مصنف نے "خوش قسمت اور پر امید" کے عنوان سے تعارف میں لکھا ہے: "میں اپنی ذات کو اس درخت کی طرح محسوس کرتا ہوں جس کی جڑیں مشرق کی مٹی میں پیوست توانائی حاصل کر رہی ہوں اور جس کی شاخیں مغرب کی فضا میں جھولتی ہوئی تازہ ہوا میں سرشار ہوں۔" (سال اشاعت 1994)

خالد سہیل نے اپنی پہلی کتاب کے دیباچے میں لکھا تھا: "جب اپنے ماحول کو اپنی ذات پر تنگ ہوتے ہوئے پایا، گھٹن اور حبس کا احساس بڑھنے لگا۔ اپنے گھر سے اجنبیت ہونے لگی تو میں ہجرت کی وادیوں سے گزرتا ہوا اپنی کائنات سے ایک نیا رشتہ دریافت کرنے نکل کھڑا ہوا۔" (سال اشاعت 1965ء)

جس پڑھنے والے نے خالد سہیل کی تحریروں کا سنجیدگی سے مطالعہ کیا ہے، وہ واچتا ہے۔ کیا آٹھ سالہ مسافت نے اسے منزل تک پہنچادیا؟ درخت کی شکل کس نے اختیار کرلی؟ والہ کتاب پہلے، جس پرندے نے اڑان بھری تھی، اس کے گھونسلے کا کیا ہوا؟ جس درخت کی شاخیں تازہ ہوا میں جھولتی ہیں۔ اس کا پھل کہاں ہے؟

سارتر نے لکھا تھا: "وہ کالا جو دوسروں کو اپنی ذات سے آشنائی کی دعوت دیتا ہے وہ انہیں اپنی روح کا آئینہ دکھاتا ہے۔ وہ آدھا پیغمبر ہے اور آدھا پیروکار۔"

(کالے جسموں کی ریاضت)

لمبی اڑان کے بعد معلوم ہوتا ہے۔ قیام کا وقفہ خالد سہیل کا نیا تجربہ ہے۔ جونہی شمالی دُنیا کے جنوب دشمن عقیدوں کا اطن اس پر منکشف ہو گا یہ نئی اڑان بے گا جو اسے اکسائے گا کہ "امن کی دیوی" کے ترجموں کی بجائے یہ طبعزاد افسانے لکھے۔ اب فکری ریاض کی بجائے اسے تخلیقی مشقت کرنا ہے۔ عقیدوں کے شہر میں تجربوں کے اس آدمی کے ارے میں یہی کہا جاسکتا ہے کہ فکشن میں اسے اپنی فکری تصویروں کیلئے تخلیقی فوکس کی صورت ہے۔

اشاریہ:

1. شاعری کا مجموعہ۔ سال اشاعت 1965ء

”جرأت پرواز“ دیباچہ ”آزاد فضائیں“ (مجموعہ کلام)

مطبوعہ ”افکار“ کراچی شمارہ 5/96

4. سال اشاعت 1967ء

0. ”تھکی ہوئی زندگی“ از زندگی میں خلاء

5. زندگی میں خلاء

7. جڑیں، شاخیں، پھل

6. جڑیں، شاخیں، پھل

9. جڑیں، شاخیں، پھل

15. جڑیں، شاخیں، پھل

11. خاندان کی بنتی بگڑی تصویریں: از انفرادی اور معاشرتی نفسیات

تلاش (مجموعہ کلام)

عورتوں سے رشتے: از انفرادی اور معاشرتی نفسیات

14. کچھ ورشہ کے ارے میں از ”ورشہ“

10. شمالی امرکہ میں اردو ادب: از ”شناخت کی تلاش“ مرتب سائیں سچا

15. اپنی ذات کے حوالے سے: از انفرادی اور معاشرتی نفسیات

17. ادبی مجادلے (بیدار بخت سے انٹرویوز)

16. ادبی مجادلے تعارف

19. ادبی مجادلے تعارف

55. ”شاعر“ پ م ا ے ی شمارہ برائے اکتوبر 1996ء

51. ایک خط کے جواب میں از ” دو کشتیوں میں وار“

پیغام اور پیغامبر

منیر پرویز سامی

میں ڈاکٹر خالد سہیل کی نگارشات سے کم از کم پچیس سال سے مستفید ہو تا رہا ہوں۔ ان کے مضامین کا پہلا مجموعہ جس کو میں نے بہت غور سے پڑھا تھا، وہ ''بھگوان، ایمان، اور انسان'' تھا۔ مجھے اس مجموعہ کی اشاعت نہایت جراتمندانہ لگی تھی۔ سنہ اٹھاسی میں جب یہ کتاب شائع ہوئی تھی، پاکستان اپنے ارتقا کے ایک نہایت تاریک دور سے گزر رہا تھا۔ اس دور میں اس کتاب کا شائع ہونا، خود مصنف کا اپنے نظریہ پر پورے عزم اور دانشورانہ دلیری سے ثابت قدم ہونے کا ثبوت تھا۔

'ہم سب' میں شائع ہونے، ڈاکٹر سہیل کے منتخب مضامین کا زیرِ نظر مجموعہ ان کے پہلے مجموعہ سے اب تک ایک ارتقائی عمل ہے، جو اب بھی جاری ہے۔ جب سے اب تک ان کی شاعری، افسانہ نگاری، فلسفہ، سیاست، اور نفسیات، پر اردو، اور انگریزی میں پچیس سے زیادہ کتابیں شائع ہو چکی ہیں۔ ان کی تخلیقات میں صوتی کتابیں بھی ہیں، کینیڈا کے مرکزی ٹیلی ویژن پر نشر ہونے والی دستاویزی فلمیں بھی، اور انٹرنیٹ ٹی وی پر بے شمار پروگرام بھی۔

گزشتہ سال انٹرنیٹ جریدہ، 'ہم سب ڈاٹ کوم' پر شائع ہونے والے ان کے کچھ مضامین میری نظر سے گزرے اور میں ان کی طرف مقناطیسی طور پر متوجہ ہوا۔ قارئین جانتے ہیں کہ سوشل میڈیا اور برقیائی معلومات کے اس انتہائی تیز رفتار دور میں صرف چند ہی تحریریں کسی کی توجہ حاصل کرتی ہیں۔ ورنہ ہم سب سرسری اس جہان سے گزر جاتے ہیں۔

میں نے ان مضامین کو پڑھنے کے بعد خود ان سے، ان پر رائے دینے کا اشتیاق ظاہر کیا تو انہوں نے یہ بتایا کہ وہ ان مضامین کا مجموعہ شائع کریں گے، اور میں اس پر اپنی رائے دے سکتا ہوں۔ اپنا شوق ظاہر کرنے کے بعد مجھے معروضیت کا مرحلہ درپیش تھا۔ کیونکہ کسی بھی ایسی رائے کو جو صاحبِ کتاب کا کوئی واقف کار پیش کرے تو اسے 'من ترا حاجی بگویم' بھی سمجھا جا سکتا ہے۔ اس لیے بہتر ہے کہ کالم نگاری کے معیارات کو سمجھا جائے۔

اردو ادب میں اخباروں میں شائع ہونے والے مضامین کو عموماً کالم کہا جاتا ہے۔ میں انہیں مضامین کہتا ہوں۔ روایتاً جب یہ مضامین اخباروں میں چھپتے تھے تو وہ قریباً دو انچ چوڑے کالموں میں شائع ہوتے تھے اور یوں کالم کہلاتے تھے۔ انٹرنیٹ کے زمانے میں یہ قید ختم ہو گئی، اور اب انہیں کسی بھی کتاب کے مضمون کی طرح پڑھا جاتا ہے۔ عام طور پر یہ تحریریں پیشہ ور صحافیوں کی ہوتی تھیں۔ جو اپنے اداروں کے تنخواہ یافتہ ملازم ہوتے تھے۔ اب سے تقریباً پچاس سال قبل امریکی جریدہ، 'نیویورک ٹائمز' نے اپنے ادارتی صفحات کے ساتھ ایک صفحہ پر، یا خود اداریہ کے برابر میں مہمان مصنفوں کی تحریریں شائع کرنا شروع کیں۔ اور اس حصہ کو Op Ed یا Opposite the Editorial کا نام دیا، اس حصہ میں معروف دانشوروں اور ادیبوں کو لکھنے کی دعوت دی گئی۔ بعض اوقات ان تحریروں کو، مہمان اداریہ بھی کہا گیا اس کا مقصد اخبار میں شائع ہونے والی آرا کی معروضی توسیع تھا۔ اس حصہ کی کڑی شرط اختصار نویسی تھی۔ یہ

تحریریں چار سو سے بارہ سو الفاظ کی حد کی پابند تھیں۔ یہ ایک سخت شرط تھی۔ دلچسپی کی بات یہ ہے کہ جب اخبار نے دنیا کے معروف دانشور 'نوآم چومسکی' کو دعوت دی تو اس نے یہ کہہ کر معذرت کر لی کہ میں اپنے خیالات کا اظہار محدود الفاظ میں نہیں کر سکتا۔

اردو زبان میں صحافت کی تاریخ کم از کم ایک صدی کا قصہ ہے۔ اس کے جرائد اور اخباروں میں بہترین دانشوروں اور نثر نگاروں کی اعلیٰ نگارشات شائع ہوئی ہیں۔ یہ بھی کہا جاسکتا ہے کہ اب خود جرائد اور اخباروں میں شائع ہونے کئی مصنف اردو ادب میں صحافت کے قانونِ ادب یا Canon میں شامل ہیں۔

کالم نگاری کے منصب کو سمجھنے کے لیئے ہمیں یہ جاننا بھی ضروری ہے کہ ہم اس کو بیانیہ یا Narrative کی کس صنف میں گردانتے ہیں، اور اس بیانیے کے معیار اور حدود و قیود کیا ہیں۔ غور کریں تو پتہ چلتا ہے کہ اکثر کالم پیشہ ور صحافی لکھتے ہیں، جنہوں نے باقاعدہ طور پر صحافت کی پیشہ ورانہ تعلیم حاصل کی ہوتی ہے۔ یہ کالم ظاہر ہے کہ صنفِ صحافت میں شامل ہیں۔ اخباری کالموں کی مختلف اقسام ہیں، جن میں اداریئے، آرا، سیاسی تبصرے، کتابوں کے جائزے، فلمی جائزے، مذہبی مضامین، معاشی افکار، طرزِ زندگی پر تبصرے، اور بے شمار موضوعات شامل ہیں۔ اخباروں میں چھپنے والے تقریباً سب کالم نگاروں کو حروف کی تعداد کی پابندی کرنا ہوتی ہے۔ آج کل بالعموم کالم میں حروف کی تعداد سات سو سے آٹھ سو تک محدود ہو گئی ہے۔ اور صرف وہ کالم نگار ہی بڑا کالم نگار سمجھا جاتا ہے جسے مختصر نگاری پر عبور ہو۔

کالم نگاری پر ایک اہم کتاب، The art of Column Writing میں کالم نگاری سے متعلق وہ نکات بیان کیئے گئے ہیں جن کو مدِ نظر رکھتے ہوئے عمدہ کالم نگار منفرد طور پر پہچانے جاتے ہیں اور اکثر اعزاز و انعام کے بھی مستحق قرار دیئے جاتے ہیں۔ ان اہم نکات میں، مضبوط اور باحوالہ دلیل، علم اور روشن خیالی،

منفرد نقطہِ نظر، ربطِ فکر، واضح خیالات، ایک عمدہ کہانی، معروضی تنقید، جذبات کی وسعت، نئی آواز، پیشہ ور اخلاقیات، اور صحافت کے قوانین کی پابندی شامل ہیں۔

جو باتیں کسی کالم کو کم تر یا اسفل درجہ پر لے جاتی ہیں ان میں، پھسپھسا پن، اکتاہت پیدا کرنے والے خیالات، گھسی پٹی ترکیبیں اور الفاظ، کالم نگار کا جابجا اپنی ہی ذات کا حوالہ، پُر دلیل رائے کا فقدان، مستند حوالوں کی غیر موجودگی، غیر معیاری زبان کا استعمال اور بازاری نعرہ بازی شامل ہیں۔

کالم نگاروں کی صفوں میں پیشہ ور صحافیوں کے علاوہ وہ ادیب اور مصنف بھی شامل ہوتے ہیں جو کسی دیگر شعبہ میں امتیاز رکھتے ہوں۔ اس قسم کی تحریروں کو اب "تخلیقی غیر افسانوی ادب" کی صنف قرار دیا جارہا ہے۔ اس صنف کو اختیار کرنے والوں میں بڑے ادیب، دانشور، اور اصحابِ رائے شامل ہیں۔ مغرب میں ان معروف ناموں میں، جورج اورویل، چارلس ڈکنز، ڈینیل ڈیفو، ٹوم ولف، آرٹ بکوالڈ، فرید ذکریا، اور ایسے ہی بے شمار بڑے نام شامل ہیں، ہمارے لیے ان میں سامنے کا نام آرٹ بکوالڈ کا ہے جس نے اپنی زندگی میں کم از کم دس ہزار سے زیادہ کالم تحریر کیئے۔ ہم یہ بات بلاخوفِ تردید کہہ سکتے ہیں کہ ان مصنفین نے کالم نگاری، اور صحافت کو جس درجہ پر پہنچایا اور جو معیار متعین کر دیئے ان تک پہنچنے کی خواہش ہر نئے یا تجربہ کار کالم نویس کے ذہن میں ہمہ دم موجود رہتی ہے۔

خود اردو زبان اور پاکستان کی کالم نگاری کے معیار متعین کرنے والوں میں ابولکلام آزاد، چراغ حسن حسرت، مجید لاہوری، طفیل احمد جمالی، منو بھائی، احمد ندیم قاسمی، ابراہیم جلیس، ابنِ انشا، مشفق خواجہ، نصراللہ خان، شوکت تھانوی، کشور ناہید، زاہدہ حنا، اور نسیمہ بنتِ سراج، کے نام سرِ فہرست ہیں۔

میری رائے میں پاکستان اور اردو زبان سے تعلق رکھنے والا کوئی بھی کالم نگار مندرجہ بالا مصنفین کے طے کردہ معیاروں تک پہنچے بغیر، کبھی بھی بڑا کالم نگار نہیں گردانا جائے گا۔ اگر وہ ان کے معیاروں سے انحراف کرنا چاہے گا جو اس کا حق ہے، تو اس پر لازم ہو گا کہ وہ اس طے شدہ رفعت کو کسی بلند تر جست سے عبور کر کے اپنا نیا معیار متعین کروائے۔

میں اس موقع پر مناسب سمجھتا ہوں کہ پاکستان اور اردو کے ایک ممتاز ترین کالم نگار "نصراللہ خان" کے اس انٹرویو سے استفادہ کروں جو انہوں نے ڈاکٹر طاہر مسعود کو دیا تھا، یہ انٹرویو طاہر مسعود کے مجموعہ "یہ صورت گر کچھ خوابوں کے" میں شامل ہے۔

نصراللہ خان سے سوال کیا گیا کہ "ایک اچھے کالم کی کیا پہچان ہے؟یعنی اس میں کیا خوبیا ں ہونی چاہیئں۔؟ انہوں نے کہا کہ 'کالمکیسسے بڑیخو بییہہونیچاہیئے کہآپاسکے ذریعہاپنے ملکو قو مکے مسائلکو حلکرنے میںلو گوں کیاسطر حمد د کر یں کہو ہسو چنے سمجھنے ،اور کچھکر نے کے لیئے تیار ہو جایئں۔۔۔' '

لطیفے سنانا، اور الفاظ سے کھیلنا، کسی کی محرومی کا مذاق اڑانا نہ کالم نویسی کے احاطہ میں آتا ہے اور نہ صحافت کے۔ مجھے اچھی طرح یاد ہے کہ جب میں نے ایک بار شوکت تھانوی کا کسی معذور شخص کے بارے میں لکھا ہوا یہ خاکہ پڑھا کہ وہ یوں لنگڑا لنگڑا کر چلتے تھے جیسے ٹائپ کرتے ہوں۔ اس دن سے میں نے شوکت تھانوی کو پڑھنا چھوڑ دیا۔ دوسری بات یہ ہے کہ کالم نگار کو اپنی ذات کو مار کر لکھنا پڑتا ہے۔ کالم نگار کو بے غرض ہونا چاہیے۔ اس کا مطلب ہے کہ کلام نگار اپنا امیج نہیں بنائے۔'

نصراللہ خان سے سوال کیا گیا کہ، 'کالم نگاری کو ادب کی صنف تسلیم نہیں کیا جاتا۔ ادیب کالم نگاری کو سطحی، چلتا ہوا اور صحافتی مشغلہ شمار کرتے ہیں، اور یوں اس کی اہمیت کو نظر انداز کر دیتے ہیں۔ آپ ادیبوں کے ان خیالات کو کتنی اہمیت دیتے ہیں۔ اور آپ کے پاس اس کے جواب میں کہنے کے لیئے کیا ہے؟

انہوں نے جواب میں کہا کہ " یہ کالم نگار پر منحصر ہے کہ وہ اپنے کالم کو چلتا ہوا کام بنادے یا ہیرے کی طرح تراش کر رکھ دے۔ ہمارے پاس وقت کم ہوتا ہے اور عجلت میں لکھنا پڑتا ہے۔ لیکن اس کے باوجود کئی ایسی چیزیں لکھ دی جاتی ہیں جو ادبی شہ پارے پر بھاری ہوتی ہیں۔ کالم نویسی ادب کا حصہ ہے، صحافت کا ہر صفحہ تاریخ ہے۔ آپ معاشرے اور حالاتِ زندگی پر لکھتے ہیں۔ اگر موضوع پر آپ کے لکھنے کا طریقہ ادیبانہ ہے تو اسے یقیناً ادب سمجھا جائے گا۔ ہر کالم ادب کا حصہ نہیں ہے۔ جیسے ہر غزل ادب کا حصہ نہیں ہے۔ اس کا دارومدار وقت، موضوع اور لکھنے والے کی شخصیت پر ہوتا ہے۔ اودھ پنچ میں جو کچھ چھپتا تھا، رتن ناتھ سرشار کا فسانۂ آزاد جو اخبار میں چھپتا تھا، آپ کیا انہیں ادب کا حصہ تسلیم کرنے سے انکار کر دیں گے؟ اسی طرح میر محفوظ علی، اور قاضی

عبد لغفار، عبد المجید سالک، چراغ حسن حسرت، اور ظفر علی خاں کی تحریروں کو کیا نام دیں گے۔ جو بہر حال ادب میں شامل ہیں۔ لکھنے والا ادیب ہے تو پھر کالم بھی ادب میں شمار ہو گا۔ نصر اللہ خان سے سوال کیا گیا کہ، ''کیا آپ لکھنے والوں کے پی آر کے رویئے کو باجواز سمجھتے ہیں؟ جواباً انہوں نے کہا'' میں اس رویے کو کبھی بھی درست نہیں سمجھتا۔ خدا جانے لوگ ایسا کیوں کرتے ہیں؟ بعض لوگ اپنی پبلسٹی کو ضروری تصور کرتے ہیں۔ ان کا خیال ہے کہ جو کچھ انہوں نے لکھا ہے پبلسٹی سے اس میں زور پیدا ہو جائے گا۔ میرا خیال اس کے برعکس ہے۔ پھر ہنس کر بولے'' آدمی اپنے ساتھ شام منانا چاہتا ہے تو شامِ غریباں منائے''۔

دس ہزار سے بھی زیادہ کالموں کے مصنف اور متعدد بار بہترین کالم نویس کا اعزاز حاصل کرنے والے نصر اللہ خان سے پوچھا گیا کہ، ''آپ کے کالموں کا مجموعہ 'بات سے بات' منظرِ عام پر آیا اور اس کے باوجود کہ بہت اچھا مجموعہ تھا، نہایت خاموشی سے گزر گیا، اس کا وہ شہرہ نہ ہو سکا، جس کا وہ مستحق تھا۔ آپ اس کے اسباب پر روشنی ڈالیں گے۔ انہوں نے جواب میں کہا، ''میرے کالموں کے مجموعے کی ایک ہزار کاپی چھپی تھی۔ اس میں بیس سال کے کالموں کا انتخاب کیا گیا تھا۔ لیکن میں اس انتخاب سے مطمئن نہیں ہوں۔ پھر یہ کہ مجھے کوئی پبلشر بھی نہیں ملا۔ حالانکہ میں تو اس پر بھی تیار تھا کہ پبلشر مجھے ایک پیسہ نہ دے لیکن کتاب ڈھنگ سے چھاپ کر عام آدمی تک پہنچا دے۔ لیکن یہ سب نہ ہو سکا۔

اب تک کی معروضات کا مقصد ہمیں وہ معیار دیکھنا تھا جو خالد سہیل کے سامنے ہے۔ اب سے پہلے کی سطور میں نصر اللہ خان کی بات غور طلب بھی ہے اور تکلیف دہ بھی ہے کیونکہ اس سے اس تلخ حقیقت کا پتہ چلتا ہے کہ ہم اپنے بہترین نثری سرمایہ سے کس قدر محروم رہتے ہیں۔ نصر اللہ خان نے اپنی کتاب کی ایک ہزار کی تعداد کا ذکر کیا ہے۔ لیکن اب تو یہ تعداد گھٹ کر پانچ سو سے بھی کم رہ گئی ہے۔ جہاں تک اخباری مضامین یا کالموں کے مجموعہ کا معاملہ ہے، یہ تو اور بھی خال خال ہی شائع ہوتے ہیں۔ حالانکہ یہ مضامین اور ان کے مجموعوں کے ذریعہ ہماری معاشی، معاشرتی، سماجی، اور ثقافتی تاریخ محفوظ ہوتی ہے۔

حال ہی میں مجھے جن مجموعوں سے مکرر استفادہ کا موقع ملا ان میں، فرمودؔ (جون ایلیا)، خامہ بگوش کے قلم سے، سخن در سخن، اور سخن ہائے ناگفتنی، (مشفق خواجہ)، کانٹوں کی زباں (ظ، انصاری)، چنگاری کا کالم نگار نمبر، اور وجاہت مسعودؔ کا مجمومہ، محاصرے کا روزنامچہ، شامل ہیں۔

نیویورک ٹائمز، اور ہفنگٹن پوسٹ نے مہمان مدیروں کے لیئے جو معیار شامل کیئے ہیں، ان میں مصنف کا اپنے بنیادی مضمون پر عبور رکھنے کے ساتھ، صاحبِ نظر ہونا، کئی علوم پر عبور ہونا، ایک واضح نظریہ اور رائے پر قائم ہونا، اور اختصار نویسی ہے۔ اس کی ایک شرط عام فہم زبان کا استعمال کرنا، اور گنجلک اصطلاحات سے پرہیز کرنا ہے۔

ڈاکٹر خالد سہیل، ہم سبؔ میں مہمان اداریہ لکھتے ہوئے، ان تمام معیارات کی حدود کو آسانی سے عبور کرتے ہیں۔ وہ کینیڈا کی ایک اہم جامع سے فاضل اور مستند ماہرِ نفسیات ہیں۔ وہ انفرادی اور اجتماعی نفسیات کے اسپیشلسٹ ہیں۔ ان کا نظریہ انسان دوستی ہے۔ انہیں اردو اور انگریزی کے معروف مصنفین کے انٹرویو کرنے اور استفادہ کرنے کو موقع ملا ہے۔ سب سے بڑھ کر یہ کہ وہ اپنے نظریہ کسی پر جبراً مسلط نہیں کرتے، وہ نظریاتی تشدد کے قائل نہیں ہیں۔

دنیا کے کئی اہم دانشور انسان دوست کہلاتے ہیں، جو اپنی ہر تحریر میں انسان دوستی کا پیغام دیتے ہیں۔ ان میں شاعر ولیم بلیکؔ، احیا العلوم کے دور کا فلسفی اور دانشور مونتینؔ، Michel de Montaigne، اور دنیا میں علمِ ابلاغ کا پیغمبر، مارشل مکلوہانؔ Marshal McLuhan بھی شامل ہیں۔ مکلوہان نے کہا تھا کہ۔۔۔

'Media are the Extension of Man' ۔۔۔ ہم وثوق سے کہہ سکتے ہیں کہ ہم سب میں شائع ہونے والے، خالد سہیلؔ، کے سارے مضامین، ان کے ذہن کی توسیع کے طور پر اس اہم ذریعہ ابلاغ میں شامل ہیں۔

مارشل مکلوہانؔ نے اپنی کتاب Understanding Media کے پہلے حصہ میں Hot اور Cool میڈیا کا تصور پیش کیا ہے۔ اس کے نزدیک Hot ذرائع ابلاغ وہ ہیں جن میں قاری، سامع، یا ناظر کی شمولیت کم سے کم ہوتی ہے۔ اس میں۔ ریڈیو، فلم، لیکچر، اور فوٹو گرافی وغیرہ شامل ہیں۔ ان ذرائع ابلاغ میں آپ کی بینائی، قرات، اور سماعت زیادہ توجہ سے شریک ہوتی ہے۔ اس کے برخلاف Cool میڈیا میں ٹیلی ویژن، اور سیمینار وغیرہ شامل ہوتے ہیں، جن میں آپ کی کئی حِسیں ایک ساتھ تجزیہ میں شامل ہوتی ہیں۔

اب ہم کہہ سکتے ہیں کہ سوشل میڈیا، اور انٹرنیٹ پر ان جرائد کا وہ میڈیا جن میں قارئین کو شمول کی دعوت دی جاتی ہے اور توقع کی جاتی ہے کہ وہ اپنی رائے کا فوری اظہار کر سکیں گے، اور صاحبِ مضمون سے مکالمہ کر سکیں گے، اب Cool Media کی بہترین مثال ہیں۔

اس میڈیا پر وہی دانشور پورے کمال سے کامیاب ہو سکتے ہیں، جو مزاجاً قارئین یا کسی سیمینار کے شرکا کے ساتھ بغیر کسی جارحیت یا احساسِ برتری کے بغیر نرم خوئی سے مکالمہ کر سکیں۔ خالد سہیل کے زیرِ نظر مجموعہ کا مطالعہ کرنے کے بعد جب آپ ہم سب کی ویب سائٹ پر ان کے مضامین کو دیکھیں گے تو، آپ ان کے مکالموں سے استفادہ بھی کر سکیں گے۔ وہ مشاقی کے ساتھ اپنے قارئین سے گفتگو میں شریک ہوتے ہیں۔ سالہا سال سے انٹرنیٹ میڈیا کا مشاہدہ کرنے کی بنا پر ہم وثوق سے کہہ سکتے ہیں کہ، یہ مشاقی Online Media پر خال خال دانشوروں کے نصیب میں ہے۔ شاید اس کی وجہ یہ بھی ہو کہ خالد سہیل ادب میں خطوط نویسی کی صنف میں بھی مشق کرتے رہے ہیں۔ حال ہی میں ان کے ایک قاری کے ساتھ خطوط کا ایک مجموعہ بھی شائع ہوا ہے۔

اُن کے اور قارئین کے درمیان، باہمی تعامل، تبادلۂ خیال، اور خط وکتابت، کی ضمن میں مجھے ایک ااور دانشورانہ فکری ارتعاش محسوس ہوا۔ احیا العلوم کے زمانہ کے اہم ترین دانشوروں میں شامل، مونتینؔ کے بارے میں کہا جاتا ہے کہ وہ صنفِ مضمون نگاری کا موجد تھا۔ اب سے پانچ سو سال پہلے لکھے گئے اس کے ادبی سرمایہ میں خطوط بھی شامل ہیں۔ اس کے بارے میں یہ لکھا گیا ہے کہ، "اس نے اپنے قارئین کو اپنے خیالات اور مختلف موضوعات پر اپنی رائے پوری سچائی کے ساتھ پیش کر دیئے۔ اس نے اپنا دانشورانہ سرمایہ پورے اعتماد کے ساتھ قارئین اور عوام کو عطا کر دیا"۔ خالد سہیل بھی اسی طرح پُر اعتماد ہیں، اور شاید یہی وجہہ ہے کہ قارئین ان پر اعتماد کرتے ہیں۔ قارئین کا اعتماد بلا شبہ ایک مثالی کامیابی ہے۔۔

ہر اس تحریر کی جسے قبولِ عام حاصل ہو شرط ہے کہ، وہ قارئین کے مطالعہ کے لیے سہل ہو۔ ساتھ ہی بیانیہ میں اختصار کی شرط اور بھی سخت ہے۔ یوں لکھنے والوں کو گوئم مشکل، وگرنہ گوئم مشکل، کا سامنا کرنا پڑتا ہے۔ ہم نے اب سے پہلے نوام چومسکیؔ کا ذکر کیا تھا، جس نے نیویورک ٹائمز میں مہمان اداریہ

لکھنے سے گریز کیا تھا، کیونکہ اس سے اختصار کی درخواست کی گئی تھی۔ اسی طرح، ارون دھتی رائے ایک اور ممتاز دانشور ہیں، ان کی بات بھی ان کی تحریر کی طولانیت میں کھو جاتی ہے، اور اس کی فہم صرف خواص میں محدود ہو جاتی ہے۔ اس کے بر خلاف خالد سہیل آپنی بات کو آسان ترین زبان میں پیش کر دیتے ہیں۔ اس کی وجہ شاید یہ بھی ہو کہ انہوں نے اپنا تحریری سفر، نہایت ہی سادہ بیان میں شاعری، اور افسانہ نگاری سے شروع کیا تھا۔ اختصار، ان دونوں اصناف کا اختصاص ہے۔ آپ یہی سادہ نویسی ان کے زیرِ نظر مضامین میں بھی دیکھیں گے۔

میں نے اس مضمون میں اس مجموعہ میں شامل ان کے مضامین پر انفرادی تبصرہ سے گریز کیا ہے، وہ اس لیئے کہ مجموعہ کے قاری پر لازم ہے کہ ہر مضمون کا بغور مطالعہ کرے اور اپنی رائے خود قائم کرے۔ ایک ممتاز عالمی نقاد اور دانشور، نور تھروپ فرائی کا کہنا ہے کہ ہر اچھی تحریر اور تخلیق اب سے پہلے کی بہترین تحریروں، اور دانشورانہ روایات کا ارتعاش ہوتی ہیں۔ ان روایات کا جو انسانی کائنیاتی شعور کہلاتی ہیں۔ ڈاکٹر خالد سہیل ایک ماہرِ نفسیات اور انسانی کائنیاتی شعور کے طالبِ علم بھی ہیں، اور پیشہ ور ماہر بھی۔ آپ کو ان کی تحریر میں تہہ در تہہ شعوری اور لاشعوری گیرائی ملے گی، جو بلاشبہ ہم سب کے لیئے ایک علمی سرمایہ اور تحفہ ہے۔

نور تھروپ فرائی نے علم و دانش سے استفادہ کرنے کے لیئے Educated Imagination یا تعلیم یافتہ تخیل کو لازم قرار دیا ہے۔ ہمیں یقین ہے کہ اس مجموعہ کے قارئین بلاشبہ Educated Imagination کے حامل ہیں۔ اور یہ کہ اس مجموعہ کا ہر مضمون ہم میں سے ہر ایک کے تخیل کو وسیع بھی کرے گا اور ہمارے ذہن کو مالا مال کرے گا۔

آخر میں یہ واضح کرنا بھی ضروری ہے، خالد سہیل جس پیغام کے پیغامبر ہیں، وہ انسان دوستی، انسانی مساوات، آزاد خیالی، اور ہر طرح کے انسانی تعصبات سے پرہیز، اور آزادیء اظہار کا پیغام ہے۔ یہ پیغامبری اردو زبان میں لکھنے والوں کو خال خال ہی نصیب ہوئی ہے۔ یہاں ایک اور اہم بات بھی ضروری ہے، وہ یہ کہ ہم سب، مارشل مکلوہان، کی 'عالمی گائوں، یا Global Village کی اصطلاح سے واقف ہیں۔ ایک بات جو عام نہیں ہے۔ وہ یہ ہے کہ جب مارشل مکلوہان نے جب عالمی گائوں کی بات کی، تو وہ یہ کہہ کر گزرنا نہیں چاہتا تھا۔ اس نے اپنی بات یوں سمجھائی کہ عالمی گائوں میں لوگ ایک چھت کے تلے 'متحد' نہیں ہو گئے۔ کسی بھی خاندان کے ہر فرد کی رائے مختلف اور متفرق ہوتی ہے۔ اور اب جب کروڑوں خاندان ایک چھت کے نیچے آجائیں تو یہ تفریق اور اختلاف فزوں تر ہو جاتا ہے۔ میں اس عالمی گائوں کو پسند نہیں کرتا، بلکہ صرف یہ کہتا ہوں کہ اب ہم ایک عالمی گائوں میں رہتے ہیں۔"

عالمی گائوں کے باشندوں میں اختلاف اور تفریق کے ساتھ ساتھ، اس گائوں کے باشندے برقی اور بے تحاشا معلومات کے طوفان بلکہ سونامی کی زد میں ہیں۔ ان معلومات میں ہر وقت جنگ و جدال، جرائم، مذہبی اور قومی تعصبات، اور سب سے بڑھ کر روز افزوں قوم پرستی، اس گائوں کے رہنے والے کو شدید اعصابی تنائو کا شکار بناتی ہے، اور ہیجان یا Anxiety میں مبتلا کرتی ہے۔ ایک اعلیٰ ماہرِ نفسیات ہونے کی بنا پر خالد سہیل کی ہر تحریر ہم سب کو اس ہیجان سے نکالنے میں مدد کرتی ہوئی اس پر سکون ماحول کی طرف لے جاتی ہے، جسے وہ Green Zone کہتے ہیں۔ مکلوہان بھی شاید یہی چاہتا تھا۔

اپنے تمام تر حوالوں کی بنیاد پر ہم یہ کہہ سکتے ہیں کہ یہ مجموعہ اردو ادب میں صنفِ کالم نویسی کے مجموعوں میں ایک گراں قدر اضافہ ہے، اور یہ بھی، 'محاصرے کا روزنامچہ' کی طرح ہمارے ثقافتی سرمائے میں شامل ہونے کا مستحق ہے۔

....

شاعر اور مضمون نگار، منیر پرویز سامیؔ، کینیڈا میں آزادی اظہار کے فعال عمل پرست ہیں۔ گزشتہ پچیس سال سے ان کے مضامین اور کالم شمالی امریکہ کے اہم اردو جرائد کے علاوہ انگریزی زبان میں Huffington Post میں شائع ہوتے ہیں۔ اس کے علاوہ انہیں کئی ٹیلی ویژن پروگراموں میں بحیثیت مبصر مدعو کیا جاتا۔ وہ کئی اہم ادبی انجمنوں سے منسلک ہیں۔ ان کا اہم اختصاص یہ بھی ہے کہ وہ آزادی اظہار کی عالمی انجمن کی شاخ، PEN Canada کے بورڈ کے رکن اور اس کی 'جلاوطن ادیبوں' کی بہبود کی کمیٹی کے سربراہ بھی رہے۔

Creative Minority---تبصرہ

مقدس مجید

کتاب کا نام اس کے مواد و مقاصد کی جھلک دیتا دکھائی دیتا ہے۔ اس کتاب میں تخلیقی صلاحیتوں کے حامل لوگوں، ان کی نفسیاتی و سماجی زندگی اور ان کے زندگی کو دیکھنے اور گزارنے کے غیر معمولی ڈھنگ کو اجاگر کیا گیا ہے۔ اپنے اس review میں میں کتاب کے خلاصے کے ساتھ ساتھ اس کو اپنے نظریے سے بیان کرنے کی کوشش کروں گی کہ اس کتاب کو پڑھنے کے دوران اور پڑھنے کے بعد مجھے کن نقاط میں دلچسپی معلوم ہوئی اور کیا کچھ میرے لیے بالکل نیا تھا۔

چلیے! آگے بڑھتے ہیں۔ کتاب کے ابتدائی صفحات پر یہ سطریں درج ہیں جو کتاب کے مواد و مقاصد کی طرف خوبصورتی سے اشارہ کرتی ہیں۔

I am afraid

The noise of the outside world

Will drown one day

The music inside

یہ سطریں ڈاکٹر خالد سہیل ہی کی ہیں جو ایک تخلیقی صلاحیتوں کے حامل فرد کے نظریے سے لکھی گئی ہیں کہ ایک تخلیقی شخص اپنے اندر کی رنگینیوں کو باہر یعنی کہ ہمارے سماج کے سخت قوانین کے باعث کھو دینے کی فکر میں مبتلا ہے۔ در حقیقت کتاب بھی ایسے تخلیقی لوگوں کی زندگی کے سماجی اور نفسیاتی پہلوؤں کو نمایاں کرتی ہے کہ کس طرح ان کی نفسیات اور ان کی زندگیاں اپنے روایتی گردونواح کی بدولت متاثر ہوتی ہیں۔ ایسے تخلیقی لوگ تعداد میں بہت کم ہوتے ہیں۔

یہ اپنے انوکھے انداز لیے قدرت کی طرف سے ایک تحفہ ہوتے ہیں۔ انسانی ترقی اور علم کی راہ پر مسافت انھی تخلیقی لوگوں کی بدولت ممکن رہی ہے اس وجہ سے ایسے لوگ انتہائی اہم ہیں۔ کتاب میں جہاں ان تخلیقی لوگوں کی اہمیت اور ان کی صلاحیتوں کو سراہا گیا ہے وہیں ان صلاحیتوں کا تاریک رخ بھی دکھایا گیا ہے کہ کس طرح یہ غیر معمولی صلاحیتیں اپنے ساتھ بہت سا درد سمیٹ کر ان تخلیقی لوگوں کے پاس آتی ہیں۔ اس درد میں نفسیاتی درد اور سماجی درد دونوں شامل ہیں۔

نفسیاتی درد اس طرح سے کہ تخلیقی لوگ بہت زیادہ حساس ہوتے ہیں وہ ہر چیز کو ایک عام شخص سے کہیں زیادہ محسوس کرتے ہیں یہی وجہ ہے کہ وہ کسی بھی بات کی سطح تک رہنے کی بجائے اس کی گہرائی میں جاتے ہیں اور باتوں اور نظریات کو جوڑ کر اپنے ماسٹر پیس بناتے ہیں وہیں یہی حساس طبیعت انھیں معمولی باتوں پر بھی بے چین کر دیتی ہے اور وہ نفسیاتی اذیتوں میں بھی مبتلا دکھائی دیتے ہیں۔ اس کے ساتھ ہی ایک سماجی درد بھی ہے کہ تخلیقی صلاحیتوں والے لوگ سماج کے قواعد و ضوابط کی خاص پرواہ نہیں کرتے وہ زندگی کو اپنے فلسفے سے جیتے ہیں یوں ایسے لوگوں مختلف سماجی اداروں میں روایتی کردار ادا نہ کر سکنے کی بناء پر سوشل بائیکاٹ کے شکار ہو جاتے ہیں اور یوں وہ احساس تنہائی میں بھی مبتلا ہو سکتے ہیں۔

کتاب میں تخلیقی صلاحیتوں والے لوگوں اور سماجی اداروں جیسا کہ خاندان، مذہب، سکول وغیرہ پر بھی روشنی ڈالی گئی ہے کہ کس طرح یہ لوگ اپنے غیر معمولی طرز زندگی اور تخلیقی سوچ کی بدولت ان اداروں میں فٹ نہیں آتے اور نالائق تصور کر لیے جاتے ہیں حالانکہ وہ نالائق نہیں بلکہ عام لوگوں سے

زیادہ گہرے اور تخلیقی ہوتے ہیں۔ کتاب میں تخلیقی لوگوں کی زندگیوں کے پہلوؤں کو مختلف تخلیقی لوگوں کی زندگیوں کے واقعات اور انٹرویوز کی صورت میں پیش کیا گیا ہے۔

ان تخلیقی شخصیات میں کارل مارکس، ڈارون، ورجینیا وولف، آئن سٹائن اور ندا فضلی جیسے سائنسدان، شاعر، لکھاری اور مفکر وغیرہ شامل ہیں۔ یہ اس بات کا ثبوت ہے کہ تخلیقی صلاحیتوں کی کوئی ایک سمت نہیں۔ کوئی شخص کسی بھی میدان میں تخلیقی صلاحیتوں کا حامل ہو سکتا ہے۔ اس کے ساتھ ہی کتاب میں تخلیقی لوگوں کی کچھ نمایاں خصوصیات درج ہیں جن میں حساس ہونا، abstract میں دلچسپی ہونا، اپنی تنہائی سے محبت ہونا، ڈسپلن میں خاص دلچسپی نہ ہونا، سماجی رسم و رواج سے بغاوت کے جذبات رکھنا، کوئی خاص شوق اور جذبہ رکھنا، منفرد اور پیچیدہ نفسیاتی مسائل کے شکار رہنا وغیرہ شامل ہیں۔

ان کے علاوہ تخلیقی لوگوں کے ساتھ روایتی لوگوں کا رہنا مشکل ہو جاتا ہے کیونکہ تخلیقی لوگ وقت، معاشی معاملات اور ڈسپلن کا خاص خیال نہیں رکھتے۔ کتاب میں میں کارل مارکس اور ان کی بیوی جینی کی ازدواجی زندگی کو تفصیلاً بیان کیا گیا ہے کہ کس طرح سے کارل مارکس کے غیر روایتی طرز زندگی کی وجہ سے ان کی بیوی کی زندگی متاثر ہوتی رہی اور وہ اس سب کو اپنے اس تعلق کے دوران کسی اذیت کی طرح جھیلتی رہیں۔

تخلیقی صلاحیتوں کے حامل افراد میں ایک پاگل پن دیکھا جا سکتا ہے جو کہ شاید اس وجہ سے پاگل پن کے زمرے میں آتا ہے کیونکہ وہ عام لوگوں کی سمجھ سے بالاتر ہوتا ہے۔

کتاب کے آخری حصے میں نفسیاتی مسائل کے شکار تخلیقی لوگوں کی تھراپی کے لئے کچھ ٹپس دیے گئے ہیں۔ ہمارے ہاں ایسے لوگوں کی تھراپی روایتی انداز میں کی جاتی ہے جس کے ان لوگوں کی تخلیقی صلاحیت پر اچھے اثرات مرتب نہیں ہوتے۔ کتاب کے آخری حصے کا فوکس اس بات پر ہے کہ غیر معمولی لوگوں کی تھراپی بھی غیر معمولی ہونی چاہیے تاکہ وہ بہتر طور پر اس سے مستفید ہو سکیں اور ان کی صلاحیتیں بھی۔

جب میں اس کتاب کو پڑھتے پڑھتے ان سطروں پر پہنچی جہاں پر یہ درج تھا کہ تخلیقی صلاحیتوں والے لوگ جب کوئی ماسٹر پیس بناتے ہیں تو اس ماسٹر پیس کی پیدائش ان کے ہاں بالکل ایک بچے کی سی ہوتی ہے کہ یہ نظریات ان میں عرصے تک پلتے ہیں پھر اپنے تجربات کے درد کے ساتھ وہ ان خیالات کو ماسٹر پیس کی صورت میں جنم دیتے ہیں تو میں کچھ دیر کے لیے ٹھہر گئی۔ مجھے یہ سطریں بہت پسند آئیں۔ مجھے اپنے حال ہی میں لکھے گئے دو مختلف اشعار یاد آئے۔

پہلا شعر:

درد کی شدت سے\
بلبل تڑپتی رہ گئی\
تم نے اس کی آہوں کو\
کیسے گیت بنا دیا؟

دوسرا شعر:

کسی صحرا میں\
کہیں گرم ریت پر\
کوئی ٹوٹا ہوا ساز\
لو لگتی تو گنگنا جاتا

ڈاکٹر صاحب کیبہ سطریں میرے اشعار کے معانی کو واضح کر گئیں۔ اس کے علاوہ کتاب کے ایک باب میں تخلیقی صلاحیتوں کے حامل افراد کے حوالے سے Invisible labor کی ٹرم استعمال کی گئی ہے۔ مجھے یہ ٹرم بھی بہت گہری لگی۔ پس منظر کچھ ہوں ہے کہ روایتی لوگ تخلیقی لوگوں کو نالائقی کا ٹائٹل دے دیتے ہیں کیونکہ وہ تخلیقی لوگوں کی ذہنی مشقت سے غافل ہوتے ہیں کہ کس طرح ایک شخص اپنے ماسٹر پیس کو تیار کرنے میں اپنی اتنی جان لگاتا ہے چونکہ یہ تمام قوت ذہن کو کام میں لانے میں لگتی ہے سو روایتی لوگ جو کہ صرف جسمانی مشقت کو ہی شمار کرتے ہیں وہ اس invisible labor کے کون سی پٹ سے غافل رہتے ہیں۔

میرے نزدیکیہ کتاب تخلیقی اقلیت کی حوصلہ افزائی اور ان کی اہمیت کو اجاگر کرنے کے حوالے سے ایک بہترین کتاب ہے۔ میں ڈاکٹر خالد سہیل کی کاوش کو سراہتی ہوں کہ انھوں نے ایک اہم اور منفرد موضوع پر اتنی تفصیل سے رہنمائی فرمائی ہے اور اس کے ساتھ ہی میں ان کی شکر گزار بھی ہوں کہ انھوں نے یہ خوبصورت کتاب مجھے تحفے میں دی۔

دانائی کا سفر... تبصرہ

نعیم اشرف

یہ امر لائق تحسین ہے کہ ڈاکٹر خالد سہیل اور ڈاکٹر بلند اقبال نے قریب ایک سو کتابوں کا مطالعہ کر کے کینیڈا کے ایک ٹی وی چینل پر چھتیس اقساط پر مشتمل ایک میراتھن علمی مکالمہ کیا۔ اس مکالمے میں، گزشتہ تین ہزار برس میں علم و دانش کے ارتقاء پر سیر حاصل بات کی گئی۔ عبد الستار صاحب نے اس مکالمے کو سنا، سمجھا اور اس کی تدوین و ترتیب کر ڈالی۔ اس کتاب کو سانجھ پبلشرز لاہور نے حال ہی میں شائع کیا ہے۔

۔ڈاکٹر بلند اقبال سے میری بالمشافہ ملاقات تو نہیں۔ مگر میں نے ان سرچ آف وزڈم کے ذریعے یوٹیوب پر کم از کم چھتیس دفعہ ان سے ملاقات کی اور ہر دفعہ ان کو ایک کمنٹڈ ریسرچر کے طور پر دیکھا۔ انھوں نے دراصل اس ڈائیلاگ میں ایک سٹیمولس کا کردار ادا کیا۔

عبد الستار صاحب نے ایک علمی مکالمے کا ایک ایک لفظ اپنے قلم سے صفحہ قرطاس پر منتقل کیا۔ یہ کوئی آسان کام نہ تھا۔ یہ اس مشقت کا نتیجہ ہے کہ سو کتابوں کا نچوڑ جو ویڈیو پروگرام کی شکل میں تھا۔ انکی دن رات محنت کے بعد آج ایک مستند کتاب۔ دانائی کا سفر۔ کی صورت ہمارے سامنے موجود ہے۔

دانائی کسی ایک معاشرے، قبیلے یا قوم تک محدود نہیں۔ یہ انسانیت کا مشترکہ اثاثہ ہے۔ ایک کلیکٹو وزڈم ہے۔ سدا بہتا ہوا دریا ہے جس سے ہر وقت ہر علاقے اور رنگ و نسل کے لوگ مستفید ہو سکتے ہیں۔ یوں دانائی کا سفر نامی یہ کتاب بھی ایک ایسا تاریخی کام ہے۔ جس سے نہ صرف تاریخ اور فلسفے کے طالب علم بلکہ مستقبل کے منصوبہ ساز بھی صدیوں تک مستفید ہونگے۔ میں اس تاریخ ساز کاوش پر تینوں افراد کو مبارک باد پیش کرتا ہوں۔

زندگی کی حقیقت کیا ہے؟۔ سچ کیا ہے؟ اور دانائی کس کو کہتے ہیں؟ انسان دکھوں میں مبتلا کیوں رہتے ہیں، اور وہ اپنے دکھوں کو سکھوں میں کیسے بدل سکتے ہیں۔ انسانوں کو دھرتی ماں کی اولاد ھونے کے ناطے ایسا کیا کرنا چاہئے کہ کرہ ارض پر امن آشتی اور خوشحالی کا دور دورہ ہو جائے؟

یہ وہ سوالات ہیں جو انسان کے دماغ میں اس وقت سے جاگزین ہیں جب سے انسان باشعور ھوا ہے۔ اور یہی سوالات دانائی کے اس طویل سفر کی بنیاد بھی ہیں۔

جب ہم انسانی شعور کے ارتقاء کا گہری نظر سے جائزہ لیتے ہیں تو ہمیں چار باتیں بہت نمایاں نظر آتی ہیں:۔

1۔ پرانے نظریات رواج اور روایات کو چھوڑ کر نئے نظریات اور روشن راہوں پر چلنا انسان کے لیے ہمیشہ سے دُشوار رہا ہے۔

2۔ شعور کے ارتقائی عمل میں سائنس اور فلسفے کا کردار بہت نمایاں رہا ہے۔

3۔ کائنات کے اندر ہمیں جو قدرتی نظم نظر آتا ہے وہ دراصل قوانینِ فطرت ہیں۔ مگر کائنات کا نظام اس بات سے بے نیاز ہے کہ کُرّہ ارض کے باسیوں پر کیا بیت رہی ہے۔ ازل سے ہی دھرتی ماں کی اولاد نے فطرت کے بے رحم تھپیڑوں کے سامنے خود اپنا تحفظ کیا۔ اور اپنی بقاء کیجنگ لڑی اس بقاء کی ضرورت کے احساس سے سارا ارتقائی عمل روح پذیر ہوا۔

4۔ گزشتہ دو تین سو سالوں میں شعوری ارتقاء کی رفتار سب سے زیادہ دیکھی گئی۔

اب اگر ہم دانائی کے سفر کو وقت کے پیمانے پر دیکھیں تو ہمیں تین بڑے ادوار نظر آتے ہیں:

پہلا دور ایک ہزار سال قبل مسیح سے حضرت عیسیٰ کی پیدائش تک کا دور ہے۔ اور اسی پہلے دور میں دانائی کی چار روایات کا بھی پتہ ملتا ہے۔ جن کا ذکر زیر نظر کتاب میں بہت تفصیل سے درج ہے۔

دانائی کی پہلی روایت سیکولر روایت ہے اس روایت کا بانی چینی دانشور کنفیوشس کو سمجھا جاتا ہے۔ چین کی اکثر آبادی آج بھی کنفیوشس کے بتائے گئے اصولوں پر کاربند ہے۔ مگر کنفیشیس نے کبھی خدا، جنت، دوزخ یا حیات بعد الموت کی بات نہیں کی بلکہ یہ تعلیم دی کہ آپ دوسروں کے ساتھ ویسا ہی سلوک کریں جو آپ چاہتے کہ دوسرے آپ کے ساتھ کریں۔۔۔ لیڈرشپ کے بارے میں انھوں نے بتایا کہ ایک قابل رہنما کو ثابت قدم ہونا چاہئے کیونکہ اس کے کندھوں پر ذمہ داریوں کا بوجھ ہوتا ہے اور اس نے دور تک جانا ہوتا ہے۔۔۔ سیکولر روایت چین اور پھر باقی دنیا میں آج بھی تیزی سے پھیل رہی ہے۔

دانائی کی دوسری روایت روحانی روایت کا اس کا تعلق بدھا اور مہاویرہ سے ہے۔ اس روایت کو روحانی روایت کا نام دیا گیا ہے۔ اس فلسفے کے مطابق آپ اپنی زندگی کو ترک کر کے جنگلوں میں جا کر اپنی ذات کی تنہائی میں اتر جائیں اور زندگی کا گیان حاصل کریں اسی روایت کے تحت سنت، سادھو اور صوفی پیدا ہوئے۔ بظاہر اس روایت میں کوئی دانائی نظر نہیں آتی کیونکہ دنیا کے سارے انسان اگر دنیا سے کنارہ کشی کا رویہ اپنالیں تو شعوری ترقی اور تنوع کا سفر بھی رک جائے گا۔ لیکن اسی بات کو ذرا غور سے دیکھا جائے تو ہمیں یہ بھی پتہ چلتا ہے کہ روحانیت دراصل باہر سے اندر کا سفر ہے۔ اگر اندرونی سکون حاصل ہو جائے تو دنیا کے بیچ میں رہ کر بھی انسان ایک خوشگوار اور بامعنی زندگی گزار سکتا ہے۔ اور پھر گوتم بدھ نے جو چار سچ بتائے اور اس کے بعد جو آٹھ نوبل پاتھ ویز بتائے وہ دنیا اور اس میں بسنے والے لوگوں سے کنارہ کش ہو کر عملی صورت اختیار نہیں کر سکتے۔ لہٰذا روحانیت اصل میں دنیا کے اندر ہی رہ کر اقبال کے بقول اپنے من میں ڈوب کر سراغ زندگی پانے کا سفر ہے جو یقیناً بہت بڑی دانائی کی بات ہے۔

دانائی کی تیسری روایت مذہبی روایت ہے اس روایت کا سرا زرتشت سے منسوب ہے۔ جو ایران کے شہر "یزد" میں سن 628ء قبل مسیح میں پیدا ہوئے۔ زرتشت نے سب سے پہلے خدا، وحی، جنت دوزخ نیکی بدی اور حیات بعد الموت کا تصور پیش کیا۔ اور اپنی الہامی کتاب گاتھاز پیش کی۔ بعد از یہ سلسلہ ابراہیمی مذاہب یہودیت، عیسائیت اور اسلام میں چلتا دکھائی دیتا ہے۔

مگر زرتشت وہ پہلا فلسفی تھا جس نے کہا تھا کہ ایک خدا آہورامزدا کی صورت میں موجود ہے۔ اسی فلسفے نے پہلی دفعہ نیکی اور بدی کے تصورات بھی دیئے اور انسان کو دونوں راستوں کو چننے کی آزادی بھی دی۔

دانائی کی چوتھی روایت سائنسی روایت ہے جو پانچ چھ سو سال قبل مسیح میں یونان سے شروع ہوتی ہے۔ اور انسانی شعور کے ارتقاء میں سب سے اہم کردار ادا کرتی ہے۔ اس میں افلاطون، سقراط، بقراط اور ارسطو پیدا ہوتے ہیں۔ جن کی تحقیقات اور تعلیمات نے آنے والی صدیوں میں انسانی زندگی میں فلسفے، طب، ریاضی، سیاست اور معاشیات میں انقلاب برپا کر دیئے تھے۔

دانائی کا ہزار سالہ دوسرا بڑا دور حضرت عیسیٰ کی وفات سے ایک ہزار سال بعد تک کا ہے اس دور میں ابراہیمی مذاہب کو خوب فروغ ملا۔ مسلم تہذیب کو عروج ملا اس کے ساتھ ساتھ فلسفے، سائنس، ریاضی اور طب نے گوناگوں ترقی کی۔۔۔

اسی دور میں مسلم تہذیب کا سائینسی عروج جس کو مسلم گولڈن ایج بھی کہا جاتا ہے۔ آٹھویں صدی سے شروع ہوتا ہے مگر چلتے چلتے تیرہویں صدی عیسوی تک جا پہنچتا ہے۔ اس پانچ سو سالہ دور میں مسلم تہذیب جو اس وقت عباسی خلافت کی شکل میں رونما ہوئی علمی و ثقافتی عروج حاصل کیا۔ اسی دور نے الکندی، الرازی۔ الفارابی، بوعلی سینا، غزالی، ابن رشد، ابن تیمیہ سید قطب اور جلال الدین رومی جیسے روحانی گرو علماء عظیم سائنسدان اور فلسفی پیدا کیئے۔

بالآخر یہ دور بارہ سو اٹھاون میں تاراج بغداد پر جا کر اختتام پذیر ہوتا ہے۔ منگولوں کا حملہ مسلمانوں کے علمی اور تحقیقی ورثے کو نیست و نابود کر دیتا ہے۔اور دریائے دجلہ کتابوں کی سیاہی سے بالکل سیاہ ہو جاتا ہے۔

دانائی کے ارتقائی سفر کا تیسرا دور گزشتہ ایک ہزار سے زرا اوپر عرصے پر محیط ہے۔اس دور میں یورپ کے اندر رینے سانس اور صنعتی انقلاب نے ارتقائی عمل کو نئے زاویئے دیئے صدیوں پرانی روایات اور توہم پرستی چکنا چور ہوئی انقلاب فرانس، انقلاب روس اور امریکہ کی آزادی کی تحاریک نے اس عمل کو مزید تیز تر کیا۔لہذا ہم کہہ سکتے کہ انسانی کے شعوری ارتقاء کے اور دانائی کے سفر میں گزشتہ ایک ہزار سال سب سے زیادہ ہنگامہ خیز ہیں۔۔۔

یہاں یہ بات میرے لئے بہت حیران کن اور دلچسپ تھی کہ صنعتی انقلاب کے فوراً بعد یعنی انیسویں صدی کی آخری نصف حصے نے دنیا میں عظیم سیاسی لیڈر، ادیب، فلاسفر، شاعر پیدا کئے جو دنیا میں سیاسی معاشی معاشرتی اور علمی انقلاب برپا کرتے نظر آتے ہیں جو شعوری ارتقاء کو نئی منزلوں تک لے جاتے ہیں اور دنیا میں بڑی بڑی تبدیلیوں کا باعث بنتے ہیں:

سیاست کے میدان میں ابراہم لنکن، ولادے میر لینن، جوزف سٹالن، ماوزے تنگ، مسولینی، ونسٹن چرچل، نیلسن مینڈیلا مصطفی کمال پاشا، محمد علی جناح اور موہن داس گاندھی جیسے نابغہ روزگار صرفچند نام ہیں۔

سائنس کے میدان میں چارلس ڈارون، البرٹ آئن سٹائن، میری کیوری، نیکولا ٹیسلا۔ایک طویل فہرست میں سے چند نمایاں نام ہیں

معاشیات، نفسیات اور فلسفے کے میدان میں کارل مارکس، فریڈرک نطشے، ژان پال سارتر سگمنڈ فرائڈ، کارل ینگ اور برٹرینڈ رسل جیسے عظیم اذہان شامل ہیں۔جنھوں نہ صرف سائنس بلکہ انسانی طرز فکر کو بالکل نئے زاویوں سے آشنا کیا۔

یہ ایک تحقیق طلب بات ہے کہ انیسیویں کی آخری نصف صدی کے بیچ فطرت نے عظیم ذہن پیدا کیئے اور ان پچاس سالوں میں بھی ستر کی دھائی بہت اہم ہے۔جن میں پیدا ہونے والے ادیبوں شاعروں سائنسدانوں فلسفیوں اور سیاسی لیڈروں کی کثیر تعداد ہے جس پر ایک دلچسپ پیپر لکھا جا سکتا ہے۔

مگر یہاں ایک لمحہ فکریہ ہے۔ آج سائنس، میڈیکل سائینس اور ٹیکنالوجی اپنے عروج پر ہے۔ مگر دانش محاظرہ سے دوستی کئے بغیر ہر قسم کی سائنس اور ٹیکنالوجی ایک تباہ کن ہتھیار ہے۔۔۔

بحیثیت مجموعی انسان نے سائنس اور ٹیکنالوجی میں ترقی کر لینے کے باوجود اس دانائی سے زیادہ نہیں سیکھا جس کی بنیاد ہمارے پرکھوں نے رکھی تھی۔

۔ آج انسان نے اپنی تباہی کے لیئے اتنے مہلک اور تباہ کن ایٹمی، حیاتیاتی اور کیمیائی ہتھیار تیار کر رکھے ہیں کہ اگر وہ سارے کے سارے میزئلوں کے ذریعے کرہ ارض پر پھیلا کر چلا دیئے جائیں تو چند لمحوں میں دنیا واپس پتھر کے دور میں چلی جائے گی۔

آج بھی ترقیایفتہ ممالک کے ہشیار لیڈر ترقی پذیر ممالک کی سرزمینیں اپنے سیاسی اور معاشی مقاصد کے لئے استعمال کرتے ہیں۔

آج بھی دنیا کے طاقتور ممالک اپنے ہی لوگوں کے خراج سے حاصل شدہ دولت کو ان کی فلاح و بہبود پر لگانے کی بجائے دنیا میں پولیس مین کا کردار ادا کرنے کے لئے صرف کرتے ہیں۔

آج بھی جنگی ٹیکنالوجی کی تجربہ گاہوں میں زندگی سوز وائرس پیدا کر کے پھر اس سے بچاو کے تدارک کے لئے ویکسین اور ادویات کی فروخت کے ذریعے شاطر ترقیافتہ اقوام کھربوں ڈالر کما رہی ہیں۔ دنا میں اس وقت کرونا وائرس سے ہلاکتوں کی تعداد دس ملین ہونے ہے اور بڑھتیہی جاتی ہے۔

یوں لگتا ہے کہ اپنی لائبریریوں میں دانائی کی دولت کی فراوانی ہونے کے باوجود انسان کی مجموعی ذہنی عمر لڑکپن سے بلوغت میں داخل نہیں ہو پائی۔

تو پھر آج کی دانائی کیا ہے؟

آج کی بڑی اور طاقتور اقوام کے لیڈران کو سوچنا ہے کہ وہ امن کی راہ اپنائیں گے یا تباہی کے خطرات کے منڈلاتے بادلوں میں اپنی اگلی نسلوں کو پروان چڑھائیں گے۔

۔اقوام عالم دنیا کو امن و آشتی کا گہوارا بنانے کے لئے سنجیدگی اور متانت کا مظاہرہ کریں۔اور دنیا سے انسان کو نیست و نابود کرنے والے مہلک ہتھیاروں کو تلف کرنے کے لئے عمل اقدامات کریں۔اپنے قیمتی وسائل کا استعمال انسانی فلاح و بہبود کے لئے کریں اور وائرس پیدا کرنے والی لیبارٹریز کو آباد کرنے کی بجائے دنیا سے بیماری ختم کرنے والی تجربہ گاہیں بنائیں۔

دنیا کے طاقتور ممالک کے لیڈر اس دانائی سے مزین دانشوروں کو اپنے مشیر مقرر کریں۔ایسے افراد سے گریز کریں جو دنیا میں تنازعات پیدا کر کے جنگی ہتھیار بنانے والی فیکٹریوں کو رواں رکھنا چاہتے ہیں۔

۔دھرتی ماں کی کھوک سے پیدا ہونے والے رزق کے تمام ذرائع تمام دنیا کے انسانوں کے مشترکہ وسائل ہیں ان کو آبادیوں کے لحاظ سے تقسیم کر دینا چاہیے۔

ترقییافتہ اقوام، ترقی پذیر اور مفلوک الحال اقوام کو خوشحالی کے دھارے میں لانے کے لئے عملی اقدامات کریں۔اور دنیا کے تمام ممالک اپنے مابین تنازعات بات چیت کے ذریعے ختم کر دیں۔

تو ہی ہم کہہ سکیں گے کہ دانائی کے سفر کا انجام بالخیر ہوا ہے۔

امن کی دو شمعیں (Two candles of peace)

عبد الستار

یہ کتاب امن کا خواب دیکھنے والی آنکھوں کے لیے ایک نایاب تحفہ ہے۔ یہ ایک ایسی ادبی قوسِ قزاح ہے کہ جس میں امن و آشتی اور انسانی بھائی چارے کا ہر رنگ اور اور امنگ شامل ہے۔ یہ انسانی خیالات کا ایک ایسا انسائیکلو پیڈیا ہے جو کہ دانائی، فلسفہ، روح، روحانیت، سائنس، روحانی واردات اور میتھالوجیکل تصورات کو جانچنے، کریدنے اور پرکھنے کی راہوں کی نشاندہی کرتا ہے۔ یہ علم و حکمت اور دانائی کو کھوجنے والے دو طالبوں کے درمیان ادبی خطوط کی صورت میں ایک علمی مقالمہ ہے۔ یہ دونوں درویش اپنی زندگی کے تجربات کو ایک منفرد میں انداز میں پیش کرتے ہیں تاکہ امن و آشتیبہ خواب نامے موجودہ یا نئی آنے والی نسلوں کی بصیرتوں کو جلا بخشتے اور پیار و محبت کیبہ شمع مسلسل یونہی جلتی رہے۔ اس موجودہ کتاب کی صورت میں امن کی شمع جلانے والوں کا نام "ڈاکٹر خالد سہیل اور ڈاکٹر کامران احمد" ہیں۔ یہ دونوں درویش انسانی نفسیات کو سمجھنے اور جانچنے کا ایک وسیع تجربہ رکھتے ہیں اور دماغ پر پڑی ہوئی حالات و واقعات کی گرد کو ہٹا کر حقیقی شخصیت کو دریافت کرنے کا ہنر جانتے ہیں۔ ڈاکٹر خالد سہیل سے میری آشنائی کافی پرانی ہے جبکہ ڈاکٹر کامران احمد کو two candles of peace پڑھنے کے بعد میں نے دریافت کیا ہے اور ان کو تصوف اور طریقت کا ایک سچا طالب پایا ہے۔ دونوں کے خیالات میں ایک ایسا تسلسل اور بہاو ہے جو اس پوری کتاب کو پڑھنے پر مجبور کر دیتا ہے۔ دونوں دماغی گھمبیر تاوں کو بڑی گہرائی سے جانتے اور سمجھتے ہیں اسی لیے انہوں نے اس کتاب میں بھی زیادہ تر انہی نکات پر سیر حاصل گفتگو کی ہے جس کی وجہ سے ہمارا معاشرہ انتشار کا شکار ہے۔ اس نایاب کتاب میں مذہبی اور سیاسی بنیاد پرستی ، روحانی اقدار کی پامالی اور مذہب کا پس منظر واضح انداز میں پیش کرنے کی کوشش کی گئی ہے۔ دونوں مصنفین نے ان گنجلک موضوعات پر اپنے اعلٰی تجربات اور پیشہ ورانہ صلاحیتوں کو بروے کار لاتے ہوئے ان پیچیدہ مسائل کی وجوہات اور ان کا حل بھی پیش کیا ہے دونوں شخصیات نے اپنے خیالات اور تصورات کو بڑی دیانتداری اور سہل انداز میں پیش کیا ہے۔ ڈاکٹر کامران احمد نے اپنے پہلے تعارفیخط میںیہ واضح کرنے کی کوشش کی ہے کہ خیالات کھلے ماحول میں اور آپس میں ڈائیلاگ کی صورت میں پروان چڑھتے ہیں ناکہ بالکل الگ تھلگ ہو کر۔ ڈاکٹر خالد سہیل نے اپنے پہلے خط کا آغاز ایک اعتراف کے ساتھ کیا ہے وہ لکھتے ہیں کہ "میری زندگی وہ ایک دور تھا کہ جب میرے دل میں بہت غصہ اور ناراضگی، تشدد اور نفرت والے احساسات کا غلبہ ہوتا تھا ایک لمبے عرصے کے غور و خوض کے بعد مجھے یہ معلوم ہوا کہ یہ سارے تشدد پسندانہ خیالات میرے اپنے ماحول نے مجھے دیے ہیں اور مجھے اپنی نفرت کو محبت میں بدلنے، تشدد کو امن میں بدلنے اور اپنے جنونانہ خیالات کو امن و آشتی اور انسانی بھائی چارہ میں بدلنے کے لیے ایک لمبا عرصہ لگ گیا" یہ نایاب کتاب اسی حکیمانہ انداز میں اور ادبی خطوط کے تبادلہ کی صورت میں آگے بڑھتی ہے۔ ایک خط میں ڈاکٹر سہیل چند ان سوالوں کی طرف اشارہ کرتے ہیں جنہوں نے انہیں ایک آرٹسٹ ، انسان دوست اور سائیکو تھیراپسٹ بننے کی طرف راہ ہموار کی۔ وہ سوالات یہ ہیں

1. دنیا میں اتنے زیادہ دکھ اور پریشانیاں کیوں ہیں؟
2. ہم انسانی دکھوں میں کمی اور انسانی خوشیوں کو کیسے بڑھا سکتے ہیں؟
3. ہم ایک مکمل انسان کیسے بن سکتے ہیں؟
4. ہم مل کر ایک پر امن معاشرہ کیسے قائم کر سکتے ہیں؟

حصہ سوئم: فلسفیانہ مضامین (Two candles of peace) امن کی دو شمعیں

اپنے ایک خط میں ڈاکٹر کامران احمد یہ واضح کرنے کی کوشش کرتے ہیں کہ اپنے حصے کے سچ کو پانے کے لیے اپنی زندگی کا کھلی آنکھوں سے جائزہ لیتے رہنا چاہیے اور دوسرے لوگوں کے خیالات کو سمجھنے اور ان کو وسیع القلبی کے ساتھ اپنے دل میں جگہ دینے کا حوصلہ ہونا چاہیے اسی طرح انسانی خیالات پروان چڑھتے ہیں۔ یہ کتاب بہت ہی دلچسپ جملوں سے مزین ہے مثلاً عارف عبدالمتین کا شاندار جملہ جو انہوں نے ڈاکٹر سہیل سے کہا تھا جو کہ بہت ہی پر مغز ہے "Your father is younger in age but older in wisdom" آگے چل کر ڈاکٹر سہیل اپنے چند خوابوں کا تذکرہ کرتے ہیں جو انہوں نے بچپن میں دیکھے تھے وہ خواب یہ تھے۔ 1. ایک ڈاکٹر اور سائیکاٹرسٹ بننا، 2. ڈھیر ساری کتابیں لکھنا جو کہ اسکی زندگی کی صحیح عکاسی کریں، 3. دنیا کی سیر وسیاحت کرنا اور مختلف ثقافتوں سے سیکھنا، 4. دوست احباب کا ایک وسیع سرکل قائم کرنا جس میں ہر رنگ، نسل اور مذہب کے لوگ ہوں۔

ڈاکٹر سہیل خود کو خوش نصیب سمجھتے ہیں کہ انہوں نے اپنے ان خوابوں کی بڑی کامیابی سے تکمیل کی ہے ڈاکٹر سہیل ان خطوط میں اپنے چند ادبی دوستوں کا تذکرہ بھی کرتے ہیں جن میں "رفیق سلطان، امیر جعفری، نوروز عارف، سید عظیم اور سائیں سچا کے علاوہ اپنی آلٹر ایگو ظہیر انور" سے بھی متعارف کرواتے ہیں۔ اپنے ایک خط میں ڈاکٹر کامران احمد کرشنا مورتی کا ایک خوبصورت جملہ نقل کرتے ہیں "The moment you follow someone, you cease to follow the truth" ڈاکٹر کامران کے مطابق انسانی دماغ کی وسعت بہت زیادہ ہے اور یہ پانچ حسیات سے آگے بڑھ کر پرواز کر سکتا ہے اور بعض دفعہ ان کیفیات اور محسوسات کو بیان کرنے کے لیے الفاظ بھی نہیں مل پاتے۔ یہ دلچسپ اور شاندار کتاب بہت سے انسانی رازوں اور گنجلک کیفیات کو سمجھنے میں مدد دیتی ہے۔ یہ کتاب ہمیں مختلف ذہنی اور روحانی کیفیات سے متعارف کرواتی ہے مثلاً

1. Psychotic encounters, 2.mystic encounters, 3.epileptic encounters, 4.peak experiences, 5.religious delusions,

6. Spiritual hallucinations, 7.schizophrenia and bipolar disorder

علم وحکمت کے یہ دونوں درویش رومی، جوزف کیمبل، بدھا، مہاویرا، کنفیوشس، لاوزو، کرشنا مورتی، چارلز ڈارون، کارل مارکس، سگمنڈ فرائیڈ اور سٹیون ہاکنگ جیسی شخصیات کی تعلیمات سے ہمیں آگاہی دیتے ہیں۔ جوزف کیمبل کی شخصیت کے بارے میں ڈاکٹر سہیل بڑے خوبصورت انداز میں کچھ یوں کہتے ہیں کہ "کیمبل ایک فلسفی ذہن اور درویشانہ دل کے مالک تھے" ڈاکٹر کامران احمد اپنے ایک خط میں اورنگ زیب عالمگیر کی شخصیت کا صحیح رخ دِکھانے کی کوشش کرتے ہیں کہ یہ وہ ظالم آدمی تھا جس نے اقتدار کی خاطر اپنے بھائیوں کو قتل کروایا اور اپنے والد کو جیل کی کال کوٹھری میں بند کر دیا یہاں تک کہ وہ انتہائی کسمپرسی کی حالت میں مَرا۔ یہ کتاب بہت ساری تلخ حقیقتوں سے بھی ہمیں متعارف کرواتی ہے۔ یہ شاندار کتاب خطوط کی صورت میں ایک علمی مقالمہ اور ڈائیلاگ ہے۔ ان دونوں شخصیات نے انسانی قرب اور دُکھوں کو کافی قریب سے دیکھا ہے اور اپنے تجربات کی روشنی میں ان کا حل اور مداوا کرنے کی کوشش بھی کی ہے۔ میں ڈاکٹر خالد سہیل اور ڈاکٹر کامران احمد کو اس شاہکار کتاب کو تشکیل دینے پر دل کی گہرائیوں سے مبارک باد پیش کرتا ہوں اور امید کرتا ہوں کہ وہ مزید ادبی تحفے انسانیت کو دیتے رہیں گے۔ 4 اپریل کو اس کتاب کی تقریب رونمائی ہونا تھی مگر کرونا وائرس کی ہنگامی صورتحال کی وجہ سے اس بات کا غالب امکان موجود ہے کہ شاید یہ تقریب نہ ہو پائے۔ آخر میں، میں ڈاکٹر خالد سہیل کے ایک خوبصورت جملے کا حوالہ دینا چاہوں گا۔

"There are as many truths as human beings and as many realities as pairs of eyes in this world"

امن کی تلاش میں۔۔۔ تبصرہ

نعیم اشرف

حال ہی میں کینیڈا کے ایک ٹی وی چینل اور یوٹیوب پر آغاز کیا جانے والا، ڈاکٹر خالد سہیل اور ڈاکٹر کامران احمد کا پروگرام "In Search of Peace" دیکھا، بہت اچھا لگا۔۔۔ دل چاہا کہ چند سطور دل چسپی کے لئے اپنے قارئین کی نذر کروں۔

اس پروگرام کا بنیادی خیال ڈاکٹر خالد سہیل کا ہے۔ اس قبل وہ اور ڈاکٹر بلند اقبال اسی ٹی وی چینل پر :In Search of Wisdom کے نام سے 36 اقساط پر مشتمل ایک نہایت عمدہ اور دلچسپ پروگرام پیش کر چکے ہیں۔ وہ پروگرام بھی اس پروگرام کی طرح یوٹیوب پر موجود ہے اور میں اپنی علمی تسکین کے لئے آج بھی اس سے استفادہ کرتا ہوں۔۔۔

ان دونوں پروگراموں میں ایک مماثلت یہ بھی ہے۔ کہ دونوں پروگراموں کے پیش کار بیک وقت طبیب اور ادیب ہیں۔ مگر دونوں پروگراموں کے روحِ رواں ڈاکٹر خالد سہیل ہی ہیں، جو 'ہر دم تیار کامران' رہتے ہیں۔ نہ خود کبھی تھکتے ہیں اور نہ دوسرے کو تھکنے دیتے ہیں۔۔۔

ان سرچ آف پیس کا ماٰخذ Two Candles of Peace نامی کتاب ہے۔ یہ کتاب راقم کو ڈاکٹر کامران نے امسال مارچ میں اسلام آباد میں عنایت کی تھی۔ اس کتاب میں امن کی تمام جہتوں پر بات کی گئی ہے۔ مگر لمبے چوڑے علمی مباحث کی بجائے۔ عام فہم زبان میں، ایک دوسرے کو لکھے گئے، 35، خطوط کے ذریعے، نہایت دلچسپ پیرائے میں، شخصی امن سے لے کر، معاشی، سیاسی، سماجی اور مذہبی امن خراب ہونے کی وجوہات اور اس کے تدارک پر آسان اور دلچسپ طرز پر بحث کی گئی ہے۔

آج صبح جب میں نے "ان سرچ آف پیس" دیکھا تو میرا دھیان پھر اس کتاب کی طرف چلا گیا۔ جب میں نے کتاب کی ورق گردانی شروع کی تو دنیا میں بدامنی کے حوالے سے بہت سی کھلی حقیقتیں پڑھنے کو ملیں۔ مثال کے طور پر امن کی نوبل انعام یافتہ شخصیات کا ذکر کرتے ہوئے ڈاکٹر سہیل ایک خط میں یوں رقم طراز ہیں:

"ایران کی شیریں عبادی، پہلی مسلمان خاتون ہیں، جن کو 2003ء میں امن کے نوبل انعام سے نوازا گیا۔ اس موقع پر تقریر کرتے ہوئے انھوں نے کہا تھا: 'بدقسمتی سے، اس سال کی UNDP کی رپورٹ ان لوگوں کے رویئے پر سوالیہ نشان ہے جو دنیا میں امن کی مالا جھپتے نہیں تھکتے۔ اور جنہوں نے Universal Declaration of Human Rights تخلیق کیا تھا۔ کیونکہ آج بھی دنیا میں 1.2 ارب انسان غربت سے نیچے کی سطح پر زندگی بسر کر رہے ہیں کہ ان کی روزانہ کی آمدن ایک ڈالر ہے۔

ایران کی شیریں عبادی کا، بنگلہ دیش کے محمد یونس کی طرح یہ موقف ہے کہ موجودہ وقت میں غربت انسانی حقوق اور امن کے لئے سب سے بڑا خطرہ ہے۔ آج جب تیسری دنیا کے کروڑوں افراد غربت کی چکی میں پس رہے ہیں۔ پہلی دنیا (ترقیافتہ اقوام) ان کی زبوں حالی کے حوالے سے نہ صرف پہلو تہی کا مجرمانہ رویہ اپنائے بیٹھے ہیں، بلکہ ایسی پالیسیاں بنا رہے ہیں، جن سے انسانی حقوق کی پامالی ہوتی ہے۔ اس کی ایک مثال،

گوانتاناموبے میں قید سینکڑوں قیدیوں کی حالت زار ہے۔ جن کو دہشت گردی کے الزام میں گرفتار تو کر لیا گیا، مگر صفائی کا موقع نہیں دیا گیا۔ جو اقوام متحدہ کے انسانی حقوق کے چارٹر، اور جنگی قیدیوں کے حوالے سے جنیوا کنونشن کی کھلی خلاف ورزی ہے۔۔۔

امریکی حکومت کا یہ طرز عمل ثابت کرتا ہے کہ ریاست ہائے متحدہ امریکہ خود وہ کام نہیں کرتا جس کی تبلیغ وہ دوسرے ممالک اور اقوام کو کرتا ہے۔"

"ادب کے نوبل انعام یافتہ، برطانیہ کے مشہور ڈرامہ نگار؛ ہیر الڈ پنٹر نے اپنی تقریر میں بین الاقوامی برادری کو اس طرح للکارا:

"ہماری اخلاقی اقدار کو کیا ہو گیا ہے؟ یہ اقدار کبھی تھیں بھییا نہیں؟ عالمی شعور جیسے لفظ کا کیا مطلب ہے؟ شعور سے مراد اپنی بھلائی ہی نہیں ہوتا، بلکہ اس سے یہ بھی مراد ہے کہ ہم دوسروں سے کیسا سلوک کرتے ہیں۔ کیا عالمی ضمیر مر چکا ہے؟ گونتاناموبے کی جانب نظر ڈالئے جہاں سینکڑوں لوگ برس ہا برس سے قید ہیں۔ نہ ان کو عدالت تک رسائی دی گئی اور نہ رہا کیا گیا۔ یوں لگتا ہے کہ وہ جیل میں ہی گل سڑ کر مرینگے۔ کیا یہ جنیوا کنونشن کی کھلی خلاف ورزی نہیں؟ عالمی برادری کیسے یہ سب کچھ نہ صرف برداشت کر رہی ہے بلکہ پہلو تہیبجھی کیے ہوئے ہے۔۔۔"

ڈاکٹر کامران احمد کا خیال ہے کہ امن کا عمل انسانی ذات سے شروع ہوتا ہے۔ انسان سب سے پہلے اپنی ذات کے ساتھ امن پیدا کرے۔ ذاتی امن کی شعائیں پھر اس کے گھر افراد پر پڑیں گی۔ پھر سماج اور باقی دنیا اس سے مستفید ہو سکتی ہے۔ برصغیر کے تناظر میں، ڈاکٹر کامران امن کا ذاتی، اجتماعی اور نفسیاتی تجزیہ یوں کرتے ہیں: آلایسی

"برصغیر اور بالخصوص پاکستان میں ہم لوگ انفرادی اور اجتماعی طور پر ایک نفسیاتی کشمکش کا شکار ہیں۔ اس کی وجہ یہ ہے کہ اس خطے کے لوگ اپنے اندر ایک نہائیت گہری تقاوت رکھتے ہیں۔ اس مخمصے کی جڑیں جہاں بہت گہری ہیں وہاں دورنگی بھی ہیں۔ ان رنگوں کو جاننا ضروری ہے تاکہ ہمیں معلوم ہو کہ ہم کہاں کھڑے ہیں اور ہمیں کہاں ہونا چاہیے تھا۔ یہ بات بالخصوص پاکستان، ہندوستان اور بنگلہ دیش پر زیادہ صادق آتی ہے۔ یہ جانے بغیر ہم اس باطنی کشمکش سے چھٹکارہ نہیں پاسکتے جو ہماری ذاتی زندگیوں کو دیمک کی طرح چاٹ رہا ہے۔

ہمارے نفسیاتی ورثے کی پہلی 'جڑ' نو ہزار سال گہری ہے۔ یہ ہمارے ثقافتی ورثے کو بہت منفرد اور مختلف کرتی ہے۔ اس کا ماخذ روحانیت ہے، جس کی کوکھ سے جنم لے کر اس نے اپنی افزائش زراعت کے ذریعے کی۔ پھر وہ محبت کی سرزمین مہر گڑھ میں جوان ہوئی اور اسی علاقے یعنی موجودہ پاکستان میں پھلی پھولی۔ یہ جڑ امن کے ازلی چشمے سے ہماری نفسیات کے شجر کو محبت، رواداری اور برداشت کا آب حیات مہیا کرتی ہے۔ ہمارے نفسیاتی ورثے کی دوسری جڑ ساڑھے تین ہزار سال پرانی ہے۔

جس کا سلسلہ وسطی ایشیا سے جاملتا ہے۔ وسطی ایشیا کے بطن سے جنم لینے کے بعد یہ جڑ مذہب کی زیر سرپرستی اور پدری نظام کی گود میں جوان ہوئی، برصغیر میں پدری نظام اور مذاہب کی آمد پہلے آریاؤں اور پھر مسلمانوں کے ذریعے ہوئی۔ برہمن پنڈت سنسکرت میں لکھی 'وید اس' لائے، ان کے پندرہ سو سال بعد برصغیر میں وارد ہونے والے مسلمان حملہ آوروں، تاجروں اور سیاحوں نے اپنے مذہب سے یہاں کے لوگوں کو روشناس کروایا۔

دونوں مذاہب نے برصغیر کے باشندوں کی ثقافت، تہذیب اور نفسیات پر گہرے نقوش چھوڑے۔ ان دونوں سلسلوں (جڑوں) کے بغور مطالعے کے بعد ہم اس نتیجے پر پہنچتے ہیں کہ ہماری روح اور ہمارا خمیر روحانی اور قلبی روایات سے منسوب ہیں۔ جو اس خطے میں ہزاروں سال سے پھلتیپھولتی رہی ہیں۔ کیونکہ قدیم لوگ ایک دوسرے کے عقیدے اور عبادت گاہوں کا نہ صرف احترام کرتے تھے بلکہ ایک دوسرے کے جشن میں بھی شامل ہوتے تھے۔ برصغیر میں جب اسلام آیا تو یہ صوفیائے کرام تھے جنھوں نے یہاں کی علاقائی رسوم وروایات کے بیچوں بیچ رواداری کا چلن ڈالا۔

تمام صوفی سلسلوں میں بلا تمیز قوم و مذہب ایک محبت، ہمدردی اور امید کی بھرپور جھلک نظر آتی ہے۔ برصغیر میں اسلام کی اشاعت بھی صوفیاء کے مرہون منت ہے۔ لہٰذا یہاں کے باشندوں کی باطنی کشمکش اور نفسیاتی بے کلی دور کرنے کے لئے ضروری ہے کہ اس خطے میں دوبارہ سے بین المذاہب ہم آہنگی اور روادای ایسی روایات کو فروغ دینے کے لئے شعوری کوششیں کی جائیں۔ کیونکہ اس جگہ کا خمیر امن، روحانیت، محبت اور برداشت سے استوار ہے۔

"ڈاکٹر کامران کے خطوط کا حاصل مطالعہ اور مطمع نظر یہ ہے۔ "مادر وطن پاکستان، بر صغیر پاک ہند میں بالخصوص اور دنیا کے اندر بالعموم اقتصادی، سماجی اور سیاسی امن قائم کرنے کی شعوری کوششیں ہونی چاہئیں تا کہ وہ وسائل جو قومیں آپس میں محاذ آرائیوں پر خرچ کر رہیہیں وہ وسائل لوگوں کی سماجی ترقی؛ تعلیم، صحت، خوراک اور رہائش کی بہتر سہولتیں بہم پہنچانے پر خرچ ہو سکیں۔"

ڈاکٹر کامران پیشے کے اعتبار سے نفسیات دان ہیں اور سر تاپا مادر وطن کی محبت سے لبریز ہیں۔ ان کی بر صغیر کی قدیم تاریخ پر گہری نظر ہے۔ ان کے نظریے کے مطابق اس خطے میں امن قائم کرنے کے لیے ہمیں اپنی اصل کی طرف لوٹنا ہو گا۔ جس کا خمیر محبت، برداشت اور رواداری پر استوار ہے۔ کامران احمد نے "نو ہزار سال پرانے برگد کی کہانی" کے عنوان سے پاکستان کی قدیم تاریخ پر ایک ڈاکومنٹری بھی بنار کھی ہے۔ روحانیات ان کا دلچسپی کا علاقہ ہے۔ اور وہ "طریقت" کے نام سے روحانیات کی نفسیات پر ایک خوبصورت اور دلچسپ کتاب کے مصنف بھی ہیں۔

کینیڈا کے شہر Whitby میں مقیم ڈاکٹر خالد سہیل ماہر نفسیات کے طور پر گزشتہ نصف صدی سے شمالی امریکہ میں انسانیت کے دکھ، سکھ میں بدلنے میں ہمہ تن مصروف ہیں۔ نفسیات میں ان کی خصوصیت کا علاقہ سائکو تھراپی ہے۔ جس میں ڈاکٹر صاحب کے گرین زون لونگ Green Zone Living طریقہ علاج نے امریکہ اور کینیڈا میں خاصی پذیرائی حاصل کی ہے۔ بطور ادیب خالد سہیل پینتیس سے اوپر کتب کے مصنف ہیں۔ اور کینیڈا میں "فیملی آف دی ہارٹ" کے نام سے قائم کردہ ایک ادبی تنظیم کے روح رواں بھی ہیں۔

دونوں ادیبوں اور طبیبوں کے نظریہ امن کا خلاصہ یہ ہے کہ اقوام عالم اس وقت نازک دوراہے پر کھڑی ہیں۔ ان کے پاس جہاں موت کا وافر سامان موجود ہے۔ وہاں عقل و دانش اور سائنس اور ٹیکنالوجی جیسی متاع بھی۔ اب چاہے تو انسانیت اپنے آپ کو جنگوں کی آگ میں جھونک کر اجتماعی خود کشی کرلے اور چاہے تو دنیا میں اقتصادی امن، سماجی امن اور سیاسی امن پیدا کر کے اس کو جنت ارضی کا نمونہ بنالے۔ "امن کی تلاش" پروگرام ان افراد کے لئے بہت دلچسپی کا باعث اور فائدہ مند ہو گا جن کی رسائی کسی وجہ سے Two Candles of Peace تک نہیں ہو سکی۔

ارتقا کے راز

ڈاکٹر کامران احمد

ہمارے ہاں علم اور کہانیاں سینہ بسینہ ایک نسل سے دوسری نسل کو منتقل ہوتی ہیں- کتابیں پڑھنے کا رجحان ہمارے ثقافتی ورثے کا حصّہ نہیں رہا- داستان گوئی اور قصہ خوانی ہمارے ورثے کا حصہ رہے- اگر کتابیں پڑھتے بھی تھے تو کئی دفعہ مل کر پڑھتے تھے، کہ ایک پڑھے اور باقی سنیں- جیسے کوئی کہانی پڑھی جا رہی ہو- اکیلے کتاب پڑھنے یا اکیلے کوئی بھی کام کرنے کی روایت ہمارے ہاں زیادہ عام نہیں ہوئی- ہماری روایات کی اپنی خوبصورتی تھی- یہ ہماری زندگی کو، ہمارے رشتوں کو معنی دیتی تھیں- لیکن ہمارے زبانی روایات کے ورثے نے جہاں ہمیں گاؤں یا قصبے کی حد تک ایک دوسرے سے جوڑ کر رکھا، وہاں ہمیں باقی دنیا سے کسی قدر الگ بھی کر دیا-

ایک اور وجہ ہماری دنیا سے کچھ الگ ہو جانے کی، ہماری قومی زبان سے جڑت بھی ہے- حالانکہ ہم، باقی کے ہندوستان کی طرح، انگریزوں کی کالونی رہے، لیکنیہاں مختلف قوموں کو ایک دوسرے سے جوڑ رکھنے کے لئے اور ایک نئی قومیت کو تقویت دینے کے لئے، اردو کو بہت زیادہ اہمیت دی گئی- اور کچھ انگریزی زبان، نئی سوچ، سائنسی علوم اور جدت پسندی کی مخالفت کی جو روش مذہبی رہنماؤں نے ڈال رکھی تھی، وہ بھی آڑے آتی رہی-

ان اور دوسری کئی وجوہات کا نتیجہیہ ہوا کہ جہاں دنیا میں سائنسی تحقیق اور انسانی سوچ کا ارتقاء ہوتا چلا گیا، وہاں ہم ہنسی خوشی اپنے استعاری کنویں میں زندگی بسر کرتے چلے گئے- کبھی کبھی باہر سے تازہ ہوا گول گول گھومتی کنویں میں داخل ہوتی ہے تو اچھا بھی لگتا ہے لیکن باہر کی دنیا کی فکری وسعت کا سوچ کر کچھ ڈر کا احساس بھی ہوتا ہے-

ڈاکٹر خالد سہیل کییہ تحریر ہمیں، اپنی سوچ کے اس کنویں سے باہر، ایک وسیع دنیا میں قدم رکھنے کی دعوت دیتی ہے- اس تحریر کو پڑھنے کے لئے ہمیں ذہنی اور فکری صداقت بھی چاہیے اور حق کی تلاش میں راستہ جہاں بھی لے جائے وہاں جانے کی ہمت بھی- یہ سفر ہمیں دنیا کے ایسے منتخب دانشوروں، فلسفیوں اور سائنسدانوں کے ہاں تھوڑی دیر رکنے کا موقع دیتا ہے جن کی شخصیت اور سوچ کو جاننا انسانی سوچ کے ارتقاء کو سمجھنے کے لئے ضروری ہے-

کسی بھی بڑے دانشور کی سوچ سے ہمارا تعارف تو بہت لوگ کرواسکتے ہیں، لیکن کل انسانی سوچ کے ارتقاء کا تعارف کروانے والے کے لئے ضروری ہے کہ اسے انسانی سوچ کی ترقی اور پھیلاؤ سے اتنی واقفیت ہو کہ وہ اس سفر میں ہمارا رہبر بن سکے- کون کہتا ہے کے خضر کا کام صرف روحانی ترقی کی راہ کو اجاگر کرنا ہے؟ ڈاکٹر خالد سہیل کییہ تحریر ہماری روح کی، ہماری سوچ کی، ہماری زندگی کی بقاء کے لئے آب حیات ہے- وقت آگیا ہے کہ ہم ایک وسیع تر کائنات میں قدم رکھیں اور انسانی ارتقاء کے اس سفر میں کچھ اپنا حصّہ بھی ڈالیں-

انسانی شعور کے ارتقاء کے مختلف نظریات پر تبصرہ

نعیم اشرف (مترجم، ادیب، تجزیہ کار)

جب ہم تاریخِ قدیم پر نظر ڈالتے ہیں تو دیکھتے ہیں کہ یوں تو انسان کی علم کی جستجو کا آغاز کسی نہ کسی صورت میں اسی روز ہو گیا تھا جب انسان کئی لاکھ سال قبل اپنی دھرتی ماں یعنی زمین پر پہلے پہل نمودار ہوا تھا۔ مگر انسانی عقل اور شعور کا کرشمہ ہوئے صرف ایک دو لاکھ سال ہی ہوئے ہیں۔ دنیا کی تاریخ ہمیں خبر دیتی ہے کہ انسانی تجسس اور مختلف علوم کا حصول اپنی مختلف جہتیں اختیار کرتا اور ارتقائی منازل طے کرتا ہوا پانچ سو سال قبل مسیح پر آ کر مؤثر شکل اختیار کر گیا تھا۔

مختصراً یوں بھی کہا جاسکتا ہے کہ انسانی دانائی کے حصول کی کہانی پچیس سو سالوں پر محیط ہے۔ اس سارے عرصے میں انسانوں میں سے کچھ افراد نے عمرانیات، فلسفے، اقتصادیات، سیاسیات، فلکیات، طبیعات، کیمیاء اور طب کے میدان میں تاریخ ساز کارنامے انجام دیئے۔ مگر ارتقائے انسانی کا یہ عمل بہت سست تھا۔ ہم دیکھتے ہیں کہ انسانی زندگی، شعور، نفسیات، تاریخ اور سماج کے ارتقاء کے حوالے سے جو انقلابی ترقی بنی نوع انسان کو گزشتہ ڈیڑھ دو سو سالوں میں نصیب ہوئی ہے وہ پہلے کبھی نہ تھی۔

ڈاکٹر خالد سہیل نے اپنی کتاب "انسانی شعور کے ارتقاء کے مختلف نظریات" میں ان ہی نابغہ روزگار مشاہیر کے ارتقائی نظریات کا نچوڑ پیش کیا ہے۔ اس کتاب میں ڈاکٹر سہیل نے جدید سائنسی سوچ کے روحِ رواں ان مشاہیر کے حالات زندگی اور ان کی فکری سچائیوں کا ذکر نہایت سلیس الفاظ میں اس طرح کیا ہے کہ قاری کو فلسفے کی سنجیدگی کا احساس بھی نہیں ہوتا اور بات بھی سمجھ میں آ جاتی ہے۔

چونکہ ڈاکٹر صاحب خود بھی ایک نفسیات دان ہیں اس لیے انھوں نے انسانی ارتقاء کی ترتیب بھیبوں رکھی ہے کہ پڑھنے والے کی دلچسپی برقرار رہے۔ ڈاکٹر سہیل کائنات کے ارتقاء پر سٹیفن ہاکنگ کے نظریات سے بات شروع کرتے ہیں۔ اور ایک مدھر سی روانی کے ساتھ چارلس ڈارون کا دقیق حیاتیاتی ارتقاء کا نظریہ، سگمنڈ فرائڈ کا نفسیاتی ارتقاء کا نظریہ، رچرڈ بیوک کا شعوری ارتقاء کا نظریہ، فریڈرک ہیگل کا انسانی تاریخ کے ارتقاء کا نظریہ پیش کرتے ہوئے بات آگے بڑھاتے ہیں۔ جہاں پر آپکی کین ویلبر سے ملاقات ہوتی ہے جو آپ کو نہائت اہم تھیوری: انسانی شعور کے ارتقاء کا نظریہ، پیش کرتے ہیں۔ اس کے بعد زمانہ موجود کے مشہور، منفرد اور متنازعہ اقتصادی ماہر کارل مارکس کا سماجی ارتقاء کا نظریہ بہو بہت سلیس زبان میں آپ کو پڑھنے کو ملتا ہے۔ اس کے بعد مصنف نے وال ہراری کا معاشرتی ارتقاء کا نظریہ اور انسانوں کا فلسفیاتی ارتقاء کا نظریہ شامل کرنے کے بعد انسانی شعور، تجسس اور دانائی کے بحر بیکراں کو ایک صراحی میں بند کر دیا ہے۔

ڈاکٹر سہیل نے اپنی مختصر مگر نہایئت دلچسپ کتاب میں مذکورہ مشاہیر کے ارتقائی نظریات کو اتنی آسان اور عام فہم زبان میں بیان کیا ہے کہ دو سو برسوں پر محیط بات چند منٹوں میں سمجھ میں آ جاتی ہے۔ انسانی زندگی کے آغاز، انسانی سوچ، انسانی نفسیات، انسانی تاریخ اور انسانی عقائد کے ارتقاء پر یقیناً یہ ایک تاریخی اور منفرد کوشش ہے۔ کیوں کہ کائنات، انسانی حیات، انسانی شعور اور انسانی نفسیات اور تاریخ کے ارتقاء پر آج تک ہونے والی تحقیق کے یہ آخری نتائج ہیں۔ مجھے یقین ہے کہ یہ کتاب آنے والے وقتوں میں ایک اہم حوالہ ثابت ہو گی۔

کتاب کے آخر میں ڈاکٹر سہیل نے ایک طویل نظم لکھی ہے جسے پڑھ کر احساس ہوتا ہے کہ کائنات کے ارتقاء سے لے کر انسانی شعور اور فلسفیاتی ارتقاء جیسی سنگلاخ وادیوں میں سفر کرنے والا محقق اور مرد آہن اندر سے کتنا ہمدرد، حساس اور دل گیر ہے۔ اس کا دل پوری انسانیت کی پُرامن اور خوش حال زندگی کے لیے کس قدر شدت سے دھڑکتا ہے::

حصہ چہارم: خطوط

نئے خواب نیا نصاب۔۔۔ تبصرہ

عائشہ اسلام

)A Bridge between Today and Yesterday(.

جیمز ہلٹن نے اپنے ناول "گڈ بائے مسٹر چپس" میں ایک جملہ لکھا تھا:

"Youth and old often combine well".

اس جملے کی صداقت پر یقین کی مہر ثبت ہوئی جب ڈاکٹر خالد سہیل اور محترمہ مقدس مجید کی مشترکہ کاوش "نئے خواب، نیا نصاب" کا مطالعہ کیا۔ یہ کتاب میری عمر اور نسل کے افراد کے لیے کسی نعمت سے کم نہیں۔ میں اسے مکمل طور پر اپنی ذاتی زندگی سے جوڑ سکتی ہوں۔ مقدس کا کھوج کرتا ہوا ذہن جب کسی اُلجھن کو سلجھانے کے لیے ڈاکٹر سہیل سے کوئی سوال کرتا ہے تو میں بے اختیار کہہ اٹھتی ہوں:

؏ میں نے یہ جانا کہ گویا یہ بھی میرے دل میں ہے

مجھے محسوس ہوتا ہے کہ مقدس نے جو سوال کیے ہیں یہ محض مقدس کے سوالات نہیں ہیں بلکہ یہ پوری نوجوان نسل کی ذہنی اُلجھنوں کا اظہار ہے۔ مقدس کے سوال سبجیکٹیو نہیں اوبجیکٹیو ہیں۔ کسی بھی آرٹ، کتاب یا ادب پارے کی کامیابی کا راز اس بات میں ہوتا ہے کہ زیادہ سے زیادہ لوگ اسے خود سے جوڑ سکیں۔ اُس سے ریلیٹ کر سکیں۔

مکالمے کی دعوت قبول کر کے جس طرح جذبۂ رہنمائی اور فراخ دلی سے ڈاکٹر سہیل نے مقدس کے سوالات کے مدلل جوابات دیتے ہوئے نوجوان اذہان کی آبیاری کیلئے سامان مہیا کیا ہے اس کیلئے نوجوان نسل ہمیشہ اُن کی مشکور رہے گی۔ "کری ایٹیو مائنورٹی" کے ذہنوں کی بھوک مٹانے کیلئے یہ کتاب ایک لذت بھرا من وسلویٰ ہے۔

زبان، عنوان اور طرزِ بیان کے لحاظ سے کتاب دلچسپ اور عام فہم ہے۔ پڑھنے والا کتاب کا میسج بہت سہولت سے حاصل کر لیتا ہے۔ "نئے خواب نیا نصاب" میں وہ تمام خوبیاں موجود ہیں جو ایک اچھی کتاب میں ہونی چاہئیں۔

.This book is easily understandable, Relatable and enlightening

نئی نسل کے "نئے خواب" ہیں، "نئے سوال" ہیں۔ نوجوانوں میں آگے بڑھنے کی "لگن" اور کچھ نیا جاننے کی "جستجو" ہونا قابلِ ستائش رویہ ہے۔ کتاب کا بنیادی پیغام "مکالمہ" ہے۔ ہمیں بطور انسان اور بطور قوم دونوں لحاظ سے "مکالمے" کو فروغ دینے کی ضرورت ہے۔ کیوں کہ مکالمہ وہ واحد چیز ہے جو جہالت، تعصب، کم علمی اور عدم برداشت کا توڑ ہے۔ مکالمہ انسان کو انسان اور معاشرے کو معاشرے کے قریب لاتا ہے۔ ایک دوسرے کے نکتہ نظر اور موقف کو سمجھنے اور ہم آہنگ ہونے کا موقع دیتا ہے۔ فاصلے کم کرتا ہے۔ دوسرے لفظوں میں یہ ایک "پُل" ہے۔ لیکن بد قسمتی سے ہمارے معاشرے میں ادب اور حیا کے نام پر بزرگوں اور نوجوانوں کے درمیان کی دیوار آسمان تک اونچی ہے۔ یہ "حد ادب" اور "ہوشیار باش" جیسے ذہنی رویوں کا معاشرہ ہے۔ دو نسلوں کے درمیان فاصلے کی ایک وسیع خلیج ہے۔ "نئے خواب، نیا نصاب" بلاشبہ اس دوری کو کم کرنے کی طرف بہت بڑا اور احسن قدم ہے۔ اس لحاظ سے میں اسے:

.A bridge between Today and Yesterday

کہوں گی۔

"نئے خواب نیا نصاب" ماضی اور حال، سینئر اور جونیئر کے درمیان پُل بن گیا ہے۔ میں امید کرتی ہوں کہ دو نسلوں کے درمیان پل تعمیر کرنے کا یہ سلسلہ جاری و ساری رہے گا۔ شکریہ!

عائشہ اسلام

نئے خواب نیا نصاب۔۔۔ تبصرہ

دعا عظیمی

سب سے پہلے تو میں سب سامعین و حاضرین کی خدمت میں سلام عرض کرتی ہوں پھر اپنی پیاری سی ادبی سہیلی جو عمر میں میرے سے بہت کم ہیں مگر ذہانت میں بہت زیادہ ہیں۔ میں محترمہ مقدس مجید صاحبہ کا شکریہ ادا کرتی ہوں جنھوں نے اپنی پہلی کتاب کی تقریب رونمائی بلکہ اپنے خواب کی تعبیر پانے کی خوشی کی تقریب میں مجھے بطور خاص بلایا۔ بہت بہت شکریہ دونوں مصنفین کا انہوں نے ہمیں یکجا کیا۔ اتنا خوبصورت موقع فراہم کیا کہ ہم مل بیٹھ کے بات کر سکیں۔

۔ڈاکٹر خالد سہیل اور محترمہ مقدس مجید صاحبہ کو مبارکباد پیش کرتی ہوں۔ آپ نے سوشیو سائکلاجیکل ایشوز پر ادبی خطوط کے زریعے کامیاب مکالمے کا تجربہ کیا۔ اس کتاب پر بات کرنے سے پہلے

ڈاکٹر خالد سہیل صاحب کی ایک دوسری کتاب سے کچھ سطور پڑھوں گی۔

"بیج کے دل میں درخت کے سارے راز پوشیدہ ہوتے ہیں جب اس بیج کو تازہ ہوا، بارش کا پانی اور سورج کی روشنی ملتی ہے تو بیج کھل اٹھتا ہے پہلے پودا بنتا ہے پھر درخت اور اس کی شاخوں پر پھل اور پھول اگتے ہیں۔ اور پھر وہ ہوا میں لہراتا ہے اور مسکراتا ہے۔" میری رائے میں ڈاکٹر خالد سہیل ایک انسان دوست ادیب اور ماہر نفسیات ہیں جو چاہتے ہیں کہ اس دنیا کا ہر بچہ، ہر انسان ایک پھول دار پودا اور پھلدار درخت بنے اور وہ اس سلسلے میں دکھوں کو سکھوں میں بدلنے کی تدابیر کرتے رہتے ہیں۔

مجھے یہ کہنے کی اجازت دیں کہ ڈاکٹر خالد سہیل ایک فرد کا نام نہیں بلکہ ایک ادارے اور ادارے سے بڑھ کر ایک تحریک کا نام ہے۔ جس کا موٹو ہے ایولوشن تھرو ایجوکیشن۔ یہ کتاب بھی اسی سلسلے کی ایک کڑی معلوم ہوتی ہے۔

زندگی کے بارے میں ان کا ایک مخصوص نظریہ ہے۔ اگر اجازت ہو تو ڈاکٹر صاحب کی ایک کتاب سے اقتباس پڑھ کر سنادوں

"اے میرے دانشور دوست

کیا تم نے کبھی سوچا ہے کہ

یہ زندگی آخر ہے کیا

میری نگاہ میں تو زندگی ایک ایسا کورا کاغذ ہے جس پر ہم اپنی کہانی تحریر کرتے ہیں۔

زندگی ایک سادہ کینوس ہے جس پر ہم اپنے خوابوں کے نقوش چھوڑ جاتے ہیں۔

زندگی ایک ایسی خالی صراحی ہے جسے ہم صبح شام اپنے جذبوں سے بھرتے ہیں اور زندگی ایک ایسا ساحل ہے جس پر ہم اپنے نقش قدم چھوڑ جاتے ہیں"۔

(ڈاکٹر خالد سہیل)

یہ خط ایک ادبی شاہ پارہ ہے جو ڈاکٹر سہیل صاحب نے اپنے دوست امیر حسین جعفری صاحب کو لکھا ہے۔ اس میں اعتراف کیا ہے کہ میری تخلیقات دُکھی انسانیت کے نام میرے محبت نامے ہیں۔ اسی کتاب میں آپ نے اپنے دوست رضوان صاحب کو خط لکھتے سے خطوط نویسی کے متعلق اپنا موقف بیان کرتے ہوئے کہا ہے کہ

"اردو ادب میں جو پزیرائی غزل، نظم، افسانے اور ناول کو ملی وہ عزت و توقیر خطوط کو نہیں ملی۔ معلوم ہوتا ہے خطوط اردو ادب کی روائت کے سوتیلے بچے ہیں۔ اردو ادب میں جو خطوط چھپے ہیں وہ یکطرفہ ٹریفک ہے دوطرفہ نہیں مونولاگ ہے ڈائیلاگ نہیں۔"

سوڈاکٹر صاحب نے اس سوتیلے بچے کے سر پر خوب دست شفقت رکھا۔ڈاکٹر سہیل نے پچھلے چار سالوں میں خطوط پر مشتمل کوئی چار عدد کتابیں لکھیں۔ جن میں ایک پاپی ہے۔ یہ کتاب اپنے دوست جناب مرزا یاسین بیگ صاحب کے ساتھ مل کر تخلیق کی۔ ان میں دو فرضی کرداروں عرفان اور رضوانہ کے خطوط ہیں۔ ہر خط میں کہانی نیا اور دلچسپ موڑ لیتی ہے۔ یہ ناول کی طرز پر لکھی گئی کتاب ہے جس کا موضوع دو مختلف ثقافتوں میں بسنے والوں کے حالات وواقعات کی عکاسی اور تقابلی جائزہ بھی ہے۔

اس سے پہلے پچاس خطوط پر مشتمل آپ نے محترمہ رابعہ الرباء صاحبہ کے ساتھ درویشوں کا ڈیرہ لکھی۔ اس کتاب کو بہت پزیرائی ملی کہ یہ ایک انوکھا تجربہ تھا جس میں دو مکتبہ فکر سے تعلق رکھنے والے درویشوں کے فلسفہ حیات ہیں۔ مختلف زمینوں اور زمانوں میں رہنے والوں نے فلسفیانہ رنگ میں سماج کے مختلف پہلوؤں پہ اپنی اپنی رائے کا اظہار کیا۔ اس سیریز کی تیسری کتاب ادبی محبت نامے کے نام سے ہے۔ یہ چھبیس دوستوں کے ایک سوچھیالیس خطوط کا مجموعہ ہے۔ اس میں کچھ خطوط میں دوستوں کی طرف سے درویشوں کے ڈیرے پر رائے بھی شامل ہے۔ زیادہ تر خطوط تخلیقی شخصیات سے رابطے اوران کے ذاتی مسائل پر بات چیت ہے۔ مختلف تخلیق کاروں کی کہانیاں اور دوطرفہ محسوسات وخیالات کو قلمبند کیا ہے۔ جس پر ڈاکٹر خالد سہیل نے اپنے ادبی حلقوں اور قارئین سے داد وصول کی۔

میرا گمان ہے کہ ڈاکٹر خالد سہیل نے طویل عرصہ پر دیس میں اپنے کریٹیو سائکو تھیراپی کلینک میں مسیحائی کی جس کا دائرہ کار اب گرین زون کی شکل میں ملکوں ملکوں نگر نگر پھیل گیا ہے۔

ان کی قلمی مسیحائی کا سفر سات سمندر پار پر دیس سے دیس کی طرف چل نکلا ہے تا کہ دائرہ مکمل ہو کے اپنی منزل کو چھو لے۔ اور اپنی مٹی کا حق ادا ہو۔

اب بات کروں گی ڈاکٹر خالد سہیل اور محترمہ مقدس مجید صاحبہ کی اس سانجھی ادبی کرامت کی جو ایک ماہ کے عرصے میں انتیس خطوط کی صورت میں ہمارے ہاتھوں میں ہے۔ میں نے سنا تھا کہ جب ہم کسی کتاب کا جائزہ لیتے ہیں تو چار چیزوں کو مدنظر رکھتے ہیں نمبر ایک ادیب نمبر دو قاری جن کے لئے کتاب لکھی گئی، نمبر تین زبان اور نمبر چار سماج مصنفین میں سے ایک کا تعلق سماجیات اور دوسرے کا علم نفسیات سے ہے۔ تو یہ کتاب جیسے کہ اس کے عنوان سے ظاہر ہے نئے خواب نیا نصاب جسے ڈاکٹر خالد سہیل نے اپنی غزل کے ایک شعر سے تجویز کیا ہے۔ کتاب کے حوالے سے ایک مکمل پیغام دیتا ہوا نام ہے۔ یہ پاکستان کے سماجی حالات اوراس سے متعلقہ روزمرہ کی زندگی کے معاملات پر لکھی گئی کتاب ہے جو اس بات کا تقاضا کرتی ہے کہ سماج میں بہت سی نئی صحت مند اقدار کو، رحجانات کو لانے کی ضرورت ہے۔ نوجوان نسل ہی اس کے اصل قارئین ہیں۔ اس کی زبان اردو ہے۔ اس کا انداز تحریر سہل اور رواں ہے، جملے بے ساختہ اور فطری بہاؤ لیے ہوئے ہیں۔ کہیں کوئی لگی لپٹی نہیں تصنع اور بناوٹ سے پاک دو دوست باتیں کرتے ہیں۔ ایک کی گفتگو میں اپنے حالات کی تصویر کشی ہے دوسرے کی گفتگو میں علم ہے، تجربہ ہے، دانائی ہے مگر اوپرا پن نہیں ہے۔ خلوص ہے دردمندی ہے۔ ایک علم کا در کھٹکھٹاتا ہے تو دوسرا علم کا دستر خوان بچھاتا ہے۔ یہاں تک کے ضیافت میں شامل ہونے والے سیر ہو کر اٹھتے ہیں۔

تخیل کی لہریں سطور اور بین السطور کروٹیں لے رہی ہیں۔ جہاں تک نوجوان لکھاری مقدس مجید صاحبہ کی طرز تحریر ہے اس میں ادبی چاشنی بھی ہے اور دلچسپ بھی۔ کلیریٹی آف تھاٹ رکھتی ہیں۔ ان کی تحریر شفاف ہے، کہیں دھند اور دھواں نہیں ہے، صبح صادق کی طرح واضح اور روشن ہے۔ ابلاغ میں ابہام نہیں ہے۔ مدلل گفتگو ان کا خاصا ہے البتہ مشکل سے مشکل صورتحال کو استعاراتی صورت دے کر بات کو قارئین تک پہنچانے کا ہنر جانتی ہیں۔ کیا ہم سب زومبیز ہیں، اس کی بہترین مثال ہے۔ یہ کتاب دو انسانوں اور دو نسلوں کے درمیان مکالمہ ہے جو سوال اٹھائے جانے کی اہمیت سے شروع ہوتا ہے۔ پہلے خط میں فرماتی ہیں

"مکالمے کا قتل صرف ایک سنگین معاملہ اس وجہ سے نہیں کہ یہ قتل ہے بلکہ اس وجہ سے بھی ہے کہ یہ بہت سی غلیظ بیماریوں کی پیدائش کا سبب بھی ہے جن میں سب سے بڑی بیماری شدت پسندی ہے جو ہمارے معاشرے کو دیمک کی طرح چاٹ رہی ہے۔" وہ حقایق سے بھرا مقدمہ پیش کرتی ہیں نہائیت واضح دوٹوک الفاظ میں کوٹ

"ہم تو ایسے معاشرے میں پل رہے ہیں جہاں سوال کرنا حرام ہے۔"

سوال کا مکالمے سے کیا تعلق ہے مکالمے کا جمہوریت سے کیا رشتہ ہے۔ بات کرنے سے کہہ دینے سے کیسے معاملات حل ہونے کے امکانات ہوتے ہیں۔ مکالمے کے کیا آداب ہیں۔ ہمارے ہاں مکالمہ کیوں ممکن نہیں۔ بات سننے والے میں تحمل چاہیے۔ کچھ بتانے کے لیے تجربہ اور دانائی اور سب سے بڑی بات دوسرے کی عزت نفس کا خیال رکھنا اسے خود سے جوڑنا کتنا ضروری ہے۔ یہ کتاب پڑھنے والا اس سے بہت کچھ سیکھ سکتا ہے۔ جنریشن گیپ کو کس طرح کم کر کے راہنمائی اور دوستی کی فضا بنتی ہے۔

یہاں بات سوالات سے شروع ہو کے جوابات پر پہنچتی ہے اور ہر خط کا اختتام ایک نئے سوال کے ساتھ دونوں طرف سے ہوتا ہے۔ کبھی ایک نیا موضوع تو کبھی اسی سے جڑا ہوا دوسرا۔ واقعات کے ذریعے معلومات کی پھوار مسلسل جاری رہتی ہے۔

اس کتاب میں ان تمام موضوعات کو چھیڑا گیا ہے۔ جن پر عموما پاکستانی سماج میں کم بات ہوتی ہے۔ چھوٹے چھوٹے واقعات اور استعارات کی مدد سے دونوں مصنفین نے اپنے خیالات کا اظہار کیا ہے۔ لکھنے والوں نے تشنگی نہیں چھوڑی۔ موضوعات کے ساتھ کھل کر انصاف کیا۔ ڈاکٹر صاحب کے ہر خط کے آخر میں کیے گئے سوال کے جواب میں موجودہ حالات کی اصل تصویر مقدس مجید صاحبہ نے دکھائی۔ اس کتاب میں بہت سے سوال پوچھے گئے ہیں۔ پہلا سوال تو سوال اٹھانے کی روائت کی دل شکنی پر ہے دوسرا سوال کامیابی کیا ہے کہ تصور پر ہے زندگی کیا ہے پھر پے در پے سوالات خواتین اور ان سے جڑے مسائل، شادی کے حوالے سے اینج میرج لو میرج، ڈیٹنگ کے بارے میں مشرق اور مغرب میں شادی کا ادارہ جو سماج کی پہلی اکائی ہے اس پر بات کی ہے۔ بہت سی لڑکیاں پڑھ لکھ کے شادی کے بعد گھر کیوں بیٹھ جاتی ہیں؟

مشرق اور مغرب میں عورت اور مرد کے درمیان کیا فرق ہے۔؟

مقدس مجید صاحبہ رقم طراز ہیں

زندگی کے پل کے ایک طرف مرد کھڑے ہیں اور دوسری طرف عورتیں، ایک دوسرے کو دور سے دیکھ رہے ہیں مگر سن نہیں پا رہے چونکہ مکالمہ نہیں ہے سو پل درمیان سے ٹوٹا ہوا ہے اور مرد و خواتین دور دور سے آوازیں لگا لگا کر اپنے کام کی باتیں کر رہے ہیں۔ فاصلہ زیادہ ہونے کی وجہ سے بات کچھ کرتے ہیں اور پہنچ کسی اور طرح جاتی ہے۔"

مجھے یہ بات ایسے لگی گویا یہ میرے دل میں ہے۔ صم بکم کی اس کیفیت میں بہت سی خواتین اور مردوں کے دن رات گزرتے ہیں۔ شاید شاعر نے اسی لیے کہا ہو گا دیواروں سے باتیں کرنا اچھا لگتا ہے۔ ان ہی سطور سے پتہ چلتا ہے کہ مقدس صاحبہ کیسے الفاظ کی مدد سے تصاویر کھینچتی ہیں کہ ساری صورتحال کی عکاسی ہو جاتی ہے۔ ماں باپ کی ذمہ داری اور بچوں کی نگہداشت والدین کے رویوں سے، متعلق جواب دیتے ہوئے بڑے دکھ سے طنزیہ کہتی ہیں

"تربیت کے نام پر بچے کی ڈوریں ہاتھ میں لے کر اسے کٹھ پتلی کی طرح نچانا ثواب کا کام سمجھا جاتا ہے۔ "تند و تیز تیکھے کڑوے سچ میں بھیگے جملے جس کے جواب میں ڈاکٹر صاحب خوب نپے تلے اور اپنے مخصوص انداز میں راہنمائی فرماتے ہیں۔ ان خطوط میں جنس کے موضوع پر بھیکری گفتگو ہوئی۔ ماہر نفسیات ادیب نے اس بات پر روشنی ڈالی کس طرح جنس اور مذہب نوجوانوں کے نفسیاتی مسائل کی جڑوں میں بیماری پیدا کرتے ہیں۔

خواتین کی مشرقی اور مغربی خود مختاری کی تحاریک کا زکر ہے۔ پھر طلاق اور طلاق کے بعد بچوں کی پرورش کیسے کی جاتی ہے یا کس کے ذمے ہے۔ میرے خیال میں نئے خواب نیا نصاب جسے صریر پبلیکیشن نے بہت محنت اور محبت سے پبلش کیا ہے۔ یہ نوجوانوں کے لئے بھی ہے اور ان کے بزرگوں کے لئے بھی تاکہ وہ عملی طور پر اپنی ذمہ داریاں بہتر طور پر ادا کر سکیں۔ خواتین کے لئے ضروری ہے تاکہ وہ ایک خود مختار خاتون بن سکیں اور مردوں کے لیے کچھ ایسے راز لئے کہ وہ اپنے اور اپنے گھر والوں کے لئے مثبت اور تعمیری روئے اپنا کر صحت مند رشتے اور خاندان بنا سکیں۔

۔ کامیابی کے تصور سے شروع ہو کر دھیرے دھیرے فرد، جنس، خاندان کے ادراے، رشتوں ناطوں شادی بچے طلاق خواتین کی معاشی سماجی خود داری سے ہوتی ہوئی عورتوں کے حسن اور کھوکھلے معیار کے پول کھولتی ہوئی سماجی اونچ نیچ کی تعصبات کی استحصال کی جبر کی اور معاشرے میں ہونے والی ناانصافیوں اور ان کے تدارک ازالے اور حل تک پہنچتی ہے۔ پھر پاکستان میں ذہنی امراض کے بارے میں لوگوں کے رویوں پر بات ہوئی ہے۔ گرین زون فلاسفی کا مکمل تعارف بھی اس میں شامل، ہے اس کے علاوہ ڈاکٹر صاحب کے اور مقدس مجید صاحبہ کے چند ایک کالمز شامل ہیں۔ جو میری نظر میں اضافی ہیں۔ کتاب ان کے بغیر بھی مکمل تھی۔ کوئی مجھ سے کہے کہ اس کتاب کا سب سے خوبصورت جملہ کیا ہے تو میں کہوں گی اس میں ڈاکٹر صاحب نے ماہر نفسیات سٹاک سالیوان کا جو جملہ لکھا ہے وہ بہت دل کو بھانے والا ہے۔ محبت کی کیا خوبصورت تعریف کی ہے

"جب ایک انسان کو کسی دوسرے انسان کی خوشی اور غم اپنی خوشی اور غم کی طرح عزیز ہو جائے تب ہم اسے محبت کہہ سکتے ہیں۔۔۔"ہیری سٹیک سالیوان) مجھے ایسے لگتا ہے مقدس مجید صاحبہ کے سوال کے جواب میں ڈاکٹر خالد سہیل صاحب نے برسوں کے علم مشق ریاضت اور تجربات کے گہرے سمندر کو اس چھوٹی سی کتاب کی صورت کوزے میں بند کر دیا ہے۔ ایک بار پھر اس کاوش پر مبارکباد۔

دعا عظیمی

نئے خواب، نیا نصاب۔ نئی نسل کے مسائل پر مکالمہ ضروری ہے

عبدالستار

ہم ایک ایسے جبل معاشرے کے باسی ہیں جہاں پر حقائق کو پرکھنے کے دو پیمانے ہیں، گناہ اور ثواب۔ یعنی ہم زندگی سے جڑی ہوئی حقیقتوں کو ایک مخصوص پیرائے میں قید کر کے دیکھتے ہیں اور انہی مخصوص پیمانوں کی روشنی میں نتائج اخذ کر کے پوری زندگی پر اپلائی کرنے کی کوشش کرتے ہیں۔ انسانی زندگی کا اس سے بڑا المیہ کیا ہو سکتا ہے کہ اسے فقط دو رخی بنا کر محدود کر دیا جائے اور انہی دو زاویوں کے گرد خیالی دنیا کے ایسے شاندار روایتی محل کھڑے کر دیے جائیں کہ کل کائنات اسی محدود دائرے میں دکھنے لگے۔ ہمارے سماج میں تنگ نظری کا یہ بندوبست باقاعدہ منصوبہ بندی کر کے ملک و قوم کے وسیع تر مفاد میں نہ جانے کب سے ہو رہا ہے اور اسی تنگ نظری کی عکاسی ہمارے تعلیمی ادارے سکول، کالج اور یونیورسٹی میں دکھائی دیتی ہے۔ ہمارے پی ایچ ڈی اور ایم فل اپنا مضمون جس پر انہیں گرفت ہوتی ہے، اس کے متعلق ڈائریکٹ گفتگو کا آغاز کرنے کی بجائے مذہبی تعلیمات و تصورات کا سہارا لے کر اپنی گفتگو کا آغاز کرتے نظر آئیں گے۔ بنیادی وجہ محدود نظری کا وہ بندوبست ہے جس کا آغاز روایتی ادارے جس میں والدین بھی شامل ہیں بچپن سے شروع کر دیتے ہیں۔ ڈائس کے پیچھے کھڑے لیکچرر اور ممبر پر بیٹھے مولوی کے درمیان کوئی فرق نظر نہیں آتا۔ جس طرح ممبر پر براجمان مولوی سامعین کو سوال کرنے کی اجازت نہیں دیتا بالکل اسی طرح ڈائس کے پیچھے کھڑا پروفیسر بھی قطعی طور پر اپنے طلبا کو سوال کرنے کی اجازت نہیں دیتا اور اگر غلطی سے کسی طالب علم نے کوئی ٹیڑھا سا سوال پوچھنے کی جسارت کر لی تو اس کی اسائنمنٹ اور جی پی کے ساتھ جو حشر ہو گا وہ تمام طلبہ کے لیے ایک مثال بن جائے گا۔ بھلا ایسے گھٹن زدہ ماحول میں کون جرات کرے گا مولوی کے آگے سوال کرنے کی؟ کیونکہ اسے پتا ہے کہ اسے دائرہ ایمان سے خارج کر کے ایک ایسا ٹیگ عطا کر دیا جائے گا کہ ہر کوئی اسے مشکوک نگاہوں سے دیکھنے لگے گا۔ دوسری طرف ایک ایسا طالب علم جو دماغ کی بتی جلانے کے لئے غلطی سے برٹرینڈ رسل یا ڈاکٹر خالد سہیل کو پڑھنے کے بعد ڈائس پیچھے کھڑے پروفیسر سے غیر روایتی سوال پوچھنے کی جسارت کرے گا تو جو کچھ اس کے تعلیمی کریئر کے ساتھ بے ادبی و گستاخی کے نام پر کھلواڑ ہو گا وہی بہتر جانتا ہے۔ ایسے گھٹن زدہ ماحول میں ہم جیسے لوگوں کے لیے انٹرنیٹ کسی بہت بڑی نعمت سے کم نہیں ہے۔ غالباً 2017 میں میں نے صرف پڑھنے کی حد تک ہم سب ویب سائٹ کو جوائن کیا تھا کیونکہ اس سائٹ پر اکثر لکھنے والے میرے خیالات کی ترجمانی کرتے تھے، کم و بیش اسی دوران میں نے ڈاکٹر خالد سہیل کا ایک مضمون پڑھا جس میں انہوں نے سچ کے تین زاویئے بیان کیے تھے۔ انہوں نے لکھا تھا کہ سچ تین طرح کے ہوتے ہیں مذہبی سچ، روحانی سچ اور سائنسی سچ۔ یہ مضمون پڑھنے کے بعد ہم سب ویب سائٹ پر جتنے بھی ان کے مضامین تھے وہ میں نے دنوں میں پڑھ ڈالے اور ہر شائع ہونے والا ان کا مضمون سب سے پہلے پڑھ کر اپنے کومنٹس لکھنے کی کوشش کرتا۔ خالد سہیل کو ڈھونڈنے کی تمنا ہوئی تو ان کی ویب سائٹ پر پہنچ گیا جہاں پر دو باتوں نے مجھے بہت زیادہ متاثر کیا۔ "ان جانچی زندگی جینے کے قابل نہیں ہوتی۔ دنیا میں اتنے ہی سچ ہیں جتنے انسان، اتنی ہی حقیقتیں ہیں جتنی دیکھنے والی آنکھیں اس دنیا میں موجود ہیں"۔ یہ پڑھنے کے بعد ڈاکٹر خالد سے ملنے کی خواہش مچلنے لگی کیونکہ زندگی میں پہلی بار ایسا لگا تھا کہ اس دنیا میں کوئی ایسا ہے جو اپنا سا ہے۔ مزید قریب جانے میں ڈاکٹر بلند اقبال کا ایک مشہور ٹی وی پروگرام "پاسورڈ" نے بہت زیادہ مدد کی کیونکہ پاسورڈ کے اکثر پروگرامز میں انتہائی حساس اور بولڈ ٹاپک پر گفتگو کرنے کے لیے ڈاکٹر بلند اقبال ڈاکٹر خالد سہیل کو مدعو کیا کرتے تھے۔ ان علمی پروگرامز کے ذریعے سے مجھے ڈاکٹر خالد سہیل کے خیالات و افکار میں جھانکنے کا موقع ملا اور پھر یہ تجسس مجھے کینیڈا ون ٹی وی پر "ان سرچ آف وزڈم" تک لے گیا، جہاں یہ دونوں طبیب دوست ڈارک ایج، قرون وسطی اور ماڈرن ایج کے

انسانی ذہنی ارتقاء کو انتہائی خوبصورتی سے پیش کرتے نظر آئے۔ اس کے بعد غالباً فروری 2018 میں ڈاکٹر خالد سہیل لاہور تشریف لائے اور ان سے بالمشافہ ملاقات کا شرف ان کی پیاری بہن عنبرین کوثر کے گھر پر حاصل ہوا۔ عنبرین نے جس محبت و خلوص کے ساتھ ہماری مہمان نوازی فرمائی اس کے لئے شکریہ کا لفظ ان کے خلوص کے آگے کوئی اہمیت نہیں رکھتا، ویسے بھی سراپا محبت لوگ ایسے تکلفات سے بے نیاز ہوتے ہیں۔ پیاری عنمبرین کوثر کا گھر میری ادبی جنم گاہ ثابت ہوا۔ ڈاکٹر خالد سہیل سے سیر حاصل گفتگو کے بعد انہوں نے مجھے لکھنے کا مشورہ دیا اور مائنڈ گیم کا ماہرانہ استعمال کرتے ہوئے انہوں نے مجھے کہا کہ آپ واقعی اچھے لکھاری ثابت ہوں گے۔ بس پھر کیا تھا آج 27 اپریل 2022 تک "ہم سب" پر میرے غالبا 206 بلاگ شائع ہو چکے ہیں۔ اب آتے ہیں اصل موضوع کی طرف، گزشتہ دنوں مجھے ڈاکٹر خالد سہیل اور مقدس مجید کی مشترکہ کتاب نئے خواب، نیا نصاب موصول ہوئی جسے پڑھنے کے بعد میرے من میں جو سب سے پہلی خواہش پیدا ہوئی کہ اس کتاب کو ہمارے تعلیمی نصاب کا حصہ ہونا چاہیے۔ کیونکہ بطور ٹیچر اور زندگی کا ایک ادنیٰ سا طالب علم ہونے کی حیثیت سے اور اپنے ملک کے تعلیمی کلچر سے آگاہ ہونے کے بعد بطور ٹیچر تقریبا سترہ سال پڑھانے کے بعد مجھے یہ کہنے میں کوئی عار نہیں ہے کہ ہمارا نصاب تعلیم کچرے کا ایک ڈھیر ہے۔ جس میں مکالمہ نام کی بالکل بھی کوئی گنجائش نہیں ہے، بس ماننا، ماننا اور ماننا ہے اور اسی نصابی کلچر کی پیروی کرتے کرتے طلبہ پی ایچ ڈی کر جاتے ہیں مگر المیہ یہ ہے کہ یہ ڈگری والے زندگی کی حقیقتوں اور انسانی جسم سے جڑے ہوئے مسائل سے بالکل بے خبر اور لاتعلق ہوتے ہیں۔ ہمارے معاشرے میں ڈاکٹرز، پروفیسرز، انجینئرز اور مختلف طبقہ ہائے فکر کی علمی ایلیٹ ہمارے نوجوانوں کے جنسی مسائل کا حل جلد شادی اور مختلف تسبیحات میں ڈھونڈ رہے ہوتے ہیں۔ اس کتاب میں ڈاکٹر خالد سہیل اور مقدس مجید کے درمیان جو مکالمہ ہوا ہے اس میں نوجوانوں کی زندگی کے وہ تمام پہلوؤں آجاتے ہیں جنہیں بے شرمی کا ٹیگ لگا کر انڈر کارپٹ کرنے کی کوشش کی جاتی ہے۔ جس کا نتیجہ ہمارے سامنے ہے ہم آج ایک ایسے معاشرے میں رہتے ہیں جو ہر لحاظ سے بیمار ہو چکا ہے اور مریض دن بدن بڑھتے چلے جا رہے ہیں مگر ہمارا برائے نام پڑھا لکھا طبقہ ان مسائل پر کھل کر مکالمہ کرنے کی بجائے پاکیزگی کا چولا پہنے رکھنے پر مجبور کئے رکھتا ہے۔ یہ کتاب ایسے نوجوانوں کے لیے ایک علمی پیڈیا کی حیثیت رکھتی ہے جو اپنی زندگی کی ذہنی گتھیوں کو سلجھا کر ایک پیور انسان بننا چاہتے ہیں۔ پیور انسان سے مراد اپنی ذات کے حقیقی سچ کے ساتھ جینے کی جستجو کرنا تاکہ منافقت کے سارے خول اتریں اور حقیقی شخصیت سامنے آسکے۔ مقدس مجید نے اسی لیے اپنی کتاب کا آغاز اسی نقطے سے کیا ہے "کیا آپ سوال پوچھنا بھول گئے ہیں" سوال تو وہی پوچھے گا جو جواب سے مطمئن نہیں ہو گا اسی بنیاد پر یہ کتاب ان غیر مطمئن طالب علموں کے لیے بڑی اہمیت کی حامل ہو گی جو کریدنا چاہتے ہیں اور اپنی صلاحیتوں سے بھرپور زندگی کو محض تقلید کے گڑھے میں دفن نہیں کرنا چاہتے ہیں۔ ڈاکٹر خالد سہیل دماغ کے ڈاکٹر ہیں اور دماغی راگوں کے سروں کو چھیڑنا بڑے اچھے سے جانتے ہیں۔ اس کتاب میں انہوں نے مقدس مجید کو اپنی ذات کی غار حرا میں دھکیل کر وہ سب کچھ کہنے پر مجبور کیا ہے جو ہم جیسے معاشروں میں ابھی تک ممکن نہیں ہو پایا، اور مقدس مجید نے بھی منصور کے انا الحق کی طرح تمام معاشرتی منافقتوں کا نقاب الٹنے کی بھرپور کوشش کی ہے۔ اس کے لیے وہ مبارکباد کی مستحق ہیں۔ میں یہاں ان کے کچھ جملوں کا حوالہ دینا چاہوں گا جس سے آپ کو ان کی ذہنی حدت و پختگی کا اندازہ ہو گا۔

"ایسے سماج میں لڑکیوں کا خوابوں سے تعلق دکھائی نہیں دیتا وہ کٹھ پتلیاں ہوتی ہیں جنہیں قسمت بنانا سکھایا ہی نہیں جاتا بلکہ ان کو نصیب کے آسرے پر رہنے کی ترغیب دی جاتی ہے۔ ترقی پسند عورتوں کے لیے ایک بڑا چیلنج ایسی روایتی عورتیں ہیں جو پدر سری نظام کے قلعے کی دیواروں پر روایات کی بندوقیں لئے محافظ بن کر بیٹھی ہیں۔ شادی اصل بڑوں کی ہوتی ہے آپس میں۔ اکثر نوجوان خواتین کی ٹریننگ ہی اس طرح سے کی گئی ہوتی ہے کہ وہ اس قابل ہو جائیں کہ رشتے کی مارکیٹ میں ان کی بولی اونچی لگ سکے۔ عورت ایک چیز کے طور پر دیکھی جاتی ہے اور مرد خریدار کے طور پر۔ ہمارے ہاں فرمانبرداری کو ایک بڑا مقام حاصل ہے، ماں باپ کو یہاں سپر نیچرل کرداروں کے طور پر دیکھا جاتا ہے ماں کے قدموں تلے جنت ہے اور باپ جنت کا دروازہ ہے۔ ہمارے

ہاں جتنا زیادہ دلہن شادی سے پہلے انجان ہو اسے اتنی بڑی خوبی سمجھا جاتا ہے۔ مشرق میں شادی بچوں کے لئے کی جاتی ہے اس کا جوڑے کی محبت اور ساتھ میں خواب پورے کرنے سے میلوں تک کوئی تعلق نہیں ہوتا۔ عورت مرد کی لائف پارٹنر نہیں ہوتی بلکہ وہ اس کی ملکیت ہوتی ہے۔ یہاں مولوی جب مرد کے لیے جنت کا نقشہ کھینچتے ہیں تو جانے کدھر سے کدھر پہنچ جاتے ہیں اچھے بھلے معروف علماء حوروں کی داستانیں ٹھرکی لہجہ بناتے ہوئے مسجد میں ممبر پر بیٹھ کر سناتے ہیں۔ عورت ایک مٹی کی مورتی ہے ایک جسم اور بس"۔

اب غور کیجئے یہ وہ تیز دھار قسم کے جملے ہیں جو اپنے اندر بہت زیادہ معاشرتی تلخی سمیٹے ہوئے ہیں جنہیں مقدس مجید نے بغیر کسی لگی لپٹی اور رکھ رکھاؤ کے ایزاٹ از پیش کر دیا ہے تاکہ ان معاشرتی گونگوں اور بہروں کو زبان ملے جو تعلیم یافتہ اور باشعور ہونے کے باوجود دبکے ہوئے ہیں اور معاشرے میں اپنا مثبت کردار ادا کرنے سے قاصر ہیں۔ جہاں تک ڈاکٹر خالد سہیل نے مکالمے کی صورت میں انتہائی عرق ریزی سے مغربی اور مشرقی معاشروں کے درمیان تضادات کو کھولا ہے وہ اپنی مثال آپ ہے۔ خاص طور پر لفظوں کی مسیحائی کا جو ملکہ انہیں حاصل ہے کم از کم میں نے اپنے ہوش وحواس میں اس پائے کا کوئی دوسرا نہیں دیکھا۔ ان کی زندگی کے جہاں اور دوسرے ان گنت کارنامے ہیں وہیں ان کی زندگی کے کریڈٹ میں انکا گرین زون فلسفہ ہے جس کی تین سطحیں ہیں۔ گرین زون، یلوزون اور ریڈ زون، جو ان تین مراحل کی نفسیات کو سمجھنے کے بعد اپنی زندگی کو مینیج کرنے کی کوشش کرے گا وہ کافی حد تک خود کو ایک بہتر انسان بنا سکتا ہے۔ اپنے ڈائیلاگ میں ڈاکٹر سہیل نے یہ بتانے کی کوشش کی ہے کہ مشرقی والدین کا تعلق ساری زندگی اپنے بچوں کے ساتھ بچوں جیسا ہی رہتا ہے ان کا تعلق اپنے بچوں کے ساتھ ایک فرد یا اڈلٹ ٹو اڈلٹ بنیادوں پر قائم ہی نہیں ہو پاتا۔ ڈاکٹر صاحب کی نظر میں معاشرے میں دو طرح کے لوگ پائے جاتے ہیں روایتی اکثریت کے لوگ جو روایت کی شاہراہ پر اور تخلیقی اقلیت کے لوگ جو اپنے من کی پگڈنڈی پر چلتے ہیں۔ مغرب میں شادی کے تصور کے متعلق بتاتے ہیں کہ وہاں یہ تصور عام ہے کہ انسان محبت اور شادی خوشی کے لئے کرتا ہے اذیت کے لیے نہیں۔ اور اگر شادی سے محبت اور خوشی غائب ہو جائے تو یہاں میاں بیوی عزت واحترام سے ایک دوسرے کو الوداع کہتے ہیں۔ ڈاکٹر خالد کا خیال ہے کہ شادی کرنا، بچے پیدا کرنا اور ان کی صحیح تربیت کرنا اتنے اہم کام ہیں کہ ہمیں ان کے لیے سکولوں، کالجوں اور یونیورسٹیوں میں خاص کورسز اور سیمینارز کا اہتمام وانتظام کرنا چاہیے، دنیا میں ہر کام کی ٹریننگ ہوتی ہے اس ٹریننگ کے بغیر نہ آپ ٹیچر سکتے ہیں نہ ڈاکٹر اور نہ وکیل، لیکن والدین بننا ایک ایسا کام ہے جو بغیر ٹریننگ اور تربیت کے کیا جاتا ہے۔ اس میں کوئی شک نہیں ہے کہ ہم ایک ایسے گھٹن زدہ سماج کا حصہ ہیں جہاں جنس، شادی اور سیکس جیسے معاملات پر اوپن ڈسکشن کی بجائے ممنوع موضوع قرار دے کر دی ورلڈ آف فینٹسی تخلیق کرنے کی کوشش کی جاتی ہے جس کا نتیجہ جب نوجوانوں کی شادی کی تاریخ فکس ہوتی ہے تو وہ پورنو گرافک ویب سائٹ پر اوٹ پٹانگ سرچ کر کے عورت کے جسم کو فتح کرنے کے سہانے سپنے سجا کر کمرہ عروسی میں داخل ہوتے ہیں۔ ڈاکٹر خالد کا کمال یہ ہے کہ انہوں نے اس قسم کے موضوعات کو انسان کی زندگی کا ایک بہت اہم حصہ ہونے کی حیثیت سے موضوع بحث بنایا ہے۔ آخر میں میں اس کتاب کے دونوں مصنفین ڈاکٹر خالد سہیل، مقدس مجید کو دل کی گہرائیوں سے مبارکباد پیش کرتا ہوں اور امید کرتا ہوں کہ یہ کتاب ہمارے معاشرے کے نوجوانوں کی رہنمائی میں ایک اہم کردار ادا کرے گی۔

کیا نئے خواب دیکھنے کی اجازت ہے؟

ڈاکٹر سارہ علی

ایک ایسے وقت میں جب پاکستان کی طلبہ تنظیمیں پابند سلاسل ہیں ماسوائے سندھ کے اور طلباء کی آواز بندش کا شکار ہے اور پورے پاکستان میں یکساں تعلیمی نظام کی گونج کے ساتھ تہذیب کے انحطاط کے آثار نمایاں ہیں مقدس مجید اور ڈاکٹر خالد سہیل کی کتاب "نئے خواب، نیا نصاب نئی نسل کے مسائل پر مکالمہ" پاکستان کی ترقی پسند اقلیتی آوازوں کی نمائندہ ہے۔ پاکستان میں نئے نصاب کے لفظ سے ڈر لگتا ہے کیونکہ ہر نیا نصاب ترقی معکوس کی جانب قدم نہیں پر جوش چھلانگ ہوتی ہے۔

پوری دنیا میں عمومی اور پاکستان میں بالخصوص مکالمے اور سوال / جواب کی اقدار مندوم ہوتی جارہی ہیں اس صورتحال میں میرے لیے دلچسپ ہے یہ کتاب، کہ اس میں مکالمہ بھی ہے اور سوال بھی اور اس کے ساتھ اس میں ایک اور دم توڑتی اردو ادب کی صنف کی تجدید بھی ہے جو ہے خط نویسی، میرے لیے یہ اس لیے بھی دلچسپی کی حامل ہے کہ اس میں ایک لکھاری واٹس ایپ کی نسل سے تعلق کا حامل ہے اور یقیناً میرا اشارہ ڈاکٹر صاحب کی طرف نہیں ہے مقدس کا تعلق جنریشن زی سے ہے اور اس جنریشن کے bluntاظہار رائے اور زندگی کے مختلف پہلوؤں کو ایک الگ نظر سے دیکھنے کی میں بہت متعارف ہوں ان کے اوپر لگنے والے ہر الزام جس میں بدتمیزی سے لے کر بے شرمی تک کے تمغے شامل ہیں میرے لیے بے معنے ہیں کیونکہ ان میں جو افراد سوچ سکتے ہیں ان کی سوچ کا انداز، رائے کا اظہار ایک نئی صبح کی نوید ہے ان کا تجسس ان کا سب سے بڑا سرمایہ ہے یہ ہر چیز کو الٹ پلٹ کے اپنے ذہن کی گتھی سلجھتے ہیں اوراس عمل میں باتمیز اور تابعدار جیسی ٹرافیوں کی بھی قربانی دینے کو تیار ہیں اور اس مکالمے کے دوسرے سرے پر ڈاکٹر خالد سہیل صاحب ہیں۔ڈاکٹر صاحب نے جب پہلی مرتبہ مجھ سے ان خطوط کا ذکر کیا تو مجھے کوئی خاص حیرت نہیں ہوئی کہ ڈاکٹر صاحب سات سمندر پار ایک نوجوان ذہن کی گتھیاں کیسے سلجھارہے ہیں کیونکہ بطور دوست مجھے ڈاکٹر خالد سہیل سے یہی توقع اور یقین ہے اس لیے کہ وہ اہل علم ہونے کے ساتھ اہل دل بھی ہیں

بقول افتخار عارف

ہم اہل دل ہیں محبت کی نسبتوں کے امین

ہمارے پاس زمینوں کا گوشوارہ نہیں

وہ بطور ادیب اپنے موضوعات اور تحریروں میں روانی رکھتے ہیں لیکن میڈیکل سائنس کا طالب علم ہونے کی حثیت سے مجھے اس بات کا ادراک ہے کہ وہ کتنے ماہر لیکن انسان دوست ماہر نفسیات ہیں اور یہ صرف وہ لوگ جنہوں نے میڈیکل سسٹم کے اندر رہ کر کام کیا ہو تا ہے ان کو اندازہ ہو تا ہے کہ ایک ڈاکٹر کو اپنے اندر انسان دوستی زندہ رکھنے کے لیے کیا جنگ لڑنی پڑتی ہے۔

مکالمہ، سوال، سوچ کا اظہار، آزادی اظہار رائے سب سے اہم انسانی حق ہے کیونکہ اگر آپ کسی سے freedom of expression اور freedom of thought ہی چھین لیں گے تو باقی کیا بچے گا۔ پاکستان میں سب سے زیادہ اسی کو دبایا اور چھینا جاتا ہے افراد سے گھر سے لیکر تعلیمی اداروں، ورک پلیس اور حکومتی سطح پر اپنی سوچ اور اس کے اظہار اور سب سے بڑھ کر مختلف سوچ اور اس کے اظہار کو ناپسند کیا جاتا ہے گھر سے اس کی تربیت شروع ہوتی ہے بچوں کو تمیز سے مکالمہ اور بات کے اظہار سیکھانے کہ بجائے خاموش رہنا سکھایا جاتا ہے، سوچ کے اختلاف پر ایک دوسرے کے لیے جن الفاظ کا

استعمال گھروں میں کیا جاتا ہے وہ طرز عمل اور الفاظ بچوں کی vacabloury کا حصہ بن جاتے ہیں اسکولوں، کالجوں، یونیورسٹیوں میں استادوں کی ہاں میں ہاں ملانے والے شاگرد پسند کے جاتے ہیں اور یہ سلسلے میر کے محبوب کی زلف کی طرح دراز ہو کر جب حکومت تک پہنچتا ہے تو وہ جبری اغوا اور گمشدگیوں کی شکل اختیار کرتا ہے اور معاشرے میں mob lynching کی صورت میں نمودار ہوتا ہے۔ پہلے دو موضوعات پر بات کرنا بہت مشکل تھا، مذہب اور سیکس اب ہم نے دو اور موضوعات کا اضافہ کیا ہے سیاست ریاست اور انسانی حقوق پاکستانی طاقتور طبقہ اپنے حقوق کے بارے میں بہت حساس ہے لیکن دوسروں جس میں خواتین، اقلیتیں، LGBT، مزدور، کسان اور معاشرے کی دیگر محکوم طبقوں کی بات آتی ہے تو توہین اور غداری کی سرٹیفکیٹ بٹنا شروع ہو جاتے ہیں۔ ریپ اور بچوں میں جنسی زیادتی کو ہم اخلاقیات سے جوڑنا شروع کر دیتے ہیں اس چیز کا ادراک کیے بغیر کہ ہم نے might is right کا جو معاشرہ تشکیل دیا ہے اسے کے ااثرات امیروں کی قانون شکنی تک نہیں رکتے بلکہ اس کے trickle down effects ہمارے گھروں، گلیوں، محلوں اور تعلیمی اداروں میں گھریلو تشدد، بچوں اور خواتین کے خلاف بڑھتے ہوئے جنسی تشدد کے واقعات کی صورت میں نمودار ہو رہے ہیں ڈاکٹر خالد سہیل نے بڑی خوش اسلوبی سے مقدس کے سوالات کے جواب میں مغرب کی خواتین کی اپنے حقوق کے حصول کے لیے چلائی گئی مہم کو بیان کیا ہے اور اس عمل میں جہاں ہم ان کی تحریک کے مختلف ادوار سے واقف ہوتے ہیں وہاں ہم feminist icons انائس نن، سیمون دی بووا، Alice Paul، بیٹی فریڈین سے آگاہ ہوئے اور اس حقیقت کا اندازہ لگانا مشکل نہیں کہ ان feminist نے کام زیادہ اور غصے دشنام طرازی پر کم توجہ دی ہے۔ اس میں میرے لیے قابل فخر بات یہ ہے کہ ان feminist giants میں کشور ناہید اور فہمیدہ ریاض کے نام لیے خطوط شانہ بشانہ موجود ہیں اور مقدس کی آگاہی ان کے کام سے قابل تعریف ہے میں امید کرتی ہوں کہ ایک دن ان ناموں کی فہرست میں ہماری ان بہادر خواتین کا نام بھی شامل ہو جائے گا جو نہ صرف ادب میں بلکہ ہماری سڑکوں پہ انسانی حقوق، آئین اور جمہوریت کے تحفظ کے لیے ڈٹ کر کھڑی ہوئیں اور پدر سری نظام اور ڈکٹیٹر شپ جیسی دو دھاری تلواروں کا سامنا کیا

اور آج بھی جمہوریت، طلبہ تنظیموں اور گمشدہ افراد کے لیے سڑکوں پر ہیں اسلیے جمہوریت ہی مکالمے کی واحد لائف لائن ہے اور جمہوریت ہی بہترین انتقام ہے۔

لہو میں بھیگے تمام موسم گواہی دیں گے کہ تم کھڑے تھے

وفا کے رستے کا ہر مسافر گواہی دے گا کہ تم کھڑے تھے

سحر کا سورج گواہی دے گا

کہ جب اندھیرے کی کوکھ میں سے نکلنے والے

یہ سوچتے تھے

کہ کوئی جگنو نہیں بچا ہے تو تم کھڑے تھے

دل تو بڑا چاہ رہ تھا کہ تھا کو تھی سے بدل دوں ڈاکٹر صاحب کے ڈر کی وجہ سے نہیں کیا۔

مقدس کے ذہن میں جو سوال رشتوں سے متعلق ہیں وہ دلچسپ ہیں اس لیے کہ ہم اپنے خاندانی نظام کی تعریف و توصیف میں جو قلابے ملاتے ہیں اور مغرب کو جس حقارت سے نوازتے ہیں وہ جہالت کی معراج تو ہے اور ساتھ میں ہمارے معاشرے کے superiority complex disorder کا آئینہ دار ہے جس میں ہم اپنا شجرہ نسب عربوں سے جا ملاتے ہیں اور جو مسائل اس سے جنم لے رہے ہیں وہ خوفناک ہیں۔ ایک طرف ہم تو دو اجنبیوں کو خاندان کی پسند سے ڈھول تاشوں کے اندر صرف اس لیے اکھٹا کرتے ہیں کہ ہم وہ ڈائنوسار ہیں جو بچے پیدا نہیں کریں گے تو ہماری نسل معدوم ہو جائے گی ایسے دو اجنبی جن کی کوئی compatibility نہیں ہوتی اور وہ محبت کی بجائے کمپرومائز کر رہے ہوتے ہیں مختلف وجوہات کی بنیاد پر اس پر فوراً بچے پیدا کرنے کا پریشر اور بچے طلاق کے عمل کو گھمبیر تا کرتے ہیں اس صورتحال میں خاندانوں کے اندر جو خوشگوار صورتحال پیدا ہوتی ہے، جو زبان استعمال ہوتی ہے اور جس قسم کی اولاد کی تربیت ہوتی ہے اس کا اندازہ ہمیں پاکستان کی سڑکوں پر رینگتے دولے شاہ کے چوہوں سے بخوبی ہوتا ہے جن کی زبان نشتر برساتی ہیں اور خود وہ بات بات پر آتش فشاں کی طرح پھٹتے ہیں کیونکہ باوجود تاریخ فلسفہ اور سیاست سے نابلد ہونے کہ وہ اپنی بات کو حرف آخر سمجھتے ہیں۔ ایسے رشتے جو افزائش نسل کے لیے ہوں وہ فارمی مرغیاں تو پیدا کر سکتے ہیں صحت مند انسان نہیں۔ اس پر ہم نے ان رشتوں میں ایسی مصنوعی توقعات رکھی ہوتی ہیں کہ الاماں اس کی ایک جھلک ہمیں پاکستانی ڈراموں میں نظر آتی ہے۔ پہلے صرف موٹا اور کالا ہونا جرم تھا اب لڑکیوں کے گھنگریالے بال بھی خوبصورتی کے پاکستانی معیار پر نہیں اترتے ساتھ ہی مرد اعلی شان بنگلوں، گاڑیوں میں قید ہیں یوں لگتا ہے ہر چیز کا تعین کر دیا گیا ہے نام اور پروفیشن سے شریک حیات اور بچوں کی تعداد تک، پیدا ہو، پڑھو ۲۴ سال کی عمر میں گرایجویشن کرو، ۲۵ سال میں شادی 26 / 27 سال میں بچے، 50 سال میں ان کی شادی، 60 سال میں ریٹائرمنٹ اور 70 سال میں مر جاؤ عجیب ربوٹ ہیں، پروفیشن بدل نہیں سکتے اس سے بریک نہیں لے سکتے، وہ عورتیں جو پروفیشنل ہیں وہ غیر ذمہ دار اور جو پڑھی لکھی خواتین اپنے بچوں کے لیے بریک لیں اپنے پوفیشن سے انہوں نے تعلیم ضائع کر دیعنی بچہ پالنا اور اس کی تربیت کوئی کام نہیں پیدا کریں اور جنگلی خودرو بیل کی طرح چھوڑ دیں چاہے باہر یہ آدم خور پودا جس مرضی کو نگل جائے اچھی پیرنٹنگ صرف یہ ہے کہ ان کے ہاتھ میں gadget تھمائیں ان کو پیسے دیں ان کے منہ میں آتش فشاں رکھیں جو آپ کے لیے دوسروں کی بے عزتی کرے اور اگر مشکل میں آئیں تو قانون کی دھجیاں بکھیر کے ان کو چھوڑوا لیں لیکن ایسا انتظام نہ کریں کہ ماں باپ کو سکھائیں کہ اپنے کام کہ ساتھ مل کر بچوں کی تربیت کریں کہ یہ صرف ماں کی نہیں دونوں کی ذمہ داری ہے ہمارے ہاں اولاد کے ہر اچھے کام کا کریڈٹ باپ کو اور ہر برے کام کی قصوروار ماں کی تربیت ہوتی ہے۔ رشتوں کا جو گنجلگ جنگل ہم نے پیدا کر دیا ہے وہ بے پناہ نفسیاتی مسائل کا سبب بن رہا ہے اس میں ڈاکٹر صاحب اور مقدس کا مکالمہ بہت اہم ہے کیونکہیہ گرین زون لیونگ اور گرین زون لونگ کے بارے میں ہے جس میں مشغلہ، اچھے گرین زون دوست اور گرین زون مکالمے کو بیان کیا گیا ہے کہ شادی کا مطلب دوسرے کی گردن پر گھٹنا رکھ دینا نہیں بلکہ دونوں فریق ایک دوسرے کو وقت دینا کا دن مختص کر کے باقی وقت میں الگ الگ مشاغل اور دوست رکھ کے ایک صحت مندانہ ماحول تخلیق کر سکتے ہیں

میں امید کرتی ہوں کہ علم و تہذیب کے محور مکالمے کو آگے بڑھایا جائے گا اور ان موضوعات پر بھی بات کی جا سکے گی جہاں ابھی زبان بندی ہے ۔بقول شاعر

فگار پاؤں مرے، اشک نارسا میرے

کہیں تو مِل مجھے، اے گمشدہ خدا میرے

--

Literary Love Letters---تبصرہ

خالدہ نسیم

آج کل جب کرونا کی وجہ سے زندگی کی باگ دوڑ کچھ کم ہو چلی ہے اور جہاں ایسے بہت سارے کام جو ہم کرنا چاہتے ہیں وہ نہیں کر پا رہے ہیں وہاں یہ بہترین موقع بھی ہے ایسے کام کرنے کا جو ہم کرنا چاہتے ہیں لیکن وقت ہاتھ نہیں لگتا۔

ذاتی طور پر میرے لیے یہ اپنی پسندیدہ کتابیں پڑھنے کا بہترین موقع ہے۔ ایک کتاب جو میں نے ان ہی دنوں میں پڑھی وہ ڈاکٹر خالد سہیل اور نعیم اشرف صاحب کی مشترکہ کتاب LITERARY LOVE LETTERS

لٹرری لو لیٹرز ہے۔

یہ کتاب جب کچھ دن پہلے مجھے ملی تو عنوان ہی پڑھنے کا تجسس بڑھانے کے لیے کافی تھا لہذا مناسب موقع ملتے ہی پڑھنی شروع کی۔ یہ کتاب واقعی ہے تو محبت ناموں کا مجموعہ لیکن ان محبت ناموں کی نوعیت منفرد ہے۔ یہ خطوط پر مبنی کتاب ہے۔ جو دو ادیبوں کی ادبی دوستی ' ذہنیم آہنگی اور فلسفیانہ خیالات کا ایک دوسرے سے اظہار ہے۔ یہ خطوط ان دونوں ادیبوں کے ذاتی تجربات اور احساسات کو چھوتے ہوئے دوسرے نامی گرامی مشرقی اور مغربی ادیبوں اور دانشوروں کے تعارف ' ان کی زندگی کے حالات اور ان کی تخلیقات پر تبصرے اور تجزیے پر ختم ہوتے ہیں۔ ان تبصروں میں ان دو ادیب دوستوں نے اپنے علم اور تجربے کی بنیاد پر ایک ماہرانہ لیکن سلیس انداز میں ان دانشوروں کا اور ان کی تخلیقات کا تعارف کروایا ہے۔

خطوط کی زبان میں ڈاکٹر خالد سہیل کی پہلی دو کتابیں

---درویشوں کا ڈیرا---

جو انہوں نے رابعہ الربا کے ساتھ اور

TWO CANDLES OF PEACEٹو کینڈلز آف پیس---

ڈاکٹر کامران احمد کے ساتھ تخلیق کی ہیں۔ خوش قسمتی سے مجھے یہ دونوں کتابیں پڑھنے کا موقع ملا۔ خطوط کے وسیلے سے اس طرح کتاب مرتب کرنے کا یہ سلسلہ ایک نئی صنف اختیار کرتا جا رہا ہے بلکہ یہ کہنا غلط نہ ہوگا کہ اختیار کر چکا ہے اور جہاں تک میری معلومات کا تعلق ہے یہ ڈاکٹر خالد سہیل کا ایک منفرد تجربہ تھا جو انہوں نے اپنے ساتھی ادیبوں کے ساتھ مل کر کیا جو بہت کامیاب رہا اور کافی سراہا گیا۔ خطوط کے انداز میں تحریر کردہ یہ کتابیں ایک سے بڑھ کر ایک ہیں۔ اور میرے ساتھ پڑھنے والے جو ایک نشست میں ایک طویل تحریر پڑھتے ہوئے کچھ اس بچے کی سی کیفیت سے گزرتے ہیں جسے کسی ایک کھلونے کے ساتھ ایک کمرے میں بند کر کے اور تھوڑی دیر میں نکالنے کا وعدہ کر کے بھول جاتے ہیں ایسے پڑھنے والوں کے لیے یہ بہترین کتابیں ہیں۔

یہ کتاب بھی پچھلی دو کتابوں کی طرح ایک پھولوں کا گلدستہ محسوس ہوتی ہے جس میں ہر رنگ کے پھول اپنی انفرادی خوبصورتی اور خوشبو کے ساتھ پورے گلدستے کو حسین بناتے دکھائی دیتے ہیں۔ اس کے پڑھنے سے نہ صرف یہ کہ قاری یکسانیت کا شکار نہیں ہوتا بلکہ اگلا خط پڑھنے کا تجسس اس کو پڑھتے رہنے کو مجبور کرتا ہے۔

میں ڈاکٹر سہیل کو پچھلے چند سالوں سے جانتی ہوں اور کبھی کبھار ان کی ادبی نشستوں میں شامل ہونے کا شرف بھی حاصل ہو جاتا ہے۔ ان کی صحبت میں انسان کو ایک روحانی احساس ہوتا ہے۔ ان کی سادگی اور درویش منشی انسان کو متاثر کیے بغیر نہیں رہتی۔ ان کے ساتھ خطوط کا ایکمختصر تجربہ میں بھی کر چکی ہوں جس کا لطف اس بات میں ہے کہ خط کے جواب میں انسان کے اندر کا چھوٹا یا بڑا ادیب جاگ جاتا ہے۔

نعیم اشرف صاحب سے ابھی میری ملاقات نہیں ہوئی لیکن ان کے خطوط کے ذریعے ان کی ادب میں دلچسپی اور مطالعے کی گہرائی کا اندازہ کیا جا سکتا ہے۔ وہ اسلام آباد میں مقیم ہیں اور مجھے ان سے ملاقات کی پوری امید ہے کیونکہ میرا بھی اسلام آباد سے گہرا تعلق ہے۔

رابعہ الربا جن کے ساتھ ڈاکٹر سہیل نے --- درویشوں کا ڈیرا --- کتاب لکھی ہے انہوں نے نعیم اشرف صاحب کو ڈاکٹر سہیل سے متعارف کروایا۔ بعد میں نعیم اشرف صاحب نے --- درویشوں کا ڈیرا --- کتاب کا انگریزی میں بھی ترجمہ کیا جو درویشز ان DARESHES INN کے نام سے چھپ چکی ہے۔ یوں رابعہ نے ان دونوں مصنفین کے درمیان ایک پل کا کام انجام دیا۔ جس کے اظہار تشکر میں اس کتاب کا انتساب رابعہ الربا کے نام سے کیا گیا ہے۔

جن شخصیات کو اس کتاب میں متعارف کیا گیا ہے ان میں

پاہلو کوہیلو

مولانا رومی

شمس تبریز

ساقی فاروقی

صدف رضا

الف شفق

ورجینیا وولف

ارنسٹ ہیمنگ وے

ژاں پال سارتر

ہرمن ہیس

جورج آرویل

رنجیت سنگھ اور

خلیل جبران شامل ہیں۔

ان میں زیادہ تر وہ مصنفین ہیں جن کا کام ادب کے معروف کلاسیکی مجموعوں میں شمار کیا جاتا ہے۔ اس طرح اس کتاب کی شکل میں قاری کے لیے ان ادبی تخلیقات کی ایک لسٹ فراہم کر دی گئی ہے جو شاید ہر ایک کی نظر سے ایک ایک کر کے تو گزرے ہوں لیکن اس طرح ایک ہی جگہ پوری معلومات اور دو تجربہ کار ادیبوں کی رائے سمیت نہ مل سکیں۔

کتاب کے آخر میں ڈاکٹر سہیل کے سبق آموز اقوال سونے پر سہاگہ کا کام کرتے ہیں اور اختتام ان کی مختصر لیکن خوبصورت نظم پر ہوتا ہے جو ان کی شاعری کے مجموعے۔۔۔ آزاد فضائیں۔۔۔سے لی گئی ہے۔کتاب کے آخر میں مجھے یہ نظم اس چھوٹے اور نازک پھول کی طرح محسوس ہوئی ہے جو کسی خوبصورت تحفے کو کسی کو پیش کرنے سے پہلے اس پر سجادیا جاتا ہے۔یہ نظم کچھ یوں ہے

ڈر

باہر کے اس شور میں خالد

ہم کو ڈر ہے

اندر کی موسیقی اک دن

دب جائے گی

یہ کتاب ادب کو زندہ کرتی ہے اور یہ ان دونوں مصنفین کا قارئین کے لیے ایک خوبصورت تحفہ ہے جس کے لیے ہم ان کے بہت شکر گزار ہیں۔

پرانے پاکستان میں نئے خواب، نیا نصاب

ابصار فاطمہ

جناب خالد سہیل اور محترمہ مقدس مجید کی کتاب کے حوالے سے کچھ بھی کہنے سے پہلے اپنے دو اشعار اس کتاب کی نذر کروں گی۔

بچپنا رخصت طلب ہے حضرت انسان کا
اب جوانی آ رہی ہے اوج ہے اذہان کا

کب تلک ظالم رخِ طوفان پہ باندھے کا بند
سوچ کی ہر موج ہی پیغام ہے طوفان کا

یہ کتاب واقعی سوچ کی وہ بڑی موج ہے جو نئی نسل میں پنپتے شعور کے طوفان کی آمد کا پتا دے رہی ہے۔ سوال اٹھانا ایک زندہ معاشرے کا چلن ہوتا ہے۔ یہی کچھ اس کتاب کے ذریعے مقدس مجید اور خالد سہیل نے بھی کیا ہے۔ یہ کتاب شروع ہی مقدس مجید کی اس تحریر سے ہوتی ہے کہ کیا آپ سوال پوچھنا بھول گئے ہیں؟

انتیس خطوط پہ مشتمل اس مکالمے میں کم و بیش ہر معاشرتی مسئلے پہ سوال اٹھایا گیا ہے اور مشرقی اور مغربی معاشروں کے تناظر میں ان اٹھائے گئے سوالوں کے جواب تلاش کرنے کی کوشش کی گئی ہے۔

پہلے بات کرتے ہیں اس مکالمے میں شامل نئی نسل کی نمائندہ مقدس مجید اور ان کی تحاریر کی۔ مقدس سماجیات کی طالبہ ہیں اور بقول ان کے، وہ چاہتی تھیں کہ گریجویشن مکمل کرنے سے پہلے وہ اپنی ایک کتاب لکھ سکیں۔ ان کا یہ خواب تعبیر کی صورت ہمارے ہاتھوں میں ہے۔ جو ان کے ارادوں کی پختگی کی دلیل ہے کہ نا صرف وہ بروقت اپنے خواب کو تعبیر دینے میں کامیاب ہوئیں بلکہ یہ کتاب صرف تعبیر کو مادی شکل دینے کا نام نہیں بلکہ ایک بھرپور مقصدیت کی حامل کتاب ہے جو کہ نہ صرف موجودہ نوجوانوں بلکہ آئندہ بھی کئی نسلوں تک نوجوانوں کی رہنمائیمیں اہم کردار ادا کرتی رہے گی۔

مقدس مجید نے اپنے ان خطوط جو کہ انہوں نے خالد سہیل صاحب کو لکھے ان میں پاکستانی معاشرے اور نئی نسل کے کئی مسائل کی نشاندہی کی اور اہم لیکن منفی رویئوں پہ سوال اٹھائے۔ مقدس نہ صرف اپنی بات کو جامع انداز میں کہنے کا ہنر جانتی ہیں بلکہ وہ اس کا اظہار خوبصورت علامات و تشبیہات کے ذریعے سے کرتی ہیں۔ جس سے پتا چلتا ہے کہ وہ

مسائل اور ان کے اثرات کو کئی زاویوں سے دیکھ اور پرکھ کے اسے پر اثر انداز میں تحریر کی صورت پیش کر سکتی ہیں اور اپنے مشاہدے کے گرد ایک عمدہ کہانی تخلیق کر سکتی ہیں۔ وہ فی الحال عمدہ شاعرہ ہیں لیکن ان تحاریر سے اندازہ ہوتا ہے کہ اگر وہ کبھی افسانہ نویسی کی طرف آئیں تو بہت خوبصورت فکشن تخلیق کریں گی۔

آپ کو مقدس کی تحاریر میں پاکستان اور پاکستان جیسے دوسرے مشرقی معاشروں میں تعلیمی سے لے کر طبقاتی، صنفی، جذباتی اور نفسیاتی مسائل پہ بہت جامع انداز میں تجزیہ اور سوالات ملیں گے۔ یہ وہ سوال ہیں جو ہر باشعور شخص کے ذہن میں ابھرتے ہیں۔

ان خطوط میں دوسری جانب ڈاکٹر خالد سہیل ہیں جو معروف ماہر نفسیات ہیں اور چالیس سے زائد فکشن اور نان فکشن کتب کے خالق ہیں۔ خالد سہیل آپ کو مقدس مجید کے پاکستانی / مشرقی معاشرے کے تناظر میں اٹھائے سوالوں کا اپنے تجربے اور آج وہ جس معاشرے میں رہ رہے ہیں یعنی مغربی معاشرے کے تناظر میں دیتے نظر آتے ہیں۔ آپ کو ان کے کسی خط میں یہ تاثر نہیں ملے گا کہ دیکھو میں تم سے کتنا زیادہ جانتا ہوں اور آج کی نئی نسل کو تو کچھ پتا ہی نہیں ہے وغیرہ وغیرہ۔ مجھے یہ بات اس لیے بہت پسند آئی کیوں کہ ہمارے بزرگوں یا گزشتہ نسلوں کو اگلی نسلوں سے شکایت یہی رہتی ہے کہ وہ کچھ نہیں جانتے لیکن وہ یہ نہیں سمجھ پاتے کہ آپ بزرگ ہمیں اپنے سامنے کچھ بولنے دیں تو آپ کو پتا چلے کہ آج کی نسل کیا کچھ جانتی ہے۔ خالد صاحب نے مقدس کے شروع کیے مکالمے کا جس مثبت اور جامع لیکن آسان فہم انداز میں جواب دیا وہ نا صرف معلومات سے بھرپور ہے بلکہ یہ خوبصورتی سے یہ بھی سکھاتا ہے کہ ایک اچھا عالم و معلم اپنا علم دوسروں تک کیسے پہنچاتا ہے۔ یہاں آپ کو ادبی شخصیات کی مثالیں ملیں گی، پاکستانی اہم ادبی خواتین کی جدوجہد کی داستان پڑھنے کو ملے گی۔ مغربی دنیا میں بدلتی معاشرے کی قدروں کے تناظر میں پاکستانی معاشرے کے مسائل کی گرہیں کھولی جائیں گی۔

یہ مکمل کتاب بتدریج ایسے موضوعات سے شروع ہوتی ہے جو ہمارے معاشرے میں کسی قدر قبولیت کی نظر سے دیکھے جاتے ہیں اور ان پہ بات کرنا آسان ہے اور پھر آہستہ آہستہ بہت سنجیدہ مسائل تک قاری کو لے کر جاتی ہے جو اگر ایک دم سامنے آئیں تو شاید اکثر قاری بدک جائیں لیکن اس کتاب میں موجود ہر خط اور جوابی خط بتدریج قاری کی شعوری نشوونما کرتا جاتا ہے تاکہ معاشرے میں موجود مسائل کو جہاں انفرادی طور پہ سمجھا جائے وہیں اجتماعی انداز میں ان کی مکمل تصویر بھی نظر آئے کہ ہمارا معاشرہ ان تمام مسائل کے ہوتے ہوئے کہاں کھڑا ہے۔ یہ کتاب قاری کے نظریات یک دم بھلے نہ بدلے لیکن یہ قاری کو مسلسل سوچنے پہ مجبور ضرور کرے گی جو بالآخر نظریات کی مثبت تبدیلی میں مددگار ہوگا۔

جس مکالمے کی ابتداء مقدس مجید اور خالد سہیل نے کی ہے میں امید کرتی ہوں کہ یہ مکالمہ ہمارے یہاں عام ہو سکے۔

ابصار فاطمہ

نئے خواب، نیا نصاب - نئی نسل کے مسائل پر مکالمہ

یہ میری خوش نصیبی ہے کہ "نئے خواب، نیا نصاب" کی تقریب رونمای کے موقع پر مجھے اس کتاب پر تبصرہ کرنے کی دعوت دی گئی۔ میں ڈاکٹر خالد سُہیل اور مقدس مجید کو اُن کی کتاب کی رونمائی کے موقع بہت بہت مبارک باد پیش کرتی ہوں۔

یہ کتاب دونوں مصنفین کے لیئے یقینا مشترکہ اہمیت کی حامل ہے۔ ایک طرف مقدس کے لیئے اتنی کم عُمری میں اپنی کتاب لکھنا اُن کی زندگی کا ایک بہت بڑا اور اہم سنگِ میل ہے اور دوسری طرف ڈاکٹر خالد سُہیل کا ایک اور کتاب میں کچھ نئے انداز سے انسانی رویوں کے نفسیاتی پہلووں پر روشنی ڈالنا یقیناً اُن کے انسانیت کی خدمت کے جذبے کو مزید جلا بخشتا ہے۔

اس سے پہلے ہم کتاب میں زیرِ بحث موضوعات کی طرف آئیں میں چاہوں گی کہ میں ڈاکٹر خالد سُہیل صاحب اور مقدس سے اپنے تعارف کے بارے میں بتاتی چلوں۔

ڈاکٹر خالد سُہیل سے میری پہلی ملاقات 2010 میں میری دوست زہرہ نقوی کے توسط سے ہوئی اور جب سے لیکر آج تک میں نے اُنہیں ایک ایسے ہمدرد انسان دوست کے روپ میں پایا جو اپنے علم و فہم کی روشنی سے نا صرف اپنے ارد گرد کو منور کرتے ہے بللکہ بہت خاموشی سے دوسروں کے چراغوں کی لو کو بھی بڑھاتے رہتے ہیں۔

میں نے خود ڈاکٹر صاحب کی حوصلہ افزائی سے فیملی آف دا ہارٹ کے سیمیناروں میں کئی نفسیاتی اور جذباتی موضوعات پر اپنا قلم اُٹھایا اور اُن کی ایک کتاب "اُجالوں کے سفیر
(معذوری سے متعلق انٹرویوز اور مضامین پر مبنی کتاب) کی تقریب رونمائی میں پہلی بار جب اپنا ایک معضمون "معذور افراد اور اُن کے لیئے استعمال ہونے والی قابلِ احترام زبان" پڑھا تو نا صرف سامعین نے بہت سراہا بللکہ کتاب سے وہ رشتہ جو کینیڈا میں ہجرت کی صوبتیں برداشت کرتے اور ذریعہ معاش کی تک و دو میں کہیں کھو گیا تھا دوبارہ پا لیا۔

اس کے بعد جب میں نے سُہیل صاحب کی مذید حوصلہ افزائی پر اُن ہی کتابوں Dervishes-In اور Anger management کی تقریب رونمائی میں اپنے تبصرے پڑھے تو ڈاکٹر صاحب نے بطور ایک تجربہ کار لکھاری میرا ہاتھ مضبوطی سے پکڑ کر مجھے "ہم سب" پر لکھنے کی ترغیب دی۔
اور بس پھر اُس دن سے آج تک دل کی بات کاغذ پر اُتارنے میں ایک طرح کا سکون اور خوشی سی ملتی ہے۔

جب سن 2020 میں کویڈ کی وبا پھیلی اور ڈاکٹر سُہیل نے مجھے اپنے آن لائن ایموشنل ہیلتھ اینڈ تھراپی پروجیکٹ "گرین زون کمیونٹی میں بطور تھریپیسٹ معاونت کرنے کی دعوت دی تو مجھے اُن کو قریب سے جاننے کا مزید موقع ملا۔

اُن کے ساتھ کام کر کے ایک طرف تو پیشہ وارانہ مہارت کے بہت سے گُر سیکھے اور دوسری طرف جانا کہ ہم اپنے ارد گرد کیسے اپنے ہم خیال لوگوں کا حلقہ بنا سکتے ہیں۔ جو کہ ہمارا اپنا اصل قبیلہ محسوس ہوتے ہیں۔ ہماری اپنی فیملی آف دا ہارٹ۔

میری ملاقات مقدس مجید سے بھی اسی گرین زون کمیونٹی ایموشنل ہیلتھ کے پروجیکٹ کے دوران ہوئی۔ گو کہ ہمارا تعارف اب تک صرف آن لائن ہے اور ہمیں ابھی تک ان پرسن ملاقات کا موقع نہیں ملا، مگر گرین زون سیمینارز میں مقدس نے جو بھی سوالات مجھ سے پوچھے اُس سے ہمیشہ ایسا لگا کہ اس چھوٹی سی لڑکی کی بہادری کا قد بہت اونچا ہے۔ اُن کی پُر تجسس شخصیت، انقلابی خیالات اور دل میں دُنیا کو ایک بہتر جگہ بنانے کا جذبہ یقیناً ایک قابل تعریف بات تھی۔

اس کتاب میں ایک اہم بات یہ بھی ہے کہ ہمیں صرف دو انسانوں کے درمیان ہی نہیں بلکہ دو نسلوں اور مکتبہ فکر سے تعلق رکھنے والوں کے درمیان ایک گہرا مکالمہ نظر آتا ہے۔ اب جبکہ دور جدید میں نئی نسل اور بزرگوں کے درمیان بات چیت ہونا، نوجوانوں کا زندگی کے مختلف پہلوؤں پر بزرگوں کی رہنمائی کی افادیت کو سمجھنا، بزرگوں کی زندگی کے تجربات سے سیکھنا اور اُن کے قصے کہانیوں میں اپنے سوالات کے جوابات تلاش کرنے کا رواج ختم ہوتا جا رہا ہے. بزرگ نوجوانوں کی طرف سے اس ناقدری پر دل شکستہ ہیں مگر جدید طریقے سیکھ کر نوجوان نسل سے جُڑنے کی کوشش کرنا اُنہیں بہت مشکل لگتا ہے۔
ایسے حالات میں قابل تعریف بات یہ ہے کہ ان دونوں مصنفین نے دو نسلوں اور دو براعظموں کے درمیان کے فاصلوں کو نظر انداز کر کے سوشل میڈیا کے زریعے کچھ نیا سیکھنے اور سکھانے کے لیئے ایک دوسرے سے مکالمے کا آغاز کیا۔

یوں تو خطوط لکھنے اور پوسٹ کارڈ بھیجنے کا رواج پچھلی دو تین دہائیوں سے تقریباً آہستہ آہستہ ختم ہوتا جارہا ہے۔ اب ہم ایک چھوٹی سے ای میل یا ٹیکس میسج کے زریعے جلدی سے اپنی بات دوسرے تک پہنچانے کو ترجیح دیتے ہیں اوراس بات کا خاص خیال رکھتے ہیں کہ کسی بھی قسم کی تفصیلات سے پرہیز کریں۔

تاکہ بات چیت میں کم سے کم وقت زائع ہو اور ہم زیادہ سے زیادہ اپنے وقت کا مثبت استعمال کر سکیں۔ مگر اس دوران ہم یہ بھول جاتے ہیں کہ ہم سماجی حیوان ہیں اور ہم قدرتی نظام کے مطابق جب ایک دوسرے سے جُڑتے ہیں توہی خود سے جُڑتے ہیں اور خود کو پہچان پاتے ہیں۔

میں سمجھتی ہوں کہ خط یاڈائری لکھنا اپنی جگہ خود ایک Therupatic experience ہوتا ہے۔ خطوط کے تبادلے میں کچھ ایسی بات ہوتی ہے کہ ہم ایک طرف تواپنے دل کے نہاں خانوں میں چھُپے جذبات سے جُڑ جاتے ہیں اور دوسری طرف جس کو خط لکھ رہے ہوتے ہیں اُس سے دل کی بات باآسانی کہہ پاتے ہیں۔ لیکن خط لکھنے لکھانے کے عدم رواج سے ہمارا اپنی ذات سے مکالمہ کرنے کا یہ قیمتی موقع یونہی زائع ہورہا ہے۔

مقدس مجید اور ڈاکٹر خالد سُہیل نے اس بھولی بسری روایت کو ناصرف اپنی زندگیوں میں قائم کیا بلکہ اردو ادب میں بھی اُسے دوبارہ زندہ کردیا۔

اس کتاب کے پس منظر میں ایک بات قابل تعریف ہے جہاں خط لکھ کر پُرانی روایتوں کو زندہ کیا گیا وہیں نئی روایتوں کو خوش دلی سے گلے لگا کر استقبال بھی کیا گیا ہے۔

جس کی ایک مثال سوشل میڈیا کے زریعے ان کی ملاقات اور خطوط کا تبادلہ ہے۔ ہم دیکھتے ہیں کہ Teach savvy مقدس اور بقول خود ڈاکٹر سُہیل کے Technology challenged بزرگ نے کیسے اس نیک مقصد کے لیئے سوشل میڈیا کا استعمال کیا۔ جہاں لوگ سوشل میڈیا کو disconnection, isolation , social pressure and fake culture کا ذمہ دار ٹھہراتے ہیں وہیں اُن دونوں مصنفین نے اُسکے مثبت پہلوؤں سے خوب فائدہ اُٹھایا۔

اس کتاب میں ایک قابل غور بات یہ بھی ہے کہ جہاں ایک طرف مقدس بحثیت social scientist پاکستانی معاشرے کی روایات اور اُن سے جُڑے نوجوانوں کے مسائل پر تفصیل سے بات کرتے نظر آتی ہیں وہیں ڈاکٹر سُہیل اُن روایات اور مسائل کے نفسیاتی پہلوؤں پر روشنی ڈال رہے ہیں۔

ان کے درمیان ہوئے خطوط کے اس تبادلے میں ایک طرف تو مقدس شادی، بچوں کی تربیت، خاندانی نظام میں معاشرتی ناانصافیوں اور غیر مساوی سلوک کی نشاندہی کرتے ہوئے سوال اُٹھا رہی ہیں اور دوسری طرف سُہیل صاحب بہت خوبصورتی سے نوجوانوں کے تمام مسائل کو سماجی، معاشی، خاندانی نظاموں کی خرابیوں سے جوڑ رہے کر اس بات کی نشاندہی کر رہے ہیں کہ یہ نظام کس طرح معاشرے میں رہنے والے افراد کی شخصیت پر اثرانداز ہوتے ہیں۔

خطوط کے تبادلوں کے دوران ایک جگہ خالد سُہیل نے واضح کیا ہے کہ کسی معاشرے میں دو طرح کے لوگ ہوتے ہیں ایک تو روایت پسند اکثریت جو کہ معاشرے میں رائج قوائد اور ضوابط کے پابند ہوتے ہیں اور اُن سے جُڑی معاشرتی اقدار کو سراہتے ہیں۔ اور دوسرے غیر روایتی اکثریت اور تخلیقی ذہن کے مالک افراد جو پُرانی روایتوں پر سوال اُٹھاتے ہیں اور نئی روایتوں کی بُنیاد ڈالتے ہیں۔

وہ خواب دیکھتے ہیں اور نصاب مرتب کرتے ہیں۔ اُنہیں اس بات سے فرق نہیں پڑتا کہ "لوگ کیا کہیں گے" وہ تو بس انسانیت کی فلاح و بہبود کے لئیے کار فرما رہتے ہیں۔

خطوط کے تبادلے کے دوران یہ دونوں غیر روایتی اقلیت اور تخلیقی ذہن کے مالک افراد ایک دوسرے کی تخلیقی صلاحیتوں کو اُجاگر کرتے نظر آتے ہیں۔ مقدس اپنے مشاہدات اور تجربات کو بیان کرتے ہوئے سوال اُٹھاتی ہیں اور ڈاکٹر صاحب اُن سوالوں کے جوابات دیتے ہوئے اُن کے نفسیاتی پہلوؤں پر روشنی ڈال کر مقدس کے ذہن میں مذید سوالات کی حوصلہ افزائی کر دیتے ہیں۔ جس سے کہ مقدس کی سیکھنے اور جاننے کی پیاس برقرار رہتی ہے۔

کتاب میں متعدد بار ڈاکٹر صاحب مغربی طرز زندگی پر روشنی ڈالتے ہوئے، مغرب میں فرد کی حاصل کی ہوئی آزادی اور خود مختاری کی نشاندہی کرتے ہوئے مشرق میں انسانی رویوں پر مقدس سے سوال کر رہے ہیں۔

مقدس مشرقی معاشرے میں فرد اور بلخصوص عورت کے ساتھ ہونے والے ناروے سلوک کو بیان کرتے ہوئے مغرب میں عورت کی سطحی خود مختاری سے بھی باخوبی واقف نظر آتی ہیں۔ جو میرے لئیے ذاتی طور سے ایک خوش آئند بات تھی۔

کتاب میں ایک جگہ مقدس نے مغرب میں عورتوں کے کام کی مردوں کے مقابلے میں کم اُجرت کے حوالے سے بات کی۔ میں اس سلسلے میں مقدس سے اتفاق کروں گی کہ مغرب میں فرد مشرق کے مقابلے میں خود مختار نظر آتا ہے مگر
ابھی عشق کے امتحان اور بھی ہیں۔۔۔

یہاں بھی شادی اور بچوں کی پرورش کے تصور کو سجا سنوار کر تھالی میں پیش کیا جاتا ہے۔ یہاں بھی شادی کا پرپوزل مرد کی طرف سے آنے کی توقع ہے اور ڈیٹ پر ریسٹورنٹ کا بل اب تک مرد ہے ادا کرتا ہے۔ مرد کے گھر بیٹھ کر بچے پالنے کو معاشرے نے قبول تو کر لیا ہے مگر سراہا نہیں ہے۔ یہاں بھی بناؤ سنگسار کے لئیے مقامی اسٹور ایسی اشیا سے بھرے پڑے ہیں جو مرد و زن کو ہر روز بتا رہے ہیں کہ تمھاری قدر و منزلت جب ہی ہوگی جب تم خوب کام کر کے پیسے کماؤ اور ان چیزوں کو خرید کر اپنے آپ کو اور اپنے ارد گرد کے ماحول کو سجاؤ۔
یہاں بھی ہر سال خواتین ہر سال ہزاروں ڈالرز بالوں کی رنگ اور ناخنوں کی تراش خراش پر صرف کرتی ہیں اور یہاں بھی مرد انرجی ڈرنکس پی پی کر جم میں اپنے پٹھے مضبوط کر کے Macho man کے تصور کو زندہ رکھنے کی کوشیش میں ہیں۔

یہاں بھی فربہ خواتین وحضرات کو سوسائٹی ہر روز بتا رہی ہے کہ تمھارے پاس ملازمت اور رشتوں کے بہتر مواقعوں کی کمی ہے۔

البتہ فرق صرف اتنا ہے کہ وہاں مشرق میں خاندان اور معاشرہ مللکر فرد پر براہ راست اثر انداز ہوتے ہیں۔ کیونکہ وہ ایک اجتماعی معاشرہ ہے لہذا وہ براہ راست دباؤ ڈال کر فرد کو کنٹرول کرتے ہیں مگر مغرب ایک انفرادی معاشرہ ہے اور یہاں خاندان اور معاشرے کی وہ اہمیت نہیں ہے جو کہ فرد کی ذاتی پسند ناپسند کی ہے لہذا یہاں فرد کو کنٹرول کرنے کے لئیے پورا سرمایہ دارانہ نظام فرد کے پیچھے پڑا ہوا ہے۔

مثال کے طور پر اشتہارات رات دن آپ کو بتا رہے ہیں کہ کہ آپ اُن کی کمپنی کا سامان خرید کر کس طرح ایک مکمل انسان محسوس کر سکتے ہیں۔ اور کس طرح کمپنیز کی مارکیٹنگ پالیسیز آپ کو کبھی ایک مکمل انسان محسوس نہیں ہونے دیتے۔

کتاب کو پڑھتے ہوئے مجھے مسلسل یہ احساس ہو رہا تھا کہ جیسے مقدس اپنے مشاہدات اور تجربات کو بیان کرتے اور سوال اُٹھاتے، ہاتھ میں ایک رنگوں کی تھالی لیئے کھڑی ہوں، جیسے اُنہیں معلوم نا ہو کہ اُن رنگوں کا کیا کروں، اُن سے کیا تصویر بناؤں۔ وہ یہ تھالی بار بار ڈاکٹر سُہیل کے ہاتھ میں دینا چاہتی ہیں کہ مجھے بتائیں میں کس رنگ سے اپنی تصویر بناؤں۔ مگر سُہیل صاحب اپنے مخصوص انداز میں رنگوں کی تھالی مقدس کے ہاتھ سے لینے کی بجائے ایک اور بڑے کینوس کی طرف اشارہ کرتے نظر آتے ہیں۔ وہ مقدس سے کہہ رہے ہیں کہ دیکھو بڑا کینوس یہاں رکھا ہے، اس پر کھڑکی کے سفید پردے میں سے چھن چھن کر آتی روشنی تمھیں تمھاری تصویر بنانے میں مدد کر سکتی ہے۔ اگر تم چاہو تو تم اپنے من پسند رنگوں سے اس پر اپنی تصویر بنا سکتی ہو۔

میں خالد سُہیل صاحب کی بہت شُکر گزار ہوں کہ مقدس مجید اور اُن کی طرح کے اور بہت سارے تخلیقی ذہنوں کے مالک افراد کی نشور نما میں وہ اپنے حصے کی کھاد، پانی اور روشنی مہیا کر رہے ہیں۔ اور مقدس کے لیئے اس تمنا کے ساتھ کہ اُن کا تجسُس ہمیشہ اسی طرح قائم و دائم رہے اپنا ایک شعر پڑھوں گی

زندگی پھر تمھیں ضرور چاہے گی
پہلے سیکھو کھلانا آگ میں پھول

حصہ چہارم: خطوط

درویشوں کے ڈیرے پر تبصرہ۔۔۔

نوشی بٹ

سب دوست جانتے ہیں کہ بون انجری کی وجہ سے میں آج کل بیڈ ریسٹ پہ ہوں۔ پہلے کچھ ہفتے تو ٹراما میں نکل گئے۔ دوستوں کی مہربانی اور توجہ سے میں دوبارہ نارمل ہونا شروع ہوئی۔ کچھ دن پہلے روشی نے مجھے ایک کتاب دیتے ہوئے کہا کہ یہ پڑھو۔ بدقسمتی سے میں گھر آتے ہوئے کتاب وہیں بھول گئی۔ دوبارہ جانا ہوا تو اس نے کہا کہ کتاب لے کر نہیں گئی تو میں نے کہا دے دو۔ آتے ہوئے یاد سے لیکر آئی۔ گھر آ کے انٹرنیٹ بند کر کے فون چارجنگ پہ لگایا۔ کیونکہ کتاب پڑھنے کے لیے مجھے یکسوئی اور ماحول چاہیے ہوتا ہے۔ خیر کتاب پڑھنا شروع کی۔ اس نے آہستہ آہستہ مجھے اپنے حصار میں لینا شروع کیا۔ رابعہ الربا سے میرا تعارف بس فیس بک کی حد تک ہے۔ اور وہ میری دوستوں کی دوست ہیں تو مجھے عزیز بھی ہیں۔ ڈاکٹر سہیل خالد سے میرا تعارف درویشوں کا ڈیرہ پڑھتے ہوئے ہوا۔ اور مجھے اپنے اوپر غصہ بھی آیا کہ ایسا انسان میری فرینڈ لسٹ میں کیوں شامل نہیں۔ کتاب میں رابعہ اور درویش کے ایک دوسرے کو لکھے گئے پچاس خطوط شامل ہیں۔ دو الگ نظریات پہ یقین رکھنے اور ماننے والے لوگوں کے درمیان اتنے تحمل اور محبت سے بات بھی ہو سکتی ہے، خاص طور پہ جب ان میں سے ایک مرد اور ایک عورت ہو۔ یہ اس کتاب کو پڑھتے ہوئے یقین ہوا۔ ایک طرف رابعہ ہیں جو تصوف کی دنیا کی باسی نظر آتی ہیں، جبکہ دوسری طرف ان سے بالکل الٹ ڈاکٹر سہیل خالد۔ جو رابعہ کے نظریات و تصورات سے بالکل الگ ہیں وہ رابعہ کے نظریات کا اس قدر احترام کرتے ہیں کہ تنقید کا ایک لفظ ان کے کسی خط میں مجھے نظر تک نہیں آیا۔

مرد اور عورت کی دوستی کو لیکر جس سفاکی سے رابعہ نے مشرق میں رہنے والے لوگوں کے رویے بیان کیے ہیں، وہ بلاشبہ قابل تحسین بھی ہیں اور لمحہ فکریہ بھی۔ مرد اور عورت دوست نہیں ہو سکتے یہ جملہ بچپن سے سنتے سنتے ہم آج اس عمر تک پہنچ چکے ہیں۔ یہ بات ہمارے معاشرے میں اکثریت پہ ایسے ہی لاگو ہے جیسے رابعہ نے لکھا۔ لیکن اقلیت میں بہرحال ایسے لوگ بھی موجود ہیں جو ڈاکٹر خالد جیسی مرد و عورت کی دوستی کو مانتے ہیں۔ وہ دوستی جو درویش اور ڈونا میں تھی۔ جس میں درویش تو لوگوں کی باتوں کے ڈر سے تعلق ختم کرنا چاہتا ہے لیکن ڈونا کہتی ہے کہ ہماری دوستی کی بنیاد اخلاص پر ہے اور یہ کہ ایک دن میری شادی ہو جائے گی اور میرا شوہر ہماری دوستی قبول کر لے گا۔ ایسا ہی ہوا۔۔

پاکستان کی بہترین سوشل میڈیا سائٹ: فیس لور www.facelore.com

یہ جرات ایک عورت کر سکتی ہے یہ میں مانتی ہوں، کیونکہ میں ایک عورت ہوں۔ محبت کے فلسفے کو میرے خیال سے بے ٹی ڈیوس نے زیادہ اچھے سے سمجھا دیا۔ دوستی کو دوسروں سے نہیں خود سے بچا کے رکھنا ہے۔ بے شک انسان کا سب سے بڑا دشمن انسان خود ہے پھر کوئی اور ہے۔ انسان کے برے رویے اسے کچھ کا کچھ بنا دیتے ہیں۔ درویش کے والد کی پانی کی گہرائی والی مثال بھی مجھے پسند آئی۔ رابعہ کو آنے والے خواب اور پھر رابعہ کا ان کو حقیقی زندگی سے جوڑنا بھی میرے لیے انوکھی چیز ہے۔

میں نے عمر کا کچھ حصہ تصوف کی زندگی میں گزارا ہے۔ مجھے لگتا ہے کہ ہمارے لاشعور میں جو ہوتا ہے وہ ہمارے خوابوں میں آتا ہے۔ کئی جگہ رابعہ نے مرد اور عورت کے تعلق بارے اتنی درست بات لکھی ہے کہ بے ساختہ میرے منہ سے نکلا۔۔ کہ یہ تو میں بھی کہتی ہوں۔

کئی جگہ مجھے محسوس ہوا کہ رابعہ نے جیسے میرے خیالات کو صفحے پہ اتار دیا ہے۔ پانچ فٹ والی محبت رابعہ نہیں کر سکتی اور بیس فٹ تک کوئی رابعہ کے ساتھ نہیں جا سکتا، اس جملے نے آنکھیں نم کر دیں۔ محبت نہ پا سکنے کا غم بہت گہرا ہوتا ہے۔ شاید بیس فٹ سے بھی گہرا۔ مرد عورت کو جنسی غلام سمجھتا ہے۔ میں بھی اس بات سے اتفاق کرتی ہوں۔ مشرق کے مرد میں ابھی اتنی اعلی ظرفی پیدا نہیں ہوئی کہ وہ عورت کو جنس سے ہٹ کے دیکھے۔ عورت سے دوستی کا زیادہ تر مطلب بستر تک پہنچنا ہی ہوتا ہے۔ لیکن بہر حال اچھے مرد بھی موجود ہیں، لیکن اقلیت میں۔ میں نے ایک بار لکھا تھا کہ عورت کو اپنی پاکیزگی اپنی شلوار کے ناڑے کو مضبوطی سے باندھ کے ثابت کرنا پڑتی ہے۔ جبکہ مرد کے لیے یہ الٹ ہے۔ رابعہ کے خطوں میں مجھے یہ حقیقت بارہا نظر آئی جس نے مجھے افسردہ کیا۔ دوسری طرف درویش کا ملک ہے جہاں وہ عورت کو بطور جنس نہیں بطور انسان دیکھتے ہیں۔ ان کی مغرب میں کئی عورتوں سے دوستی ہے۔ لیکن مشرق کی عورت سے وہ اس طرح کی دوستی کی توقع نہیں کرتے رہے جیسی ان کی مغرب میں ہے۔ زہرا جی اور رابعہ کا شکریہ کہ انہوں نے مشرق کی عورت کے بارے درویش کے خیالات بدلے۔ درویش کے والد کی زندگی کا بدلاؤ اور ان کی والدہ کی حالت نے بہت افسردہ کیا۔ میں نے بھی ایسا ہی ایک تجربہ اپنی زندگی میں دیکھا ہے۔ میں سمجھ سکتی ہوں کہ درویش کی زندگی پہ اس کیا اثرات ہوئے ہونگے۔ لیکن درویش کی ایک چیز نے مجھے بہت متاثر کیا۔ درویش کے اپنے لیے دیکھے جانے والے چار خواب۔ جن کو درویش نے پورا کرنے کی جدوجہد کی۔ اور ان کو پورا کر لیا۔ یہ جدوجہد ہمیں سکھاتی ہے کہ اپنے خوابوں کو پورا کرنے کی جستجو کبھی مت چھوڑیں۔ نہ ہی خواب دیکھنا چھوڑیں۔ درویش انسانی نفسیات پڑھنے اور ان کو بہتر بنانے کا ماہر بن گیا ہے۔ وہ خوش قسمت ہے کہ وہ ایسے ملک میں ہے جہاں ذہنی بیماری کو بھی بیماری سمجھا جاتا ہے۔ اور ان کا علاج کروایا جاتا ہے۔ درویش کی والدہ کی خواہش بھی پوری ہوئی درویش کی صورت میں۔ رابعہ کے والد کے کردار نے مجھے متاثر کیا۔ اور اپنے والد کی کمی بھی محسوس ہوئی۔ جب رابعہ نے ذکر کیا کہ وہ اپنے والد کی انگلی پکڑ کے نہر کنارے واک کرتی تھیں۔ میں اس نعمت سے محروم رہی۔ رابعہ کے خطوط میں ایک عورت کی زندگی کا احاطہ ہوتا ہے۔

پوری کتاب پڑھنے کے بعد مجھے درویش اور رابعہ کے بیچ کے تعلق پہ رشک آیا۔ ہمارے یہاں برداشت، رواداری اور ایک دوسرے کے نظریات کا احترام کرنے کی عادت تقریباً مفقود ہو چکی ہے۔ لیکن دونوں کے خطوط نے ثابت کیا کہ اچھائی ابھی ختم نہیں ہوئی۔ رشتوں کے بیچ کی گہری نفسیاتد کھاتے ہوئے درویش اور رابعہ کے خطوط بلاشبہ ایک اچھی کاوش ہیں۔ رابعہ نے جو دوستوں بارے باسکٹ اور ڈائپر کی مثال دی وہ واقعی ہی درست ہے۔ دوسری طرف عورت کے جذبات کو بھی کھل کر بیان کیا، کہ عورت کیا چاہتی ہے۔ مرد کی جلد بازی عورت کو اس سے متنفر کر دیتی ہے، میں اس بات سے متفق ہوں۔ بلاشبہ اس کتاب نے میرے ذہن کو کافی خوراک دی ہے۔ کتاب ختم کرتے ہی میں نے ڈاکٹر خالد سہیل کو فیس بک پہ سرچ کیا۔ اور فوراً سے ریکویسٹ بھیج دی۔ دوپہر میں چیک کیا تو ریکویسٹ پینڈنگ تھی۔ میں نے ریکویسٹ ڈیلیٹ کر کے دوبارہ سینڈ کی۔ تاکہ نظروں میں آ سکے۔ کچھ دیر بعد ایکسپٹ ہو گئی۔ میں نے سوچا تھا کتاب پہ تب لکھوں گی جب ڈاکٹر صاحب دوست ہونگے۔ شکر ہے ریکویسٹ جلدی قبول ہو گئی۔ مجھے خوشی ہے کہ میرے عہد میں بھی میرے ارد گرد ایسے ہیرے لوگ پائے جاتے ہیں جو انسان کو انسان سمجھ کے ٹریٹ کرتے ہیں۔ جو انسان دوست ہیں، اور جو انسان دوستی کے علمبردار ہیں۔ سلامتی اور نیک خواہشات ایسے تمام دوستوں کے لیے جو انسان کی فلاح کے لیے کام کرتے ہیں

برگِ سبز یست تحفہء درویش۔۔۔

احمد رضوان

ڈاکٹر خالد سہیل پیشے کے اعتبار سے ایک مستند سائیکیٹرسٹ ہیں اور تیشے کے استعارے سے وہ فرہاد جو شیریں سخن ہیں ۔خود کو ہیومنسٹ قرار دیتے ہیں یہاں تک کہ اپنی گاڑی کی نمبر پلیٹ پر بھیپی لکھوار کھا ہے تاکہ سند رہے۔ جب کہ میں انہیں ہیومنسٹ سے زیادہ فیمنسٹ قرار دیتا ہوں۔ پنجابی میں "بیلی" یار یا دوست کے معنی میں استعمال ہوتا ہے۔ اسی نہج پر اگر میں رعایت لفظی کا سہارا لوں اور ڈاکٹر صاحب کی افتاد طبع کے مطابق ذرا تحریف سے کام لوں تو انہیں ڈاکٹر خالد سہیلی کہہ کر پکارنا پسند کروں گا کیونکہ جس طرح یہ دکھ سکھ پھرولتے ہیں وہ کسی گوڑی (پکی) سہیلی کا ہی کام ہوتا ہے۔ بر سبیل تذکرہ راقم اپنے دورِ ناکتخدائی میں فیمنسٹ اور فیمنزم کو فیمنیعنی قحط سے مشتق قحط النسا کی شکل ہی سمجھتا رہا وہ تو بھلا ہو "می ٹو موومنٹ "والوں کا کہ انہوں نے اب جاکر اپنے چشم کشا بینروں سے اصل مفہوم تک رسائی میں مدد فراہم کی۔ ڈاکٹر خالد سہیل کی ہمہ جہت اور متنوع شخصیت اپنی ذات میں ایک انجمن کا وجود رکھتی ہے۔ دنیا انہیں باریش دل ریش درویش کہہ کر مخاطب کرتی ہے۔ بقول ولی دکنی

عشق کے ہاتھ سوں ہوئے دل ریش
جگ میں کیا بادشاہ کیا درویش

عام ڈگر سے اِنحراف ان کی فطرت ثانیہ کا جزو لاینفک بن چکا ہے۔ یہ ماڈرن درویش جدید دنیا کا باسی ہے اور تازہ ہوا کا جھونکا بن کر بے شمار لوگوں کی زندگی کے چمن میں بہاریں لا چکا ہے۔ درویشی میں عام طور پر اُوبڑ کھابڑ راستوں پر چلنا پڑتا ہے۔ اپنے من میں ڈوب کر سراغ زندگی پایا جاتا ہے۔ درویش آسانی سے کسی کو اپنا دامن تھامنے نہیں دیتے۔ ان کے در تک رسائی جبہ سائی کے بنا نہیں ملتی۔ دولت فقر تسہیل کے ساتھ نہیں دیتے۔ مگر یہ روایت شکن ماڈرن درویش انتاہی آسان فہم اور سہل الحصول ہے۔ سگمنڈ فرائڈ ان کی پہلی محبت ہے، شکر ہے آخری نہیں ہے بلکہ یہ سلسلہ جاری و ساری ہے۔

ڈاکٹر خالد سہیل بچپن سے ہی خانگی حالات نے ان میں فلسفیانہ اور صوفیانہ خیالات کی شدھ بدھ پیدا کر دی تھی۔ ان کے والد بزرگوار ٹکٹکی باندھے آسمان کو تکا کرتے تھے اور شنید ہے کہ آسمان والے سے روز و نیاز کی باتیں کیا کرتے تھے۔ ان کا لخت جگر ماڈرن درویش نظر اٹھا کر بھی آسمان کو نہیں دیکھتا۔ کسی کے نقش کف پا پر نہیں چلتا اور قدرت کی نشانیوں پر یقین رکھتا ہے۔ پہلی بغاوت کی نیو تب رکھی گئی جب انہیں لڑکپن میں خطِ سبزہ کے بڑھ جانے پر جھاڑ جھنکار کو صاف کرنے کا کہا گیا۔ ضد میں آکر انہوں نے پھر ساری زندگی استرا اپنے چہرے سے لگنے نہیں دیا۔ ہاں قینچی سے داڑھی مونچھیں ترشوانے کے گناہگار ضرور ہوئے۔ روایت شکنی کیبہ خُوانہوں نے اپنے چچا عارف عبدالمتین سے پائی جنھوں نے نوجوان خالد سہیل کو تب ہی بتا دیا تھا بقول امیر خسرو "بہت کٹھن ہے ڈگر پنگھٹ کی" مگر یہ بھی دُھن کے پکے اور جذبوں کے سچے تھے۔ روایت شکن درویش خرقہ پوش نہیں سوٹڈ بوٹڈ رہتا ہے۔ کھانے میں سالمن اور ٹراوٹ مچھلی اور بھنڈی بہت پسند کرتا ہے۔ سالمن، ٹراوٹ اس لئے کہ وہ یخ بستہ پانی میں بہاؤ کے الٹ تیرتی ہیں جبکہ بھنڈی کی پسندیدگی کی وجہ بھیپی سمجھ آتی ہے کہ وہ اپنی انفرادیت پر قائم رہنے کے لئے کسی اور سبزی کا اشتراک پسند نہیں کرتی۔

یہ درویش میوہ دار بھی ہے اور ڈیرہ دار بھی۔ درویشوں کے ڈیرہ پر صلائے عام ہے یاران نکتہ داں کے لئے۔ یہاں طرز رومی پر "رقص صوفیانہ" تو نہیں کیا جاتا ہاں درویش اور درویشنیاں اپنا حالِ دل بزبان خطوط ایک دوسرے کو سناتے ہیں۔ پہلے زمانوں میں درویش برگ سبز یعنی پان اور برگ تاک یعنی انگور کا پتا پیش کیا کرتے تھے اور فارسی کہاوت تھی "برگ سبز یست تحفہ درویش"۔ دور جدید میں آج کل ماڈرن درویش گرین زون تھیراپی کر کے مسیحائی کیا کرتا ہے۔ درویشوں کے ساتھ سبز رنگ کا تعلق مضبوطی کے ساتھ کہیں نہ کہیں ضرور استوار ہے۔ اوراق سبز ہوں یا سبز چولا۔ بلکہ یہ تو سبز قدم سمجھے جانے والے لوگوں کا مقدر بھی درست کرنے کی صلاحیتوں سے مالا مال ہوتے ہیں۔ اس سے پہلے کہ یہ تاثر پھیلے کہ صاحب مضمون کو ساون کے اندھے کی طرح صرف ہرا ہی سوجھتا ہے، بات کو اس ماڈرن درویش کی طرف ہی رکھتے ہیں۔

ہم الٹے بات الٹی یار الٹا" کہتے ہیں"

ڈاکٹر خالد سہیل کی تازہ ترین کتاب میں بھی یہ روایت شکنی بخوبی برقرار ہے۔

عام طور پر دیکھا گیا ہے کہ کالم نگار اپنا لکھنے کا سفر جاری رکھتے ہوئے ادب اور کتابیں لکھنے تک پہنچ جایا کرتا ہے۔ ہم اس کی مثالوں میں گبریل گارشیا مارکیز، آرٹ بکوالڈ وغیر ہم کو پیش کر سکتے ہیں۔ روایت کے باغی درویش نے اس کے الٹ انتخاب کیا ہے۔ پہلے شاعری اور افسانے لکھ کر اپنی ادبی شناخت قائم کی پھر تراجم، سماجی، نفسیاتی موضوعات پر کتابیں لکھیں اور سب سے آخر میں کالم نگاری کی طرف اپنی کشتی کا رخ موڑ دیا۔ بقول حسرت موہانی شاعری عاشقانہ، محبوبانہ، فلسفیانہ، عالمانہ، سوقیانہ ہوتی ہے بجنسہ کالم نگاری بھی ہر طرح کے رنگ لئے ہوئے ہوتی ہے۔ ڈاکٹر صاحب نے اپنے قاری کی سہولت کے لئے اپنی کتاب میں کالموں کو خود ہی نفسیاتی، سماجی، ادبی اور فلسفیانہ حصوں میں تقسیم کر کے قاری کو اس بھاری پتھر کو چوم کر چھوڑ دینے کے کشٹ سے بچالیا ہے۔ آدرش میں شامل کئے گئے تمام کالم بہت عمدگی سے ڈاکٹر خالد سہیل کی ذات وصفات کی جستہ جستہ جھلکیاں فراہم کرتے ہیں وہیں قاری کو ان میں سے عقل و دانش اور زندگی کے تجربات کا نچوڑ کشید کرنے میں مدد فراہم کرتے ہیں۔ ایک بلاگنگ ویب سائیٹ کے مدیر ہونے کی حیثیت سے میں ان تمام کالمز کو بہت پسندیدگی کی نگاہ سے دیکھتا ہوں کیونکہ ان کالمز سے مجھے بہت کچھ سیکھنے کو ملا۔

آخر میں یہی کہوں گا کہ ادیب کو اپنی کتاب بھی اولاد ہی کی طرح پیاری ہوتی ہے۔ اس لحاظ سے ڈاکٹر صاحب کثیر العیال ہیں۔ مقام شکر ہے یہ کثیر العیالی تعدد ازواج کی مرہون منت نہیں ہے۔ اس تخلیقی وفور کا اصل سرچشمہ اردو اور انگریزی والی وہی دونوں میوز ہیں جو ہر رات شبستانِ درویش میں حاضری دیتی ہیں اور ان کے ذہن رسا کو تخلیق کاری پر اکساتی ہیں۔ ڈاکٹر صاحب کو ان دونوں کی معیت میں شب بسری بہت بہت مبارک۔ امید ہے یہ تخلیقی چشمہ یونہی جاری وساری رہے گا۔

ڈاکٹر خالد سہیل کے کالمز پر مشتمل کتاب کی آن لائن تقریب اجراء میں پڑھا گیا۔

ادبی محبت نامے۔۔۔تبصرہ

احمد رضوان

ڈاکٹر خالد سہیل کی ہمہ جہت اور متنوع شخصیت اپنی ذات میں ایک انجمن کا درجہ رکھتی ہے۔انجمن بلاشبہ پنجابی فلم والی بھاری تن و توش سمجھ لیں جو درختوں کے اردگرد گول گول گھوم کر گانا گاتے ہوئے ہیرو کی بجائے تنے سے لپٹ کر محبت کی پیام رسانی کیا کرتی تھی۔ڈاکٹر خالد سہیل صنفی امتیاز کے خلاف ہیں۔کالوں کے حقوق پر "کالے ادیبوں کا ادب" کا ترجمہ کر ڈالا۔بچوں سے زیادتی کر کے قتل کرنے والے مشہور کردار جاوید اقبال پر کتاب "سو بچوں کا قاتل" لکھ ڈالی۔ادب کی کسی صنف میں بھی وہ کسی امتیاز کو درخورِ اعتناء نہیں سمجھتے۔لوگوں سے میل ملاقات اور مکالمہ کے لیے "فیملی آف دا ہارٹ ورلڈ" نامی ایک تنظیم بنا رکھی ہے، جس میں کتابوں کی رسم اجراء سے لے کر مختلف النوع موضوعات پر مباحث کا اہتمام کیا جاتا ہے۔

ادب کی جس صنف پر آج کل ڈاکٹر صاحب کی نظر خاص ہے اس کا نام خطوط نویسی ہے۔اس سلسلے میں وہ نسوانی خطوط پر بھی سوچ رہے ہیں۔انہیں لگتا ہے کہ اس ادبی صنف کے ساتھ سوتیلی اولاد جیسا سلوک روا رکھا گیا ہے۔اور اب وہ اس صنف کے جائز حقوق دلانے کیلئے میدان میں اتر آئے ہیں۔اس سلسلے کا آغاز انہوں نے پچھلے سال "رابعہ الربا" کے ساتھ "درویشوں کا ڈیرہ" نامی کتاب لکھ کر کیا۔اس کتاب میں انہوں نے درویش کا کردار نبھاتے ہوئے رابعہ الربا کو اپنے دور کی ولی رابعہ بصری سے متاثر ہو کر ان کے ساتھ زندگی کے ہر گوشے پر کھل کر بات چیت کی۔رابعہ الربا ڈاکٹر صاحب کو خط لکھتیں، اپنے محسوسات و مشاہدات ڈاکٹر صاحب کو بزبان خط سناتیں اور ڈاکٹر صاحب ایک ماہر طبیب کی طرح ان کی مسیحائی کرتے، ان کے سوالوں کے جواب خط کے ذریعہ دیتے۔"چھیتی بوڑیں وے طبیبا" والا کوئی سین ہی نہیں تھا کہ جواب اسی وقت بذریعہ سوشل میڈیا ارسال کر دیا جاتا یوں تشنگی باقی نہ رہتی۔

اسی منفرد سلسلے کو آگے بڑھاتے ہوئے ڈاکٹر خالد سہیل نے چند مزید احباب کے ساتھ خط و کتابت کا ڈول ڈالا۔ان کی تازہ ترین تخلیق "ادبی محبت نامے" ان تمام احباب کے خطوط کا مجموعہ ہے جو ڈائیلاگ کی شکل میں ڈاکٹر صاحب کو بھیجے گئے۔اس کتاب میں کل 26 مختلف سوچ اور اپروچ رکھنے والے لوگوں کے خطوط شامل کیے گئے ہیں۔ڈاکٹر خالد سہیل کے حلقہ احباب میں سے 19 خواتین اور پانچ مرد حضرات اس مجموعہ ءِ حاضرات و محاضرات کے حقدار ٹھہرے جن میں سے ایک یہ خاکسار بھی ہے۔گویا ہم موٹا موٹا حساب کریں تو خواتین اور مرد خطوط نگاروں کی تعداد میں ایک اور چار کی نسبت ہے جیسے ہر مردِ مومن کو چار چار کی اجازت ہے۔اس نسبت تناسب کی وجہ کیا ہے یہ میرا ناقص ذہن نہیں جان سکا مگر لگتا یہی ہے کہ فیمنزم کی آواز مکے مدینے تک پہنچی ہو یا نہ ہو ڈاکٹر خالد سہیل کے کانوں تک ٹورنٹو میں ضرور پہنچی اور انہوں نے لبیکیا حبیبہ کہہ کر جواب دیا۔بعض حاسدینیہ کہتے ہیں کہ ڈاکٹر صاحب حقوق انساں سے زیادہ حقوق نسواں کے حامی ہیں۔بڑی تعداد میں خواتین کی طرف سے ڈاکٹر صاحب کو خط لکھنے کی ایک اور توجیہہ کی جاسکتی ہے کہ ڈاکٹر صاحب صنف مخالف میں مقبول ہیں اور خواتین بلاجھجک اپنے جذبات و احساسات کے اظہار کے لئے لیے ڈاکٹر صاحب کو ایک موزوں انسان سمجھتی ہیں۔ان خطوط کو ادبی محبت نامہ یا دوسرے الفاظ میں سنبل نامہ، نوشی بٹ یا نویدِ سحر نامہ بھی کہا جاسکتا ہے کیونکہ ان خواتین کے خطوط کی تعداد سب سے زیادہ ہے۔ان خطوط کا رنگ ادبی ہے اور ان کے بارے میں بات کرنا ذرا بھی بے ادبی نہیں ہے۔ڈاکٹر صاحب ادبی محبت ناموں میں لکھنے والے کو کھل کھیلنے کا موقع فراہم کرتے ہیں کہ کچھ اپنی کہو کچھ میری سنو، دل کرے تو جو مرضی کہو، ذاتی پھپھولے پھوڑو یا کسی سماجی مسئلے پر گوہر افشانی کرو یہ کھلا میدان تمہارے لئے۔

خط میں لکھی ہے حقیقت دشت گردی کی اگر
نامہ بر جنگلی کبوتر کو بنانا چاہیئے

خط لکھتے ہوئے لوگ کچھ گھبراتے ہیں شائد، کچھ بلند ہمت و حوصلہ لوگ جو اولوالعزمی کی بلند مچان پر پر جابیٹھے انہوں نے ایک سے زیادہ خطوط لکھ کر اپنے اپنے احساسات وخیالات کا نکاس کیا اور اور اپنے دلی جذبات کا اظہار لفظوں کی شکل میں پیش کر دیا۔ زیادہ تر خطوط فارغ خطی کے اریب قریب ہیں مراد فقط ایک خط ہی لکھا گیا یا ہم جیسے ایک خط پر ہی راضی برضائے درویش ہو گئے۔

ان ادبی خطوط کا اسلوب صاحب تحریر کی تصویر کشی کے مترادف ہے۔ خطوط کی اس سلسلہ جنبانی میں میں جہاں ڈاکٹر صاحب مسیحا کا کردار ادا کرتے ہیں وہیں اپنے مشوروں سے خضر کا کام بھی کرتے ہیں کہ سب کو راہ بھی دکھلاتے جاتے ہیں اور منزل پر پہنچنے کے لئے خرچہ وہرجہ بھیفرا ہم کرتے ہیں۔ طبیب اگر حبیب ہو تو آدھا مرض ویسے ہی جاتا رہتا ہے۔ خود آگہی کا اگلا مرحلہ آگاہی ہوتا ہے یہ بھلے ذات کی ہو، ماحول کی ہو، قدرت کی ہو، مناظرِ قدرت کی ہو یا صانع قدرت کی ہو۔ ڈاکٹر صاحب کے ہاں آگہی اور آگاہی کا سفر اکٹھے طے کیا جاتا ہے۔
ان خطوط کا دائرہ بہت وسیع ہے، ذاتی خصائل سے لے کر اجتماعی سماجی مسائل ان کے اندر یوں ڈسکس کئے گئے ہیں کہ اپنی ذات کے عرفان سے لے کر معاشرے کی تمام چیزیں اس میں بیان کر دی گئی ہیں۔ گویا یہ خطوط ایک طرح سے کتھارسس کرتے ہیں ان لکھنے والوں کا۔ پھولوں کی دکان میں داخل ہوں تو گلہائے رنگین آپ کی توجہ فوراپنی طرف کھینچتے ہیں اور اگر ان کو کسی گلدستہ میں یکجا کر دیا جائے تو نہ صرف ان کے دلنشیں رنگ اور ان کی بوقلمونی کی جاذبیت اور خوبصورتی میں کئی گنا اضافہ ہو جاتا ہے جب یہ گلدستے میں ہوں۔ اس کتاب کو بھی گلدستہ ہائے رنگارنگ سے ہی تشبیہ دینی چاہیے اس میں لکھنے والوں کے خیالات وافکار یوں اکٹھے ہو گئے ہیں کہ ان کے اندر آپ کو میں اپنا آپا اور سراپا دکھائی دیتا ہے۔

ان ادبی محبت ناموں میں تخلیقیو فوریا کا تذکرہ ہے اور Traditional majoritiy and Creative Minority جیسی اصطلاحات کی روشنی میں نفسیاتی، سماجی اور معاشرتی رویوں کی نشاندہی کی گئی ہے۔ زیادہ تر خطوط میں وہ خواتین و حضرات شامل ہیں جنہیں کہیں نہ کہیں ذات اور شناخت کا سوال درپیش ہے، معاشرتی دباؤ ہے یا گھٹن ہے یا نامساعد حالات کی چکی ہے اور رشتوں کی ڈوریوں میں بندھے ہوئے فرد ہیں۔ ڈاکٹر صاحب اس انداز میں ان کی رام کتھا سنتے ہیں اور ان کے تجسس کو مزید ابھارتے ہیں کہ وہ اپنا آپ ان کے سامنے کھولیں۔ اپنی ذات میں موجود ان گوشوں، پہلوؤں کو نشان ذد کریں جو ابھی تک خفتہ ہیں یا unutilized ہیں۔ انسان ماضی پرست ہے۔ عہدِ رفتہ کی کی بیتی ہوئی باتیں، گھاتیں اور ملاقاتیں اسے ہمیشہ نہ صرفکرتی ہیں بلکہ شمع فروزاں بن کر اس کے دل کو جواں رکھتی ہیں۔ ڈاکٹر خالد سہیل آج کے دور کے ایک ایسے فلسفی اور درویش ہیں جن کے آدرشوں اور خیالات پر اگر انسان کان دھرلے تو دنیا امن کا گہوارہ بن سکتی ہے۔ ایک فلسفی جس کی ہر بات انسان دوستی پر مشتمل ہوتی ہے۔ ان کی کتاب "ادبی محبت نامے" یقیناً ادب عالیہ میں ایک اہم اضافہ ہے جس میں سب اپنی اپنی کتھا بزبان خطوط ایک دوسرے سے شئیر کی گئی ہے۔

گزرے زمانوں میں خط آدھی ملاقات کے مترادف ٹھہرتا تھا اور ادبی خطوط کو تو پورے عہد کی تاریخ کو کندہ کرنے کے برابر سمجھا جاتا تھا۔ ڈیجیٹل دور میں اس کو دوبارہ سے زندہ کرنے پر میں ڈاکٹر خالد سہیل کو مبارکباد پیش کرتا ہوں کہ کہ انہوں نے اس تابندہ، رخشندہ روایت کو تازہ کیا ہے۔

"درویشوں کا ڈیرا" پر تبصرہ

مصنف: خالد سہیل اور رابعہ الرّباء

حبیب شیخ

خط لکھنے کی روایت اگرچہ بہت قدیم ہے لیکن اس کو اردو ادب میں شامل کرنے کی اہمیت مرزا غالب کے خطوط سے شروع ہوئی ہے۔ میں نے ثانوی اسکول میں غالب کے ادبی خطوط پڑھے تھے۔ اس کے بعد کچھ اور ادیبوں کے بھی اکا دکا خطوط پڑھنے میں آئے۔ چند سال پہلے رتن بائی کے انگریزی میں لکھے ہوئے خطوط پڑھے جو انہوں نے محمد علی جناح کو پیرس سے لکھے تھے جہاں وہ اپنی عمر کے آخری ایام میں سرطان کے مرض کا علاج کروا رہی تھیں۔ لیکن جن خطوط کا میں نے اوپر ذکر کیا ہے وہ سب یک طرفہ تھے۔ "درویشوں کا ڈیرا" اس لحاظ سے منفرد کتاب ہے کہ اس میں دو ادیبوں کے مکالمے ہیں اور یہ سلسلہ اس طرح جاری ہے جیسا کہ ایک پرانے فلمی نغمے کے بول تھے

ؔایک سوال میں کروں ایک سوال تم کرو۔۔۔۔ ہر سوال کا جواب ہی سوال ہو

یہ دو ادیب ہی نہیں بلکہ اس کتاب میں دو کردار بھی ہیں۔ خالد سہیل کا کردار ایک دہریہ درویش کا ہے جو ادیب بھی ہے، ماہرِ نفسیات بھی ہے، انسانوں کا مطالعہ کرتا ہے اور ان کے مسائل حل کرتا ہے۔ رابعہ الرّباء کا کردار ایک رابعہ کا ہے جو ادیبہ ہے، رابعہ بصریؒ اور یوسفؑ سے بہت متاثر ہے، رات کی تیسری پہر کی خاموشی اور تنہائی میں خدا سے باتیں کرتی ہے، معاشرے کی روایات کی قید میں ہے اور آزادی سے جینے کی خواہش مند ہے۔

یہ کتاب کئی لحاظ سے منفرد ہے۔ یہ مکالمے جو کہ خواب نامے بھی ہیں دانش اور جذبات سے بھرپور تحریریں ہیں۔ دو شخصیتوں کے درمیان واضح تضاد لیکن اس سے بھی زیادہ دوستی کے جذبات ہیں۔ ایک مغرب میں رہنے والا مرد اور دوسری ایک مشرق میں رہنے والی عورت، ایک دہریہ درویش اور دوسری رات کی خلوت میں خدا سے راز و نیاز کی باتیں کرنے والی عورت، ایک ادیب جس کے تمام خوابوں کی تعبیر اس کی خواہشات کے مطابق ہوئی اور اپنی مرضی کے مطابق اڑتا پھرتا ہے اور دوسرا ادیب روایتوں میں جکڑی ہوئی عورت ہے جس نے خود کو قسمت کے حوالے کر دیا، ایک ادیب جو ذہنی گرین زون mental green zone میں سکون کے ساتھ رہتا ہے اور وہ ایک ادیبہ جس کے دل میں مزید درد کی جگہ نہیں، ایک ادیب جو ہر شے کو عقل اور سائنس کی عینک سے دیکھتا ہے اور دوسری ایک ادیبہ جو جذبات کو خود پر غالب آنے دیتی ہے، ایک ادیب جو شعور میں رہتے ہوئے ہی خطوط لکھتا ہے اور درد بھی شعور کے دائرہ کے اندر رہ کر ہی بانٹتا ہے اور ایک وہ ادیبہ جو ایک ہی وقت میں شعور اور لاشعور کی دنیا میں رہتی ہے۔ درویش دماغ سے لکھتا ہے جبکہ رابعہ دل سے لکھتی ہے۔ لیکن ان تضادات کے باوجود دونوں کی مظبوط قلمی دوستی ہو گئی ہے اور دونوں ایک دوسرے کا خوب احترام کرتے ہیں۔ درویش کے الفاظ میں

" درویش رابعہ سے کبھی نہیں ملا لیکن پھر بھی اس سے ایک ادبی تعلق محسوس کرتا ہے۔ دوستی کی ایک تعریف یہ ہے کہ اس میں فریقین ایک دوسرے کی بہترین صفات کو اجاگر کرتے ہیں۔"

ان خواب ناموں کی ایک اور خوبصورتی ان کی فکر اور جذبات کی شدت میں ہے۔ ان دونوں ادیبوں نے مل کر ساٹھ دنوں میں پچاس طویل خطوط لکھے اور جیسے جیسے یہ خواب نامے شائع ہوتے رہے انہوں نے قارئین کے تبصروں کا بروقت جواب بھی دیا۔ یہ بلاشبہ لکھنے کی ایک marathon میراتھون دوڑ تھی۔ اسی لئے ان خواب ناموں میں کوئی سقوط یا جمود نہیں پایا جاتا ہے اور خیالات کے اظہار میں بہت ربط ہے۔ لگتا ہے کہ ایک زنجیر کی مانند لڑیوں کی طرح یہ خطوط ایک دوسرے سے جڑے ہوئے ہیں۔

درویش اور رابعہ دونوں ساٹھ دن اکٹھے برق رفتاری سے ایک فکری اور جذباتی سفر کرتے ہیں اور اپنی نیندیں اور آرام قربان کر کے طویل خواب نامے لکھتے ہیں۔ اس دورانِ سفر میں زندگی کے ہر عنوان پر گفتگو کرتے ہیں اور برجستہ اشعار کا حوالہ بھی دیتے ہیں۔ درویش چونکہ ایک شاعر بھی ہے تو کئی جگہ حسب ضرورت اپنے اشعار کو لکھ کر مضمون کو حسن سے نوازتا ہے۔ مثلاً

؎اس درجہ روایات کی دیواریں اٹھائیں۔۔۔ نسلوں سے کسی شخص نے باہر نہیں دیکھا

؎وصل کی لذتوں کا مزا چھوڑ کر۔۔۔ آؤ کچھ دیر کو آج باتیں کریں

؎عجب سکون ہے میں جس فضا میں رہتا ہوں۔۔۔ میں اپنی ذات کے غارِ حرا میں رہتا ہوں

؎وہ دریا بن کے بہتا تھا تو کتنا شور کرتا تھا۔۔۔ سمندر میں وہ جب سے آملا خاموش رہتا ہے

"درویشوں کا ڈیرا" اس لئے بھی ایک منفرد پروجیکٹ ہے کیونکہ ٹیلیفون کے دام سستے ہونے کے بعد پوری دنیا میں خط لکھنے کی عادت اور ضرورت تقریباً ختم ہوتی جا رہی ہے۔ پھر ای میل کا سلسلہ شروع ہوا تو ای میل کی فوری ترسیل کی وجہ سے دو چار سطروں سے کام بن جاتا ہے۔ اس کے بعد فون کے ذریعے پیغام بھیجنے کا دور آگیا۔ ایک آدھ سطر میں acronym استعمال کر کے پیغام مکمل ہونے لگا ہے۔ جملے میں فعل اور فاعل کا ہونا بھی ضروری نہیں رہا۔ اس طرح کے پیغامات نے گرامر کی دھجیاں ادھیڑ دیں اور صرف مفہوم پر زور دینا ضروری سمجھا گیا۔ ان حالات میں یہ کتاب اس فن کو جگانے کی ایک اہم کاوش ہے۔ مجھے یقین ہے کہ اس کتاب کو پڑھنے کے بعد کچھ اور لوگ بھی خطوط پر مبنی فن پارے لکھیں گے۔

خطوط نویسی کا فن دوسرے نثری فنون کے مقابلے میں زیادہ لچک فراہم کرتا ہے۔ خط نویس کو کسی ایک عنوان سے جڑے رہنے کی ضرورت نہیں ہوتی ہے۔ درویش اور رابعہ نے اس لچک سے پورا فائدہ اٹھایا ہے اور ایک کے بعد ایک عنوانات پر اپنا نقطہ نظر پیش کیا ہے۔ یہ عنوانات انہوں نے اپنے خواب نامے لکھنے سے پہلے منتخب نہیں کئے بلکہ تبادلۂ خیالات کے فطری بہاؤ کے نتیجے میں پیدا ہوئے ہیں۔ میرے خیال میں یہی اس کتاب کی خوبصورتی ہے۔ ان خواب ناموں میں آپ بیتی بھی ہے اور جگ بیتی بھی، عقل و دانش کی باتیں اور جذبات کی شدت کی عکّاسی بھی۔ مذہب، سائنس، نفسیات، ادب، عشق و محبت، شادی، حسن، تصوف، روحانیت، معاشرہ اور اس سے جڑی روایات گو کہ زندگی کے تعلق سے ہر گوشہ زیرِ بحث آتا ہے اور دونوں ادیبوں نے دل کھول کر اپنے اپنے خیالات، مشاہدات اور تجربات کو بیان کیا ہے۔

درویش ان خطوط میں علم اور تجربات کو بیان کرتا ہے۔ وہ ایک فنکار بھی ہے ماہر نفسیات بھی اور

خدمت خلق بھی کرتا ہے۔ اس لئے اس نے تصوف، جسمانی لذّت، تخلیق اور جنون جیسے نازک عنوانات پر علم و فہم کی روشنی میں اپنے نظریات کو بیان کیا اور ان کو سائنس کے ذریعے سمجھانے کی کوشش کی۔

درویش نے اپنے تجربات اور مشاہدات کی بنیاد پر انسانوں اور زندگی کو کئی اقسام میں بیان کیا ہے۔
مثلاً شاعروں اور فنکاروں کی چار اقسام (۳۰واں خواب نامہ)، زندگی گزارنے کے تین زون zones اور دو فریقوں کے مابین جھگڑا ختم کرنے کے تین طریقے (۴۰واں خواب نامہ)، دانائی کے راز پانے کے تین راستے (چوتھا خواب نامہ)، مرد ادیب کے لیے تین آزمائشیں (۲۸واں خواب نامہ)۔

ایک موقع پر درویش نے تخلیق کار کے درد کو اس طرح بیان کیا ہے۔
"تخلیق کار ہونا کس قدر جان لیوا عمل ہے کہ وہ خود تو عمر بھر حالت نزع میں رہتا ہی ہے مگر اس کے ساتھ والے بھی اس درد سے گزرتے ہیں۔"

درویش اور رابعہ ان مکالموں کے ذریعے سے پیدا ہونے والی قلمی دوستی سے بہت خوش نظر آتے ہیں۔ درویش لکھتا ہے
"درویش کا خیال ہے کہ وہ مرد اور عورتیں خوش قسمت ہیں جن کی آپس میں دوستی ہو جاتی ہے۔ وہ دوستی کی محبت، شادی اور جنسی رشتوں سے زیادہ قدر کرتا ہے کیونکہ وہ دوستی کی معصومیت، وقار اور بے ساختگی کو مجروح کر سکتے ہیں۔"

رابعہ کی شخصیت پر اسرار ہے۔ وہ رات کی آخری پہر میں تصوف کی باتیں کرتی ہے۔ جذبات کے بیان پر کوئی بند نہیں باندھتی۔ رابعہ جو ذہنی طور پہ آزاد اور بالغ ہے روائیتی معاشرے میں خود کو جکڑا ہوا محسوس کرتی ہے۔ ایک روائیتی معاشرے میں تخلیق کار عورت پر جو کچھ گزرتی ہے اس کو بڑی خوبصورتی سے بیان کیا ہے۔ جیسے

"اب وہ (رابعہ) اپنے خمیر کی تلاش بھی کھو چکی ہے کہ یہ بھی اس کے بس کی بات نہیں رہی۔"
"وہ (رابعہ) خاک نہیں ہے جس کو ہوا اڑالے جائے۔ یہ وہ خاک ہے جو خاک میں خاک ہونا چاہتی ہے۔"
"رابعہ کے پاس وہ سب کچھ ہے، جس کی بہت سی لڑکیاں خواہش کر سکتی ہیں۔ رابعہ کے پاس بس وہ نہیں ہے جس کی وہ خود خواہش کرتی ہے۔"
"رابعہ درد کے پل صراط سے گزر کر جس زندگی میں قدم رکھ چکی ہے، وہاں راز و بھید کی اک عجب دنیا ہے۔ جو کبھی درویشوں، فقیروں، صوفیوں سے مضطرب خود ہوتی ہے تو کبھی مستی من میں لے جاتی ہے۔"
"رابعہ نے سب سے بڑی زبان بولنا شروع کر دی. خاموشی۔"

رابعہ کو مشرقی مرد سے بہت گلہ ہے اور یہ سچ ہے کہ مشرقی معاشرے کا مرد اپنی مردانگی کے نشے میں مرد زیادہ اور انسان کم ہوتا ہے اور عورت کو ایک جنسی گڑیا sex doll سمجھتا ہے۔ مغرب میں مرد کی مردانگی کا غرور ٹوٹ چکا ہے اس لئے عام مردوں میں انسانیت کا پہلو نمایاں ہے۔ جہاں تک مشرق میں عورت کو جنسی گڑیا سمجھنے کا تعلق ہے میری رائے میں وہ مغرب میں اب بھی کچھ حد تک موجود ہے۔ اور اس کی بڑی وجہ مارکیٹنگ کمپنیاں اور celebrity

سیلیبریٹی ثقافت ہے۔ کار سے لے کر شیونگ کریم تک عورت کے جسم کا سہارا لے کر بیچی جاتی ہے۔ دوسری وجہ یہ ہے کہ میڈیا نے عورت کی ایک ایسی امیج قائم کر دی ہے کہ عورتوں کی اکثریت خود کو اسی امیج میں فٹ کرنے میں لگی رہتی ہے۔ مغرب میں عورت غلط اور صحیح دونوں روایات سے آزاد ہو گئی ہے لیکن وہ میڈیا کی امیج کی غلام بن گئی ہے۔ پھر بھی یہ بات اپنی جگہ بالکل درست ہے کہ مغرب میں مرد اور عورت کی دوستی بغیر کسی جنسی پہلو کے ایک عام بات ہے اور اس کی وجہ اکثر دونوں کا ایک ہی جنون passion ہوتا ہے۔

رابعہ ہر تضاد میں حسن کا پہلو ڈھونڈ نکالنے کی مہارت رکھتی ہے اور حسن میں تضاد کا پہلو بھی اس کی نظر میں ہے۔ مثلاً
"حسن دنیا کی بہت بڑی حقیقت ہے۔ اور اتنی ہی بے معنی بھی۔"

"یہ حساس ہونا بھی کتنا حسین مرض ہے"

رابعہ صرف انسانوں کے لئے ہی نہیں حساس دل رکھتی ہے بلکہ ماحولیات سے بھی اس کو لگاؤ ہے۔ اس لئے اس نے کئی مرتبہ ایک نہر کا ذکر کیا اور سڑکیں کشادہ کرنے کے لئے درختوں کے کاٹنے پر افسوس کا اظہار کیا۔

اس کتاب کا اس طرح وجود میں آنا ایک کرشمے سے کم نہیں۔ ایک دریا ہے جو شور مچاتا ہوا تیزی سے بہتا چلا جاتا ہے اور پچاسویں خط کے بعد سمندر میں گر کر خاموش ہو جاتا ہے۔ لیکن قاری کے ذہن میں وہ شور ہمیشہ کے لئے نقش کر گیا ہے۔ یہ شور ایک کھوکھلا شور نہیں بلکہ یہ ذہن کے کئی بند دریچے کھول گیا ہے، علم اور ادب کی پیاس اور بڑھا گیا ہے۔ بقول درویش کے "یہ کتاب ایک قوس قزح ہے۔
پہلا رنگ ایک مکالمے کا ہے
دوسرا رنگ آپ بیتی کا ہے
تیسرا رنگ جگ بیتی کا ہے
چوتھا رنگ ادب کا ہے
پانچواں رنگ روحانیات کا ہے
چھٹا رنگ نفسیات کا ہے
ساتواں رنگ دوستی کا ہے"

"درویشوں کا ڈیرا" کتاب بار بار انسانی سوچ کو جھنجھوڑتی ہے، زندگی میں ارتعاش پیدا کرتی ہے، ذہن کو علم پارے مہیا کر کے علم کی پیاس میں اضافہ کرتی ہے۔ جب میں نے اس کتاب کا اختتامیہ پڑھا تو مجھ پر ایک اداسی کی لہر چھا گئی۔ میں بھی تو ان دو ادیبوں کے ساتھ سفر کر رہا تھا! سفر ختم ہوا تو میں ان سے

جدا ہو گیا۔ لیکن میں نے ان دونوں سے اس مختصر عرصے میں زندگی کے بارے میں بہت کچھ سیکھا۔ اگر درویش دہریہ نہ ہوتا تو میں یہ ضرور کہتا کہ یہ مکالمے دور حاضر کی ایک رابعہ بصری اور ایک حسن بصری کے درمیان ہیں۔

نوٹ: میں اس مضمون کی اصلاح کے لئے مسلم حسنی (ٹورونٹو) کا شکر گزار ہوں۔

تخلیقیا قلیتکے خوا باور مسائلپر تبصرہ

جب کوئی شخص "تخلیقی اقلیت" کے یہ دو الفاظ سنتا ہے تو اس کے دماغ میں بہت سے سوالات پیدا ہو سکتے ہیں:
تخلیقی صلاحیتں کیا ہیں؟ تخلیقی عمل کیا ہے؟ کیوں کچھ لوگ تخلیقی ہوتے ہیں اور ان کی مشترکہ خصوصیات کیا ہیں؟ کیا وہ اپنے خاندانوں اور معاشروں کی روایات اور اقدار کے ساتھ تنازعات میں نہیں ہیں؟ اگر ایسا ہے تو کیا وہ مسائل کو حل کرنے کے قابل ہیں؟

جب میں نے خالد سہیل کتاب کی کتاب

Creative Minority۔Dreams and Dilemma کو دیکھا تو میں نے فوری طور پر جان لیا کہ وہ خود اس موضوع پر لکھنے اور ان پیچیدہ سوالوں کے جواب دینے کے لئے غالباً سب سے بہتر انسان ہوں گے۔ میری رائے مندرجہ ذیل وجوہات پر مبنی ہے:

1۔ ڈاکٹر خالد سہیل خود ایک تخلیقی شخص ہیں۔ وہ اردو اور انگریزی دونوں زبانوں میں منجھے ہوئے نثر نگار اور شاعر ہیں اور کئی کتابوں کے مصنف ہیں۔

2۔ وہ ماہر نفسیات اور طبیب ہیں اور انسانوں کا مطالعہ کرنے کا جذبہ ان کے لکھنے پڑھنے کے شوق سے کم نہیں ہے۔ اپنے کلینک میں ان کا کئی ایسے خاندانوں کے ساتھ واسطہ پڑا جن میں سے کسی ایک فرد کا رویہیا طرز زندگی تخلیقی صلاحیتیں ہونے کی وجہ سے مختلف تھا، ایک روایتیا فعال زندگی گزارنے کے دباؤ سے نمٹ نہیں سکتا تھا، اور وہ اور اس کے گھر والے ایک دوسرے کے لئے ناقابل قبول تھے۔

3۔ مصنف ایک ایسے خاندان سے تعلق رکھتے ہیں جن میں کچھ تخلیقی شخصیات تھیں۔ ڈاکٹر سہیل کے بچپن اور ابتدائی بالغ زندگی کے دوران ان میں سے چند کے ساتھ قریبی تعلقات تھے اور انہوں نے مشاہدہ کیا ہے کہ ایک روایتی معاشرے میں تخلیقی لوگوں اور خاندانوں کے درمیان کیا تنازعات و تضادات جنم لیتے ہیں۔

یہ تخلیقی لوگ کون ہیں؟ مصنف نے اانگریزی زبان میں اپنی ایک مختصر نظم کے ذریعے اس کی وضاحت کی ہے: ترجمہ:

—

تخلیقی لوگوں نے ہمیشہ میرے دماغ کو سوچنے پر مجبور کیا ہے
میں متاثر ہوں
سائنسدانوں کے ذہنوں سے
فنکاروں کے دلوں سے
عارفوں کی روحانیت سے
فلسفیوں کی منطق سے
سدارکوں کا جذبے سے
اور
انقلابیوں کی بغاوت سے
انہوں نے انسانیت کی رہنمائی کی ہے
ارتقاء کے اگلے مرحلے میں لے جانے کے لئے
کئی سالوں سے
میں جستجو میں ہوں
ان کی شخصیات کو سمجھنے کی
ان کی سوچوں کا تجزیہ کرنے کی
اور
تاریخ میں ان کے ورثہ کی
تخلیقی افراد ہمیشہ اقلیت میں ہوتے ہیں
لیکن وہ اوروں کے لئے مشعل راہ ہوتے ہیں
روایتی اکثریت کو نئی بلندیوں پر لے جانے کے لئے
ان کو زندگی کی گہرائیوں میں اتارنے کے لئے

—

ڈاکٹر سہیل نے اپنے ادبی اور طبی تجربات، مشاہدات اور حصول علم کے ذریعے تخلیقی لوگوں کی کچھ مشترکہ خصوصیات کو جمع کیا ہے:

تخلیقی شخصیات اپنے ماحول کے بارے میں انتہائی حساس ہوتی ہیں
وہ خلوت کو پسند کرتی ہیں
تخلیقی شخصیات اپنے فن / سوچ کے اظہار کے طریقے کو بہت پسند کرتی ہیں
وہ نظم وضبط کی پابندی بہت مشکل سے کرپاتی ہیں
تخلیقی شخصیات تصورات سے بہت متاثر ہوتی ہیں
تخلیقی شخصیات روایات کو چیلنج کرتی ہیں
تخلیقی شخصیات اپنے فن، مہم، یا سوچ کے لئے مغلوب الجذبات ہوتی ہیں
تخلیقی شخصیات کے ساتھ روایتی لوگوں کا رہنا مشکل ہو سکتا ہے
تخلیق کرنے سے پہلے تخلیقی شخصیات اپنی زندگی میں موجود فن پاروں یا نظریات کو رد کر دیتی ہیں
تخلیقی شخصیات مایوسی اور تنازعات کا شکار ہو جاتی ہیں
تخلیقی لوگ فطرت کے اسرار سے بہت متاثر ہوتے ہیں
تخلیقی شخصیات فن اور زندگی کے بارے میں ایک فکر رکھتی ہیں

ڈاکٹر سہیل تخلیقی شخصیات کو تین گروہوں میں تقسیم کرتے ہیں۔ ان کی کتاب سے اقتباس کا ترجمہ درج ذیل ہے:

"میں تخلیقی شخصیات کو اپنی سماجی اور پیشہ ورانہ ملاقاتوں کی بنیاد پر تین گروہوں میں تقسیم کرتا ہوں۔

پہلا گروپ ان تخلیقی شخصیات پر مشتمل ہے جو خوش، صحت مند اور کامیاب ہیں۔ انہوں نے اپنی چھوٹی سی دنیا میں تخلیقی عمل اور بیرونی روایتی دنیا کے مابین ہم آہنگی اور توازن پا لیا ہے، اپنے روایتی رشتہ داروں، ساتھیوں اور پڑوسیوں کے ساتھ اپنے تنازعات کو حل کر لیا ہے اور ایک معاون سماجی نیٹ ورک تیار کیا ہے جو ان کے روزمرہ کی زندگی میں کسی بحران کی صورت میں ان کی مدد کرتا ہے۔ ایسی تخلیقی شخصیات کو ایک ماہر نفسیات کے پاس جانے کی ضرورت نہیں ہے۔

دوسرے گروپ میں وہ تخلیقی شخصیات شامل ہیں جن کے جذباتی اور سماجی مسائل شدید نہیں ہیں۔ ان کے بھی اپنے روایتی خاندان اور معاشرے کے ساتھ تنازعات ہوتے ہیں۔ ان کی زندگی میں معمولی بحران آتے ہیں لیکن وہ طرز زندگی کے حصے کے طور پر اس طرح کے مسائل کو قبول کر لیتے ہیں اور جذباتی اور سماجی تعطل کا شکار نہیں ہوتے۔ ایسے لوگوں کو بھی پیشہ ورانہ مدد کی ضرورت نہیں ہے۔

walt whitman

تیسرا گروپ ان تخلیقی شخصیات پر مشتمل ہے جو سنگین جذباتی اور سماجی مسائل سے دوچار ہیں، جو ان کے اور ان کے چاہنے والوں کے لئے بحران کا باعث بنتے ہیں۔ وہ ارد گرد کی روایتی دنیا اور اپنی تخلیقی دنیا کے درمیان جنگ میں مبتلا ہیں۔ اس طرح کے لوگ خاندان کے تنازعات اور پریشانی کی وجہ سے ڈپریشنیا کسی اور ذہنی بیماری کے مریض بن جاتے ہیں۔ ان لوگوں کو کسی ماہر نفسیات سے علاج کرانے کی ضرورت ہوتی ہے۔ یہ بدقسمتی ہے کہ زیادہ تر نفسیات کے طبیب تخلیقی شخصیات کو سمجھنے کے لئے تعلیمیافتہ اور تربیتیافتہ نہیں ہوتے۔

ایسے روایتی تعلیم و تربیتیافتہ ڈاکٹر، نرس اور تھراپسٹ پریشانی، ڈپریشن اور دوسری ذہنی بیماریوں کا علاج شخصیت کے تخلیقی پہلو کو نظر انداز کر کے کرتے ہیں۔ ایسی صورت حال تخلیقی شخصیات کے لئے مزید جھنجھلاہٹ کا سبب بنتی ہے کیوں ان کے معالج ان کو نہیں سمجھ پاتے ہیں۔ اس کے علاوہ وہ اس سے بھی ڈرتے ہیں کہ ادویات اور علاج ان کی تخلیقی صلاحیتوں میں مداخلت کریں گے جس سے ان کے تخلیقی عمل پر منفی اثر ہو گا۔"

تخلیقی عمل کی وضاحت کرنا ماہرین کے لئے ہمیشہ مشکل رہا ہے۔ چند لوگوں کے نظریات سامنے آئے ہیں۔ مصنف نے مندرجہ ذیل نظریات کو بیان کیا ہے:

جوزف والس کا نظریہ سب سے زیادہ مقبول ہوا، جن کے مطابق تخلیقی عمل چار مراحل پر مشتمل ہے: تیاری، پذیرائی، تنویر، اور توثیق۔ کئی دیگر ماہرین نے تخلیقی عمل کا نظریہ بالکل مختلف طرح پیش کیا ہے۔ ان کے مطابق ابتدائی سوچ، ثانوی سوچ، اور پھر پختہ سوچ کسی بھی تخلیقی عمل کا پیش خیمہ ہیں۔

ڈاکٹر خالد سہیل اس کتاب میں یہ بھی بتاتے ہیں کہ روایتی اسکولوں اور کالجوں کے اساتذہ کس طرح تخلیقی طالب علموں کو منفی طرز سے دیکھتے ہیں اور ان کے ذہنوں کی پرورش کرنے کے بجائے یہ ادارے ان کی ذات اور صلاحتیوں کو نقصان پہنچاتے ہیں۔

میں نے "روایتی اکثریت تخلیقی اقلیت" کے باب کو بہت دلچسپ پایا۔ مصنف نے وضاحت کی ہے کہ تمام بچے ایک فطری شخصیت کے ساتھ پیدا ہوتے ہیں۔ جب وہ بڑے ہوتے ہیں تو ان کی فطری شخصیت دو حصوں میں تبدیل ہو جاتی ہے:

مشروط شخصیت: خاندان اور معاشرہ اپنی اقدار، عقائد، پسند، ناپسند، تعصبات کے ساتھ بچوں کے ذہن کو کنٹرول کرتا ہے اور ان کو بتاتا ہے کہ انہیں کیا کرنا چاہیے اور کیسے سوچنا چاہیے۔

تخلیقی شخصیت: یہ بچوں کا فطری تحفہ ہے جسے وہ کسی تخلیقی عمل کے ذریعے اظہار اور اشتراک کرنا چاہتے ہیں اور وہ خود فیصلہ کرتے ہیں کہ وہ کیا کرنا چاہتے ہیں اور کیا سوچنا چاہتے ہیں۔ یہ ان کی آزادانہ سوچ کا آئینہ دار ہوتا ہے۔

اس کتاب کا مواد چند تخلیقی شخصیات کی زندگی پر روشنی ڈالتا ہے۔ مصنف نے درج ذیل مشہور ہستیوں کی جدوجہد، تنازعات، تعلقات، اور ان کی تخلیقات کو نمایاں کیا ہے:

Walt Whitman

والٹ وٹمین (امریکی شاعر، مضمون نگار اور صحافی) روایتی اسکول کے نظم و ضبط، تعلیم اور سیکھنے کے طریقوں پر نہیں عمل کر سکے۔ ان کے والد کو استاد نے مایوس ہو کر بتایا۔ "یہ لڑکا بہت بیکار ہے۔ مجھے یقین ہے کہ وہ کسی بھی ہنر کے قابل نہیں بنے گا۔" ان کے والد نے انہیں اسکول سے تیرہ سال کی عمر میں اٹھالیا اور ایک چھاپہ خانہ میں کام کرنے کے لئے بھیجا جہاں والٹ وٹمین پھر ناکام رہے۔ اس چھاپہ خانے کے مالک کا خیال تھا کہ والٹ اپنے آپ کو "کچھ نہ کرنے کے فن" میں وقف کر رہا تھا۔ لیکن در حقیقت

والٹ وٹمین کبھی بھی بیکار نہیں تھے۔ والٹ زندگی کے اسرار کو حل کرنے کے لئے ذہنی مشقت میں مصروف رہتے تھے۔ وٹمین نے خود ہی گھر میں تعلیم حاصل کی اور بہت مشہور لکھاری بن گئے۔

Albert Einstein

البرٹ آئنسٹائن (جرمن نظریاتی طبعیات) ایک سست طالب علم تھے کیوں کہ وہ تدریس و تعلیم کے روایتی نظام کے لئے موزوں نہیں تھے۔ جب ان کے والد نے اپنے بیٹے کے ہیڈ ماسٹر سے پوچھا کہ اس کے بیٹے کو کیا پیشہ اختیار کرنا چاہیے تو جواب صرف یہ تھا، "اس سے کوئی فرق نہیں پڑتا۔ یہ لڑکا کسی بھی

چیز میں کبھی کامیابی حاصل نہیں کرے گا۔" لیکن ان کے ایک استاد اور چچا نے ان کی تخلیقی صلاحیتوں کی ہمت افزائی کی اور سولہ سال کی عمر میں البرٹ آئنسٹائن نے ایک تخیلی خاکہ تیار کیا جو بعد میں ان کے مشہور زمانہ نظریہ اضافیت کا پیش خیمہ ثابت ہوا۔

Charles Darwin

چارلس ڈارون (انگریز ماہر قدریات، ماہر ارضیات اور ماہر حیاتیات) کو شریوسبری کالج بھیجا گیا تھا، لیکن چارلس نے اسے بہت بورنگ پایا اور اس کے نصاب سے نفرت ہوگئی۔ چارلس کے باپ نے انہیں کالج سے اٹھالیا اور چارلس کو بتایا "تم کسی کام کے قابل نہیں ماسوائے شوٹنگ کا شوق یا کتوں اور چوہوں کو پکڑنا۔ تم اپنے تمام خاندان کے لئے ایک ذلت کا سبب بنو گے۔" پھر چارلس کو ایک میڈیکل کالج میں بھیجا گیا، لیکن چارلس نے اسے بھی پسند نہیں کیا۔

ان کے والد نے انہیں ایک مذہبی مدرسہ میں بھیج دیا جہاں انہوں نے عیسائی تعلیمات کے خلاف بغاوت کی۔ اپنے میڈیکل کالج کی تعلیم کے دوران چارلس ایک سائنسی سوسائٹی کا رکن بن گئے تھے جس کے اراکین دانشورانہ بحث کرتے تھے۔ اس سوسائٹی نے چارلس کو ایک تخلیقی اور متحرک ماحول فراہم کیا اور انہوں نے قدرت کی تاریخ اور سائنس پر بہت سے مضامین لکھے۔ ان شعبوں میں چارلس ڈارون کی دلچسپی کی وجہ سے بالآخر انہوں نے The Origin of Species اور The Descent of Man جیسی کتابوں کی تصنیف کی جس میں انہوں نے زندگی کے ارتقائی نظریے کو پیش کیا۔

Karl Marx

کارل مارکس (جرمن ماہر سماجیات و معاشیات اور صحافی) نے زندگی انتہائی مالی جدوجہد، جلاوطنی اور جیل میں گزاری۔ کارل اپنی سیاسی مطبوعات کی وجہ سے بے وطن ہوگئے اور اپنے بیوی اور بچوں کے ساتھ کئی عشروں کی جلاوطنی کی مصیبت بھگتی۔ ان کی سب سے مشہور تخلیقات 1848 کا کتابچہ کمیونسٹ منشور اور تین حجم پر مشتمل داس کاپاٹال ہیں۔ کارل کی بیوی نے بہت دکھ بھری زندگی گزاری لیکن کارل کے ایک دوسری عورت سے تعلقات کے باوجود ان سے محبت کرتی رہی۔

Anais Nin

انیس نن (فرانسیسی امریکی مضمون نگار، ناول نگار اور مختصر کہانیوں کی مصنفہ) نے ایک سے زیادہ شادیاں کیں اور محبتیں کیں۔ انہوں نے اپنی ڈائری، میگزین، شہوت انگیز کہانیاں، اور ناولوں کو شائع کیا۔ انیس نے اپنی زندگی میں بہت جلد دریافت کر لیا کہ انسانوں کی شخصیات کے دو پہلو ہوتے ہیں: ایک روایتی شخصیت جو والدین، اساتذہ اور ثقافتی اقدار کی وجہ سے بنتی ہے اور ایک تخلیقی شخصیت جو انسان اپنی اندرونی تلاش کے بعد پاتا ہے۔

Nida Fazli

ندا فاضلی (بھارتی ہندی اور اردو شاعر، اور مکالمہ مصنف جن کا خالد سہیل نے خود انٹرویو لیا) بچپن میں عدم تحفظ کا شکار ہوئے کیوں کہ ان کے والد ایک طوائف کے ساتھ شام گزار کر دیر سے گھر آتے تھے۔ وہ فسادات کا زمانہ تھا۔ باپ کی اپنے اہل خاندان سے غیر دلچسپی کی وجہ سے ماں نے بچوں کے معاملات میں بہت عمل دخل دینا شروع کر دیا اور ندا کو کم ترذات کے بچوں کے ساتھ کھیلنے سے منع کر دیا۔ ان حالات نے ندا فاضلی کو سرکش بنا دیا۔

ندا فاضلی

انہوں نے ایک رومانی المیہ کی وجہ سے نظمیں لکھنے شروع کر دیں۔ سنہ 1965 میں یعنی بھارت کی تقسیم کے اٹھارہ سال بعد ان کے والدین اور دیگر خاندان کے ارکان پاکستان منتقل ہو گئے۔ فاضلی تاہم ہندوستان میں ہی رہے۔ والدین سے علیحدگی ان کی زندگی میں ایک سنگین واقعہ تھا جس کا درد اور اس کے اثرات ان کے شب و روز پر حاوی رہے۔

Saqi Farooqi

ساقی فاروقی (برطانیہ میں مقیم پاکستانی اردو اور انگریزی شاعر جن کا خالد سہیل نے خود انٹرویو لیا) زندگی کے تجربات کو اپنی شاعری میں بیان کرنے میں باغی، بے باک اور نڈر تھے۔ ایک متنازعہ شخصیت کی وجہ سے لوگ ان سے محبت کرتے ہیں یا نفرت۔ ان کی شخصیت روایتی معاشرے کی منافقت کے بارے میں شدید احساسات کا نتیجہ تھی۔ ان تضادات کی وجہ سے ان کی شخصیت میں کافی شکست و ریخت پیدا ہوئی۔

Virginia Woolf

ورجینیا وولف (انگریز ناول نگار اور مضمون نگار) کو بیسویں صدی کے جدت پسند مصنفین میں سے سب سے اہم سمجھا جاتا ہے۔ ان کی تخلیقی صلاحیت اور دیوانگی ساتھ ساتھ رہیں۔ وولف بچپن میں ہی 1895 میں ماں کی موت کی وجہ سے ذہنی مسائل کا شکار ہو گئیں۔ دو سال بعد ان کی سوتیلی بہن

جواب ان کے لئے ایک ماں کی شخصیت کی طرح تھیں کا انتقال ہو گیا۔ ورجینیا اس صدموں کی تاب نہ لا کر موڈ سوئنگز کے اضطراب کا شکار رہیں اور ایک دن یاسیت کے زیر اثر آکر خودکشی کر لی۔

Vincent Van Gogh

ونسنٹ وین گوف (ڈچ مصور) دیوانگی کا شکار ہو گئے اور ایک شیزوفرینک شخصیت بن گئے۔ ان کی دیوانگی ان کی تخلیقی صلاحیتوں کے لئے ایک محرک تھی۔ صرف ایک دہائی کے دوران انہوں نے 2100 فن پارے تخلیق کیے۔ ذہنی بیماری اور غربت کی ایک طویل مدت کے بعد انہوں نے خودکشی کا ارتکاب کر لیا۔

اس کتاب میں ڈاکٹر سہیل نے ذہنی تنازعات میں مبتلا دو تخلیقی انسانوں کے بارے میں کہانیاں شامل کی ہیں جن کا انہوں نے کامیابی سے علاج کیا۔

کتاب کے اختتام پر مصنف نے ایک سوالنامہ پیش کیا ہے جس کے جوابات کے مجموعی اسکور سے جواب دینے والا اپنی تخلیقی صلاحیت کا اندازہ لگا سکتا ہے۔

تخلیقی لوگوں کو عام طور پر روایتی اکثریت مسترد یا نظر انداز کرتی ہے لیکنیہی تخلیق کار اگلی نسلوں کے ہیرو بن جاتے ہیں۔ میری رائے میں ہم سب کو انسانی ذہن اور سماج کے ارتقاء کا راستہ بنانے والے ان تخلیقی لوگوں کی کاوشوں کا شکر گزار ہونا چاہیے۔ آج وہ ظلم یا تنقید کا نشانہ بنتے ہیں لیکن کل کی نسل انہی کے نظریات، تحریکوں اور فن پاروں کی مرہون منت ہو گی۔ اسی بارے میں کتاب سے اس موضوع پر مندرجہ ذیل تبصرہ نقل (ترجمہ) کیا جاتا ہے:

"دلچسپ بات یہ ہے کہ ہم کسی بھی تہذیب کے ارتقاء کی تحقیق کرتے ہیں تو ہم یہ پائیں گے کہ ایک صدی کی تخلیقی اقلیت کی تخلیقات اگلی صدی کی روایتی اکثریت کے افکار اور طرز زندگی کا سد باب بن جاتی ہیں اور یہ نیا دور ایک نئی تخلیقی اقلیت کو جنم دیتا ہے جو انسان کے ارتقاء کو ایک اور اگلے مرحلے کی طرف لے کر جاتی ہے۔ یہ دیکھنے والی دلچسپ بات ہے کہ کس طرح ایک نسل کے دھتکارے ہوئے لوگ اگلی نسل کے ہیرو بن جاتے ہیں۔"

میں قاری کو اس کتاب کے پڑھنے کا مشورہ ضرور دوں گا کیونکہ اس کے مطالعہ سے کسی بھی خاندان کے ارکان کو ان کے گھر میں تخلیقی ذہن کے حامل شخص کو سمجھنے میں مدد ملے گی، اساتذہ کو ان کے کلاس روم میں ایسے طلباء کی نشو و نماء کرنے کا موقع ملے گا اور ایک منیجر کو اس کی تنظیم میں ایسے ملازمین کی تخلیقی صلاحیتوں کو استعمال کرنے میں مدد ملے گی۔

"دانائی کی تلاش میں" پر ایک غیر دانا تبصرہ

دانائی کیا ہے؟ مفکّر کسے کہتے ہیں؟ دانشور کی کیا خصوصیات ہونی چاہئیں اور کوئی دانشور کیسے بن سکتا ہے؟ کیا کچھ لوگ پیدائشی دانشور ہوتے ہیں؟ اگرچہ یہ بہت سادہ سوالات ہیں لیکن ان کے جوابات اتنے ہی کٹھن اور پیچیدہ ہونگے۔ اور شاید مختلف لوگوں کے یہ جوابات بھی ایک دوسرے کے لیے نا تسلی بخش اور بہت مختلف ہوں۔

خالد سہیل کی کتاب "دانائی کی تلاش میں" نے براہِ راست ان سوالوں کے جوابات نہیں دئے لیکن کتاب پڑھنے کے بعد قاری کو یہ محسوس ہوتا ہے کہ اسے جوابات کافی حد تک مل گئے ہیں۔ اور اپنی فکری پیاس بجھانے کے لئے اس کو علم کے گہرے پانیوں میں غوطے لگانے کی ضرورت ہے۔

"دانائی کی تلاش میں" میں پانچ سو قبلِ مسیح سے لے کر 2018 سنہ تک کی وسیع مدّت میں چالیس مشہور و معروف مفکّروں کی مختصر سوانح حیات ہے بلکہ یہ کہنا چاہئے کہ یہ کتاب مفکّرین اور دانشوروں کے بارے میں اپنی نوعیت کی اردو زبان میں انتھلوجی ہے۔ اس کتاب میں خالد سہیل نے کئی سمندروں کو ایک کوزہ میں بند کر دیا ہے۔ ان میں سے ہر مفکّر پر دنیا کی بے شمار زبانوں میں ان گنت کتابیں لکھی جاچکی ہیں۔ لیکن اتنے مشہور مفکّروں کو ایک ہی کتاب میں سما دینا غالباً اردو زبان کی اوّلین کوشش ہے۔ میرے خیال میں ایک عام آدمی کے لئے اس چھوٹی سی تقریباً سو صفحات پر مشتمل کتاب کو پڑھ کر ان مفکّرین کی مختصر سوانحِ حیات کے ساتھ ان کی فکری کام کے بارے میں ایک نشاندہی ہو جاتی ہے۔ پھر اس ابتدائی معلومات کے ذریعے سے قاری جن اصحابِ فکر سے متاثر ہو اُن کے بارے میں مزید علم دوسرے ذرائع ابلاغ سے پورا کر سکتا ہے۔ یہ کہنا حق بجانب ہو گا کہ یہ کتاب مفکّروں کے بارے میں جاننے کے لئے پہلا مثبت قدم ہے۔

ہر مفکّر دانشور نہیں ہوتا۔ دانشور انسانی فکر کی حدود میں توسیع کرتے ہیں اور انسانی شعور اور ارتقاء کے سفر میں اہم کردار ادا کرتے ہیں۔ لیکن دنیا میں بہت سے مفکرین ایسے بھی آئے ہیں جنہوں نے دانائی کی تلاش میں انسانی فکر کی حدود کو تنگ کرنا چاہا اور انسان اور معاشرے کو زوال کی طرف یا جنگ و جدل کی طرف دھکیل دیا۔ میرے نزدیک انسانی فکر بغیر شعور کے ایک خطرناک عمل ہے۔

درجِ ذیل ان مفکرین کی فہرست ہے جن کی سوانح عمریاں اس کتاب کی زینت بنی ہیں۔

کنفیوشس (سیاست، فلسفہ، اخلاقیات)، لاؤزو (فلسفہ، اخلاقیات)، بدھا (فلسفہ، رھبانیت)، مھاویرا (فلسفہ، رھبانیت)، زرتشت (مذہب، اخلاقیات)، سقراط (فلسفہ، منطق، سیاست)، افلاطون (فلسفہ، سیاست)، ارسطو (فلسفہ، سیاست، سماجیات)، بقراط (طب)، جالینوس (طب)، الکندی (فلسفہ، طب)، الفرابی (فلسفہ، طب، موسیقی)، الرازی (طب، کیمیا، فلسفہ)، بو علی سینا (طب، فلسفہ)، الغزالی (مذہب، فلسفہ، قانون)، ابن رشد (فلسفہ، طب، مذہب، طبیعات)، ابن تیمیہ (مذہب)، ابن خلدون (تاریخ، سماجیات، فلسفہ)، رینی ڈیکارٹ (فلسفہ، ریاضی)، ڈیوڈ ہیوم (فلسفہ، تاریخ، معاشیات)، جون روسو (موسیقی، سماجیات، سیاست)، ایڈم سمتھ (معاشیات، فلسفہ)، ایملی ڈر کھائم (سماجیات، نفسیات، معاشیات)، میکس ویبر (معاشیات، سماجیات)، جارج ہیگل (

فلسفہ، سیاست، مذہب)، کارل مارکس (فلسفہ، معاشیات، سماجیات)، اونٹونیو گرامچی (فلسفہ، معاشیات)، لوئی التھوزر (فلسفہ، معاشیات)، فریڈرک نیٹشے (فلسفہ، معاشیات)، چارلس ڈارون (فلسفہ، سائنس)، سٹیفن ہاکنگ (فلسفہ، سائنس)، سگمنڈ فرائڈ (طب، نفسیات)، کارل ینگ (نفسیات)، ژاں پال سارتر (فلسفہ، نفسیات)، ایرک فرام (نفسیات، سماجیات، سیاست)، کوفی عنان (سیاست)، محمد یونس (معاشیات)، مارٹر لوتھر کنگ جونیئر (سیاست، سماجیات)، نیلسن منڈیلا (سیاست، سماجیات)۔

یہ تمام مفکّرین کسی نہ کسی لحاظ سے فلسفی تھے۔ ان میں سے کچھ تو عظیم فلسفہ دان تھے۔ ایک بات قابل ذکر ہے کہ ان میں کئی فلسفی جیّد طبیب بھی تھے۔ یہ مفکّر غیر روایتی لوگ تھے اس لئے ان کو معاشرے نے قبول نہیں کیا۔ مصنف نے صفحہ 105 پر تحریر کیا ہے

"جب ہم دانشوروں کی سوانح عمریاں پڑھتے ہیں تو ہمیں پتہ چلتا ہے کہ ان فلسفیوں اور سائنسدانوں نے اپنی سوچ، اپنی فکر اور اپنے آدرش کے لئے کتنی قربانیاں دیں۔ بعض کو جیل میں ڈال دیا گیا، بعض کو سولی پر چڑھا دیا گیا، بعض کو ملک بدر کر دیا، بعض کی کتابوں پر حکومتی اور مذہبی اداروں نے پابندیاں لگا دیں اور بعض اپنا ذہنی توازن کھو بیٹھے۔"

اس کتاب سے پتہ چلتا ہے کہ کچھ مفکّرین جب ذہنی توازن کھو بیٹھنے کے بعد صحت یاب ہوئے تو ان کی فکر میں نمایاں تبدیلی آ گئی۔ مثلاً الغزالی نفسیاتی بحران سے پہلے سائنس اور فلسفے کی تدریس کرتے تھے مگر صحت یاب ہونے کے بعد انہوں نے مسلمانوں کو سائنس اور فلسفہ ترک کر کے تصوّف اختیار کرنے کے لئے کہا۔ جارج ہیگل کو نفسیاتی بحران کے درمیان کچھ روحانی تجربات ہوئے۔ صحت مند ہونے کے بعد وہ ایک نئے مذہب کی بنیاد ڈالنا چاہتے تھے۔

خالد سہیل کی اس کتاب میں "مسلمانوں کا سنہرا دور اور اس کے بعد۔۔۔۔" ایک دلچسپ باب ہے کیونکہ اس میں اس سنہری دور کے زوال کے اسباب بیان کئے گئے ہیں۔ کتاب کے آخری حصے کے باب "مذہبی سچ، روحانی سچ اور سائنسی سچ" میں سچ کو تلاش کرنے والوں کے تین مختلف طریقوں کو بیان کیا گیا ہے اور اس سے اگلے باب "مفکّر اور انسانی شعور کا ارتقا" میں مفکّروں کی خدمات اور قربانیوں کو سراہا گیا ہے۔ کتاب کے آخر میں SUGGESTED READINGS 2017 میں اسّی کتابوں اور مقالوں کی فہرست ہے تاکہ وہ قاری جس کی علمی پیاس کو اس کتاب نے بڑھا دیا ہے وہ دانائی کی جستجو میں اگلی سیڑھی پر قدم رکھ کر اپنا سفر جاری رکھ سکے۔ یہ بات قابل نوٹ ہے کہ اس فہرست میں کئی وہ مفکّرین بھی شامل ہیں جو اس کتاب کا حصّہ نہ بن سکے مثلاً چند نام جن کے بارے میں پہلے سے جانتا ہوں: حافظ، خلیل جبران، والٹ وٹمین، شیخ سعدی، محمد اقبال۔

میں نے اس کتاب میں سے چند نگینے چنے ہیں جو درج ذیل ہیں:

☆ کنفیوشس کا قول جو سنہری اصول کہلاتا ہے۔ "دوسروں کے ساتھ وہی سلوک کرو جیسا کہ تم چاہتے ہو کہ وہ تمہارے ساتھ کریں۔" (صفحہ 9)

☆ لاؤزو کے بارے میں بعض مورخوں کا خیال ہے کہ وہ ایک تاریخی نہیں بلکہ دیومالائی شخصیت تھے۔ ان کی کتابیں دراصل بہت سے بزرگوں اور مفکّروں کے اقوال کا مجموعہ ہیں۔ (صفحہ 11)

☆بدھا سے ایک تاجر نے پوچھا کہ انہوں نے اپنی ریاضت سے کیا سیکھا تو انہوں نے جواب دیا۔ "میں سوچ سکتا ہوں۔ میں بھوکا رہ سکتا ہوں۔ میں انتظار کر سکتا ہوں۔" (صفحہ 17، 18)

☆زرتشت نے اپنی کتاب گاتھاز میں انسانی تاریخ میں پہلی بار ایک خدا کا تصور، قیامت کا تصوّر اور جنت و دوزخ کا تصور پیش کیا۔ (صفحہ 23)

☆سقراط کو مغربی سائنس اور فلسفے کا باپ سمجھا جاتا ہے۔ سقراط پر یونان کی حکومت نے دو الزامات لگائے۔ پہلا الزام نوجوانوں کے ذہنوں کو غلط راہ پر لگانا تھا اور دوسرا الزام اپنے عہد کے دیوتائوں سے انکار تھا۔ سقراط مقدمہ ہار گئے۔ ان سے کہا گیا کہ یا وہ ملک بدر ہو جائیں یا زہر کا پیالہ پی لیں۔ سقراط نے بخوشی زہر کا پیالہ پی لیا اور اپنے آدرش کے لئے جان دے دی۔ (صفحہ 23)

☆افلاطون نے اپنی کتاب Republic میں سقراط کے ساتھ جو مکالمے درج کئے ہیں ان میں ایک مثالی حکومت کا تصوّر پیش کیا گیا ہے۔ (صفحہ 24)

☆ارسطو کا کہنا تھا کہ معاشرے میں درمیانے درجے کے لوگ زیادہ ہوں گے تو جمہوری نظام قائم کرنے میں آسانی ہو گی۔ اگر امیروں اور غریبوں میں فرق زیادہ ہو گا تو جمہوری نظام قائم کرنا مشکل ہو گا۔ (صفحہ 24)

☆بقراط وہ پہلے طبیب تھے جنہوں نے طب کو مذہب سے علیحدہ کیا۔ وہ مریضوں کو ادویہ اور جڑی بوٹیاں دینے کے بجائے کوشش کرتے تھے کہ مریض کا جسم فطری طور پر صحتمند ہو جائے۔ وہ اپنے مریضوں سے کہتے تھے کہ وہ متوازن کھانا کھائیں، نیند کا خیال رکھیں، پانی زیادہ پئیں، اور روزانہ ورزش کریں۔ (صفحہ 26، 27)

☆جالینوس بہت سی بیماریوں کا علاج جراحی سے کرتے تھے۔ وہ کہا کرتے تھے۔ "بہترین طبیب ایک فلسفہ دان بھی ہوتا ہے"۔ (صفحہ 29، 30)

☆الرازی نے بچوں کی بیماریوں پر پہلی کتاب لکھی۔ اس لئے وہ طب کی دنیا میں Father of Pediatrics کے نام سے جانے جاتے ہیں۔ (صفحہ 32)

☆الفرابی مغربی دنیا میں کے نام Second Master سے جانے جاتے ہیں جبکہ ارسطو کو مغربی دنیا First Master مانتی ہے۔ الفرابی نے موسیقی کے بارے میں بھی کتاب لکھی اور یہ بتایا کہ موسیقی نفسیاتی مریضوں کو سکون دے سکتی ہے۔ (صفحہ 33)

☆بو علی سینا جو الکندی اور الرازی کی طرح طبیب بھی تھے، ادیب بھی تھے اور فلسفی بھی انہوں نے طب کے بارے میں دو کتابیں Cannon of Medicine, The Book of Healing تخلیق کیں۔ یہ کتابیں کئی صدیوں تک یورپ کی جامعات میں نصاب کے طور پر پڑھائی جاتی تھیں۔ (صفحہ 33)

☆الغزالی ذہنی خلفشار کا شکار ہونے سے پہلے سائنس اور فلسفے کی تحقیق و تعلیم کے حق میں تھے لیکن بعد میں طبیعت ٹھیک ہونے کے بعد ان کی تعلیم کے خلاف ہو گئے اور ایک کتاب Incoherence of Philosophers لکھ کر اپنا موقف پیش کیا۔ اس کتاب کا جواب ابن الرشد نے ایک کتاب Incoherence of Incoherence لکھ کر دیا (صفحہ 35)۔

☆مسلمانوں کے سنہری دور کی آخری صدی میں ایک فلسفی ابن تیمیہ تھے۔ انہوں نے تشدّد کا راستہ اختیار کیا اور ان مسلمانوں کے خلاف جو منگولوں سے نہیں لڑنا چاہتے تھے جہاد کا فتویٰ صادر کیا اور اس طرح مذہب کے نام پر مسلمان کے ہاتھ سے مسلمان کے قتل کا راستہ کھول دیا۔ اس کے علاوہ

حصہ چہارم: خطوط   دانائی کی تلاش میں"پر ایک غیر دانا تبصرہ"

انہوں نے توہینِ رسالت کے مرتکب ایک عیسائی پادری کے لئے قتل کا فتویٰ جاری کیا۔ شام کا گورنر اس فتوے سے اتنا برہم ہوا کہ اس نے ابن تیمیہ کو جیل میں ڈال دیا(صفحہ 36،37)۔

☆ابنِ خلدون کو جدید سماجیات کا بانی مانا جاتا ہے۔ انہوں نے ایک فلسفہ دان کی حیثیت سے چارلس ڈارون سے کئی صدیاں قبل زندگی کے ارتقا کا نظریہ پیش کیا تھا۔(صفحہ 39)

☆رینی ڈیکارٹ کا قول"میں سوچتا ہوں اس لئے میں ہوں"بہت مشہور ہوا۔ وہ جدید فلسفے کے بانی سمجھے جاتے ہیں۔(صفحہ 41)

☆آدم اسمتھ کا موقف تھا کہ لوگ ذاتی مفاد کے لئے زیادہ کام کرتے ہیں۔ بہت سے ماہرِ اقتصادیات ان کو جدید معاشیات کا بانی سمجھتے ہیں۔(صفحہ 50،51)

☆جارج ہیگل نے انسانی تاریخ کے حوالے سے Thesis...Anti-Thesis...Synthesis کا تصور پیش کیا جو بہت مقبول ہوا۔(صفحہ 59)

☆کارل مارکس نے اشتراکی معاشیات کا تصور پیش کیا۔ 1848 میں انہوں نے Communist Manifesto کے عنوان سے کتاب لکھی جو بہت مقبول ہوئی۔ کچھ سالوں بعد انہوں نے اپنی معرکتہ الآرا کتاب Das Kapital لکھی۔ مارکس کو اپنی شاہکار کتاب لکھنے میں پچیس سال لگے۔(صفحہ 64،63)

☆فریڈرک نیٹشے کا جملہ "خدا مر گیا ہے"بہت مشہور ہوا۔ نیٹشے کو مذہب پر یہ اعتراض تھا کہ مذہب نے اچھے اور برے کو نیکی، بدی، اور گناہ و ثواب میں بدل دیا ہے۔(صفحہ 71،70)

☆چارلس ڈارون نے یہ سائنسی نظریہ پیش کیا کہ انسان کی تخلیق لاکھوں سالوں کے ارتقا کا نتیجہ ہے۔ ڈارون نے 1858 میں اپنی مشہور کتاب (Origin of Species) چھاپی۔(صفحہ 73،72

☆سٹیون ہاکنگ کا نظریہ کہ بلیک ہول Black Hole ایک طرح کی لہریں خارج کرتے ہیں اب درست ثابت ہو گیا ہے اور Hawking Radiation کہلاتا ہے۔ ہاکنگ اپنی تحقیق سے اس نتیجے پر پہنچے کہ ہمارے ارد گرد صرف ایک کائنات نہیں بلکہ بہت سی کائناتیں ہیں۔ ایک دن کوئی بھی کائنات پھیلنا بند کر کے سکڑنا شروع کر دیتی ہے اور سکڑتے سکڑتے کسی بلیک ہول میں فنا ہو جاتی ہے۔ پھر اس بلیک ہول سے ایک اور کائنات پیدا ہوتی ہے۔ (صفحہ 79،81،82)

سگمنڈ فرائڈ نے 1900 میں اپنی معرکتہ الآرا کتاب Interpretation of Dreams لکھی جسے تحلیلِ نفسی کے طلبا اور اساتذہ آج بھی تورات کی طرح ایک مقدس کتاب سمجھتے ہیں۔(صفحہ 83)

☆ژاں پال سارتر وجودیت کے فلسفے کے بانی سمجھے جاتے ہیں۔ انہیں 1964 میں ادب کا نوبل انعام ملا تو انہوں نے انعام لینے سے انکار کر دیا۔ (صفحہ 88)

☆بی بی سی کے ایک انٹرویو کے دوران صحافی نے کوفی عنان سے پوچھا۔"کوفی عنان! کیا امریکہ کا عراق پر حملہ غیر قانونی تھا؟"کوفی عنان نے جواب دیا"ہاں"۔ ایک سچ لفظ"ہاں"کہنے کی وجہ سے وہ دوبارہ اقوام متحدّہ کی سیکرٹی جنرل نہیں بن سکے۔(صفحہ 94،95)

☆بنگلہ دیش کے ڈاکٹر محمد یونس نے دیہاتی سطح پر گرامین بینک Grameen Bank بنانے شروع کئے اور عورتوں کے لئے چھوٹے قرضوں کا اجرا کیا۔ 2006 میں ان کے نوبل انعام حاصل کرنے تک تہتر ہزار دیہاتوں سے ستر لاکھ عورتوں نے قرضے حاصل کر کے بینک سے استفادہ کیا تھا۔(صفحہ 97)

☆مارٹن لوتھر کنگ جونئیر اور ان کے ساتھی اپنے آدرش کے لئے ہر قسم کی قربانی دینے کے لئے تیّار تھے لیکن دوسروں کی جانیں لینے کے لئے نہیں۔(صفحہ 99)

☆نیلسن منڈیلا نے 1993 میں اپنے نوبل انعام کی تقریر میں فلسفہِ امن پر روشنی ڈالی۔ منڈیلا نے کہا "ہم چاہتے ہیں کہ یہ دنیا غربت اور جہالت سے پاک اور جنگوں کے خوف سے آزاد ہو۔ ہمیں اس ڈر سے نجات ملے کہ لاکھوں لوگوں کو مجبوراً مہاجر بننا پڑے گا۔"(صفحہ 100)

ایک یہ سوال میرے ذہن میں ضرور ابھرتا ہے کہ دنیا میں سیکڑوں نامور مفکّرین آ چکے ہیں تو مصنف نے کن بنیادوں پر ان چالیس مفکرین کا انتخاب کیا ہے۔ شہرت کی بنیاد پر، یا ان کے کام کی بنیاد پر یا محض اپنی پسند کی بنیاد پر؟ ان میں سے بہت سارے ایسے مفکّرین ہیں جن کے کام اور نظریات کو ساری دنیا سراہتی ہے مثلاً کنفیوشس، سدھارتا (بدّھا)، سقراط۔ لیکن ہمارے پاس کوئی ایسا پیمانہ یا طریقہ کار موجود نہیں ہے جو ہمیں بتا سکے کہ کون سے چالیس مفکّر دوسروں سے بہتر ہیں اس لئے اس بحث میں الجھنا بیکار ہے۔ پھر بھی ان فلسفیوں کے انتخاب کے بارے میں مصنف نے ضرور کوئی طریقہ سوچا ہو گا۔ میں یہاں اپنی رائے دینا چاہتا ہوں

☆اس کتاب میں البرٹ آینسٹائن کا تذکرہ ضرور ہے۔ ان کی سوانح عمری اور ان کے کام کو اس کتاب میں واضح جگہ دینی چاہئے تھی۔ ان کا اپنے بارے میں کہنا تھا کہ وہ فلسفی زیادہ ہیں اور ماہر طبعیات کم۔

☆جلال الدّین رومی کو نہیں منتخب کیا گیا شاید اس لئے کہ ان کو صوفیانہ شاعری کی نسبت سے زیادہ پہچانا جاتا ہے اور فلسفی کی حیثیت سے کم۔

☆ابوالولید ابنِ رشد کو زیادہ اہمیت ملنی چاہئے تھی۔ ارسطو کی کتابوں پر ابن الرشد کی گئی شرحیں جب یورپ پہنچیں تو کیتھولک چرچ میں ہلچل مچ گئی۔ سنہ 1215 میں جب پوپ نے ان کتابوں پر پابندی لگا دی تو یہ کتابیں تعلیم یافتہ طبقے میں بہت مقبول ہوئیں۔ چرچ نے اس کتابوں کے پڑھنے والوں کو بہت سخت سزائیں دیں۔ پیرس میں پروفیسر سیگل کو ان کتابوں کا پرچار کرنے پر موت کی سزا دی گئی۔ ابن الرشد کی تعلیمات کا یورپ میں چرچ کی آمریت کو کمزور کرنے میں اہم کردار ہے

☆برٹرنڈر سل ایک بڑے فلسفی، ریاضی دان، تاریخ دان اور سیاسی کارکن تھے۔ ان کی خود لکھی ہوئی سوانح عمری کا افتتاحیہ What I have lived for ایک انتہائی قابل تعریف تحریر ہے۔ ان کی سوانح عمری کو اس کتاب میں شامل نہیں کیا گیا۔

☆الخوارزمی ایک انتہائی ذہین ریاضی دان، ماہرِ فلکیات اور جغرافیہ دان تھے۔ وہ الجبرا کے موجد مانے جاتے ہیں۔ آج کل مشینی ذہانت Artificial Intelligence کے لئے الگورِدم (کسی سائنسی مسئلے کو حل کرنے کے لئے تفصیلات) کا لفظ استعمال کیا جاتا ہے جو ان کے لاطینی نام الگوردمی Algorithmi سے اخذ کیا گیا ہے۔ الخوارزمی کا بھی اس کتاب میں تذکرہ نہیں ہے۔

☆ان مفکّروں کی فہرست میں ابن تیمیہ اور کوفی عنان کا نام دیکھ کر مجھے حیرانی ہوئی۔ لیکن اس کی وجہ میری لاعلمی تھی۔ ابن تیمیہ کا کام اور فکر زیادہ تر مذہب تک ہی محدود تھی لیکن ان کے اثرات آج شدّت سے مسلمانوں پر غالب ہیں۔

مجھے امید ہے "دانائی کی تلاش میں" پڑھ کر میری طرح دوسرے لوگوں کے علم میں خاطر خواہ اضافہ ہو گا۔ مجھے یہاں یہ بھی کہنا چاہئے کہ اس کتاب کے مطالعے کے دوران مجھے کئی مفکّرین اور دانشوروں کے بارے میں اپنی لاعلمی کا شدید احساس ہوا۔

آخر میں خالد سہیل کو ان کی اس کامیاب کاوش پر مبارکباد پیش کرتا ہوں اور مجھے یقین ہے کہ وہ اپنا تخلیقی سفر جاری رکھیں گے تاکہ مجھ جیسے لوگ ان کی تحریروں سے مستفید ہو سکیں۔

درویشوں کا ڈیرہ۔۔۔ تبصرہ

عبد الستار

زندگی کے تجربات کو ایک خوبصورت لڑی میں پرونا کوئی آسان کام نہیں ہوتا۔ اس کے لئے زندگی کے ساتھ شعوری اٹھکھیلیاں کرنے کا ہنر آنا چاہیے۔ کچھ لوگ زندگی بس یونہی گزار دیتے ہیں۔ جب کہ کچھ لوگ زندگی کی سچائیوں میں اتر کر ایسے نایاب موتی حاصل کر لیتے ہیں جو کہ آنیوالی نسلوں کے لئے سنہری حروف بن جاتے ہیں۔ آج میں آپ کو ایک ایسی ہی نایاب کتاب سے متعارف کروانا چاہتا ہوں، جس میں لکھے ہوئے الفاظ آنے والے وقتوں میں (دلچسپ حکایات) کا درجہ حاصل کر لیں گے۔ یہ کتاب میں پہلے بھی کئی بار پڑھ چکا ہوں اور اب کچھ تاثرات لکھنے سے پہلے میں نے اس کتاب کو دوبارہ پڑھا تا کہ میں صحیح اور واضح طور پر اپنا نقطہ نظر پیش کر سکوں۔

یہ کتاب سچ کی تلاش میں نکلے ہوئے دو مسافروں کے خطوط کی صورت میں خواب نامے ہیں۔ ایک مسافر کا نام رابعہ الرّبا ہے، جو کہ ایک مشرقی لڑکی ہے۔ مشرقی روایات کی امین اور ایک بیدار مغز ادیبہ ہیں۔ زندگی کے اتار چڑھاؤ کو دبے پاؤں، انتہائی سکوت اور خاموشی کے ساتھ اپنے گہرے زندگی کے تجربات کی عینک لگا کر مشاہدہ کرتی ہیں اور پھر شعور اور لاشعور کی رو میں بہہ کر زندگی کی خوبصورتیوں اور بدصورتیوں کو لفظوں کی صورت میں منافقت اور مصلحت کا پہناوا چڑھائے بغیر کاغذ کے اوپر اتار دیتی ہیں، پھر پڑھنے والے کے شعور پر چھوڑ دیتی ہیں کہ وہ جو بھی سمجھنا چاہے خود ہی سمجھ لے۔ مشرقی روایات کی امین اس لڑکی نے ادبی خواب ناموں کی صورت میں مذہبی روایات و فلسفہ، روحانی روایات و فلسفہ اور اپنے زندگی کے تجربات کا ایک ایسا ادبی دستر خوان چن دیا ہے، جس دستر خوان سے کوئی بھی ادبی مسافر اپنی بصیرت کے حساب سے سوچ کی خوراک حاصل کر سکتا ہے۔

ان ادبی خواب ناموں کو اوج کمال بخشنے والے دوسرے ادبی مسافر کا نام ڈاکٹر خالد سہیل ہے، جو کہ ایک ماہر نفسیات اور سائیکاٹرسٹ ہیں۔ ادبی خطوط لکھنے کا خواب خالد سہیل کا تھا جو رابعہ الربا کی وجہ سے پایہ تکمیل تک پہنچا۔ ڈاکٹر صاحب سات سمندر پار کینیڈا میں جا بسے۔ ان خطوط میں دونوں مسافروں نے مشرق اور مغرب کے درمیان فاصلوں کی دوریوں کو ختم کر کے ایک ایسا شعوری پل تعمیر کیا جسے اس دور کی ادبی کرامت کہا جا سکتا ہے۔ ایک ہی وقت میں اور ایک ہی ادبی کتاب کی صورت میں، پڑھنے والا اپنے شعور کی ذہنی تاروں کو مشرق اور مغرب سے جوڑ کر اپنی زندگی کا گیان حاصل کر سکتا ہے۔ اس کتاب کو پڑھ کر ایسا محسوس ہوتا ہے کہ ڈاکٹر صاحب نے ایک مشرقی اور کم گو لڑکی کو اپنے شعور کی تہہ میں اترنے پر مجبور کیا اور اپنے شعوری سچ کو بغیر کسی رکھ رکھاؤ اور مصلحت کے کاغذ پر اتارنے پر آمادہ کیا۔ ڈاکٹر صاحب چونکہ دماغ کے ڈاکٹر ہیں اور دماغی کیمسٹری کو بڑے اچھے سے جانتے ہیں دماغ کے اوپر پڑی سالوں کی گرد اتار کر سامنے والے کو اپنی ہی شخصیت کے روبرو کر دیتے ہیں اور اس کو مجبور کر دیتے ہیں کہ وہ خود کو خود ہی پہچان کر اپنی تخلیقی منزل کا تعین کر لے۔ ان ادبی خطوط میں بھی انہوں نے اسی ماہرانہ ادبی سٹروک کا استعمال کرتے ہوئے رابعہ کو مشرقی معاشرے کی گھٹن، روایات کی بندشوں، معاشرے کے کو انالحق کے مقام تک لے گئے۔۔

بس پھر کیا تھا، اس مشرقی لڑکی نے اپنی زندگی کی ادبی ریاضتوں کو اپنے فکری تجربات میں گوندھ کر اس معاشرے کی ہر ایک منافقت کو اپنے لفظوں کا خوبصورت پہناوا دے کر ادبی خطوط کی صورت میں ایک شاہکار تشکیل دے دیا۔ دوسری طرف ڈاکٹر خالد سہیل نے فلسفہ، ادب، سماجیات اور اپنی زندگی کے عملی تجربات کی صورت میں ان ادبی خطوط کا دائرہ وسیع کرتے ہوئے ہمیں حقیقی اور سائنسی دنیا کے روبرو کر دیا۔ اس کتاب کی سب سے بڑی

خوبصورتییہ ہے کہ دونوں مسافروں کے راستے بالکل جدا ہیں لیکن منزل ایک ہے۔ ایک مسافر نے اپنے سچ کو پانے کے لئے مذہب اور روحانیت کا راستہ چنا جب کہ دوسرے مسافر نے مذہب اور روایات کو خیر آباد کہہ کر سائنس اور جدید تحقیقات کا راستہ چنا۔ سب سے خوبصورت بات یہ ہے کہ دونوں ادبی مسافروں نے خطوط کے تبادلہ میں ایک دوسرے کے سچ کا احترام کیا اور دونوں راستوں کی سچائیوں کو پڑھنے والوں کے روبرو کر دیا۔ چوتھا خواب نامہ میں ڈاکٹر صاحب اپنے چچا عارف عبدالمتین کے ساتھ مکالمے اپنے تجربے، مشاہدے، مطالعے اور تجزیے سے اس نتیجے پر پہنچے ہیں کہ سچ، حق، حقیقت اور دانائی کا راز جاننے کے تین راستے ہیں۔

ا۔ پہلا راستہ وجدان کا ہے جسے سنت، سادھو اور صوفی استعمال کرتے ہیں۔

۲۔ دوسرا راستہ جمالیات کا ہے جسے شاعر اور فنکار استعمال کرتے ہیں۔

۳۔ تیسرا راستہ منطق کا ہے جسے سائنسدان استعمال کرتے ہیں۔

آگے چل کر ڈاکٹر صاحب بتاتے ہیں کہ ایک مخلص صوفی، ایک مخلص شاعر اور ایک مخلص سائنسدان ایک دوسرے کے سچ کا احترام کرتے ہیں۔ یہ ایک ایسا خواب نامہ ہے جو سچائی کی سطح کی بڑی جامع تصویر پیش کرتا ہے اور سچ کے طالبوں کو ایک پر خلوص شعوری کنجی عطا کرتا ہے۔ پانچواں خواب نامہ میں رابعہ ایک درویش کے خوبصورت جملے کو یوں بیان کرتی ہے:

"جو کتابیں پڑھتا ہے وہ عالم بن جاتا ہے، جو انسانوں کو پڑھتا ہے وہ درویش بن جاتا ہے۔"

یہ چھوٹا سا جملہ ہے مگر اس کی حقیقت بہت بڑی ہے۔ زندگی میں اختصار بڑی مشکل سے حاصل ہوتا ہے اور اسی اختصار کو حاصل کرنے کے لئے سچ کے طالب اپنی پوری زندگی تیاگ دیتے ہیں۔ اسی خواب نامہ میں رابعہ معاشرتی گھٹن کو یوں ننگا کرتی ہے:

ا۔ رابعہ جس معاشرے کی باسی ہے وہاں عورتوں کی محبت زمین پر کب معتبر ہوئی ہے، وہاں عورت کی محبت کب تعبیر ہوئی ہے۔ وہ تو صرف کھلی اور بند آنکھوں کا خواب ہے۔

۲۔ یا درویش! کاش ہم ان دو ٹانگوں کے درمیان سے نکل کر پورے وجود والے انسان بن جائیں تو زمین پہ امن و سکون ہو جائے گا۔

۳۔ رابعہ جہاں کی باسی ہے علمی فرعونوں اور فکری بونوں کو بے نقاب کرنے پر مجبور کیا اور رابعہ وہاں کا انسان ذہنی ارتقاء کی منازل طے کرے گا؟ یا پھر آپ کے سماج کی ترقی کے ہی قصوں پر اکتفا کرے گا؟ کیا رابعہ کے سماج میں بھی انسانیت مسکرائے گییا وہ پیدائشی مسلم ہونے پہ ہی بخش دی جائے گی؟

معاشرتی حبس کو اس قدر واضح انداز میں پیش کرنے کا حوصلہ رابعہ کا ایک قدرتی اثاثہ ہے جو اسے ادبی ریاضت کے بعد حاصل ہوا ہے۔ زندگی کی باریکیوں پر غور کرنے والے ہی تنقید کرنے کا حق محفوظ رکھتے ہیں ورنہ ہمارے معاشرے میں مبلغین کی کمی نہیں ہے جو اپنے ہی طے شدہ کھوکھلے اصولوں کے مطابق زندگی کو سمجھتے ہیں اور ساری عمر انہی اصولوں کی تبلیغ کرتے رہتے ہیں۔ چھٹا خواب نامے میں ڈاکٹر خالد بڑے ہی اختصار اور جامع انداز میں اپنے چار خوابوں کا تذکرہ کرتے ہوئے خوشی کا اظہار کرتے ہیں کہ انہوں نے زندگی میں جو خواب دیکھے وہ پایۂ تکمیل کو پہنچے۔

ا۔ پہلا خواب: ایک ڈاکٹر، ایک ماہر نفسیات ایک مسیحا بننا تھا تاکہ وہ انسانی ذہن، انسانی لاشعور اور انسانی ذات کی گتھیاں سلجھا سکے اور مسیحائی کر سکے۔

۲۔ دوسرا خواب: ایک شاعر اور ایک دانشور بننے کا تھا تاکہ وہ ساری دنیا کے ادیبوں، شاعروں اور فلاسفروں کو پڑھ سکے اور بہت ساری کتابیں لکھ سکے۔

۳۔ تیسرا خواب: ساری دنیا کی سیر کرنا تھا تاکہ وہ مختلف ممالک کے شہروں کو دیکھے اور ان کے شہریوں سے ملے۔ وہ ایک مرد جہاں دیدہ بننا چاہتا تھا۔

۴۔ چوتھا خواب: دنیا کے چاروں کونوں کے مردوں اور عورتوں، شاعروں، ادیبوں اور فنکاروں سے دوستی کرنا تھا۔

کھلی آنکھوں سے خواب دیکھنا اور پھر ان کو شرمندہ تعبیر کرنے کے لئے تگ و دو کرنا بڑے حوصلے اور جذبے کی بات ہوتی ہے۔ ہمارے سماج میں خواب دیکھنے پر بھی بچپن سے ہی پابندی لگا دی جاتی ہے، شرمندہ تعبیر کرنا تو بڑے دور کی بات ہوتی ہے۔ جبر کے معاشروں میں آزاد نسل پروان نہیں چڑھ سکتی۔ ڈاکٹر خالد کا ایک خوبصورت شعر جو اسی تصور آزادی سے مماثلت رکھتا ہے۔

اپنی پرواز کا اندازہ لگانے کے لئے
اپنے ماحول سے آزاد فضائیں مانگیں

ساتویں خواب نامے میں رابعہ بڑے ہی دبنگ انداز میں معاشرے کے مکروہ اور نجس چہرے سے نقاب اتارتی ہے اور کہتی ہے

1۔ رابعہ ایک ایسے معاشرے میں رہتی ہے جہاں اسکو سب کے سامنے ایک منافق زندگی کے رنگین کپڑے ہر وقت ذہنی طور پر پہنے رکھنے ہوتے ہیں۔ وہ کسی سے علمی گفتگو نہیں کر سکتی، کرے گی اور کسی کو سمجھ آگئی تو وہ اس کے خلاف ایک ان دیکھا ایسا جال بچھا دے گا جہاں وہ عورت ہی عورت ہو گی، جسم ہی جسم ہو گی

۲۔ عورت اس سے آگاہ ہے کہ اسے دانائی کی بات نہیں کرنی۔ اگر انہی لوگوں میں عزت کے ساتھ رہنا ہے۔ ہاں اگر عزت کے ساتھ نہیں رہنا تو یہاں دانائی ذہنی فحاشی ہے، ادب ذہنی عیاشی ہے، اب عیاش و فحاش عورت کی کیا جگہ ہے؟

ایسا معاشرہ جو عورتوں کو ان کے مقام سے محروم کر دے وہاں زندگی کے تمام رنگ کیسے پنپ سکتے ہیں۔ زندگی تو قوس قزاح کی مانند ہوتی ہے اور قوس قزاح پورے رنگوں کے ساتھ ہی جچتی ہے۔ زندگی سب رنگوں کے ساتھ پوری آب و تاب کے ساتھ پروان چڑھتی ہے۔ یک رنگ معاشرے مردہ اور مفلوج ہو جاتے ہیں سولہواں خواب نامہ میں ڈاکٹر سہیل ہماری توجہ زندگی کے اہم موڑ کی طرف دلاتے ہیں

"درویش نے کئی لوگوں سے سن رکھا تھا کہ انسان کو چالیس برس کی عمر کے بعد نئے تجربات نہیں ہوتے۔ پرانے تجربات کی ہی تکرار ہوتی رہتی ہے زندگی روٹین بن جاتی ہے۔ انسان بورنگ ہو جاتے ہیں"

کیا خوبصورت بات ہے کہ زندگی کا ابتدائی خاکہ چالیس سال کی عمر سے پہلے پہلے تشکیل پا جاتا ہے۔ لہذا زندگی کے ابتدائی سال بہت اہم کردار ادا کرتے ہیں شخصیت کے رخ کا تعین کرنے میں، مگر ہمارے سماج میں یہی ابتدائی سال لاحاصل اور بے مقصد کوششوں کی نظر ہو جاتے ہیں۔ بے ترتیب معاشروں میں باترتیب شخصیات پروان نہیں چڑھ سکتی۔ اٹھارویں خواب نامہ میں ڈاکٹر سہیل کہتے ہیں کہ

1۔ ہر جینیون شاعر اور ادیب، فلاسفر اور دانش ور اندر سے درویش ہی ہوتا ہے

2۔ ہر قوم میں دو طرح کے لوگ ہوتے ہیں۔ پہلا گروہ اکثریت میں ہوتا ہے جو روایت کی شاہراہ پر چلتا ہے اور دوسرا گروہ اقلیت میں ہوتا ہے جو اپنے من کی پگڈنڈی پر چلتا ہے۔ اس اقلیت میں شاعر اور ادیب، فنکار اور صوفی، فلاسفر اور دانش ور سبھی شامل ہوتے ہیں۔

3۔ درویش جانتا ہے کہ تنہائی، خاموشی اور دانائی کا گہرا رشتہ ہے بڑے ہی عمیق اور گہرے انداز میں ڈاکٹر سہیل اپنے زندگی کے تجربات کو بڑے سہل اور عام انداز میں پیش کرتے ہیں۔زندگی میں رنگینیاں بکھیرنے والوں کا تعلق اقلیتی طبقے سے ہی ہوتا ہے اور جب معاشرہ شعوری طور پر بالغ ہو جاتا ہے تو یہی اقلیت اکثریت میں بدل جاتی ہے اور زندگی کے رنگ پوری آب و تاب سے چمکنا شروع ہو جاتے ہیں

تئیسواں خواب نامہ میں رابعہ لکھتی ہیں

1۔ ہر سوال ایک ہی کلیے سے حل نہیں ہو سکتا اور نیا کلیہ لگانے سے بھی نتیجہ ایک ہی نہیں مل سکتا

2۔ رابعہ کو افسوس ہے جس معاشرے میں وہ رہتی ہے وہاں ڈگریاں بڑھ رہی ہیں علم نہیں (

3۔ رابعہ نے تو یہاں علم کے ابوجہل بھی دیکھے ہیں۔

اس خط میں ایسے لگتا ہے کہ جیسے رابعہ زندگی کے ناخوشگوار واقعات کی تہہ میں اتر کر اپنے تجربات کے گیان کا انتہائی اختصار کے ساتھ اظہار کر رہی ہے۔اس حقیقت میں کوئی شک نہیں ہے کہ ہمارے معاشرے میں ڈگریوں والے بڑھ رہے ہیں اور شعور والے کمیاب ہوتے جا رہے ہیں اور ڈگریوں والے علمی فرعون بن کر معاشرے کا ذہنی استحصال کر رہے ہیں۔ بقول ڈاکٹر سہیل کہ رابعہ نثر میں شاعری کرتی ہے اور شعور اور لاشعور کی رو میں بہہ کر زندگی کی تلخ حقیقتوں کو بیان کرتی ہے۔اس کتاب کی سب سے بڑی خوبصورتییہ ہے کہ یہ ایسے شاندار جملوں سے مزین ہے کہ پڑھنے والے کے سامنے تخیلات کا ایک جہان کھل جاتا ہے اور بصیرتوں کے موتی رقص کرنا شروع کر دیتے ہیں۔یہ علم وادب کی ایک ایسی شاہکار کتاب ہے کہ جس کو ترتیب دینے والوں کے خیالات ایک دوسرے سے بالکل ہی مختلف ہیں اور سچائی کو پانے کے راستے بھی جدا جدا ہیں مگر دوستی اور تعلق کے مضبوط بندھن کی وجہ سے دونوں نے ایک دوسرے کے سچ کو فروغ دے کر نسل انسانی کے تسلسل میں ایک خوبصورت اثاثے کا اضافہ کیا۔

اس کتاب کی سب سے بڑی خاصیتیہ ہے کہ یہ سوچنے پر مجبور کرتی ہے اور سوچنے والوں کے لیے سوچ کے مختلف زاویے کھولتی ہے۔ڈاکٹر خالد سہیل اور رابعہ الربیا نے ادبی خطوط کا تبادلہ کر کے ادب کی تاریخ میں ایک نئے شاندار باب کا اضافہ کر دیا ہے۔ان خطوط کو پڑھتے ہوئے ایسا محسوس ہوتا ہے کہ جیسے دو لوگ آپس میں بات کر رہے ہوں اور اپنی اپنی بصیرتوں کے راز اپنے تجربات کی بھٹی سے نکال کر یکے بعد دیگرے رقم کر رہے ہوں۔ میں حوالہ دینا چاہتا ہوں کہ ڈاکٹر خالد سہیل کے چند پر مغز الفاظ کا، جس میں وہ کہتے ہیں

"کہ دنیا میں اتنے ہی سچ ہیں جتنے انسان پائے جاتے ہیں اور اتنی ہی حقیقتیں ہیں جتنی کہ دیکھنے والی آنکھیں ہیں"

یہ دنیا ایک حیرت کدہ ہے اور اسی حیرت کدہ میں زندگی کے بے شمار راز پائے جاتے ہیں اور انہی رازوں کو ڈی کوڈ کر کے ہی حقیقی زندگی کا مزہ لیا جا سکتا ہے۔ ڈاکٹر خالد سہیل اور رابعہ الرباء نے اپنی اپنی شعوری کائناتوں کے بھید زندگی کے مختلف رنگوں سے ملا کر پیش کرنے کی کوشش کی ہے اور زندگی کے تضادات کے دائرے کو مزید بڑھا کر اس میں امکانات کا ایک وسیع جہاں قائم کر دیا ہے۔ یہ کتاب سوالات در سوالات کا مجموعہ ہے اور جوابات کھوجنے پر مجبور کرتی ہے۔ یہ کتاب اس لحاظ سے بہت اہم ہے کہ نظریاتی طور پر دو بعد المشرقین شخصیات کے درمیان ڈائیلاگ ہے۔ ایک شخصیت مذہب اور روایات کی نمائندہ ہیں۔ جب کہ دوسری شخصیت مذہب اور روایات سے کنارا کر کے سائنسی فلسفہ پر یقین رکھتا ہے۔ مگر دونوں شخصیات نے تضادات کو بھی بڑی خوبصورتی کے ساتھ انسانی دانائی کے ساتھ منسلک کر کے فیصلہ قارئین پہ چھوڑ دیا ہے۔

درویشوں کے ڈیرے پر تبصرہ۔۔۔

خورشید اکرم

درویشوں کا ڈیرا اردو میں لکھنے والے دو ادیبوں کے درمیان لکھے گئے خطوں پر مشتمل اپنی نوعیت کی ایک منفرد کتاب ہے۔ کیونکہ رابعہ الرَبّاء اور سہیل خالد کے درمیان کوئی ایسا رشتہ نہیں ہے جسے کوئی نام دیا جاسکے۔ کیونکہ دونوں ایک دوسرے سے ملے تک نہیں اور نہ ہی اس طویل مکالمے کے دوران اس کا کوئی امکان بنتا نظر آیا۔ لیکن ان میں ایک ایسا روحانی رشتہ قائم ہو گیا جس نے دونوں کو انسانی اعتبار کے رشتے میں باندھ لیا۔ سہیل خالد کی ادبی خدمات سے ایک عرصے سے واقف ہوں لیکن رابعہ الرَبّاء کے متعلق میری واقفیت اس کتاب کے مطالعے سے پہلے تک واجبی سی تھی۔

انہوں نے پچھلے دنوں اردو افسانہ کا ایک انسائیکلوپیڈیا (اردو افسانہ عہد حاضر میں) ترتیب دیا اور اس سلسلے میں اسرار گاندھی صاحب کے رابطے میں آئیں اور پھر ان کے وسیلے سے میرے رابطے میں۔ انہوں نے میری بھی ایک کہانی اپنے انتخاب میں شامل رکھی۔ مجھے یہ بھی معلوم ہوا کہ رابعہ خود بھی افسانے لکھتی ہیں۔ لیکن ان کی کوئی کہانی میں نے نہیں پڑھی۔ اس لئے جب میں نے اس کتاب کو اٹھایا تو میرا ذہن خالی سلیٹ کی طرح تھا۔ لیکن جیسے جیسے میں اس کتاب کو پڑھتا گیا اس میں دلچسپی بڑھتی گئی اور رابعہ پرت در پرت کھلتی گئیں اور میرے دل میں ان کے لئے قدر و منزلت بھی بڑھتی گئی۔ اب میں کہہ سکتا ہوں کہ میں انہیں بہت اچھی طرح جانتا ہوں، اتنی اچھی طرح جتنا میں اپنے دوستوں کو اور عزیزوں کو جانتا ہوں۔

پاکستان کی بہترین سوشل میڈیا سائٹ: فیس لور www.facelore.com

رابعہ اور سہیل خالد نے ایک مکالمے کی شروعات کی۔ اور دونوں باتوں کے بہاؤ میں بہتے چلے گئے۔ اس دوران انہوں نے اپنی اپنی ذات کی پرتیں کھولیں۔ اپنی اپنی زندگی کے ان رازوں کو ایک دوسرے کے سامنے آشکار کیا جن کا تعلق انسانی سماج، انسانی ذات اور انسانی نفسیات سے ہے۔ یہ ان دونوں کی پیتا نہیں ہے، دکھڑا نہیں ہے، نا آسودگیوں اور محرومیوں کا نوحہ نہیں ہے بلکہ ان سے برآمد شدہ اخذ و نتائج کا مہذب اظہار ہے۔ زندگی کو اس کے پردے اٹھا کر دیکھنے اور دکھانے کا جذباتی، تفکراتی اور تاثراتی ردعمل ہے۔ یہاں آپ بیتی میں جگ بیتی کی جھلکیاں ہیں۔ مگر یہ ویسی نہیں ہیں جیسی شاعری میں ہوتی ہیں، رمز و ایما کے پردے میں۔ ویسی جیسی مکالمے میں ہوتی ہیں جب رموز عاشقاں عاشق بدانند کا معاملہ چل نکلتا ہے۔ اور یہاں اس کی صورت یوں بنی کہ ایک دوسرے سے ہزاروں میل دور، سات سمندر پار بیٹھے دو انسانوں کے درمیان ایک ایسا غیر مرئی دھاگہ بندھ گیا جس میں دوریاں بے معنی ہو گئیں۔ اور باطنی وجود ایک دوسرے کے سامنے بیٹھ گئے۔ سہیل نفسیات کے معالج ہیں، پاکستانی ہیں، ایک عرصے سے کینیڈا میں رہتے ہیں۔ ان کے یہاں نہ صرف یہ کہ زندگی کے ایک لمبے سفر کا تجربہ ہے بلکہ ان کے یہاں دو تہذیبوں کے ارتباط و انجذاب سے پیدا شدہ ایک اور طرح کا عمرانی شعور ہے، جو نہ خالصتاً اہل مشرق کے یہاں مل سکتا ہے نہ اہل مغرب میں۔

Advertisements

اس کے برعکس رابعہ کا سفر ایک چھوٹے سے دائرے میں ہے۔ وہ ایک عورت ہے لیکن عورت پن کے بھی کئی تجربوں سے ناآشنا ہے۔ اس کے پیروں میں ایک بندھن ہے جس نے اس کے پاؤں کو فطری رقص سے روک رکھا ہے۔ لیکن وہ ایک بہت ہی حساس، سنجیدہ، غور و فکر کرنے اور چھوٹے چھوٹے واقعات و وقوعات جو بظاہر انسانی معمولات کا حصہ ہیں، ان سے اپنے حصے کے معنی کشید کر کے اپنے شعور کے خزانے میں ڈال رکھنے والا انسانی وجود ہے۔ رابعہ زندگی سے لبریز ایک انسانی وجود ہے جس کی نگاہ عمیق ہے اور دل میں کشادگی ہے۔ جس کو شاید پہچانا نہیں گیا کیونکہ دنیا اس کے ظاہر کو دیکھ کر

سرسری گزر جاتی ہے۔ اس ظاہر کو جو آب و گل سے بنا ہے۔ اور اگر سہیل اور رابعہ کے درمیانیہ مربوط مکالمہ، جو اکثر طویل خطوں میں درج ہو گیا ہے، نہ ہوا ہو تا تو ہم ایک انسانی وجود کے زر و جواہر سے محروم رہ جاتے۔ سہیل خالد کی باتیں علم و آگہی سے پیدا شدہ اور دانشوری و انسانی و عمرانی نفسیات کے پیچ و خم اور ان کے مشاہدات سے پر ہیں۔ جبکہ رابعہ کی باتیں گھر، خاندان اور ایک محدود سماجی ربط سے پیدا ایک عورت کے شعوری و لاشعوری اثرات، انکشافات، مشاہدات اور بجائے خود محدود سماجی تفاعل کے کیف و کم، تلخ و شیریں تجربات کے نتیجے میں ٹوٹتی بنتی اور ڈھلتی نفسیات کا بے محابا اظہار ہے۔ سہیل خالد کے یہاں ایک سلیقہ حسن ادائیگی کا ہے جو ان کی ایک عمر کی قلمی مشق و مزاولت کا ثمرہ ہے۔ رابعہ کے یہاں ایک داخلی ریاضت کا ہے۔ یہاں اظہار کی ایک ایسی فطری تڑپ ہے جو زبان کے سانچے کو توڑتی ہے اس لیے ان کی نثر بسا اوقات حسین بھی ہے اور معنوی بلاغت سے معمور بھی۔

میرے خیال میں درویشوں کا ڈیرا مکتوباتی ادب میں ایک گرانقدر اضافہ ہے۔ بلکہ زور بیان اور نثر کی پرکاری کے ظاہری لباس سے قطع نظر، حیات انسانی کے ادراک و شعور کی پرت در پرت جہتوں کی گرہ کشائی کے اعتبار سے دیکھیں تو یہ کتاب مکتوباتی ادب کے سر پر غرور کی دستار ہے۔

۲ اپریل ۲۰۲۰ نئی دہلی

حصہ پنجم: سوانح عمری

ڈاکٹر خالد سہیل اپنے سچ کے آئینہ میں

گوہر تاج

ڈاکٹر خالد سہیل کی دھنک رنگ شخصیت پہ لکھنے کا سوچ کے ہی میرے قلم کا سانس پھولنے لگتا ہے۔ آخر کس پہلو کا جائزہ لیا جائے اور کس سے چشم پوشی۔ وہ بطور شاعر وادیب ہوں، نفسیاتی معالج، عالمی ادب عالیہ کے مترجم یا انسان دوست سماجی، نفسیاتی اور سیاسی مضامین میں تحقیق کرنے والے دانشور۔ ان کے سارے امور ہی اہم ہیں۔ آخر کار سورج کی چاروں اطراف کرنوں کی حدت تو ساری کائنات کے بقا کے لیے ناگزیر قرار پائی ہے۔

اب سوال یہ پیدا ہوتا ہے کہ ایک معمولی انسانی ذات جناتی امور کی انجام دہی پہ کس طرح معمور ہے؟

وہ اپنی گفتگو میں اس کا جواب اس طرح واضح کرتے ہیں کہ باوجود ایک سیکولر انسان ہونے کے وہ تخلیقی عمل کو عبادت کا درجہ دیتے ہیں۔ انہوں نے اپنی تخلیقی بارش کو سالہا سال کی منظم ریاضت سے ایک ایسے چشمے کی صورت ڈھال لیا ہے کہ جس میں بہنے کا عمل ہمیشہ جاری وساری رہتا ہے۔ عمر کی نصف صدی سے کچھ اوپر سالوں میں وہ پچاس سے زیادہ تخلیقات کی بارآوری کا بوجھ اٹھا چکے ہیں۔ عمر کے اس حصے میں جب کہ اکثر نامور ادیب تحقیقی مینوپاز (سنِ یاس) پہ پہنچ کے ماضی کے کارناموں کا بوسیدہ جشن منانے پر ہی اکتفا کرتے ہیں۔ خالد سہیل تروتازہ تخلیقی پھول کھلانے میں مصروفِ عمل ہیں۔

تن آور درختوں کی شاخوں اور جڑوں کے پھیلاؤ کو سمیٹنا محال ہے لہذا میں نے عافیت اسی میں جانی کہ ان کی سوانح عمری "اپنا اپنا سچ" کے ابواب کو وا کر کے انکے تخلیقی سفر کے ان ماخذات کا جائزہ لوں۔ جنہوں نے ان کی شخصیت کا باطن تراشا۔

یہ میں نے اس لیے ضروری سمجھا کہ اکثر پیاس کی شدت ہمیں سوچنے کی مہلت نہیں دیتی کہ کتنے موسموں کے باراں کو دھرتی ماں نے اپنی آغوش میں لے کر سینے میں تہہ در تہہ اتار کر کثافتوں سے پاک کیا تا کہ کائنات کی سیرابی کا انتظام ہو سکے۔ آخر اس ریاضت کے اعتراف کی بھی تو ضرورت ہے۔

ایک اور ایک گیارہ

پہلی بار میری گفتگو خالد سہیل صاحب سے دو سال قبل ہوئی جب میں نے ان کا بحیثیت نفسیاتی معالج، شمالی امریکہ کی مہاجر بستیوں کے ذہنی امراض سے متعلق انٹرویو لیا۔ اس ملاقات میں میں نے ان سے ذہنی امراض سے متعلق مشترکہ کتاب لکھنے کی خواہش کا اظہار بھی کیا۔ انہوں نے بخوشی اس پیشکش کو قبول کرتے ہوئے برجستہ کہا، میری نانی اماں کہا کرتی تھیں "ایک اور ایک گیارہ ہوتے ہیں۔" اس وقت مجھے اندازہ ہوا کہ ان کا حوصلہ افزاء، سادہ، جھوٹ سے مبرا لہجہ ان کی نانی اماں کی دین ہے۔ (دو سال سے کم عرصے میں ہماری کتاب "نفسیاتی مسائل اور ان کا علاج" کا مشترکہ خواب پورا ہو چکا ہے) وہ لکھتے ہیں۔ "نانی اماں ان معدودے چند لوگوں میں سے تھیں جو بچوں سے پیار نہیں ان کی عزت بھی کرتی تھیں، خالد سہیل نے اپنے افسانوں کا مجموعہ "دھرتی ماں اداس ہے" ان کے ہی نام منسوب کیا ہے۔

اداس ہجرتیں

خالد سہیل کے آباواجداد نے کشمیر سے امرتسر، پنجاب اور پھر تقسیمِ ہند کے بعد امرتسر سے لاہور اور کراچی کی خوں آشفتہ ہجرت آزاریوں کا بوجھ ڈھویا ہے۔ شادی کی صورت عائشہ قاسم (والدہ) اور عبدالباسط (باپ) کا ملاپ 1950 میں ہوا اور 1952 میں کراچی میں پہلوٹھی کے چہیتے نواسے کا شرف حاصل ہوا۔ انتہا سے زیادہ لاڈ ان کا کچھ بگاڑ نہ سکے لیکن ماحصل محبت کی تمکنت آج بھی نمایاں ہے جو ان کے شخصی وقار میں اضافہ کرتی ہے۔

ماں سے رشتہ

خالد سہیل کا اپنی ماں سے رشتہ ایک انوکھے رولر کوسٹر (roller caoster) کی رائڈ (ride) کی مانند ہے۔ جو ان کی موت سے قبل گہر انشیب تھا جو بعد از مرگ فراز۔ ماں کی زندگی میں وہ جذباتی طور پر ان کی بے پایاں محبت کی اسیری کے سبب ایک خموش احتجاجی حبس کا شکار تھے اور یہ احساس کچھ ایسا بے طرح تھا کہ نفسیاتی معالج ہونے کے باوجود وہ ان وابستہ گتھیوں کو سلجھانے سے گریزاں رہے۔ جو اس کیفیت کا محرک تھیں۔ یہ کوئی نئی بات نہیں. حد سے زیادہ محبت سے وابستہ توقعات گھٹن کی صورت اختیار کر لیتی ہیں۔ اپنی اولادیں گھر چھوڑ دیتی ہیں تو ازدواجی رشتے دم توڑ دیتے ہیں۔

عزیز اتنا ہی رکھو کہ جی بہل جائے
اب اس قدر بھی نہ چاہو کہ دم نکل جائے
)عبید اللہ علیم(

بحیثیت سماجی کارکن (سوشل ورکر) میں اس گریز کی کیفیت کو ان حالات کے تناظر میں دیکھتی ہوں کہ جس سے وہ گھرانہ نبرد آزما تھا۔ مثلاً 1954 میں جب خالد سہیل کی عمر دو سال کی تھی کہ ان کے والد کو کوہاٹ کے کالج میں بطور ریاضی کے لیکچرر، نوکری ملی۔ اس طرح یہ گھرانہ کشمیر سے امرتسر اور تقسیمِ ہند کے بعد امرتسر سے کراچی اور لاہور اور پھر لاہور سے کوہاٹ پہنچتا ہے۔ بلاشبہ سفر وسیلۂ ظفر ٹھہرا لیکن سماجی تحقیق ثابت کرتی ہے کہ ہجرت سے وابستہ دکھ کسی قیامتِ صغریٰ سے کم نہیں۔ نئی زمین کی ثقافت بے اعتمادی، بے سکونی اور بے چینی کو جنم دیتی ہے۔ یہی وجہ ہے کہ کوہاٹ کے بڑے سے گھر میں ٹرائی سائیکل اور کھلونے تو تھے مگر ننھے خالد کو باہر جانے کی اجازت نہ تھی۔ ان کی امی کہتی "باہر پٹھان بندوقیں لیے پھرتے ہیں وہ تمہیں اغوا کر کے لے جائیں گے۔ مجھے پشتو بھی نہیں آتی۔" خالد سہیل کو محسوس ہوتا "میرا محل ایک قید خانہ بن گیا ہے اور میری ماں ایک جیلر"

تب سے ہی جیلر اور قیدی کا رشتہ کچھ اس طرح حاوی ہوا کہ خالد سہیل نے کینیڈا کی آزاد فضاؤں میں جا کر ہی دم لیا۔ وہ سالوں وطن نہ پلٹے۔ اس کے بعد خال خال ہی وطن جانا ہوا۔ مریضوں کے نفسیاتی مسائل حل کرنے والے مسیحا نے اپنے ذاتی مسئلے کو وجود کے پاتال میں دفن کر دیا۔ ایک زمانہ تھا کہ والدہ کو مکسیڈیما، آرتھرائس، ہائی بلڈ پریشر اور شوگر جیسی بیماریوں نے آگھیرا تھا۔ جس کا حتمی نتیجہ ڈپریشن تھا۔ تب دکھ کا موسم جیسے ٹھہر سا گیا تھا۔ جس کی تصویر کشی خالد سہیل نے "دھرتی ماں" میں کی ہے۔ بیماری کا ایک تکلیف دہ نتیجہ شک و وہم کی صورت تھا۔

"کسی نے تم پر جادو کر دیا جائے، میں داتا دربار جا کر دو کالے بکرے قربان کروں گی کہ کالے جادو کا اثر کم ہو۔ پہلے انہوں نے تمہارے ابو پر جادو کیا تھا اور انہوں نے کالج کی نوکری سے استعفیٰ دے دیا اور اب تم پر جادو کیا ہے اور تم کینیڈا جا بسے ہو۔"

جب اسی دکھ کی حالت میں وہ دنیا سے رخصت ہوئیں تو وہ وقت تھا کہ ماں بیٹے کے تعلقات کے رولر کوسٹر میں فراز آیا۔ خالد سہیل کو ان گتھیوں کو سلجھانے کا موقع ملا جن کو برسوں سے دفن کیے بیٹھے تھے۔

"دھیرے دھیرے مجھے احساس ہوا کہ میری امی جان مشرق کی ان لاکھوں عورتوں میں سے تھیں جن کے حقوق روایت کی چوکھٹ پہ قربان کر دیے گئے تھے۔

انہیں خیال آیا کہ یہ ماں ہی تو تھیں کہ جنہوں نے علم سے بے پناہ محبت کی۔ خود اعلیٰ تعلیم نہ حاصل کر سکیں تو علم کی تشنگی کو اولاد کی تعلیم کی صورت سیر اب کرنا چاہا۔

اگر وہ مجھے اچھے سکول نہ بھیجتیں اور میری اعلیٰ تعلیم کے بارے میں فکر مند نہ ہوتیں تو میں ڈاکٹر یا ماہرِ نفسیات نہ بن سکتا اور اگر وہ میرے ہاتھ میں کاغذ اور قلم نہ پکڑاتیں تو میں لکھاری نہ بن سکتا۔"

جوں جوں خالد سہیل کا احساس بڑھ رہا تھا پوشیدہ غصہ بھی کم ہو رہا تھا۔

"وہ مجھے ایک مظلوم اور مجبور عورت دکھائی دینے لگیں۔ مجھے اس بات کی حیرت ہوئی کہ میرا رشتہ ان کی وفات کے بعد بہتر ہو رہا تھا۔

پھر انہیں اپنی ماں کی ایک پرانی تصویر ملی جس میں وہ بیٹے سے حاملہ تھیں اور خالد سہیل کی آمد کے خواب دیکھ رہی تھیں۔ بیٹے نے بے اختیار ماں کے خوبصورت چہرے کو چوم لیا۔ پرانی تصویر سے نئے رشتے کی شروعات ہو چکی تھیں۔

باپ سے رشتہ

زمانہ طالب علمی میں جب اپنی مقبولیت کے سبب اسکول کے صدارتی الیکشن کے لیے چنے گئے تو ابو جان نے کاغذاتِ نامزدگی پر دستخط کرنے سے انکار کر دیا۔ ماں سے دوری نے خالد سہیل کا باپ سے قربت کا ایسا رشتہ جوڑ دیا کہ وہ ان کی صفات کا پرتو بن گئے۔

تب میں اکثر میں نہیں رہتا تم ہو جاتا ہوں (انور شعور)

جو آج بھی ان کی یادوں اور خوابوں میں زندہ ہیں۔ ان کے والد کا کہنا تھا۔ جب صوفی اور ولی دنیا سے رخصت ہوتے ہیں تو وہ اپنے بچوں کے لئے ورثہ میں اپنی دانائی، علم اور سبق آموز کہانیاں چھوڑ جاتے ہیں۔ جو نسل در نسل انکے بچوں اور پوتوں کی زندگیوں کی تاریک راہوں میں مشعلِ راہ کا کام کرتی ہیں۔

سیکولر سوچ رکھنے والے مشرقی روایات سے واضح طور پر منحرف خالد سہیل کا انداز دوسرے مارکسٹ افراد کی طرح جارحانہ نہیں۔ اس کی وجہ یہ ہے کہ انہوں نے اپنے باپ کی درویش صفتی، نرم خو اور انسان دوست طبیعت کا ورثہ پایا ہے۔

"چونکہ تم طاقت چاہتے ہو اور جو شخص طاقت کا خواہشمند ہے وہ اندر سے کمزور ہوتا ہے اور اس کا غلط استعمال کرتا ہے" یہی وجہ ہے کہ خالد سہیل نئے تخلیق کاروں کی حتی المقدور حوصلہ افزائی کرتے ہیں کہ جن کے اندر طاقت ہو وہ دوسروں کی طاقت سے ہراساں نہیں ہوتے۔ خالد سہیل کی امن اور انسان دوستی اور صالح و آشتی پسندی بھی والد کی سوچ کا پرتو ہے۔ جنہوں نے بیٹے کی فوج میں شمولیت کے کاغذات ثبت کرنے سے انکار کر دیا تھا۔

اگر پاکستانی فوج اپنے ہمسایہ ممالک ایرانیا افغانستان سے جنگ کرتی ہے اور آپ کا کمانڈر گولی چلانے کا حکم دیتا ہے تو کیا آپ اپنے مسلمان بھائی بہنوں پر گولی چلائیں گے؟ نہیں میں ان کاغذات پر دستخط نہیں کر سکتا۔"

ستمبر 2001 میں امریکہ نے پاکستان کی فوج کو اپنا شریک بنایا تو خالد سہیل کو خوشی ہوئی کہ انہوں نے اپنے دور اندیش باپ کی بات مانی۔

بریک ڈاؤن سے بریک تھرو

ڈاکٹر خالد سہیل کی زندگی کا سب سے یادگار کڑا وقت وہ تھا کہ جب ان کے والد کا نروس بریک ڈاؤن ہوا۔ دس سالہ خالد سہیل ان کی بیماری کی پیچیدگی سمجھنے سے قاصر تھے۔ لیکن وہ وقت انہیں ایک طویل ڈراؤنے خواب کی طرح یاد ہے۔ تاہم باپ کی دیوانگی نے انہیں کم عمری میں بھی خوفزدہ نہ کیا۔

"جب کوئی نہ دیکھ رہا ہوتا تو میں چپکے سے اپنے ابو سے ملنے ان کے کمرے میں چلا جاتا۔ بیمار ہونے کے باوجود مجھے بڑے پیار سے ملتے اور شفقت سے گلے لگا لیتے۔"

بیماری سے شفایابی کے بعد انہوں نے نہ صرف خدا اور مذہب کو گلے لگالیا، بلکہ ایک درویشانہ زندگی بسر کرنی شروع کر دی۔ لوگوں کے خیال میں وہ ذہنی توازن کھو چکے تھے اور انہیں یقین تھا کہ وہ ایمان کی دولت سے مالا مال ہو گئے تھے۔

خالد سہیل کے والد کی بیماری اور شفایابی ایک راز ہی رہی کہ جس کی کھوج میں وہ ماہرِ نفسیات بن کر ذہنی مریضوں کا ہمدردانہ علاج کرنے لگے۔ انہوں نے مدلل گفتگو کا ہنر اور دوسروں کی رائے کا احترام بھی اپنے والد سے سیکھا۔ ان کی موت کے بعد خالد سہیل کو اندازہ ہوا کہ وہ اپنی انسان دوستی اور ایمانداری کی وجہ سے کتنے احترام سے دیکھے جاتے تھے۔ ان کا کہنا ہے "مجھے ان پر فخر ہے اور میں اپنے آپ کو دنیا کا خوش قسمت ترین بیٹا سمجھتا ہوں۔"

وہ اپنے والد کے وجود کو ان کی موت کے بعد بھی ہم آغوش پاتے ہیں۔

وہ کب کا
اس جہانِ عارضی سے
جا چکا پھر بھی
مرے دل کی
کئی تاریک راہوں میں
دیا بن کر وہ روشن ہے
مرے من میں وہ زندہ ہے
(خالد سہیل 2005)

چچا جان عارف عبد المتین سے رشتہ:

اگر آپ کبھی خالد سہیل صاحب کی غیر موجودگی میں فون کریں تو کچھ گھنٹیوں کے بعد آپ کو ایک دلچسپ پیغام سنائی دے گا جو دو حصوں میں ہے۔ انگریزی اور اردو (اردو ترجمہ) درویش خود اپنی تلاش میں نکلا ہوا ہے۔ اگر وہ کامیاب ہو گیا تو آپ کو کال کرے گا۔ جو پیغام دینا چاہیں بلا تکلف چھوڑ دیں۔

جب کبھی آتے ہیں میرے پاس آپ
میں نکل جاتا ہوں خود کو ڈھونڈنے

یہ خوبصورت شعر خالد سہیل کے چچا عارف عبد المتین کا ہے۔ روحانیت میں ڈوبے چچا کا بھتیجے درویش خالد سہیل سے گہرا قلبی رشتہ رہا ہے۔ اور انکی شخصیت کے گہرے اور ان مٹ نقوش خالد سہیل کے ذہن و دل پر ثبت ہیں۔

سائنسی نقطۂ نظر رکھنے والے عارف عبد المتین جو عمر کے جوبن میں بائیں بازو کے ادیبوں، مفکروں اور دانشوروں کی صف میں کھڑے نظر آتے تھے جن کے لیے مذہب، افیون اور شاعری سراپا احتجاج اور جذبۂ قربانی سے لیس تھی۔ وہی عارف عبد المتین جب طویل پر اسرار بیماری سے گزرے تو شناخت کی تلاش میں سالوں کے لئے گم ہو گئے اور جب ابھرے تو ذات کے عرفان کا نیا سورج طلوع ہوا۔ وہ اسلام قبول کر چکے تھے اسلامیات کے ایم اے کے بعد سائنس چھوڑ کر مذہب پڑھانے لگے۔ ان کا کہنا تھا "ہمیں مذہب، سائنس اور آرٹ ایک ہی صداقتِ عظمیٰ کی شناخت کیطرف لے جاتے ہیں۔

اس سے انسان دوستی کے سوتے پھوٹتے ہیں۔" نظریاتی ارتقاء اور تبدیلی کا اثر ادبی موضوعات پہ بھی پڑا اور وہ نعتیں کہنے لگے۔ اس طرح شاعری جس کی ابتدا احتجاج سے شروع ہوئی اس کا دعا پہ انجام ہوا۔

میں حرفِ دعا کا سلسلہ ہوں

عالم کی نجات چاہتا ہوں

مقتول کی مغفرت کا طالب

قاتل کی طرف سے خوں بہا ہوں

کیا عجب بات کہ خالد سہیل کے چچا عارف عبدالمتین اور والد عبدالباسط دونوں بھائیوں نے قلبی ماہیت کی تبدیلی کے سفر کے بعد دہریت کو خیر باد کہا اور اسلام قبول کر کے درویشی اختیار کر لی۔ میں نے جب خالد سہیل سے پوچھا کہ آپ کی زندگی میں ایسی کوئی تبدیلی متوقع ہے تو ان کے چہرے پر ایک پراسرار مسکراہٹ پھیل گئی۔

چہیتی بہن، قریبی دوست عنبرین کوثر سے رشتہ

"میری زندگی میں عورتوں کے ساتھ تمام محبت بھرے رشتوں میں سب سے پیارا اور عمدہ رشتہ اپنی چھوٹی بہن عنبرین کا ہے۔ اس رشتے سے مجھے ہمیشہ اپنائیت، خلوص اور چاہت کی ہوائیں آتی ہیں۔ باوجود پانچ سال بڑے ہونے کے وہ چھوٹی بہن کو بہت احترام سے مخاطب کرتے ہیں۔ ان کی بچپن کی تربیت نے یہ بات سرشت میں ڈالی ہے کہ چھوٹی بہن سے نہ صرف محبت وخلوص بلکہ احترام کا بھی رشتہ ہے۔ وہ بہن کے بچوں پہ جان چھڑکتے ہیں اور بحیثیت ماموں ان کی ذہنی تربیت میں تعاون کو عین راحت تصور کرتے ہیں۔ اپنی بہن پر "ایک معجزہ" کے عنوان سے ایک نثری نظم میں لکھتے ہیں۔

میری پیاری بہن

میرے قریب آؤ

تمہاری پیشانی پہ بوسہ دوں

تم عمر میں مجھ سے چھوٹی ہو

لیکن زندگی میں مجھ سے بہت آگے

دسمبر ۱۹۸۸ء

سودہ سے بیٹی ڈیوس تک

خالد سہیل لکھتے ہیں "زندگی "عورتیں اور انسانی تعلقات بہت پراسرار ہوتے ہیں۔ حیرتیں ہر موڑ پہ آئینے لیے کھڑی رہتی ہیں. زندگی کے اس ابتدائی موڑ کے آئینہ میں ہم سب سے پہلے سودہ کا معصوم چہرہ دیکھتے ہیں۔

س سے سودہ، س سے سہیل

سودہ وہ پہلی معصوم چاہت تھی جو 4 مزنگ روڈ کی پہلی منزل پہ رہتی تھی۔ جس کی دوسری منزل پہ نانی اماں کے گھر خالد سہیل ہر سال گرمیوں کی چھٹیاں منانے جاتے تھے۔ وہ پہلی غیر لڑکی تھی کہ جس کے ساتھ گرم دوپہروں میں گزرا وقت ہمیشہ کے لیے یادوں کی ٹھنڈک بن گیا۔ اس کے فراک، بال، اندازِ تکلم اور روٹھنے کا انداز لگ بھگ نصف صدی گزرنے کے بعد بھی ذہن میں منجمند ہے۔

تبھی تو آج بھی اس بے معنی بات میں انہیں معنی نظر آتے ہیں کہ دونوں کا نام س سے شروع ہوتا ہے۔ س سے سودہ، س سے سہیل۔ بارہ سال کی عمر کے بعد سے سودہ کا دیدار نہ ہو سکا۔ اب یہ محض سودہ سے بچھڑنے کا غم و غصہ تھا یا کچھ اور مشرقی روایات سے بغاوت کہ جس کا اظہار جا بجا ان کی شاعری میں ملتا ہے۔ مثلاً

اس درجہ روایات کی دیواریں اٹھائیں
نسلوں سے کسی شخص نے باہر نہیں دیکھا

تب اعلیٰ تعلیم کی غرض سے کینیڈا جانے والے خالد سہیل کو مغرب کی شخصی آزادی کی فضا میں سانس لینا فرحت بخش لگا کہ جہاں مشرقی معاشروں کے برعکس شادی کی بنیاد دوستی پہ ہوتی ہے۔ مشرق میں مرد و عورت کے مابین دوستی کی گری لگے بغیر ہی شادی کی سالگرہیں گزری چلی جاتیہیں۔ خالد سہیل محبوبیت کے رشتہ کی بنیاد میں دوستی کے بیج بونے کے قائل ہیں۔

سودہ سے دوستی اور معصوم محبت کا نامکمل سفر تو تمام ہوا لیکن پھر زندگی میں نہ رکنے والے رومانوی سفر کی ابتدا ہوئی کہ جس میں کئی ہمسفر ملے۔ طبیعت کی نرمی، گفتگو کی شائستگی، علمیت اور پیشہ ورانہ کامیابیوں کی وجہ سے یہ بات قطعی قابلِ فہم ہے کہ خواتین بآسانی ان کی خواہشوں کی دسترس میں آتی رہی ہونگی۔ 1986 میں وہ لکھتے ہیں "میری زندگی اب عشق و محبت، رومان و دوستی کی نئی شاہراہوں پر گامزن ہے۔ جہاں عورتیں پہلے دوست اور پھر رومانوی سفر کی شریک ہیں۔ تاہم 2000 میں خالد سہیل نے اپنے اور خواتین کے مابین رشتے کی ناپائیداری پہ غور کرنا شروع کیا تو انہیں سمجھ میں آیا کہ زیادہ تر خواتین اپنی فطری خواہش کے سبب ماں بننے کی خواہشمند ہوتی ہیں جو خالد سہیل کے لیے قابلِ قبول نہ تھا کیونکہ وہ اپنے تخلیقی شوق سے کمٹڈ تھے۔ اولاد کی پرورش اپنے تئیں ایک اہم ذمہ داری ہے۔

دوسری اہم بات اکثر خواتین کا ان کے دوستوں سے حسد کا جذبہ تھا۔ آخر وہ کون سی عورت ہو جو ماں بننے پہ مصر نہ ہو، اس کی طبیعت میں حسد نہ ہو اور جس سے دوستی کا گہرا رشتہ استوار ہو سکے۔ وہ سوچتے رہے پھر انہیں سمجھ آیا کہ

"اس دنیا میں صرف ایک عورت ایسی ہے کہ جس سے میرے رومانوی تعلقات کامیاب اور دیرپا ہو سکتے ہیں اور اس عورت کا نام ہے۔ بے ٹی ڈیوس!

بے ٹی ڈیوس کون ہیں، خوبصورت، تخلیقی ذہن رکھنے والی نرم مزاج خاتون جس کا دل شیشے کی مانند شفاف اور محبت معمور ہے۔ پہلی بار بے ٹی ڈیوس سے خالد سہیل کی ملاقات 1978 میں ہوئی۔ اس وقت خالد سہیل کینیڈا کے صوبہ نیو فن لینڈ کے ایک ہسپتال میں فیلوشپ کے لیے گئے تھے۔ بے ٹی ان کو ایک نظر میں بھا گئیں۔

ان کی طبیعت میں ایک مشرقی عنصر تھا اور ان سے مذہب و سیاست، ادب، موسیقی غرض ہر موضوع پر گفتگو ہو سکتی تھی۔

خالد سہیل اپنے دل کا مدعا کہنا چاہتے تھے کہ پتہ چلا کہ اس شعبہ میں کام کرنے والے سائیکولوجسٹ گیری (Gary) نے اظہارِ محبت میں پہل کر دی تھی اور پھر کچھ عرصہ بعد دونوں کی شادی بھی ہو گئی۔

خالد سہیل کی محبت کے اظہار کی خواہش دل کی دل میں ہی رہ گئی۔ وہ تو اتفاقاً اس واقعہ کے پچیس سال بعد انہیں پتہ چلا کہ گیری اور بے ٹی کی طلاق ہو گئی ہے۔۔یہی وہ وقت تھا کہ خالد سہیل پائیدار رشتہ کی تلاش میں سرگرداں تھے۔ انہوں نے فوراً بے ٹی سے رابطہ قائم کیا اور اپنی سالہا سال سے دلی محبت کا برملا اظہار کیا جس کا جواب اثبات میں ملا۔

بے ٹی کے پاس اس وقت گیارہ سالہ ایڈرینا تھی۔ جس کو بے ٹی نے رومینیا سے لاکر اس وقت پالا تھا جب وہ محض تین ہفتہ کی تھی۔ آج بے ٹی، خالد سہیل، ایڈرینا، خالد سہیل کی بھانجی وردہ ایک ہی چھت کے نیچے مشترکہ خاندان کا لطف اٹھا رہے ہیں۔ خالد سہیل بے ٹی کو اپنیپسندیدہ مٹھائی چم چم کے نام سے پکارتے ہیں۔ وہ انہیں سوہیلی جو سہیل اور سہیلی کا امتزاج ہے۔ خالد سہیل نے اپنے اس رفیقانہ رومانوی رشتے کو ایک جملہ میں اس طرح سمو دیا ہے۔

Friendship is the cake and romance is the icing

)دوستی کیک ہے اور رومان کیک کی آئسنگ(

خالد سہیل اور بیٹی ڈیوس کے خوبصورت ملاپ کا تخلیقی سفر ان کی کتابیں

Love Sex and Marriage

and

The Art of Working in your Green Zone

ہیں جو دونوں نے مل کر لکھی ہیں۔ اس سے خوبصورت تحفہ انسانیت کے لیے بھلا کیا ہو سکتا ہے۔

آیئے ہم سب خالد سہیل اور ان کی زندگی کی کامیابیوں اور خوشیوں کو خلوصِ دل سے منائیں کہ جن کی تخلیق میں اگر بچپن کی ناآسودگیاں، محرومیاں، دکھ اور مسائل ہیں تو قریبی رشتہ داروں اور دوستوں کی محبتوں سے حاصل انبساط بھی۔

پھر ان تمام تجربات کا باہمی امتزاج ایک اعلیٰ انسان، ذمہ دار نفسیاتی معالج، مفکر، دانشور، شاعر اور بہترین دوست کی صورت ہے جس کا نام ہے خالد سہیل۔

سچ اپنا اپنا۔۔۔ تبصرہ

عبد الستار

زندگی ہر شخص کے لیے قدرت کا ایک حسین تحفہ ہوتی ہے۔ کچھ لوگ اس تحفہ کو پہلے سے تہہ شدہ روایتوں، اصولوں اور طریقوں کے مطابق گزار کر دنیا سے چلے جاتے ہیں اور نسلِ انسانی کے اثاثہ میں کوئی خاطر خواہ اضافہ نہیں کرتے۔ جب کہ کچھ لوگ اس حسین تحفہ کو بھرپور طریقہ سے جیتے ہیں اور زندگی کے حسین رنگوں میں کچھ اور حسین رنگوں کا اضافہ کرتے ہیں تا کہ زندگی کی رنگینیوں کا یہ تسلسل مسلسل چلتا رہے اور نسل انسانی کے اثاثہ میں اضافہ ہوتا رہے۔ یہ نایاب لوگ روایت شکن ہوتے ہیں۔ گھسے پٹے راستوں پر چلنے میں ان کو مزا نہیں آتا۔ یہ لوگ اپنی زندگیوں کو سچائی کی تلاش میں تیاگ دیتے ہیں۔ یہ صرف اور صرف اپنے ذاتی سچ کے متلاشی ہوتے ہیں۔ یہ لمحہ موجود کی طاقت کو سمجھتے ہیں اور اسی لمحے کا بھرپور استعمال کر کے زندگی کے مختلف معانی تلاش کرتے ہیں پھر ان معانی کو اپنے ذاتی تجربات کی بھٹی میں ڈال کر کندن کرتے ہیں اور پھر یہی غیر روایتی لوگ، سائنسدان، فلسفی، صوفی، سنت اور سادھو اپنے اپنے سچ کو اپنے طریقوں سے انسانیت کو منتقل کر دیتے ہیں۔ لیکنیہ ذاتی سچ بہت کڑوے ہوتے ہیں روایتی معاشروں میں ان سچائیوں کو برداشت اور ہضم کرنے کی سکت نہیں ہوتی۔ کیونکہ روایتی معاشرے روایات کی جکڑ بندیوں میں پھنسے ہوتے ہیں۔

جب ہم تاریخ انسانی کا مطالعہ کرتے ہیں تو ہمیں پتہ چلتا ہے کہ ایسی نابغہ روز گار شخصیات کو اپنے سچ کی بڑی بھاری قیمت چکانا پڑتی ہے۔ منصور حلاج نے آخر ایسی کیا بات کہہ دی تھی جو اس وقت کے روایتی معاشرہ کو ہضم نہیں ہوئی تھی اور بالآخر منصور کو دار پہ چڑھا دیا گیا۔ جب نیلسن منڈیلا نے اپنے سچ کا اظہار کیا تو اسے جیل میں ڈال دیا گیا اور تقریباً چالیس سال کے بعد اس معاشرے کو نیلسن کے سچ کا ادراک ہوا تو انہیں رہائی ملی۔ اس کے علاوہ لاتعداد مثالیں موجود ہیں۔ میری نظر میں سچ ننگا اور عریاں ہوتا ہے۔ اور اس کے اوپر کسی بھی قسم کیمصلحت کا لحاف نہیں چڑھا ہوتا۔ آج میں بھی آپ کو ایک ایسی ہی نایاب کتاب کے روبرو کرنا چاہتا ہوں جو اوپر دی گئیں مثالوں کی زندہ تفسیر ہے۔ اس کتاب کی تحریروں میں بھی کسی بھی قسم کا لحاف نہیں چڑھایا گیا بلکہ قلمی اور ذہنی دیانتداری کو مکمل طور پر بروئے کار لا کر تمام قسم کے حقائق، حالات، واقعات کو چاہے اس کا تعلق مذہب سے ہو، نفسیات، معیشت سے ہو، خاندان، فیملی حتٰی کہ چاہے اپنی ذات سے متعلق ہو ان کو بغیر کسی لیت و لعل کے واضح طور پر پیش کر دیا گیا ہے۔

اِس نایاب کتاب کا نام (سچ اپنا اپنا) ہے۔ اور اس شاہکار کو تشکیل دینے والے کا نام ڈاکٹر خالد سہیل ہے۔ اس کتاب میں یادیں، تذکرے اور کچھ خواب ہیں۔ اس کتاب کی جو سب سے خوبصورت بات ہے وہ یہ ہے کہ ڈاکٹر سہیل نے اپنی سچائی کا آغاز اپنی ذات اور اپنے ہی خاندان اور فیملیکے رسم و رواج سے کیا ہے۔ ہمارے معاشرے کییہ فرسودہ ریت ہے کہ جب ہم اپنی ذات کے حوالہ سے کچھ لکھنا چاہتے ہیں تو مختلف قسم کی پر اسراریت کا ایسا ہالہ بُن دیتے ہیں کہ جس سے ایک قسم کا اپنی ذات سے نرگسیت کا پہلو نمایاں ہوتا ہے۔ ہمارا معاشرہ ابھی تک اس کڑوی حقیقت کا ادراک نہیں کر پایا کہ انسان کمیوں، کوتاہیوں اور غلطیوں کا مجموعہ ہوتے ہیں۔ جب ہم کسی کو تسلیم کرنے پہ آتے ہیں تو اس شخصیت کو تقدس کے بہت اونچے مچان پر بٹھا دیتے ہیں اور اس کو غلطیوں سے مبّرا خیال کرنے لگتے ہیں اور جب کسی کو تسلیم نہیں کرتے تو اس پر کفر کے فتوے لگا کر اپنے خود کے تشکیل کردہ دائرہ ایمان سے خارج کر دیتے ہیں۔ ہمیں اس دائرے کو حقیقت پسندی پر مبنی رویے کو پروان چڑھا کر وسیع کرنا چاہیئے تا کہ انسانی دامن مختلف الخیال لوگوں اور ان کے مختلف قسم کے تجربات سے مالا مال ہو۔ اس کتاب کے پہلے حصّہ میں ڈاکٹر سہیل روایات سے باغی اور خیالات کی آزاد فضاؤں میں پرواز کرنے کی تمنا لیے ہوئے ایک ایسے

پرندے کا تذکرہ کرتے ہیں جو اپنے مشرقی ماحول میں بہت ہی کسمپرسی کی زندگی گزار رہا ہے۔ آخر ایک دن وہ باغی پرندہ اپنی دھرتی ماں کے دیگر سوتیلے بیٹوں کی طرح ایک نئی دھرتی ماں کی تلاش میں نکل جاتا ہے۔ یہ پرندہ آزاد فضاؤں میں اڑ کر اپنی صحیح پرواز کا اندازہ لگانا چاہتا ہے آخر ایک دن اس کو وہ نئی دھرتی ماں مل جاتی ہے وہ ایک ایسی نئی دھرتی ماں ہے جہاں پر اسے اپنے خیالات کو صحیح طور پر بیان کرنے کا موقع ملا۔ اس کو اس دھرتی پر ایسے لوگ ملے جو کشادہ ذہن تھے۔ جو رنگ، نسل، زبان، اور ثقافت کے فرق کو خوش آمدید کہتے تھے۔ یہ پرندہ خود کو خوش نصیب سمجھتا ہے کہ اس نے اس آزاد فضاء میں بیٹھ کر انسانیت کے نام مختلف کتابوں کی صورت میں ادبی محبت نامے رقم کیے ہیں جس میں سے ایک محبت نامہ (سچ اپنا اپنا) ہے۔

آگے چل کر ڈاکٹر سہیل اپنے خاندان کی ہجرتوں کا تذکرہ کرتے ہیں کہ کیسے ہمارا خاندان مسلسل ہجرتوں میں رہا۔ وہ ان ہجرتوں کو زمین سے نہیں بلکہ انسانی رشتوں سے جوڑتے ہیں۔ وہ کہتے ہیں کہ ہجرت زمینی نہیں ہوتی بلکہ صدیوں سے قائم انسانوں کے رشتوں کا بندھن ٹوٹ جاتا ہے۔ ایک ہی دھرتی ماں کے بیٹے تقسیم کی وجہ سے ہابیل اور قابیل بن جاتے ہیں۔ اس ہجرت کی وجہ سے ان کے خاندان پر جو ستم ٹوٹے انہوں نے بڑے واضح انداز میں اس کی تصویر کشی کی ہے۔ اگلے کچھ ابواب میں ڈاکٹر سہیل اپنی پیدائش اور بچپن کی کچھ یادیں شیئر کرتے ہیں۔ ان خوبصورت یادوں میں سے ایک خوبصورت یاد یہ ہے کہ ڈاکٹر سہیل اپنی پیاری بہن عنبرین کا تذکرہ بڑے ہی خوبصورت انداز میں کرتے ہیں وہ کہتے ہیں کہ شروع میں تو مجھے اپنی بہن عنبر بہت کالی اور بدصورت لگتی تھی لیکن آہستہ آہستہ ایک گڑیا کی طرح مجھے اچھی لگنے لگی۔ پھر یہ خوبصورت رشتہ ساری عمر کے لیے امر ہو گیا۔ میں ذاتی طور پر اس خوبصورت رشتے کا چشم دید گواہ ہوں۔ رواں سال فروری میں لاہور آئے تھے تو اس وقت اپنی پیاری بہن عنبرین کوثر کے گھر پر ہی قیام کیا تھا۔ جب میں اپنے کچھ دوستوں کے ساتھ ڈاکٹر خالد سہیل سے ملاقات کا شرف حاصل کرنے کے لیے عنبر کے گھر گیا تو عنبر نے بڑے پر تپاک طریقے سے ہمارا استقبال کیا تھا اور ہماری انواع واقسام کھانوں سے مہمان داری کی تھی۔ میں محبت بھرے یہ پُر خلوص مناظر کبھی نہیں بھول سکوں گا۔ اس دن مجھے ادراک ہوا کہ عنبرین کوثر کا رشتہ اپنے پیارے بھائی ڈاکٹر سہیل کے ساتھ کتنا مثالی ہے۔ اگلے ابواب میں ڈاکٹر سہیل اپنے خاندانی بحران کا بڑے واضح انداز میں تذکرہ کرتے ہیں۔ اس تذکرے میں اتنی صاف گوئی ہے کہ پڑھنے والا حیران و پریشان ہو جاتا ہے ڈاکٹر صاحب اپنے والد عبد الباسط اور اپنی والدہ عائشہ کے ازدواجی رشتوں کو کچھ اس نظر سے دیکھتے ہیں۔ ''میری عمر تقریباً آٹھ یا نو سال ہو گی جب میں نے اپنے والدین کے درمیان ایک تشنج کی سی کیفیت محسوس کرنی شروع کی۔ وہ کئی دفعہ ایک دوسرے کو نظر انداز کرتے دکھائی دیتے۔

ڈاکٹر صاحب اس تعلق کو نفسیات کی نظر سے دیکھنے کی کوشش کرتے ہیں کیونکہ ہمارا معاشرہ بے جوڑ رشتوں کا نمائندہ ہے۔ یہاں پر شادی کے نام پر دو بُعد المشرقین ذہنوں کو ہمیشہ کے رشتے میں جوڑنے کی ایک ناکام کوشش کی جاتی ہے۔ جس کا لازمی نتیجہ رشتوں میں اکتاہٹ اور بوریت کی صورت میں سامنے آتا ہے۔ بیٹی کو اپنے گھر سے والدینیہ بے رحمانہ جملے اس کے کان میں ڈال کر بھیجتے ہیں کہ (بیٹی اب تمہاری لاش ہی اس گھر میں آنی چاہیے) روایت زدہ معاشروں میں مجبوریوں کے رشتے پروان چڑھتے ہیں نہ کہ خوش دلی اور سمجھ بوجھ کے رشتے۔ ڈاکٹر صاحب اپنے والدین کے رشتہ کے حوالہ سے مزید لکھتے ہیں۔

''اب میں ان کے رشتے کے بارے میں سوچتا ہوں تو احساس ہوتا ہے کہ دونوں ایک روایتی شادی کی زنجیروں میں جکڑے ہوئے تھے۔ لیکن وہ دونوں نفسیاتی مسائل کا شکار تھے۔ وہ دونوں ایک ہی گھر میں رہ کر بھی دو مختلف دنیاؤں میں رہتے تھے۔ وہ ایک ہی معاشرہ میں پلے بڑھے تھے لیکن مختلف روایتوں کو پسند کرتے تھے''

ڈاکٹر صاحب بڑے واضح انداز میں دونوں کے رشتہ میں حائل بڑی بڑی دیواروں کا تذکرہ کرتے ہیں جس کی وجہ سے رشتے کی چاشنی اور اپنائیت ختم ہو جاتی ہے۔اِسی تشنج کی سی کیفیت کی وجہ سے ایک دن آپ کے والد عبد الباسط کا نروس بریک ڈاؤن ہو جاتا ہے۔یہ بیماری طول پکڑ لیتی ہے۔کافی طویل عرصہ کہ بعد جب وہ ٹھیک ہوتے ہیں تو ان کی زندگی کا پورے کا پورا راستہ ہی تبدیل ہو جاتا ہے۔ڈاکٹر سہیل اپنے والد کی زندگی کے اس پڑاؤ کو بالکل اسی طرح لکھتے ہیں جس طرح سے وہ محسوس کرتے اور سمجھتے ہیں

وہ لکھتے ہیں

”میرے لئے دلچسپ بات یہ تھی کہ وہ شخص جو ساری عمر خدا اور مذہب سے دور رہا تھا اور قیمتی سوٹ اور ٹائیاں پہنتا تھا اور روزانہ شیو کرتا تھا۔اس نے نہ صرف خدا اور مذہب کو گلے لگا لیا بلکہ ایک درویشانہ زندگی بسر کرنا شروع کر دی۔سادہ لباس،سادہ کھانا اور سادہ طرزِ زندگی۔خاندان والوں کا خیال تھا کہ وہ ذہنی توازن کھو چکے تھے۔اور انہیں یقین تھا کہ وہ ایمان کی دولت سے مالا مال ہو گئے تھے“۔

ڈاکٹر صاحب یہ بتانے کی کوشش کرتے ہیں کہ گھٹن زدہ ماحول میں بڑے بڑے دماغ پروان نہیں چڑھ سکتے کیونکہ ہمارے معاشرے کی روایات کی دیواریں بہت زیادہ اونچی ہیں۔ایسی دباؤ والی فضا ایک آزاد خیال انسان کے لیے معتدل نہیں ہوتی۔جو بڑے اذہان اِن روایات کی لمبی دیواروں کو پھلانگنے میں کامیاب ہو جاتے ہیں تو وہ معتدل اور آزاد فضا کی طرف پرواز کر جاتے ہیں تاکہ وہ اپنے اندر پائے جانے والے تخلیقی جوہر کی وسیع بنیادوں پر پرورش کر سکیں۔جب کہ جو لوگ کچھ گھریلو اور اپنی روایتی لیت و لعل کی وجہ سے روایات کی بلند و بالا دیواروں کو نہیں پھلانگ پاتے تو ان کی صلاحیتں زوال پذیر ہو جاتی ہیں

ڈاکٹر خالد آگے مزید تصویر کا دوسرا رُخ دکھانے کی کوشش کرتے ہیں کہ میری امی جان جنہوں نے مشرقی روایات کی پاسداری کرتے ہوئے ایک وفاشعار بیوی ہونے کے ساتھ ساتھ ایک ذمہ دار ماں ہونے کا فرض بھی اچھے سے نبھایا اور اپنے چھوٹے چھوٹے نفیس جذبوں کی قربانی دے دی۔اِس کا جو نتیجہ نکلا وہ ان الفاظ میں بیان کرتے ہیں۔

”جوں جوں ابو جان کی حالت بہتر ہوتی گئی امی جان کی حالت بدتر ہوتی گئی۔وہ جنت کی بلندیاں چھونے لگے اور وہ جیتے جی جہنم کی گہرائیوں میں اترنے لگیں۔وہی جو ایک چٹان کی طرح مضبوط اور توانا تھیں ریت بن کر بکھرنے لگیں۔ان مسائل کے باوجود وہ اپنی مشرقی اقدار کو مضبوطی سے تھامے رہیں۔وہ ایک ذمہ دار ماں اور وفاشعار بیوی تھیں“۔اس تناظر میں ڈاکٹر سہیلیہ بتانے کی کوشش کرتے ہیں کہ مشرقی ماحول میں عورتوں پر بے جا پابندیاں لگا دی جاتی ہیں۔اور اسی گھٹن زدہ ماحول میں جب ایک عورت پیدا ہوتی ہے تو اسی دن سے اس کی ذہنی تربیت شروع کر دی جاتی ہے۔اور اس کو مختلف روایات کی زنجیریں پہنا دی جاتی ہیں۔اور وقت کہ ساتھ ساتھ اس کو ان روایات کا پابند بنا دیا جاتا ہے جسے وہ بخوشی قبول بھی کر لیتی ہے۔یہ ہمارے معاشرے کا بچیوں کے حوالہ سے دوہرا معیار ہے۔

ڈاکٹر سہیل مزید لکھتے ہیں کہ امی جان کی بیماری کے دوران کا رشتہ مجھ سے بدلنے لگا اور وہ میرے اندر اپنے تشنہ خوابوں کی تکمیل کرنے کے خواب دیکھنے لگیں۔انہوں نے مجھے کہاں کہ سہیل میں تمہارے ابو سے بہت نا امید ہوئی ہوں اب میری یہ خواہش کہ تم ایک ڈاکٹر بنو اور ایک دن وہ سب کچھ کر کہ دکھاؤ جو تمہارے ابو نہ کر سکے۔شاید یہ ان کہ خوابوں کا ہی ثمر تھا کہ خالد سہیل ایک سائیکاٹرسٹ بنے۔ڈاکٹر سہیل آگے چل کر اسی بات کا اقرار کرتے ہیں کہ اگر میری امی جان مجھے اچھے سکول نہ بھیجتیں تو میں ایک ماہر نفسیات نہ بن پاتا۔اگر وہ میرے ہاتھ میں کاغذ اور قلم نہ پکڑاتیں تو میں ایک لکھاری نہ بن

سکتا۔ شاید انہوں نے کبھیبہ سوچا ہی نہ ہو گا کہ ان کا بیٹا بڑا ہو کر بیسیوں کتابوں کا مصنف بنے گا۔ اگلا باب بڑا دلچسپ ہے ایک خوش قسمت بیٹا اپنے باپ کو ایک خط لکھتا ہے۔

''جب بادشاہ فوت ہوتے ہیں تو وہ اپنے بچوں کے لیے محلات، کھیت، گھوڑے، کشتیاں اور بہت سی دوسری دنیاوی چیزیں ورثے میں چھوڑ جاتے ہیں لیکن جب صوفی اور ولی دنیا سے رخصت ہوتے ہیں تو وہ اپنے بچوں کے لیے ورثے میں اپنی دانائی، علم اور سبق آموز کہانیاں چھوڑ جاتے ہیں جو نسل در نسل ان کے بچوں، پوتوں کی زندگی کی تاریک راہوں میں مشعلِ راہ کا کام کرتی ہیں''۔

بہت ہی متاثر کن انداز میں ڈاکٹر سہیل اپنے ذہنی ورثہ کا تذکرہ کرتے ہیں۔ یہ ایک ایسا ورثہ ہے جو بہت ہی کم خوش نصیبوں کے حصّہ میں آتا ہے۔ اس خوش نصیب بیٹے نے نہ صرف اِس ورثہ کی حفاظت کی بلکہ اِس ورثہ کو اپنی کتابوں کی صورت میں انسانیت کے لیے وقف کر دیا ہے۔

ڈاکٹر سہیل نے اگلا باب اپنی پیاری بہن عنبرین کے نام کیا ہے۔ ایسی پیاری بہن جس کو اس کے والد عبدالباسط (جنت کا پھول) کہتے تھے۔

اس حسین اور پیارے رشتے کے بارے میں ڈاکٹر سہیل لکھتے ہیں کہ میری زندگی میں عورتوں کے ساتھ تمام محبت بھرے رشتوں میں سب سے پیارا اور عمدہ رشتہ میری چھوٹی بہن عنبرین کا ہے۔ وہ عمر میں پانچ سال چھوٹی ہے اور یوم پیدائش میں صرف ایک دن کا فرق ہے۔ سب سے حیران کن بات یہ ہے کہ عنبر کا فلسفہ حیات اپنے بھائی کے فلسفہ حیات سے بالکل ہی مختلف ہے۔ اپنے فلسفے اور طرزِ زندگی کے اختلاف کے باوجود دونوں ایک دوسرے کا دل سے احترام کرتے ہیں۔ ڈاکٹر سہیل چونکہ ایک سیکولر ہیومنسٹ ہیں۔ جب کبھی عنبر ماہ رمضان میں اپنے بھائی سے ملنے کینیڈا گئیں تو بھائی نے اپنی بہن کے فلسفہ حیات کا احترام کرتے ہوئے سحری اور افطاری میں ان کے لیے اہتمام کیا۔ ڈاکٹر سہیل لکھتے ہیں کہ میں اپنے آپ کو خوش قسمت محسوس کرتا ہوں کہ مجھے صرف اپنی بہن سے ہی پیار نہیں بلکہ ان کے خاوند ارشاد میر اور ان کے بچوں غفیفہ، ذیشان، عروج اور وردہ کے ساتھ رشتہ بھی نہایت عمدہ ہے۔ اپنی بہن کے ساتھ اس خلوص بھرے جذبے کو اِس نظم میں یوں بیان کیا ہے۔

(ایک معجزہ)

میری پیاری بہن، عنبر
تمہاری زندگی کسی معجزے سے کم نہیں
جب کبھی میں تمہارے بارے میں سوچتا ہوں
تم نے کیونکر
اپنے والدین کے تضادات کو ورثے میں پایا
ایک اجنبی سے شادی کی
زندگی کی آزمائشوں کا سامنا کیا
بچوں کی دیکھ بھال کی
اپنے زمانے کے جبر برداشت کیے
اور پھر بھی نہ گھبرائیں، نہ حواس باختہ ہوئیں
تمہیں دیکھ کر

میرے ذہن کو سکون
روح کو تحریک اور
قلب کو خوشی ملتی ہے
ایسی خوشی جو وقت کے ساتھ ساتھ بڑھتی چلی جاتی ہے۔
میری پیاری بہن
میرے قریب آؤ
میں تمہیں گلے لگاؤں
تمہاری پیشانی پہ بوسہ دوں
تم عمر میں مجھ سے چھوٹی ہو
لیکن زندگی میں مجھ سے بہت آگے!

ڈاکٹر خالد سہیل (عورتوں سے رشتے) والے باب میں ایک معصوم تعلق جو کہ زمانے کی تمام کدورتوں، قباحتوں اور برائے نام سماجی اصول وضوابط سے بے نیاز ہوتا ہے۔ بچپن کی ابتدائی عمر والے تعلقات اور رشتے جو بچے اپنے ہم جولیوں کے ساتھ بناتے ہیں ان رشتوں میں بہت ساری معصومیت، تعلق اور پیار کا ایک الگ ہی انداز پنہاں ہوتا ہے۔ ڈاکٹر سہیل اس باب میں اپنی زندگی کے اس موڑ پر حاصل ہونے والے ایک خوبصورت رشتے سے متعارف کرواتے ہیں جو اس کی عظیمیادوں میں سے ایک حسیں یاد ہے اور وہ یادان کی ابتدائی دوست اور پہلی سہیلی "سودہ" کے بارے میں ہے۔ ڈاکٹر سہیل اس حسیں رشتے کے بارے میں یوں لکھتے ہیں۔

"ہم مل کر اپنی گلی میں گھومتے اور کھیلتے تھے، مسکراتے تھے، قہقہے لگاتے تھے۔ اب میں بچپن کے بارے میں سوچتا ہوں تو احساس ہوتا ہے کہ وہ پہلی غیر لڑکی تھی جس نے میرا اپنائیت اور چاہت سے تعارف کروایا تھا۔ ایسی چاہت جس میں معصومیت کوٹ کوٹ کر بھری ہوئی تھی"۔

اگلا باب جس کا عنوان ہے (محبت کا پہلا خط) اس باب میں ڈاکٹر صاحب اپنے میڈیکل کالج کا احوال لکھتے ہیں۔ یہ عمر کا وہ حصہ ہوتا ہے کہ جس میں ہر چمکنے والی چیز سونا محسوس ہوتی ہے۔ زندگی کے اس پڑاؤ پر طلباء وطالبات ایک دوسرے کو متاثر کرنے کی کوشش کرتے ہیں متاثر کرنے کی کوئی بھی صورت ہو سکتی ہے مثلاً کلاس میں زیادہ سے زیادہ مارکس لینے کی خواہش، بیت بازی یا تقاریر وغیرہ میں حصہ لینا شامل ہیں۔ اس میں کوئی قباحت نہیں ہے بلکہ یہ ایک فطری عمل ہوتا ہے مگر ہمارے اس بند سماج میں لڑکوں اور لڑکیوں کے رشتوں کے درمیان ایک اجنبیت کی دیوار قائم کر کے ان کی تعلیمی ذہنی نشوونما کی جاتی ہے اور اس تعلق کو معیوب بنا کر معاشرے میں پیش کیا جاتا ہے۔ ڈاکٹر صاحب اس باب میں اپنے پہلے محبت نامہ سے متعارف کرواتے ہیں۔ مشرقی روایات کی ماری ہوئی ایک لڑکی ڈاکٹر سہیل کو محبت نامہ لکھتی ہے مگر اپنے نام کو ظاہر کیے بغیر۔ ڈاکٹر سہیل اس خط کے بارے میں یوں لکھتے ہیں

"میں نے وہ خط ایک بار پڑھا، دوبار پڑھا، پھر تیسری بار پڑھا۔ اس لڑکی نے لکھا تھا کہ وہ میری شاعری اور شخصیت سے بہت متاثر ہے اور مجھ سے دوستی کرنا چاہتی ہے لیکن۔۔۔ مشرقی حیاء آڑے آئی ہے۔ اس لیے اس نے خط کے آخر میں اپنا نام بھی نہیں لکھا تھا۔ وہ بس مجھے بتانا چاہتی تھی کہ وہ میرے بارے میں سوچتی رہتی تھی"۔

یہ باب مشرقی روایات پر چوٹ کرتا ہے کہ یہاں کھلم کھلا نفرت تو کی جاسکتی ہے مگر ایک لڑکے اور لڑکی کے کھلم کھلا پیار کے اظہار سے ہماری مشرقی روایات پامال ہونا شروع ہو جاتی ہیں۔ اگلے باب میں ڈاکٹر صاحب ہمارا تعارف اپنی بہت ہی پیاری سہیلی (بے ٹی ڈیوس) سے کرواتے ہیں۔ بے ٹی جو کہ ان کی ایک بہترین دوست، رفیق کار اور محبوبہ بھی ہے۔ ایک بہترین تعلق میں ایک ساتھ اتنی خوبیوں کا جمع ہو جانا کسی نعمت سے کم نہیں ہوتا۔ بے ٹی جس کا تعلق بھی نفسیات کے شعبے سے ہے اور دماغی پر اسراریت کو جاننے کے دونوں ہی رسیا ہیں ڈاکٹر سہیل بے ٹی کے ساتھ اپنی پہلی ملاقات کے تاثر کو کچھ یوں دیکھتے ہیں۔

"پہلی ملاقات میں ہی بے ٹی ڈیوس کی خوش مزاجی اس کے اخلاص، اس کی ذہانت، اس کی خوبصورتی اور اس کی اپنائیت نے میرا دل جیت لیا تھا"

ڈاکٹر صاحب اس مثالی تعلق کو فطرتی تناظر سے دیکھتے ہیں اور عورت مرد کے اپنائیت اور اُنسیت والے رشتے کو حقیقی انداز میں سمجھنے اور سمجھانے کی سعی کرتے ہیں۔ ڈاکٹر سہیل بے ٹی کو پیار سے چم چم کہتے ہیں اور اسی مثالی تعلق کی بدولت دونوں نے مل کر کچھ ادبی کتابیں بھی لکھیں جو کہ ان کا انسانیت کے لیے ایک تحفہ ہیں۔ اگلے ابواب میں ڈاکٹر سہیل اپنے پیارے چچا عارف عبدالمتین سے ملواتے ہیں۔ ان کے ابتدائی ادبی سفر کے حوالے سے جو کہ بائیں بازو کے دانشوروں کے زیر اثر پروان چڑھا جو کہ بہت ہی فعال اور سرگرم قسم کا سفر تھا اور اسکے بعد ان کی زندگی میں ایک بحران پیدا ہوا اس بحران کو ڈاکٹر سہیل کچھ یوں لکھتے ہیں۔۔

"اس کے بعد وہ کسی شناخت کے بحران کا شکار ہوگئے۔ وہ اپنی تلاش میں زیر زمین چلے گئے۔ اپنے قلب کے نہاں خانوں میں کھو گئے، اپنی روح کی گہرائیوں میں ڈوب گئے۔ اس عرصے میں نجانے کتنے سورج غروب ہوگئے، کتنے چاند گہنا گئے، کتنے موسم سرما گرما بدل گئے، کتنے موسم بہار موسم خزاں میں ڈھل گئے۔ انہوں نے نجانے کتنی راتیں جاگتے گزار دیں"

شناخت کا یہ سفر بھی کتنا بھیانک ہوتا ہے۔ خاص طور پر ایسے معاشروں میں جہاں چوائس اور فکری رنگا رنگی کا بحران ہوتا ہے۔ جہاں صرف کچھ روایتی باتوں اور ایک ہی طرح کے ضابطہ حیات کی پیروی کرنے پہ مجبور کیا جاتا ہے۔ روایتی طور پر جبری معاشروں میں کسی بڑے اعلیٰ دماغ کا نروس بریک ڈاؤن ہونا کوئی اچنبے کی بات نہیں ہوتی بلکہ یہ روایتی معاشرے کا لازمہ ہوتے ہیں اسی لیے عارف عبدالمتین جیسا دماغ بھی اس شناختی بحران سے خلاصی نہ پا سکا۔ غریبوں اور مزدوروں کے بارے میں پریشان رہنے والا دماغ، فرسودہ روایات کو تنقیدی نگاہ سے دیکھنے والا دماغ اور جابروں اور ظالموں کو للکارنے والا یہ دماغ جب اپنی ذات کی اتھاہ گہرائیوں میں ڈوب کر نئی شناخت کا کنول لے کر ابھرا تو انہوں نے اسلام کا سنجیدگی سے مطالعہ کرنا شروع کر دیا اور ایم اے اسلامیات کی ڈگری حاصل کی اور نعتیہ کلام لکھنے کی طرف راغب ہوگئے۔ ڈاکٹر سہیل لکھتے ہیں کہ جب میں نے شہناز عارف سے پوچھا۔۔

"چچا جان ایک زمانے میں صحت مند اور چست ہوا کرتے تھے لیکن پھر آہستہ آہستہ کمزور ہوتے گئے اس کی کیا وجہ تھی؟ تو وہ کہنے لگیں انہیں اس حالت تک پہنچانے والا کوئی ذہنی صدمہ تھا"

ڈاکٹر صاحب اس باب میں انسانی زندگی کے مدوجزر کو بغیر کسی پُراسراریت کے واضح طور پر بیان کرنے کی کوشش کرتے ہیں۔ یہ باب انسانی شخصیت کی حساسیت اور معاشرتی دباؤ کے دماغ پر پڑنے والے اثرات کو واضح کرتا ہے ڈاکٹر سہیل اپنے چچا عارف عبدالمتین کی شناختی بحران سے نکلنے کے بعد والی گفتگو کو اس انداز میں پیش کرتے ہیں۔

"میں اس نتیجے پر پہنچا ہوں کہ مذہب چیزوں کی حقیقت کو وجدانی سطح پر، سائنس سچائی کو ادراک کی سطح پر اور آرٹ اس حقیقت کو جمالیاتی سطح پر سمجھنے کا نام ہے"

اگلے باب میں ڈاکٹر سہیل۔۔ ہمیں کشور ناہید سے متعارف کرواتے ہیں۔کشور ناہید ان کی نظر میں ایک جرات کا استعارہ ہیں۔کشور اپنے خیالات کا اظہار دبنگ انداز میں کرتی ہے۔ڈاکٹر سہیل کشور سے ایک ملاقات اور اپنے ایک پوچھے جانے والے سوال کا تذکرہ کرتے ہیں ایک بار انہوں نے کشور سے پوچھا کہ عورتوں کی آزادی کا آپ کا کیا تصور ہے "اگر آپ پاکستان کی عورتوں سے ملیں تو ان میں سے بہت سی سمجھتی ہیں کہ اگر آپ نے انگریزی زبان سیکھ لی، سکرٹ پہن لی اور تعلیم حاصل کر کے ملازمت کر لی تو آپ آزاد ہو گئیں۔میرے نزدیک یہ سطحی آزادی ہے۔اصل آزادی ذہنی آزادی ہے جب تک عورتیں یہ سوال نہ پوچھیں گی کہ اگر مرد اور عورتیں برابر ہیں تو عورتیں پیغمبر بن کر کیوں نہیں آئیں ہم ذہنی طور پر آزاد نہیں ہوں گی"۔۔

اس طرح کے دبنگ جواب کی توقع صرف کشور ناہید سے ہی کی جا سکتی ہے۔ایک دفعہ کشور نے شہر کے بڑے بڑے مولویوں کو دعوت دی۔انہیں سٹیج پر بٹھایا ان کے سامنے قرآن اور کئی علماء کی تفاسیر رکھیں۔سینکڑوں عورتوں کی موجودگی میں کشور نے علماء سے عورتوں کے سامنے بہت سے سوال پوچھے۔سوال کچھ اس طرح کے تھے "قرآن میں کہاں لکھا ہے کہ جنت میں حوا نے آدم کو ورغلایا اور گناہ کی ترغیب دی"مولوی قرآن سے یہ بات ثابت نہیں کر سکے۔اس طرح کی نشست منعقد کر کے کشور نے اپنے معاشرے کی عورتوں کی حوصلہ افزائی کی۔اگلے کئی ابواب میں ڈاکٹر سہیل لاہور پاک ٹی ہاوس میں گزرے کچھ نایاب ادبی لمحوں اور کچھ ادبی دوستوں کے ساتھ ادبی گفتگو کا تذکرہ کرتے ہیں۔جس میں سر فہرست زاہد ڈار، جاوید شاہین، گوگی اور اصغر ندیم ہیں۔یہ کتاب ادب سے لگاؤ رکھنے والی ادبی شخصیات کے ساتھ بھرپور مکالماتی جملوں پر مشتمل ہے مثلاً ڈاکٹر سہیل زاہد ڈار کے کچھ جملوں کا حوالہ دیتے ہیں۔زاہد ڈار نے ٹی ہاؤس کے باہر ایک گھنے درخت کے پتوں کی طرف اشارہ کرتے ہوئے کہا

"اس شہر کے پتوں پر ہی نہیں، یوں لگتا ہے چہروں، کپڑوں اور ذہنوں پر بھی گرد جم چکی ہے اور نئے ولولوں نئے جذبوں اور نئے خوابوں کی بارش کی راہ تک رہی ہے انسانوں کے چہرے دھل جائیں تو ان پر نکھار آ جاتا ہے اور ذہن دھل جائیں تو تازہ افکار کی خوشبو چاروں طرف پھیل جاتی ہے"

اگلے باب میں ڈاکٹر سہیل ہماری ملاقات منیر نیازی سے کرواتے ہیں۔ڈاکٹر صاحب اس ادبی لیجنڈ سے ملاقات کو کچھ اس انداز میں بیان کرتے ہیں

"منیر نیازی نے بڑی محبت سے مجھے گلے لگا لیا اور میں نے زندگی میں پہلی دفعہ اردو اور پنجابی شاعری کے لونگ لیجنڈ کو اتنے قریب سے دیکھا۔ان کی آنکھیں سوجی ہوئی بال بکھرے ہوئے، کپڑے میلے اور ہاتھ میں شراب کی بوتل تھی۔صاف ظاہر تھا کہ باطن کے زلزلوں کے اثرات ظاہر تک آ گئے تھے"

ڈاکٹر صاحب چونکہ دل اور دماغ کی کمیسٹری سے بخوبی آگاہ ہیں۔انہوں نے منیر نیازی کے ساتھ اس تعارفی ملاقات کو چند ایک جملوں میں پرو دیا۔دوران گفتگو منیر نیازی کشور ناہید کے حوالہ سے کچھ یوں کہتے ہیں

"یہ کشور ناہید بڑے دھڑلے والی عورت ہے۔۔۔کئی مردوں سے زیادہ دلیر اور زوردار۔۔۔میں اپنی بیوی کو اس سے پردہ کرواتا ہوں"

اگلے باب میں ڈاکٹر سہیل جینیون آرٹسٹ گوگی سراج پال سے ملواتے ہیں یہ ایک ایسی عظیم عورت ہے جو اپنے تخیل کی اندرونی تہوں میں چھپے ہوئے رازوں کو پینٹنگ کی صورت میں نمایاں اور واضح کرنا جانتی ہے۔ڈاکٹر سہیل کے ساتھ ملاقات کے دوران گوگی نے ایک پینٹنگ دکھائی اس تصویر میں ایک میز تھا اس کی ایک طرف کچھ مرد اور دوسری طرف کچھ عورتیں محو گفتگو تھے اور میز پر ایک عورت لیٹی ہوئی تھی۔۔

اس پینٹنگ کے حوالہ سے گوگی کچھ اس طرح بتاتی ہے

"کہ جب مرد اور عورتیں عورتوں کے مسائل پر گفتگو کرتے ہیں تو وہ بہت سطحی باتیں کرتے ہیں۔پچھلے دنوں ہندوستان میں ستی کے بارے میں بہت گفتگو ہوئی وہی لوگ جو محفلوں میں ہمدردی جتاتے تھے اگر ان کی ذاتی زندگی میں جھانک کر دیکھیں تو ہمدردی اور عزت کا نام ونشان نہیں ملتا۔اس کے

علاوہ عورتیں بھی اپنے اعمال کی پوری ذمہ داری نہیں لیتی میرے نزدیک عورتیں بھی اپنی مرضی سے جلتی ہیں چاہے وہ ستّی میں ہوں یا زندگی بھر گھر کی چار دیواری میں۔۔۔۔ مجھے لگتا ہے کہ عورتوں کے مسائل بس ٹیبل ٹاک بن کر رہ گئے ہیں اور یہی وہ خیال ہے جس نے مجھے ایسی پینٹنگ بنانے پر اکسایا تھا"

ڈاکٹر سہیل اگلے باب میں ہماری ملاقات جون ایلیا کے شاگرد خاص جنہوں نے جون ایلیا کی شاگردی، چاہت اور دوستی کا حق ادا کیا عرفان ستار سے کرواتے ہیں۔ عرفان ستار ایک ایسا صاحب کرامت شاعر ہے جو وصل کی چاشنی سے بھی آگاہ ہے اور عادت بننے کے تجربے سے بھی آگاہ ہے۔ وہ اس تکلیف دہ حقیقت سے بخوبی آگاہ ہے کہ جب کوئی تخلیقی یا روحانی کام بار بار کیا جائے تو وہ ایک روٹین اور معمول بن جاتا ہے اور اس میں چاشنی ختم ہونا شروع ہو جاتی ہے۔ اس کیفیت کو وہ کچھ اس طرح بیان کرتے ہیں

مجھے تمہاری تمہیں میری ہم نشینی کی
بس ایک طرح کی عادت سی ہے نباہ کیسا

عرفان ستار آگے چل کر اس عادت اور بوریت کو کچھ اس رنگ سے بیاں کرتے ہیں

یہاں تکرار ساعت کے سوا کیا رہ گیا ہے
مسلسل ایک حالت کے سوا کیا رہ گیا ہے
بہت ممکن ہے کچھ دن میں ہم اسے ترک کر دیں
تمہارا قرب عادت کے سوا کیا رہ گیا ہے

اگلے باب میں ڈاکٹر سہیل اشفاق حسین سے اپنی دوستی کا تذکرہ کرتے ہیں اور اس دوستی کے اتار چڑھاؤ بڑے واضح انداز میں بیان کرتے ہیں۔ مزید اس شاہکار کتاب کی ورق گردانی کرتے ہوئے آپ کے سامنے ڈاکٹر سہیل اور ظہیر انور کے درمیان خطوط کی صورت میں تبادلہ خیال کا ایک بالکل ہی الگ انداز سامنے آئے گا۔ یہ خطوط ایک ادبی فن پارہ ہیں جس میں دو ادیب دوست ایسے گفتگو کرتے ہیں جیسے وہ صدیوں سے ایک دوسرے کو جانتے ہوں۔ کتاب کے اگلے حصے میں ڈاکٹر سہیل ایک اینگرینگ مین اور کتاب (پاپ بیتی) کے مصنف ساقی فاروقی سے کرواتے ہیں۔ پاپ بیتی کے حوالہ سے ڈاکٹر سہیل اپنے تاثرات کا کچھ اس طرح سے اظہار کرتے ہیں

"وہ اردو الفاظ کے ساتھ ہم بستری کرتا ہے اور اعلیٰ ادب تخلیق کرتا ہے اس نے اپنی پاپ بیتی میں اردو زبان کا تخلیقی استعمال کیا ہے اور اردو ادب کو نئے الفاظ اور جملے تحفے کے طور پر دیئے ہیں"

اس کے بعد ساقی کے بے باک پن کا اندازہ آپ اس شعر سے لگا سکتے ہیں

اسی نے چہرے کو تنویر میرے بخشی ہے
اسی نے چاند میری روح میں اتارا ہے
میں اعتماد کا پیکر بنا تو جان گیا
مرے گناہ نے کتنا مجھے سنوارا ہے

اس کتاب کے اختتامی ابواب بڑی دلچسپی کے حامل ہیں۔ یہ ایک ماڈرن درویشیعنی ڈاکٹر سہیل کے سفر ناموں کی روئیداد ہے۔ یہ درویش ان سفر ناموں میں کبھی ترکی کیپاترا کرتے ہوئے پایا جاتا ہے تو کبھیبونان میں ایتھنز کی دیوی سے مکالمہ کرتے ہوئے پایا جاتا ہے۔ کبھییو گوسلاویہ میں گھومتا ہوا پایا جاتا ہے تو کبھی اسرائیل اور مسجد اقصیٰ کے قریب پایا جاتا ہے

اس درویش کی نظر میں اسرائیل جو ایک ملک نہیں بلکہ مشرق وسطیٰ کے تضادات کی معراج بھی ہے۔ اس تضاد کو وہ تین سپاہیوں کے روپ میں دکھانے کی کوشش کرتے ہیں۔ ڈاکٹر سہیل لکھتے ہیں کہ شہر یروشلم کے تین کونوں میں بیک وقت تین سپاہی بندوقوں سے لیس عبادت میں مصروف تھے۔ یہودی سپاہی: "اے موسیٰ کے خدا! میں تیرا شکر گزار ہوں کہ یہودی پیدا ہوا۔ میری زندگی کا مقصد تیرے فرمان پر عمل کرنا اور تیرے کلام کا بول بالا کرنا ہے۔ اے خدا تو مجھے اتنی ہمت دے کہ میں عیسائی اور مسلمان سپاہیوں کا ڈٹ کر مقابلہ کروں اور ان کے سر قلم کر دوں۔ یہ شہر پانچ ہزار سالوں کی میراث ہے"

عیسائی سپاہی: "اے عیسیٰ کے خدا! میں تیرا ممنون ہوں کہ تونے ہمیں اپنا بیٹا دے کر نوازا۔ ہم اس پر ایمان لا کر اپنے گناہوں کا کفارہ ادا کرتے ہیں۔ اے خدا مجھے اتنا حوصلہ دے کہ میں یہودی اور مسلمان سپاہیوں کو موت کے گھاٹ اتار دوں"

مسلمان سپاہی: "اے محمد کے خدا! میں کتنا خوش قسمت ہوں کہ امت محمدیہ میں پیدا ہوا۔ میرے لئے یہ باعث فخر ہے کہ میں اس جگہ رہتا ہوں جہاں حضرت محمد شبِ معراج میں تجھ سے ملنے گئے تھے۔ اے خدا مجھے اتنی طاقت دے کہ میں یہودی اور عیسائی سپاہیوں کو یہاں سے مار بھگاؤں اور نیست ونابود کر دوں"

ان تضادات کو ڈاکٹر سہیل مزید واضح انداز میں ایک نظم کی صورت میں پیش کرنے کی کوشش کرتے ہیں

ابراہیم کا شہر کہ جس کی
بنیادوں کا محکم کرنے
امن نے مٹی، عشق نے گارا
قربانی نے پتھر ڈالے
ابراہیم کا شہر کہ جس کی
دیواروں کو اونچا کرنے
موسیٰ، عیسیٰ اور محمد
اپنی اپنی امت لائے
ابراہیم کا شہر کے جس کے
میناروں کا حسن بڑھانے
فنکاروں نے برسوں مل کر
کیسے کیسے نقش بنائے
آج جو میں اس شہر سے گزرا

ایک عجب ہی منظر دیکھا

بنیادوں کو خون اگلتے

دیواروں کو گریہ کرتے

میناروں کو آہیں بھرتے

ہمسایوں کو لڑتے دیکھا

انسان کو مرتے دیکھا

درد کی ایک گہری لہر کو ڈاکٹر سہیل نے ان چند لائنوں میں سمو دیا۔ یہ کتاب پڑھنے سے تعلق رکھتی ہے۔ یہ کتاب سچ کی تفسیر ہے۔ ڈاکٹر خالد سہیل نے اپنے حصے کے سچ کو بغیر کسی پر اسراریت کا جالا بنے، جو انہوں نے سمجھا، جانا اور محسوس کیا بالکل اسی طرح پیش کر دیا۔ اس کتاب میں ایسے سچ بھی موجود ہیں جنھیں ہضم کرنا شاید ہمارے مشرقی معاشرے کے لئے آسان نہ ہو کیونکہ ہمارے معاشرے میں انسان کو یا تو بھگوان بنا کے پیش کیا جاتا ہے یا شیطان۔ انتہاؤں کو چھوتے اس بے ترتیب معاشرے میں انسان کو انسان کے طور پر سمجھا اور جانا نہیں جاتا۔ اس کتاب کی سب سے بڑی خوبییہ ہے کہ یہ پڑھنے والے کو ذہنی دیانتداری برتنے پر اکساتی ہے۔

ڈاکٹر سہیل کی سوانح حیات THE SEEKER

صادقہ نصیر

ڈاکٹر سہیل ایک ایسی قد آور شخصیت ہیں جن کی کسی تحریر ' کتاب یا تخلیق پر اپنی رائے کا اظہار کرنا اسی طرح مہم اتی کرشمہ ہے جس طرح ان کی تحریریں، کتب، اور دیگر تخلیقات بذات خود تخلیقی مہماتی کرشمے ہیں۔ اسی طرح ان کے منفرد انداز تحریر پر رائے لکھنا بھی ایک انوکھا تجرباتی اور تخلیقی عمل ہے جس کا احساس مجھے ان کی سوانح عمری۔۔۔۔ دی سیکر۔۔۔۔ پر تبصرہ لکھنے کے شرف سے حاصل ہوا۔

کتاب پڑھنے سے خیال پیدا ہوا کہ اگر ڈاکٹر سہیل کو اپنی سوانح حیات کو اتنے انوکھے انداز سے لکھنے کا حق حاصل ہے اور وہ اپنا نوکھی تخلیق پیدا کرنے کے ذریعے کسی بھی قاری کو ورطہ حیرت میں ڈال دیتے ہیں تو اس منفرد کتاب کے پڑھنے والے کو بھی حق ہے کہ وہ انوکھے انداز سے تبصرہ کر سکے۔

'دی سیکر' اگرچہ بہت آسان اور رواں انداز میں انگریزی زبان میں لکھی گئی ہے لیکن میں نے اردو زبان میں اس پر رائے دینے کو ترجیح دی ہے۔

میں خود عرصۂ دراز سے اس طرح کی کتاب اور اس کتاب میں انوکھے انداز سے پیش کئے جانے والے علوم کے سمندر کی تلاش میں تھی۔ میرے اپنے تجربات، مشاہدات اور علم کی کمی سے مجھے وہ اعتماد نہیں مل رہا تھا جو مجھے ڈاکٹر سہیل کی زندگی کے اس عظیم الشان کیلنڈر سے ملا جو معجزاتی طور پر میری جھولی میں آ گرا۔

کتاب کا ناظرہ مکمل کیا تو بے اختیار منہ سے نکلا کہ اس کتاب کا مصنف کوئی جن ہے جس نے صرف 147 صفحات پر مشتمل اس کتاب میں اپنی ہی نہیں بلکہ تمام متلاشیوں خاص طور پر سچ کے متلاشی، علم و حکمت کے متلاشی، آگہی کا ذوق رکھنے والے اور سب سے بڑھ کر انسان اور انسانیت کا کھوج لگانے والے تمام لوگوں کے اجتماعی قصۂ تلاش کو پر کیف اور انوکھے انداز میں بیان کر کے کوزے میں دریا کو بند نہیں کیا بلکہ اس دریا کے بہنے اور متلاشیوں کے سیراب ہونے کے راستوں کو مزید وا کر دیا ہے۔

اور کون ہے جو اس کتاب کو ایک بار پڑھ کر شیلف میں ہمیشہ کے لئے سجا کر رکھ دے۔ اور علم و فکر اور تخلیق کے گہرے پانیوں میں کئی بار غوطہ زنی پر آمادہ نہ ہو۔

اس کتاب کے مصنف ڈاکٹر سہیل یا تو خود ایک "جن" ہیں یا کوئی جن ان کے تابع اور دسترس میں ہے جس کی طاقت نے ڈاکٹر سہیل کو بیک وقت معالج، محقق، ماہر نفسیات، ادیب، شاعر اور تخلیق کار بنا دیا۔ اور اسی جن نے ان کے ایک اشارے پر علم، عرفان، نفسیات، فلسفہ، ادب اور تخلیق کے پہاڑوں کو اُن کے سامنے جھک کر ان کی ہتھیلی پر رکھ دیا اور ڈاکٹر سہیل نے بڑی فراخ دلی سے اس کو دوسرے متلاشیوں کو کتاب کی صورت میں تھما دیا یعنی فکر کے پہاڑ کو متعارف کرایا جس کو ہر متلاشی سر کرنا چاہے گا۔

سوانح عمری لکھنے کا یہ انداز اتنا منفرد اور انوکھا ہے جو میری نظر سے پہلے کبھی نہیں گزرا۔

اس کو پڑھتے ہوئے یوں خیال گزرتا ہے کہ یہ مصنف اپنی ذات کی سچائی اور آگہی کی تلاش میں اس طرح نکلتا، چلتا اور مہمات کرتا ہے جیسے دیومالائی کہانیوں کا شہزادہ اپنی اس شہزادی کی تلاش میں نکلتا ہے جسے کوئی دیو اٹھا کر لے جاتا ہے اور کسی طلسماتی محل میں قید کر لیتا ہے۔ اور پھر شہزادہ اپنی شہزادی کو دیو کی قید سے چھڑانے کے لئے میلوں کی مسافت کے بعد اس طلسماتی محل میں پہنچتا ہے جہاں شہزادی قید ہے۔ شہزادہ پنجرے میں بند اس طوطے کی گردن دباتا ہے اور دیو کو مار کر شہزادی کو آزاد کروا لیتا ہے اور شادی کر کے ہمیشہ کے لئے ہنسی خوشی رہنے لگتا ہے۔

مصنف کے اس قصہ عشق میں شہزادی مصنف کی منظور نظر "سچائی" ہے، دیو روایاتکیسر زمینیعنیلینڈ آف ٹریڈیشن اور طلسماتی محل آزاد زمینیعنیلینڈ آف فریڈم ہے

مصنف کییہ سوانح حیاتنثر میں ہےلیکنتاثیر میں "غزل" ہے جس کو بڑے دلربا انداز سے لکھا گیا ہے۔ آج تککسیبھی سوانح عمریمیں غزلیہ دلربائی نہیں دیکھیگئی۔ ڈاکٹر خالد سہیلکییہسوانحیتحریر رومانوی غزل کا پرتو لئے ہوئے ہے جس میں منفرد اصطلاحات کو اشارے کنائے میں چھپتے چھپاتے بغیر کسیحقیقینام، کردار اور حوالے کے واقعات اور تجربات کے ساتھنظریاتکو بیانکیا گیا ہے۔ مصنف نے محبوب، عشق اور رقیبکا ذکر بھیاشاروں کنایوں میں کیا ہے گرچہ ہر چیز بڑی ادا کے ساتھجلوہ گر بھی نظر آتیہے۔

علمی لحاظ سے یہکتاب بہتسےمشکلمضامینکو چھیڑتیہے لیکنہنایتاختصار کے ساتھکہ جس کیوجہسے قاریکیعلمیتشنگیبڑھتی اور گھٹتیہے لیکن خضر کی صورت میں مصنف حقیقیرہنما کا کردار ادا کرتا نظر آتا ہے۔ وہجب روایاتکی سرزمینسے نکلطلسماتی محل یعنیآزادی کی سرزمینپر پہنچتا ہے تو سیر بین نظر آنے کے ساتھرہنما بھی بنتا ہوا نظر آتا ہے۔ وہاپنے قاریکیانگلیتھامکر علم اور سچائی کی تلاش میں طلسماتی محل کے ہر دروازے کو اپنے ہاتھوں سے خود کھولکر محل کے حصوں کیسیر کراتا ہے اور اگلادروازہ کھلنے سے پہلے بتا دیتا ہے کہکیسے کھولنا ہے اور وہاں کیا ہوگا اور یوں خضر آسانیاں پیدا کرتا ہے درحقیقتانسانوں کےلیئے آسانیاں انسان دوستہیپیدا کرتے ہیں اسطرحسچائی کے متلاشی انسان علم آگہی اور سچائی کے متلاشیلوگمتوحش نہیں ہونے پاتے بلکہسرشار کیکیفیتسے گزرتے ہوئے تلاش کے برزخ سے آسانیسے گزرتے جاتے ہیں۔ یہکہنا بےجانہ ہوگا کہ خضر سچائی اور علم کے متلاشیوں کے سامنے سچائی اور علم کے طشت کو رکھنے والا جن ہے۔ یہ جن دراصل مصنف کے اندر موجود سچائی کی لگن، جذبہ اور گہرا انہماک ہے۔

سائنس، نفسیات، ادب اور روحانیتکے حسین امتزاج سے مزینیہکتاب ہر متلاشی انسانکو پاتال، ٹوٹپھوٹ، ناکامی، انتشار اور بریکڈاؤنسے نکالکر اچانکمعجزاتیکامیابی اور بریکتھروسے روشناس کراتیہے۔

لگتا ہے مصنفنے آگہی اور آگاہیکو لازم و ملزوم بنا دیا ہے۔ آگہییعنی باطن کیکھوجسے ہیمطلق سچائی ملتیہے مصنف بتاتا ہے کہیہکھوج صرف گہریحکمت 'دانائی اور تخلیقکے کربسے ہی حاصل ہوتیہے

اس کتابکا ایکجملہبہتبڑا پیغام ہے

"Knowledge is arrogant and wisdom is Humble"

علم مغرور اور دانائی ہمیشہ عاجز ہوتیہے۔

یہکہتے ہوئے مصنف کے اندر چھپا ہوا صوفی اور درویش نظر آتا ہے جو پیغام دیتا ہے کہ "اپنے من میں ڈوب کر پا جا سراغ زندگی"

یہ باطن ہیروشنیدیتا ہے جس روشنیمیں کائناتکے بلند و پست نظر آتے ہیں۔

اس کتابمیں ہولسٹکاپروچ امن، یگانگت اور اتحاد کا استعارہ ہے جس میں تمام انسان مل کر ذہنی، جسمانی اور روحانیصحت کے ان پہلوؤں پر کام کریں جن کو سدھار کر فرد اور معاشرے کیاجتماعیذہنی، روحانی اور جسمانیبیماریوں کا علاجکیا جاسکے اور انفرادی اور اجتماعیٹوٹپھوٹ، انتشار، بدامنی اور مایوسیکامیابیکے معجزوں اور بریکتھرو میں بدل جائیں۔

اس کتابمیں مصنف خضر کے نام سے صرف لفظیر ہنمائی نہیں کرتا بلکہکسیکٹیا میں اس نے کوئی منزل کلینکے نام سے بھی سجار کھیے جہاں ذھنی اور روحانینا آسودہانسانوں کیمسیحائی بھی کیجاتیہے یوں خضر شب بھریں بنادیجانے والیعبادتگاہوں کاخطیبنہیں بلکہعملی طور پر مرھمکشائی کرنے والا ہیلر اور مسیحا بھیہے جو نماز انسانیتکا قائل ہے۔

لاہور کا سقراط

صادقہ نصیر

کتاب ہمیشہ مستطیل ہوتی ہے۔ اور زیر تبصرہ کتاب "لاہور کا سقراط" بھی اپنی طبعی حالت میں شکلا مستطیل ہی ہے۔ لیکن در حقیقت یہ ایک تکونی کتاب ہے کہ اس کے مصنف تین ہیں اور کچھ یوں بھی تکون بناتی کتاب ہے کہ دو کردار ایک تیسرے کردار کی شخصیت کی کھوج میں دامن تھامنے اور اسے پکڑنے کی جستجو میں سرگرداں ہو کر تکون بناتے ہیں اور ایک منفرد اور عجیب تخلیق سامنے لاتے ہیں۔ ڈاکٹر خالد سہیل کی معیت میں کسی منفرد اور انوکھے پن کا وجود میں آنا کوئی عجیب بات نہیں۔ دوسرا انوکھا پن یہ ہے کہ یہ کتاب بھی دوسری تخلیقات کی طرح ادبی محبت ناموں پر مشتمل ہے جو کہ گئے وقتوں کی قلمی دوستی کی یاد دلاتی ہے۔۔

اس کتاب کا فارمیٹ کچھ یوں ہے کہ عظمٰی عزیز نے جب ڈاکٹر خالد سہیل سے اپنے پچاس سال قبل بچھڑنے والے والد ڈاکٹر عزیز الحق کا ذکر کیا تو ڈاکٹر خالد سہیل انہیں ڈھونڈنے نکلے تو لاہور کے سقراط کے روپ میں ان کی بیٹی عظمٰی کے سامنے انہیں لا کھڑا کر دیا۔ جس سے عظمٰی عزیز نہ صرف حیران ہوتی ہیں بلکہ فخر مند بھی کیوں کہ ان کو معلوم ہوا کہ وہ جس باپ کی بیٹی ہیں وہ معمولی نہیں بلکہ ایک فکر و عمل رکھنے والا پاکستانی دانشور ہے جو اعلیٰ تعلیم کے لئے کینیڈا کے صوبے برٹش کولمبیا میں قیام کرتا ہے اور جب وطن لوٹتا ہے تو عظمٰی جو اس وقت محض پانچ سال کی بچی تھیں کی آنکھوں کے سامنے ان کے والد قتل کر دیا جاتا ہے اور عظمٰی اس سانحے کو دل اور دماغ میں کربناک واقعے کی طرح لئے پھرتی رہیں اور اپنا دکھ جو ایک ٹراما تھا کسی سے شئیر بھی نہ کر سکیں۔ لیکن ڈاکٹر سہیل مسیحا کی طرح آگے بڑھتے ہیں اور عظمٰی کو ان کے والد سے نئے سرے سے متعارف کراتے ہیں جو نصف صدی قبل عظمٰی سے بچھڑ چکے تھے اور شاید عظمٰی کے لاشعور میں کہیں چھپ کر رہ گئے تھے۔ عظمٰی نے ڈاکٹر خالد سہیل کو ادبی خطوط کے ذریعہ بتایا کہ ان کے والد نے کچھ مقالات اپنی زندگی میں لکھے تھے۔ جب ڈاکٹر خالد سہیل نے عظمٰی کے والد ڈاکٹر عزیز الحق کے مضامین اور مقالہ جات کا مطالعہ کیا تو انھیں عزیز الحق کی ذات میں چھپا سقراط نظر آیا جس نے اپنی سچائیوں کی خاطر زہر پی کر جان دے ڈالی۔

ڈاکٹر خالد سہیل نے ان مضامین کا اردو ترجمہ کر کے ایک کتاب اس طرح لکھی کہ جو اپنی نوعیت میں تکونی حیثیت رکھتی ہے اور جس کے تین لکھاری ہیں۔ ڈاکٹر عزیز الحق، عظمٰی عزیز اور ڈاکٹر خالد سہیل۔ یا یوں کہنا بے جا نہ ہوگا کہ یہ کتاب تین مرحلوں سے گزرتی ہے

پہلا مرحلہ عزیز الحق کے لکھے مضامین

دوسرا مرحلہ جس میں عظمٰی ڈاکٹر خالد سہیل ان مضامین کا ذکر اپنے خطوط میں کرتے ہوئے کہتی ہیں کہ یہ مضامین اپنی نوعیت میں اس قدر مشکل ہیں کہ وہ ان کو اور انہیں تحریر کرنے والے باپ کو بھی نہیں سمجھ سکیں

تیسرا مرحلہ جس میں ڈاکٹر خالد سہیل ان مشکل مضامین کی وضاحت کر کے عظمٰی کے لئے آسانی پیدا کرتے ہیں اور وہ اپنے والد پر فخر کرتی ہیں اور انہیں دوبارہ زندہ دیکھتی ہیں۔ اور یہی وہ مرحلہ ہے کہ ڈاکٹر خالد سہیل پاکستانی فلسفی کو متعارف کراتے ہوئے فلسفے، ادب اور نفسیات کے باہمی تعلق پر مبنی ایک کتاب کے خالق بنتے ہیں اور عزیز الحق کے گہرے، مشکل اور پیچیدہ مضامین کا اس طرح ترجمہ کرتے ہیں کہ یہ کتاب ہر خاص و عام کو نہ صرف ڈاکٹر عزیز الحق کو لاہور کا سقراط ماننے اور تسلیم کرنے پر مجبور کرتی نظر آتی ہے وہیں ڈاکٹر خالد سہیل کی علمی کاوش کو سراہنے پر بھی قائل کرتی نظر آتی ہے۔

ڈاکٹر خالد سہیل ڈاکٹر عزیز الحق کی شخصیت، ان کے مرغوب فلسفہ ہائے زندگی اور ان پر اثر انداز ہونے والے فلسفیوں کا تعارف بھی پیش کرتے ہیں۔ وہ لکھتے ہیں،

""ترقی پسند نظریات کے حامی ہوتے ہوئے بھی وہ رابعہ بصری اور حسن بصری سے متاثر ہیں گویا کہ وہ صوفی بھی ہیں۔

ڈاکٹر عزیز الحق کے مضامین میں جن موضوعات کا احاطہ کیا گیا ہے ان میں پاکستان کا فرسودہ نظام تعلیم، پاکستانی معاشرے کے اجتماعی خواص, آزاد خیالی اور خیال سے آزادی کا فرق شامل ہیں۔ ژونگ سے متاثر ہو کر وہ خواب، شاعری اور آرکی ٹائپ یعنی اجتماعی لاشعور کی بات بھی کرتے ہیں۔ ڈاکٹر عزیز الحق بتاتے ہیں کہ زبان اور گفتگو میں ہماری زندگی کا راز مضمر ہے کہ اس کے ذریعہ ہی مکالمہ تشکیل پاتا ھے اور مکالمے کے ذریعہ ہی انسان مہ کامل بنتا ہے۔

آرٹ کی مختلف تحریکوں کا جب تذکرہ ملتا ہے تو اس کتاب سے یہ نقطہ واضح ہوتا ہے کہ شخصیت، ذات اور ادب کا آپس میں گہرا تعلق ھے۔ ادب میں ماضی سے بے تعلقی شخصیت کو کھوکھلا کر دیتی ہے اور فکر فرد اسے پہلو تہی ترقی کے راستے معدوم کر دیتی ہے۔

فلسفے سے متاثر ہونے کے باوجود ڈاکٹر عزیز الحق فلسفیوں کے دوغلے پن اور قول و فعل کے تضاد سے بھی نالاں ہیں۔ اور دانشوری کے فراڈوں پر بھی نظر ہے۔

اہم نقطہ یہ ہے کہ عزیز الحق کی نظر میں اجتماعی لاشعور کو اگر احسن طریق سے آزاد رکھا جائے تو ایک صحتمند ذھنی معاشرہ اور تہذیب وجود میں آتی ہے

مختصر یہ کہ یہ تکون کتاب ادب، فلسفے، نفسیات اور اجتماعی لاشعور کو سمجھنے کے لئے ایک آسان خلاصۂ علمی ہے۔

اس تکونی کتاب کے تینوں کرداروں اور مصنفوں کو خراج تحسین۔"

لاہور کا سقراط

دعا عظیمی

لاہور کا سقراط۔۔۔ڈاکٹر خالد سہیل اور محترمہ عظمیٰ عزیز صاحبہ کی کتاب ہے. جدید طرز کے خطوط اور کتاب کے ہیرو کے ادبی اور فلسفیانہ کالمز اس میں شامل ہیں.

دو سو چودہ صفحات پر مشتمل ظہیر کاشمیری صاحب کے ایک کالم کے عنوان سے اخذ کردہ نام والی کتاب پڑھتے محسوس ہوا جیسے سفر الٹا چل نکلا ہو. کتاب پڑھتے سمے میرے ہاتھ میں بھی سچ کی پاداش میں زہر کا پیالہ ہو.

کردار کہانی سے نکل کر اس لمحے میں داخل ہو گیا جب وہ زندہ تھا.

میں نے کبھی کسی کا پوسٹ مارٹم ہوتے نہیں دیکھا. میں نے کبھی ڈر پیدا کرنے والی فلم دیکھنے کا تصور نہیں کیا. میں نے کبھی کوئی انقلاب لانے والے نظریہ کی کتاب نہیں پڑھی. میرے دل میں سرخوں سے تعلق رکھنا خطرے کا سبب ہے. میں مردوں اور عورتوں کی دوستی کی قائل نہیں کیونکہ مجھے غیرت کے سبب قتل ہونے سے بہت ڈر لگتا ہے. مجھے سنگسار ہونے کا خوف ہے. میرے ذہن پر وہ سارے پوسٹر تازہ ہیں جو ضیا الحق کے دور میں دکانوں کی دیواروں پر چسپاں ہوتے تھے. اس سے پہلے میں نے کبھی ادبی دانشور کو انقلابی دانشور کے کردار میں ڈھلنے کی کوئی کہانی نہیں پڑھی.

مجھے بہادر ہونے سے ڈر لگتا ہے, سچ بولنے سے ڈر کیونکہ میرے لاشعور میں سچ کو زہر کے پیالے سے محبت کو سنگسار ہونے سے, آشنائی کو بے حیائی سے جوڑ دیا گیا. میں عملی طور پر محبت کے لیے بانجھ سرزمین پر پلی بڑھی.

مجھے اس بات سے بھی ڈر لگتا ہے کہ میں مذہبی کتابیں پڑھوں کیونکہ میرے والد مرحوم کو اندیشہ تھا کہ زیادہ مذہبی رجحان رکھنے والے ذہنی توازن کھو دیتے ہیں. وہ یہ بھی پسند نہیں کرتے تھے کہ میں کارل مارکس کو پڑھوں وہ مجھے یا میرے بھائی کو انقلابی ہوتے نہیں دیکھنا چاہتے تھے, وہ نہیں چاہتے تھے کہ میں مغربی فلسفیوں سے متاثر ہو کر مکمل طور پر دہریہ بن جاؤں انہیں شدت پسندی سے ڈر لگتا تھا. وہ مجھے مثبت روائتی کردار میں ڈھلا ہوا ایک انسان دیکھنا چاہتے تھے.

جب دانشور عزیز الحق نے اپنے ابا کی بے بسی کی تصویر دکھائی جب وہ رات گئے گھر لوٹتے تو مجھے ایسے لگا جیسے وہ میرے بابا ہوں جن کا بیٹا ان کی بات نہ سن رہا ہو جو اپنے بیٹے کو مغرب کے بعد باہر نہیں دیکھنا چاہتے تھے.

مجھے ڈر تھا کہ آج عزیز الحق کی زبانی فلسفے پڑھتے وہ مجھے دیکھ نہ لیں میں نے بار بار ادھر ادھر جھانکا اور خود کا مزاق اڑایا بھلا مرے ہوئے انسان باہر آ سکتے ہیں تاوقتیکہ انہیں ڈاکٹر خالد سہیل جیسا کوئی مسیحا قبر کشائی کر کے زندہ نہ کر دے.

میں نے ڈاکٹر عزیز الحق صاحب کے الفاظ میں دھڑکتے افکار کو زندگی میں ڈھلتے دیکھا تو یقین آ گیا کہ زندگی اور موت خدا کے ہاتھ میں ہے وہ جب چاہے کسی کو زندہ کر دے. ان کا کالم جس میں وہ اپنا تعارف کراتے ہیں ادبی شہ پارہ ہے.

الفاظ بارے ان کی باتیں پڑھ کر عجیب سا اطمینان محسوس ہوا. ادب کے بارے میں آپ لکھتے ہیں

"ادب جذبات و احساسات کا اظہار ہے"

لاہور کا سقراط کا دوسرا حصہ ان کے ادبی کالموں پر مشتمل ہے اپنے کالم میں فرماتے ہیں

"ہم بنی نوع انسان ایک مشترکہ محسوساتی، موجوداتی کائنات میں رہتے بستے ہیں۔"

محترمہ عظمیٰ عزیز نے ڈاکٹر خالد سہیل کی سنگت میں اپنے والد سے بعد از مرگ قربت حاصل کی مجھے لگا میں بھی انگلی تھام کے ساتھ ساتھ ہوں میری روح کبھی عظمیٰ میں حلول ہوئی کبھی ان کے چاچا میں تو کبھی رابعہ سنبل کے کردار کو سمجھنے میں تو کبھی سعید بن کر حسد کی آگ میں جل کر خاکستر ہوئی۔ کبھی جمیلہ صاحبہ کی طرح روشن خیال بنی مگر بیوگی کا کرب سہا... بہت دیر تلک ان کے بھائی بادشاہ کی طرح دیوانگی میں لبرٹی چوک میں سپاہی کے گلے لگ کے روتی رہی۔ آنکھوں سامنے دو قتل کا سانحہ سہنا آسان تھوڑی ہوتا ہے جب سارے سچ گدلے ہو جائیں۔

کبھی ڈاکٹر سہیل کی انسان دوستی اور مسیحائی کے طریقے پر سوال اٹھائے۔ کیا ڈاکٹر خالد سہیل نے عزیز الحق صاحب کی شخصیت جو کہ ایک انقلابی دانشور تھے میں خود کو دیکھا، ان کو محسوس ہوا کہ وہ بھی ایسے ہی تاریک راہوں میں مارے جاسکتے تھے۔ شاید بہت بار انہوں نے سوچا کہ اگر ان کے پیارے چچا عبدالمتین صاحب نے ان۔ کی راہنمائی نہ فرمائی ہوتی تو وہ زیست کو کہیں ہار چکے ہوتے۔

گو یہ سب اضافی باتیں ہیں۔ میں ایک عورت جس کا کوئی تعلق کسی کردار سے نہیں آخر کیوں لاہور میں رہتے ہوئے انقلابیوں دانشوروں فلسفیوں اور نفسیات دانوں ادیبوں کے لیے نرم گوشہ رکھتی ہوں۔

سارتر جیسے فلسفیوں سے میرا کیا لینا دینا۔ عظمیٰ عزیز کی طرح میرا ایمان تو پکا ہے، زندگی اور موت خدا کے ہاتھ میں ہے وہ جب چاہتا ہے اپنے بندوں کو عزت دیتا ہے۔

ایسے محسوس ہوا ناحق قتل ہو جانے والے صوفی کی معصوم موت کا ازالہ ہو گیا۔

میں نے انیس سو ساٹھ اور ستر میں جا کر ڈاکٹر عزیز الحق کے نظریات میں انسان دوستی، شعور کو جانچا پرکھا۔ آزاد خیالی پر ان کی دقیق معلومات کا مطالعہ کیا خواب اور شاعری میں کیا فرق ہے مجھے معلوم۔ پڑا۔ جنگ عظیم دوئم کے بعد دنیا میں کیا ہو رہا تھا سب پڑھا۔ سیاسی نظریات اور تحریکوں کے بارے میں معلومات حاصل کیں۔ سیاست کے اتار چڑھاؤ۔ پاکستان میں ترقی معکوس کی تاریخ جانی۔

ڈاکٹر عزیز الحق فرماتے ہیں۔

سائنس اور ادب شعورِ ذہن کی عظیم تخلیقات ہیں۔

مرد اور عورت کے بیچ کس طرح کا عزت اور احترام مساوات کا رشتہ ہونا چاہیے۔ لاہور کا سقراط ساری باتیں سچ کہتا تھا زہر کا پیالہ تو اسے پینا تھا۔

میں تو پہلے سے کہتی ہوں عظمیٰ عزیز یہ ڈاکٹر نفسیات کا ڈاکٹر نہیں بلکہ قبروں پہ لگے کتبوں پر لکھے ناموں پر پڑی دھول مٹی اور گرد صاف کرنے والا گورستان کا کارندہ ہے۔ وہ مرے ہوئے لوگ بعض اوقات اجسام میں دفن ہوتے ہیں اور بعض اوقات مقبروں میں یہ ہر دور کے زخموں پر مرہم رکھتے ہیں۔

خدا ان کو اور سارے دانشوروں مسیحاؤں اور انقلابیوں کو اپنے امان میں رکھے چاہے وہ وجودیت پر یقین رکھیں چاہے روحانیت پر آخر دنیا میں اپنا سچ کہنے کی آزادی تو ہر ایک کو ہونی چاہیے۔ کب تک سقراط کی سنت چلتی رہے گی۔ سچ کہنے والے کو کربلا کا سفر کیوں کرنا ہوتا ہے۔ کچھ لوگ زمان و مکان سے آگے کیوں نکل جاتے ہیں۔

دی سیکر پر تبصرہ

عشرت پوپل

داسیکر ڈاکٹر خالد سہیل کی زندگی کی کہانی ہے۔ آپ بیتی ہے. یہ ایک سفر نامہ ہے سچ کی تلاش کا. جب انہوں نے کہا کہ آپ اس کا review لکھیں تو میں سوچ میں پڑ گئی۔ مجھے لکھنا نہیں آتا. کتاب کے بارے میں لکھنا تو اور بھی مشکل ہے مگر کچھ تو لکھنا تھا۔ میں نے سوچا میں وہ لکھتی ہوں جو کتاب پڑھ کر مجھے سمجھ میں آیا یا جو

میں نے محسوس کیا۔ seeker کا اردو میں ترجمہ ہو سکتا ہے کھوجی, متلاشی, کچھ کھوجنے والا، کچھ ڈھونڈنے والا, سوال کرنے والا, ہم اسے مسافر بھی کہہ سکتے ہیں. اس کھوجی کو انھوں نے خضر کا نام دیا ہے۔ خضر کا کام دوسروں کو راستہ دکھانا ہے۔

کتاب کی زبان بہت سادہ اور آسان ہے جو ہم جیسوں کی بھی سمجھ میں آجائے۔ کتاب مختصر ہے۔۔۔ بہت مختصر۔ مگر سفر طویل ہے۔۔۔ بہت طویل۔ کیونکہ سفر بیرونی بھی ہے اور اپنی زات کے اندر بھی۔ سچ کی تلاش کا سفر باہر کم اندر زیادہ ہوتا ہے کیونکہ سچ ہمارے اندر ہی کہیں ہوتا ہے۔ ایسے سفر ہمیشہ طویل ہوتے ہیں۔ لمحوں میں صدیوں کی مسافت طے ہو جاتی ہے اور کبھی سالوں میں کچھ قدم ہی طے ہوتے ہیں۔ دونوں صورتوں میں سفر تھکا دینے والا ہے۔

کتاب کے ابواب کو encounters کا نام دیا ہے۔

کتاب کا تعارف بہت دلچسپ ہے۔

ہم میں سے کتنے لوگ ہیں جو اس ایک ہی منزل پر ساری زندگی گزار دیتے ہیں جس کا ذکر خضر نے کیا ہے۔ بہت کم ہیں جو آگے بڑھ کر اس دروازے کو کھولتے ہیں۔ کیا یہ دروازہ ہر انسان کی زندگی میں موجود ہوتا ہے یا صرف ان کی زندگی میں جو اسے کھولنے کی ہمت کرتے ہیں جبکہ یہ بند بھی نہیں ہوتا۔ دروازے کے اندر تو ایک جادو نگری ہے۔ جو اندر قدم رکھ دیتا ہے وہ اکثر واپس نہیں آتا۔ کہیں گم ہو جاتا ہے مگر خضر واپس آیا تا کہ دوسروں کو بھی اس دروازے کا پتہ دے سکے۔ اس دروازے کو کھولا تو خضر کی خود سے ملاقات ہوئی اور اس نے اپنی ذات کے ان گوشوں میں جھانکا جو نظروں سے اوجھل تھے۔ کبھی وہ اپنی ذات کے اندر بہت گہرائی مین اترا اور کبھی اپنی ہی زات کی بلندی کا مشاہدہ کیا۔ اپنی زات میں گہرا اترنے کے بعد ہی انسان اپنی زات سے اوپر اٹھ سکتا ہے۔ اپنی کتھا لکھنے کے دوران خضر پر مختلف کیفیات گزریں۔ کبھی خوشی، شادمانی، جوش ولولہ، کبھی گہری اداسی حزن وملال۔ کبھی بے معنویت اور گہرے خلاء کا احساس۔

میں ایسے جمگھٹے میں کھو گیا ہوں
جہاں میرے سوا کوئی نہیں ہے

اس راستے پر چلنے والوں کو اس سب سے گزرنا ہی پڑتا ہے۔ بارہا خضر اس دوراہے پر آکھڑا ہوا کہ سفر جاری رکھا جائے یا نہیں؟ کہیں یہ ساری تگ و دو لا حاصل تو نہیں؟ کبھی وہ سچ تک پہنچ پائے گا؟ وہ سچ جس کو اس کا دل سچ مان لے۔ جو اگر مگر کے بغیر ہو۔

سچ کی تلاش میں چلنے والوں کو اکیلا ہی چلنا پڑتا ہے۔ اس راستے پر نہ تو کوئی انگلی پکڑ کر چلاتا ہے اور نہ کوئی خوشخبری دیتا ہے۔ کوئی ذمہ داری نہیں اٹھاتا۔ اپنی ذمہ داری خود لینی پڑتی ہے۔ یہ باتیں ہر کسی کے لیے معنی نہیں رکھتیں جو اپنے دائرے میں قید ہیں۔ اس سے باہر دیکھ نہیں سکتے یا دیکھنا نہیں چاہتے ان کے لئے یہ ساری واردات بے معنی ہے۔ لیکن جو لوگ سوچتے ہیں، سوال اٹھاتے ہیں۔ ان کے لیے یہ کتاب مددگار ثابت ہو سکتی ہے۔ دھند کے اس پار پر نظر کچھ نہیں آتا محض ہمارے اندازے ہیں یا سنی سنائی باتیں۔ واپس آکر کسی نے نہیں بتایا کہ اس کے ساتھ کیا معاملہ ہوا تو کیوں نا اس منظر کو روشن کیا جائے جو ہمارے سامنے ہے اور جس میں ہم موجود ہیں۔ تو خضر اس منظر کو روشن کرنے کا کام کرتا ہے۔

خصر ہمیں بتاتا ہے کہ LAND OF TRADITION میں دریا کے کنارے سیر کرنا اس کا معمول تھا۔ ایک دن ایسی ہی چہل قدمی کے دوران خضر پر آگہی کا وہ لمحہ آیا جب اس پر انکشاف ہوا کہ اس کی زندگی اس کے اپنے ہاتھ میں ہے۔ وہ اپنی زندگی کے ساتھ جو چاہے کر سکتا ہے۔ بنائے یا بگاڑے۔ امکانات کی ایک پوری دنیا اس کے سامنے تھی۔ یہ وہ وقت تھا جب خضر کی زندگی کی سمت متعین ہو گئی اور اس نے اپنے اندر بیٹھے ہوئے دیوتا کو دریافت کر لیا۔ ہم میں سے ہر ایک کے اندر ایک دیوتا موجود ہے مگر ہم اسے دیکھ نہیں پاتے۔ خضر نے اس کو پہچان لیا۔ اب اس دیوتا کو activate ہی کرنا تھا جو بعد میں اس نے کیا۔

خضر کی ادبی زندگی کا آغاز زمانہ طالب علمی ہی میں ہو گیا تھا۔ شاعری کی۔ کہانیاں لکھیں۔ یہ ادبی سفر بھی ساتھ جاری رہا۔ اور بعد میں بہت سی کتابیں بھی لکھیں۔ منٹو کی زندگی اور تحریروں نے خضر کی زندگی پر دور رس اثرات مرتب کیے۔ منٹو منافق نہیں تھا اور خضر کو بھی سچ کی تلاش تھی۔ وہ اپنے شاعر چچا جن کو creativity کا نام دیا ہے ان سے بھی بہت متاثر تھا اور ان کے مشورے پر ہی دور دیس جا بسنے کا ارادہ کیا۔

مختلف رشتوں اور کرداروں کے نام لینے کے بجائے استعارے استعمال کئے ہیں۔ جیسے , religion, hope ,love hypocrisy,passion,friendship,mysticism، وغیرہ۔ ان سب کا خضر کی زندگی مین ایک خاص جگہ اور مقام ہے اور ہر ایک سے کچھ نہ کچھ سیکھا ہے۔

اپنی بہن friendship کی وجہ سے عورتوں کی عزت کرنی سیکھی۔ اپنی ماں religion کو دیکھ کر اندازہ ہوا کہ اندھا اعتقاد کیا ہوتا ہے۔ اپنے والد mysticism کو دیکھ کر پتہ چلا کہ جب عقائد اور حقائق کا ٹکراؤ ہوتا ہے تو انسان پر کیا گزرتی ہے۔ نانی جن کو wisdom کا نام دیا ہے ان کی دانائی بھری باتیں زندگی بھر ساتھ چلتی رہیں۔ love سے خضر نے یہ جانا کہ ایک محبت بھرے تعلق میں انسان کس طرح پنپتا ہے اور اس کی شخصیت نکھر کر سامنے آتی ہے۔ hypocrisy نے یہ سکھایا کہ قول و فعل کا تضاد کیا ہوتا ہے۔ خضر نے اس کے خطبوں کو کیچپ کی بوتل سے تشبیہ دی ہے جو بظاہر بھری ہوئی دکھائی دیتی ہے مگر اس میں سے کچھ برآمد کرنا خاصا مشکل ہے۔ (اور جو کچھ برآمد ہوتا ہے اسے سنبھالنا مشکل ہوتا ہے)۔ cosmology کی تحریروں سے خضر نے جانا کہ ہم universe میں نہیں بلکہ multiverse میں رہتے ہیں۔ پرانی کائناتیں ختم ہوتی رہتی ہیں اور نئی جنم لیتی رہتی ہیں۔ یہ ایک مسلسل عمل ہے۔ یعنی ہماری دنیا ختم ہو جائے گی مگر کائنات باقی رہے گی۔ خضر کے نزدیک ان حالات میں خدا کے وجود کا تصور بے معنی ہے۔ خضر نے ایک دلچسپ نتیجہ اخذ کیا کہ انسان بھی کائنات کی طرح ہے۔ جس طرح بیرونی کائنات پھیلتی ہے اسی طرح اندر کی کائنات بھی پھیلتی ہے۔ انسان ان سب چیزوں سے زیادہ پر اسرار ہے۔

خضر نے ART OF MEDICINE کے ساتھ ART OF LIFE بھی سیکھا۔ LAND OF FREEDOM میں پہنچ کر Ds3 سے کام لیا یعنی driving، dancing اور dating۔ لیکن لگتا ہے ٹروجن ہارس والی تکنیک پر بھی خوب عمل کیا۔

خضر کے گھر میں ہر طرف کتابیں نظر آتی ہیں۔ اس نے FAMILY OF THE HEART بھی بنائی جس میں ہر مکتبۂ فکر و ذہن کے لوگ شامل ہیں۔ مگر اس کے ساتھ خضر کا ایک inner circle بھی ہے جس میں کچھ مخصوص لوگ ہی شامل ہیں۔

LAND OF TRADITION میں خضر دریا کنارے
ٹہلا کرتا تھا.

اور LAND OF FREEDOM میں وہ جھیل کنارے ٹہلتا ہے. یہاں seagulls بھی ہیں. پانی اور سیگل کا ایک لکھاری سے کچھ پر سرار سا تعلق ہوتا ہے۔ پانی چاہے جھیل ہو، دریا ہو یا سمندر ہو۔ اور سیگل؟ یہ کیسا پرندہ ہے؟ اس کی آواز میں کیسا اسرار ہے۔ رات کے سناٹے میں جب یہ آواز سنائی دیتی ہے تو ایک سحر ساطاری ہو جاتا ہے اور انسان سننے پر مجبور ہو جاتا ہے کہ بھلا یہ آواز کیا کہہ رہی ہے؟ خضر نے بھی راتوں کو یہ آواز ضرور سنی ہو گی۔ اسی جھیل کے کنارے خضر کو محسوس ہوا کہ اس کا سفر رائیگاں نہیں گیا بلکہ سچ کی تلاش کا جو سفر اس نے شروع کیا تھا وہ Passion سے ہوتا ہوا Hope تک پہنچا. ہم کہہ سکتے ہیں کہ کہ جو ذہنی سفر دریا کے کنارے شروع ہوا تھا اس کا صاف اور واضح نتیجہ اس جھیل کے کنارے خضر کے سامنے آ گیا۔ گویا اسے اپنے سوال کا جواب مل گیا۔ پانی بہت کمال کی شے ہے۔ یہ سب کچھ صاف کر دیتا ہے۔ اپنے اندر کتنے بھید چھپائے رکھتا ہے۔

اس کتاب کو پڑھ کر میں نے کچھ نتائج اخذ کئے.

پہلی بات تو یہ ہے کہ خضر کو زندگی میں جو بھی تجربات ہوئے ان سے خضر نے سبق سیکھا اور انہیں یاد رکھا۔ صرف بیان کی حد تک نہیں بلکہ انہیں اپنی عملی زندگی کا حصہ بنایا۔ عام طور پر لوگ صرف بیان کی حد تک ہی رہتے ہیں۔ خضر نے چھوٹے سے چھوٹے سبق کو بھی اچھی طرح یاد رکھا۔ سبق ہم بھی حاصل کرتے ہیں مگر ہم بھول جاتے ہیں یاد نہیں رکھتے۔ زندگی میں جہاں کہیں بھی ضرورت ہوئی خضر نے ان تمام تجربات سے فائدہ اٹھایا اور دوسروں کو بھی پہنچایا.

دوسری بات یہ ہے کہ لوگ ہمیشہ اچھے نہیں ہوتے مگر خضر کے اندر لوگوں کی اچھائی اور positivity کو کشید کرنے کی صلاحیت موجود ہے ہے .اسی کو کہتے ہیں مایوس نہ ہونا اور دوسروں کو حوصلہ دینا.

تیسری بات یہ ہے کہ خضر کا جب سچ سے اینکاؤنٹر ہوا وہ جس بھی شکل میں سامنے آیا خضر نے نظریں نہیں چرائیں۔ اس کی آنکھوں میں آنکھیں ڈال کر دیکھا اور اسے گلے لگالیا۔ ہم یہ نہیں کرتے ہم نظریں چرا جاتے ہیں۔ سچ کا سامنا کرنے کی ہمارے اندر ہمت ہی نہیں۔ مجھے ایک مووی Papillon کا آخری منظر یاد آتا ہے جس میں ہیرو اور اس کا ساتھی جزیرے سے فرار ہوتے ہیں. ہیرو اس گہرے پانی میں کود جاتا ہے۔ اس کا ساتھی ہمت نہیں کر پاتا۔ وہ بلندی پر کھڑا نیچے دیکھتا رہتا ہے اور واپس پلٹ جاتا ہے۔ خضر نے ان گہرے پانیوں میں چھلانگ لگا دی۔ آگے آزادی ہے۔ ہم خوف کے جزیرے میں قید رہ جاتے ہیں۔ ہو سکتا ہے کہ کچھ لوگوں کو یہ بات مبالغہ لگے لیکن اس راستے پر چلنا اور سچ کو قبول کرنا اتنا ہی مشکل کام ہے.

آخری بات یہ ہے کہ کہ خضر نے یہ بات سمجھ لی کہ کوئی بھی سچ آخری یا حتمی نہیں ہے۔ سچ بھی اتنے ہی ہیں جتنے انسان۔ ضروری نہیں کہ کسی ایک کا سچ دوسرے کے لیے بھی سچ ہو۔ یہ بات ہمیں اپنی زندگی میں چاروں طرف نظر بھی آتی ہے اگر نگاہ دیکھنے والی ہو۔ نطشے نے کہا تھا۔

You have your way. I have my way.As for the right way, the correct way,and the only way, it does .not exist

خالد سہیل کی۔۔۔دی سیکر۔۔۔اور غنی خان کی کلیات پر تبصرہ

خالدہ نسیم

بہت انتظار کے بعد آخر کار پاکستان کے سفر کا موقع ملا تو جیسے ایک دیرینہ خواہش پوری ہوئی۔مارچ کے آخر میں اسی سفر کی ساری تیاریاں مکمل کر کے جب جانے کا وقت آیا تو کرونا کی وبا کی وجہ سے ساری پروازیں منسوخ ہو گئی تھیں اور یوں میرا سفر بھی۔ میں پچھلے کئی سالوں سے کینیڈا میں مقیم ہوں لیکن اپنے پیاروں کی محبت اور اپنی مٹی کی کشش مجھے ہر سال جانے پر مجبور کرتی ہے اور ہر بار جانے کا اپنا مزا ہوتا ہے۔خوش قسمتی سے اسی سال اکتوبر کے مہینے میں آخر کار اس سفر کا وسیلہ بن گیا۔

پاکستان کے سفر کا ایک اہم حصہ پشتو کے عظیم شاعر غنی خان کے حوالے سے چند ملاقاتیں اور ان کے مزار اور گھر پر حاضری دینا تھا۔ غنی خان اور ان شاعری کے ساتھ مجھے ایک روحانی لگاؤ ہے۔جو مجھے ان کے گھر اور مزار پر ایک بار پھر لے کر گیا۔

طویل سفر میں اپنے آپ کو مصروف رکھنے کے لیے میں عموماً ایک دو کتابیں ساتھ لے جاتی ہوں اس بار غنی خان کی کلیات اور جناب خالد سہیل کی کتاب۔۔۔دی سیکر۔۔۔خضر کی کہانی اور سچائی کی تلاش۔۔۔ساتھ لی۔

غنی خان کی کلیات اور میرا تو پچھلے تیس برس کا ساتھ ہے۔یہ کتاب میں نے کبھی بک شیلف پر سنبھال کر نہیں رکھی اور ہمیشہ اس قدر قریب رہتی ہے کہ جب بھی موقع ملے اٹھا کر کچھ نہ کچھ پڑھ کر ان کی شخصیت کی گہرائی کو محسوس کیا۔

ڈاکٹر خالد سہیل کیا کتاب کو پڑھنے کے بعد یہ بھی میری ان کتابوں میں شامل ہوئی جو میں نے کبھی بک شیلف پر سنبھال کر نہیں رکھی اور جب بھی موقع ملا کھول کر جتنا ہو سکا کسی بھی عنوان کے نیچے پڑھ سکی پڑھا اور ہر دفعہ مزید گہرائی محسوس ہوئی۔ اور یوں ان کی یہ کتاب میرے لیے پاکٹ بک بن گئی جسے میں اکثر اپنے بیگ میں اپنے ساتھ لے کر جاتی ہوں۔

خالد سہیل کی کتاب انہوں نے ایک ادبی نشست میں مجھے تحفے کے طور پر اپنے آٹو گراف کے ساتھ عنایت کی تھی۔ان کی پہلی کتابوں کی نسبت قدرے ہلکی کتاب۔۔۔کور پر ان کے پورٹریٹ کی تصویر۔۔۔اور اس کے نیچے ٹائٹل۔۔۔دی سیکر۔۔۔خضر کی کہانی اور سچائی کی تلاش۔۔۔یہ ڈاکٹر خالد سہیل کی ۱۴۰ صفحات کی مختصر آپ بیتی ہے جو انہوں نے ایک انتہائی منفرد انداز میں لکھی ہے۔ کہنے کو تو یہ ان کی آپ بیتی ہے لیکن ہر بات قاری کو اپنے دل سے نکلنے والی محسوس ہوتی ہے۔

جب مجھے یہ کتاب ملی تو مجھے کور پر پورٹریٹ کے ساتھ۔۔۔

دی سیکر۔۔

عنوان تو پرکشش لگا تھا لیکن میرے لیے زیادہ پرکشش ٹائٹل کا دیگر حصہ۔۔۔

خضر کی کہانی اور سچائی کی تلاش۔۔۔تھا۔

دو تاریخی شخصیات جن کی طلسماتی خاصتیں مجھے بہت متاثر کرتی ہیں وہ خضر اور شمس تبریزی ہیں۔ دونوں کی پراسراریت ’دانائی اور خلاف روایت شخصیات انسانی ذہن پر ایک انفرادی اثر چھوڑتی ہیں۔ دونوں کا کوئی مرکز سکونت نہیں۔ دونوں کا کسی مادی چیز سے جڑاؤ نہیں اور دونوں سچ کی تلاش میں ہر روایت کے خلاف اپنا سفر جاری رکھتے ہیں۔

ڈاکٹر خالد سہیل کا خضر کے کردار کو اپنے ہمزاد کے طور پر استعمال کرنا ان کی سادہ اور غیر روایتی شخصیت کے لیے ایک مناسب کردار ہے۔

ڈاکٹر خالد سہیل سے میری اب تک جتنی جان پہچان ہوئی ہے میں نے ان کی شخصیت میں کئی منفرد اور متاثر کن خصوصیات کو محسوس کیا ہے۔ ان کی سادہ شخصیت ان کے اپنے مقاصد کے بارے میں صاف اور مرکوز خیالات' ان کا غیر روایتی انداز' ان کا ہر ایک سے دوستی کا رشتہ اور میل جول کے لیے وقت نکالنے کی خصوصیات بہت کم لوگوں میں پائی جاتی ہیں اور یہی ان کی انفرادیت ہے۔

انہوں نے اس کتاب میں بہترین انداز میں اپنی شخصیت اور اپنی زندگی کا سفر قاری کے سامنے رکھ دیا ہے جو ادب' انسانی تجربات اور رہنمائی کی بہترین آمیزش ہے۔ جس طرح ان کی شخصیت سادہ ہے لیکن اس میں گہرائی ہے ایسے ہی سادہ اور مختصر الفاظ میں لکھی گئی اس کتاب میں گہرائی ہے جس کو محسوس کیا جاسکتا ہے۔

سادہ اور مختصر تحریر ہونے کے سبب پڑھنے میں کوئی دقت محسوس نہیں ہوتی لیکن اس کتاب کے اختصار میں چھپی ہوئی دانائی نے مجھے بار بار پڑھنے پر مجبور کیا۔ یوں یہ کتاب میرے لیے وہ کتاب بن گئی جو میرے قریب رہتی ہے اور جب بھی موقع ملے بغیر کسی ترتیب کی فکر کے کوئی بھی صفحہ کھولوں اور پڑھوں تو تحریر دل پہ لگتی ہے اور کبھی تو ایسا محسوس ہوتا ہے کہ۔۔۔ گویا یہ بھی میرے دل میں ہے۔۔۔ اور ان کی بات کے ساتھ ایک جڑاؤ محسوس ہوتا ہے۔

ڈاکٹر صاحب اپنی کتاب کے تعارف میں اس کے لکھنے کے تجربے کے بارے میں لکھتے ہیں۔۔۔ مجھے ایسا لگ رہا تھا میں اپنی ذات کی اوپری منزل پہ رہ رہا تھا اور پھر مجھے ایک اندرونی دروازہ ملا۔ دروازہ ہمیشہ سے تھا لیکن میں نے کبھی کھولا نہیں تھا۔ میں نہیں جانتا تھا کہ اسے کھولا جاسکتا ہے اور یہ بھی نہیں جانتا تھا کہ دراصل وہ دروازہ کبھی بند نہیں تھا۔ جب میں اس دروازے سے داخل ہوا تو مجھے وہ سیڑھی ملی جو مجھے ذات کی گہرائی میں لے گئی اور اس گہرائی میں میں نے ان احساسات کو چھو لیا جو پہلے کبھی نہیں چھو سکا تھا۔

نظم اور نثر کی خوبصورت پر مبنی کہانی ایک انسان کی کہانی سے شروع ہوتی ہے اور پوری انسانیت کی کہانی بن جاتی ہے۔

اس کتاب کی ایک اہم خوبصورتی اس میں کرداروں کو افراد اور مقامات کی خصوصیات کے مطابق استعاراتی کرداوں میں بدل کر پیش کرنا ہے۔ مثلاً

پاکستان کو روایات کی زمین

کینیڈا کو آزادی کی زمین

ماں کو مذہب

اور

نانا کو دانائی کے ناموں سے پیش کرنا ہے۔

ہر عنوان کی اپنی تاثیر ہے۔

میرے ذاتی پسندیدہ عنوانات میں سے ایک۔۔۔ محبت ہے۔۔۔ اس عنوان کے تحت انہوں نے محبت کے وسیع دریا کو کوزے میں بند کیا ہے۔ اس میں محبوب کی محبت سے ہوتے ہوئے خاندان کی اور بچوں کی محبت کو آگے لے جاتے ہوئے انسانیت کی محبت تک لے گئے ہیں جس کا بہترین اظہار انہوں نے اپنی دو خوبصورت نظموں

وین وی آر ان لو WHEN YOU ARE IN LOVE

اور

ڈاٹر آف دی ورلڈDAUGHTER OF THE WORLD

میں کیا ہے۔

انہوں نے محبت کو جس طرح طمانیت سے ملایا ہے وہ خاص طور پر توجہ کے قابل ہے۔

اس کتاب میں ایک رہنمائی کا عنصر بھی ہے۔ جو دنیا اور معاشرے سے انسان کے ہر رشتے پر لاگو آتا ہے۔ میری نظر میں یہ رہنمائی وہی انسان کر سکتا ہے جسے اپنی ذات کی خود آگہی اور انسانیت کا بھرپور احساس ہو۔ میری ایک پسندیدہ نظم جو اس کتاب میں شامل کی گئی ہے وہ ہے

ان وزیبل چینز:INVISABLE CHAINS

جس کا اردو ترجمہ کچھ یوں ہو گا۔

ان دیکھی زنجیریں
جب ہم کچھ کرنا چاہیں
کچھ الگ سا
کچھ منفرد سا
اور کچھ تخلیقی
تو ہم محسوس کرتے ہیں
ایک دبائو
ان دیکھی زنجیروں کا
روایات کی زنجیروں کا
جو خبر دار کرتی ہیں
کہ خاص حد میں رہنا
اور اگر
حد کی لکیر پار ہو جائے
تو ایک قیمت ادا کرنی ہو گی
روایتی لوگ حوصلہ نہیں رکھتے
اس حد کو پار کرنے کا
لیکن تخلیقی لوگ
پار کر لیتے ہیں
اور قیمت ادا کرتے ہیں

ان دیکھی زنجیروں کو توڑنے کی
اور پھر
ایک نئی دنیا میں داخل ہوتے ہیں
خوابوں کی دنیا
اور نئی منزلوں کی دنیا

میں اس کتاب کے لکھنے پر ڈاکٹر خالد سہیل کو مبارکباد پیش کرتی ہوں اور ان کا شکریہ ادا کرتی ہوں کہ ہمیں اس کتاب کی شکل میں ایک خوبصورت اور منفرد تحفے سے نوازا۔

حصہ ششم: نفسیات

ریڈزون

محمد سلطان ظفر

ڈاکٹر خالد سہیل سے میرا تعلق اتنا ہی پرانا (یا نیا) ہے جتنی میری شادی! چونکہ مارچ 1997 میں وہ میری شادی پر میرے سسرال کی طرف سے مدعو تھے۔ مجھے اپنی شادی پر جہاں بے شمار اقسام کے تحائف ملے جن میں کیسٹ پلیر سے لے کر استریاں تک تھیں وہاں ڈاکٹر صاحب کی طرف سے ان کے اپنے کیمرے سے کھینچی ہوئی تصاویر کے دو پوسٹر سائز فریم بھی تھے۔ ان میں سے ایک تصویر شاہی مسجد کے گنبد شاہی قلعہ لاہور کے جھروکے سے لی گئی تھی۔ جبکہ دوسری تصویر میں ایک چڑیا اپنا دانا دنکا چگ رہی تھی۔ ان تصاویر کو دیکھ کر ہی مجھے اندازہ ہو گیا تھا کہ یہ شخص دنیا کو ایک خاص زاویہ سے دیکھنے اور دکھانے میں ملکہ رکھتا ہے۔

ان دنوں انٹرنیٹ اور موبائل کا صرف تذکرہ ہی شروع ہوا تھا اور لوگ ان کے بغیر ہی جی لیا کرتے تھے۔ کوئی نہ کوئی ادبی گروپ کہیں نہ کہیں کوئی پروگرام کرتا رہتا تھا۔ اور اس کہیں نہ کہیں سے مراد کسی اپارٹمنٹ 'بیسمنٹ یا لائبریری کا ہال ہیں۔ ایسی ہی جگہوں پر ڈاکٹر خالد سہیل صاحب بھی اپنی نظم و نثر کے ساتھ موجود ہوتے تھے۔ عام شاعروں اور ادیبوں کے برعکس ڈاکٹر خالد سہیل صاحب ایک عملی آدمی تھے اور آج بھی ہیں۔ لہٰذا ان کی نثر' شاعری اور تحقیق میں خیالی پلاؤ کم اور زندگی کی حقیقتیں بہت زیادہ ہیں۔ اس وجہ سے وہ لوگ جو خیالی دنیا کی (افیمی) گولی کھا کر مدہوش ہو جانا چاہتے ہیں ان کے لیے ڈاکٹر صاحب کی شاعری اسی طرح ہے جیسے کوئی سرجن بغیر بے ہوش کیے آپریشن کر دے۔

آپ ذرا تصور کریں کہ ایک شخص کینیڈا میں بیٹھ کر ٹی وی پر ایک ملزم جاوید اقبال مغل کی تصویر دیکھتا ہے اور اس ملزم کو سمجھنے اور حقیقت پانے کے لیے لاہور کی ایک جیل کی موت کی کوٹھڑی میں پہنچ جاتا ہے اور پھر 'اپنا قاتل' کتاب لکھتا ہے۔

ڈاکٹر خالد سہیل صاحب اپنے (یا ہمارے) مروجہ اور روایتی نظام کو بہت پہلے جھٹک چکے ہیں لہٰذا انہیں اپنی سوچ کو کاغذ پر منتقل کرتے اس چیلنج کا سامنا نہیں کرنا پڑتا کہ جب ان الفاظ کو میری بیوی 'میرا بھائی' میرے بچے اور میرے دوست پڑھیں گے تو میرے بارے میں کیا سوچیں گے۔ اس آزادی کی بنا پر انہوں نے اپنی صلاحیتوں کا بھرپور مظاہرہ کرتے ہوئے زندگی کی وہ حقیقتیں' وہ سادہ حقیقتیں جو ہمارے اندر کی بند گلیوں میں ہماری موجودگی کا احساس دلاتی رہتی ہیں باہر نکال کر ہمارے سامنے پیش کر دیتے ہیں۔

پچھلے کئی سالوں میں میرا ڈاکٹر صاحب کے ساتھ بعض نظریات پر شدید اختلاف بھی رہا ہے اور اب بھی ہے۔ ڈاکٹر صاحب خود کو تمام مذاہب سے جدا کر کے انسان دوست سمجھتے ہیں جبکہ میں مذہب پر بڑی شدت سے ایمان اور حسب توفیق عمل پر یقین اور مذہب کو دو بڑے ستونوں حقوق اللہ اور حقوق العباد پر کھڑی عمارت سمجھتا ہوں۔ ڈاکٹر صاحب دعا کو ایک نفسیاتی مدد جبکہ میں تمام کامیابیوں کی کنجی مانتا ہوں۔ ڈاکٹر صاحب مشرق کی عورت کے حقوق کی بات بجا طور پر کرتے ہیں لیکن میں اس کے ساتھ ساتھ یہ بھی سمجھتا ہوں کہ ابھی تو مغرب کی عورت بھی برابری کی سطح سے بہت نیچے ہے۔

ڈاکٹر صاحب کے ساتھ اختلاف الرائے کرتے ہوئے سب سے بڑا مسئلہ یہ ہوتا ہے کہ یہ آپ کی بات 'جس کو وہ غلط سمجھ رہے ہوتے ہیں' سنتے ہوئے بھی مسکراتے رہتے ہیں۔ آگے سے آستین چڑھاتے ہیں نہ غصہ دکھاتے ہیں بس ان کی یہ بات مجھے پسند نہیں کہ بحث کا ماحول ہی پیدا نہیں ہونے دیتے۔ جس طرح ٹھنڈے ٹھنڈے آتے ہیں اسی طرح ٹھنڈے ٹھنڈے واپس چلے جاتے ہیں۔

ڈاکٹر سہیل کی بنیادی مہارت (بنیادی میں نے اس لیے کہا ہے کہ ان کے پاس اس کی ڈگری بھی ہے) انسانی نفسیات ہے اور میں بعض نفسیاتی مسائل جیسے ڈیپریشن کو بقول پنجابی کہاوت کو 'بھرے پیٹ کے نخرے' سمجھتا رہا ہوں۔ تاہم چند سال پیشتر جب میری ایک عزیزہ کو ایک کینیڈین ڈاکٹر نے غلط دوائی تجویز کر دی اور نتیجہ انتہائی درجہ کے ڈیپریشن کی صورت میں نکلا تو ڈاکٹرز نے مشورہ دیا کہ انہیں نفسیاتی ماہر کو دکھایا جائے۔ ٹورانٹو میں ایک ماہر نفسیات کے زیر علاج رہنے کے بعد جب 'مرض بڑھتا گیا جوں جوں دوا کی' لغوی معنوں میں بھی سچا ثابت ہو گیا تو ایک دوست نے مشورہ دیا کہ ڈاکٹر خالد سہیل صاحب کو دکھایا جائے۔

چنانچہ جب مکرم ڈاکٹر صاحب سے رابطہ کیا تو پتہ چلا کہ نئے مریضوں کے لیے اگلے ایک سال تک کوئی اپائنٹمنٹ دستیاب نہیں۔ تاہم ڈاکٹر صاحب نے کمال مہربانی سے اپنی چھٹی والے دن کا وقت دے دیا اور جب میں اپنی عزیزہ اور ان کے میاں کے ساتھ وہاں پہنچا تو اپنے کلینک پر اکیلے ہمارا انتظار کر رہے تھے۔ اپنی سیکرٹری کی غیر موجودگی کی وجہ سے خود ہی تمام فائل اور دوسرے ضروری کاغذات وغیرہ تیار کیے۔

اس دن میں نے پہلی دفعہ 'ریڈ زون' 'یلو زون' اور 'گرین زون' کی اصطلاح سنی اور سوچنے لگا کہ آیا میں کسی ماہر نفسیات کے کلینک میں آیا ہوں یا کسی وار زون میں یا کسی ٹریفک لائٹ پر پھنس گیا ہوں یا پھر کسی 'کچھوا گھر' میں کہ ہر طرف پلاسٹک 'لکڑی' شیشے اور پتھر کے کچھوے کچھوے ہی نظر آرہے تھے۔

ڈاکٹر سہیل نے ہمیں سمجھانا شروع کیا

'ڈیپریشن اور دوسرے ذہنی مسائل پیدا ہونے کی کئی وجوہات ہوتی ہیں (اس کا تو مجھے بھی پتہ تھا) انسانی جسم کے کئی کیمیکل ہوتے ہیں (ڈاکٹر صاحب نے جتنے کیمیکل بتائے تھے ان میں سے ایک نام بھی یاد نہیں مشکل ہی اتنے تھے) جن کے تناسب میں کمی بیشی سے ڈیپریشن شروع ہو جاتا ہے۔ ڈیرپیشن ہلکا' درمیانہ اور انتہائی شدید ہو سکتا ہے اور بعض نفسیاتی مسائل میں انسان خودکشی بھی کر سکتا ہے (کسی مولوی صاحب سے پوچھنا چاہیے کہ کیا ایسی خودکشی بھی حرام ہے؟)

عام انسانوں کو زندگی میں کئی دفعہ ڈیرپیشن کا سامنا کرنا پڑتا ہے اور اس کا دورانیہ چند منٹوں سے لے کر کئی مہینوں اور سالوں تک محیط ہو سکتا ہے اور اس دوران مریض (مریض؟ نہ نزلہ نہ زکام نہ کھانسی نہ آپریشن پھر بھی مریض۔۔۔؟) دنیا سے بیزار ہو کر ہر قسم کی دلچسپی سے دور ہو جاتا ہے جس کا اثر نہ صرف مریض بلکہ اس کے ارد گرد کے رہنے والے تمام افراد پر بھی پڑتا ہے۔ ماہر نفسیات ڈیرپیشن کی وجوہات تلاش کرتا ہے اور ان کا علاج کرتا ہے۔

ڈاکٹر صاحب نے ہمیں مزید بتایا کہ 'میں نے ذہنی علاج کے لیے ایک نئی جہت متعارف کروائی ہے یعنی 'ریڈ زون' 'یلو زون' اور 'گرین زون'۔

ریڈ زون وہ کیفیت ہوتی ہے جب آپ پوری طرح ڈیپریشن کا شکار ہو جاتے ہیں اور کسی کام میں آپ کا دل نہیں لگتا اور مرنے کے بارے میں سوچنے لگتے ہیں۔

یلو زون وہ کیفیت ہے جب آپ مرنے کی حد تک تو نہیں سوچتے لیکن کام کاج سے دور رہتے ہیں اور زندگی کی دلچسپیوں سے بیزار رہتے ہیں۔

گرین زون وہ کیفیت ہے جب آپ زندگی کے بارے میں مثبت سوچتے ہیں اور اپنے تمام مشاغل سے خوب لطف اندوز ہوتے ہیں'

ڈاکٹر صاحب نے مزید فرمایا کہ میں نے جو طریقہ کار اپنایا ہے اس کے مطابق میں مریض سے کہتا ہوں کہ میرے سمجھنے کے لیے وہ سونے سے پہلے یہ سوچے کہ اس نے پچھلے چوبیس گھنٹوں میں سے کتنے گھنٹے گرین زون میں کتنے یلو زون مین اور کتنے ریڈ زون میں گزارے اور اس کی کیا وجوہات تھیں۔

ڈاکٹر صاحب کی بات سن کر مجھے تو ایک لطیفہ یاد آ گیا۔ ایک باپ نے اپنے بیٹے کو کہا کہ بیٹا اگر میرے پاس چار سیب ہوں اور ایک میں تمہیں دے دوں اور ایک تمہارے بھائی کو تو میرے پاس کتنے سیب بچ جائیں گے۔ اس سے پہلے کہ بچہ جواب دیتا اس کا چھوٹا بھائی بول اٹھا۔ بھائی جان لگتا ہے کہ ابو تمہیں حساب پڑھانے کی کوشش کر رہے ہیں۔

ڈاکٹر صاحب بظاہر تو مریض کو یہ کہہ رہے ہوتے ہیں کہ ڈاکٹر صاحب کی مدد کے لیے یہ چارٹ تیار کرے لیکن مریض اس پروسس process میں خود اس بات کی شناخت کر رہا ہوتا ہے کہ کن عوامل سے اس کی تکلیف بڑھ جاتی ہے اور کن سے کم ہو جاتی ہے۔

ڈاکٹر صاحب کے ساتھ اس ملاقات سے واپسی پر عزیزہ کے شوہر نامدار تو مجھے تھوڑے بہت مایوس ہی نظر آئے لیکن اہلیہ کا دل رکھنے کے لیے حوصلہ افزائی کے لیے اس پر عمل کرنے کی ضرورت پر زور دیتے رہے۔ بعد ازاں انہوں نے مجھے بتایا کہ شروع میں تو ان کی اہلیہ چوبیس گھنٹے ریڈ زون کی کیفیت میں رہتی تھیں۔ پھر ایک دن ان کو خیال آیا کہ جب سو رہی ہوتی ہیں تو ریڈ زون میں نہیں ہوتیں۔ چونکہ ان کو نیند صحیح نہیں آتی تھی لہذا انہوں نے ان چھ گھنٹوں کو ییلو زون میں شمار کرنا شروع کر دیا اور بعد ازاں جب نیند کا مسئلہ حل ہو گیا تو یکایک وہ آٹھ گھنٹوں کے لیے گرین زون میں داخل ہونا شروع ہو گئیں۔

قصہ کوتاہ عزیزہ نے خود بھی اور ان کے شوہر نے بھی کوشش کر کے ایسے کام کرنے سے گریز کیا جن سے ریڈ زون کا ڈر رہتا تھا۔ اور پھر ریڈ زون ییلو زون میں اور بالاخر گرین زون میں تبدیل ہونا شروع ہو گیا۔ اس دوران وہ ہر دوسرے تیسرے ہفتے ڈاکٹر صاحب سے ملنے کے لیے جاتے رہے اور ایک ایسا وقت بھی آ گیا کہ ان کے چوبیس گھنٹے گرین زون میں بسر ہونے شروع ہو گئے۔ مجھے ڈاکٹر صاحب کی پہلی ملاقات پر کہی ایک بات یاد آ گئی۔ انھوں نے کہا تھا

ڈیپریشن کے مریض قدرتی طور پر کبھی نہ کبھی اپنے ڈیپریشن سے باہر نکل ہی آتے ہیں لیکن بطور معالج میرا کام یہ ہے کہ میں اپنے مریضوں کو اس سے جلد از جلد باہر لے کر آؤں اور اس میں سب سے زیادہ کوشش مریض خود ہی کر سکتا ہے اور میرے اس طریقہ کار سے مریض کے پاس چونکہ اپنی کیفیت کی پیمائش کرنے کی سہولت آ جاتی ہے جس کی وجہ سے غیر یقینی کیفیت ختم ہو جاتی ہے اور تاریک سرنگ میں پھنسے اس انسان کو روشنی اور امید کی ایک ایسی کرن نظر آ جاتی ہے جس کا پیچھا کرتے کرتے باقی راستہ وہ خود ہی ڈھونڈ لیتا ہے لیکن یاد رکھیں کہ کوئی بھی مریض ایک دن میں ٹھیک نہیں ہو سکتا۔ صحتیابی کی طرف جانے والا راستہ نسبتاً سست ہوتا ہے اسی لیے آپ کو میرے کلینک میں ہر طرف کچھوے نظر آتے ہیں۔

ڈاکٹر خالد سہیل کے بارے میں بلاشک وشبہ کہا جا سکتا ہے کہ وہ انسان اور انسانیت کی مدد کے لیے کسی بھی حد تک جانے کے لیے تیار رہتے ہیں کیونکہ انہوں نے غریبوں 'بیماروں' مظلوموں اور بے چارہ گروں کے درمیان نہ صرف وقت گزارا ہے بلکہ اوائل زندگی میں اس کا حصہ بھی رہے ہیں۔ انہوں نے زندگی کی تکلیفوں کا جواب 'قدرت حاصل ہونے کے بعد' انتقام سے نہیں دیا' بلکہ لوگوں کے ان مسائل کو کم کرنے کی کوشش کر کے دیا ہے۔ ڈاکٹر صاحب انسانوں کے ساتھ رہنا بلکہ ان کے ساتھ زندہ دلی کے ساتھ رہنے پر یقین رکھتے ہیں کیونکہ وہ ایک انسان دوست انسان ہیں۔

ڈاکٹر خالد سہیل اور گرین زون کا فلسفہ

ڈاکٹر سارہ علی کینیڈا

گرین زون کا فلسفہ میرے لیے تین الفاظ کا نام ہے:

خود شناسی ٗخود اعتمادی اور خود انحصاری

خود شناسی

جب آپ اپنی ذات سے پوری طرح آگاہ ہو جاتے ہیں تو بطورِ انسان اپنی اچھائیوں اور برائیوں دونوں کو قبول کرنے لگتے ہیں۔ ہمیں بچپن سے سکھایا جاتا ہے کہ اچھے کام کریں۔ اگر کوئی غلط کام کرتا ہے تو چاہے بچہ ہی کیوں نہ ہو اس کا مار مار کر بھر گس نکال دیا جاتا ہے۔ سب پوچھتے ہیں یہ غلطی کیوں کی؟۔ بھلا ہو مغربی ممالک کی پولیس کا کہ ان کے خوف کے مارے یہاں بچوں کو مارنے پیٹنے سے گریز کیا جاتا ہے اور دیسی والدین دن دہاڑے یہ خواب دیکھتے ہیں کہ جس دن وہ اپنے آبائی ملک کے ایرپورٹ پر قدم رکھیں گے پہلا کام یہ کریں گے کہ نہایت دیسی طریقے سے اپنے بچوں کی غلطیوں کی اصلاح کریں گے۔ ان غلطیوں سے سیدھا جہنم کا دروازہ بھی کھولا جاتا ہے۔ بچپن سے ہی غلطی ٗغصہ ٗمار پیٹ اور جہنم کی آگ کا ایسا کمبینیشن بنایا جاتا ہے کہ ہم اپنی غلطیوں کو کبھی بھی اون own کرنے کے لیے تیار نہیں ہوتے۔ ہمیشہ دوسروں کے کھاتے میں ڈالتے ہیں اور کوئی نہ ملے تو خدا ہمیشہ موجود رہتا ہے۔

ہر اچھا کام ہم نے کیا ہے اور ہر برا کام خدا کی مرضی ہے۔ یہ سیلف پروجیکشن self projection کے ایسے کمپلیکس complex کو جنم دیتا ہے کہ ہمارا دل چاہتا ہے کہ اگر اچھی چائے بھی بنالیں تو برج خلیفہ پر کم از کم تصویر آنی چاہیے۔

جب میں لوگوں کو اپنے بچوں کی چھوٹی چھوٹی غلطیوں پر ان کو لمبے لمبے لیکچر اور اپنی عظمت کی مثالین دیتے دیکھتی ہون تو میرا دل چاہتا ہے کہ پوچھوں اگر ہم سب بڑے اتنے پرفیکٹ ہیں تو یہ دنیا اتنے برے حال میں کیوں ہے۔ علامہ پادری حضرات اور موٹی ویشنل سپیکرز اپنے لمبے لمبے لیکچرز میں ثقیل جملے بھاری بھرکم الفاظ عجیب و غریب مثالین دیتے ہوئے پائے جاتے ہیں لیکن کوئی آپ کو یہ نہیں کہے گا کہ غلطیاں سیکھنے کے عمل کا حصہ ہیں۔ یہ غلطیاں کہکشاں کے ستاروں کی مانند ہیں ثابت قدم مسافر کو اس کی منزل کی طرف رہنمائی کرتی ہیں۔

چلتے جایئے۔۔۔ سیکھتے جایئے اور یہی گرین زون کے فلسفے کی پہلی بنیادی اکائی ہے۔

own yourself first bad or good

then start working on the areas you think pushing you to darkness

خود اعتمادی

جب آپ اپنے آپ کو ہر اچھائی برائی کے ساتھ قبول کرتے ہیں اپنے کیے گئے فیصلوں۔۔۔ اپنے ساتھ جڑے لوگوں کو اپنے ارد گرد کے معاشرے کو۔۔۔ اس کی اچھائیوں برائیون کے ساتھ قبول کر لیتے ہین تو یہ آپ کو جد و جہد کرنے کی خود اعتمادی بخشتا ہے۔

یہ قبولیت قنوطیت والی قبولیت نہیں کہ جو بس جیسا ہے آپ قبول کر لین اور ڈرامے کی ہیروئن کی طرح آنسو بہا کر صبر شکر کر کے گالیاں گھونسے کھاتے رہیں۔ بلکہ یہ آپ کو اپنے آپ اپنے سے جڑے رشتوں اپنے فیصلوں کاموں اور ارد گرد کے معاشرے اور سماج میں بہتری لانے کا اعتماد پیدا کرتا ہے۔

یہ دوسری بنیادی اکائی ہے کہ آپ اپنے اوپر اعتماد کریں کہ نہ صرف آپ اپنے آپ کو بلکہ اپنے سے جڑی ہر چیز ہر انسان ہر رشتے اپنی ورک سپیس اور اپنے سماج کی بہتری کی کوشش کے اہل ہیں اور آپ یہ صلاحیت اور حوصلہ رکھتے ہیں کہ نہ صرف آپ غلط اور صحیح کی پہچان کر سکیں بلکہ غلطیوں پر پردہ ڈال کر ان کو چھپانے کی بجائے ان کو اون کر کے ان کی اصلاح کریں۔ یہ ایک جہدِ مسلسل ہے۔ جیسے آپ کو اپنے جسم کو فٹ رکھنے کے لیے مسلسل ورزش کی ضرورت ہے اس طرح دماغ کو مثبت رہنے کے لیے مسلسل اس تحریک کی ضرورت ہے کہ میرے اندر یہ غلط ہے اور میں اس کو سدھارنا چاہتا یا چاہتی ہوں۔

میرے لیے یہ جملہ بہت اہمیت کا حامل ہے اور ہر تقریر پر بھاری ہے۔

یہ ایک تحریک ہے دماغ کو کام کرنے کے لیے مثبت کی طرف لے جانے کے لیے اس یقین کے ساتھ کہ بہتری کے لیے اٹھائے جانے والے یہ چھوٹے چھوٹے قدم آپ کو مسلسل آگے بڑھا رہے ہیں۔

آج کی دنیا میں فلاح کا تصور خیرات کے تصور سے بدل دیا گیا ہے۔ ہم اس شخص کو جو لوگوں میں چیزیں بانٹتا پھرتا ہے اور تصویریں کھنچوا کر تشہیر کرتا ہے اعلیٰ سمجھتے ہیں۔ لیکن میرے لیے یہ طبقاتی نظام کی ناانصافی سے زیادہ کچھ نہیں یہ ناانصافی جہاں بہت سارے معاشرتی اور معاشی مسائل کو جنم دیتی ہے وہاں نفسیاتی مسائل کا پنڈورا باکس pandora's box بھی کھول دیتی ہے۔

ایک ایسا معاشرہ جہاں ہر نفسیاتی مسئلہ پاگل پن' معاشی مسائل 'صبر کی کمی اور معاشرتی مسائل کردار کی اچھائی اور برائی کے ساتھ منسلک کر دیے جاتے ہیں وہاں ڈاکٹر خالد سہیل کا کالم 'فیمیلی آف دی ہارٹ 'میری سوچ کا عکاس تھا۔ یہ اس وقت کی بات ہے جب میں پاکستان کے معاشرتی اور معاشی اور ورک سپیس کے نظام سے عملاً بغاوت شروع کر چکی تھی۔ مجھے ان کے مضامین سے احساس ہوا کہ آپ اپنے معاشرے مذہب اور تہذیب کے دباؤ کے بغیر اپنی زندگی کے قوانین خود وضع کر سکتے ہیں۔

اچھائی کا مصنوعی لبادہ اوڑھ کر انسان دوسرے انسان کی طرف وہ بھیانک طرزِ عمل روا رکھتا ہے وہ اپنی مثال آپ ہے۔ ان کے مضامین سے احساس ہوا کہ آپ اس سب سے الگ اپنی دنیا اپنے اصولوں اور اپنے نظریات کے مطابق بسا سکتے ہیں اور ڈھال سکتے ہیں۔

بھاری بھر کم الفاظ ہیر پھیر کر لکھی گئی باتیں ہمیشہ میرے آس پاس سے گزر جاتی ہیں۔ میں ان لوگوں کو جن کو اس قسم کی لکھی گئی کتابیں اور کی گئی تقریریں سننے اور وڈیوز دیکھنے کا شوق ہوتا ہے اور ان کے سمجھ بھی آتی ہیں بڑے رشک سے دیکھا کرتی تھی۔ اب اپنی جہالت پر شکر کرتی ہوں ورنہ مجھے بھی اب تک علمی بدہضمی ہو چکی ہوتی۔

ڈاکٹر صاحب کے کالموں نے اس وقت ایک پیرالل ورلڈ parallel world کا دروازہ مضبوطی سے مجھ پر اس وقت کھولا جب میں کیپیلسٹ سوسائٹی capitalist society کے سب مصنوعی رشتے اور ورک سپیس کے سب آرٹیفیشل ایتھکس artificial ethics قریب سے دیکھ چکی تھی۔

یہ پیرالل ورلڈ میرے والدین اور ان کے دوستوں کے ماحول سے مطابقت رکھتی تھی۔ اور پاکستان کے عمومی معاشرے سے بالکل مختلف تھی۔

اس وقت جب میرے سامنے انا پرستی کے کئی قد آور بت اپنی انا کے ہاتھوں میں اپنے سامنے پاش پاش ہوتے دیکھ چکی تھی مجھے اچھی طرح سمجھ آئی کہ ان شخصیات کے لکھے اور بولے گئے الفاظ سے ان کا اپنا کوئی لینا دینا نہیں۔

جب میں نے کینیڈا آنے کا فیصلہ کیا تو ایسے ہی ذہن میں ایک خیال آیا کہ ٹورانٹو میں تو ڈاکٹر خالد سہیل بھی رہتے ہیں جیسے وہ میرے آنے کی خبر سن کر پیرسن ایرپورٹ پر کھڑے ہوں گے۔

پاکستان میں ہر بندہ سمجھتا ہے کہ کینیڈا میں سونے کی سڑکیں 'شہد کی نہریں 'ڈولر کے درخت اور حوروں کی بہتات ہے۔ یہاں آکر علم ہوتا ہے کہ حالات خاصے الٹ ہیں اور حوروں کو آپ میں کوئی خاص دلچسپی نہیں۔

اگرچہ میری کوئی ایسی امید نہیں تھی میں صرف شخصی اور فکری آزادی کی خواہاں تھی جو یہاں پر میسر ہے۔لیکن محبت کے رشتوں سے کوسوں کی دوری انسان کو بے پناہ اذیت میں مبتلا کر دیتی ہے۔ایسے ہی دنوں میں ڈاکٹر صاحب کا ایک کالم پڑھ کر میں نے ان کو مسنجر پر ایک چھوٹا سا مسیج کیا اور بعد میں سوچا کہ یہ کیا کر دیا ہے۔

دل کو اطمینان تھا کہ جواب نہیں آئے گا کیونکہ میں سمجھتی تھی کہ ڈاکٹر صاحب پاکستان کے بیشتر ماہرین نفسیات کی طرح سے انتہائی مغرور اور لکھاریوں کی طرح سے انتہائی فونی اور سوڈوانٹلکچولpseudo intellectualہوں گے۔تھوڑی دیر بعد نہ صرف جواب آیا بلکہ فون نمبر دے کر کول کرنے کو کہا گیا۔

مجھے کیونکہ ایسے کاموں میں سینگ پھنسانے کی عادت ہے اس لیے فون بھی گھما ڈالا۔س کے بعد سوچا کہ کیا بات کرنی ہے۔

ڈاکٹر صاحب نے صرف فون سنا بلکہ ملاقات کے لیے بھی خود آئے۔اس ملاقات میں انہوں نے اپنے شاعر چچا عارف عبد المتین کا تزکرہ بہت محبت سے کیا کہ انہوں نے کس طرح چاہت اور احترام سے ڈاکٹر صاحب کی ادبی پرورش کی۔

اس ملاقات نے میری گرین زون جرنی کی عملاً ابتدا کی۔کیونکہ لفظوں پر میرا یقین کم او عمل پر زیادہ ہے۔ویسے بھی ڈاکٹروں کو وہ بات زیادہ اچھے سے سمجھ آتی ہے جس کا پریکٹیکل کیا جاسکے

ڈاکٹر صاحب کی شخصیت گرین زون فلاسفی کا عملی ثبوت ہے۔

اس سفر میں ڈاکٹر صاحب کے اندازِ بیاں میں اصطلاحات کے استعمال نے میری بہت مدد کی۔کنول کے پھول کے مطابق کرونا کی وبا میں رہنے اور نیگیٹیویٹی کی تابڑ توڑ بارش سے اپنے دماغ کو محفوظ رکھنے کے لیے ایموشنل اوورکوٹ emotional raincoatبنانے کی اصطلاحات میرے لیے بہت ایکسائٹنگexcitingتھیں۔خاص طور پر انسانی جذبات کا ٹریفک سگنل سے تقابل بہت مزیدار ہے۔گرین زون۔۔۔یلو زون اور ریڈ زون

جب آپ غصے میں ہوتے ہیں اور اس اصطلاح سے آگاہ ہوتے ہیں تو آپکو اپنا آپ ڈونلڈ ڈک کی طرح سے محسوس ہوتا ہے جس کا دماغ سرخ ہو کر پریشر ککر کی مانند سیٹیاں مار رہا ہو۔

ان سب اصطلاحات نے میرا چیزوں کی طرف پرسپیکٹیوperspectiveبدل دیا ہے۔

ایمپاورمنٹempowermentکا احساس کہ نہ صرف آپ اپنے جذبات کا ریموٹ کنٹرول اپنے پاس رکھتے ہیں بالکہ آپ اپنے سماجی 'معاشرتی اور معاشی رشتوں کے اتار چڑھائو میں بھی جذباتی کنٹرول میں رہتے ہیں ایک ایمپاورنگ احساس ہے۔

یہ گرین زون فلاسفی کی تیسری اکائی ہے

خود انحصاری

میں امید کرتی ہوں کہ ایک ایسے وقت میں جہاں دنیا معاشی طور پر بٹی ہوئی ہے اور کرونا کی وبا نے ہر ملک کی اکانومی اور افراد کے لیے نہ صرف صحت بلکہ بے تحاشا نفسیاتی مسائل کو جنم دیا ہے یہ فلسفی ڈاکٹر صاحب کے زیرِ اثر بہت سارے لوگوں کو نفسیاتی ایمپاورمنٹ کے نئے خیالات سے روشناس کرائے گی اور لوگ نفسیاتی خود انحصاری کے اس عمل سے اپنی زندگیوں کو اور اپنے ارد گرد کے رشتوں کو بہتر انداز مین آگے بڑھا سکیں گے۔

ڈاکٹر خالد سہیل کا گرین زون کا فلسفۂ محبت اور فنِ شادی

ڈاکٹر سارہ علی

پاکستان میں مارچ کا مہینہ عورت مارچ کے حوالے سے متنازعہ رہتا ہے اور ہر قسم کے گالم گلوچ سے بھرا ہوتا ہے۔ 2021 کے مارچ کو شہر لاہور کیپونیورسٹی میں زیرِ تعلیم محبت میں گرفتار نوجوان جوڑے کے سرِ عام شادی کے پروپوزل نے مزید متنازعہ کر دیا اور گالم گلوچ کی زبان کو نئی جلا بخشی۔ اس سارے واقعے کو دیکھ کر انسان سوچنے پر مجبور ہوتا ہے کہ کیا واقعی محبت اور پسند کی شادی اتنی خوفناک شے ہے کہ سارا معاشرہ لرزے کا شکار ہے۔ اگر آپ بھی میری نسل کے بیشتر لوگوں کی طرح یہ سنتے ہوئے بڑے ہوئے ہیں کہ۔۔۔ محبت اندھی ہوتی ہے۔۔۔ بلکہ بزرگوں نے اس کو مزید خوفناک بنانے کے لیے اندھی 'بہری' لولی اور لنگڑی ثابت کرنے کی بھی تگ و دو کی ہو' ان کے لیے ڈاکٹر خالد سہیل کی کتاب کا یہ ٹائٹل

THE ART OF LOVING IN YOUR GREEN ZONE

'دی آرٹ آف لونگ ان یور گرین زون' خاص توجہ کا حامل ہے۔

ہمارے ہاں محبت آتشِ نمرود کے اثرات کی ماحصل ہے۔ خاص کر محبت اور شادی دو متضاد الفاظ بنا دیے گئے ہیں۔ ان چیزوں کو اپنے معاشرتی رویوں میں جانچنے کے لیے آپ کو کوئی بہت بڑا افلاسفر ہونے کی ضرورت نہیں۔

اگر ہم صرف ان لطیفوں کا ہی جائزہ لیں جو شادی اور بیوی کے لیے ہمارے ہاں بنائے جاتے ہیں تو معلوم ہوتا ہے کہ بیوی ایک بلا اور شادی ایک سزا ہے لیکن پھر بھی پورا خاندان انتہائی ذوق و شوق سے شادی کی کاروائی میں حصہ لیتا ہے بلکہ جب تک اس کا نتیجہ بر آمد نہیں ہو جاتا نہ ہی خود سکھ کا سانس لیتا ہے اور نہ ہی نو بیاہتا جوڑے کو سکون سے محبت کے پل بتانے دیتا ہے کیونکہ ہمارے ہاں شادی محبت کے لیے نہیں بچے پیدا کرنے کے لیے کی جاتی ہے جیسے ہم ڈائنا سور کی آخری نسل سے تعلق رکھتے ہیں اگر ہم نے بچے نہ پیدا کیے تو ہماری نسل انسانی ناپید ہو جائے گی۔

ایسے معاشرے میں ایسی کتاب جو آپ کو یہ سکھائے کہ نہ صرف آپ شادی میں محبت کے رنگ بھر سکتے ہیں بلکہ باہمی رشتے کے پچاس سال بعد بھی آپ ایک دوسرے سے آدم بیزار ہونے کی بجائے عاشق اور معشوق کا پر لطف رشتہ نبھا سکتے ہیں' بہت اہمیت کی حامل ہے۔ یہ کتاب نہ صرف محبت کو خراجِ عقیدت ہے بلکہ یہ محبت کے ازلی و ابدی مسائل سے بھی نبرد آزما ہے۔

آپ کو پہلے صفحے پہ لکھے گئے انتساب سے ہی اندازہ ہو جاتا ہے جب آپ یہ پڑھتے ہیں کہ یہ کتاب ان لوگوں کے نام ہے جو اجنبیوں کو محبوب میں بدل دیتے ہیں۔ اور اگلے ہی صفحے پر آپ کو خدا اور آدم۔۔۔ آدم و حوا کے رشتے کے مسائل پر تبادلۂ خیال کرتے ہوئے پائے جاتے ہیں۔ یہ کتاب محبت کے رشتے کی گنجلک گتھیوں کو سلجھاتی ہے۔

گرین زون فلاسفی کے مطابق وہ افراد جن کا اپنے جذبات سے رشتہ استوار نہیں ہوتا وہ لوگ ییلو اور ریڈ زون میں زندگی بسر کرتے ہیں ان لوگوں کی محبت اور شادی بھی ان کے جذباتی بحران کی وجہ سے ییلو اور ریڈ زون میں رہتی ہے۔ اس میں بڑی وجہ ان کا اپنی ذات سے تعلق نہ ہونا ہے جس کی وجہ سے وہ محبت میں جذباتی و جسمانی تسکین حاصل کرنے میں ناکام رہتے ہیں۔ یہ بات قابلِ توجہ ہے کہ سیلف ڈسکوری کا یہ عمل ہمارے معاشرے میں کم عمر کی شادیوں کی وجہ سے ادھورا رہ جاتا ہے۔ یہ عمر کا وہ حصہ ہوتا ہے جب آپ اپنے آپ کو جذبات کے سمندر میں گھرا پاتے ہیں اور اپنے ذہنی و جذباتی رجحانات سے آگاہ نہیں ہوتے۔ اس وقت ایک ایسے جذباتی رشتے میں باندھ دیا جانا جس کے بوجھ کے نیچے دب کر آپ ہمیشہ ییلو یا ریڈ زون میں رہتے ہیں۔

اپنے خود آگہی کے سفر سے گزر کر اپنے ساتھ محبت کا رشتہ بنا کر ہی آپ کسی اور کے ساتھ ایسی محبت کر سکتے ہیں جس میں آپ اس کا ایک جداگانہ شخصیت تسلیم کریں۔ اس کے جذبوں اور خوابوں کا احترام کرتے ہوئے مل کر ایک ایسی دنیا تخلیق کریں جس میں محبت اور احترام دونوں شامل ہوں۔

مشرقی معاشرے میں نہ صرف دو لوگ بلکہ ان سے جڑے خاندان اور معاشرے بھی اس رشتے کا حصہ ہوتے ہیں اس لیے وہ اس رشتے کو کیسے اپناتے ہیں اور کس نظر سے دیکھتے ہیں اس رشتے کی کامیابیا ناکامی میں اہم کردار ادا کرتے ہیں۔

ڈسکشن ناٹ آرگومنٹ 'پرسنل بائونڈریز کا قیام' اعتماد اور احترام۔۔۔ گرین زون رشتے کے ہال مارکس HALLMAKS ہیں۔ رشتے کی اونرشپ دونوں فریقین پر برابر ہے۔ مرد یہ کہہ کر بری الذمہ نہیں کہ گھر بنانا عورت کی ذمہ داری ہے اور نہ ہی معاشرہ اور خاندان عورت کو یہ کہہ کر صبر کرنے کا درس دے سکتے ہیں کہ ایک دن ییلو اور ریڈ زون رشتہ خود بخود گرین زون میں بدل جائے گا۔

رشتے کی مشترکہ ملکیت 'سیر حاصل گفتگو' خطوط کا تبادلہ اور استعاروں اور لوک دستانوں کا استعمال وہ چار اہم ستون ہیں جن پر ڈاکٹر خالد سہیل نے ریڈ زون جوڑوں کی سائیکو تھیریپی کی بنیاد رکھی ہے۔ اور اگر آپ کا سائیکاٹرسٹ آپ سے یہ پوچھے کہ بحیثیت جوڑے کے آپ اپنے رشتے کو EAST 401 HIGHWAY ایسٹ ہائی وے پر لے جا کر ریکونسائل کرنا چاہتے ہیں یا WEST HIGHWAY401 ویسٹ پر لے جا کر الگ ہو جانا چاہتے ہیں تو تلخی رنج اور غصے کی جگہ اعتماد لیتا ہے جس میں آپ یہ یقین رکھتے ہیں کہ کرسی پہ بیٹھا یہ معالج دونوں صورتوں میں آپ کی بہتری چاہتا ہے اور دونوں فریقین سے یکساں مخلص ہے۔

غالب کے خطوط سے لے کر سعادت حسن منٹو کے۔۔۔ انکل سام کے خطوط تک۔۔۔ ہر خط اپنے اندر ایک جہاں سمائے ہوئے ہے۔ لیکن آپ نے کوئی ماہرِ نفسیات ایسا نہیں دیکھا ہوگا جو نہ صرف آپ کو اپنے شوہر بلکہ دیگر رشتوں جس میں آپ تنائو کا شکار ہوں خط لکھنے کو کہے اور خود بھی خط لکھ کر اپنے مریض کو اپنے تاثرات سے آگاہ کرے۔ ڈاکٹر خالد سہیل ایک ایسے ہی ماہرِ نفسیات ہیں اور اس عمل کو وہ creative psychotherapy کا نام دیتے ہیں جس کے لیے ان کی انسپریشن کافکا کا وہ پچاس صفحے کا خط ہے جو اس نے اپنے والد کے نام لکھا تھا کیونکہ اس کا اور اس کے والد کا رشتہ بھی تنائو کا شکار تھا۔ خدا کی قسم اگر کوئی مجھے یہ بات بتائے تو میں ساری عمر خطوط ہی لکھتی رہوں۔

میرے لیے ان خطوط کی اہم بات خواتین کے وہ خطوط ہیں جن میں سے کسی کو بھی ڈاکٹر صاحب نے صبر شکر کرنے کا مشورہ نہیں دیا جیسے کہ ہمارے ہاں اکثر ماہرینِ نفسیات کرتے ہین۔ ان خواتین کو انہوں نے پہلے اپنے آپ سے بطور عاشق محبت کرنے کا مشورہ دیا پھر اپنے دل و دماغ کو مجتمع کرنے کو کہا۔ وہ اپنی اس مریضہ کا ساتھ دینے سے نہیں جھجھکتے جو کہ اپنی بیس سال کی بے رنگ شادی سے تنگ آکر اپنے عاشق کے ساتھ نئی زندگی کا آغاز کرنا چاہتی تھیں۔

میرے لیے یہ بات باعث اطمینان ہے کہ وہ خاتون اپنے عاشق کے ساتھ ہنسی خوشی کئی سال سے زندگی گزار رہی ہیں۔ اس بے رنگ زندگی کی زنجیر سے جان چھڑا کر جو ان کے پائوں میں پڑی تھی۔

ڈاکٹروں کے لیے سب سے اہم مقصد جان بچانا ہوتا ہے طب کا پورا شعبہ صرف ایک مقصد کے گرد گھومتا ہے اور یہی چیز اس کتاب کی اساس ہے۔ ہمارے ہاں شادی فرد سے زیادہ اہمیت کی حامل ہوتی ہے۔ شادی کی کامیابیا ناکامی کو انسان کی کامیابیا ناکامی بنا دیا جاتا ہے۔ لیکن اس فلسفے میں اس کو CYCLE OF LOVE کا نام دیا گیا ہے۔ عمومی نقطۂ نظر میں محبت کی آخری سٹیج فنا ہو جانا ہے۔ یہاں زندہ رہنے اور بھرپور طریقے سے زندہ رہنے کی ترغیب دی گئی ہے چاہے آپ کی شادی ناکام ہی کیوں نہ ہو گئی ہو۔

یہ سائیکل آف لوو CYCLE OF LOVE---

سائیکل آف لائف CYCLE OF LIFE ہے۔

جہاں فینکس اپنی ہی راکھ سے پیدا ہوتا ہے۔ کیونکہ زندگی کے ارتقا کی طرح محبت کا بھی ارتقا ہوتا ہے۔ لازمی نہیں کہ پچیس برس کی عمر میں کیا گیا فیصلہ پچاس برس کی عمر میں بھی صحیح معلوم ہو۔ لیکن اس کا یہ مطلب نہیں کہ آپ اپنی جان لے لیں یا دوسرے کی جان کے درپے ہو جائیں۔ صرف محبت کا دعوہ کرنا اہم نہیں بلکہ اس کو نبھانا اور اس میں مسرت کے رنگ بھرنا کمالِ فن ہے۔ زندگی کی چکی کے دو پاٹ محبت کرنے والے انسانوں کو ایسے پیستے ہیں کہ محبت کی چڑیا پھر کر کے اڑ جاتی ہے اور آپ عاشق محبوب سے گڈو کی اماں اور اسلم کے ابا بن جاتے ہیں۔ اور زندگی تلخ سے تلخ تر ہوتی جاتی ہے۔ ڈاکٹر صاحب کا نسخۂ محبت سادہ لیکن کار آمد ہے۔

ہفتے میں ایک دفعہ اپنے شریکِ سفر کے ساتھ اکیلے پوری پلٹن کے بغیر باہر جایئے' اپنے پسندیدہ مشغلے جاری رکھیے اور مشترکہ دوستوں کے علاوہ اپنے ذاتی دوستوں کے ساتھ تعلق برقرار رکھیے تاکہ جب آپ زندگی کے مسائل سے پگلا کے اپنے بال نوچنے کی سٹیج تک پہنچیں تو وہ دوست آپ کو اطمینان سے سن کر یہ احساس دلا سکیں کہ یہ سب محبت کے وسیع کینوس کے رنگ ہیں اور جب لگے زبانی الفاظ آپ کے الفاظ کے احاطے سے قاصر ہیں تو ایک دوسرے کو خط لکھیے۔ ایک دوسرے سے کی گئی باتوں کو انسانیت کے دائرے میں رکھیں آپ کا محبوب بیوی یا شوہر انسان بھی ہیں اور ان کے جذبات آپ کے الفاظ سے اسی طرح متاثر ہوتے ہیں جیسے اپنے بوس سے جھاڑ کھاتے ہوئے آپ کے۔

ضروری نہیں کہ ہر دفعہ گفتگو فرماتے ہوئے ایک دوسرے کے زخم میں انگلی کھبو کر بیٹھے رہیں اور ماضی کے گڑے مردے نکال نکال کر ایک دوسرے کا جینا حرام کریں۔

محبت شکایت اور پریشانی کو صحیح الفاظ کے چناؤ سے صحیح وقت پر دوسرے کے دل و دماغ تک پہنچایا جا سکتا ہے۔

اگر آپ کی شادی محبت سے خالی ہے تو یہ صرف ایک کاغذ کا سوشل کونٹریکٹ ہے جس کو معاشرے اور مذہب کی بلیسنگ BLESSING سے آپ جنسی تسکین کے لیے تو استعمال کر سکتے ہیں لیکن ذہنی اور روحانی خلفشار کا شکار رہیں گے۔ اور لونگ ان یور گرین زون THE ART OF LOVING IN YOUR GREEN ZONE آپ کو بحیثیت انسان اپنے آپ سے پیار کرنا سکھاتی ہے تاکہ آپ دوسروں سے پیار کر سکیں اور شادی میں محبت اور مسرت دونوں حاصل کر سکیں۔

حصہ ہفتم: شخصیت

ڈاکٹر خالد سہیل: فن اور شخصیت

شکیلہ رفیق

ماہ نا'شاعر' کے مدیر محترم جناب افتخار امام صدیقی کی فرماش تھی کہ میں گوشہ
خالد سہیل کے لئے کچھ لکھوں اور ان کا کہا میں ٹال نہیں سکتی۔ اب لکھنے بیٹھی ہوں تو واچتی
ہوں کہ ات وہاں سے کیوں نہ شروع کروں جب ہماری پہلی ملاقات ہوئی تھی۔

یہ غالباً1966ء کی ات ہے جب میں پہلی ارvisit پر کینیڈا آئی تھی۔ تب رائٹرز فورم کے اس وقت کے صدر جمال زبیری نے میرے اعزاز میں ایک محفل منعقد کی۔ میر اپہلا افسانوں کا مجموعہ 'کچھ دیر پہلے نیند سی' انہی دنوں اشاعت پذیر ہوا تھا۔ جس کے چند نسخے میں اپنے ساتھ لائی تھی۔ یں یہاں کے مقامی لکھنے والوں میں سے کسی سے واقف نہ تھی اس لئے میرے میزان نے کتابوں کی تعداد کے لحاظ سے چند ناموں کی نشان دہی کر دی تھی کہ کتابیں ان کو دے دیں جس میں ایک نام خالد سہیل کا بھی تھا۔ میں نے کتابیں مذکورہ حضرات کو دے دیں مگر ان سب نے کتاب کو کیسا پایا اس کا مجھے کوئی علم نہ ہو سکا بلکہ ہمارے ایک مہران دوست اشفاق حسین کی رائے کا تو آج تک کسی بھی کتاب کے ارے میں کوئی علم نہ ہو سکا۔ خیر یہ ات تو یوں ہی ضمناً زیرِ تحریر آ گئی۔

تو اس نشست میں، میں نے اپنی ایک کہانی 'بند کواڑ' پڑھی جو ان ہی دنوں مشفق خواجہ کے پرچے 'تخلیقی ادب' میں شائع ہوئی تھی اور بہت پسند کی گئی تھی۔ مگر اس محفل میں کہانی سننے کے بعد چند افراد نے کہا 'یہ کہانی ہماری سمجھ میں نہیں آئی، کوئی اور کہانی سنائیں۔' تب پھر میں نے اپنی ایک اور کہانی 'ایک ووٹ' پڑھی جسے سب نے پسند کیا۔

☆

یہ ابھی دو چار برس قبل کی ات ہے جب میں اور خالد سہیل 'اردو کونسل آف کینیڈا' کی دعوت پر مانٹریال جا رہے تھے ل مس میرے اعزاز میں ایک شام تھی اور پھر وہاں مجھے best writer کے ایوارڈ سے نوازا گیا اور یہ ایوارڈ مجھے محترم شان الحق حقی کے مبارک ہاتھوں سے دلوایا گیا۔ مانٹریال کے اس سفر کے دوران خالد سہیل نے اتنے عرصے کے بعد یہ ات بتائی کہ وہ میری کتاب 'کچھ دیر پہلے نیند سے' پڑھنے کے بعد میری کھوج میں مبتلا ہو گئے تھے کہ میری ن پ ابتدائی کہانیوں کا موضوع موت کیوں ہے؟ پھر اسی سفر کے دوران انہوں نے میرا ایک طویل انٹرویو کیا جسمیں دیگر واالات کے ساتھ یہ واال بھی شامل تھا کہ میں نے اپنی کہانیوں میں موت کو کیوں اتنی اہمیت دی ہے (خیر یہ ایک الگ داستان ہی)

☆

اس پہلے visit کے بعد میر اکینیڈا آنے جانے کا سلسلہ ہر سال شروع ہو گیا کہ امیگریشن کا سلسلہ بھی تھا۔ پھر پی آئی اے کی ملازمت کے سبب آنے جانے میں کوئی دشواری بھی نہ تھی۔

تقریباً ہر ار خالد سہیل سے ملاقات رہی اور کتابوں کا تبادلہ بھی ہوا ایک ار اپنی کتاب 'دو کشتیوں میں وار' مجھے دی۔ میں اس ات کو اپنا فرض مجھتی ہوں کہ صاحبِ کتاب کو کوئی نہ کوئی جواب ضرور دوں۔ پھر مجھے اس کی چند کہانیاں پسند بھی آئی تھیں۔ لہٰذا خط میں ان کہانیوں کا حوالہ بھی دیا۔ ان کا جواب فوراً ہی آ گیا جس میں بہت سی اتوں کے ساتھ خود میرے اپنے ارے میں بھی ایک اطلاع تھی کہ میں ایک اغی اور لبرل خاتون ہوں اور غیر روایتی زندگی گزارنا پسند کرتی ہوں۔ حقیقتیہ ہے کہ ہم کسی کے کچھ واچنے یا سمجھنے پر قطعاً کوئی پابندی نہیں لگا سکتے۔ مگر چوں کہ حقیقتاً ایسا تھا نہیں۔ لہٰذا میں نے خالد سہیل سے بھی

زیادہ عجلت برتی اور اسی وقت اس خط کا جواب لکھا کہ آپ غلط سمجھے ہیں۔ چند اتوں میں، میں روایات کی قائل ہوں اور کچھ کو قطعاً پسند نہیں کرتی اور نہ ہی ان پر عمل کرتی ہوں۔ میرے اس خط کا جواب نہیں ملا۔ پھر ایک دو طوطط اور لکھے مگر جواب ندارد۔ تب میں نے بھی خاموشی اختیار کرلی۔ مگر جب بھیبیہاں آنا ہوتا ، ملاقات ہوتی اور میں جواب نہ دنے کی شکایت کرتی وہاں جواب میں صرف مسکراہٹ ہوتی اسی لئے اپنی کتاب 'قطار میں کھڑا آدمی' دیتے ہوئے اس پر میں نے لکھا کہ خالد سہیل کے لئے جو طوطط کا جواب نہیں دیتے۔

پھر اب 1996ء سے میں تقل ط طور پر کینیڈا میں رہاش پذیر ہوں قبیلے کے دیگر افراد کے ساتھ ساتھ خالد سہیل سے بھی ملنا ہوتا ہے اور اب موجودہ صورتِ حال یہ ہے کہ وہ میری پوری فیملیسے واقف ہیں، آنا جانا بھی رہتا ہے میرے تینوں بچے جو یہیں مقیم ہیں ان سے بھی ان کی ملاقات ہے بلکہ ہمارے ایک صاحب زادے عامر حسن تو ان کی تحریروں اور شخصیت کے مداح بھی ہیں۔

کینڈا میں رہاش پذیر ادیبوں میں خالد سہیل کا شمار ان لکھنے والوں میں کیا جاسکتا ہے جو مشرق و مغرب دونوں فلسفوں کے رزی شناس ہیں۔ دوسری ات یہ ہے کہ وہ مسلسل مختلف اصناف میں طبع آزمائی کررہے ہیں جس میں ناول، افسانہ، شاعری، تنقید اور معلوماتی مضامین شامل ہیں۔

1965ء سے اپنے ادبی سفر کی ابتداء کرنے والے خالد سہیل کی اب تک تقریباً چودہ کتابیں منظرِ عام پر آتھ ہیں، اردو، انگریزی اور پنجابی زان میں بھی ان کی تحریریں شائع ہوئی ہیں اور کچھ کتابیں انہوں نے جاوید دانش کے تعاون سے تحریر کی ہیں جیسے 'کالے جسموں کی ریاضت' وغیرہیوں ہم انہیں مختلف الجہات ادیب بھی کہہ سکتے ہیں۔

چونکہ وہ پیشے کے اعتبار سے ماہر نفسیات ہیں اس لئے ان کے لکھنے میں ان کے پیشے کی مدد شامل رہتی ہے۔ الخصوص افسانہ نگاری میں انہیں موضوعات کو تلاش کرنے میں سعی نہیں کرنی پڑتی۔ ان کی اکثر کہانیوں میں نفسیاتی مسائل و ذہنی اجھنیں نظر آتی ہیں۔ یوں ان کا پیشہ ان کے لکھنے میں معاون و مددگار ثابت ہوتا ہے۔ ان کی ایک کتاب ''دو کشتیوں میں وار'' جس کا تذکرہ میں نے قبل بھی کیا ہے اس میں ان افراد کی ذہنی کشمکش کی عمدہ عکاسی کی گئی ہے جو اپنا وطن چھوڑ کر مغربی الکلک میں آبسے ہیں۔ پھر بعض اوقات وہ اپنیکہانیوں میں ایسے موضوعات کا انتخاب بھی کرلیتے ہیں جن کو چھونے سے دوسرے قلم کار یاتو گھبراتے ہیں یا اس ضمن میں ان کی معلومات ناکافی ہوتی ہیں۔ ان کی ایک کہانی

'ہم زاد' کا ایک فقرا کچھ یوں ہی:

'اس جگہ ایک ای ب عورت دفن ہے جسے تمام عمر لوگ مرد سمجھتے رہے'

اس کہانی میں ایک حساس اور نازک موضوع کا انتخاب کیا گیا ہے۔ ابھی حال میں ان کی ایک کہانی 'خودکشییا قتل' نظر سے گذری، نظریاتی اختلاف کے اوجود مجھے یہ کہانییوں اچھی لگی کہ یہ موجودہ عالمیصورتِ حال کے تناظر میں لکھی گئی اور الجھے اور بگڑے حالات کینمائندگی کی اچھی کوشش ہے۔

ان کی انگریزی میں تحریر کردہ کچھ کتابیں بھی قابلِ توجہ ہیں جس میں red, yellow and green zone اور اس سلسلے کی دو کتابیں اور بھی ہیں ۔بقول خالد سہیل کے پوری دنیا میں وہ پہلے ہیں جنہوں نے اس موضوع پر قلم اٹھایا ہے۔ ان کا کہنا ہے کہ اب کچھ اور ادیب بھی اس موضوع پر لکھرہے ہیں اور ان کی اس کتاب نے بہتوں کو زندگی کی نئی راہیں دکھائی ہیں۔ ایک اور انگریزی کی کتاب Love ,Sex and Marriage ہے جو ان کی اپنی دوست Bette Davis سے کی گئی خط و کتابت پر مشتمل ہے، جس میں کتاب کے عنوان سے متعلق مسائل پر بحث و گفتگو کی گئی ہے۔ یہاں میں ان کی تمام کتابوں کی فہرست نہیں گنوا سکتی، جسے دپسی ک ہوگی وہ تلاش کرلے گا۔

خالد سہیل شاعری بھی کرتے ہیں ایک ار میں اپنی فیملی کے ساتھ ان کی دعوت پر ان کے گھر گئی تو ان کا گھر دیکھ کر ان کا ہی ایکشعر یاد آ گیا جو ان کی شخصیت ور ہنسہن کی مکمل عکاسی کرتا ہے:

ہمارے گھر کی ہر اک چیز بے گھروں کی طرح شریر بچوں کی بے ربط خواہشوں کی طرح میرے نزدیک ان کی بڑی خوبی منافق نہ ہونا ہے۔ چونکہ میں خود منافقت سے شدید نفرت کرتی ہوں اس لئے ایسے اشخاص سے میری ذہنی وابستگی ہو جاتی ہے جو منافق نہ ہوں۔ اور یوں تو اس دنیا میں ایسے بہت سے لوگ ہیں جو جیون ساتھی کے پہلو میں لیٹے اپنے دوسرے دوست کا تصور کر کے محظوظ ہو رہے ہوتے ہیں۔ میرے خیال میں خالد سہیل کا ظاہر واطن ایک ہے اسی لئے وہ اپنے ذہنی، شخصی اور ذاتی نظریات کا اظہار بلا کسی جھجک کے کر دیتے ہیں۔

وہ نہ صرف ادیب، افسانہ نگار و شاعر ہیں، بلکہ ایک بہت اچھے انسان بھی ہیں۔ اور شدید نظریاتی اختلاف کے اوجود میری دوستی اسی اچھے انسان سے ہی۔

شکیلہ رفیق

6 جون 5555ء

پانچواں درویش

انور زاہدی

قصہ چہار درویش کا ذکر آتے ہی میر امن دہلوی کی اغ و بہار نگاہوں کے سامنے آجاتی ہی.لیکنیہاں چار درویشوں کے قصے کو دہرانے کے بجائے اس ایک ای ب اغ و بہار شخصیت کا ذکر ہو رہا ہے جو خود کو درویش کہنے م یں کشی جھجک کے بجائے اس پر فخر کرتا ہے اور آپ جانئے درویش اگر دنیا کہے تو الگ ات لیکن اگر آپ خود کو درویش کہنا یا کہلوانا شروع کر دیں تو یہ کوئی ای ب آساں ات نہیں بلکہ لوہے کے چنے چبانے والا مسئلہ ہی۔ یہاں ایسے ہی ایک درویش سے آپ کی ملاقات کرانی ہے جو لوہے کے چنے چبانے کا شوقین ہے۔اس خود ساختہ درویش کا نام خالد سہیل ہی. موصوف نے 1974ء میں خیبر میڈیکل کالج سے ایم بی ایس کیا اور پھر دشت نوردی کے لیے ایران کی راہ لی لیکن جبوہاں طہ ن یع پ سیر نہ ہوئی تو نہ جانے کہاں کل ہ ں کی گرد چھانتا ہوا امرکہ کی راہ کینیڈا جانے کی ٹھانی اور وہاں پہنچ کے ایسا دم لیا کہ نہ صرف کینیڈا میں رہنے والے برصغیر سے متعلق پاکستانی اور ہندوستانی رت ان ہیں بلکہ اب تو خود کنیڈین بھی دم بخود ہ ہیں کن یونکہ خالد سہیل کا نام تصویر کے ساتھ کینیڈا سے سال بہ سال نکلنے والی کتاب who is who میں شامل ہے اور یہ ات صرف خالد سہیلی کے لیئے نہیں بلکہ ہم سب کے لئے اور ملکی سطح پر پاکستان کے لئے بھی اعث فخر ہی۔

کینیڈا ہنچنے پر اپنے ہم زلف کے ہاں سے پہلا فون جو میں نے کیا وہ خالد سہیل سے رابطے کے لئے تھا نہ جانے کیوں ان کا تازہ فون نمبر میرے پاس نہیں تھا، جبکہ چند ماہ قبل ہی خالد سہیل سے اسلام آاد میں بھی ملاقات ہوئی تھی اور ہمیشہ کی طرح کئی گھنٹے کی نشست ان کے ساتھ رہی تھی۔ملاقات کے اختتام پر جب وہ جانے گے اور ہم سب انہیں خدا حافظ کہنے کو اہر نکلے تو خالد سہیل کو اپنی جدید ماڈل کی اسپورٹس کار کے ساتھ دیکھ کے ں مس خوشی ہوئی وہیں اس کی نمبر پلیٹ سے اوپر انگریزی کے حروف میں لفظ درویش DARVESH کی لگی ہوئی پلیٹ کو دیکھ کر رت بھی ہوئی۔

درویش کا یہ انداز محض نرالا ہی نہیں بے حد دلچسپ بھی تھا. اس سے پہلے کسی ایسے درویش کے ارے میں نہ سنا تھا اور نہ ہی کوئی ایسا درویش دیکھا تھا جو اسپورٹس کار کا بھی شوق رکھتا ہو اور جس کی ای میل email بھی درویش کے پتے ہی پر پہنچتی ہو. لفظ درویش کے لغوی معنی ہیں فقیر 'گدا' بھکاری' سائیں' سائل' غریب کے علاوہ مسکین' سالک اور خدا رسیدہ کے مطالب بھی سامنے آتے ہیں اور ہمارا یہ دوست جسے میں نے پانچواں درویش کہا ہے اس لفظ درویش کے کسی بھی لغوی معنی سے قطعاً کوئی الکثلت نہیں رکھتا کیونکہ فقیر' گدا' بھکاری یا غریب ہونا تو کسی بھی طور اس کے لیے غیر مناسب ہی. لیکن وہ مجھے مسکین بھی نظر نہیں آتا اور نہ ہی اپنے لائف سٹائل سے وہ دور دور تک کہیں سے بھی خدا رسیدہ آدمی دکھائی دیتا ہی. اسی لفظ درویش کے لیے انگریزی زان میں 'سینٹ saint' کا مترادف موجود ہے جبکہ اس کے لیئے بھی تارکِ دنیا اور برگزیدہ لوگوں کا ذکر آتا ہے. خالد سہیل جنہیں میں ایک اغ و بہار شخصیت کہہ چکا ہوں اس 'سینٹ' کی بھی نفی کرتا دکھائی دیتا ہی. اردو میں ایک لفظ اس قبیل کے لیے اور استعمال ہوتا رہا ہے جسے 'صوفی' کہا گیا ہے۔لفظ صوفی کے لغوی معنی میں ایک ایسے درویش کا ذکر ہوتا ہے جو مبل اوڑھے رہے۔لفظ 'صوف' کے مطلب میں اون، ریشم، اور نمدے کا ذکر ہی،(ابتدا میں صوفی اسی لباس میں رہتے تھے) لیکن اس لفظ کے ں مس بہت سے اور مطالب تھے ،وہیں ایک مطلب ، خلص بھی بتایا گیا ہی، جن سے اہلِ تصوف منسوب ہوئے ،اور شاداایسے ہی کسی صوفی کے ارے میں داغ نے کہا تھا۔

ے بزمِ دشمن میں رہے آپ تو صوفی ن کر سرخ آنکھوں میں کہاں ہے اثر جام شراب لیکنیہاں بھی صوفی کے لئے لازم ہی،وہ متقی، پارسا، پرہیزگار ہو، بھگت کہلائے پاک صاف رہی، بے گناہ اور معصوم سمجھا جائی۔اور یہ سارے اوصاف تو کڑی پابندیوں کے زمرے میں آتے ہیں'

لیکن ات جب صوفیانہ صفات کی ہوتی ہے تو اس میں سادہ زیاجی 'درویش پسندی' پار سانہ اطوار 'ٹیپ ٹاپ یا بھڑک سے مبرا خوبیاں سامنے آتی ہیں اور جب ذکر صوفیانہ وضع قطع کا ہوتا ہے تو اس میں سادہ وضع 'سادہ پن' ریاکاری سے مبرا ایک محبت کرنے والے زیاج کی ات ہوتی ہی۔ میں خالد سہیل کو بس اسی قبیل کا ایک درویش کہوں گا، جو مکمل طور پر ایک عملی انسان ہوتے ہوئے بھی، کینیڈا میں دو دہائیوں سے دماغی امراض کے ایک ماہر کی حیثیت سے اپنا کلینک چلا رہا ہے۔ شاعر، افسانہ نگار، محقق، اور ایک ممتاز دانشور ہونے کے اوجود اپنی وضع قطع سی، سہیل ایک سیدھا سادھا انسان اور محبت کرنے والا بے لوث اور ایک خلص دوست ہی۔ درویشی در حقیقت کوئی ای بے شے نہیں جسے ازار سے جا کر یدلا یا جائے اور کسی آرائشی لباس کی طرح پہن لیا جائے۔ یہ تو انسان کے اندر کا ایک ایسا جوہر ہے، جس سے خود اس کا مالک بھی اکثر ہی نہیں بلکہ بیشتر اوقات بے خبر رہتا ہے اور اگر کسی انسان کو اس جوہر ِ اطنی کا علم ہو جائے یا اس مخفی صلاحیت کی آگہی ہو جائے تو اس سے بڑا خوش قسمت انسان کوئی نہیں، کہ در حقیقت اس صورتحال کے لئے شاد اعلاااالّٰلّٰ نے فرمایا تھا۔

؎ آشنا اپنی حقیقت سے ہو اے غافل کہ تو گرچہ قطرہ ہے مثال بحر بے پایاں بھی ہی

اور اس لحاظ سے خالد سہیل واقعی خوش قسمت ہیں، کہ وہ اپنے اندر کے موسم سے بہت جلد آشنا ہو گئی۔ ان کا کمال یہ ہے کہ وہ اپنی ذات کے موسم میں ہر وقت مست رہتے ہیں۔ اور اس اطنی موسم کے سرد و گرم سے ناخوش ہونے کے بجائے اسے اسی موسم کے گلاب چننے اور کانٹوں سے اپنی رگِ جاں کو لہو کرنے کا فن آ گیا ہی۔ انسانی نفسیات کا تقاضا ہے کہ وہ صرف پھول ہی چننا چاہتا ہی، کانٹے اسے اچھے نہیں لگتے اور نہ ہی لگنے چاہیں۔ اب اگر اسے پھول ہی پھول ملتے ہیں تو وہ ایک خوش قسمت انسان سمجھا جاتا ہے لیکن اس کے برعکس اگر کانٹے اس کے نصیب میں لکھ دیئے گئے تو وہ ایک بدنصیب انسان ٹھہرتا ہے، حالانکہ گل و خار تو دن رات کی طرح آپس میں لازم و ملزوم ہیں، جیسے بقا اور فنا، اور یہی زندگی ہے کہ ں مس وہ ہمیں دھ دیتی ہے وہیں سکھ سے بھی آشنا کراتی ہی۔ اور دراصل وہی شخص درویشی کے منصب کو پانے کا حقدار ہے جو موسم کے گرم سرد، زندگی کے دھ سکھ اور چمن میں لے ہوئے پھولوں اور کانٹوں سے بہ زان شاعر بیک وقت نباہ کرنے کا فن جانتا ہو۔

؎ گلشن پرست ہوں، مجھے گل ہی نہیں عزیز کانٹوں سے بھی نبھاہ کئے جا رہا ہوں میں

میری اور خالد سہیل کی دوستی کا آغاز آج سے کوئی ارہ برس قبل ایک دن اچانک کینیڈا سے وصول ہونے والے ایک ن پٹ یکن ی پ سے ہوا، جسے کھولا تو اس میں سے ایک آڈیو کیسٹ 'چنگاریاں' کی بر آمد

ہوئی۔ یہ خالد سہیل کے افسانوں کی کیسٹ تھی، جو میرے لیے واقعی قابل پیتی رّ تھی کہ ابھی پاکستان میں صرف گانوں، غزلوں، قوالیوں کی کیسٹوں کے سننے کا رواج تھا، لیکنیہ افسانوں کی کیسٹ کینیڈا سے چلی آ رہی تھی۔ ان افسانوں میں اکثر بمبئی سے شائع ہونے والے ماہانہ رسالے 'شاعر' میں پہلے ہی پڑھ چکا تھا۔ مگر افسانوں کو یوں کانوں سے پڑھنے کا میرا یہ پہلا اتفاق تھا۔ واقعی خالد سہیل نے ایک تو اتنی دور سے

دوستی کا ہاتھ بڑھا کے پہل کی تھی جس کے لیئے میں ممنون
تھا دوسرے اس نے 'چنگاریاں' کی کہ یسہ ی
پ کے ذریعے واقعی روایات کی زنجیر یں توڑ کے اردو افسانے کو کہ یسہ
ی
پ کے ذریعے سننے کا ایک نیا پیراہن
بھی دے ڈالا تھا۔

یہ 1967ء کی سردیوں کی ات ہے، خالد سہیل سے ایک رابطہ قائم ہو گیا۔ میرا افسانوں کا مجموعہ جب سن اکیانوے میں شائع ہوا تو اس کی ایک کاپی میں نے خالد سہیل کو کینیڈا ارسال کر دی، اور یوں ہماری خط و کتابت کا ایک سلسلہ چل نکلا۔ سن ترانوے میں مجھے اس کا ایک خط ملا جس میں پاکستان آنے پر انہوں نے مجھ سے ملاقات کی خواش کا اظہار تھا، اس سے بڑی بھلا اور کیا خوشی کی ات ہو سکتی تھی، ایک دوست ملنے کی خواش کر رہا تھا۔

ے اے ذوق، کسی ہمدمِ دیرینہ کا ملنا بہتر ہے ملاقاتِ مسیحا و خضر سی

میں نے جواباً خالد سہیل کو اسلام آباد اپنے ہاں رہنے کی دعوت دی، خالد سہیل کا اسلام آباد میں میرے ہاں چند روزہ قیام یادگار رہا، جس کے دوران ان کے ساتھ کئی ادبی محفلیں ہوئیں، ایک ادبی
نشست راولپنڈی پریس کلب م یں یلق ے ٹہ ارباب غالب نے منعقد کی، ایک نشست منشایاد صاحب کے ہاں ے
ہوئی جس میں بہت سے ادیبوں کے علاوہ احمد داؤد جو خود ایک کہانی ن گیا، اپنے توانا قہقہوں اور لطیفوں کے ساتھ موجود تھا۔ ایک محفل میں نے بھی خالد سہیل کے اعزاز میں اپنے ہاں سجائی، تب پاپا (سیّد
مقصود زاہدی) حیات تھے اور ابھی ان کی صحت ٹھیک تھی ،اس
محفل کے شرکام یں مم
ٹ ز فتی ،ڈاکٹر جمیل جالبی ، منشا یاد ، ڈاکٹر رشید امجد،
پروفیسر جلیل عالی ،ڈاکٹر اعجاز راہی اور پروفیسر یوسف حسن شامل تھے۔ خالد سہیل سے ان ادبی محفلوں میں بہت کچھ سنا گیا اور اکیلے میں تو اس کی بے شمار غزلیں، نظمیں سننے کا اتفاق ہوا۔ اس وقت تک خالد سہیل کو کینیڈا میں سکونت اختیار کئے والہ برس ہو چکے تھے اور وہ سان ے ٹ یکٹیت ری Psychiatry میں کینیڈا ہی سے ایف آر سی پی FRCP کرنے کے بعد ان دنوں وہاں کے ایک ہسپتال میں ایک سان ے ٹ یکٹیت رسٹ کی حیثیت سے کام کر رہا تھا۔ 1996ء تک یعنی جب پہلی ار ہم دونوں کی ملاقات ہوئی تو خالد سہیل تقریباً ایک درجن کتابوں کا مصنف ن چکا تھا۔ اس کی کتابوں کے نام یوں ہیں:

1. تلاش (شاعری(
5. زندگیمیں خلا (افسانہ)
6. بریکنگ دی پ ی

حصہ ہفتم: شخصیت پانچواں درویش

چ (افسانوں کا انگریزی ترمہ)

4. اک پیروچ زنجیر (افسانوں کا پنجابی ترمہ)

0. واغات (بین الاقوامی کہانیوں کا ترمہ)

5. بھگوان ایمان انسان (فلسفیانہ مضا مینکا اردو ترمہ)

7. مغربی عورت، ادب اور زندگی (مغربی خوان پ ادیبوں کے افسانوں اور مضامین کا ترمہ)

6. چنگاریاں (افسانوں کا کہ یسہ ی

پ)

9. تازہ ہوا کا جھونکا (شاعری کا کہ یسہ ی

پ)

15. ایک کلچر سے دوسرے کلچر تک (مقالے کا کہ یسہ ی

پ)

11. ٹوٹا ہوا آدمی (دوناولٹ)

15. انفرادی اور معاشرتی نفسیات (ایک ماہر نفسیات کے انٹرویو اور طوطط)

Literary Encounters)collection of interviews(.1

16. ورثہ (لوک کہانیوں کا ترمہ)

14. امن کی دیوی (مشر قوسطی: 95/91 کی جنگ)

10. کالے جسموں کی ریاضت (افریقی ادب)

15. ایک اپ کی اولاد (عرب یہودی مسائل)

17. دوکشتیوں میں وار (افسانہ)

16. دھرتی ماں اداس ہے (افسانہ)

19. دریا کے اسپار (ناولٹ)

55. ہر دور میں مصلوب (گے اور لیز ے ی ب ادب، اور زندگی)

51. پگڈنڈیوں پہ چلنے والے مسافر (ادبی مضامین، تراجم، انٹرویوز)

مگر اس سب کے اوجود جس خالد سہیل سے میری ملاقاتیں اور خط وکتابت رہی وہ ایک ماہر نفسیات ہونے کے ناطے سناب نظر آنے یا ایک شاعر افسانہ نگار اور دانشور ہونے کے بل پہ خود کو طرم خان سمجھنے یا پھر کینیڈا میں اتنی مدت گزار دنے اور ثروت مند ہونے کے اوجود اپنے زیاج کے اعتبار سے ایک دنیا اور تیز وطرار شخص نظر آنے کے بجائے یسا عام طور سے دیکھنے میں آیا ہے، احساسِ تفاسے یکسر تہی داماں، ایک الکل بے نیاز انسان کے روپ میں نظر آیا، ویسے تو بقول میر۔

خالد سہیل؛ فن اور شخصیت

ہے تہہ دل بتوں کو کیا معلوم نکلے پردے سے کیا خدا معلوم

لیکن خالد سہیل سے جب بھی ملاقات ہوئی وہ ہمیشہ ایک خلص دوست ہی طرح ملا۔ اسلام آ اد میں، لاہور میں یا کینیڈا میں، ں مس کہیں اسے دیکھا ہمیشہ ایک تھیلا اس کے کاندھوں پہ نظر آیا جس میں دوواراں کے لیے کتابیں، نوٹس لینے اور پتے لکھنے کے لیے کاغذات، ایکڈائری، سیاحوں ہیسا استری اور کلف سے ٓم الباس اور اریش چہرے پہ ہر ایک کے لئے مسکراہٹ کےِ واڈھونڈنے پہ کچھ اور نہ مل سکا۔
زندگی میں طالبِ علمی کے زمانے سے اب تک بہت سے استادوں، جن میں میڈیکل کالج کے پروفیسروں سے لے کر بہت مصروف پرائیویٹ پریکٹس کرنے والے ڈاکٹروں، ادب کے استادوں، ممتاز وکیلوں، صحافیوں، نامور افسانہ نگاروں، قادر الام م شاعروں، کہ بند نقادوں اور بطور خاص ماہرین نفسیات اور ذہنی امراض کے ماہرین کو نہ صرف ملنے بلکہ ان میں سے بہت واں کو خاصا قریب سے دیکھنے اور پرکھنے کا موقع ملا۔ ان حضرات سے بھی ملاقاتیں رہیں جو دکھتے دکھتے اریش ہوگئے اور خود کو معتبر سمجھنے اور ذرا ٹھہر ٹھہر کے ایک خاص انداز میں گفتگو کرنے گے۔ میں نے، و بیش ان سب کے ہاں احساسِ برتری اور تفاکے ذبے کو ہمہ وقت موجزن پایا، لیکن جن دوواراں کی سہیل سے ملاقات رہی ہے یا اس کے ساتھ وقت گزارنے کا موقع ملا ہے، وہ مجھ سے اتفاق کریں گے کہ اپنی وضع قطع اور بودواش کے لحاظ سے خالد سہیل ایک ایسا مست الست انسان ہے، جو نہ صرف اپنے حال میں مگن رہتا ہے بلکہ اپنے دوست احباب کے لئے بھی ہمہ وقت مجسمِ خلوص نظر آتا ہی۔ میں نے نہ اسے پریشان دیکھا اور نہ ہی کبھی غصے کا کوئی رنگ اس کے چہرے پہ اترتا دیکھا۔ یوں بھی اپنے ذبات پہ قابو رکھنا کارِ آسان نہیں، کہ آدمی اپنی جٹ لیّ خواہشات کا غلام ہی۔ شاید اسی ات کے پیشِ نظر غالب ؔنے کہا تھا۔

ے آدمی کو بھی میسر نہیں انساں ہونا

اپنی گفتگو بھی خالد سہیل کے ہاں اس قدر مطالعے اور لکھنے پڑھنے کے اوجود، نہ تو ثقہ اسکالروں یسا رنگ ڈھنگ ملتا ہے، نہ وہ کبھی بھی اپنے کسی نئے ملنے والے کو یہ احساس ہونے دیتا ہے کہ وہ کوئی ماہرِ نفسیات ہے اور دوسرے انسانوں کی کمزوریاں اور خامیاں ان کے چہرے سے پڑھنے کا فن جانتا ہی، یا وہ ایک دانشور ہوتے ہوئے لٹریری سناب Literary Snob نظر آنے کی کوشش میں رہے

۔طن عن

یپ میں اتنی ملائمت اور خلوص، اتنا پڑھ لکھنے کے بعد ذرا،، ہی نظر آتا ہی، یا یہ کہہ لیں اتنا کچھ پڑھنے لکھنے کے بعد ہی نظر آتا ہی۔ اور اگر یہ وصف قدرت کسی تخلیق کار کو اس کی تخلیقی صلاحیتوں کے علاوہ ودیعت کر دے کہ:

ایں سعادت بزورِ ازو نیست تانہ بخشد خدائے بخشندہ

تو وہ تخلیق کار واقعی نہ صرف ایک خوش قسمت انسان ہے بلکہ صحیح معنوں میں درویشی کے منصب پہ فائز ہونے کی اہلیت سے مالا مال بھی ہی۔
یہ سیلانی طبع انسان، خالد سہیل 9 جولائی 1905ء کو کراچی میں یدا اہوا، حالانکہ والدین کا تعلق لاہور سے تھا لیکن خاندانی روایت کے مطابق خالد کیدا اش اپنی ننھیال میں ہوئی۔ خالد کے اپنے الفاظ میں 'اپنے خاندان کا پہلا نواسہ ہونے کی وجہ سے میں پورے خاندان میں واحد لڑکا تھا۔ اس لئے چاروں طرف بیسیوں عورتیں مجھے کھلانے کے لئے تیار ہی نہیں، آپس میں لڑتی بھی رہتی تھیں۔ میں کتنا خوش قسمت تھا کہ مجھ پر محبت اور شفقت کی ارش ہوتی رہتی ا

ورخوش قسمتی کا وہ احساس اتنا گہرا تھا کہ ہمیشہ میرے ساتھ رہا'۔ دو برس کی عمر ہی میں خالد سہیل کا پہلا strange encounter لاہور سے کوہاٹ منتقلی تھی، کہنے کو تو یہ پاکستان ہی میں ایک سفر تھا، لیکن شاید خالد سہیل کے ہاں ذہنی اور مانینی سفر کییہ وہ ابتدا تھی، جس کی انتہا گو ہمارے سامنے ہے لیکن کسے معلوم کہ یہ ہی انتہا ہے؟ شاید اسے

ضمن میں کبھی ٹی ایس ای یلیمین ے

پ TS Eliot نے کہا ہو گا

'جسے ہم ابتدا کہتے ہیں، بسا اوقات وہ انتہا ہوتی ہے'

بے شمار بچے اپنے والدین کے ساتھ اچھے اور برے دنوں کے سرد و گرم سے گزرتے ہیں لیکن ہر بچہ اس انداز میں اپنی گذشتہ زندگی کے اوراق نہیں ٹٹولتا اور نہ ہی اسے اپنے والدین، معاشرہ، روایات اور ثقافت کے ارے میں کچھ خبر ہوتی ہے۔ بسا اوقات ایکی سہ ٹ حساس بچہ اپنے م وغصے کا اظہار اپنے کسی کھلونے کو توڑ کر اپنے سے چھوٹے بھائی بہن کی پٹائی کر کے یا اپنی ماں سے بلاوجہ ضد کر کے یارو رلا کے کر دیتا ہے۔ لیکن جب اس بچے نے بڑے ہو کے 'پانچواں درویش' بننا ہو، تو اسے پہلے خالد سہیل کے جسم و ذہن میں پرورش پانی ہوتی ہے۔ اپنی کتاب 'انفرادی اور معاشرتی نفسیات' میں جسے میں ے خالد سہیل کی ابتک گزری ہوئی زندگی کا ایک اب سمجھتا ہوں (اور در حقیقت اگر اس نے آیئرہ کبھی اپنی واانح مرتب کی، جو کہ یقیناً ہو گی' تو یہی کتاب اس واانح کا پہلا اب ہو جائے گی) جس میں سہیل ایکجگہ رقم طراز ہی، 'جب میری عمر نو یا دس سال کی تھی تب ہمارے خاندان کی کشتی ایک طوفان سے ٹکرا گئی، ایک ذہاتی بحران نے ہمیں آ دبوچا۔ اا جان بیمار ہو گئے، ہسپتال میں داخل ہوئے، علاج ہوا، انہوں نے کالج کی ملازمت سے علیحدگی اختیار کر لی اور ہم سب واپس لاہور لے گئے، میرے والدین کے لئے کوہاٹ جیسے شہر میں چند سال گزارنا ایک عجیب و غریب تجربہ تھا۔ پیشہ ورانہ لحاظ سے وہ ترقی کا ایک نادر موقع تھا، تنخواہ بہتر تھی اور آرام و آسائش کے مواقع زیادہ تھے۔ لیکن وہ ایک ایسا ماحول تھا مس نہ تو وہ زان سے آشنا تھے، نہ ثقافت سے واقف۔ ثقافت اور زان کے حوالے سے ان کے لئے 1947ء امرتسر سے لاہور ہجرت کرنا (چونکہ وہ دونوں پنجاب کا حصہ تھے) آسان تھا لیکن لاہور سے کوہاٹ ہجرت کرنا شکل۔ وہ پختون صحافت کا حصہ نہ ن سکی۔ ثقافتی تضادات کے علاوہ گھریلو تضادات اس پر مستزاد تھے۔ زیاج کے لحاظ سے امی جان اور اا جان میں زمیں آسمان کا فرق تھا۔ امی جان ایک سخت گیر عورت تھیں، جبکہ اا جان نرم طبیعت کے مالک تھی.. اا جان تقریباً ایک سال بیمار رہے، میں وہ تمام عرصہ پریشان رہا۔ مجھے کچھ سمجھ نہ آ تا تھا کہ میرے ارد گرد کیا ہو رہا ہے۔

اا جان جب صحت مند ہوئے تو ان کی شخصیت میں نمایاں دیلیلیاں آئیں۔ وہ مذہبی ہو گئے اور انہوں نے داڑھی رہ لی اور پشاور میں ایک ہائی سکول کے ٹیچر کی حیثیت سے نوکری قبول کر لی اور ہمارا مختصر سا خاندان دوارہ صوبہ سرحد ہجرت کر گیا۔ گیارہ ارہ سال کی عمر میں ہی میں نے خاندان کے اتنے عروج و زوال دیکھ لئے تھے کہ شاید اس عمر کے بہت سے بچوں کو ایسے حالات نہ دیکھنے پڑے ہوں۔ مجھے آہستہ آہستہ احساس ہونے لگا کہ امی جان زندگی سے خوش نہیں۔ جوں جوں اا جان کی طبیعت بہتر ہوتی رہی، امی جان کی طبیعت بدتر ہوتیگئی۔ ماحول میں تشنج بڑھا... اا جان نے مذہب میں پناہ لی اور امی جان نے بیماری میں پناہ لی۔'

خالد سہیل نے اپنے بچپن کی زندگی، والدین کے ارے میں جو ایک مختصر سا خاکہ کھینچا ہے، اس قسم کے واقعات ہمارے ہاں کی طرزِ معاشرت میں عام سی ات ہیں، کہ اکثر گھروں میں اسی وضع کے بلکہ بعض گھروں میں ں مس ابھی تک جوائنٹ فیملی ٹم م موجود ہے، اس سے بھی بدتر بلکہ خوفناک قسم کے تضادات موجود ہیں، اور یہ ذکر ان خاندانوں کا ہے ں مس خیر سے تعلیم کا چرچا ہے۔ اس کثیر آادی کی ات رہنے دیں، ں مس ابھی تعلیم کے چراغ روشن ہی

نہیں ہوئی، وہاں تو جو کچھ بھی ہو جائے، ہی۔ لیکن اصل ات کا ذکر میں پہلے بھی کر رہا تھا وہ تھیں خالد سہیل کے موجود منصب تک ہنچنے میں حائل وہ ساری کٹھنایاتں جن کے یر ااس کا درویش بننا ممکن نہیں تھا۔ اگر سہیل ایک عام سا سیدھا سادھا بچہ ہوتا تو وہ بڑا ہو کر پیشک تعلیمیافتہ ہونے پر دوسرے انسانوں کی طرح زندگی گزار رہا ہوتا، یہ ات لگیے کہ بچپن میں برداشت کئے گئے صدموں کے اعث وہ بحیثیت ایک افسر کے کسی دفتر میں ایک بدزیاج انسان کی شہرت رکھتا، اس کے ماتحت اسے گالیاں دیتے پھرتے، اور اگر وہ شادی شدہ ہوتا تو پھر اس کی بیوی اور بچے، کسی نہ کسی ماہر نفسیاتیا ذہنی امراض کے کسی اس پٹہ ی شسٹ یلس پ کے پاس چکر لگا رہے ہوتے، اور اس کے گھر بھر کی زندگی اجیرن ہو تھ ہوتی۔ لیکن جب کوئی انسان اپنے گھریلو حالات سے سبق سیکھتا ہے اور اپنے علم اور تجربے کی روشنی میں اپنے مسائل کے حل کو ایک منطقی استدلال کے ذریعے سلجھانے کی کوشش کرتا ہے تو وہ خالد سہیلیا اسی قبیل کا کوئی اور انسان ن جاتا ہے۔

خالد سہیل نے اپنے گھریلو حالات سے جو کچھ اخذ کیا اس سے معاشرے کو یہ فادا ہوا کہ سہیل خود ایک ذہنی مرض بننے کے بجائے ذہنی امراض کی بیماریوں کا ماہر ن گیا۔ اپنے دکھوں اور خوشیوں کو تلاش کرتا ہوا وہ ایک شاعر ن گیا، معاشرے میں بکھری ہوئی ناانصافیوں نے اسے بے اک افسانہ نگار بنا دیا، لیکن اس نے اسی پہ اکتفا کرنے کے بجائے اپنے علم میں زبید اضافہ کرنے کی ٹھانے ے رکھی اور اس کے قلم نے پڑھنے والوں کو کبھی دوسری دنیاؤں کی شاعری اور کبھی انجانے دیسوں کی کہانیوں سے روشناس کرایا۔ اس نے بے شمار ترجمے کئے، مختلف موضوعات پہ مضامین تحریر کئے، لیکن بقول غالبؔ،

مرض بڑھتا گیا جوں جوں دوا کی ے

اور پھر روزن دل میں ایک نئی کرن در آئی جس نے سہیل کو پاکستان ہندوستان کے تار کینکین وطن ادیبوں، شاعروں اور دانشوروں کے ارے میں، جو یورپ، شمالی امرکہ اور کینیڈا کے شہروں میں اپنی ثقافت، زان اور تہذیب سے ہزاروں میل کی مسافت پہ نئی زانوں، اجنبی تہذیبوں اور یکسر مختلف ثقافتوں کی چھتریوں کے زیر سایہ بیٹھے ہوئے زندگی گزار رہے تھے، اپنی ہجرت کے اعث 'دریائے اردو ادب' کے مرکزی دھارے سے بہت دور ہو چکے تھے، ایک نئی راہ دکھائی اور خالد سہیل کو انتار کین وطن ادیبوں کے انٹرویو لینے کا خیال آ گیا۔

خالد سہیل کے انٹرویوز پہ مبنی کتاب Literary Encounters، ان دور دیس میں رہنے والوں کے لئے نہ صرف ایک انتہائی پر خلوص تحفہ ہے، بلکہ آنے والے برواں میں دنیا میں اردو ادب پہ کام کرنے والوں کے لئے ایک انتہائی معتبر ریفرنس بک کی حیثیت رکھتی ہے۔ کبھیکبھی واچتاہوں کہ اس شخص میں کس قدر حوصلہ اور ساتھ ہی کتنی لگن ہے کہ بس لکھے چلا جارہاہے، اور اس کی تخلیقات کا دائرہ محض شاعری یا افسانے تک ہی محدود نہیں، جیسے کہ عام طور سے تخلیق کار حضرات شاعری اور افسانے کو اپنی ذات کے اظہار کا وسیلہ بنانے کی ات کرتے ہیں۔ سہیل کو اپنی ذات کے اظہار کا پورا خیال ہے لیکن اایں ہمہ وہ دوسروں کی ذات میں بھی دلچسپی ک رکھتاہی، وہ اپنے نفسیاتی مریضوں کو بھی اپنے افسانوں کا کردار بناتاہے، اور صرف اسی پر اکتفا نہیں کرتا بلکہ ان کے پیچیدہ مسائل کے لئے حل تلاش کرنے کی کوشش میں مستغرق رہتا ہے۔ اسے صرف دوسرے ادیبوں کی ہی فکر لاحق نہیں رہتی، وہ دوسرے دیسوں کے ادب اور شاعری کا شوق سے مطالعہ کرتا ہے اور سفر کرتا ہے کینیڈا سے کبھی امرکہ، لندن، تو کبھیر و شلم، پاکستان، ہندوستان اور نہ جانے کہاں کہاں کی خاک

چھانتا پھرتا ہے، وہ یہ جاننا چاہتا ہے کہ دوسرے دیسوں میں انسانوں پر کیا بیت رہی ہی، اور پھر صرف شاعری ہی نہیں، اس کی تخلیقی کاوشوں میں دنیاں م ن کی سیاست اور نفسیات کے وہ پر پیچ مسائل بھی آجاتے ہیں، جنہیں بیشتر لکھنے والوں نے صرف نظر کیا ہی۔

خالد سہیل کا تقریباً دو دہائیوں تک تجرد کی زندگی گزارنا میری دانست میں اپنے ناآوادہ بچپن اور گھریلو تضادات کا ایک ردِ عمل بھی تھا اور شعوری طور پر ایک فیملی لائف اور سماجی بندھنوں سے ایک طرح کا فرار بھی، جس کی پرچھائیوں کو اس کی کتاب 'انفرادی اور معاشرتی نفسیات' میں تلاش کیا جاسکتا ہے۔ وہ مغربی الکلک میں رہتے ہوئے ایک آزاد منش اور ذہنی طور پر ایک لبریٹیڈ انسان ہونے کے

ناطے ان گنت مغربی لڑکیوں کے ساتھ 'ڈ ی

ی ی' کرتا ہے، اس کے اوجود ایک دن جب ہسپتال کی ایک

رفیقِ کار اسے چ پ پہ دعوت دیتی ہے اور کھانے کے دوران اس سے کہتی ہے،

"میں تنے ہفتوں سے اشار تاً اظہار کر رہی ہوں، تم سمجھتے کیوں نہیں؟۔"

"میں سمجھا نہیں تم کیا کہنا چاہتی ہو" میں نے تجاہل عارفانہ سے کام لیتے ہوئے کہا

"میں چاہتی ہوں کہ تمہارے ساتھ ایک افیئر affair ہو جائے"

'کیا تم شادی شدہ نہیں؟ کیا تمہاری ایک بیٹی نہیں ہے؟" میں نے رت انگی سے پوچھا

"تو پھر کیا ہوا "اس نے بڑے اطمینان سے کہا ،"وہ میرا شوہر ہے تم میرے لوور lover ہو گے"

میں خاموش رہا تو زبید کہنے لگی "دیکھو سہیل، میں کوئی نادان اور بیوقوف عورت نہیں جو تمہارے عشق میں آہیں بھرنے گے گی اور اپنے شوہر کو چھوڑ کر تمہارے ساتھ رہنے کی التجا کرے گے۔ م یں یک تجربہ کار اور لبریٹیڈ liberated عورت ہوں۔ مجھے اپنا شوہر بھی عزیز ہے، لیکن ایک لوور بھی چاہتی ہوں۔"

میں ہکا بکا رہ گیا۔ مجھے اس قسم کی گفتگو کی امید نہیں تھی۔ میں نے تھوک نگلتے ہوئے کہا "مجھے یہ اقرار کرنا پڑے گا کہ میں تمہارے مقابلے میں ایک روایتی مرد ہوں۔ اس کے علاوہ خفیہ تعلقات رکھنا میرے بس کی ات نہیں۔"

"اس گفتگو کے چند مہینوں بعد دو اور شادی شدہ عورتوں نے قریب آنا چاہا لیکن میں اپنی پ پ ی نہ بدل سکا۔ میرے پاے یں شل تھے اور دماغ بو جھل"

خالد سہیل کے اپنے قلم سے لکھی ہوئی یہ چند سطور ("انفرادی اور معاشرتی نفسیات"، سنگِ میل پبلی کیشنز لاہور 1991ء صفحہ 75) ا س م س اس کے اطنی کردار کی غمازی کر دیتی ہیں، وہیں اس کے ہاں چھپی ہوئی ان تمام نہ م روایات اور خاندانی روام و قیود کی، جن کے خلاف خالد سہیل خود گذشتہ ن پ دہائیوں سے نبرد آزما ہی، چغلی کھاتی ہوئی نظر آتی ہیں۔ بحیثیت ایک سان ے ٹ یکٹیت رسٹ کے وہ خود اس راز ازل سے بخوبی واقف ہے کہ انسان چاہے بھی تو اپنے اجتماعی لاشعور سے کبھی آزاد نہیں ہو سکتا۔

خالد سہیل کا بحیثیت ایک شاعر ،افسانہ نگار اور دانشور کے اردو ادب پہ اور بحیثیت ماہر ذہنی امراض علم نفسیات پہ یہ احسان رہے گا کہ اس نے بے تکان کسی دنیاوی غرض کو محور بنائے بغیر ،ایک تقل طلگن کے ساتھ بے لوث انداز میں کام کیا ہے اور وہ اس سلسلے کو جاری رکھے ہوئے ہیں۔ صرفنفسیات کے میدان میں وہ پانچ کتابیں لکھ چکا ہے۔شاعری کی ن پ، فکشن کی چار کتابیں، جن میں دو

افسانوی مجموعے اور دو ناولٹ شامل ہیں ، چار تراجم کے مجموعے ،

برِصغیر پاک و ہند سے متعلق ان

شاعروں اور افسانہ نگاروں کے انٹرویو پہ مبنی ایک کتاب، جو آجکل امرکہ ،یورپ ،اور کینیڈا میں رندگی بسر کر رہے ہیں۔ وہ کتابیں سٹ ی ست جیسے ادق موضوعات پر اور پھر اپنی ہی شاعری اور افسانوں کے انگریزی اور پنجابی تراجم اور سفر ناا ان سب کے علاوہ ہیں۔

تنہائی کی ایک خاصی طویل زندگی گزارنے کے اوجود وہ اپنی تخلیقیصلاحیتوں کے لحاظسے بے حدپروڈکٹووproductive رہاہے۔اور اس تمام مدت م یں وہ کون ساموضوع ہے جس پہ خالد سہیل نے طبع آزمائی نہیں کی۔اب ایک بھرپور زندگی کی طرف اس کی مراجعت یقینااس کی تخلیقی قوتوں کو زیبد مہمیز دے گی، کہ اب تووہ خود یہ کہنے پہ جبور رہو گیاہی۔

ہیں کھلے کبھی اہر اندر کبھی

ہیں کھلے کے جب در ذات ہماری

ہی آگئی میں سفیدی الوں جو

تو پھر جا کر کبھی خود پر کھلے ہیں

دیکھنا یہ ہے، کہ الوں میں چاندی کھلنے اور اپنی ذات سے بے تکلفی کے تجربے سے گزر کر ہمارادوست ،خالد سہیل جسے میں نے پانچواں درویش کہا ہے، کس نئے رنگ میں اپنے قارئین کے سامنے آتا ہے۔خود پہ کھلنے کے بعد اب وہ اپنے پڑھنے والوں پہ کس انداز میں منکشف ہوتا ہے اور اس کی ذات کے در کھلنے سے اردو شاعری اور فکشن میں بطورِ خاص اور نفسیات مں یں س کے علاوہ جو اس کا خصوصی میدان ہی، کن نئے موضوعات کا اضافہ ہوتا ہے۔

دوستی کا دوست

عرفان احمد عرفی

"میں اپنی ذات کو درخت کی طرح محسوس کرتا ہوں جس کی جڑیں مشرق کی مٹی میں پیوست توانائی حاصل کر رہی ہوں اور جس کی شاخیں مغرب کی فضا میں جھولتی ہوئی تازہ ہوا میں سرشار ہوں..."

خالد سہیل　　　ہجرت کے دشت میں جو کوئی بھی اترتا ہے نہتا نہیں ہوتا، اداسی کے محاذ پر یادوں کی سرگرم

چھتریوں سمیت جاتا ہی۔ نوسہٹی لج ٹ ی ایک ای ب کربناک کیفیت کا نام ہے جس کا اندازہ اس کی زد میں آیا ہی کر سکتا ہی، لفظوں اور استعاروں سے بیان نہیں کیا جا سکتا۔ مگر لاکھوں کروڑوں میں ایک ہوتا ہے جو ہجرت کے صحرا میں ایستادہ اس درخت کے ہونے کا دعویٰ کرتا ہے۔ اجنبیت کی آندھیوں کے بے رن جھکڑ نہ ہوں تو وہ نہ تو اس کی زیرِ زمین پھیلی جڑیں اکھاڑ سکتے ہیں اور نہ فضا میں سر اٹھاتی شاخوں کو پچھاڑ

سکتے ہیں ۔خالد سہیل نے ستر کی دہائی میں خیبر میڈیکل کالج پشاور سے ایم بی بی ایس کرنے کے بعدے

مغرب کی جانب رختِ سفر اندھا، اگرچہ کچھ عرصہ ایران میں بھی پڑا ای کیا۔ وہ ان دنوں کینیڈا میں بطور پیشہ ور ماہرِ نفسیات گذشتہ دو دہائیوں سے مقیم ہے یا شاید اس سے بھی زیادہ عرصے سے۔ خالد کا آبائی شہر لاہور ہے اور وہ معروف شاعر عارف عبدالمتین کا بھتیجا ہے بلکہ عارف عبدالمتین کے ساتھ خالد کا رشتہ چچا بھتیجے سے کہیں زیادہ روحانی اور فکر یگر و چیلے سا رہا ہی۔

لفظ سے خالد کا تخلیقی رشتہ تو زمانہ طالبِ علمی سے ہی تھا مگر اس کے تخیل کے پر نظریے کے پرندے کو جن نت نئے آسمانوں کی جانب اغیانہ اڑان دنے کے درپے تھے، اس فکری تشنگی کا تقاضا تھا کہ وہ منطق اور فلسفے کے ریگزاروں میں شوقِ آوارگی کی دھوپ اوڑھ کر گم ہو جائے...یوں اس کے تجسس نے انسانی نفسیات کے واال پر سائنسی دستک دی اور زندگی کی پر اسراریت کا سامنا کرنے کے لئے درویشی کی بکل اوڑھ لی۔ یوں وہ خیال کے بیاان میں گیان کی کھوج میں نکل پڑا.. اس سارے سفر میں اس کا گرو پیچھے کہیں دھوپ یاد ھند میں گم ہو گیا۔ یوں بھی تلاش پہلا سبق تھا جس میں اسے ہمیشہ کے لئے اکیلے ہی غبار اوڑھنا تھا۔ وہ لمحہ اس پر آج بھی ٹھہرا ہوا ہے۔ خیال کے گیان کی کھوج میں کھویا ہوا فقیر ہر اگلے در کے لئے اپنا کاسہ خالی رکھتا ہے۔

اسے پڑھے لکھے ہونے کا ذرا دعویٰ نہیں حالانکہ دنیا بھر کے ادب عالیہ سے منتخب فلسفہ، سائنس، تصوف، سفرناا اور واانح اس کی ذاتی لائبریری کا اثاثہ ہیں۔ بلکہ یوں کہا جائے کہ وٹبی (کینیڈا) میں اس کی رہاش گاہ، اور کتب گاہ زیادہ ہی۔ اس سارے مطالعے کے اوجود وہ آج بھی جب آپ کے سامنے بیٹھا آپ کی کوئی علمیا فکری ات سن رہا ہوتا ہے تو اس کی تشنگی اور رت سکول میں آئے پہلے دن کے بچے سے، نہیں ہوتی، یہی فقیرانہ رویہ دراصل خالد سہیل کے علم اور دانش سے

جنیون کمٹمنٹ genuine commitment کا ثبوت ہے۔　　　ے

کینیڈا کی تیز دھاری برفیلی اور یخ بستہ طوفانی ہواؤں میں خالد سہیل کی ادب اور ادیب دوستی آپ پر وابستگی کا جو مبل اوڑھتی ہے وہ مغرب کے اس سرد مہر رویے سے بنے معاشرے میں مشرق کی تمازت کا ایسا لطف دیتی ہے کہ اس کے ساتھ پہلا تعارف دوستی کی پگڈنڈیاں تاحیات طے کرتے لے جانے کا وعدہ ٹھہرتا ہے۔

خالد کی پہلی محبت شاعری ہے کہ افسانہ، اس کا فیصلہ نہ اس کا قاری کر سکتا ہے اور نہ ہی وہ خود صادر کرنا چاہتا ہے۔ اس کا مطمع نظر وہ واضح تصور ہے جو دراصل اس تخلیق کا محرک ہوتا ہے جو اپنے اظہار کے پیرائے بھی خود لے کر آتا ہی۔ وہ نظم ہے کہ غزل، افسانہ ہے کہ افسانچہ، مضمون، مقالہ گفتگو ہے کہ لیکچر اس کے نزدیک ادیب کی سنجیدگی اور خالص پن اس امر میں پنہاں ہے کہ وہ اپنی ات قاریا سامع تک پہنچاپاتا ہے کہ نہیں، قطع نظر اس کے کہ اس میڈیم میں جمالیاتیاہنر کی سطح نقادیا صرف فنکار کو کس حد تک محظوظ کرتی ہی۔ وہ ادیب اور قاری کے مابین رشتے کو زیادہ اہمیت دیتا ہے بہ نسبتا دیب اور نقاد کے باہمی تعلق کے۔ وہ ادیب کو دانائی کی سطح پر سنجیدگی اور حساسیت کے تناظر میں کچھ فرائض بجالانے کا ذادار ٹھہراتاہی۔ اس کے نزدیک ادیب کا کام اپنے لوگوں کو کچھ دے کے جاناہے، خاص طور پر نئی نسل کا ساتھ دیتے ہوئے نت نئے چیلنجز challenges کا مقالہ کرناہے۔ یہی وجہ ہے کہ مغرب اور نارتھ امر کہ کی موجودہ علمی اور ادبی دنیا کا اکسپوژر exposure خاص طور پر مشرق کے علمی پس منظر کیا دید پر خالد سہیل کو ایک ایساوژن Vision دیتا ہے جس کی وجہ سے اس کا تخلیقی کام ایک خاص طرح کی modern sensibility کے پیرا judge نہیں کیا جاسکتا۔

خالد سہیل اردو کے ان بہت، ادیبوں میں سے ہے جو اپنی ات بین الاقوامی پلیٹ فارم سے کہہ رہاہے اس نے اپنے ادبی مقالے دنیا کی معتبر علمی اور تحقیقی ورکشاپس اور سیمینارز میں پڑھے ہیں۔ اس نے نارتھ امریکا میں رہ کر انگریزی اور اردو دونوں زانوں میں تحقیقی اور ادبی کام کیاہے۔ زندگی کے ارے میں ایک فلاسفی ہے جو وہ اپنے ذاتی تجربے کے حوالے سے explore کئے جارہاہے۔ بس اسی تجربے کو شیئر کرنا اس کے لئے اہم ہے۔ Medium اس کے لئے ہمیشہ ثانوی رہاہے۔ اس کی اپنیذاتی زندگی بذاتِ خود اتنی قابلِ رشک مسٹری ہے اور جو شاید اس کے پروفیشن کی وجہ سے بھی ہے کہ اس کا ہر تجربہ ایک multi-dimentional man کے تجربے کے طور پر سامنے آتا ہے۔ اردو کے معروف شاعر اور فیض احمد فیض کے قریبی دوواراں میں سے ایک نام اشفاق حسین بھی کینیڈا میں ہی مقیم ہیں اور خالد سہیل کے بہت قریبی دوست بھی ہیں، ان سے پوچھا جائے تو وہ بھیپی کہیں گے کہ خالد سہیل کو عمر بھر صرف افسانے ہی لکھنے چاہئیں لیکن خالد سہیل نے شعوری طور پر کبھی نہیں واچا کہاسے کیا کرنا چاہئے.. اس کی زندگی کا کوئی سا بھی فکری تجربہ اگر شعر میں ڈھلتاہے تو وہ اسے شعوری کوشش دیکر افسانے میں نہیں ڈھال سکتا۔ جو شخص اپنی عملی زندگی میں کسی بھی institution میں fit نہیں ہو سکتا وہ تخلیق اور فن کے میدان میں کسی بھی ایک صنف یا اظہار کے پیرائے کو اپنی شناخت کیونکر بننے دے۔ وہ لکھنے لکھانے کے عمل میں بھی ایک multidisciplinary پوائنٹ آف ویو کا قائل ہے۔ اب تو وہ سمجھتا ہے کہ وہ سب لوگ جو زندگی میں ایک جمالیاتی دلچسپی لانا چاہتے ہیں انہیں ٹیم ورک کی شکل دینی چاہیے لیکن اردو کے تنے شاعر اور ادیب ہیں جو فنونِ لطیفہ کے دوسرے شعبہ جات سے متعلقہ فنکاروں مثلاً مصوروں، موسیقاروں اور ڈانسرز کے ساتھ ملکر کوئی کام کرتے ہیں

۔

خالد سہیل کے نفسیاتی مضامین میں نظمیں بھی ملتی ہیں اور تمام ادبی اور فنکارانہ حوالے بھی، اسی طرح اس کے افسانے میں ضرورت کے مطابق سائنسی توجیہات اور معلومات بھی دکھائی دیتی ہیں۔ وہ یقیناً کسی بھی ادب پارے کا جمالیاتی پہلو اہم سمجھتا ہے لیکن اس کے نزدیکا دیب کی اس سے بھی اگلے قدم تک ایک ذاداری ضرور ہے کہ اگر وہ اپنے قاری کو کسی بھی نفسیاتییا روحانی مسئلے کا کوئی راستہ سجھادے تو بعید نہیں، سینکڑوں میں سے کوئی ایک زندگی کے کرب سے نجات حاصل کرپائے۔ اس کی وجہ شاید اس کی پیشہ ورانہ گرومنگ grooming بھی ہے۔

حصہ ہفتم: شخصیت دوستی کا دوست

یادی دی طور پر وہ انسان دوستی کا قائل ہی۔ وہ انسان کے تہذیبی ارتقاء کی آئندہ شکل اس بین الا قوامیگانگت میں دیکھتا ہے جب جنس، رنگ، نسل، مذہب، نفسیاتی اور ماینی بیماری، جنسیت (جنسی ترجیح) اور قومیت کیبادیدپر زمین کی اس بستیپر انسان کے کنبے میں کسی بھی نوعیت کی کوئی تقسیم نہ رہے گی۔ وہ خود کہتا ہے۔

ے تمام شہر سے ملتی ہوں جس کی دیواریں ہم اپنے شہر میں ایسامکاں تلاش کریں وٹبی (کینیڈا) میں خالد سہیل کی رہاش گاہ کے دروازے واقعی ہر اہل فکر و نظر مسافر، مہمان اور مہاجر کے لئے اس طرح کھلے ہیں جیسے اس کے دل کی کشادگی میں زندگی انسان، عورت اور سماج کے نظاموں کی زد میں آئے ہوئے ہر قوم، مذہب، رنگ، نسل اور جنس کے لوگوں کے دھ ڈیرا ڈالے ہوئے ہوں۔ خالد نے شمالی امرکہ کے معاشرے میں رہ کر کسی اہر سے آئے ہوئے دانش ور کی طرح وہاں کے انسان کے دھ محسوس نہیں کئے بلکہ ان کے اپنے سماج کے ایک فعال اور احساس فنکار کی طرح اظہار کے منصب سے سبکدوش ہوا ہی۔

ے طلاق یافتہ ماں اپ کے حسین بچے کبھی تو اپ کے کبھی اپنی ماں کے بچے ہیں

اسی طرح خالد کی نظم لہ یس ٹہ ی ن)esbian(جس میں ایک عورت اپنی محبوبہ کے قتل کے الزام میں عدالت کے کٹہرے میں کھڑی اپنے جرم کا ارافاف محبت کے فخر میں سرشار ہو کر کر رہی ہے،

زندگی کے ایسے کو ج یہ

ٹڈرر gender سے ماورا ہو کر محسوس کرنے کی شاع مثال ہے۔ نہ صرف یہ اسنے اپنے مریضوں کے دھ کو بھی غزل اور نظم میں بیان کیا ہے، جو اردو شاعری میں اپنی مثال آپ ہی۔

ے خودکشی میں نہ کامیاب ہوئے اپنے دن رات اب عذاب ہوئے

خالد سہیل کے خیال میں مشرق کا آرٹسٹ جمالیات کو نظریے پر ترجیح دیتا ہے۔ یہی وجہ ہے کہ اس کی فکر اتنی واضح نہیں ہوتی، جتنی فکری وضاحتیں ، مشرق کے معاشرے اور عام قاری کو درکار ہیں۔ سارتر جمالیاتی سطح پر بھی واچتا تھا اور اس کی ایک فلاسفی بھی تھی۔ خالد بھی سمجھتا ہے کہ زندگی کے ارے میں اپنی فلاسفی اور اپنے تخلیقی اظہار کو ساتھ ساتھ لے کر چلنے کی اشد ضرورت ہی۔ وہ فکری سفر میں ارتقاء کا قائل ہے، نہ کی انقلاب کا۔ شروع شروع میں اس کا اپنا نظریاتی رویہ بھی بہت اغیانہتھا لیکن اب رفتہ رفتہ اس کے فکری اور نظریاتی رویے میں ٹھہراؤ اور پر امن دیلیی کا عنصر نمایاں ہونے لگاہی۔

"تلاش" خالد سہیل کا پہلا شعری مجموعہ 1960ء میں شائع ہوا۔ شاعری کی طرح اس کے

افسانوں میں بھی ہجرت، انسانی نفسیات، فلسفہ' انسانی فکر کے ارتقام ییں مذرہب اور روایت کا کردار خاص موضوعات ہیں۔ پھر اسی طرح جنوبی افریقہ، پاکستان، اسرائیل، سعودی عرب، کینیڈا اور امرکہ میں رنگ، نسل اور مذہب کیبادیدپر سماجی دوہرے پن کا شکار معاشرہ، کس طرح اکیسوییں صڈری میں داخل ہوتی انسان کی تہذیب کو تنزل کی جانب لے جارہاہی۔

حکومتی اور سیاسی سطح پر انسانی حقوق کے تحفظ کی دعوے دار قومیں، کس طرح کمزور اقلیتوں کے ذہاتی اور روحانی استحصال کے درپے ہیں، خالد کی کہانیوں کے خاص تجراتی موضوعات ہیں۔

خالد اپنے افسانوں میں بہت بولڈ bold ہے اور وہ "ان ڈائریکٹ" ہونے کے جھنجھٹ میں اس لئے نہیں پڑتا کہ یادیدی طور پر وہ ایک معالج بھی ہے واوہ اپنے سامنے اجتماعی نفسیاتی بیماریوں میں مبتلا انسانی معاشروں کو انتہائی نگہداشت کے وارڈ میں اخلاقیات کی سطح پر زندگی اور موت کی کشمکش میں پاتا ہے تو فوری قلم اٹھائے یرارہ نہیں سکتا۔

اس کا ہرگز یہ مطلب نہیں کہ وہ تخلیقی کام کا فنکارانہ زاویہ دیئے یرا کسی تجزیہ نگار کی طرح منطق پر یقین رکھتاہی۔ اس کی انفرادیتیہ ہی ہے کہ وہ ایک ایسا فنکار ہے جو فن کے دائرے میں رہتا ہوا اپنے ادب پارے میں ایک واضح conceptual framework کو سامنے لاتا ہے۔وہ حاشیہ مضمون کو شاعرانہ رنگ تو دیتاہی ہے لیکن نفس مضمون میں جس نظریے یافلسفے کی طرف اشارہ کرتا ہے اسے کسی بھی کنفیوژنیا تجرید کا شکار نہیں ہونے دیتا۔

"زندگی میں خلا" اور "دو کشتیوں مہ ین واار" دوافسانوی مجموعے1965ءاور1995ء میں شائع ہوئی... "اک پیروچ زنجیر" پنجابی اور breaking the chains انگریزی ترجمے ہیں۔ پھر اسی طرح "ٹوٹا ہوا آدمی" اردوناولٹ ہے جو1966ء میں شائع ہوا... "بھگوان ایمان اور انسان" فلسفیانہ مضامین کا اردو ترمہ ہی۔ اسی طرح "واغات" عالمی افسانوں کے ترجمے ہیں۔

"مغربی عورت ادب اور زندگی" "مغربی خوان پ قلمکاروں کی واانح اور ادبی معرکوں پر مبنی کتاب1995ء میں شائع ہوئی "کالے جسموں کی ریاضت" اور "ہر دور میں مصلوب" ای ب کتابیں جو رنگ اور جنسیت sexuality((کیبادیدپر پسی ہوئی مظلوم اقلیتوں کے ادب کے حوالے سے ترتیب دی گئی ہیں خاص طور پر "گے اور لہ یس ٹہ ی ن) gay and lesbian(" ادبکے حوالے سے "ہر دور میں مصلوب" اپنی نوعیت کی اردو کی واحد کتاب ہے۔

"Literary Encounters" "مغرب میں رہنے والے اردو کے لکھاریوں سے انگریزی میں انٹرویوز کا مجموعہ جو1995ء میں ترتیب دیا گیا۔ اسی طرح پگڈنڈیوں پر چلنے والے مسافر (1995ء) ان فکر ایزت علمی مضامین انٹرویوز اور تراجم مجموعہ ہے جو سنجیدہ ادب اور فلسفے کا ذوق رکھنے والوں کو ایک خاص نوعیت کی فکری تسکین سے ہمکنار کرتے ہیں۔ یہی نہیں خالد سہیل نے بین الاقوامی سیاست پر بھی امن کی آواز بلند کی ہے۔ 91-1995ء میں مشرقِ وسطی اور خلیج کی جنگ کے آئینے میں ایک کتاب

"امن کی دیوی" (1995ء) میں ترتیب دی جس میں اسرائیل کا سفرنا ابھی شامل ہی۔

ان کتابوں کے علاوہ تازہ "ہوا کا جھونکا" (شاعری کا آڈیو کیسٹ) اور چنگاریوں (افسانوں کا کیسٹ) اور ایک کلچر سے دوسرے کلچر تک (مقالے کا کیسٹ) اردوزان کی معتبر اور سنجیدہ دانشور سامعین کی تلاش میں مدد دیتے ہیں۔ ان سب کے علاوہ انگریزی میں نفسیات پر بیشتر کتب اور ڈاکیو م یز ا ور اردو میں "انفرادی اور معاشرتی نفسیات" جیسیکتاب خالد سہیل کی ادب فلسفے اور نفسیات کے میدانوں مہ ین قابلِ ذکر contributions کا ثبوت ہیں۔

اس کے نزدیک ہر مذہب میں دو روایات ہیں۔ ایک روایت انسٹی ٹیوشن کی ہے جس کے نمائندے مولوی اور ایک روایت روحانیت کی ہی۔ جو اسلام کی صوفیانہ روایت ہے۔

وہ اتی روایتوں سے اس لئے مختلف ہے کہ یہ 'ہمہ از اوست' کی ہے جس میں خدا ایک خالق اور دنیا ایک تخلیق ہے۔ ایک duality ہے۔ یہودیت اسلام اور عیسائیت میں تصوف کی روایت اسی تصور کے گرد گھومتی ہے جبکہ ہندوازم اور بدھ ازم میں دنیا میں جو کچھ بھی ہے خدا ہی۔ ہمہ اوست تخلیق اور خالق دو مختلف چیزیں نہیں ہیں۔ ایک "گریٹ مسٹری" ہے جسے خدا کا نام دیا جا سکتا ہے۔ لیکنیہ تمام اتیں دراصل اپنا اپنا ذاتی تجربہ ہیں آپ کس طرح enlightened ہوتے ہیں۔ یہ آپ خود جانتے ہیں۔ محبت بھی روحانیت کی طرح ایک ذاتی مسئلہ ہے اسی لئے یہ مختلف بھی ہوتا ہی۔ تخلیقی آدمی کا کام بھی انسٹی

ٹیوشن میں رہ کر یا اس سے منسلک رہ کر ممکن نہیں رہ سکتا، اس لئے کہ اداروں کے اپنے مفادات ہوتے ہیں جو ان سے وابستہ افراد سے زیادہ اہم ہوتے ہیں، فرد ادارے کے لئے کام کرنا شروع کر دیتا ہے یہی وجہ ہے کہ خالد سہیل کا سماجی قد اس کے ادبی قد سے چھوٹا ہے۔ وہ گوشہ نشینی میں اپنے کام میں مگن ہے وہ نہیں چاہتا کہ لوگ اسکی ذات کو اس کے پس منظر میں زیرِ بحث لائیں بلکہ اس کے کام پر گفتگو کریں اس کے نزدیک سیاسی اور سماجی ردِ عمل کا تخلیقی کام سے کوئی تعلق نہیں۔ وہ انسان دوست humanism کے پیڈسٹل پر ہر مذہب' نسل اور نظریہ رکھنے والے سے دوستی اور محبت کا ہاتھ بڑھاتا ہے۔ اصل میں اسکی دوستی ہی دوستی کے ساتھ ہی۔ وہ دوستی کا دوست ہی۔ یہ الگ ات ہے وہ اپنی چھت کے نیچے اکیلا رہتا آیا ہے۔

کینیڈا کے برف زاروں میں اکلاپے کی چادر اوڑھے ایک درویش محبت کی آگ روشن کئے بیٹھا تھا جس کا نام رشید ندیم ہے۔ میں زندگی بھر اس کا احسان بھول نہیں سکتا کیونکہ اس نے چند کتابیں اور خالد سہیل کی دوستی مجھے تحفے میں دی۔

خالد سہیل۔۔ محبت اور انسانیت کا استعارہ

ڈاکٹر بلند اقبال

کچھ نام لفظوں سے ملکر وجود میں آتے ہیں اور کچھ لفظ ناموں سے وجود پاتے ہیں مگر کچھ نام ایسے بھی ہوتے ہیں جو اپنی ساخت اور تشکیل میں الفاظ سے زیادہ ایک منفرد معنویت رکھتے ہیں۔ یہ وہ لوگ ہوتے ہیں جو اپنے اظہار میں الفاظ کی تشکیل تو کرتے ہیں مگر اُن کیتخلیقی جبلت بہت جلد انُہیںلفظوں کے ظاہری ڈھانچے سے نکال کر اسُ کے اطنی معنوں سے ہم کنار کر دیتی ہے اور پھر انُ کے لیے الفاظ، جیسے کسی کیمیائی عمل کے دوران حصہ لینے والے محض ساختی عناصر کا اور اُن سے یدااہونے والے معنی، سارے سماجی ڈھانچے پر اثر انداز ہونے والے کمپاونڈ کا سا احساس کچھ یوں رکھتے ہیں کہ وہ کسی سائنسدان کی طرح اس سارے کیمیائی عمل کے بہترین نتائج کے لیے اپنی ساری عمر داؤ پر لگا دیتے ہیں۔ معنوں کی تشکیل میں مبتلا ایک ایسا ہی سماجی سائنسدان ڈاکٹر خالد سہیل ہے جو اپنی زندگی کی پچھلی ن پ دہایوں سے ایک ایسے انسانی معاشرے کا خواب دیکھ رہا ہے جس میں لفظ ''انسانی معاشرہ'' اپنی اصلی معنویت میں واقعاً اس کائنات میں اپنا وجود رکھتا ہو۔ وہ لگ بھگ پچھلے تیس سالوں سے اپنے تخلیق کے تمام تر واتوں سے معنوں کی ایک ہی مضبوط گٹھان کو ارار اندھ رہا ہے جس کے ہر ایک بَل میں انسانیت رنگ، نسل اور مذہب کے مصنوئی دھاگوں کے بجائے محبت کے قدرتی رنگوں کے دھاگوں سے کَ ِس ہوئی ہو۔ اسُ گٹھان کی تمام تر ساخت میں لفظ خالد اور سہیل محض انسانیت اور محبت سے بدل کر اپنی تخلیقی شکل کو مسلسل متعین کر رہے ہیں۔ پچھلے تیسسالوں سے وہ اپنے تخلیق کے تمام تر عناصر کو، چاہے وہ نظم ہو یا غزل، افسانہ ہو یا ناول، مضمون ہو یا ترمہ، انٹرویو ہو یا مباحثہ صرف ایک ہی ائی پروڈکٹ کے صولل کے لیے اپنی تمام تر توانائیوں کے ساتھ استعمال کر رہا ہے اور وہ ہے۔۔ انسانیت اور محبت۔ خالد سہیل کے نام میں شامل دونوں لفظ اب اپنی لغت کے روائتی قد و خال کو توڑ کر الترتیب انسانیت اور محبت میں اتُر کر تخلیقی دنیا کے لیے وہ خوش بخت فکری اشارہ ن گئے ہیں کہ زندگی کو دیکھنے اور بدلنے کی جمالیاتی نظر میں دیلیی محض طویل تر تخلیقی تربیت، نت نئے علمی تجرات اور تھکا دنے والے فکری عمل سے ہی ممکن ہی۔

انسانیت اور محبت کے استعارہ خالد سہیل کی ساری زندگی ہجرت سے علامت ہے مگر یہ ہجرت یادیدی طور پر مانینی سے زیادہ فکری ہے کہ انسانیت اپنی پرتوں میں ہجرت کرے یا ترک مکانی، وائے محبت کے کسی اور منزل کا سراغ نہیں پاتی اور فطرت نے یہ راز انُ کییدااش سے قبل ہی ہجرت کے تجربوں کی صورت انُ کے اجداد پر منکشف کر دیا تھا۔ یہی فکر، تجربوں کی صورت پھر انُ کی جین میں ایک انقلابی رویہ بنی اور واچ کے اسُ دھارے کو جنم دیا جو اپنے تخلیق کے قوس اور ذاویے متعین کرتی ہی۔ انُ کییدااش سے قبل ہونے والی انُ کے اجداد کیکشمیر سے پنجاب اور پھر امرتسر سے لاہور کی تلخ ہجرت اپنے واقعہ میں انُ کی روحوں کو ذخمی کر دنے والے مورثی تجربے بو گئی اور پھریدااش کے بعد لاہور سے کوہاٹ کی لسانی، تہذیبی اور معاشی ہجرت، تلخ و شیریں واالات کی صورت انُ کی نشو و نما پر گہرے اثرات چھوڑ گئی۔ انسانیت اور محبت کے اسِ مجنوں کے خمیر میں ہجرت تھی ای ب ہجرت جو اپنی علامت میں فکر کا استعارہ ن گئی۔ فکر، جو زان، نسل اور مذہب کی بوسیدہ اقدار کے لیے پہلے پہل تو واال اور پھر اپنی منزل کو نہ پا کر محبتوں میں اپنی جگہ ڈھونڈنے لگی اور جب روائتی معنوں سے ناامید ہو گئی تو الاجواب کی صورت اپنی نئی منزلوں کے لیے ایک ار پھر ہجرت میں مبتلا ہوئی۔ اسِ ار فکر کا سفر اپنی ساخت میں زان، نسل اور مذہب کے علاوہ محبت کے وسیع ترین معنوں کے لیے بھی تھا۔ چاہے

وہ خود کو تخلیق دنے والی ماں کی محبت کے لیے تھا یا تخلیق کے بعد نشو و نما دنے والی دھرتی ماں کے لیے

،دونوں ہی صورتوں میں انُ کی تخلیقی جبلت نے انُ کا اپنی مای ں سے وہ رشتہ یداا کیا جو پھر کرب کی صورت انُ کے افسانوں 'دھرتی ماں اداس ہے'، 'اپنے دور کییوسف ماں' اور 'تسبیح کے دانوں' میں ظاہر ہوا۔

فکر خود اپنی جبلت میں علم کے واا کچھ نہیں، شادا یہی وجہ ہے کہ اپنی منزل کی تلاش میں مبتلا خالد سہیل کی فکرنے واال کے بجائے جواب بننے کے عمل کے لیے ادب، فلسفہ، مذہب اور نفسیات جیسے سخت اور پتھریلے اور خاردار راتے کو اختیار کیا جس کی منڈیروں پر فیض، ساحر، جوش، ناصر کاظمی اور مجید امجد کے سائے لے ہوئے تھے، جس کے کناروں پر اُگی ہوئی جنگلی بوٹیوں میں کرشن، منٹو، بیدی، عصمت اور قراۃ العین کی خوشبویں پھیلی ہوئی تھیں اور جس کی زمین پر بکھری ہوئی مٹی میں فرائڈ، برٹنڈرسل، الفریڈ ایڈلر، اآلں، مودودی اور ابوالام م آزاد کی محبتیں بسی ہوئی تھیں۔ خداؤں کے ایمان پر واال اٹھُاتی ہوئی شاعری ہو یا دھرتی ماں کی امن و آشتی کا سُراغ پانے کے لیے تخلیق کردہ مضامین، انسانیت کے پیار میں ڈوبے ہوئے خالد سہیل کے مجنونانہ محبت نامے ہو یا خارجی دنیا کے وحشت

زدہ شور سے انسانی روح کی موسہ یقن

یپ کے مرجانے کا خوف، خالد سہیل کے اندھے پیار کی گرمی اسُ کے قلم کے لیے ایک لامتناہی توانائی کا سبب گئی۔ یہ توانائی ہی تو تھی جو کبھی لکھاری کے روپ میں تو کبھی مقرر کی شکل میں، کبھی ماہر نفسیات کی طرح تو کبھی ہیومہ س پ ن کر مشرق اور مغرب دونوں ہی کیدانشمندی کے ملاپ سے انسانی ارتقاء کی اسُ نشو نما کا خواب دیکھ رہی تھی جس کی آی منزل انسانیت کے لیے امن و آشتی اور پیار و محبت ہی۔

خالد سہیل کی پوری زندگی مسلسل محنت اور تقل ط فکر سے عبارت ہے۔ انُ کی شخصیت کے تمام تر گرین زونGreen Zoneڈاپ ے م یٹہ شست رکی توانائی کا من ع در حقیقت ایک دہکتا ہوا سُرخ زونRed Zoneڈاپ یمہ س ش ن ہے جو اپنی ذات کی ارتقاء میں 'تلاش' سے طلوع ہوا، 'زندگیمیں خلا' سے ہمکنار ہوا،

'بھگوان، ایمان اور انسان' کی تلاش میں کسی درویش کی صورت آوارہ ہوا، کبھی 'دو کشتی میں واار' کسی 'ٹوٹے ہوئے آدمی' کی صورت تو کبھی 'امن کی دیوی' ن کر 'خدا، مذہب اور ہیومنزم' کے فلسفوں میں الجھ کر 'دھرتی ماں کی اداسی' کا راز جاننے کے لیے 'ہر دور میں مصلوب' انسانیت کو آزاد کر کے انُہیں امن وے آشتی کے نئ 'سمندر اور جزیروں' پر پہنچانے کا خواب خود میں سمیٹے ہوئے ہے۔ خالد سہیل کا سرخ زون ڈاپمہس ش ن اپنی معنویت میں نفسیات کی روائتی اصطلاح سے مختلف تخلیقی توانائی کا وہ استعارہ ہے جو سارے ری کائنات کو انُ کے نام کی معنویت سے بدل کر انسانیت اور محبت کے گرین زونGreen Zoneڈاپمہ س ش ن میں ایک دن ذبب کر دے گا کیونکہیہ انُ کا ہی نہیں میرا بھییقین ہے کہ۔۔ دنیا میں اتنی ہیسچایاں ہیں جتنے خود انسان اور اتنی ہی حقیقتیں ہیں جتنی انُ انسانوں کی دانشمندانہ نگاہیں۔

29 ستمبر 5511

ماڈرن درویش یا معمہ؟

جاوید دانش

کردار نگاری میرا محبوب مشغلہ ہے، مگر یہ کردار میرے ڈراموں کے مردوزن ہوتے ہیں۔ جنکی حرکات وسکنات کی ڈور میرے ہاتھ میں ہوتی ہے! کبھی مجھے ان معصوم یا مظلوم کرداروں پر پیار آتا ہے، کبھی جھنجھلاہٹ ہوتی ہے اور کبھی کبھی غصہ بھی آجاتا ہے۔..... جس کا ردِ عمل ان کے مکالمات میں جھلکتا ہے! مگر یادیدی طور پر اپنی تمام تر خودمختاری کے اوجود میری کوشش یہ ہوتی ہے کہ ان کرداروں کو زیادہ سے زیادہ حقیقی تخلیق کیا جائے۔

اس کے برعکس خاکہ نگاری سے میں گریز کرتا ہوں، کیونکہ نہ کسی کا کردار میرے بس میں ش

ہے نہ ہی کسی کی من وعن ساہٹ یہ کاغذ پر پوری ایمانداری سے اتاری جاسکتی ہے۔ اول تو لوگ وافیصد سچائی سے خوش نہیں ہوتے، دوم لوگ اگر خوش ہو بھی جائیں تو جس کا خاکہ لکھا گیا ہے وہ خاکہ نگار سے برہم ہو جاتا ہے یعنی خا، بدہن۔ خصوصاً کسی دوست کا خاکہ یا کسی ہم عصر ادیب کا خاکہ کھنا ''آ بیل مجھے مار'' کے مترادف ہے۔

پھر بھی آج میں ایک دوست کا خاکہ رقم کرنے کی جسارت کر رہا ہوں جو نہ صرف مجھے عزیز ہے بلکہ ہر دل عزیز تصور کیا جاتا ہے۔ اپنے پیشے میں کامیاب اور زندگی سے مطمئن بھی ہے۔ آپ ایسے تنے لوگوں کو جانتے ہیں جو اس دور میں اپنے ''پیشے اور زندگی'' دونوں سے مطمئن ہوں؟

ہم لوگوں کے اشتراکی دوست اشفاق حسین نے 1964ء میں نیویارک کے ایک مشاعرے

میں، مجھ سے تعارف کراتے ہوئے کہا، دانش! آپ ہیں خالد سہیل، جنہیں تم تلاش کر رہے تھے.......

اور سہیل! بھئیہ ہیں دانش! جنہیں تم پوم رہے تھے۔'' ہم لوگ بڑی گرمجوشی سے بغلگیر ہوئے۔ سہیل مجھے پہلی نظر اور پہلی ملاقات میں ہی بہت اچھا لگا۔

چہرے پر والہانہ طور پر بے ترتیب داڑھی، بڑے بڑے گھنگھریالے ال، جنہیں کا کل کہنے کو جی چاہے، روشن گہری آنکھیں، ساتھ ہی مقناطیسی حد تک پرکشش مسکراہٹ، مستانہ انداز مگر ڈھیلی ڈھالی چال (جس سے موصوف کی کج روی کا اندازہ ہو رہا تھا) چہرے اور داڑھی سے نظریں ہ ی ہ تو نگاہقیمتی واٹ اور اطالوی ریشمی ٹائی کی چست گرہ میں اٹک گئی۔ ایسا لگا میں دو مختلف تصویروں کو ساتھ دیکھنے کی کوشش کر رہا ہوں Intellectual سہیل پر پتہ نہیں کیوں، اس وقت یا اس مشاعرے میں واٹ کچھ بچ نہیں رہا تھا۔ حالانکہ اردو والوں نے ادیب اور افلاس کو لازم وملزوم قرار دے رکھا تھا، مگر میں نے اپنے لاشعور سے اس سچ کو نکال پھنکا ہے۔ میں تو بس واٹ کی جگہ قیمتی Raw Silk یا کھدر کے کرتا پاجامے میں ادیبیا فنکار کو زیادہ Romantic تصور کرتا ہوں۔ پھر وہ ادیب ہو، داڑھی بردار بھی ہو اور درویش نما بھی؛ دھیمے جے ک میں ناپ تول کرات کرنے کے اندازنے دوارہ مجھے اپنے دام میں گھیر لیا تھا۔ گفتگو کے دوران مجھے لگ رہا تھا کہ اس شبیہ کو میں پہلے بھی کہیں دیکھا ہے۔ پھر میں خود بخود مسکرا دیا، سہیل کے چہرے پر مجھے اپنا عکس نظر آ رہا تھا۔ اس پر آشوب دور میں خاکسار نے بھی والہانی طور پر داڑھی اور حسنِ اتفاق سے اپنے گھنگریالے الوں کی خوب خوب پرورش کر رکھی تھی۔ ہائے کیا دن تھے!

حصہ ہفتم: شخصیت　　　　ماڈرن درویشیا معمہ؟

سہیل سے نہ صرف دوستی مضبوط ہوئی بلکہ میں نیویارک چھوڑ، ٹورانٹو آن بسا۔ ایک دوسرے کے قریب آنے سے طرفین کو سمجھنے کا موقع ملا، یہ بھی عجیب اتفاق ہے کہ آج تک سہیل کو لوگ میرا بھائی تصور کرتے ہیں، حالانکہ ہم دونوں کے زیاج اور نقطۂ نظر میں زیر زبر کا فرق ضرور ہے مگر ہماری دوستیا ور ادبی "Commitment" اپنی جگہ مسلم ہے۔

خالد سہیل کے چاہنے والوں کی فہرست خاصی طویل ہے (جس میں عورتوں کے ووٹ زیادہ ہوں گے) اتنی ہی طویل فہرست ان لوگوں کی ہے جو موصوف کو، ایک معمہ، سمجھتے ہیں۔ ایسے لوگ بھی بہت ہیں جو کسی مصلحت کے بنا سامنے جی حضوری کرتے ہیں اور پیچھے اس کی خوب ہنسی اڑاتے ہیں۔ ایسے دوست بھی ہیں جو (مذاقاً سہی) مگر ادب کے ساتھ حضور کو "پیریا گرو" کہتے ہیں، اور ایسا گروہ بھی موجود ہے جو سہیل کے بے اک قلم کو "فحش نگار" اور اسے "پلے بوائے" کہہ کر اپنے پروگراموں میں بلانے سے گریز کرتا ہے۔ نیم ملاؤں یا نیم ادیب حضرات (پورا ادیب اس شہر بے مثال میں عنقا ہے) کی بے اعتنائی سے مکمل اور صحتمند اور ادیب و شاعر خالد سہیل کی شخصیت اور صحیت پر کوئی اثر نہیں پڑا۔ کامیاب ماہر نفسیات اور بے اک قلمکار سہیل ہر ایک سے مسکرا کر پیش آتا رہا ہے۔ ہوسکتا ہے یہ ہنر اس نے نفسیات کی بھاری بھر، کتابوں سے سیکھا ہو۔ یہاں میں اس کے قد کا تجزیہ نہیں کر رہا (اب ہمارے ہمارے اساتذہ اور نقاد حضرات کو بھی تو کچھ کرنا ہے) نہ ہی سہیل کی شخصیت کی دبیز پرتوں سے
پردہ اٹھانے کی ناکام کوشش کر رہا ہوں (یہ ہنر تو کسی "Analyst" کا پراج ک
پ ہے)
میں صرف سہیل کی "Multi Dimensional" شخصیت کی چند جھلکیاں دکھانے کی کوشش کر رہا ہوں:

1991ء فروری میں، جاپان کا سفر کرتے ہوئے اور "زبید آوارگی" رقم کرتے ہوئے، پھر جاپانی مسکراہٹ، حلیمی اور انکار نہ کرسکنے کی ادا وغیرہ کے مطالعہ کے دوران مجھے سہیل کی یاد بے اختیار آئی۔ جاپانی مسکراہٹ اور حلیمی سارے عالم میں مشہور ہے۔ ساتھ ہی جاپانیوں کی وضع داری میں کسی کو "نہیں" یا انکار نہ کرسکنے کی ادا بھی عجیب وغریب ہے...... سہیل کے بزرگ گو کشمیر جنت نظیر سے اٹھ کر زندہ دلان لاہور میں شامل ہوئے تھے مگر خالد سہیل روحانی طور پر لگتا ہے جاپانی ہے۔ اس کے رہ رکھاؤ میں حلیمی بھی ہے اور شاذونادر ہی کسی کو "نہیں" کہتا ہے۔ جاپانیوں کی طرح وہ "انکار" کو ہاں
اور نہیں کے درمیان رکھتا ہے۔ زیے کی ات یہ ہے کہ سہیل
کسی طور لکھنوی طرز کا وضع دار نہیں

ہے۔ نہ ہی اپنے اصولوں اور یطقۂ نظر کے معاملے میں سمجھوتہ کرتا ہے، مگر مسکراہٹ اور متانت کے طفیل اکثر اس کے خیالات سے اتفاق نہ کرنے والے بھی، از، اس کے سامنے متفق نظر آتے ہیں۔ خالد سہیل خود ساختہ انسان ہے۔ والدین نے اسے (ہر دی ب پیرنٹ کی طرح) بڑے چاؤ سے ڈاکٹر بنایا تھا کہ سماجی "Status" کے ساتھ خدمت خلق کرتا رہے، مگر سہیل ڈاکٹر کے ساتھ ساتھ ن گئے ادیب و شاعر (جس پر ہمارے والدین آج بھی بہت فخر محسوس نہیں کرتے) یہ اور ات ہے کہ خدمت خلق وہ نفسیات کے میدان میں کر رہا ہے۔ طبیعت کی شوخی اور بذلہ سنجی اس میں بدرجہ اتم موجود ہے اور فطرت میں تجسّس کوٹ کوٹ کر بھرا ہوا ہے۔ وہ ہر وقت کچھ نیا کرنے اور یکھنے پر آمادہ رہتا ہے۔ نفسیات گو اس کا پیشہ ہے مگر فلسفے سے اس کا لگاؤ گہرا ہے۔ وہ کسی بھی مذہبی عقیدے کو نہیں مانتا ہے اور اپنی طرز کا "Atheist" ہے مگر کھلے طور پر کسی مذہب کی مذمت بھی نہیں کرتا کہ کسی کی دل آزاری نہ ہو۔ حالانکہ اس کی کچھ تحریریں کچھ لوگوں کو گراں گذرتی ہیں۔ وہ کسی محدود کل ہن شے یا کسی ازم یا کتب فکر سے بے نیاز اور لاپرواہ، خود میں مگن ہے، خود ہی سے سرشار بھی رہتا

ہے، سہیل ان مسافروں میں سے ہے جو آزمودہ شاہراہوں کو چھوڑ کر ٹوٹی پھوٹی مگر نئی پگڈنڈیوں سے ہوتا اپنی منزل خود متعین کرتا ہے۔ وہ انسان اور کائنات کے درمیان ایک نئے تخلیقی رشتے کی تلاش میں سرگرم عمل ہے۔ وہ خود کو Mystical کہلانا پسند کرتا ہے۔ اور روحانیت پر یقین رکھتا ہے مگر جسم (صنف مخالف کا) بھی عزیز رکھتا ہے۔ اس کی منظوم تحریریں اور افسانے اس کی غمازی کرتی ہیں۔ اس کی ش ل ہلن ی وں (Girl Friends) کی فہرست طویل ہوا کرتی تھی، مگر ہمارا "کنہیا" اب "گوری گوپیوں" میں وہ دپسی ک نہیں تاہ جو آج سے چند برس پہلے ہوا کرتی تھی۔ اس کی طبیعتمیں قناعت آتھ ہے۔ بقول شخصے "ملگیا توشکر نہ ملا تو صبر۔" اس ماڈرن درویش کو اپنے ذبات پر بے پناہ قابو ہے، کچھ دوست اس ات پر بہت الجھتے ہیں کہ بندہ نہ اپنے غصے کا اظہار کرتا ہے، نہ پسندیدگی کا، نہ خوشی اور وارفتگی کا۔ معاملہ جو بھی وہ بڑی خندہ پیشانی سے اپنی مسکراہٹ کی سحر سے ات نظر انداز کر دیتا ہے۔ بہت، لوگوں نے اسے دل گرفتہ یا رنجیدہ اور اداس دیکھا ہوگا۔ نہ ہی محفلوں میں بے اختیار قہقہہ لگاتے دیکھا ہوگا۔ یوں تو اس کی شخصیت میں بہت توازن ہے، مگر شاذونادر ہی میں نے اس کی پیشانی پر شکنیں دیکھی ہیں۔ کبھی کوئی ات ناگوار خاطر گذری تو ایک لمحے کیلئے چہرے پر ایک رنگ آتا ہے، پھر خاموشی ہوتی ہے۔ مگر دوسرے لمحے وہ پھر نارم ہوتا ہے۔ کبھی کبھی ایسا لگتا ہے کہ نفسیات کی طبع آزمائی وہ جتنی اپنی ذات پر خود پر کرتا ہے دوسروں پر، کرتا ہوگا۔ میرے نزدیک اپنا تجزیہ آسان نہیں، یہ اس کا بڑا اپن ہے۔ یادیدی طور پر سہیل سادہ لوح اور آزاد منش ہے۔ اس کی رن سڑزیاجی اپنی جگہ۔ گھر کی صفائی اور خود کی دیکھ بھال کے علاوہ زندگی کے ہر معاملے میں خودکفیل ہے۔ وہ گرہستی کی ضرورتوں اور خواہشوں سے ماورا ہے۔ اس میں کاہلی کا عنصر اور طبیعت کا رجحان بھی شامل ہے۔ راسپون پ اور "میراجی (یہاں اشارہ میراجی کی طرزِ تحریر نہیں، ان کی بودواس اور طرز زندگی کی طرف ہے) اس کے محبوب فنکار ایسے ہی تھوڑ یہیں؟

سہیل ایک "Non Conformist" ہے روایت شکنی اس کا شیوہ ہے۔... مگر کبھی کبھیروایت شکنی اس کی تحریر کو کھردرا بھی بنا دیتی ہے اور زان کی چاشنی کی کمی کھٹکتی ہے.... یا منظومات میں

شعریت کی جگہ Statement کا احساس ہوتا ہے، مگر اس سے انکار
نہیں کیا جاسکتا ہے کہ سہیل کے

یہاں تازہ دم خیالات اور مصوعات کی پرزور لہریں بند توڑ کر گذرتی محسوس ہوتی ہیں، جو اس کا اپنا اسلوب بیان ہے۔ یہ ساری کج کلاہی اس کی تحریر کا حصہ ہیں۔ ذاتی زندگی اور روزانہ کے معمول میں اس نے سادگی برقرار رکھی ہے، یعنی کوئی اس سے اتفاق نہ کرے تو وہ عموماً خاموش رہتا ہے۔ آج سے دس برس پہلے شاید وہ کسی کو نہ بخشتا ہو، کیونکہ اس کی پرانی تحریوں میں کاٹ نظر آتی ہے۔ اس کا ذہن صاف اور نقطۂ نظر اس کی تحریروں میں واضح طور پر نمایاں ہے۔ وہ انسان دوست ہے اور خود کو "Humanist" کہلانا پسند کرتا ہے۔ وہ تنقید سے پرہیز کرتا ہے، کسی کو شاذونادر ہی اپنی رائے دیتا ہے، شاید یہ ایک ماہر نفسیات کی عملی صورت حال ہو۔ ہاں اسے سب سے زیادہ بوریت اس وقت ہوتی ہے۔ جب دوست یا رشتہ دار اس سے محفلوں یا اس کے دفتر کے اہر نفسیاتی مشورہ مانگتے ہیں۔ بہت قریبی دوواراں کو (جو الی س پر گنے جاسکتے ہیں) کوئی رائے دینا ہو تو تقریر کرنے یا فتوی دنے کے بجائے بہت سمجھا کر اپنائیت سے خط لکھتا ہے اور قابل قدر مشوروں سے نوازتا ہے، وہ بہت، کسی کو برائی کہتا ہے یا کسی کو برا کرتا ہے۔ ایک زمانے میں بحث ومباحثہ اس کا محبوب مشغلہ تھا۔ اب وہ کسی سے بحث کرنے میں کتراتا ہے۔ حالانکہ وہ اپنی تحریروں کا تجزیہ دو ایک قریبی دوواراں سے کرواتا ہے اور کبھی کبھی ان کے مشوروں کو مانتا بھی ہے مگر عموماً وہ تنقید پسند نہیں یا برداشت نہیں کر سکتا ہے مگر وہ نقاد کبھییہ ظاہر نہیں کرتا کہ وہ ان کی ات کو ناپسند کر رہا ہے۔

سہیل بدرجہ اتم Practical Man ہے۔ وہ خواب بھی حقیقی دیکھتا ہے۔ Fantasy پر یقین نہیں رکھتا۔ رشتوں کی روایتی زنجیر سے نہ صرف آزاد ہے، بلکہ رفاقت کو اس نے نیا انداز عطا کیا ہے، اپنی فیملی کی جگہ اس نے اپنے پسند کی extended family کا انتخاب کیا ہے۔ خلص ہونے کے اوجود قربت کے طلسم سے بیگانہ ہے۔ اپنے ذبات، احساسات اور رفاقت کو وہ اپنے طور پر برتتا ہے۔ کچھ لوگ اس رویے کو سرد مہری کا نام دیں گے مگر سہیل کو ای ب سرد مہری اور اس کے اظہار میں کوئی جھجھک محسوس نہیں ہوتی ہے۔ زیے کی ات یہ ہے کہ وہ اپنی سرد مہریا احساسات کو نقاب لگانے کے بجائے اپنی تمام تر Irony کے ساتھ پیش کرتا ہے۔

اس کے افسانوں زندگی اور معاشقے اور Commitment کو، ہمعصر رشک اور حسد کے ملے جلے ذبیے سے دکھتے ہیں۔

اس کی تمام تر بغاوت، کج روی اور روایت شکنی کو لوگ چاہتے جو لیبل لگائیں، مگر عام جوان کٹیلے ن ے ے ای ب طرز زندگی Fantasy کا درجہ رکھتی ہے۔ مگر تنے ہیں جو اس Fantasy کو حقیقت کا پیراہن پہنا سکتے ہیں۔ روایت شکنی نے ایک طرف سہیل کو منفرد لہجہ اور شناخت عطاء کی ہے تو دوسری طرف تنہائی کا کرب بھی عطا کیا ہے، وہ محفل میں رہ کر بھی تنہا ہے۔

وہ اپنی انتہا پسندی میں بھی ایک مومن کا سا خلوص رکھتا ہے۔ جس کام میں ہاتھ لگاتا ہے اسے عبادت کی سی عقیدت کے ساتھ پورا کرتا ہے۔

مجھے آج تک ایسا کوئی ادبیا شاعر نہیں ملا جو لکھنے پڑھنے میں سہیلیسا یقہ اشعار اور Organise ہو ہر کسی کو یہ رت ت ہوتی ہے کہ اس میں اتنی Energy کیونکر ہے کہ وہ افسانہ نگاری، شاعری، سفرنامے، تراجم، ڈائری، مضامین، ساتھ ہی نئی کتابوں کیبداری اور مطالعہ، طوطط کے جواب، فوٹوگرافی ا ور تصویروں کو قاعدے سے البم میں سجانا (جن کی تعداد پچاس سے، نہیں) دُنیا بھر کی سیر وسیاحت، مختلف الکلک میں سیمیناروں میں حاضری، مشاعروں میں ا ور نثری محفلوں میں حصہ لینا۔ پرانے محبوبوں کی دلجوئی (اب یہ سلسلہ فون پر ہوتا ہے) نئے محبوب کو ساتھ لئے پھرنا، دوواروں سے ملنا، فلم دیکھنا اور انہیں لے کر نئے نئے ریستوران جانا (کھانا پکانا اور گھر میں کھانے میں یقین نہ رکھنا) دوواروں کو لکھنے اور مطالعہ پر اکسانا، ازار اور Mall میں خواہ واٹ یدنا ہو یا پنسل بڑے شوق سے آوارگی کرنا اور بڑے چاؤ سے آئسکریم کھانا۔ بڑی پھرتی اور مہارت سے ریکٹ ال کھیلنا اور ان تمامعوامل کے دوران، جب ں مس موقع ملے چند منٹوں کے لئے واجانا (رات کی نیند کے علاوہ) اور روزانہ علی الصبح (عبادت گزار کی طرح) اٹھ کر کچھ نہ کچھ کھنا اور یرانا شتہ کئے اسپتال (دفتر) ایسے للک کے ساتھ جانا، جیسے بچے خوشی خوشی پارک جاتے ہوں۔ ہر کوئییہ سمجھنے سے قاصر ہے کہ اس انسان نما معمے کے پاس اتنا کچھ کر لینے کا وقت کیسے ملتا ہے۔ اسکی زود گوئی Commitment اور Energy پر دوواروں کو رت ت اور رشک ہوتا ہے۔ بقول شخصے "جتنی کتابیں سہیل نے تخلیق کی ہیں، اتنے طوطط ہم نے نہیں لکھے............"۔

یہی کتابیں جن کی تعداد درجن سے اوپر ہیں، ، نہیں، اس کی زندگی، اس کی (ابتک کی) اولادیں ہیں۔ خالد سہیل آج تک مجرد زندگی گزارنے میں یقین رکھتے ہیں۔ آگے کی کس کو خبر شادی کر بھی لے، تو شاید اولاد کی ذاداری قبول کرنا اس کے بس کی ات نہیں۔ وہ چاہتا بھینہیں۔ مگر بچے اسے دوسروں کے پسند ہیں۔ وہ دوواروں اور بہن کے بچوں پر جان دیتا ہے۔ میں سمجھتا ہوں سہیل کے
اندر ایک ہمکتا ہوا بچہ آج بھی موجود ہے۔ یہی اس کی مسکراہٹ اور اس کی طن عن
یپ کی تجسّس کا راز ہے۔ وہ
مسلسل اپنی تلاش میں سرگرم عمل ہے۔

خالد سہیل کے ادبی قد کا تعین وقت کرے گا۔ مجھے یہ معلوم ہے کہ اس کا انسانی وجود معتبر ہے۔ دوواروں کے لئے اور اس کے مریضوں کے لئے بھی میرا تجربہ ہے کہ:

آپ سے جھک کے جو ملتا ہو گا اس کا قد آپ سے اونچا ہو گا

تذکرہ مِرشد مِستور

سید حیدر

یہ مضمون گیارہ مارچ 5515ء کو فیملی آف دی ہارٹ یعنی فوتھ کی دواپں سالگرہ پر پڑھا گیا تھا اس میں مجھے اس ات کا تذکرہ کرنا تھا کہ میں اس انجمن سے کیسے واقف ہوا، اس کو کیسا پایا، وغیرہ۔ شاید اسی وجہ سے اِس پیروڈی میں اسُ زان کا اثر غالب ہے جو بزرگوں کے تذکروں اور سپاسناموں کے لئے مخصوص ہے۔ ملاحظہ فرمائیں:

میر انعارف اس انجمن سے جن ذاتِ محترم کے توسط سے ہوا، وہ نہ صرف فرقہ فوتھ کے رہ مبشرہ میں شامل تھے بلکہ حضرت خالد سہیل شیخ الفرقہ قدس اللہ سرہ کے جلیل القدر صحابیوں میں بھی ان کا شمار ہوتا ہے اور جو محّن کنبہ قلب اس فرقے کی محافل سراپا سرور میں اقاعدگیسے شامل ہوتے رہتے ہیں۔ ان کے مشاہدے میں یہ ات ضرور آئی ہوگی کہ جب سے ہم نے ذات والا صفات مد ظلہمکے دستِ اقدس پر بیعت کی ہے نہ تو ہم سے اس فرقے کی کوئی ادبی مذہبی، غیر مذہبی بلکہ خلاف مذہبی مجلس قضا ہوئی ہے نہ ہی ہمارے خضوع و خشوع میں کوئی فرق آیا ہے بلکہ ان نشستوں کے بعد کے خالی اوقات میں کسب فیض کی خاطر ہم ان ملفوظات اور صحیفہ جات عالیہ کو جو شیخ الفرقہ کے دستِ عنایت سے ہمیں عطاء ہوئے ہیں ان کو تلاوت کرکے اپنے دینِ وایمان کو درست کرنے کی سعی میں مشغول رہتے ہیں۔ ویسے معطیٔ حقیقی اور مبداء فیض تو ذات خداوندی ہے مگر معرفت حق کے لئے شیخ طریقیت کا واسطہ ضروری ہے اور یہ ہر دور کے لئے مقرر بھی ہے کہ اسی کی دست گیری سے جدید دور کی نسلیں منازل سلوک طے کرتی ہیں اور دورِ جدید کے تقاضوں کے مطابق تجدید علم وایمان کرتی ہیں۔ یہ صحیح ہے کہ اپنے دور کے مرشد مقرر کو پہچاننا اور اس سے کسب فیض کرنا ہر کس و ناکس کے بس کی ات نہیں۔ اس لئے کہ مشیت ایزدی کب اور کس قماش کے بندہ معتبر کو قہ ہدایت عطاء فرمائے یہ اس کی دین ہے اور اسُ عالمِ بے کراں کا اختیار کلی ہے۔ ہماری کیا مجال جو اس پر رائے زنی کریں یا اس کے انتخاب کو خاطر میں نہ لائیں۔ البتہ جو سچے متلاشی رشد وہدایت ہیں ان کو مرشد مستور کی سیرت اور حلیہ میں موجود نشانیاں اپنی طرف فوراً متوجہ کرتی ہیں۔

یہ جو آپ ہم میں اپنے موروثی عقادا اور روائتی مذہب سے انفعال کی کیفیت پاتے ہیں یہ سب

اسی چوکھٹ کی دین ہے اور شیخ طری یقنیق

پ کی نگاہ لطف کا کرہ ہے۔ اس کے علاوہ یہ بھی انہی کی نوازشات کو حصہ ہے کہ ہم جیسے نوارد شہر اور مبتدی مصنف کو انہوں نے اپنی ایک محفل عام میں اپنا پہلا مضمون پڑھنے کی اجازت مرحمت فرمائی اور سخن تحسین سے بھی نوازا۔ اسی مضمون کو جب ہم نے ایک اور محفل میں پڑھا تو وہ الٹا گلے پڑ گیا مخدومیٔ مذکور نے اس ارادت مند کی ہمت افزائی میں زیید اضافہ ایک محفل خاص میں نہ صرف دوارہ دعوت سخن دے کر کیا بلکہ اس کی تحریر کو اپنے ملفوضات میں شامل بھی کیا۔

اس میں قطعاً اس حقیر کی کسی خوبی کا دخل نہیں بلکہ اس آستانے کے مطمع نظر کی ات ہے کہ اس کا در ہر آزاد واچ بلکہ آوارہ واچ تک رکھنے والے کے لئے واہے۔ اور اسے پورا موقع ملتا ہے کہ جو بھی اس کے خیالات ہوں ان میں وہ جملہ اصحاب کنبہ کو شریک کرے اور خود بھی دوسروں کے افکار عالیہ سے مستفید ہو۔ اس غیر معروف مبتدی کی جتنی بھی تھوڑی بہت پہچان اور پذیرائی اس شہر بے مثال کے ادبی حلقوں میں ہوئی ہے اس میں شیخ کنبہ قلب اور ان کے

خلیفہ خاص کا بڑا حصہ ہے۔ اسی پہچان کی بناء پر اور اپنی آوارگیِ طبع سے جبوررا سِ ارادت مند کو جو بھی اپنی کسی تقریب کی خبر دیتا ہے تو یہ اس میں اپنی شرت کو فرضِ عین سمجھتا ہے بلکہ ای ب تقاریب میں بھی شامل ہو تا ہے کہ تنظمین اس کی شرت سے متاثر ہو کر شاید یہ شعر پڑھتے ہوں کہ

اور سب نے تو ہم سے کنارہ کیا ایک ناصح غریب آتے جاتے رہے اپنی اس کثیر الشمولیت کے تجربے کی بناء پر یہ فقیر اگر جسارت تقابل کرے تو اسے یہ کہنے میں کوئی تامل نہیں کہ اس انجمن کی انتظامیہ کی کشادہ دلی، قدر دانی اور بے عصبی اور اس میں شامل مضامین کا نوع اور موضوعات کی وسعت اس کو شہر کیجملہ انجمنوں سے کئی درجہ بلند ممیّز اور ممتاز کرتی ہے۔ ہمہ شہر پرز خواں نم و خیال ماہے

چہ کنم کہ چشم یک بین نہ کند ی کس نگاہے

سردیوں کی ایکرات آنسرنگ مشین پر

رشید ندیم

خالد سہیل کا پیغام

"Darvesh has gone in search of himself"

رشید ندیم کا جواب

کہاں ہو تم
مرے شائستہ محفل
میں کب سے چپ کے جنگل میں
ترستا ہوں کسی سے بات کرنے کو
ادھر اہر ہوا
ہاتھوں میں اپنے خنجرِ یخ بستگی تھامی
گلی میں گھومتی ہی
اور مرے دل میں
کسی افواہ یسا خوف پھیلا ہی
میں جب بھی فون کرتا ہوں
مشینیں بول اٹھتی ہیں
کوئی وعدہ کوئی پیغام
جو بھی ہے ہمیں دے دو
میں ان سے کس طرح کہہ دوں
حدیثِ دل
دلوں کے طولِ بے مصرف کا قصہ کسی نارس تمنا کا فسانہ
نفی اثبات کیباتیں
میں اپنی ذات کیباتیں میں اب ان سے کس طرح کہہ دوں

مجھے تم سے جو ربطِ بے نہایت ہی
تمہیں اس کی قسم
مرا پیغام سنتے ہی
مجھے اک فون کر ڈالو
اور آئندہ سگِ جاں کو تسلی کی کسی زنجیر سے اندھے بنا
ہرگز نہ جانا

آؤ! ڈاکٹر خالد سہیل کو ڈھونڈیں ... خاکہ

مرزا یاسین بیگ

ڈاکٹر خالد سہیل کی تحریر کردہ کتابوں کی طویل فہرست دیکھتا ہوں تو ایسا لگتا ہے کہ یہ دو سو سال سے متواتر لکھ رہے ہیں مگر جب انھیں اپنے سامنے دیکھتا ہوں تو ان کی عمر ایک کتابچے جتنی لگتی ہے۔ آج کل لوگوں کے اندر جتنا زہر بھرا ہے، خالد سہیل کے اندر اتنا علم بھرا ہے۔ یہ مرد ہو کر عورت سے زیادہ بے صبرے ہیں۔ عورت نو ماہ میں بچہ جنتی ہے، یہ چھ ماہ میں ہی کتاب جنتے ہیں اور اکثر جڑواں بھی۔ کوئی بھی بچہ ماں کے پیٹ سے پڑھ لکھ کر پیدا نہیں ہوتا مگر ان کی ہر کتاب پڑھی لکھی ہوتی ہے اور پیدا ہوتے ہی قدردان اسے گود لے لیتے ہیں۔ ان کی لائبریری میں اگر ان کی کتابوں کی طرف سے دیکھنا شروع کیا جائے تو کسی اور کی لکھی کتاب تک پہنچنا مشکل ہو جاتا ہے کیونکہ جہاں آپ ان کی آخری کتاب تک پہنچتے ہیں، ایک اور نئی کتاب شائع ہو جاتی ہے۔ سمجھ میں نہیں آتا کہ یہ دن بھر بلکہ رات گئے تک تو ہم سب کے ساتھ ہوتے ہیں پھر اتنی کتابیں کیسے لکھ لیتے ہیں؟ یہی شک ان کی ڈیٹنگ کی طرف بھی جاتا ہے۔ یہ شہر کا واحد آدمی ہے جو سیل فون نہیں رکھتا مگر قیاس آرائیوں کے مطابق کئی گرل فرینڈز رکھتا ہے۔

خالد سہیل نے شاعری سے لے کر افسانے، ناولٹ، نظمیں، مضامین، انٹرویوز، مزاح، تحقیق غرض یہ کہ ہر صنف کو پرکھا ہے یہاں تک صنفِ نازک کو بھی۔ ان کے رومانی افسانوں کی عورت اکثر ان کی اپنی

محبوبہ ہوتی تھی۔ ہر رومانس کے بعد ایک افسانہ لکھنا ان کی ہابی تھی۔ اسی لئے رومانس میں ٹھہرے رہنا یہ ادبی بد دیانتی سمجھتے تھے۔

بطور ثبوت میں ان ہی کا ایک قطعہ پیش کر دیتا ہوں

جام چھلکے ہیں میرے ذہن کے میخانوں میں
خواہشیں سلگیں مرے قلب کے تہہ خانوں میں
تیرے ہر رنگ نے یوں گھیر لیا ہے مجھ کو
اِک دھنک پھیل رہی ہے میرے افسانوں میں

پچھلے چند سالوں سے ان کے افسانوں میں کمی آئی ہے وجہ آپ خود سمجھ لیں۔ میں تو خوش ہوں ڈاکٹر صاحب میں ٹھہراؤ آ گیا ہے، اب ہم افسانے لکھ سکتے ہیں۔

ڈاکٹر خالد سہیل کی سماجیات، سیاسیات اور نفسیات پر لکھی گئی کتابیں بھی اردو ادب کا سرمایہ ہیں۔ پاکستان، ہندوستان سمیت دنیا بھر میں ان کے ہزاروں پڑھنے والے موجود ہیں۔ بعضے ایسے بھی ہیں جو انھیں چومنے کی خواہش میں ان کی کتابوں کا بوسہ لیتے رہتے ہیں۔ یہی وجہ ہے کہ میں خالد سہیل سے کہتا ہوں کہ آپ کے پاس ای میل کی کمی ہے نہ فیمیل کی۔ ان کی تحریر میں ایسی کشش ہے کہ اکثر لوگ انھیں پڑھ کر اپنے دقیانوسی نظریات سے ہاتھ دھو بیٹھتے ہیں۔ ڈاکٹر صاحب کی گفتگو اور تحریر علم کی بھوک بڑھا دیتی ہے۔ جو ایک بار انھیں پڑھ لے، انھی کا ہو کر رہ جاتا ہے، چاہے شادی شدہ ہو یا مولوی۔

خالد سہیل شاعر اور ادیب ہونے کے باوجود بہت آرگنائزڈ اور وقت کے پابند ہیں۔ کبھی اپنے مریض کو اپنا شعر نہیں سناتے، نہ ہی کسی دوست کو مفت کی دوا یا دعا دیتے ہیں۔ ہر ادبی تقریب میں ایسے جاتے ہیں جیسے اپنے کلینک پر جا رہے ہوں مگر یہ کبھی نہیں ہوا کہ غزل کی جگہ دوا کی پرچی پڑھ دی۔ اتنے صحت مند ماہرِ نفسیات ہیں کہ بھیڑ میں بھی اپنے مریض اور قاری کو پہچان لیتے ہیں۔ "انسان دوست" ایسے کہ ہر نظریئے اور نظر آنے والی شئے کو گلے لگانے میں عار محسوس نہیں کرتے ہیں۔

خالد سہیل نے ہر کام کیا ہے سوائے شادی کے۔ شاید انھوں نے میرا مقولہ سن لیا ہے کہ جس گھر میں نکاح داخل ہو جائے وہاں محبو بائیں آنا بند ہو جاتی ہیں۔ یہی وجہ ہے کہ انھیں اب تک ہر عورت اچھی لگتی ہے۔ ایک بیوی کی کمی دور کرنے کیلئے انھیں ہر روز بیڈ پر لیٹے لیٹے کوئی نہ کوئی کتاب پڑھنی پڑتی ہے۔ حقوقِ زوجیت ادا کرنا ہو تو قلم لے کر کچھ نہ کچھ لکھنا شروع کر دیتے ہیں۔ خالد سہیل نے دنیا کا ہر حق ادا کیا ہے سوائے حق مہر کے۔ یہ واحد مرد ہیں جو بیوی نہ رکھتے ہوئے بھی انتہائی سنجیدہ ہیں۔ بال بچوں میں سے صرف بال کی پرورش کی۔ ان کی ایک خوبی خدا کا ذکر کیئے بغیر پوری نہیں ہوتی اور وہ ہے ان کی خدا ترسی۔ اتنے خدا ترس ہیں کہ جنھیں لکھنا بھی نہیں آتا، ان کیلئے اچھا اچھا لکھ کر دے دیتے ہیں۔ برا بھلا کہنے میں عار محسوس کرتے ہیں یعنی برا نہیں کہہ پاتے صرف بھلا بھلا کہہ دیتے ہیں۔

کہنے کو تو ڈاکٹر صاحب "سنگل" ہیں مگر کسی بھی محفل میں سنگل نظر نہیں آتے۔ لوگ انھیں ایسے گھیرے رہتے جیسے آج ہی شادی کروا کر چھوڑیں گے۔ ڈاکٹر صاحب کے پاس موضوع اور مریض کی کوئی کمی نہیں۔ موضوع اور مرض کو برتنا ان کے دائیں ہاتھ کا کھیل ہے، بائیں ہاتھ کو کم ہی زحمت دیتے ہیں۔ کپڑے نفیس پہنتے ہیں اور اکثر خود ہی پہنتے ہیں۔ کسی نے مشہور کر دیا ہے کہ ڈاکٹر صاحب کو کچھوے پسند ہیں بس اس دن سے جس مریض کو پیار آیا وہ ایک مصنوعی کچھوے کا تحفہ دے گیا۔ اب یہ حال کہ کلینک میں ہر طرف مریض نظر آتے ہیں یا کچھوے اور ڈاکٹر صاحب دونوں سے خوش ہیں۔

ڈاکٹر صاحب پچھلے چند سالوں سے اردو میں کم اور انگریزی میں زیادہ لکھنے لگے ہیں۔ سنا ہے اردو اس پر کافی بگڑی ہے۔ یہ پہلی زبان ہے جو ڈاکٹر صاحب پر بگڑی ہے۔ ڈاکٹر صاحب جیسے بلند مرتبت ادیب اگر اردو کو چھوڑ جائیں گے تو اردو پر تو بگاڑ ہی آئے گا۔ امید کی جاتی ہے ڈاکٹر صاحب اردو کا دامن ویسے ہی پکڑے رہیں گے جیسے انھوں نے بے ٹی ڈیوس کا ہاتھ تھاما ہوا ہے۔ ڈاکٹر صاحب کے ایک شانے سے اردو اور دوسرے شانے سے انگریزی لگی ہو تو ادب اور قاری ان پر زیادہ ناز کرے گا۔

ڈاکٹر خالد سہیل کو ہم دیکھ تو سکتے ہیں مگر انھیں ڈھونڈ نہیں سکتے۔ ان کی شخصیت کے جزو تو مل جاتے ہیں مگر ان کی تلاش ختم نہیں ہوتی۔ وہ ادیب تو ادیب انسان ہونے کی بھی عمدہ مثال ہیں۔ ایسے لوگ بڑی مشکل سے پیدا ہوتے ہیں۔ میں اپنے آپ کو بہت خوش قسمت سمجھتا ہوں کہ ان کی نظروں میں رہتا ہوں۔

ڈاکٹر سہیل

حامد یزدانی

ڈاکٹر خالد سہیل صاحب۔ آپ میرے پسندیدہ تخلیق کار ہیں۔ میں نے نظم و نثر ہر دو اصناف میں آپ کی کاوشیں پڑھی ہیں اور یہ آج کی بات نہیں۔ یہ سلسلہ کئی عشروں پر محیط ہے۔ پاکستان اور جرمنی میں قیام تک کا غائبانہ تعلق کینیڈا میں بالمشافہ ملاقاتوں اور ایک پراحترام ادبی دوستی میں تبدیل ہو گیا۔ آپ کی شخصیت اور تاثر سے بھرپور تخلیقات، وہ اردو میں ہوں یا انگریزی میں، آپ کے باطن کی شفافیت اور حقیقت پسندانہ طرزِ فکر کی سچی عکاس اور ترجمان ہیں۔ میں یہ تو نہیں کہہ سکتا کہ میں نے آپ کے پانچ سو کے پانچ سو کالم پڑھے ہیں تاہم جتنے نظر سے گزرے ہیں وہ میرے درج بالا احساس کی گواہی دیتے ہیں۔ میں آپ سے تعارف اور تعلقِ خاطر پر نازاں ہوں۔ آپ کی تحریروں کا ایک "قدیم" مداح: حامد یزدانی۔ (واٹر ڈاؤن، کینیڈا اسے

ڈاکٹر خالد سہیل۔۔۔طبیب کی لکھائی

فیصل عظیم

یوں تو ہم نے لوگوں سے، اور لوگوں نے اوروں سے کتنی ہی دفعہ یہ کہا ہو گا کہ ڈاکٹر کی لکھائی کو سمجھنا بہت مشکل ہے۔ مگر ڈاکٹر خالد سہیل، جو طبیب بھی ہیں، ان کا لکھا پڑھنے والے پاکستان سے لے کر کینیڈا تک پھیلے ہوئے ہیں اور ڈاکٹر خالد سہیل مسلسل ان کی محبتیں سمیٹ رہے ہیں۔ ان کا حلقۂ احباب دن بدن پھیل رہا ہے بلکہ پھول بھی رہا ہے اور فاصلے سمٹتے جا رہے ہیں۔ ان کی کتابوں (یا تحریروں) کی تعداد اور ان کے قارئین کی تعداد میں اضافے کے تناسب کا اگر مقابلہ ہو تو یہ کہنا مشکل ہے کہ کون جیتے گا کیوں کہ جب تک ہم اپنے مضمون کی نوک پلک سنواریں گے، تب تک کچھ بعید نہیں کہ ڈاکٹر صاحب کی ایک اور کتاب شائع ہو چکی ہو۔

ڈاکٹر خالد سہیل طبیب اور شاعر کے علاوہ اب بہتوں کے حبیب اور کتنے ہی دلوں کے قریب سمجھے جاتے ہیں۔ ہم انھیں پہلے شاعر اور افسانہ نگار کے طور پہ جانتے تھے مگر ایک دن اچانک خیال آیا کہ اب تو ایک زمانے سے ہم انھیں ایک ایسے نثّار کے طور پہ دیکھ رہے ہیں جس کے اندر بقول خود ان کے، ایک تخلیق کا چشمہ جاری ہے۔ یعنی وہ مسلسل سوچتے اور اپنے خیالات کو احاطۂ تحریر میں لاتے رہتے ہیں۔ اگرچہ وقفہ بہت ضروری ہے، مگر جس اشتہار میں یہ کہا جاتا ہے، ایک زمانہ پہلے اس کی آدھی بات کو رد کر کے انھوں نے باقی آدھی کو پلّے سے باندھ کر ایک وقفِ کامل اختیار کر لیا تھا اور نتیجے میں اپنے وقت اور توانائی کو قلمی تخلیقات کے تسلسل کے سپرد کر دیا تھا۔ یہی وجہ ہے کہ ان کی کتابوں کی تعداد بتاتے ہوئے رشک آتا ہے۔ لکھنے کے معاملے میں اس قدر انتھک کام کے لیے خود کو وقف کرنا یقیناً بڑے دل گردے کا کام ہے۔ یہاں رشک حسد کے معنی میں نہیں ہے، کہ دل گردے کا ذکر آ گیا ہے اور ڈاکٹر خالد سہیل، "خانوادۂ دل" یعنی "فیملی آف دی ہارٹ" کے روحِ رواں بھی ہیں اور دلوں کے تعلّق کو عزیز بھی رکھتے ہیں جس کی ایک مرتّب گواہی ان کی "ادبی محبت نامے" کے عنوان سے شائع ہونے والی کتاب ہے۔ یہ کتاب اُن کے ادبی دوستوں کے محبّت بھرے خطوط کا مجموعہ ہے۔

دنیا میں دو طرح کے لوگوں کا بڑا چرچا ہوتا ہے۔ ایک وہ جو وژن یا نظر رکھتے ہیں اور صاحبِ بصیرت یا وژنری کہلاتے ہیں۔ ایسے لوگ بعض اوقات کسی نہ کسی انقلاب کے روحِ رواں بھی بن جاتے ہیں۔ دوسرے وہ جو مشن یا مقصد رکھتے ہیں اور مشنری یا بامقصد کاموں میں ہمہ تن مصروف رہتے ہیں۔ میرے خیال میں ڈاکٹر خالد سہیل دوسرے قسم کے لوگوں میں شمار ہوتے ہیں۔ وہ ایک مقصد سے وابستگی کی دھن میں باقاعدگی سے کالم لکھتے ہیں جن میں اُن مسائل پر بحث یا صراحت ہوتی ہے جن کا تعلّق افراد سے بھی ہوتا ہے اور معاشرے سے بھی۔ میں نے اوپر جو ان کی نثر نگاری کا خصوصی ذکر کیا ہے تو اسی کا فیض ہے کہ وہ ایک عرصے سے اپنے کالموں کے ذریعے دنیا کے مختلف کونوں میں قارئین تک پہنچ کر ان کی براہِ راست یا بلاواسطہ مدد کر رہے ہیں۔ ان کے کالموں میں نفسیاتی معاملات کا بھی ذکر ہوتا ہے اور سماجی و معاشرتی مسائل کا بھی جو عام آدمی کو بالواسطہ متاثر کرتے ہیں۔ چنانچہ ایسے کئی لوگوں جو اپنے اندر سوالات دبائے، جواب کی تلاش میں پھر رہے تھے مگر عقدہ کشائی کی کوئی سبیل ڈھونڈ نہیں پا رہے تھے، ان لوگوں نے ڈاکٹر خالد سہیل کی تحریروں بلکہ ایک نفسیاتی معالج کی پر مغز گفتگو سے خاصہ فیض اٹھایا ہے اور یہ کام ابھی جاری ہے۔

یہ تو تھا قلمبر داشتہ۔ اس وقت میرے سامنے ڈاکٹر خالد سہیل کی کچھ کتابیں رکھی ہیں، سو کچھ ان کے بارے میں بھی مختصراً عرض کروں۔ سب سے پہلے شعری مجموعے "سمندر اور جزیرے" کی بات کرتے ہیں۔ خالد سہیل صاحب کے یوں تو کئی شعری مجموعے شائع ہو چکے ہیں لیکن اس مجموعے میں ان کی 1975 سے 2005 تک کی شاعری کا انتخاب شامل ہے۔ اس میں غزلیں بھی ہیں اور مختلف موضوعات پہ نظمیں اور قطعات بھی لیکن جو مجموعی تاثر مجھے اس

کتاب کے مطالعے سے ملاوہ یہ ہے کہ یہ ایک مہاجر ادیب کی کہانی ہے۔ میں ان کی شعری تخلیقات اور موجودہ نثری سفر کو دو ادوار کے درمیان ایک جست کے طور پہ دیکھتا ہوں۔ کالم اور مضمون نگاری کا جو دریا اس وقت ان کے تخلیقی وفور کا اظہار یہ بنا ہوا ہے، اس سے پہلے ہمیں ان کے ہاں نئے افسانے اور شاعری کا ایک سلسلہ نظر آتا ہے۔ ایک بار سلطان جمیل نسیم صاحب نے دو ہم عصر شاعروں (ذاتی گفتگو تھی اس لیے نام نہیں لوں گا) کے بارے میں اظہارِ خیال کرتے ہوئے مجھ سے کہا تھا کہ ایک کے ہاں جو شاعری ہے وہ ایک ہی نہج پر ہے، اچھی تو ہے مگر اس میں آگے کا سفر نہیں ملتا جبکہ دوسرے کے ہاں ایک ارتقائی سفر نظر آتا ہے اور یہ بہت ضروری ہے کہ آپ ارتقائی منازل طے کریں کیونکہ آپ کو ایک جگہ ٹھہر نہیں جانا چاہیے۔ خالد سہیل صاحب کی تحریریں پڑھ کر مجھے وہ بات یاد آتی ہے اور ساتھ ہی اِن کے ہاں سفر، موڑ اور بدلتے راستے بھی نظر آتے ہیں۔ ہاں یہ ہے کہ شاید ایک شاعر ہونے کی وجہ سے میں ان کے کلام کا ان کی نثر سے زیادہ مدّاح ہوں۔ اس کتاب سے دو شعر دیکھیے

ہم نے شیشے کا مکاں مل کے بنایا، لیکن / جب سے جانا ہے کہ پتھر کے بنے ہیں، چُپ ہیں

صحراؤں میں ہم بادِ صبا ڈھونڈ رہے ہیں / کفّار کے سینوں میں خدا ڈھونڈ رہے ہیں

اس مجموعے کی ابتدا میں تین نظمیں ہیں اور تینوں عمدہ اور قابلِ انتخاب ہیں۔ غزل میں جو پابندیاں ہوتی ہیں، ان کے باوجود موضوعات کے اعتبار سے خالد سہیل صاحب نے غزل میں بھی نظم کی طرح اپنے موضوعات اور خیالات کا کھل کر اظہار کیا ہے جن میں ممنوعہ اشجار بھی شامل ہیں اور ساتھ ہی یہ اعلان بھی کر دیا ہے کہ

تمام عمر تھا قاتل مرا مگر اُس شب / ضمیر کو درِ عشرت پہ سنگسار کیا

تخلیقیت، روایت کے ہاتھوں اس کا ضیاع اور لوگوں کی خود ناشناسی، یہ خالد سہیل صاحب کے پسندیدہ موضوعات ہیں جو آپ کو شعر اور نثر دونوں میں جا بجا ملتے ہیں۔ ان کی ادبی اور سماجی کاوشوں میں جو مقام اتّصال بہت ابھر کر آتا ہے، وہ یہی موضوع ہے۔ چونکہ آج کا موضوع یہ مجموعہ کلام نہیں ہے اس لیے صرف چند اشارے کروں گا مثلاً ان کی مختصر آزاد نظم "اسٹل برتھز" (Still births) کو لے لیجیے۔ یہ اُن خوابوں اور جذبوں کا نوحہ ہے جو اظہار تو کیا ادراک تک بھی نہیں آپاتے اور مر جاتے ہیں۔ "میری ماں کی بوڑھی آنکھیں" ہجرت سے جڑی نفسیات کے مختلف پہلو شعوری اور لاشعوری طور پہ دکھاتی ہے۔ ان کے ہاں عالمی امن اور مسائل کا ذکر بھی اچھا خاصہ ہے۔ تشدّد، جنگ، اس کی تباہیوں پر تاثرات کئی نظموں کا موضوع ہیں، اسی طرح "کولونیلزم" (colonialism) ایک ایسی نظم ہے جو تیسری دنیا کے ذہنی الجھاؤ پر طنز کرتی ہے۔ نظم "نئی کہانی" ہے جو ان کی آپ بیتی معلوم ہوتی ہے۔ اس کے علاوہ عورت اور اس کے نفسیاتی، صنفی اور جنسی معاملات پہ بالخصوص بہت سی نظمیں ہیں جو ان معاملات پہ خیالات اور احساسات کا براہِ راست اظہار ہیں۔ اگر یہ کہا جائے کہ کسی مرد شاعر کے ایک مجموعے میں عورت کے موضوع پر اتنی تعداد میں اور اتنے معاملات پر نظموں کا ہونا کمیاب ہے، تو شاید غلط نہ ہو۔ "سرخ دائرہ" ہی کو لے لیجیے۔ ایسے موضوع کو لطیف شعری پیرائے میں بیان کرتے ہوئے لڑکھنا مشکل نہیں ہوتا مگر یہاں شعریت کو ہاتھ سے جانے نہیں دیا گیا۔

نثر کی طرف آئیں تو ان کا ناول "پاپی" اور خطوط کا مجموعہ "ادبی محبت نامے" میرے سامنے ہیں جو بظاہر دو مختلف اصناف پہ مشتملکتابیں ہیں۔ ایک کہانی ہے جبکہ دوسری میں اُن کا ادبی دوستوں سے خطوط کا تبادلہ شامل ہے۔ خط نویسی کو ادب میں شامل تو کیا جاتا ہے، مگر اس کو باقاعدہ صنف کے طور پہ برتنے کی روایت ہمارے ہاں نہ ہونے کے برابر ہے اگرچہ جدید نثر کے لیے ہم غالبؔ کے خطوط کا احسان بھی ضرور اٹھاتے ہیں۔ ڈاکٹر خالد سہیل کا ایک اہم کام یہ بھی ہے کہ انھوں نے خط نویسی کو باقاعدہ ارادے اور کوشش سے زندہ رکھنے یا زندہ کرنے کی کوشش کی ہے اور وہ بھی اس دور میں جب رابطے کے ذرائع بہت بدل

چکے ہیں۔ خطوط کے مجموعے میں ڈاکٹر صاحب اور ان کے دوستوں کے درمیان خط اور جوابی خط شامل ہیں جن میں مختلف موضوعات پہ گفتگو ہوئی ہے۔ یہ گفتگو ادبی موضوعات کے علاوہ بھی وسیع تر تخلیقی عمل کے حوالے سے بھی ہے اور نفسیاتی اور سماجی مسائل پر بھی۔ ان میں خالد سہیل صاحب کے ''گرین زون فلسفے'' کا ذکر بھی ہے اور اس سے فائدہ اٹھانے والوں کی کہانیاں بھی ہیں۔ لوگوں کی زندگی میں جو تبدیلیاں ان سے رابطے کے نتیجے میں واقع ہوئیں، ان کا اعتراف بھی ہے اور خالد سہیل صاحب کا زندگی کے بارے میں جو نظریہ ہے اس کا نچوڑ بھی۔ اب آیئے ناول ''پاپی'' کی طرف۔ یہ ناول انھوں نے مرزا یاسین بیگ صاحب کے ساتھ مل کر لکھا ہے، جو خود ایک اچھے نثر نگار بلکہ مزاح نگار ہیں۔ اس ناول کی بُنت دراصل خط نویسی کی شکل میں کی گئی ہے۔ چنانچہ خالد سہیل صاحب کینیڈا میں مقیم ایک مرد اور یاسین بیگ صاحب پاکستان میں مقیم ایک عورت کے کردار تخلیق کر کے آپس میں خطوط کا تبادلہ کرتے ہیں اور ان خطوط میں پوری کہانی لکھ دی جاتی ہے۔ آپ کو ان دو کتابوں کے خطوط میں ایک ہم آہنگی نظر آئے گی۔ دونوں جگہ سماجی اور نفسیاتی معاملات پہ گفتگو ہے اور معاملات کو حل کرنے کی طرف پیش رفت کی کوشش بھی ہے۔ ''ادبی محبت نامے'' میں بعض جگہ یہ بھی محسوس ہوتا ہے کہ تبادلہ ٔخیال کی ابتدا ای میل یا فیس بک کی گفتگو سے زیادہ ارادتاً تیسرے فرد یعنی قاری کو مدِ نظر رکھتے ہوئے کی گئی ہے۔ ان دونوں کتابوں کو ساتھ رکھیں تو واضح ہوتا ہے کہ ناول ''پاپی'' کی ہیئت پہ ڈاکٹر خالد سہیل کی چھاپ نمایاں ہے، اگرچہ اس کے باقی کے مندرجات میں دونوں لکھاریوں کا برابر کا حصّہ ہے۔ باقاعدہ مقصد کے تحت ایک صنف کو زندہ رکھنے کی کوشش، بجائے خود اہم اور قابلِ ستائش قدم ہے جو خالد سہیل صاحب کی ادب سے گہری وابستگی کے ساتھ ساتھ ان کی مقصدیت کے پہلو کو بھی اجاگر کرتا ہے۔

''نگر نگر کی کہانیاں'' ڈاکٹر صاحب کی ایک اور نہایت سنجیدہ کاوش ہے جو انھوں نے ہمارے شہر کے ایک اور تخلیقی ذہن ''شاہد اختر'' صاحب کے ساتھ مل کر پایۂ تکمیل تک پہنچائی ہے۔ یہ کہانیوں کی کتاب ہے اور اس میں شامل کہانیاں عالمی ادب سے لی گئی ہیں جن کا اردو ترجمہ یہاں شامل کیا گیا ہے۔ اس لحاظ سے یہ مجموعہ ڈاکٹر خالد سہیل کی عالمی ادب پہ نظر اور ان کی بسیط سوچ کا آئینہ دار ہے، جس کا اظہار ان کے کالموں میں بھی بہت واضح طور پہ ہوتا ہے۔ میں اس کے بارے میں اور لکھنا چاہتا ہوں لیکن ابھی یہ کتاب میرے زیرِ مطالعہ ہے اس لیے اس پر مزید بات پھر سہی۔

آخر میں ان کی ایک اور کتاب ''Creative minority, Dreams and Dilemmas'' کی بات کروں گا۔ یہ ایک ادیب سے زیادہ ماہر نفسیات کی تخلیقی تحریر ہے جس میں انھوں نے روایتی اکثریت اور تخلیقی اقلیت کے بارے میں خاصی تفصیل سے بحث کی ہے اور مختلف مشرقی اور مغربی ادبا کی مثالوں اور ان کی زندگی کے مسائل اور اہم واقعات کے حوالے دے کر ان کی، معاشرے کی اور افراد کی تخلیلِ نفسی بھی کی ہے اور مسائل کے حل کے لیے تجاویز بھی دی ہیں۔ میری نظر میں یہ محض نفسیات ہی نہیں بلکہ خود زندگی کو سمجھنے کے لیے ایک نہایت اہم تصنیف ہے جس کا مطالعہ آپ کو کچھ نہ کچھ ضرور سکھائے گا۔ یہاں میں اپنی بات ڈاکٹر خالد سہیل کے اس شعر پہ ختم کر کے اجازت چاہوں گا کہ

مجھ کو اکثر یہ گماں ہوتا ہے
میرے پہلو میں بہت سے دل ہیں

"خالد سہیل، فن، اور شخصیت"

شاہد اختر

ڈاکٹر خالد سہیل ویسے تو بہت کچھ ہیں۔ سائیکو تھیراپسٹ ہیں، شاعر اور ادیب ہیں۔ افسانہ اور کالم نگار ہیں۔ ہیومنسٹ اور فلسفی ہیں۔ سیاح اور مقرر ہیں۔ غرضیکہ اچھے خاصے نشاط ثانیہ کے انسان یعنیRenaissance Manہیں۔ لیکن میرے لئے وہ صرف ایک دوست ہیں۔ صرف خالد سہیل ہیں۔ بلکہ صرف خالد ہیں۔

جب مجھے مضامین کے اس مجموعے، "خالد سہیل، فن، اور شخصیت" کے لئے کچھ کہنے کی دعوت دی گئی تو سچی بات یہ ہے کہ خالد کے فن کے بارے میں لکھتے ہوئے مجھے جھجک محسوس ہوئی۔ کیونکہ فنی اعتبار سے وہ اتنے ہمہ جہت، بلکہ کثیر جہت اور زود نویس ہیں کہ ان کے فن کا احاطہ کرنا میرے لئے جوئے شیر لانے کے مترادف ہے۔ زود نویسی کا یہ عالم کہ ستر سال کی عمر میں ستر کتابیں لکھ چکے ہیں۔ یعنی پیدائش سے اب تک اوسطاً ہر سال ایک کتاب لکھی ہے۔ سینکڑوں مضامین اس کے علاوہ۔ اور کچھ کتابیں ابھی زیر طبع بھی ہیں۔

دریا کوزے میں بند ہو سکتا ہے۔ اور سوئی کے ناکے سے اونٹ گزر سکتا ہے۔ لیکن مجھ سے ان کے ان گنت فنی پہلوؤں کا سیر حاصل احاطہ اس اختصار سے، بغیر ان سے ناانصافی کئے نہیں ہو سکتا۔ اور خالد سے ناانصافی؟ توبہ توبہ! اس کا تو تصور ہی میرے لئے محال ہے۔

خالد کی شخصیت کے بارے میں البتہ کچھ گزارشات پیش خدمت ہیں۔ میں چند ایسیگانہ خصوصیات اور صفات کا ذکر اختصار سے کرنا چاہوں گا جو میرے ذاتی مشاہدے میں آئیں۔

گر قبول افتد زہے عزو شرف۔

میں خالد کو دوستی کے حوالے سے جانتا ہوں۔ میرے لئے خالد کی پہچان ہی ایک اچھے دوست کی ہے۔ دوستی کا یہ دعویٰ میں بہت سوچ سمجھ کے اور بہت احتیاط سے کر رہا ہوں۔ اتنی احتیاط کے ساتھ جتنی بتاشوں پر چل کر منزل تک پہنچنے میں بھی نہیں کرنی پڑتی۔ چونکہ میں اچھیطرح سے جانتا ہوں کہ۔

دل سوا شیشے سے نازک، دل سے نازک خوئے دوست۔

دوستی جیسے آبگینے سے کسی قسم کے تعلق میں قدم پھونک پھونک کر رکھنا پڑتا ہے کہیں ان کو ٹھیس نہ لگ جائے۔

خالد سہیل سے تین دہائی سے زیادہ طویل دوستی کے بعد ان کی طبیعت کے جو منفرد پہلو مجھ پر اجاگر ہوئے ہیں ان میں چند یہ ہیں:

- خالد سادہ مزاج ہیں۔

اتنے سادہ مزاج کہ ان کا دوسرا نام درویش ہے۔ بلکہ اگر ان کے ٹیلیفون پر ریکارڈ ہوا پیغام سنا جائے تو سننے والے کو محسوس ہوتا ہے کہ دوسرا نہیں، ان کا پہلا نام ہی درویش ہے۔

معصومیت کا یہ عالم کہ بغیر جانے پرکھے ہر اک پر ایسا اعتماد کر لیتے ہیں کہ استاد لوگ ان کو چونا لگا جاتے ہیں اور ان کو خبر بھی نہیں ہوتی۔ کبھی کبھی جب طبیعت خود اعترافی پر مائل ہوتی ہے تو اقبال جرم کے طور پر خفیف سے ہو کر بتاتے ہیں کہ کرنے والے کیسے آرام سے ان کے ساتھ کیا کیا ہاتھ کر جاتے ہیں۔ لیکن خالد اس کے باوجود انہیں معاف کر دیتے ہیں اور ان کی دھوکہ بازیوں پر بھی ان کے خلاف منفی جزبات رکھنے سے درگزر کرتے ہیں۔

- خالد ابھی تک اپنی تلاش میں سرگرداں ہیں۔

خالد کی شخصلیت میں ابھی اپنی تکمیل کے نہ تو کوئی آثار ہیں اور نہ ایسا کوئی خطرہ۔ خالد

ہر لحظہ نیا طور نئی برق تجلی

اللہ کرے مرحلہ شوق نہ ہو طے

کے قائل ہیں۔

یہ اگرچہ مسلسل اپنی منزل کے حصول کی تگ ودو میں لگے ہوئے ہیں، لیکن سفر کے اتنے مزے لے رہے ہیں کہ یہ سفر ہی اس تکمیل کی منزل بن گیا ہے۔ حوالے کے لئے پڑھئیے ان کی کتاب سیکر The Seeker))۔ اور یا ان کے دیوان "تلاش" میں دیکھئے کہ کیسے،

میری آنکھوں میں تحیر کا غبار

میری الجھن کا پتہ دیتا ہے

لیکن الجھن کیہ ڈور ایسی ہے جسے اگر یہ سلجھانا چاہیں تو آج کسی سائیکو تھیراپسٹ، جس کا نام، پتہ درخواست پر مہیا کیا جا سکتا ہے، کی مدد سے سلجھا سکتے ہیں لیکن ان پر ایسے رازہائے درون خانہ کا انکشاف ہو چکا ہے کہ اسی خلش میں وہ مزہ لے رہے ہیں ہے جو تیر نیم کش کے جگر کے پار ہونے میں نہیں۔ اور ویسے بھی سائیکو تھیراپی ان کے گھر کی مرغی ہے۔

- خالد صاف گو ہیں۔

خالد کی صاف گوئی کا یہ عالم ہے کہ اگر کسی بات کو غلط سمجھتے ہیں تو اس کو غلط کہہ بھی دیتے ہیں۔ چاہے دوسروں کی نظر میں وہ کتنی ہی مقدس کیوں نہ ہو۔ ان پر کافر ہونے کا الزام تو لگ سکتا ہے لیکن منافق ہونے کا نہیں۔ خدا پر یقین اور بے یقینی کو ذاتی مسئلہ سمجھتے ہیں۔ نہ اپنا عقیدہ کسی پر مسلط کرتے ہیں اور نہ کسی کو حق دیتے کہ وہ اپنا عقیدہ ان پر مسلط کر سکے۔ لکم دینکم ولیدین۔ "جیو اور جینے دو" پر ایمان رکھتے ہیں

- خالد بے خوف ہیں۔

نہ انہیں خوف خدا ہے کیونکہ خوف سے پہلے اس کی موجودگی کا اعتراف بھی لازم ہے۔ نہ کسی زور آور شخصیت سے ڈرتے ہیں۔ نہ کسی کی امارت اور اقتدار سے ذرہ بھر بھی مرعوب ہوتے ہیں، اور نہ ہی کسی جابر حکمران کے سامنے کلمہ حق کہنے سے گھبراتے ہیں۔ یہ الگ بات ہے کہ کلمے اور ذات حق کی تعریف، توضیع اور تعین سے اکثر اہل کتاب اتفاق نہ کریں۔

- خالد امن پسند ہیں

خالد کا اگر کوئی مذہب ہے تو ہیومنزم، انسان دوستی، امن پسندی اور عدم تشدد ہے۔ اکثر امن کے پجاری امن کے پرچار میں بہت جارحانہ رویہ اختیار کر لیتے ہی اور اپنے نقطہ نظر کے فروغ کے لئے لڑنے مرنے پر تیار ہو جاتے ہیں۔ جس مقصد کے لئے جدوجہد کرتے ہیں اسی کو اپنی جارحیت سے تہس نہس کر دیتے ہیں۔ خالد کا ایمان عدم تشدد پر ہے اور یہ ایمان اتنا مضبوط ہے کہ اپنے دفاع میں بھی کسی کو نقصان پہنچانے کے خلاف ہیں۔ دشمنی کو دوستی میں پلٹنا ان کا وطیرہ ہے۔ اس لحاظ سے خان عبدل غفار خان ان کے ہیرو ہیں۔

- خالد بے لوث ہیں۔

اگرچہ سائیکو تھیراپی ایک ایسا شعبہ معاش ہے جس کو بہت سے پریکٹیشنرز نے نوٹ چھاپنے کی فیکٹری بنایا ہوا ہے۔ لیکن خالد ہر اس حاجت مند کی حتی الوسع مدد کرتے ہیں جو اس قابل نہیں ہوتا کہ نفسیاتی عارضے کا علاج کرا سکے۔ پرو بونو، یا بغیر فیس کے علاج، ان کی سائیکو تھیراپی کی پریکٹس کا ایک بہت

اہم حصہ ہے۔ خاص طور پر پاکستان جیسے معاشرے میں جہاں نفسیاتی مسائل کی بھرمار لیکن وسائل کا فقدان ہے، خالد ان مشکلات میں گھرے بہت سے لوگوں کی دامے، درہمے، سخنے اور زومے، سات سمندر پار ہوتے ہوئے بھی حتی الامکان مدد کرتے ہیں۔

- خالد دوستوں کے دوست ہیں۔

خالد کی شخصیت کے اور بھی بہت سے پہلو ہیں جن کو نظر انداز نہیں کیا جانا چاہئے لیکن سب سے زیادہ جو صفت خالد کو دوسرے کامیاب لوگوں سے ممتاز کرتی ہے وہ دوستوں کے ساتھ ان کے رشتوں کی اہمیت ہے۔ بلکہ اگر بے تکلفی کی زبان میں کہا جائے تو یہ "یاراں دے یار نیں"۔

خالد کی زندگی کا محور ان کے دوست ہیں۔ اگرچہ الٹی میٹم دینا ان کی طبیعت کا خاصہ نہیں، لیکن اگر کبھی ایسا وقت آیا کہ رومانس اور اور دوستی میں انتخاب کرنا پڑا، تو کٹھن وقت میں خالد نے دوستی کو ترجیح دی۔ یہی وجہ ہے کہ خالد تنہا رہنے سے کبھی نہیں گھبراتے۔ اس خلا کو ایک وسیع حلقہ احباب سے پر کر لیتے ہیں۔ ان کا مرکز اہل خانہ نہیں مخلص دوست ہیں۔ ان کی دوستانہ محفلوں میں کورونا کے ڈھائی سالوں میں بھی کوئی معنی خیز فرق نہیں پڑا۔ ہم جیسے کم ہمت لوگوں نے کووڈ کے خوف سے گوشہ نشینی اختیار کرلی لیکن قانون کی حد میں رہتے ہوئے، جس قدر میل ملاپ اس وبا کے دنوں میں ہو سکتا تھا، خالد نے کیا۔

عشق خالد کی ضرورت ہے، اور دوستی ان کا طرز زندگی۔ دوستی کے اصولوں کا اطلاق محبوباؤں سے عشق و عاشقی پر بھی کرتے ہیں۔ دوستی صرف ایک دوست تک لازم نہیں ہوتی۔ ایک وقت میں ایک سے زیادہ بھی ہوسکتے ہیں۔ دوستی خالد کا مشن ہے۔ وہ دوستوں کی ذخیرہ اندوزی نہیں کرتے۔ بلکہ جیسے ہی ان کا کوئی نیا دوست بنتا ہے یا کوئی پرانا دوست کینیڈا وارد ہوتا ہے یہ ان کو اپنے دوسرے دوستوں سے ملواتے ہیں۔ یہاں ان کے قدم جمانے میں ہر ممکن مدد کرتے ہیں۔ خالد اس تلاش میں رہتے ہیں ان کے دوستوں میں وہ کونسا ہنر اور خوبیہے جس کو وہ مزید صیقل کرنے میں کردار ادا کر سکیں۔ وہ دوست جو اپنی تخلیقی قابلیتوں کو بروئے کار نہیں لاتے، خالد اصرار کر کر کے ان کی صلاحیتوں کو اجاگر کرتے ہیں۔ خاص طور پر لکھنے لکھانے کے معاملے میں ان کے حلقہ احباب میں بہت سے ایسے ہیں جو کبھیاہل قلم یااہل کتاب نہ ہوتے اگر خالد کا یہ بے لوث اصرار ان کا ممد و معاون نہ ہوتا۔

دوستی کے بارے میں خالد کی وہی سوچ ہے جو محبت کے بارے میں مولانا روم کی تھی۔ اسی بہانے مولانا روم سے معذرت کے ساتھ ان کی مثنوی کے چند اشعار کا ترجمہ حاضر ہے جو خالد کے لائحہ عمل اور طرز زندگی کی نمائندگی کرتا ہے۔ صرف "از محبت تلخ ہا شیریں شود" والے حصے میں "از محبت" کی جگہ "دوستی" لگا دیجئے۔ مثنوی کے چند اشعار کے منظوم ترجمے کی وساطت سے اتنا کہوں گا کہ خالد کے لئے:

دوستی نے تلخ کو شیریں کیا
دوستی نے دھات کو زریں کیا
دوستی نے دار بدلی تخت میں
دوستی نے بار بدلا بخت میں
دوستی سے نار نوری ہو گئی
بد سے بد صورت بھی حوری ہو گئی
دوستی میں دُرد صافی بن گیا
دوستی میں درد شافی بن گیا
دوستی سے خار بھی سوسن ہوا

دوستی سے زہر بھی روغن ہوا
دوستی سے کانٹا بن جائے گلاب
دوستی سے سرکہ بن جائے شراب
دوستی نے سقم کو صحت کیا
دوستی نے قہر کو رحمت کیا

ڈاکٹر خالد سہیل۔۔۔ایک کھوجی

روبینہ فیصل

ایک دفعہ کا ذکر ہے (کوئی لگ بھگ اٹھارہ انیس سال پہلے کا) مسس ساگا میں ایک ریستوران۔۔۔ شعلے۔۔۔ ہوا کرتا تھا۔ میں وہاں فیملی کے ساتھ کھانا آرڈر

کرنے کے بعد کھانے کے انتظار میں بیٹھی ارد گرد کے لوگوں کا جائزہ لینے میں مصروف تھی۔ ریستوران کا ماحول ویسا ہی تھا جیسا ہوا کرتا ہے... مطمئن اور آسودہ۔۔ اور پھر اچانک میری نظر ایک بڑی سی میز پر پڑی جہاں موجود چند افراد کچھ ہٹ کر، کچھ مختلف (مشکوک) سرگرمیوں میں مصروف نظر آرہے تھے۔ اور ان کا سرغنہ لمبی داڑھی اور دراز زلفوں کے ساتھ کچھ زیادہ ہی مختلف لگ رہا تھا۔ ویٹر کو بلا کر دریافت کیا کہ وہاں کیا ماجرا چل رہا ہے، اس نے مسکرا کر کہا؛

"کوئی شاعر واعر سے لوگ اکٹھے ہوئے ہیں۔۔"

۔یہ سنتے ہی میرے اندر دبی ادبی چنگاری بھڑک اٹھی اور میں نے فیصل کو ساتھ لیا اور جا کر ان "شاعر واعر "لوگوں سے علیک سلیک کی۔ بعد میں پتہ چلا کہ وہ لمبی زلفوں اور داڑھی والے انسان جن کی وجہ سے اس میز کا پورا ماحول ہی پراسرار لگ رہا تھا، کوئی اور نہیں ڈاکٹر خالد سہیل تھے۔

یہ تھی ڈاکٹر خالد کی پہلی جھلک کی کہانی۔۔۔

بعد میں رابطہ ہوا تو، معلوم ہوا کہ ڈاکٹر خالد سہیل نے چند ساتھیوں کے ساتھ مل کر ایک ادبی تنظیم بنائی ہے جس کا مقصد اردو ادب کا فروغ ہے۔ آگے جا کر اس تنظیم کا نام، ممبران اور مقاصد بدلتے گئے مگر ڈاکٹر خالد سہیل ویسے کے ویسے رہے۔ اب وہ چھوٹا سا گروپ ہمارے سامنے

فیملی آف دی ہارٹ

کی صورت ایک پختہ اور کامیاب فورم موجود ہے، جس میں ادبی سرگرمیوں کے ساتھ ساتھ سماجی، نفسیاتی اور سیاسی معاملات پر سیمینار بھی ہوتے رہتے ہیں۔ یعنی اس فورم میں اتنے رنگ بھر چکے ہیں جتنے ڈاکٹر خالد سہیل کی ذات میں ہیں۔

ڈاکٹر خالد سہیل ایک ماہر نفسیات، شاعر، ادیب، مفکر اور کھوجی ہیں۔

ڈاکٹر صاحب سے ملاقات کے بعد آپ بھی انہیں کھوجی کا نام ہی دیں گے۔ جب کوئی نیا بندہ ان سے ملاقات کرتا ہے تو وہ اس کی ذات کو اندر تک جا کر کھوج آتے ہیں۔ ملاقاتی سمجھ رہا ہوتا ہے کہ ڈاکٹر صاحب عام خام باتیں کر رہے ہیں وہ معصوم یہ جانتا ہی نہیں کہ ڈاکٹر صاحب اپنے ادبی اور ذہنی عدسے سے اس بندے کو اندر باہر سے کھنگالنے میں مصروف ہیں۔ ڈاکٹر صاحب کا یہ پوسٹ مارٹم بڑا سود مند ہوتا ہے۔ کسی کی شخصیت کو جان لینے کے بعد وہ اس بندے کی اجازت کے بغیر اسے کسی اور کے سامنے تو کیا اس انسان کے سامنے بھی نشر نہیں کرتے۔

ڈاکٹر خالد کے سامنے ادبی سفر کا آغاز کرنے کے بعد، ہر موڑ پر رک کر ڈاکٹر صاحب کی طرف تنقید و توصیف کے لئے جب بھی دیکھا، انہوں نے کبھی بھی بغیر آپ کی اجازت کے اپنی تنقید نشر نہیں کی۔ لحاظ اور مروت ان پر ختم ہے۔ انہیں دیکھ کر کبھی کبھی مجھے یہ خیال آتا ہے کہ روایت کا یہ باغی، اخلاقیات میں ان دونوں کے پیروکاروں کو بھی پیچھے چھوڑتا نظر آتا ہے۔

ڈاکٹر صاحب روایت کے باغی ہیں۔ ہماری پہلی روایت مذہب ہوتی ہے، پھر اقدار، پھر رشتے ناطے، ڈاکٹر صاحب نے مذہب، سماج، روایت، رشتے داریوں، سب کو تہہ کر کے ایک بڑی سی پیٹی میں بند کیا اور اس پر تالا لگا کر آگے کو چل پڑے۔ ان کے اس قدم نے انہیں منافقت کے دائرے سے نکال باہر کیا ہے۔ وہ اب کچھ بھی ہو سکتے ہیں یعنی دہریہ اور باغی مگر وہ منافق نہیں ہو سکتے۔

آج کے اس دور میں جب ہر کوئی آزادی اظہار کے نام پر اپنی ناک دوسرے کے معاملات میں گھساتا ہے اگر آپ کو کوئی شخص اپنی دھن میں مگن نظر آئے تو پہچان جایئے گا کہ وہ ہی ڈاکٹر خالد سہیل ہیں۔ انہوں نے نہ صرف خود کو ہر روایت سے آزاد کیا ہے بلکہ اپنے اردگرد رہنے والوں کو بھی آزاد کر دیا ہے۔ وہ صرف اپنا آپ دکھاتے اور بتاتے ہیں وہ کسی اور کو دکھانا یا اس کے بارے میں بتانا (جو پیٹھ پیچھے کی جائے تو غیبت، اعلانیہ کی جائے تو فتویٰ، ججمنٹ یا تبلیغ کہا جاتا ہے) پسند نہیں کرتے ہیں۔

وہ یہ نہیں کہتے کہ میں شادی کے انسٹیٹیوٹ کو نہیں مانتا تو آپ بھی نہ مانیں۔۔ بس وہ اپنے بارے میں سچ بولتے ہیں اور اگر لوگ زندگی کے ان سمجھوتوں پر مطمئن نظر آنے کی کوشش کرتے ہیں تو وہ ان کے اس مصالحتی جھوٹ پر آنکھیں نہیں دکھاتے اور منافقت کا فتویٰ نہیں صادر کرتے اور ایسا کر کے وہ گیند کو روایت پسندوں کی کورٹ میں پھینک دیتے ہیں اور پھر یہ ان کی برداشت پر آجاتا ہے کہ وہ ڈاکٹر صاحب کو ان کے سچ کے ساتھ کب تک اور کتنا برداشت کریں گے؟۔

چونکہ میری ڈاکٹر صاحب کے ساتھ دوستی تقریباً دو دہائیوں کو پار کر چکی ہے اس لئے ان کے بارے میں لوگوں کے سوالوں کا سامنا مجھ جیسے دوستوں کو بھی کرنا پڑتا ہے کہ ہوئے تم دوست جس کے۔۔۔۔

کچھ اس طرح کے سوالات ہوتے ہیں۔۔۔۔۔

"ڈاکٹر خالد سہیل کا مذہب کیا ہے؟"

"وہ لادین ہیں۔"

ہو ہا۔۔ہائے کے بعد پوچھا جاتا ہے؛"کیا وہ لادینیت کا پرچار کرتے ہیں؟"

"اسلام سے انسان دوستی تک "نامی کتاب کے مصنف ہیں۔"

"تو اس کا مطلب لادینیت کا پرچار کرتے ہیں۔۔؟"

"نہیں کبھی اصرار نہیں کرتے بس اپنے بارے میں بتاتے ہیں کہ میں نے مذہب کیوں چھوڑا اس میں یہ نہیں کہ آپ مذہب کیوں چھوڑیں۔ بس وہ کہتے ہیں مجھے جینے دو میں تمہیں جینے دوں گا۔"

"یعنی پکے ہیومنسٹ ہیں؟"

"کچے پکے کا تو نہیں پتہ لیکن کسی انسان کو تکلیف میں نہیں دیکھ سکتے اس لئے کسی دوست کی تیمارداری یا فوتگی پر نہیں جاتے۔"

"یہ تو بے حسی ہوئی۔"

"بظاہر تو ایسا ہی لگتا ہے لیکن جو دوست ان کو قریب سے جانتے ہیں وہ اسے حد سے بڑی حساسیت بھی کہتے ہیں۔"

"ڈاکٹر صاحب حساس لگتے تو نہیں۔"

"یہی تو بات ہے لگتے نہیں۔ مگر ہیں۔"

"وہ کیسے بھلا؟"

"ان کی حساسیت کی ایک مثال یہ ہے کہ وہ کہتے ہیں کہ شادی صرف روایتی لوگوں کو کرنی چاہیے۔ تخلیقی لوگوں کو نہ شادی کرنی چاہیئے اور نہ ہی کوئی بچہ تخلیق کرنا چاہیئے۔ وجہ صرف یہی ہے کہ یہ دونوں پارٹیوں کے ساتھ ظلم ہو گا۔ تخلیقی لوگ نارمل نہیں ہوتے اور غیر تخلیقی لوگ ایسی ابنارمیلٹی کو سمیٹ نہیں سکتے اور پھر شادی کے نام پر جو کھلارا پڑ جاتا ہے اسے بچوں کو بھگتنا پڑتا ہے۔ ان کا خیال ہے کہ شادی ہو بھی جائے تو بچہ نہ ہی ہو تو بہتر ہے۔"

"یہ تو شادی شدہ جوڑے پر ظلم نہیں ہو گا؟"

"انہیں یہ ظلم آسان لگتا ہے اس کے مقابلے میں جو آنے والے بچے پر ہو گا۔"

"ڈاکٹر صاحب نفسیاتی ڈاکٹر کم اور نفسیاتی مریض زیادہ کیوں لگتے ہیں۔"

"وہ دونوں ہی ہیں کیونکہ وہ اپنے والد صاحب کے نفسیاتی بحران اور اپنی نوجوانی کی ڈپریشن کے بارے میں خود کھل کر بتاتے اور لکھتے ہیں۔ وہ ڈپریشن کو سٹگما نہیں سمجھتے ہیں۔ ان کا کہنا ہے کہ

جس نے کی شرم اس کے پھوٹے کرم،

مطلب اگر ڈپریشن سے نظریں چرائو گے یا اس کو تسلیم نہیں کرو گے تو یہ بالکل اسی طرح ہے جیسے آپ اپنے جسم میں پھیلے ہوئے سرطان کے مرض کو ماننے سے انکار کر دیں۔۔ مانیں گے نہیں تو علاج کیسے ہو گا؟۔ ہر مرض کی طرح نفسیاتی مرض کا علاج بھی اس کی تشخیص کے بعد ہی ہو سکتا ہے۔

ڈاکٹر خالد سہیل کا یہ بھی کہنا ہے کہ creativity and insanity کا گہرا تعلق ہے اسی لیے بہت سے شاعر ادیب اور دانشور نفسیاتی مسائل کا شکار ہوتے ہیں اور بعض تو خودکشی بھی کر لیتے ہیں۔

ڈاکٹر خالد کو دور سے دیکھنے اور پڑھنے کے بعد ایسے بہت سے سوالات لوگوں کے ذہنوں میں جنم لیتے ہیں۔ لیکن جو، ان کو بہت پرانا جانتے ہیں انہیں ڈاکٹر صاحب کو سمجھنے میں کوئی دشواری نہیں ہوتی بلکہ وہ ان سے متعلقہ پرچہ پہلے ہی لیک کر سکتے ہیں۔ ڈاکٹر صاحب کی شخصیت میں کچھ بھی ایسا نہیں ہے جو غیر متوقع ہو۔۔۔ حتیٰ کہ ڈاکٹر صاحب جب ملنے آتے ہیں تو اس بظاہر بے تکلف اور دوستانہ ملاقات کا ایجنڈا بھی نپا تلا ہوتا ہے۔ کس موضوع پر بات کرنی ہے اور کس پر نہیں۔ ہر محفل میں اپنا لکھا ہوا کچھ سنائیں گے اور ہر مرتبہ کسی بچے کی طرح آپ کی رائے کے منتظر ہوں گے۔ وہ پھر آپ سے کچھ سننے کی فرمائش کریں گے اور اس تحریر کے ہر پہلو پر کسی منجھے ہوئے استاد کی طرح رائے دیں گے۔

کسی کے خلاف غصہ ہو اور وہ آپ نے ڈاکٹر صاحب کے سامنے نکالنا ہو تو وہ بالکل بے سود ہے کیونکہ اس سے بہتر آپ کسی دیوار کے سامنے کھڑے ہو کر مکے مار کر آ جائیں مگر ڈاکٹر خالد کے ساتھ یہ کام نہ کریں کیونکہ ڈاکٹر صاحب کو کسی کے خلاف بات کرنا اتنا ہی مشکل لگتا ہے جتنا عام لوگوں کو چغلی نہ کھانا لگتا ہے۔

میں نے جب اپنا پہلا افسانہ۔۔۔ برف۔۔۔ لکھا تو مجھے یہ تک یقین نہیں تھا کہ یہ افسانہ ہے بھی کہ نہیں۔ ڈاکٹر صاحب کی حوصلہ افزائی کے نتیجے میں اسے میں نے کوئی ساٹھ ستر لوگوں کے سامنے پڑھ دیا اور اس زمانے میں مجھے پبلک کے سامنے بولنا ایک عذاب لگا کرتا تھا۔ تو اس سٹیج سے آج تک کی سٹیج تک ڈاکٹر صاحب نے ہمیشہ حوصلہ اور ساتھ دیا۔ ہم سب ادبی دوست ہی ڈاکٹر صاحب کا خاندان ہیں کیونکہ سب روایتوں کو توڑتے توڑتے وہ کسی خاندان کا اس طرح حصہ نہیں رہ سکتے تھے جس طرح عام لوگ ہوا کرتے ہیں۔ تو ہم جیسے ابنارملوں کو ہی وہ اپنا خاندان کہتے ہیں۔

ڈاکٹر صاحب ستر سال کے ہونے والے ہیں مگر ان کے اندر بیٹھا سات سال کا بچہ ویسے کا ویسا ہی ہے اور اس نے ڈاکٹر صاحب کے چہرے پر ایک دائمی معصومیت کا ہالہ بنا رکھا ہے۔ اس بچے نے ڈاکٹر صاحب کے تجسس کو ہمیشہ زندہ رکھا ہے اور اسی نے ڈاکٹر صاحب سے ڈھیروں کتابیں لکھوا دی ہیں۔ میں دعا کرتی ہوں (گو ڈاکٹر صاحب کو دعاؤں پر یقین نہیں) کہ وہ سات سال کا بچہ ہر دم ان کے ساتھ رہے اور یونہی ان کی انگلی تھامے ان کا کھوجنے کا عمل جاری رکھے کہ اسی میں ان کی توانائی اور راحت ہے۔ قدرت ان کا تخلیقی سفر جاری و ساری رکھے اور وہ انسان اور کائنات کو یونہی کھوجتے ہوئے ان میں چھپے گوہر ڈھونڈنے میں مصروف رہیں۔

ڈاکٹر خالد سہیل کی نثری تخلیقات۔۔۔لفظیات۔۔۔ترکیبات اور نظریات

دعا عظیمی

معلوم نہیں کس طرح عجب ڈھنگ سے باذوق خواتین کو معلوم ہو جاتا ہے کہ یہ پرنٹ گل احمد کا ہے، کھاڈی کا ہے، ست رنگی کا ہے یا ریپلیکا ہے اس کی بنت کیسی ہے اور دوسرے کے ہاتھ میں پکڑا بیگ گوچی کا ہے، یا اچھرے کی عام دوکان سے نقلی مہر کے ساتھ خرید اگیا ہے، جیسے ایک لاہور میں رہنے والے کو پتہ ہوتا ہے کہ کوزی حلیم رائل پارک سے کھائی ہے، مزے دار مچھلی سردار کی ہے اور پائے بس چکھنے کے ہی لذت کام و دہن کی تسکین کا سامان کریں گے بالکل ایسے ہی ایک باذوق قاری کے لیے یہ جاننا مشکل نہیں ہوتا کہ کوئی شعر کوئی جملہ یا کوئی متن کس شاعر اور ادیب کا ہے اور اس کا لحن کیا ہے۔

صاحب طرز ادیب کی شناخت اس کا انداز سخن ہے۔ شعر و ادب سے دلچسپی رکھنے والا ہر قاری جانتا ہے کہ میر کے مصرعے کے لب کی نازکی کو اس ادا سے بیان کرنا میر تقی میر ہی کا کام ہے اور غالب کا انداز بیاں ہے اور، ابن انشا کے گیتوں میں جب آتا ہے "سجنی سے کروگے بہانہ کیا" تو نبض کیسے رکتی ہے، ناصر کاظمی کے اشعار میں اداسی کیسے بال کھولے سو رہی ہے۔

شعر و سخن اور ادب کا یہ احسان ہے کہ زندگی کو دو آتشہ حسن عطا کرتا آیا ہے۔ بہت سے شعرا میں میرے پسندیدہ شاعر ابن انشاء ہیں کیونکہ ان کے ہاں سوز رنگ بدل کے لطافت اور وفور میں بدل جاتا ہے۔ اپنے محبوب شاعر 'ابن انشاء' کو سنتے ہوئے مجھے محسوس ہوا جیسے صحرا میں کسی نے بانسری کے سر چھیڑ دیئے ہوں۔ وہ اپنے گیتوں میں ہندی زبان کے بہت سے الفاظ استعمال کرتے ہیں۔ ابن انشاء جی کی من موہنی، نسائیت کے حسن سے جگمگاتے حروف سے مرصع مسجیٰ شاعری ندرت جمال کا حسین اظہار ہے.

سجنی، نگری، دیپک، پیت، بنجارہ، سب مایا ہے، سپنا، جوگی، جگ، دھرتی، آشا، جوت، جیون، نار، گوری، کٹیا۔۔۔ سانجھ سمے، بتیوں کے موتیوں سے شاعری کی گیت مالا سجی محسوس ہوتی ہے. جیسے اندھیری رات میں تارے دمکتے ہوں۔

میر کی غزل جب انشاء کے گیتوں میں ڈھلتی ہے تو اس کی لے ہرنی کے بانکپن سے نکل کر بلبل کے نالے میں ڈھلتی ہوئی، روح کے محل سرا میں ہوا کی جھانجریں بجاتی کہیں لاہوت میں نکل جاتی ہے۔۔۔ ان کے لفظوں کی کومل تا احساس کے آبخوروں میں رس بھرتی ہے۔
مجھ جیسے طالبعلم کو بھی مزاح میں پطرس بخاری اور بعد میں آنے والوں میں سے ممتاز مفتی صاحب کی نثر پہچاننے میں دیر نہیں لگتی میں سینکڑوں تحریروں میں ان کے انداز تحریر کو پہچان سکتی ہوں۔

مجھے یہ کہنے میں عار نہیں کہ ہر بڑا ادیب قلم سے اپنا چہرہ تصویر کرتا ہے، لفظوں تراکیب اور لہجے سے رنگ بھرتا ہے اور اپنے اعلی منفرد اسلوب سے شاہراہ ادب پر اپنے فن پاروں کے نقوش چھوڑتا جاتا ہے۔ اپنے نادر اور اچھوتے انداز سے تخلیق کے دامن میں ادب کے جواہر پارے تراشتا ہے اور اپنی وسعت فکر و نظر اور خون جگر سے آبیاری کرتا ہوا قارئین کے دلوں میں امر ہو جاتا ہے۔

ڈاکٹر خالد سہیل بھی ایسے ہی صاحب طرز ادیب ہیں اور لگ بھگ نصف صدی پر مشتمل فن وادب کے لئے ان کی وسیع تر خدمات پڑھنے والوں کے سامنے ہیں۔ روز بروز ان کی کاوشیں نئے سے نئے رنگ میں نمو پا رہی ہیں۔ "فیملی اف دی ہارٹ "اور گرین زون کی صورت خوشحال، پر سکون اور صحت مند زندگی کی طرف سات قدم کی روشنی پھیلتی جا رہی ہے۔ وہ انفرادی اوراس کے ساتھ ساتھ سماجی صحت میں بہتری اور عالمی امن کے خواب کی تعبیر کے لیے مسلسل جدوجہد کر رہے ہیں.

انہوں نے اردو ادب کو بہت سے نئے الفاظ وتراکیب عطا کی ہیں، جو ان کے باذوق پڑھنے والوں میں بہت مقبول ہوئیں۔ وہ نہ صرف ادیب ہیں بلکہ ادیب ساز اور ادب نواز بھی ہیں۔ وہ لکھنے اور پڑھنے والوں کی بہت خلوص سے راہنمائی فرماتے ہیں۔ ڈاکٹر خالد سہیل کے شہہ پارے پڑھے تو مجھے یاد آیا،

یہ نوجوانی کا دور تھا اس وقت میں فسٹ ایر کی طالبہ تھی میں نے کچھ سوالات اپنی ڈائری پر لکھے تھے۔

خودی کا فلسفہ کیا ہے۔۔؟

بے خودی کسے کہتے ہیں۔؟

ذوقِ یقین کی منازل کیسے طے کی جاتی ہیں۔؟ یہ کیسے پیدا ہوتا ہے؟

یہ وہ دور تھا جب سوالات کی فصل پک رہی تھی۔

پھر یہ سوالات کسی 'خضرِ راہ' کی عدم دستیابی سے دھندلا گئے۔۔ نصابی سرگرمیوں نے موقع ہی نہ دیا کہ سوالات کے جوابات کی کھوج پا سکتییہاں تک کہ گردشِ ایام نے عملی میدان میں لا پھینکا۔۔۔ زندگی کا وہ دور جہاں اپنی ذات کی بجائے ایک خاندانی نظام کی نشو نما میں تمام صلاحیتوں کو بروئے کار لانا عموما مردوں اور عورتوں کے لیے ضروری ہو جاتا ہے۔

اس دوران ہلکا پھلکا مطالعہ ہی ممکن ہوا۔ مجھے ممتاز مفتی کی تحریروں میں ایک زندہ انسان کا دل دھڑکتا نظر آیا۔ ان میں سادگی تھی، سچ تھا، تحریک تھی۔

کچھ عرصے سے ڈاکٹر خالد سہیل صاحب کے کالمز اور کہانیاں پڑھیں تو احساس ہوا ڈاکٹر خالد سہیل کی نثر نگاری سہل ممتنع کی بہترین مثال ہے۔ اس کی انفرادیت کچھ ایسے ہے کہ ان کے موضوعات عملی زندگی سے متعلق ہیں، ایک عرصہ پہلے کے کئے خودی اور بے خودی جیسے مشکل سوالات کے جوابات عام فہم طریقے سے مل گئے۔

سب سے پہلے میں ان کے لفظیات کا زکر کروں گی، مگر پہلے ان کے کالم کے عنوانات جو طرزِ تخاطب کا نمونہ ہیں, قاری کو اپنی طرف متوجہ کرتے ہیں.

ان کے کالمز کے عنوانات قاری کو اپنی طرف بلاتے ہیں "کیا آپ سے" اکثر عنوان شروع ہوتے ہیں.

کیا آپ دوستی کے راز سے واقف ہیں؟

کیا آپ کی بہن آپ کی دوست ہے؟

کیا آپ کا خاندان نفسیاتی مسائل کا شکار ہے؟

ایسے ہی بے شمار فکری احساسات سے بھرے کالمز سے زندگی کے مختلف پہلوؤں کو چھو کر وہ افراد کی علمی اور عقلی نشو نما میں غیر مرعی طریقے سے حصہ لے رہے ہیں۔

ان کے ہاں لفظ تخلیق سے متعلق الفاظ کا ایک وسیع ذخیرہ ملے گا،

جیسے کہ تخلیقی بارش، تخلیقی جھرنا تخلیقی بارشیں، تخلیقی ہم سفر یا اردو ادب کے زریعے تخلیقی اقلیت جو من کی پگڈنڈی پر چلتے ہیں اور روائتی اکثریت جو روائتی شاہراہ پر سفر کرنے والے افراد ہیں۔ وہ ایسے تصورات متعارف کرواتے ہیں جس سے نفسیات اور سماجیات کے مضامین سے دلچسپی رکھنے والوں کو انسانوں کے انفرادی، گروہی، سماجی رویوں اور نظام کو سمجھنے میں مدد ملتی ہے۔

وہ دلچسپ تراکیب کا استعمال کرتے ہیں جیسے دہریہ درویش،، سیکولر دعا، رومانوی معراج اور دیگر بہت سے جیسے ادبی محبت نامے، ادبی ہمسفر، ان کے ہاں نوجوان، مرد، عورت کا لفظ بار بار استعمال ہوتا ہے۔ دراصل دیکھنے کا ایک انداز یہ بھی ہے کہ ان کو الگ الگ کر کے ایک نام یا عنوان دے دیا جائے جیسے آرائش گیسو کرتے سے بالوں کو حصوں میں تقسیم کر لیا جاتا ہے تا کہ سلجھانے اور بنانے میں آسانی ہو۔

ان کے مضامین پڑھتے ہوئے لفظ "دانائی" کی ایسی تکرار ملتی ہے کہ ایک عام انسان بھی خود کو دانا اور دانشور سمجھنے لگے۔ تخلیقی عمل سے دلچسپی پیدا کرنے کے لئے اور تخلیق کار میں اپنی تخلیق کے لیے احساس محبت اور احساس زمہ داری کو جگانے کے لئے کے کہانی مضمون اور کتاب کی تخلیق کو زچگی کے تجربے سے ملاتے ہیں اس کے بہت سے مراحل کو پہلے انگریزی میں بعد ازاں اردو ترجے کے ساتھ جیسے کریٹیو لیبر روم کریٹیو مسکیرج، گائیناکالوجی، سائکالوجی اور ادب کے امتزاج سے نئی نئی اصطلاحات سامنے لانا ان ہی کا وصف ہے۔ تخلیقی عمل کی اہمیت اور حساسیت کو سمجھانے کے لئے تخلیق کو ایک نو مولود بچے کا درجہ دیتے ہیں اور اسی طرح ایک طفل مکتب کو رموز تخلیق کاری کے آداب سے آشنا کرتے ہیں۔

آپ کے جملے لوک ورثے کے محاورے جیسی دانائی کی مہک لئے ہوتے ہیں جیسے کہ

"خاموشی، تنہائی اور دانائی پرانی سہیلیاں ہیں،"

"زندگی دریا کی طرح ہے جو بہتا رہے تو بہتر ہے،"

"ہم اپنا پورا سچ کیوں نہیں لکھ پاتے"

اگر ان کی نثر کو پڑھیں تو جا بجا تین کی تکرار کی تکنیک استعمال ہوتی نظر آتی ہے جیسے "تجربہ، مشاہدہ اور تجزیہ"، "آرزو خواہش اور خواب" ریاضت محنت اور مشقت آزاد خیال، آزاد فکر اور آزاد منش ایک ہی مفہوم کی وضاحت کرتے ہوئے تین مترادف الفاظ کا استعمال کرتے ہیں۔ کبھی صنعت تضاد سے کام لیتے ہیں جیسے پارسا اور پاپی۔

ان کی اہم مہارت مشکل فلسفوں کو سہل انداز سے پیش کرنا ہے۔ کبھی کسی مکالمے کی صورت کبھی کسی واقعے کی طرز پر قاری کے ذہن پر دستک دینے کی کوشش کرتے ہیں اور انداز ناصحانہ نہیں بلکہ اتنا لطیف ہے کہ بات پہنچ بھی جائے اور بری بھی نہ لگے شاید آرٹ اور فن اسی کا نام ہے۔

وہ اپنی تحریروں میں یہ اعتراف کرتے ہیں کہ وہ ایک مسکراتے ہوئے انسان ہیں اور خوش بخت ہیں کیونکہ انہوں نے نوجوانی میں کچھ خواب دیکھے جن کی تعبیر کے لئے انہوں نے جدوجہد کی اور انہیں پا کر اب وہ علم کی صورت بانٹ رہے ہیں۔ خود کو سچ کی تلاش میں نکلے ہوئے مسافر کی حیثیت سے سفر میں محسوس کرتے ہیں۔

وہ روائت بغاوت اور دانائی کے درمیان ایک منطقی تعلق قائم کرتے ہیں، اور ایک ایسے معاشرے کو جو برسوں کے جمود اور اس کے نتیجے میں پیدا ہونے والے مسائل کا شکار ہے، یہاں کے عوام وخواص سے گہری ہمدردی رکھتے ہیں۔ وہ نفسیاتی، انفرادی سماجی الجھنوں کی گرہیں سرعام کھول کے رکھ دینے کے علم سے واقف ہیں.

سعادت حسن منٹو' اور 'ممتاز مفتی' کی طرح فرد کو اور سماج کو فقط آئینہ نہیں دکھاتے بلکہ ان کا عملی حل بتاتے ہیں۔

-

ایک ایسے معاشرے میں جہاں انسان انسان کا اعتماد کھو بیٹھا ہے اور دوستی کی فضا مشکوک اور متروک ہے وہ بار بار یہ یقین دلاتے ہیں کہ ہر شخص کو اپنا سچ کہنے کے لئے اکیلا ایک سے زیادہ دوست بنانے چاہیے وہ دوست بنانے کا طریقہ بتاتے ہیں کہ اپنے اندر کے انسان کو کھوج کر اپنی صلاحیتوں اور دلچسپیوں سے جڑیں اور ہم ذوق افراد کا حلقہ احباب بنائیں تاکہ تنہائی جو اس دور کا سب سے بڑا المیہ ہے اس سے خود کو بچایا جائے تاکہ انسانوں میں مثبت سوچ پھیلے، تنہائی جو بہت سے نفسیاتی مسائل کی وجہ ہے ان کا نکتہ نظر ہے کہ ایک انسان اس سے خود کو محفوظ کرلے جیسے انسان گھر بناتے ہیں تاکہ گرمی سردی سے محفوظ رہیں۔ "فیملی آف دا ہارٹ" کے نام سے ان کے اپنے دوستوں کا حلقہ احباب اس کی مثال ہے۔

ان کی اصناف میں ان الفاظ کا اس قدر استعمال ہوا ہے کہ اب کہیں بھی یہ لفظ دیکھیں تو ڈاکٹر خالد سہیل صاحب کی نثر کا گماں گزرتا ہے۔ آدرش ،خواب، آرزو، مشرقی محبوبہ، مغربی محبوبہ، ارتقا، میوس اور دھرتی ماں ان کے محبوب الفاظ ہیں جس کے معنی سے وہ اور ان کا قاری بخوبی واقف ہو جاتا ہے۔

فلسفے شاعری ادب نفسیات انسانی تاریخ کا ارتقاء جسے مضامین ان کے پسندیدہ ہیں۔ سب سے اہم مجھے میرے سوالوں کا جواب مل گیا۔ خودی اپنے اندر کسی مخفی صلاحیت سے جڑ جانے کا نام ہے۔

خودی کیا ہے

خودی سیلف اسٹیم ہے یعنی عزت نفس

اسکاز کر کرتے ہوئے یہ راز کھولتے ہیں کہ ہر فرد کو اپنی عزت نفس بڑھانے کے لئے کچھ راستے اختیار کرنے چاہیے، جیسے کہ ایک راستہ خدمت خلق ہے سب کو معلوم ہے کہ خدمت خلق ایک اچھی بات ہے مگر اس کے محرکات سے پردہ یوں اٹھاتے ہیں کہ ہر فرد میں ایک "گڈمی" ہوتا ہے اور "ایک بیڈمی" جب ہم خدمت خلق سے جڑ جاتے ہیں تو ہمارا گڈمی ہمارے بیڈمی سے بڑا ہو جاتا ہے ہم اس کی بنیاد پر خود اپنی عزت کرنے لگتے ہیں اور جب ہم اپنی عزت خود کرنے لگتے ہیں تو باقی بھی ہماری عزت کرنے لگتے ہیں۔ سیلفشنیسیعنی خود غرضی کس طرح سیلف کیئر سے مختلف ہوتی ہے ان کے درمیان جو لکیر ہے اس کو واضح کرتے ہوئے سیلف کیئر (خود خیالی) اپنانے پر زور دیتے ہیں۔

بے خودی کیا ہے۔؟

ایک ایسی حالت جو انسان کو اپنے موضوع میں اس قدر مستغرق کردے کہ وہ ہر شے سے بے نیاز ہو جائے جیسے ایک خط یا مضمون لکھتے سمے ایک فرد پر یہ کیفیت غالب ہوتی ہے یا مجسمہ ساز پر مجسمہ بناتے وقت یا ایک دانشور پر اگر وہ سچ کا پرچار کرے۔ انسان کا اپنے لاشعور سے دوستی کر لینا سب باتوں سے اہم ہے۔ آپ فرماتے ہیں کہ "اختلاف الرائے اور دشمنی میں بہت فرق ہے۔"

احترام جمہوریت کی راہ کو ہموار کرتا ہے، اور مکالمے کی فضا کے لیے سب سے اہم احترام ہے دوسرے کی رائے کا احترام، دوسرے کے سچ کا احترام،

"کیا آپ اپنے بچوں کا احترام کرتے ہیں" اس کالم میں جمہوریت اور آمریت کا فرق واضح کرتے ہوئے لکھتے ہیں،

"میں نے ایکیونانی خاتون سے پوچھا کہ جمہوریت کی 'جو یونان میں پیدا ہوئی تھی، ایک جملے میں کیا تعریف ہو سکتی ہے'

کہنے لگیں، جہاں ڈائیلاگ ہوتا ہے وہاں جمہوریت پائی جاتی جب ڈائیلاگ مونولاگ Monologue بن جاتا ہے تو وہ Sermon سرمن کا روپ ڈھال لیتا ہے۔"

بات ہو رہی تھی ڈاکٹر خالد سہیل کی ان اصطلاحات کی جو انہوں نے اپنے اس ادبی سفر میں استعمال کی ہیں لیکن ان کے موضوعات اتنے اہم ہوتے ہیں کہ میری نظر ان کے تصورات اور الفاظ سے ہٹ کے ان کے مقاصد کی طرف نکل جاتی ہے جیسے کہ وہ رقم طراز ہیں،

"ہمیں پورے انسان کی پوری کہانی لکھنی ہے اور یہ کام ہر دور اور ہر قوم کے ادیبوں، شاعروں اور دانشوروں کی سماجی ذمہ داری ہے تا کہ انسانیت روائت بغاوت اور دانائی کی منزلیں طے کر کے ارتقا کا سفر طے کر سکے۔ ہمیں ایک دن اس حقیقت کو تسلیم کرنا ہو گا کہ ہم سب دھرتی ماں کے بچے ہیں اور ہمارے دشمن بھی ہمارے دور کے رشتے دار ہیں۔"

میری نظر میں آج کے گلوبل ویلیجیعنی عالمی گاؤں میں رہنے کیلیے طرز سب سے مناسب ہے اور پرامن ہے۔ "معاشرے میں شاعر ادیب فنکار صوفی اور دانشور" یہ بھی ڈاکٹر خالد سہیل صاحب کے فنکارانہ جملے کے ابتدایہ الفاظ ہیں جو ان کے پڑھنے والے بہت اپنائیت سے غیر شعوری طور پر استعمال کرنے لگتے ہیں۔ سچ تو یہ ہے کہ شاعروں 'ادیبوں' فنکاروں 'سنتوں' سادھوں 'صوفیوں' سائنسدانوں اور دانشوروں کو ایک صف میں لا کھڑا کرنا بھی آپ کا ہی کام ہے۔

آپ مختلف انداز میں مختلف تصورات پیش کرتے ہیں اور ان میں ایک عملی رشتہ بنا کر تصور کو پختہ اور واضح بنا دیتے ہیں۔ آپ مشرق اور مغرب کی دانائی کے بیچ ایک پل بناتے ہیں اور لفظ "پل" بھی آپ ایک اصطلاح کے طور پر استعمال کرتے ہیں۔ ادب اور پاکستان کی سیاست سے ہٹ کے دیکھوں تو انفرا سٹرکچر میں شاہراہیں پگڈنڈیاں اور پل بھی اہم ہوتے ہیں اتنے ہی اہم جتنے اسکول کالج یونیورسٹیاں اور ہسپتال ہوتے ہیں دراصل زندگی کو پنپنے کے لئے سب ہی

کچھ اہم ہے۔ مجھے یہ جملہ مکمل کرنا تھا کہ معاشرے میں شاعر ادیب فنکار صوفی اور دانشور ہر کوئی اہم ہے لیکن وہ انسان وہ ادیب اور اس کا کام سب سے اہم ہے ہے جو فرد سماج اور انسانوں میں بلا تخصیص رنگ 'مذہب 'نسل 'جنس 'ان کے صحت اور امن کی بات کرتا ہو اور ڈاکٹر خالد سہیل کا کام ادب برائے ادب یعنی ادب برائے حسن جمالیات کی ابتدائی منازل سے نکل کر, ادب برائے انسان دوستی ادب برائے شفا اور ادب برائے امن اور خوشحالی کی نئی جہتوں کو چھو رہا ہے جو اس دور کی اہم ضرورت ہے۔

دعا عظیمی

ڈاکٹر خالد سہیل: عجب مرد آزاد ہے وہ

دعا عظیمی

اس سے پہلے میری معلومات فقط بت شکن تک محدود تھیں، جیسے کہ محمد بن قاسم اور سومنات میں رکھے بتوں کو توڑنے اور فتح کرنے والے محمود غزنوی جیسے فاتحین تک، جنہیں اسلامی تاریخ کی کتابوں میں بت شکن کے طور پہ پڑھایا جاتا ہے۔۔۔ یہ الگ بحث ہے کہ جانے یہ جنگیں کن اغراض و مقاصد کے تحت لڑی گئی ہوں گی۔

ادب کی دنیا میں جب میں نے ڈاکٹر خالد سہیل کو پڑھا تو ایسے لگا کہ یہ مرد آزاد بت شکن ہی تو ہے۔ بھلا ایک بت شکن اور روایت شکن میں کیا فرق ہوگا۔ میرے شعور نے تسلیم کیا کہ بعض فرسودہ رسمیں' اقدار اور خیالات بھی بتوں ہی کی طرح ہوتے ہیں جنہیں ہم سالہا سال سے پوجتے چلے آرہے ہوتے ہیں۔

ڈاکٹر خالد سہیل کے "ہم سب" پر کالمز جہاں ادبی چاشنی کے رنگ میں بھیگے ہوئے قاری کے ادبی ذوق کی تسکین کا سامان فراہم کرتے ہیں وہیں اسے فلسفے کے قدیم و جدید نظریات سے ہم آہنگ ہونے میں بھی مدد دیتے ہیں۔ یہاں تنقید و تحسین کا سلسلہ جاری رہتا ہے مگر یہ ہر دو سے بے نیاز سر جھکائے اپنے کام میں مگن نظر آتے ہیں۔۔ کالمز کے ذریعے اپنے قارئین کے نفسیاتی مسائل سنتے اور ان سے مخاطب ہو کے باقی سینکڑوں پڑھنے والوں کے لیے نفسیات کی پیچیدہ گرہیں کھولتے ہیں۔ میں نے ان کے پروگرامز دیکھے، ان کی کتب کا بنظر غور مطالعہ کیا تو یہ پتہ چلا کہ یہ ایک روایت شکن ادیب بھی ہیں اور طبیب بھی، عالم بھی ہیں، فاضل بھی، مشرق اور مغرب کے درمیان محبتوں کے سفیر بھی ہیں، اور اپنے وطن سے محبت کے اسیر بھی، درد دل بھی رکھتے ہیں اور انسانیت کے پرچارک ہیں۔ اخلاق کے لیے مذہب کی لاٹھی کو سہارا بنانا ضروری نہیں سمجھتے بلکہ افراد کے لیے گناہ کے تصور کے متبادل جرم کا تصور متعارف کراتے ہیں۔

ان کی زیست میں الجھاؤ نہیں ہے۔ راستے میں جاتے ہوئے پتھر پڑا ہو تو اسے اٹھا کے ایک طرف رکھ دیتے ہیں، مبادا کسی کو ٹھوکر نہ لگے۔ لوگوں کی ریشم سی نفسیات کے الجھے دھاگوں کو انگشت شہادت سے سلجھائے دیتے ہیں۔ جانے کتنے مریضوں کو فقط مکالمے کی تھراپی نیز بغیر دوائیوں کے یا کم دوائیوں کے استعمال کے ساتھ شفایاب کر چکے ہیں۔ جانے کتنوں کے جیون میں سہولت سے جینے کی امنگ کا دیا جلا چکے ہیں۔ یہ اپنے مریضوں کے احساس گناہ یا جرم سے پیدا ہونے والی مچھلی کے کانٹے سی پھانس نکالتے رہنے کا کام عبادت سمجھ کے کرتے رہتے ہیں۔

ان کے افسانے اور کتابیں پڑھنے کے بعد یہ احساس ہوا کہ ایک روایت شکن ہی اصل میں بت شکن ہوتا ہے۔ انسان جب پیدا ہوتا ہے تو بوقت پیدائش ہی سماج ایک فرد کو اپنے علاقے' اپنی ثقافت اور اپنے معاشرے کے رسم و رواج میں ڈھالنے کا بندوبست کرتا ہے۔ سب سے پہلے اس کا نام ہی اس کی شناخت بنتا ہے، اس کا نام بتاتا ہے کہ یہ دنیا کے کس حصے سے تعلق رکھتا ہے۔ اس کو اپنے علاقے کے حساب سے بیڑیاں پہنائی جاتی ہیں۔ زنجیروں میں بڑے

اہتمام سے جکڑا جاتا ہے۔ مخصوص تعلیم و تربیت کے سانچے میں ڈھالنے کے لئے سماج کے ادارے ایڑی چوٹی کا زور لگاتے ہیں۔ اس کے اچھے برے کے تصورات سے اس کو روشناس کروایا جاتا ہے۔ جب وہ ذرا بڑا ہوتا ہے مذہب اور تہذیب اور ثقافت اقدار کی صورت میں اس کے گلے میں بہت سی مالائیں پہنائی جاتی ہیں۔ جنہیں وہ تمام عمر سینت سینت کے رکھتا ہے۔

ڈاکٹر خالد سہیل کی ذکاوت اور ذہانت کو دیکھوں تو حیرت ہوتی ہے کہ اس مرد آزاد نے کسی نام پر کوئی بیڑی نہیں پہنی۔ وہ اوائل عمری میں ہی اپنے سماج کی نیت کو بھانپ جاتے ہیں اور اپنی زندگی کی کلی باگ ڈور اپنے ہاتھوں میں تھامنے کا خواب دیکھتے اور اس خواب کی تعبیر کی تدبیر کرتے ہیں۔ بیس سال کی عمر میں ہی زندگی کے بڑے بڑے فیصلے کرتے ہیں اور اپنی آزادی کی قیمت دینے کو تیار ہو جاتے ہیں۔ مذہب کو رسوم و روایت کی گٹھڑی سمجھ کر اسے سر سے اتار پھینکتے ہیں انہوں نے اپنے سر پہ نہ ٹوپی پہنی نہ پگ۔۔۔۔۔۔ مگر ان کی خوبی یہ ہے کہ انہوں نے باغی کے عام تصور سے بھی بغاوت کی۔

میری نظر میں ایک روایتی باغی تو ایسا ہوتا ہے جیسے کوئی سادھو، بھکشو، یا بنجارہ یا نشئی یا ہپی جنہیں اکثر سڑک کنارے دیکھا گیا مفلوک الحال ایک پاؤں میں چپل اور دوسرا ننگا ٹوٹی چپل ہاتھ میں۔۔۔ اکثر ایسے باغیوں کو ادارے سے نکال باہر کیا جاتا ہے۔۔۔ مگر یہ مرد آزاد اس لحاظ سے سمجھدار ثابت ہوتے ہیں کہ اعلی تعلیم مکمل کرتے ہیں، اپنے کیریئر کو داؤ پر نہیں لگاتے۔ اپنے افکار کے ساتھ جیتے ہیں مگر نعرہ مستانہ بلند نہیں کرتے بلکہ دوسری زمین کی طرف ہجرت کرتے ہیں اور محفوظ پناہ گاہ تک پہنچتے ہیں۔ اپنی آزادی کی قیمت تو چکاتے ہیں مگر سلیقے کے ساتھ۔

یہ مذہب اور خدا کے تصور سے منکر نظر آتے ہیں۔ لیکن اپنے کردار میں ان اعلیٰ اوصاف کی خوشبو کو بساتے ہیں اور اس کردار کے سانچے میں خود کو ڈھالتے ہیں جس کا تقاضا ہر مذہب انسان سے کرتا ہے۔ یہ امن اور انسان دوستی کی بات کرتے ہیں، اخوت اور مساوات کے حامی ہیں۔ انصاف اور سچ سے جڑے ہیں۔ علم سے ادب سے محبت کرتے ہیں۔ لفظ کی حرمت کو سمجھتے ہیں۔ بھائی چارے کی زبان کو سمجھتے اور لوگوں سے ہمدردی کے ساتھ پیش آتے ہیں۔ اور تمام مجبور و محروم طبقوں کے حق کے لیے آواز اٹھاتے ہیں۔ ان کی زندگی اعلی مقاصد سے جڑی ہے۔ وہ اپنے دن رات انسانیت کی خدمت کے لئے وقف کئے ہوئے ہیں۔

ادب میں ان کی خدمات کا ذکر ہو یا طب میں مشکل علوم کو آسان زبان میں اپنے ہم وطنوں کے لئے ترجمہ کرتے ہیں۔ بڑے بڑے فلسفوں اور کام کی باتوں کا رس نکالتے اور بانٹتے رہنے میں مصروف ہیں۔ ان کی زندگی نظم و ضبط کا منہ بولتا ثبوت ہے۔ یہ کچھوے کی چال چلتے بڑے بڑے تیز رفتاروں سے آگے نکلتے نظر آتے ہیں۔

یہ وہ مرد آزاد ہیں جنہوں نے خود کو قلم سے باندھ لیا ہے۔ انسانوں کو شفا بانٹتے ہیں۔ آسانیاں تقسیم کرتے ہیں۔ یہ لکھتے ہیں کہ

"بعض افراد مختلف روایات کے ساتوں رنگ اپنے اندر اس خوبصورتی سے جذب کرتے ہیں کہ ایک نئی روشنی، نئی صبح اور نئی منزل کی نشاندہی کرتے ہیں"

بلاشبہ ان "بعض" افراد میں ایک خود ڈاکٹر خالد سہیل ہیں۔ ایک اور جگہ فرماتے ہیں۔

"میں اپنی ذات کو اس درخت کی طرح محسوس کرتا ہوں جس کی جڑیں مشرق کی مٹی میں پیوست توانائی حاصل کر رہی ہوں اور جس کی شاخیں مغرب کی فضا میں جھولتی ہوئی تازہ ہوا میں سرشار ہوں۔"

آگے لکھتے ہیں کہ

"اس درخت پر جو پھل اور پھول لگے ہیں ان کی خوشبو اور ذائقہ آپ کو میرے افسانوں میں ملے گا۔"

عورت کی نفسیات کے بارے میں بتاتے ہوئے رقمطراز ہیں کہ

"خدا جانے عورتیں تو بادلوں کی طرح ہوتی ہیں، وہ بادل جو کبھی ہفتوں نہیں برستے اور برستے ہیں تو برستے ہی جاتے ہیں، صحراؤں میں نہیں برستے اور دریاؤں میں برس پڑتے ہیں۔" اس بات کی صداقت پر کوئی کیا کہہ سکتا ہے بقول ڈاکٹر خالد سہیل صاحب کے ہر انسان سچ کے متعلق اپنے سچ کو ہی سچ سمجھتا ہے اور اس کا اسے پورا حق اور اختیار ہے۔ تمام انسانوں کو ایک دوسرے کے سچ کا احترام کرنا آنا چاہیے۔

ہجرت کے پل صراط پر چلنے کا عذاب سہنے والے ڈاکٹر خالد سہیل بتاتے ہیں کہ سائنسدان عقل اور منطق کے ذریعے اسی منزل تک پہنچتے ہیں جس پر پہنچنے کے لیے صوفی وجدان اور فنکار جمالیات کا راستہ اختیار کرتے ہیں۔ ان کے راستے چاہے جدا ہوں ان کی منزل ایک ہوتی ہے۔ انسانوں کے لیے پر امن معاشرے کا خواب اور اس کی تکمیل کے لیے تگ و دو کرنا ہی وہ منزل ہے۔ یہ اس راز سے پردہ اٹھاتے ہیں کہ انسان دو طرح کے ہوتے ہیں ایک روائتی اکثریت اور دوسرے تخلیقی جوہر رکھنے والی اقلیت سے تعلق رکھتے ہیں۔ ان کا کہنا ہے کہ دوسری قسم کے انسان اصل میں اثاثہ انسانیت ہیں کیونکہ یہ من کی پگڈنڈی پہ چلنے والے انسانیت کے لئے بڑے بڑے کام کرنے کی صلاحیت لے کر پیدا ہوتے ہیں اور اکثر اپنے اپنے میدان میں کارہائے نمایاں سرانجام دیتے ہیں۔ مختلف کامیاب تخلیقی افراد کی سوانح حیات کو پڑھنے کے بعد آپ اس نتیجے پر پہنچتے ہیں کہ ایسے افراد کی زندگیوں میں نفسیاتی اور جذباتی نشیب و فراز زیادہ ہوتے ہیں۔ آپ ایسے تمام افراد کی زندگی میں آنے والے نفسیاتی دباؤ سے انہیں بچانے کے لیے حوصلہ افزائی کرتے ہیں۔

ڈاکٹر خالد سہیل وہ مرد آزاد ہیں جو دوزخ کے خوف اور جنت کے لالچ سے آزاد ہیں مگر انجانی بصیرتوں کے بہشت تک پہنچنے کا خواب فنی مسرت artistic satisfaction سے ہم کنار رہنے کے لئے ہر دم سعی کرتے ہیں، اور دوسروں کو بھی اسی راستے پہ چلنے کی دعوت دیتے نظر آتے ہیں۔ طب اور ادب نے اپنے میدان میں ان سا مرد مجاہد اور مرد آزاد کم ہی دیکھا ہو گا۔